KB091562

빅데이터 마이닝 3/e

빅데이터 마이닝 3/e

하둡을 이용한 대용량 데이터 마이닝 기법

쥬어 레스코벡 · 아난드 라자라만 · 제프리 데이비드 울만 지음   박효균 · 이미정 옮김

i!i
에이콘

에이콘출판의 기틀을 마련하신 故 정완재 선생님 (1935-2004)

지은이 소개

쥬어 레스코벡 Jure Leskovec

스탠퍼드 대학교 Stanford University 컴퓨터학과의 부교수이자, 핀터레스트 Pinterest 의 수석 연구원, 스탠퍼드 데이터 사이언스 이니셔티브 Stanford Data Science Initiative 의 공동 이사장, 챈 주크버그 바이오허브 Chan Zuckerbeg Biohub 의 연구원으로 활동 중이다. 핀터레스트에 인수된 머신러닝 스타트업 코세이 Kosei 의 공동 창업자이기도 하다. 주요 연구 분야는 생물의학, 소셜 네트워크 및 정보 네트워크, 그들 사이의 정보 이동에 적용되는 머신 러닝과 데이터 과학이다. 대용량 데이터 연산이 연구의 핵심이며, 컴퓨터 과학, e커 머스, 사회 과학, 생물의학 분야에서 응용되고 있다. 코넬 대학교 Cornell University 의 박사 후 연구원이었다. 카네기 멜론 대학교 Carnegie Mellon University 에서 머신러닝 분야로 박사 학위를 취득했다.

아난드 라자라만 Arand Rajaraman, @anad_raj

실리콘 밸리에 본사로 둔 여러 회사의 기업가, 벤처 자본가이자 학자다. 전 세계 촉망 받는 스타트업을 발굴하기 위해 데이터 마이닝과 머신러닝을 활용하는 혁신적인 벤 처 캐피털 로켓쉽 VC Rocketship VC 의 설립 파트너다. 아난드는 페이스북 Facebook, 리프트 Lyft, 앱넥서스 App Nexus, 애스터데이터 Aster Data 등 유망한 스타트업에 투자한 경험이 있 다. 1998년 아마존닷컴 Amazon.com 이 인수한 정글리 Junglee 와 2011년 월마트 Walmart 가 인 수한 코스믹스 Kosmix 라는 성공적인 스타트업의 공동 창업자이기도 하다. 코스믹스 인 수 이후 월마트 수석 부사장을 역임하면서 월마트랩 WalmartLabs 을 조직하여 공동 책임 자로 공헌했다. 연구 논문은 ACM SIGMOD 및 VLDB의 10년 회고 우수 논문상을 비롯하여 권위 있는 학회에서 여러 차례 수상했다. 또한 아마존 메케니컬 터크 Amazon Mechanical Turk 의 공동 창안자로, 크라우스소싱 crowdsourcing 과 휴먼–머신의 하이브리드 연 산 분야의 선구자이기도 하다.

제프리 데이비드 울만^{Jeffrey David Ullman}

스탠퍼드 W.Ascherman 컴퓨터학과 (명예)교수이며 현재 그래디언스^{Gradiance}의 CEO다. 데이터베이스 이론, 데이터 마이닝, 정보 구조를 활용한 교육이 주요 관심 연구 주제다. 데이터베이스 이론 분야의 창시자 중 한 명으로서, 추후 데이터베이스 이론가가 된 세대 전체 학생들을 지도한 박사이자 고문이었다. 최근에는 2016년 NEC C&C 재단상을 알 아호^{Al Aho}, 존 호크프로프트^{John Hopcroft}와 함께 수상했다. 또한 그는 "자동화 및 언어 이론 분야의 토대 구축과 이론적 컴퓨터 과학으로의 중대한 공헌^{laying the foundations for the fields of automata and language theory and many seminal contributions to theoretical computer science}"을 발표하여 2010 IEEE 존 폰 노이먼 메달^{John von Neumann Medal}을 존 홉크로프트^{John Hopcroft}와 함께 공동으로 수상했다.

감사의 말

원서의 표지는 스캇 울만^{Scott Ullman}의 작품이다.

원고의 초안을 비판적으로 읽어 준 포토 아프라티^{Foto Afrati}, 아룬 마라트^{Araun Marathe}, 록 소식^{Rok Sosic}에게 감사의 마음을 전하고 싶다.

또한 라지프 아브라함, 루슬란 아둑, 아푸르 아가르왈, 아리스 애니그노스토폴로스, 아틸라 소너 바컬, 로빈 베넷, 수잔 비안카니, 아미타브 차드하리, 리랜드 첸, 아나스타샤 고우나리스, 슈레이 굽타, 왈리드 해메이드, 에드 크노르, 해운 곽, 엘리스 라우, 에단 로자노, 마이클 마호니, 저스틴 메이어, 브래드 피노프, 필립스 코코흐 프라스티요, 치거, 앙가드 싱, 산딥 스리파타, 데니스 싯다르타, 크리스토프 스텐슬, 마크 스토러스, 로샨 섬블리, 잭 테일러, 팀 트리치 주니어, 왕 빈, 웡전빈, 로버스 웨스트, 오스카 우, 씨에커, 니콜라스 자오, 저우 징보 역시 오류들을 찾아 줬다. 나머지 오류들 찾는 것은 물론 우리의 몫이다.

옮긴이 소개

박효균

2009년부터 13년째 네이버에서 데이터 엔지니어링과 데이터 과학, 그 중간 어딘가쯤의 업무를 수행해 오고 있다. 네이버 데이터 정보 센터에서 하둡을, 네이버 랩스에서 스팍과 ML을, 네이버 검색에서 딥러닝을 주로 사용했고, 현재는 네이버 파이낸셜의 파이낸셜인텔리전스 팀을 리딩하고 있다.

이미정

성균관대 전자전기컴퓨터 공학부 학사학위를, 한동대 정보통신공학 석사학위를 이수했다. 삼성전자 LSI 기술개발실 엔지니어로 시작해 오라클 미들웨어 사업부 컨설턴트로, 현재는 Splunk Korea 세일즈 엔지니어로 활동하고 있다. 역서로 『Pig를 이용한 빅데이터 처리 패턴』(에이콘, 2014), 『Splunk 6 핵심기술』(에이콘, 2015), 『파이썬으로 배우는 대규모 머신러닝』(에이콘, 2017), 『Splunk 7 에센셜』(에이콘, 2019)이 있다.

옮긴이의 말

이제는 빅데이터라는 용어 자체만큼이나 그 용어의 식상함을 논하는 것조차 식상하게 느껴지는 시대가 됐다. 그러나 이 책은 허식 없이 현실적인 접근 방식으로 데이터 마이닝 기법을 빅데이터에 적용하는 방법을 설명하고 있다. 각 기법을 메모리에 담을 수 있는 경우와 메모리에 담을 수 없는 경우로 나눠 친절하게 해법을 알려 준다.

서서히 데이터 과학 분야는 관련 업계의 통계학자나 엔지니어가 갖춰야 할 선택적인 '지식'이 아닌, 필수적인 '상식'이 돼 가고 있다. 어쩌면 우리는 미래의 상식을 공부하기 위해 이 책을 펼친 것인지도 모른다. 이 책은 통계학, 데이터 마이닝, 컴퓨터 공학을 동시에 다루고 있음에도 이 세 분야를 자세하고도 조화롭게 서술하고 있다. 덕분에 대학 교재(http://www.mmds.org/)임에도 실무에 도움이 될 정도로 깊이가 있다는 장점이 있다. 동시에 통계학자와 엔지니어 모두에게 어려운 책이 돼 버렸다는 단점도 있다.

따라서 이 책을 공부하는 데 도움이 되는 팁을 먼저 공유한다.

1. 원서는 아래 URL에서 무료로 다운로드할 수 있다. 번역서만으로 잘 이해가 되지 않는 부분이 있다면 해당 부분을 원서에서 찾아 반복해서 세 번 정도 차분하게 읽어 보기 바란다.

   http://infolab.stanford.edu/~ullman/mmds/bookOn.pdf

2. 아무래도 대학 교재이다 보니 전개 방식이 연역적이며 딱딱한 편이라서 이해가 어려울 수 있다. 각 절의 앞부분을 이해하지 못했더라도 일단 빠르게 읽고 넘어간 후 예제를 보기 바란다. 예제를 읽고 나서 다시 앞부분의 이론을 보면 이해가 쉬울 것이다.

통계학자와 엔지니어는 각기 다른 관점으로 데이터 과학이라는 분야에 접근한다.

통계학자들은 신뢰 구간과 불확실성 측정에 관심이 많은 반면, 프로그래머들은 머신 러닝을 통한 재빠른 구현과 그 결과에 더 관심을 두는 편이다. 이를 정리하기 위해 조시 윌스(https://twitter.com/josh_wills/)는 이렇게 말했다.

> "데이터 과학자란 통계학을 남들보다 잘 알고 있는 소프트웨어 공학자, 그리고 소프트웨어 공학을 남들보다 잘 알고 있는 통계학자를 말한다."

하지만 이것만으로 분석가의 자질을 논하기에는 뭔가 부족하다. 현업에서 데이터를 분석하다 보면 무엇보다도 데이터 도메인에 대한 지식과 분석 노하우가 가장 중요하다는 사실을 느끼게 된다. 그리고 해당 도메인을 잘 이해하기 위해서 때로는 인문학적 소양이 필요한 시점이 오기도 한다. 이론이나 기술보다는 데이터 자체의 품질과 양이 더 중요하며, 데이터에서 가치를 만들어 내는 것은 결국 분석가의 자질에 달렸다.

끝으로 번역하는 기간 내내 응원해 주고 용기를 심어 줬던 아내와 부모님께 사랑과 고마움을 보내며, 이 책을 소개해 주신 네이버의 송아름, 박상욱 님, 그리고 누구보다도 불가능했던 일을 가능하게 만들어 준 이미정 님께 감사의 인사를 드린다.

박효균

빅데이터에서 '빅'이 의미하는 양만큼 실제로 엄청난 대규모 데이터가 생성되면서 이들을 처리하고 분석하기 위한 요구 사항이 늘어 갔으며, 어느 하나의 기술로 이를 해결할 수는 없었으므로 학문 간 통합은 필수적이었다. 학문 간 통합에 대한 시도는 오래전부터 있어 왔으나, 지금처럼 그 시도가 빛을 발하는 시기는 없었던 듯하다. 통계학, 전산학, 데이터 마이닝이라는 학문의 기초가 수학이라는 점을 고려해 보면 이들 간의 통합을 통해 난제를 해결하고 있는 지금의 현상은 어쩌면 필연적인 결과인지도 모른다. 이를 가능하게 한 기술로서 하둡Hadoop을 언급하지 않을 수 없다. 그 누구도 빅데이터 처리의 핵심 기술이며 지금도 여전히 영향력을 발휘하는 하둡의 중요성을 부인하지는 못할 것이다. 이 책이 맵리듀스MapReduce를 기반으로 데이터 처리 방법을 설명하는 이유가 바로 이것이다.

통계, 전산, 데이터 마이닝 기법에 대한 학문적 기초가 없다면 갑자기 등장하는 생소한 용어들에 멈칫하게 될 순간이 많을 것이다. 그럴 때마다 해당 용어를 찾아 내용을 이해한 후 넘어가는 것도 좋고, 일단 전체적인 맥락을 이해한 후 세부적인 용어들을 정리하는 것도 좋다. 어찌 됐든 빅데이터 마이닝을 위해 이 책을 펼친 독자 여러분을 응원하며, 이를 통해 한 단계 성장하는 학생, 엔지니어, 실무자가 되길 바란다.

역자로서 용어 선택에 고심이 많았다. 통계학은 그렇다 치더라도 전산학과 데이터 마이닝에서 사용되는 용어 대부분은 한글로 번역했을 때 의미가 퇴색되거나 더 어려워지는 경우가 많았기 때문이다. 따라서 한글을 우선으로 하되, 해당 용어가 실무에서 영어로 더 많이 사용된다면 굳이 한글로 번역하지 않고 음역했다. 'clustering'을 '클러스터링'으로 번역한 예가 대표적이다. 실무에서는 아무도 '클러스터링'을 '군집화'라고 하지 않는다.

오랜 기간 친구이자 같은 업계에 몸담은 동료로서 전폭적인 도움과 조언을 아끼지 않았던 공동 역자 박효균 님께 깊은 감사를 전한다.

이미정

차례

빅데이터 마이닝

제3판

웹, 소셜 미디어, 모바일 활동, 센서, 인터넷 상거래, 그 외 많은 애플리케이션의 발달로 엄청난 규모의 데이터가 생성되고 있으며, 데이터 마이닝으로 이런 데이터에서 유용한 정보를 얻을 수 있다. 이 책은 데이터 마이닝 분야의 핵심 과제들을 해결하고, 대규모 데이터에 적용할 수 있는 현실적인 알고리즘들에 초점을 맞추고 있다.

이 책은 맵리듀스 프레임워크와 효율적인 병렬 프로그래밍을 위한 기법들의 논의로 시작한다. 이후 지역성 기반 해싱$^{locality-sensitive\ hashing}$ 기법을 설명한다. 이는 대규모로 수집된 데이터에서 비슷한 객체를 일일이 비교하지 않고 찾아내기 위한 기본 지식 체계이기 때문에 알아 둬야 한다. 또한 정확히 처리하기 위해 매우 빨리 입력되는 데이터를 마이닝하는 스트림 처리 알고리즘$^{stream\ processing\ algorithms}$을 설명한다. 그리고 웹 체계화를 위한 페이지랭크^{PageRank} 개념 및 이와 관련된 기법들을 다룬다. 나머지 장^{chapter}에서는 메인 메모리에 담을 수 없을 정도로 큰 데이터를 처리한다는 관점으로 빈발 항목집합$^{frequent\ itemsets}$ 찾기와 클러스터링^{clustering}을 다룬다. 전자상거래에서 중요하게 사용되는 추천-시스템 및 웹 광고 역시 자세히 설명한다. 후반부에는 소셜 네트워크 그래프, 대용량 데이터 압축, 머신러닝과 관련된 알고리즘을 살펴볼 것이다.

제3판에는 의사결정 트리$^{decision\ trees}$, 딥러닝, 소셜 네트워크 그래프 마이닝 내용이 새롭게 포함됐다. 데이터베이스와 웹 기술을 선도하는 학자들이 쓴 이 책은 학생과 실무자 모두를 위한 필독 도서다.

들어가며

이 책은 여러 해 동안 스탠퍼드Stanford에서 진행된 아난드 라자라만Anand Rajaraman과 제프 울만Jeff Ullman 두 교수의 강의quarter course 교육 자료에서 시작됐다. '웹 마이닝'이라는 제목의 CS345A 강의는 고급 대학원 과정으로 개설되긴 했지만, 우수한 학부생들도 관심을 갖게 됐고 참여가 가능했다. 이후 쥬어 레스코벡Jure Leskovec 교수가 스탠퍼드에 부임하면서 상당히 많은 내용이 개편됐다. 그는 네트워크 분석 강의 CS224W를 신설했고, CS246으로 이름이 바뀐 CS345A의 자료를 보완했다. 또한 세 교수는 대규모 데이터 마이닝 프로젝트 강의 CS341를 개설했다. 이 책은 위 세 가지 강의 자료를 바탕으로 만들어졌다.

이 책에서 다루는 내용

크게 보면 이 책은 데이터 마이닝에 관한 책이다. 하지만 이 책은 메인 메모리에 담을 수 없을 정도로 엄청나게 큰 데이터를 위한 마이닝에 초점을 맞추고 있다. 데이터의 크기를 강조하기 때문에 많은 예제들이 웹 혹은 웹에서 파생된 데이터들과 관련이 있다. 또한 이 책은 알고리즘 관점으로 쓰여 있다. 즉 데이터 마이닝은 머신러닝 엔진을 '학습'시키기 위해 데이터를 사용하는 것이 아니라 알고리즘을 데이터에 적용하기 위한 것이라는 의미다. 이 책에서 다루는 주요 내용은 다음과 같다.

1. 대규모 데이터를 처리할 수 있는 병렬 알고리즘을 만들기 위한 툴인 분산 파일 시스템과 맵리듀스map-reduce

2. 민해시minhash와 지역성 기반 해시locality-sensitive hash 알고리즘의 핵심 기술 및 유사도 검색similarity search

3. 매우 빨리 입력돼 즉각 처리하지 않으면 유실되는 데이터를 다루는 데 특화된 알고리즘과 데이터 스트림 처리

4. 구글의 페이지랭크^{PageRank}, 링크 스팸 탐지, 허브와 권위자^{hubs-and-authorities} 기법을 포함하는 검색 엔진 기술

5. 연관 규칙^{association rules}, 장바구니 모델^{market-baskets}, 선험적 알고리즘^{A-Priori Algorithm}과 이를 개선한 기법들 및 빈발 항목집합^{frequent-itemset} 마이닝

6. 대규모 고차원 데이터셋을 클러스터링^{clustering}하는 알고리즘

7. 웹 애플리케이션과 관련된 두 가지 문제인 광고와 추천 시스템

8. 소셜 네트워크 그래프처럼 매우 큰 구조의 분석과 마이닝을 위한 알고리즘들

9. 특이값 분해^{singular value decomposition}와 잠재 의미 색인^{latent semantic indexing} 및 차원 축소^{dimensionality reduction}를 통해 대규모 데이터에서 중요한 속성을 도출해 내는 기법들

10. 퍼셉트론^{perceptron}, 서포트 벡터 머신^{support vector machine}, 경사 하강법^{gradient descent}, 의사결정 트리^{decision trees}, 신경망^{neural nets}과 같은 대용량 데이터에 적용 가능한 머신러닝 알고리즘

11. 컨볼루션^{convolutional neural networks} 신경망, 순환 신경망^{recurrent neural networks}, 장단기 메모리 네트워크^{long short-term memory networks} 등 특수한 경우를 포함하는 신경망^{neural nets} 및 딥러닝^{deep learning}

필수 조건

이 책의 내용을 완전히 이해하기 위해서는 다음 강의들을 먼저 수강하기 바란다.

1. SQL 및 관련 프로그래밍 시스템을 주제로 하는 데이터베이스 시스템 입문
2. 대학 2학년 수준의 자료 구조, 알고리즘, 이산수학
3. 대학 2학년 수준의 소프트웨어 시스템, 소프트웨어 엔지니어링, 프로그래밍 언어

연습문제

이 책은 대부분의 절마다 광범위한 연습문제를 제공한다. 난이도가 높은 문제의 경

우 느낌표로 표시한다. 난이도가 매우 높은 문제는 느낌표 2개로 표시한다.

웹에서 지원되는 자료

http://www.mmds.org에서 이 책에 대한 강의 슬라이드, 숙제, 프로젝트 요구 사항, 시험 문제가 제공된다.

Gradiance 온라인 교육

www.gradiance.com/services에서 온라인 연습문제를 제공한다. 학생들은 이 사이트에서 계정을 만들고 1EDD8A1D 코드를 입력하면 공개 강좌$^{public\ class}$에 참여할 수 있다. 강사들은 계정을 만들고 로그인 아이디, 학교 이름을 이메일에 적어서 support@gradiance.com로 MMDS 교육 자료를 요청하면 된다.

01

데이터 마이닝

1장은 이 책의 주제와 관련된 여러 가지 개념을 소개하는 장이다. 먼저 데이터 마이닝의 본질과 데이터 마이닝 분야를 발전시킨 다양한 이론들에 의해 데이터 마이닝이 변모해 온 방식을 논의하는 것으로 1장을 시작할 것이다. 이후 데이터 마이닝 기법을 남용하는 것에 대한 경고로서, 본페로니 이론$^{Bonferroni's\ Principle}$을 살펴본다. 이후 데이터 마이닝 자체는 아니지만 마이닝의 중요한 개념을 이해하는 데 도움을 주는 몇 가지 아이디어들을 요약할 것이다. 단어의 중요도에 대한 TF.IDF 측정, 해시 함수$^{hash\ functions}$와 색인을 살펴보고, 자연 로그$^{natural\ logarithm}$ e와 관련된 특성을 알아볼 것이다. 마지막으로 이 책에서 다루게 될 주제들의 개요를 제시하려 한다.

1.1 데이터 마이닝이란?

1990년대에 '데이터 마이닝'은 흥미롭고 새로운 개념으로 인기를 끌었다. 2010년 무렵이 되자 사람들은 '빅데이터'를 말하기 시작했다. 오늘날 흔하게 사용되는 용어는 '데이터 과학$^{data\ science}$'이다. 그런데 시간이 흐르는 동안 개념은 변하지 않았다. 가장 강력한 하드웨어, 가장 강력한 프로그래밍 시스템, 가장 효율적인 알고리즘을 사용해 과학, 상업, 의료, 정부, 인문, 기타 인류가 관여하는 여러 분야의 문제를 해결할 수 있는 것이다.

1.1.1 모델링

많은 사람에게 데이터 마이닝은 종종 머신러닝 프로세스를 통해 데이터로부터 모델을 생성하는 과정으로 인식된다. 머신러닝은 1.1.3절에서 언급하고 12장에서 좀 더 자세히 다룰 것이다. 그런데 좀 더 일반적으로 말해서 데이터 마이닝의 목표는 알고리즘이다. 예로 3장에서 지역성 민감한 해시를 다루고, 4장에서 다수의 스트림 마이닝 알고리즘을 다룰 텐데 이 중 어느 것도 모델과는 관련이 없다. 그럼에도 많은 중요한 응용 분야에서 어려운 부분은 모델을 생성하는 것이며, 일단 모델이 만들어지면 그 모델을 사용하는 알고리즘은 간단히 구현된다.

예제 1.1　이메일에서 피싱phishing 공격을 탐지하는 문제를 생각해 보자. 가장 흔한 방법은 사람들이 최근 피싱 공격으로 보고한 이메일을 검사해서 '나이지리아 왕자' 또는 '계정 확인'같이 해당 이메일에 비정상적으로 자주 등장하는 단어나 구를 찾는 방법으로 이메일 피싱 모델을 구축하는 것이다. ■

1.1.2 통계 모델링

'데이터 마이닝'이란 용어를 처음으로 사용한 사람은 통계학자다. 원래 '데이터 마이닝' 혹은 '데이터 준설data dredging'이라는 용어는 데이터로 파악할 수 없는 정보를 추출하려는 시도를 비하하는 용어였다. 1.2절에서는 실제로 데이터에 없는 것을 추출하려고 시도함으로써 발생하는 오류를 설명할 것이다. 오늘날의 '데이터 마이닝'은 긍정적인 의미를 내포한다. 통계학자들은 데이터를 가시화하기 위해 사용되는 기초적 분포로서의 통계적 모델을 만드는 것을 데이터 마이닝이라 정의한다. 가우시안 분포Gaussian distribution를 정확하게 결정짓는 것은 그 분포의 평균mean과 표준편차standard deviation이며, 이 분포가 바로 데이터에 대한 모델이 되는 것이다.

예제 1.2 숫자들의 집합이 데이터라고 가정하자. 실제 데이터 마이닝의 대상이 되는 데이터보다 훨씬 간단하긴 하지만, 이 데이터를 예제로 사용할 것이다. 통계학자는 데이터가 가우시안 분포를 따른다고 가정하고, 특정 공식을 이용해서 가우시안 매개 변수를 계산해 낼 것이다. ▦

1.1.3 머신러닝

데이터 마이닝을 머신러닝^{mchine learning}과 동의어로 취급하는 사람들도 있다. 일부 데이터 마이닝이 머신러닝의 알고리즘을 적절하게 사용하고 있음에는 논란의 여지가 없다. 머신러닝 전문가^{practitioner}는 데이터를 학습 셋^{training-set}으로 사용해 베이즈 정리 ^{Bayes nets}, 서포트 벡터 머신^{support-vector machine}, 의사결정 트리^{decision tree}, 은닉 마코프 모델^{hidden Markov model}, 그 외 매우 다양한 알고리즘 등 머신러닝에 사용되는 많은 종류의 알고리즘 중 하나를 학습시킨다.

어떤 상황에서는 이런 방식으로 데이터를 사용하는 것이 합리적이다. 일반적으로 해결하려는 문제에 대해 데이터가 무엇을 말하는지 거의 모르는 경우 머신러닝으로 접근하는 것이 좋다. 예를 들어, 영화 팬이 특정 영화를 좋아하거나 싫어하는 이유가 영화와 관련된 어떤 요인 때문인지는 명확하지 않은데, 사용자 평가를 표본으로 영화 순위 예측 알고리즘을 고안하는 대회인 '넷플릭스 챌린지^{Netflix challenge}'에서 머신러닝이 상당히 성공적으로 사용될 수 있다는 사실이 입증됐다. 이런 종류의 알고리즘은 9.4절에서 논의할 것이다.

반면, 마이닝의 목적을 명확하게 설명할 수 있는 상황에서 머신러닝은 경쟁력이 떨어질 수 있다. 흥미로운 예를 하나 들면 위즈뱅! 랩스^{WhizBang! Labs}[1]는 웹에서 사람들의 이력서를 찾는 일에 머신러닝을 도입한 적이 있었다. 그러나 머신러닝은 일반적인 이력서에 나타나는 뻔한 단어들과 문구들을 골라내는 사람의 알고리즘을 능가하지 못했다. 이력서를 작성하거나 읽어 본 사람이라면 누구나 이력서에 자주 등장하는 문구를 잘 알고 있으며, 어떤 웹 페이지가 이력서인지 정확하게 구별해 낼 수 있

---

1 이 스타트업은 대용량 데이터를 마이닝하기 위해 머신러닝을 사용하는 방법을 시도했으며, 이를 위해 최고의 머신러 닝 전문가들을 고용했다. 안타깝게도 그 시도는 성공하지 못했다.

다. 따라서 이력서를 찾아내는 알고리즘을 직접 설계하는 일에 머신러닝을 활용하는 이점이 없었던 것이다.

일부 머신러닝 방식의 또 다른 문제는 종종 (상당히 정확할 수도 있지만) 설명할 수 없는 모델을 생성한다는 점이다. 경우에 따라 설명이 가능한지는 중요하지 않다. 예를 들어 지메일Gmail에서 특정 이메일을 스팸으로 분류한 이유를 구글Google에게 묻는다면 "사람들이 스팸으로 식별한 다른 메시지들과 비슷해서요"라고 대답할 것이다. 즉 정확히 머신러닝 알고리즘이라는 기술을 사용해서 구글이 그날 개발한 스팸 모델에 그 이메일이 일치한 것이다. 아마도 충분히 납득되는 설명일 것이다. 구글이 스팸과 스팸이 아닌 이메일을 정확하게 구분하는 한 실제로 구글이 무엇을 하든 상관이 없다.

반면, 각 운전자와 관련된 위험 모델을 생성하고 모델에 따라 운전자마다 보험료를 다르게 할당해야 하는 자동차 보험 회사를 생각해 보자. 보험료가 올라가면 새 모델이 무엇을 하고 있고, 왜 위험 추정치를 변경했는지에 설명이 필요할 수 있다. 안타깝게도 모델이 작은 성분들로 구성된 레이어를 중첩해서 포함하며, 각 성분들은 이전 레이어로부터 얻은 입력으로 결정을 내리는 대다수 머신러닝 방법, 특히 '딥러닝 deep learning'에서는 모델이 하는 일의 일관성 있는 설명이 불가능할 수 있다.

1.1.4 모델링에 대한 연산적 접근

컴퓨터 과학자들은 데이터 마이닝을 통계적 접근법이 아닌 알고리즘 문제로 보는 경향이 있다. 이런 경우 데이터를 대상으로 복잡한 질의를 던져서 얻은 결과가 해당 데이터의 모델이 된다. 예를 들어, 예제 1.2에서 언급한 숫자 집합에 대해 평균average과 표준편차를 계산할 수 있다. 이 값들이 그 데이터에 가장 적합한 가우시안 매개 변수가 아닐 수도 있다는 사실에 주목해야 한다. 물론 데이터의 크기가 크고 실제로 데이터가 가우시안을 따르는 경우 거의 정확하게 근접하긴 하겠지만 말이다.

데이터 모델링 방법은 매우 다양하다. 임의의 프로세스를 구축해서 데이터를 생성해 낼 수도 있다는 사실을 언급했다. 그 외 대부분의 모델링은

1. 데이터를 간결하고 대략적으로 요약하는 방법, 혹은

2. 가장 두드러진 특징만을 추출하고 나머지는 무시하는 방법 중 하나다.

1.1.5절에서 이런 두 가지 접근 방법을 살펴볼 것이다.

1.1.5 요약

요약^{summarization}하기에서 가장 흥미로운 방식 중 하나는 구글^{Google}을 성공으로 이끈 페이지랭크 기법인데 5장에서 이를 다룰 것이다. 이런 웹 마이닝 방식에서는 복잡한 전체 웹 구조를 구성하는 각 페이지가 하나의 숫자로 요약된다. 페이지의 '페이지랭크^{PageRank}'는 임의의 사용자^{random walker}가 특정 시간, 해당 페이지에 위치할 확률을 의미하는 수치다. 주목할 점은 이렇게 매겨진 순위가 페이지의 '중요성', 즉 검색 질의의 응답으로 반환된 해당 페이지의 만족도를 매우 잘 반영한다는 것이다.

그 외 중요한 요약 방식인 클러스터링^{clustering}은 7장에서 다루게 될 것이다. 클러스터링에서는 데이터를 다차원 공간에서의 점^{point}들로 인식한다. 이 공간에서 '근접한' 점들은 동일한 클러스터에 할당된다. 클러스터의 센트로이드^{centroid} 및 센트로이드에서부터 점들까지의 평균 거리를 통해 클러스터는 자기 자신을 요약한다. 이렇게 요약된 클러스터들은 전체 데이터 집합의 요약이 된다.

예제 1.3　오래전 런던에서 컴퓨터의 도움 없이 클러스터링으로 문제를 해결했던 유명한 사례가 있다.[2] 존 스노^{John Snow}라는 의사는 지도에 콜레라 발생 지역을 표시했는데 그림 1.1은 그 과정을 설명한다.

2　다음을 참고하라. http://en.wikipedia.org/wiki/1854_Broad_Street_cholera_outbreak.

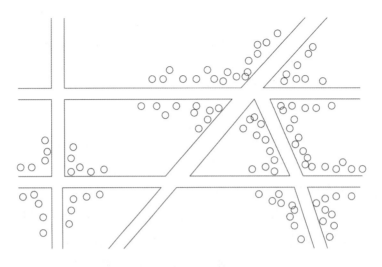

그림 1.1 런던 지도에 표시된 콜레라 발생 지역

콜레라 발생 지점이 교차로 주변에서 클러스터링을 형성했으며, 이 교차로 주변에 오염된 우물들이 위치했다는 것을 확인할 수 있었다. 우물 주변에 사는 사람들은 우물 오염 전에는 아무런 증상을 보이지 않았다가 우물 오염 후에는 콜레라 증상을 보였던 것이다. 데이터 클러스터링 기법이 아니었다면 콜레라의 원인은 밝혀지지 않았을 것이다. ■

1.1.6 특징 추출

전형적인 특징 기반 모델feature-based model은 어떤 현상의 가장 극단적인 사례를 찾고, 이런 사례를 통해 데이터를 표현한다. 이 책에서는 다루지 않지만, 머신러닝의 한 종류인 베이즈 네츠Bayes nets에서는 객체들 간의 강한 통계적 종속성을 밝혀내고, 그 종속성을 통해서만 객체들 간의 복잡한 관계를 표현한다. 대용량 데이터에서 특징을 추출하는 기법 중 중요한 몇 가지를 이 책에서 다룰 것이다.

1. **빈발 항목집합**frequent itemset: 이 모델은 6장에서 다루게 될 시장바구니market-basket 문제처럼 데이터가 작은 항목집합들인 '바구니basket'들로 구성된 경우 적합하다. 많은 바구니에 동일하게 나타나는 항목집합들을 찾을 수 있는데, 이 '빈발 항목

집합'이 바로 찾고자 하는 데이터의 특징이다. 원래 이런 종류의 마이닝이 적용되는 분야는 실제 시장바구니였다. 예를 들어, 햄버거와 케첩은 상점 혹은 슈퍼마켓 계산대에서 함께 팔리는 경향이 강한 항목집합이다.

2. **유사 항목**^{similar item}: 데이터가 여러 개의 집합들로 구성돼 있을 때, 서로 비슷한 부분이 많은 집합들의 쌍을 찾는 것이 목표다. 아마존^{Amazon} 같은 온라인 상점이 고객이 구매한 항목집합을 기준으로 고객을 분류하는 것이 좋은 예다. 아마존은 고객이 관심을 둘 만한 상품들을 추천하기 위해 '유사한' 고객들(집합)을 찾고 그들이 과거에 구입한 상품들을 추천하는데, 이런 과정을 '협업 필터링^{collaborative filtering}'이라고 한다. 만약 고객들이 한 종류의 상품만을 구입하는 상황이라면 클러스터링이 유효할 수도 있다. 그러나 대부분의 고객들은 다양한 종류의 상품에 관심을 갖는 경향이 있기 때문에 개별 고객에 대해 취향이 비슷한 소수의 고객을 찾고 이런 연결성을 통해 데이터를 표현하는 것이 좀 더 유용하다고 할 수 있다. 3장에서 유사성을 논의할 것이다.

1.2 데이터 마이닝의 통계적 한계점

데이터 마이닝과 관련된 공통적인 문제는 방대한 양의 데이터에 숨겨진 특이한 이벤트를 발견하는 것이다. 1.2절에서는 이런 문제와 함께 데이터 마이닝을 과도하게 사용하는 것에 대한 경고로서 '본페로니의 이론^{Bonferroni's Principle}'을 논의할 것이다.

1.2.1 통합 정보 인지

2001년 9월 11일 테러 공격 이후 4명의 사람들이 서로 다른 비행 학교에 등록해서 상용 항공기를 조종하는 방법을 배우고 있다는 사실이 보고됐다. 물론 어떤 항공사와도 제휴하지 않은 상용 항공기였다. 데이터를 통해 공격을 예측하고 방지하는 데 필요한 정보를 얻을 수 있었지만, 데이터를 조사하고 의심스러운 이벤트를 탐지할 수 있는 방법은 없었던 것으로 보인다.

이로 인해 **통합 정보 인지**^{TIA, Total Information Awareness}라는 프로그램이 만들어졌는데, 테

러 활동을 추적하기 위해서 신용 카드 영수증, 호텔 기록, 여행 데이터, 기타 여러 종류의 정보를 포함해 찾을 수 있는 모든 데이터를 마이닝하기 위한 목적이었다. 현재 **정보 통합**(서로 다른 데이터 소스를 연결하고 결합해 어느 한 소스에서 얻을 수 없는 통찰력을 얻는 방식)은 종종 중요한 문제를 해결하기 위해 거쳐야 하는 핵심 단계가 되기도 한다.

TIA는 프라이버시^{privacy}를 중요하게 생각하는 사람들 사이에서 엄청난 우려를 낳았고, 이 프로젝트는 결국 의회에 의해 무산됐다. 프라이버시와 보안의 상충 문제는 이 책의 논의 대상은 아니다. 그러나 TIA 또는 이와 유사한 시스템이 실제로 구현될 가능성과 관련해서 많은 기술적 질문이 있을 수 있다. 1.2.1절에서는 한 가지 특별한 기술적 문제에 집중하려고 한다. 바로 데이터에서 너무 많은 것을 동시에 보게 되면 흥미로워 보이지만 실제로는 통계적 착시$^{statistical\ artifact}$일 뿐 어떤 의미도 없다는 점이다. 즉 테러 행위로 의심되는 활동에 대한 데이터를 찾는다면, 많은 무고한 활동이나 테러가 아닌 불법 활동과 관련된 데이터는 찾지 않을 것인가? 이로 인해 경찰의 검문이 있고, 단순한 검문보다 더 가혹한 일이 있을 수도 있다면? 답은 찾으려 하는 활동을 얼마나 좁게 정의하느냐에 달려 있다. 통계학자들은 이런 종류의 오류를 피하기 위해 이 문제를 다양한 형태로 다뤄 왔으며, 1.2.2절에서 소개할 하나의 이론을 내놓게 됐다.

1.2.2 본페로니의 이론

일정량의 데이터 안에서 특정 타입의 이벤트를 찾는다고 가정하자. 그 이벤트가 완전히 무작위^{random}로 발생한다 하더라도 어떤 확률에 의해 발생 가능성을 예측할 수 있으며, 이러한 예상 발생 횟수는 데이터가 커짐에 따라 증가할 것이다. 그런데 이 횟수는 '가짜'다. 왜냐하면 무작위 데이터에는 중요해 보이지만 사실상 중요하지 않은 비정상 데이터가 항상 포함되기 때문이다. 데이터 분석 시 **본페로니-교정**$^{Bonferroni\ correction}$이라는 유용한 통계 이론을 활용하면 이런 위 양성 반응$^{bogus\ positive\ responses}$의 대부분을 방지할 수 있다. 깊은 통계 지식 없이도 본페로니 이론을 쉽게 이해할 수 있는데, 무작위로 발생한 결과가 마치 실제인 것처럼 다루는 실수를 방지할 수 있다. 데이터가 무작위라는 가정하에 찾고자 하는 이벤트의 예상 발생 횟수를 계산하라.

이 횟수가 실제 발생 수보다 훨씬 크다면 찾아낸 모든 이벤트는 가짜라고 생각해야한다. 즉 이 횟수는 원하는 결과를 찾는 데 사용할 수 없는 통계적 산물일 뿐인 것이다. 이는 본페로니의 원리에 대한 간단한 설명이다.

테러리스트를 찾아야 하는 상황을 가정해 보자. 특정 시점에 활동 중인 테러리스트의 수는 매우 적다고 생각할 수 있는데, 본페로니 이론은 무작위 데이터에서 거의 발생하지 않는 이벤트들만을 살펴봐야 테러를 탐지하는 것이 가능하다고 말한다. 1.2.3절에서 더 확장된 예제를 살펴보자.

1.2.3 본페로니의 이론 사례

'범죄자들'로 의심되는 사람들 중에서 실제 범죄자를 가려내는 상황을 가정하자. 그리고 그 범죄자들은 범죄를 모의하기 위해 주기적으로 호텔에 모인다고 가정하자. 이 문제와 관련된 숫자는 다음과 같다.

1. 범죄자일 가능성이 있는 사람은 10억 명이다.
2. 모든 사람들은 100일 중 하루 한 호텔에 방문한다.
3. 하나의 호텔은 100명을 수용할 수 있으며, 특정 날짜에 한 호텔을 방문하는 10억 명 중 1%의 사람들을 수용하기에 충분한 호텔 10만 개가 있다.
4. 1,000일 동안의 호텔 숙박 기록을 조사할 것이다.

이 데이터로 '범죄자들'을 찾으려면 서로 다른 날짜에 주기적으로 동일한 호텔에 머물렀던 사람들을 찾아내야 한다. 그러나 실제로는 범죄자가 없다고 가정하자. 즉 모든 사람들이 특정 날짜에 호텔에 가기로 결심할 확률은 0.01이고, 10^5개의 호텔 중 무작위로 하나를 선택한다고 가정하는 것이다. 이런 가정하에서 범죄자로 판명되는 사람들의 쌍을 찾을 수 있겠는가?

다음과 같이 간단하게 근사치를 계산해 볼 수 있다. 두 사람이 같은 날짜에 어떤 호텔로든 가게 될 확률은 .0001이다. 동일한 호텔로 갈 가능성은 이 확률을 호텔 개수인 10^5로 나눈 값이다. 따라서 특정 날짜에 동일한 호텔로 갈 가능성은 10^{-9}이다. 이들이 서로 다른 날짜에 두 번 동일한 호텔로 갈 가능성은 이 수의 제곱인 10^{-18}이다. 이때 방문한 두 호텔은 서로 동일하지 않을 수 있다.

이제 범죄자임을 나타내는 이벤트가 얼마나 많은지 따져 봐야 한다. 두 사람이 서로 다른 날짜에 두 번 같은 호텔에 있었다면 이 '이벤트'는 사람의 쌍 그리고 날짜의 쌍으로 표현된다. 계산을 단순화하기 위해 n이 충분히 클 때 $\binom{n}{2}$는 $n^2/2$과 같다고 할 수 있다. 이제부터는 이 근사치를 사용할 것이다. 따라서 사람 쌍은 $\binom{10^9}{2} = 5 \times 10^{17}$개이고, 날짜 쌍은 $\binom{1000}{2} = 5 \times 10^5$개다. 범죄자로 의심되는 이벤트의 예상 발생 횟수는 사람의 쌍, 날짜의 쌍, 그리고 그 쌍들이 우리가 찾고 있는 이벤트일 확률을 곱한 결과 값이다. 그 값은 바로 다음과 같다.

$$5 \times 10^{17} \times 5 \times 10^5 \times 10^{-18} = 250,000$$

결국 실제로는 범죄자가 없음에도 범죄자처럼 보이는 사람은 250,000쌍이 된다.

이제 10쌍의 범죄자가 있다고 가정하자. 경찰은 진짜 범죄자를 찾기 위해 250,000쌍을 조사해야 한다. 이는 50만 명의 무고한 사람들의 일상을 침해하는 일일뿐더러 작업량 또한 엄청나게 방대하기 때문에 실제 범죄자를 찾는 방법으로 적용하기 어렵다는 사실을 알 수 있다.

1.2.4 1.2절 연습문제

연습문제 1.2.1 데이터와 관련해 아래와 같은 가능성이 있다면(다른 모든 숫자는 1.2.3절과 같다고 가정한다) 의심 가는 범죄자는 몇 쌍인가? 1.2.3절의 정보를 활용하라.

(a) 관찰 대상 기간이 2,000일로 늘었다.

(b) 관찰 대상 사람수가 20억 명으로 늘었다(그리고 호텔의 수는 20만 개다).

(c) 서로 다른 날짜에 세 번 동일한 시간 동일한 호텔에 있는 경우에만 용의자 쌍으로 간주한다.

연습문제 1.2.2 1억 명에 대한 슈퍼마켓 상품 구매 기록이 있다고 가정하자. 각 개인은 1년에 100번 슈퍼마켓에 가고, 진열된 1,000개의 상품들 중 10개를 구입한다. 그 해에 한 쌍의 테러리스트는 (아마도 폭탄 제조를 위해서) 10개의 상품을 동일하게 구입할 것이다. 같은 상품들을 구입한 한 쌍의 사람들을 찾았다면 그 사람들이 정말 테러

리스트라고 확신할 수 있는가?[3]

1.3 알아 두면 유용한 사실들

1.3절에서는 데이터 마이닝을 공부하는 데 도움이 되는 몇 가지 내용들을 간단히 소개한다. 다른 학습 과정에서 다음 내용들을 접해 본 적이 있을지도 모르겠다.

1. 단어의 중요도에 대한 TF.IDF 측정
2. 해시 함수[hash function]와 그 사용법
3. 보조기억장치(디스크)와 그것이 알고리즘 실행 시간에 미치는 영향
4. 자연 로그 e와 이를 포함하는 항등식
5. 멱 법칙[power law]

1.3.1 문서에서의 단어 중요도

여러 데이터 마이닝의 응용 분야에서 주제에 따라 문서(연속된 단어들)를 분류하는 문제를 다룬다. 일반적으로 주제를 식별하는 방법은 주제와 관련해 문서를 특징짓는 특별한 단어들을 찾아내는 것이다. 예를 들어, 야구와 관련된 기사에는 '공', '방망이', '투구', '주루' 등과 같은 단어들이 자주 등장하는 경향이 있다. 일단 특정 문서들을 야구와 관련된 것으로 분류하면 보통 위와 같은 단어들이 자주 등장하는 것을 어렵지 않게 볼 수 있다. 그러나 분류 작업이 안 된 상태에서 이들을 특징적인 단어로 파악하는 것은 불가능하다.

그래서 분류는 보통 문서들을 관찰하고 그 문서들에서 중요한 단어들을 찾는 작업부터 시작한다. 문서 내에서 가장 자주 등장하는 단어가 가장 중요하다고 생각할 수 있으나, 현실은 정반대다. 가장 자주 등장하는 단어는 '그[the]' 혹은 '그리고[and]'와 같이 문장 구조상 필요하지만 어떤 중요한 의미도 전달하지 못하는 일반적인 단어일

---

3 즉 특정 해에 테러리스트들은 정확하게 10개의 상품들을 동일하게 구매할 것이라는 가설이 있다고 하자. 왜 테러리스트가 그런 행동을 해야만 하는지는 여기서 다루지 않을 것이다.

가능성이 매우 높다. 실제로 영어에서 (불용어^{stop word}라고 불리는) 수백 번 이상 등장하는 가장 흔한 단어는 분류 작업 전에 보통 문서에서 삭제된다.

사실 주제를 가장 잘 나타내는 단어는 상대적으로 낮은 빈도로 등장한다. 그러나 낮은 빈도로 등장하는 모든 단어가 중요하다는 것은 아니다. 예를 들어 '그럼에도 notwithstanding' 혹은 '비록 그러하더라도^{albeit}' 같은 특정 단어들은 낮은 빈도로 대상 문서들에 등장하지만, 특별한 의미를 전달하지는 않는다. 반면, '처커^{chukker}'와 같은 단어는 낮은 빈도로 등장하면서 해당 문서가 폴로라는 스포츠에 관련된 내용임을 알려준다. 특별한 의미를 전달하는 희귀한 단어들과 특별한 의미가 없는 희귀한 단어들 사이의 차이점은 그 단어가 일부 소수의 문서들에서만 집중적으로 등장하는지 여부다. 즉 문서에 '비록 그러하더라도^{albeit}'와 같은 단어가 존재한다고 해서 그 단어가 여러 번 등장할 가능성이 높은 것은 아니다. 그러나 '처커'라는 단어가 문서에 한 번 언급됐다면 '1 처커', '2 처커' 등에서 어떤 일이 발생했는지에 대한 내용이 나올 가능성이 높다. 즉 이런 단어는 한 번 등장한 이후 반복적으로 언급되는 경향이 있는 것이다.

하나의 단어가 비교적 적은 문서들에 집중돼 나타나는 정도를 측정하는 일반적인 방법은 단어 **빈도-역문서 빈도**^{TF.IDF, Term Frequency times Inverse Document Frequency}를 사용하는 것이다. 이는 보통 다음과 같이 계산한다. N개의 문서들로 구성된 하나의 집합이 있다고 가정하고, 문서 j에서 용어(단어) i의 빈도(등장 횟수)를 f_{ij}라고 정의하자. 그러면 **용어 빈도**^{term frequency} TF_{ij}는 다음과 같이 정의된다.

$$TF_{ij} = \frac{f_{ij}}{\max_k f_{kj}}$$

즉 문서 j에서 용어 i의 용어-빈도는 같은 문서 내에서 (불용어를 제외한) 어떤 단어의 최대 등장 횟수로 f_{ij}를 나눔으로써 f_{ij}를 정규화한 값이다. 따라서 문서 j에서 가장 많이 등장하는 용어의 TF는 1이고, 같은 문서에 등장하는 다른 용어들의 용어 빈도는 분수 값이 된다.

용어에 대한 IDF는 다음과 같이 계산한다. 용어 i는 N개의 문서들 중 n_i개의 문서에 등장한다. 그러면 $IDF_i = \log_2(N/n_i)$이다. 문서 j에서 용어 i에 대한 TF.IDF

값은 $TF_{ij} \times IDF_i$로 정의된다. 가장 높은 TF.IDF 값을 가진 용어가 보통 문서의 주제를 가장 잘 특징짓는 용어라고 할 수 있다.

예제 1.4 저장소에 $2^{20} = 1,048,576$개의 문서가 있고, 이 중 $2^{10} = 1024$개의 문서에 단어 w가 등장한다고 가정하자. 그러면 $IDF_w = \log_2(2^{20}/2^{10}) = \log_2(2^{10}) = 10$이다. 문서 j에서 단어 w는 20번 등장하는데, 이는 (불용어를 제외하고) 등장하는 모든 단어들 중 최대 등장 횟수다. 이 경우 $TF_{wj} = 1$이 되고, 문서 j에서 단어 w에 대한 TF.IDF 값은 10이다.

문서 k에서 단어 w는 한 번 등장하고, 이 문서에서 어떤 단어의 최대 등장 횟수는 20이라고 가정하자. 그러면 $TF_{wk} = 1/20$이고, 문서 k에서 단어 w에 대한 TF.IDF 값은 1/2이다. ▪

1.3.2 해시 함수

해시 테이블hash table을 들어 본 독자가 많으리라 생각한다. 아마도 자바 클래스 혹은 유사한 패키지에서 해시 테이블을 사용해 본 적이 있을 것이다.

해시 테이블을 동작하게 만드는 **해시 함수**hash function는 다수의 데이터 마이닝 알고리즘에서 필수적인 요소이며, 알고리즘마다 해시 테이블은 각각 다르다. 1.3.2절에서는 해시 함수와 해시 테이블의 기본적인 내용을 다루려고 한다.

먼저 해시 함수 h는 **해시 키**hash-key 값을 인자로 받고, **버킷 번호**bucket number를 결과 값으로 생성한다. 버킷 번호는 정수이며, 일반적으로 0과 $B - 1$ 사이 값인데 여기서 B는 버킷의 개수를 나타낸다. 해시 키는 어떤 타입도 가능하다. 해시 함수는 해시 키를 '무작위로 분포시키는randomize' 직관적인 특성이 있다. 다시 말해서 해시 키가 고르게reasonable 분포돼 무작위로 선택된다면 해시 함수 h는 거의 동일한 개수의 해시 키들을 B개의 버킷들 각각에게 할당할 것이다. 그러나 분포시킬 수 있는 해시 키의 수가 B보다 작은 경우 이는 불가능한 일이 될 것이다. 결국 해시 키는 고르게 분포될 수 없다. 물론 해시 함수가 균일한 개수의 키를 버킷으로 분배할 수 없는 데에는 좀 더 미묘한 이유가 있다.

예제 1.5 해시 키들은 양의 정수라고 가정하자. 간단하고 일반적인 해시 함수로 $h(x)$ = x mod B를 꼽을 수 있다. 즉 해시 함수의 결과는 x를 B로 나눈 나머지 값이다. 해시 키의 모집단이 모두 양의 정수라면 키를 선택하는 일에는 문제가 없다. 각각의 버킷에 $1/B$개의 정수가 배정될 것이다. 그러나 모집단이 짝수로 구성돼 있으며 B = 10이라고 가정해 보자. 그러면 $h(x)$ 값으로 0, 2, 4, 6, 8 버킷들만 선정될 텐데 이 상황에서 해시 함수는 작위적^{nonrandom}으로 동작한다고 볼 수 있다. 반면 B = 11인 경우 짝수들은 $1/11$개씩 버킷 11개 각각에 할당될 것이므로 해시 함수는 이 경우 정확히 의도한 대로 동작하게 된다. ■

예제 1.5를 일반화하면 해시 키가 정수이며 B를 모든 (아니면 대부분의) 해시 키들과 공통 인수를 갖는 수로 선택하는 경우 키가 무작위로 분산되지 않음을 알 수 있다. 따라서 일반적으로 B를 소수^{prime}로 선택한다. 모든 해시 키들이 B의 배수라면 어쩔 수 없지만, 소수를 선택하면 해시 함수가 작위적으로 동작할 가능성이 낮아진다. 물론 모듈러 연산^{modular arithmetic}을 기반으로 하지 않는 그 외 다른 종류의 해시 함수도 많다. 여기서 그와 관련된 내용을 설명하지는 않겠지만, 참고 문헌에서 관련 정보를 찾을 수 있다.

해시 키가 정수가 아닌 경우는 어떨까? 모든 데이터 타입은 비트로 구성된 값으로 표현되며, 연속된 비트들은 항상 정수로 변환될 수 있다. 일반적인 데이터 타입을 정수로 변환하는 간단한 규칙들이 있다. 예를 들어, 해시 키가 문자열인 경우 각각의 문자를 그 문자의 아스키^{ASCII} 혹은 유니코드^{Unicode}로 변환하면 정수 값을 얻을 수 있다. 그 정수 값들의 합을 구해 B로 나눈다. B가 문자 코드들의 합보다 작다면 이 문자열 타입의 해시 키는 비교적 동등하게 버킷으로 분배된다. B가 크다면 하나의 문자열을 몇 개의 문자 그룹으로 분할하면 된다. 문자 그룹에 해당하는 코드들을 연속으로 배열해 하나의 정수로 만들어라. 하나의 문자열을 구성하는 모든 문자그룹과 관련된 정수들의 합을 구하고, 이전처럼 그 값을 B로 나눈다. 예를 들어, B가 10억 혹은 2^{30}에 가까운 경우 4개의 문자(바이트 = 2^8)를 하나의 그룹으로 구성하면 32비트($2^{8 \times 4}$) 정수를 얻을 수 있다. 이 값들의 합은 10억 개의 버킷에 비교적 균등하게 분배될 것이다.

좀 더 복잡한 데이터 타입에 대해서는 문자열을 정수로 변환하기 위해 사용한 방법을 재귀적으로 확장하면 된다.

- 레코드record 타입인 경우 레코드를 구성하는 열component 각각은 자신만의 타입을 갖고 있으므로 그 열 타입에 적합한 알고리즘을 사용해 각 열의 값을 하나의 정수로 변환한다. 열들에 대한 정수 값들의 합을 구하고 그 합을 B로 나눠 버킷 번호를 구한다.
- 배열array이나 집합set, 백bag 타입인 경우 원소들의 값을 정수로 변환하고, 그 정수들의 합을 구한 후 B로 나눈다.

1.3.3 인덱스

인덱스란 객체를 구성하는 하나 이상의 원소 값이 주어졌을 때 해당 객체를 효율적으로 검색할 수 있는 자료 구조다. 객체가 레코드이고, 인덱스는 레코드의 필드들 중 하나인 경우가 가장 일반적이다. 필드에 대한 값 v가 주어졌을 때 인덱스를 통해 모든 레코드를 검색할 필요 없이 해당 필드의 값이 v인 레코드만 모두 검색해 낼 수 있다. 예를 들어, 하나의 파일(이름, 주소, 전화번호 필드로 구성된)이 있고, 인덱스는 전화번호 필드라고 하자. 전화번호가 주어지면 인덱스를 통해 그 전화번호를 포함하는 레코드 혹은 레코드들을 빠르게 찾아낼 수 있다.

인덱스를 구현하는 방법은 많으나 여기서 그 방법을 논의하지는 않을 것이다. 참고문헌에서 관련 자료를 찾을 수 있다. 해시 테이블이 인덱스를 구현하는 간단한 방법 중 하나라는 사실만 알아 두자. 인덱스를 걸기 위한 필드(들)로 어떤 해시 함수에 대한 해시 키를 만든다. 각 레코드에 해시 키 값에 적용될 해시 함수를 적용하면 그 해시 함수로 결정되는 버킷 번호에 레코드가 위치하게 된다. 따라서 버킷은 메인 메모리main-memory 혹은 디스크 블록disk block 내에서 단일 레코드 리스트일 수 있다.

이제 해시 키가 주어지면 그 키를 해싱hashing[4]해서 버킷을 찾은 후 해시 키에 해당하는 값을 가진 레코드를 찾기 위해 오직 그 버킷만 검색하면 된다. 파일 안에 레코

---

4 해시 함수에 적용 – 옮긴이

드 개수를 고려해 버킷 개수 B를 결정하면 모든 버킷에 비교적 적은 개수의 레코드들이 존재하게 되므로 버킷 검색에 걸리는 시간이 매우 적을 것이며, 버킷에 다른 해시 키에 해당하는 레코드는 거의 없을 것이다. 따라서 원하는 해시 키로 전체 파일에서 레코드를 검색하는 것과 비교했을 때 원하는 레코드만 검색하는 것이 훨씬 효율적이다.

예제 1.6 그림 1.2는 이름, 주소, 전화번호 필드가 있는 레코드의 메인 메모리 인덱스 구성을 보여 준다. 여기서 인덱스는 전화번호 필드에 걸려 있으며, 버킷은 링크드 리스트linked list로 구현돼 있다. 전화번호 800-555-1212는 17번 버킷으로 해싱된다. 버킷 헤더bucket header들로 구성된 배열에서 i번째 원소는 i번 버킷에 해당하는 링크드 리스트의 헤드head다. 다음 그림은 링크드 리스트의 원소들 중 하나를 확장해 보여 준다. 여기에는 이름, 주소, 전화번호 필드를 가진 레코드가 포함된다. 바로 이 레코드에 전화번호 800-555-1212가 위치한다. 같은 버킷에 있는 다른 레코드들의 전화번호는 이 번호와 같을 수도 있고, 다를 수도 있다. 어떤 전화번호가 있든지 여기서 알 수 있는 사실은 전화번호가 17로 해싱됐다는 것이다. ■

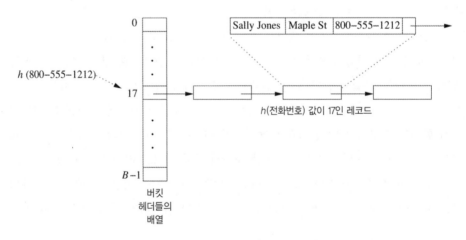

그림 1.2 인덱스로 사용되는 해시 테이블: 전화번호는 버킷으로 해싱되고, 그 전화번호의 해시 값은 전체 레코드가 위치하는 버킷의 번호가 된다.

1.3.4 보조기억장치

대용량 데이터를 다룰 때는 최초 데이터가 메모리에 있을 때와 데이터가 디스크에 있을 때 서로 연산을 수행하는 시간에 차이가 있음을 이해하는 것이 중요하다. 디스크의 물리적 특징에 대해 할 이야기가 훨씬 많지만, 여기서는 그중 일부만을 다룰 것이다. 관심 있는 독자들은 참고 문헌의 도움을 얻기 바란다.

디스크는 **블록**block들로 구성되는데 블록이란 운영체제가 메인 메모리와 디스크 사이에서 데이터를 옮기는 데 사용하는 최소 단위다. 예를 들어, 윈도우 운영체제는 64K 바이트 블록을 사용한다(참고로 정확하게 2^{16} = 65,536바이트다). 디스크 블록에 접근access해서(디스크 헤드를 블록이 있는 트랙으로 옮기고, 찾는 블록이 회전해 헤더 아래에 위치하기를 기다린다) 읽기까지 대략 10밀리초가 소요된다. 이는 메인 메모리로부터 단어 하나를 읽어오는 데 걸리는 시간에 비하면 최소 10만 배 이상 느린 결과다. 따라서 몇 바이트에 접근하는 경우라면 데이터를 메인 메모리에 위치시키는 것이 당연히 이득이다. 예컨대 블록을 해시 테이블의 버킷으로 생각하고 버킷의 모든 레코드들 사이에서 특정 해시 키 값을 찾는 경우처럼 디스크 블록의 모든 바이트마다 간단한 작업을 수행할 때는 블록을 디스크에서 메인 메모리까지 옮기는 시간이 연산에 소요되는 시간보다 훨씬 클 것이다.

관련 데이터를 단일 **실린더**cylinder(디스크 중심에서부터 일정한 반지름에 위치한 블록들의 집합, 따라서 디스크 헤드를 옮기지 않고 접근이 가능하다)에 위치하도록 데이터를 구성하면 실린더의 모든 블록을 10밀리초보다 훨씬 더 빠르게 메인 메모리로 읽어 올 수 있다. 하지만 데이터 구성에 관계없이 데이터를 디스크에서 메인 메모리로 옮길 수 있는 최대 속도가 초당 100메가바이트라고 가정해 보자. 데이터 크기가 메가바이트급인 경우에는 문제가 되지 않는다. 그러나 100기가바이트 혹은 테라바이트급 데이터라면 연산은커녕 데이터 접근 자체가 어려울 수 있다.

1.3.5 자연 로그의 밑

상수 e = 2.7182818…은 유용하면서 특별하다. x가 무한대로 증가할 때 $(1 + \frac{1}{x})^x$의 극한 값이 바로 e다. x = 1, 2, 3, 4일 때 이 수식의 값은 대략 2, 2.25, 2.37, 2.44

다. 따라서 이 급수의 극한은 2.72에 근접한다는 사실을 쉽게 알아낼 수 있다.

대수학^{algebra}을 통해 외견상 복잡해 보이는 많은 수식의 근사치를 얻을 수 있다. $(1 + a)^b$에서 a는 매우 작다고 가정하자. 그럼 이 수식은 $(1 + a)^{(1/a)(ab)}$로 고쳐 쓸 수 있다. 그 다음 $a = 1/x$와 $1/a = x$로 치환하면 수식은 $(1 + \frac{1}{x})^{x(ab)}$가 되고, 이는 다음과 같이 표현할 수 있다.

$$\left(\left(1 + \frac{1}{x}\right)^x\right)^{ab}$$

a는 작고 x는 크다고 가정했으므로 부분식 $(1 + \frac{1}{x})^x$는 e라는 극한값에 수렴할 것이다. 따라서 $(1 + a)^b$의 근사치는 e^{ab}가 된다.

a가 음수일 때도 비슷하다. 즉 $(1 - \frac{1}{x})^x$에서 x가 무한대로 증가할 때 극한은 $1/e$이다. a가 작은 음수일 때도 근사치는 $(1 + a)^b = e^{ab}$을 따른다. 바꿔 말하면 a가 작고 b가 클 때 $(1 - a)^b$는 대략 e^{-ab}와 같다.

그 외 몇 가지 유용한 근사치는 e^x의 테일러 전개식$^{Taylor\ expansion}$을 따른다. 즉 $e^x = \sum_{i=0}^{\infty} x^i/i!$, 혹은 $e^x = 1 + x + x^2/2 + x^3/6 + x^4/24 + \cdots$ 이다. 어떤 상수 x에 대해서도 $n!$이 x^n보다 빠르게 커지기 때문에 이 전개식이 수렴하는 것은 사실이지만, x가 크면 수렴하는 속도는 느리다. 하지만 x가 작은 음수 혹은 작은 양수인 경우 전개식은 빠르게 수렴하며, 몇 안 되는 항들만으로도 정확한 근사치를 얻을 수 있다.

예제 1.7 $x = 1/2$이면

$$e^{1/2} = 1 + \frac{1}{2} + \frac{1}{8} + \frac{1}{48} + \frac{1}{384} + \cdots$$

혹은 대략 $e^{1/2} = 1.64844$다.

$x = -1$이면

$$e^{-1} = 1 - 1 + \frac{1}{2} - \frac{1}{6} + \frac{1}{24} - \frac{1}{120} + \frac{1}{720} - \frac{1}{5040} + \cdots$$

혹은 대략 $e^{-1} = 0.36786$이다. ■

1.3.6 멱 법칙

우리 주변에는 **멱 법칙**power law을 따르는 두 변수들, 즉 로그 값들 사이의 선형적 관계로 설명되는 현상들이 많이 있다. 그림 1.3은 그런 관계를 보여 준다. x가 가로축이고 y가 세로축일 때 그 관계는 $\log_{10} y = 6 - 2 \log_{10} x$로 표현된다.

예제 1.8 아마존 닷컴Amazon.com의 책 판매 실적을 예로 들어 보자. x는 책 판매 순위라고 하고, y는 특정 기간 동안 x번째로 많이 팔린 책의 판매 부수라고 하자. 그림 1.3을 보면 가장 많이 팔린 책의 판매 부수가 1,000,000권이고, 10번째로 많이 팔린 책의 판매 부수는 10,000권이며, 100번째로 많이 팔린 책의 판매 부수는 100권이라는 사실을 알 수 있다. 그 외 나머지 순위들도 이렇게 확인할 수 있다. 이 예제에서 판매 순위가 1,000위인 책의 판매 부수가 거의 0권에 가깝다는 표현은 너무 극단적이며, 실제로는 1,000위 권 밖의 순위에 대해서는 그래프의 기울기가 평평하게 될 것이라 예상할 수 있다. 게다가 그림 1.3 그래프의 기울기는 덜 가파르다면 실제로 일어나는 현상에 가깝겠지만, 책 판매 부수를 묘사하기에는 너무 가파르다고 볼 수 있을 것 같다. ■

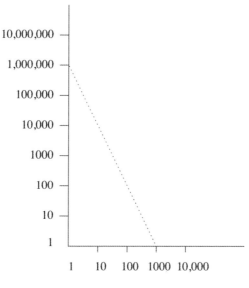

그림 1.3 기울기가 −2인 멱 법칙

x와 y를 연결시키는 멱 법칙의 일반적인 형태는 $\log y = b + a \log x$다. 로그의 밑수(이 식에서 밑수는 어떤 값이 되든 상관없다) e를 이 식의 양변 모두의 값으로 거듭제곱하면 $y = e^b e^{a \log x} = e^b x^a$라는 식을 얻게 된다. e^b는 단지 '어떤 상수'이므로 상수 c로 치환할 수 있다. 따라서 어떤 상수 a와 c에 대한 멱 법칙은 $y = cx^a$가 된다.

예제 1.9 그림 1.3에서 $x = 1$, $y = 10^6$과 $x = 1000$, $y = 1$인 경우 그 결과를 확인할 수 있다. 첫 번째 x, y쌍을 위의 식에 대입해서 $10^6 = c$를 얻고, 두 번째 x, y쌍을 대입해서 $1 = c(1000)^a$을 얻는다. $c = 10^6$이므로 두 번째 식은 $1 = 10^6(1000)^a$이며, 따라서 $a = -2$다. 즉 그림 1.3에서 표현된 법칙은 $y = 10^6 x^{-2}$ 혹은 $y = 10^6/x^2$이다. ∎

이 책에서는 다양한 현상에 멱 법칙이 적용되고 있음을 사례를 통해 살펴볼 것이다. 다음은 이와 관련된 몇 가지 사례다.

1. **웹 그래프에서 노드 차수**Node Degrees: 해당 페이지로 연결되는 링크 개수를 기준으로 모든 페이지를 정렬한다. 그 결과에서 x는 해당 페이지의 순위이고, y는 x번째 페이지로 연결되는 링크 개수다. 그러면 x의 함수로서 y는 그림 1.3에서와 매우

마태 효과

일반적으로 멱 법칙에서 지수 값이 1보다 큰 경우는 **마태 효과**Matthew effect로 설명된다. 『성경』의 「마태복음」에 "무릇 있는 자는 받아 풍족하게 되고 없는 자는 그 있는 것까지 빼앗기리라"라는 구절이 있다. 이런 특징을 보이는 부익부 빈익빈 현상은 많다. 예를 들어, 어떤 웹페이지 안에 링크가 많으면 사람들이 그 페이지를 검색할 가능성이 높으며, 또한 자신들의 페이지에 그 페이지를 링크시킬 가능성도 높다. 또 다른 예로, 아마존에서 잘 팔리는 책은 사이트를 방문한 고객에게 광고될 가능성이 높다. 방문 고객 중 몇몇은 실제로 책을 구입하게 될 것이고, 따라서 이 책의 판매량은 증가하게 될 것이다.

흡사할 것이다. 지수 a는 그림에 나타난 -2보다 약간 크다. 2.1에 가깝다고 할 수 있다.

2. **제품 판매량**: 과거 1년간 판매량을 기준으로 아마존 닷컴의 책들을 정렬한다. y는 x번째로 많이 팔린 책의 판매 부수다. 함수 $y(x)$는 역시 그림 1.3과 비슷할 것이다. 9.1.2절에서 판매 부수의 분포 결과를 설명하면서 '롱테일long tail' 개념을 알아볼 것이다.

3. **웹 사이트의 규모**: 웹 사이트를 구성하는 페이지 수를 계산하고 그 수를 기준으로 사이트를 정렬한다. y는 x번째 사이트의 페이지 수가 된다. 함수 $y(x)$는 멱 법칙을 따른다.

4. **지프의 법칙**Zipf's Law: 이 멱 법칙은 원래 문서 집합에서의 단어 빈도와 관련이 있다. 빈도 수로 단어를 정렬하면 y는 x번째로 자주 등장하는 단어의 등장 횟수가 되며, 그림 1.3에서 보는 것보다 훨씬 완만한 기울기의 멱 법칙을 얻게 된다. 지프Zipf가 얻은 결과는 $y = cx^{-1/2}$이다. 그 외 많은 종류의 데이터가 이 특이한 멱 법칙을 따른다는 사실은 매우 흥미롭다. 예를 들어, 인구수를 기준으로 미국 주state들을 정렬하면 y는 x번째로 인구가 많은 주의 인구수가 되고, x와 y는 대략적으로 지프의 법칙을 따르고 있음을 볼 수 있다.

1.3.7 1.3절 연습문제

연습문제 1.3.1 1,000만 개 문서들의 저장소가 있다고 가정했을 때 (a) 40개의 문서와 (b) 10,000개의 문서에 등장하는 단어 하나에 대한 (가장 근접한 정수인) IDF는 얼마인가?

연습문제 1.3.2 1,000만 개 문서들의 저장소가 있고, 그중 320개의 문서들에서 단어 w가 등장한다고 가정하자. 특정 문서 d에서 어떤 단어의 최대 등장 횟수는 15회다. w가 (a) 한 번 (b) 다섯 번 등장한다면 w에 대한 TF.IDF 값은 얼마인가?

! **연습문제 1.3.3** 어떤 상수 c의 배수인 음이 아닌 정수로부터 해시 키가 생성되고, 해시 함수 $h(x)$는 $x \bmod 15$라고 가정하자. 해시 함수가 정상적으로 동작하려면 c는

어떤 값이 돼야 하는가? 다시 말해서 해시 키를 무작위로 선택했을 때 대략 비슷한 개수의 해시 키들이 버킷에 분배돼야 한다면 c는 어떤 값이어야 하는가?

연습문제 1.3.4 자연상수 e에 관해 다음 근사치를 구하라.

$$\text{(a) } (1.01)^{500} \text{ (b) } (1.05)^{1000} \text{ (c) } (0.9)^{40}$$

연습문제 1.3.5 e^x의 테일러 전개식을 사용해 소수점 이하 세 번째 수까지 다음을 계산하라.

$$\text{(a) } e^{1/10} \text{ (b) } e^{-1/10} \text{ (c) } e^2$$

1.4 이 책의 개요

1.4절에서는 이 책의 나머지 부분을 간단하게 요약할 것이다.

2장은 데이터 마이닝 자체에 관한 내용은 아니다. 더 정확히 말하자면 방대한 양의 데이터를 동시에 처리할 수 있는 프로그래밍 시스템을 소개한다. 다수의 연결된 프로세서를 사용하는 클라우드 컴퓨팅 아키텍처를 논의할 것이다. 맵리듀스를 기반으로 한 프로그래밍 시스템을 자세히 살펴보고, 대용량 데이터셋 처리에 사용되는 공통된 여러 작업들을 위해 맵리듀스 기반 알고리즘을 제시한다.

3장은 유사한 항목들을 찾는 문제와 관련된 내용이다. 항목이 어떤 원소들의 집합으로 구성돼 있을 때 공통 원소들의 비율이 높은 유사한 집합들을 찾아내는 문제로부터 시작해 민해싱^{minhashing}과 지역성 기반 해싱^{locality-sensitive hashing}의 주요 기법을 설명할 것이다. 이런 기법들은 매우 다양하게 응용되며, 대용량 데이터셋에서 불가능해 보이는 문제에 대해 대단히 효율적인 해결책을 제시한다.

4장에서는 스트림^{stream} 형태의 데이터를 다룬다. 스트림 데이터는 즉각적으로 데이터에 작업을 수행하지 않으면 유실된다는 점에 있어서 데이터베이스와 구별된다. 검색 엔진의 검색 질의들, 유명한 웹사이트에서의 클릭 행위 데이터 등이 스트림의 대표적인 예다. 또한 해싱을 응용해 스트림 데이터를 관리하는 방법을 살펴볼 것이다.

5장은 페이지랭크page rank 연산이라는 하나의 응용 사례를 집중적으로 다룬다. 페이지랭크 연산은 다른 검색 엔진과 구글을 차별화한 아이디어로서 검색 엔진이 사용자가 관심을 가질 만한 페이지를 파악해 내는 기법에서 여전히 핵심적인 역할을 담당하고 있다. 스팸spam 처리 분야(부드럽게 표현하면 '검색 엔진 최적화')에서도 역시 페이지랭크의 확장된 기법이 필수적이다. 스팸 처리를 위한 최신 확장 기법을 살펴보게 될 것이다.

6장은 데이터의 시장바구니market-basket 모델을 소개하고, 이와 관련된 고전적인 연관 규칙association rule, 빈발 항목집합frequent-itemset 도출 문제를 다룬다. 시장바구니 모델에서는 수많은 장바구니basket들과 그들 각각에 포함된 작은 항목들의 집합으로 데이터가 구성된다. 빈발 항목집합, 즉 많은 장바구니에 동시에 나타나는 항목 쌍들을 찾아내기 위한 알고리즘들을 제시한다. 2개의 쌍보다 더 많은 개수의 빈발 항목을 찾는 문제를 효율적으로 처리하기 위한 알고리즘들도 소개한다.

7장은 클러스터링 문제를 다룬다. 하나의 항목이 다른 항목과 얼마나 먼지 혹은 가까운지 정의하는 거리 측정을 통해 항목들의 집합이 규정된다. 클러스터링의 목적은 커다란 데이터를 부분집합들(클러스터들)로 분류해 내는 것이다. 각 클러스터에 포함된 모든 항목들은 서로 근접해 있고, 다른 클러스터들과는 멀리 떨어져 있다.

8장은 온라인 광고 및 온라인 광고와 관련해 발생하는 연산 문제들을 다룬다. 데이터 전체를 훑어보지 않고 즉각 응답하는 방식을 좋은 것으로 판단하는 온라인 알고리즘의 개념을 소개한다. 8장에서는 경쟁률competitive ratio이라는 또 다른 중요한 개념을 다루는데 이 비율은 데이터 전체를 훑어보고 결정하는 최적 알고리즘의 성능 대비 온라인 알고리즘의 성능 비율이다. 이런 개념들은 검색 엔진에 입력되는 질의의 응답으로 광고를 게재할 수 있는 사업권에 입찰한 광고주들의 광고 입찰을 조합하는 알고리즘에 사용된다.

9장은 추천 시스템에 대한 내용이다. 많은 웹 애플리케이션이 사용자가 좋아할 만한 콘텐츠를 그들에게 권하고 있다. 사용자가 좋아할 만한 영화를 예측하는 넷플릭스Netflix와 고객이 사고 싶어할 만한 상품을 제시하는 아마존이 바로 그런 사례다. 추천 시스템과 관련된 기본적인 접근 방식은 두 가지다. 영화의 주연 배우 정보처럼 그 항목의 특징을 추출해서 고객이 선호한다고 알려져 있는 특징을 갖는 영화를 추천하는 방법이다. 아니면 질문을 통해 비슷한 성향을 가진 사용자들을 찾고, 그들이 어떤 것을 좋아하는지 파악하는 방법도 있다(협력적 필터링collaborative filtering이라고 알려진 기법).

10장에서는 소셜 네트워크와 이를 분석하는 알고리즘을 알아본다. 소셜 네트워크의 고전적인 예는 페이스북 친구들의 관계를 표현하는 그래프인데, 그래프에서 노드는 사람이 되고 실선은 두 사람이 친구인 경우 두 사람을 연결시키는 역할을 한다. 트위터의 팔로워와 같이 방향이 있는 그래프를 소셜 네트워크로 볼 수도 있다. 이런 내용들을 다룰 때 일반적으로 해결해야 할 문제는 '커뮤니티communities', 즉 엄청나게 많은 실선들로 연결된 적은 개수의 노드 집합들을 찾아내는 것이다. 그 외 소셜 네트워크에 대한 문제는 이행적 폐쇄transitive closure나 지름을 계산하는 것처럼 일반적으로 그래프와 관련된 문제로 볼 수 있지만, 지나치게 큰 네트워크 크기로 인해 해결하기가 더 어려운 것이 사실이다.

11장은 차원 축소dimensionality reduction를 다룬다. 매우 큰 희소sparse 행렬을 생각해 보자. 그 행렬은 두 종류의 개체들 사이의 관계를 표현한다. 관객이 영화 순위를 매기는 것처럼 말이다. 실제로 수 많은 영화와 관객들보다 훨씬 더 적은 개수의 개념으로 왜 특정 관객들이 특정 영화를 선호하는지 쉽게 설명할 수 있다. 2차원 행렬을 1차원 행렬들의 곱으로 분해함으로써 행렬을 단순화하는 몇 가지 알고리즘을 제시할 것이다. 하나의 행렬은 한 종류의 개체들과 적은 개수의 개념들을 관련 짓고, 또 하나의 행렬은 개념들을 다른 종류의 개체들과 관련 짓는다. 정확하게 계산되면 그 작은 행렬들의 곱은 본래의 행렬에 매우 근접하게 된다.

12장에서는 매우 방대한 데이터셋을 대상으로 하는 머신러닝 알고리즘을 알아본다. 퍼셉트론perceptron, 서포트 벡터 머신support-vector machine, 경사 하강법gradient descent, 최근접 이웃nearest-neighbor 모델, 의사결정 트리decision tree 기법들을 다룰 것이다.

마지막으로 13장은 특별히 신경망과 딥러닝을 소개한다. 일반적인 신경망의 개념과 더불어 컨볼루션 신경망convolutional neural networks, 순환 신경망recurrent neural networks, 장단기 메모리 네트워크long short-term memory networks라는 특수한 신경망들을 다룬다.

1.5 요약

- **데이터 마이닝**: 이 용어는 과학, 산업 및 기타 여러 응용 분야의 문제를 해결하기 위해 컴퓨터 과학이라는 강력한 툴을 적용하는 것을 뜻한다. 성공적인 적용의 핵심은 데이터의 모델을 만드는 것, 즉 데이터와 가장 관련이 높은 특징들에 대한 요약 혹은 상대적으로 간결한 표현을 만드는 것이다.

- **본페로니의 이론**Bonferroni's Principle: 무작위 데이터에서 발견된 특징들의 예측 결과 값이 너무 크다면 그런 특징들이 중요하다고 믿어서는 안 된다. 이런 사실은 현실에서 종종 발견되는 특징들을 찾는 데 사용되는 데이터 마이닝의 영향력을 제한한다.

- **TF.IDF**: 문서들의 집합에서 각 문서의 주제를 결정하기 위한 주요 단어를 TF.IDF라는 값으로 찾아낼 수 있다. 특정 단어가 비교적 적은 문서들에 등장하지만, 그 문서들 내에서는 자주 등장한다면, 그 단어는 높은 TF.IDF 값을 갖는다.

- **해시 함수**: 특정 데이터 타입의 해시 키들을 정수인 버킷 숫자로 매핑mapping하는 함수다. 좋은 해시 함수는 주어진 해시 키 값들을 대체로 균등하게 각 버킷들로 분배한다. 해시 함수는 어떤 데이터 타입도 다룰 수 있다.

- **인덱스**: 인덱스란 레코드의 하나 이상의 필드 값이 주어졌을 때 데이터 레코드를 효율적으로 저장하고 검색할 수 있도록 하는 자료 구조다. 해싱은 인덱스를 구현하는 한 가지 방법이다.

- **디스크 저장**: 데이터가 디스크(보조기억장치secondary memory)에 저장돼야 한다면 같은 데이터가 메인 메모리에 저장돼 있을 때보다 데이터에 접근하는 시간이 훨씬 더 많이 걸린다. 데이터가 클 때는 사용하는 알고리즘이 필요로 하는 데이터를 메인 메모리에 얼마나 효율적으로 유지시키는지가 관건이다.

- **멱 법칙**: 많은 현상들이 $y = cx^a$로 표현될 수 있는 멱 법칙을 따른다. 여기서 지수 a는 대부분 -2에 가까운 값이다. x번째로 많이 판매된 책의 판매 부수, 혹은 x번째로 가장 많이 링크되는 페이지의 링크 개수 등이 그런 현상들이다.

1.6 참고문헌

[8]은 데이터 마이닝의 기초를 명확하게 소개한다. [3]은 주로 머신러닝과 통계 관점에서 데이터 마이닝을 다룬 문헌이다. 데이터 마이닝에 대한 통계적 접근법과 연산적 접근법 사이의 차이점은 [1]에 서술돼 있다.

해시 함수와 해시 테이블의 구현에 대해서는 [5]를 참고하길 권한다. TF.IDF 측정에 대한 자세한 내용과 그 외 문서 처리에 관련된 내용은 [6]을 참고했다. 인덱스, 해시 테이블, 디스크에서의 데이터 관리와 관련된 내용은 [4]의 도움을 얻었다.

웹에 적용되는 멱 법칙은 [2]에서 다루고 있다. 마태 효과는 [7]에서 처음으로 언급됐다.

[1] L. Breiman, "Statistical modeling: the two cultures," *Statistical Science* **16**:3, pp. 199–215, 2001.

[2] A. Broder, R. Kumar, F. Maghoul, P. Raghavan, S. Rajagopalan, R. Stata, A. Tomkins, and J. Weiner, "Graph structure in the web," *Computer Networks* **33**:1–6, pp. 309–320, 2000.

[3] M.M. Gaber, *Scientific Data Mining and Knowledge Discovery – Principles and Foundations*, Springer, New York, 2010.

[4] H. Garcia-Molina, J.D. Ullman, and J. Widom, *Database Systems: The Complete Book* Second Edition, Prentice-Hall, Upper Saddle River, NJ, 2009.

[5] D.E. Knuth, *The Art of Computer Programming* Vol. 3 (*Sorting and Searching*), Second Edition, Addison-Wesley, Upper Saddle River, NJ, 1998.

[6] C.P. Manning, P. Raghavan, and H. Schütze, *Introduction to Information Retrieval*, Cambridge University Press, 2008.

[7] R.K. Merton, "The Matthew effect in science," *Science* **159**:3810, pp. 56–63, Jan. 5, 1968.

[8] P.-N. Tan, M. Steinbach, and V. Kumar, *Introduction to Data Mining*, Addison-Wesley, Upper Saddle River, NJ, 2005.

02

맵리듀스와 새로운 소프트웨어 스택

'빅데이터big-data 분석이라고 불리는 근래 데이터 마이닝의 응용 분야에서는 엄청난 양의 데이터를 빠르게 처리하는 것이 관건이다. 이 분야에서 다루는 데이터는 매우 균일하기 때문에 병렬 처리가 유리하다. 대표적인 사례들은 다음과 같다.

1. 웹 페이지의 중요도 순위 매기기. 수십억 차원dimension의 반복된 행렬 벡터 곱셈이 수반된다. 이를 구현한 것이 '페이지랭크PageRank'로 5장의 주제다.

2. 소셜 네트워크 사이트의 '친구들' 관계 내 검색. 수억 개 노드node와 수십억 개의 선edge들로 이뤄진 그래프가 사용된다. 이런 그래프 종류의 연산은 10장에서 다룬다.

위와 같은 사례를 다루기 위해 새로운 소프트웨어 스택stack이 탄생했다. 이런 프로그래밍 시스템은 '슈퍼컴퓨터supercomputer'가 아닌 '컴퓨팅 클러스터computing clusters'를 기반으로 병렬 처리를 구현하기 위해 설계됐다. 즉 일반적인 프로세서를 장착한 수많은 노드(컴퓨터 노드compute node)를 이더넷Ethernet 케이블 혹은 고가의 스위치 장비로 연결하는 방식이다. 소프트웨어 스택은 '분산 파일 시스템distributed file system'이라고 불리는 새로운 형태의 파일 시스템을 기반으로 하는데, 이는 일반적인 운영체제의 디스크 블록보다 훨씬 더 큰 단위를 사용한다. 또한 분산 파일 시스템은 수천 개의 저가 서버에 데이터가 분산될 때 자주 발생하는 저장매체 장애^{media failures}를 방지하기 위해 데이터를 복제하거나 중복으로 저장해 둔다.

이런 파일 시스템상에서 동작하는 고수준^{higher-level}의 프로그래밍 시스템들이 다양하게 개발돼 왔다. 이 책에서 다루는 소프트웨어 스택의 핵심은 **맵리듀스**^{MapReduce}라 불리는 프로그래밍 시스템이다. 맵리듀스를 사용하면 대용량 데이터를 대상으로 한 대부분의 일반 연산들을 분산 환경에서 처리할 수 있고, 이로 인해 연산 중에 발생하는 하드웨어 장애를 어느 정도 인내^{tolerant}할 수 있게 된다.

맵리듀스 시스템은 빠르게 진화하며 확장을 거듭하고 있다. 현재 맵리듀스 프로그램은 보통 SQL과 같은 고수준 프로그래밍 시스템을 기반으로 개발되는 것이 일반적이다. 또한 적용 범위가 폭넓고 강력하면서도 개념을 단순화한 점에서 유용한 방식으로 인정받고 있다. 2장에서는 먼저 맵리듀스를 비주기적 워크플로^{acyclic workflows}를 지원하는 시스템으로, 그다음에는 재귀적 알고리즘을 구현하는 시스템으로 일반화하는 방법을 논의할 것이다.

2장 후반부에서는 맵리듀스 알고리즘의 올바른 설계 방식에 대해 다룰 텐데 이는 슈퍼컴퓨터에서 실행되기 적합한 병렬 알고리즘을 설계하는 것과는 매우 상이하다. 맵리듀스 알고리즘을 설계할 때 보통 통신에서 가장 큰 비용이 발생하는 것을 볼 수 있다. 따라서 통신 비용과 가장 효율적인 맵리듀스 알고리즘 간의 관계를 알아볼 것이다. 몇 가지 맵리듀스 애플리케이션을 소개하면서 병렬 처리 정도와 통신 비용 사이를 최적으로 조율하는 알고리즘들을 제시할 것이다.

2.1 분산 파일 시스템

대부분의 프로그램은 메인 메모리^{main memory}, 캐시^{cache}, 로컬 디스크가 장착된 단일 프로세서(하나의 노드)에서 실행된다. 과거에는 과학 기술 계산과 같이 병렬 처리가 필요한 애플리케이션들이 전용 하드웨어와 많은 프로세서가 장착된 특수 목적용 병렬 컴퓨터들에서 실행됐다. 그러나 이제는 대규모 웹서비스의 출현으로 인해 거의 독립적으로 동작하는 수천 개의 노드들 위에서 그런 프로그램들이 실행되고 있다. 여기서 말하는 노드들은 특수 목적용 병렬 컴퓨터들에 비해 훨씬 저렴한 하드웨어들이다.

이 새로운 컴퓨팅 환경이 차세대 프로그래밍 시스템으로 떠오르고 있다. 이런 시스템은 병렬 처리라는 강력한 방식을 활용하며, 동시에 독립적인 수천 개의 성분들로 구성된 컴퓨팅 하드웨어에서 언제고 발생할 수 있는 장애로 인한 신뢰성 문제를 극복해 내고 있다. 2장에서는 이런 컴퓨팅 환경의 구성과 이를 근간으로 개발된 특수한 파일 시스템의 특징을 모두 알아보고자 한다.

2.1.1 노드들의 물리적 구조

종종 **클러스터 컴퓨팅**cluster computing이라고도 불리는 병렬 컴퓨팅 아키텍처는 다음과 같다. 보통 8개에서 64개의 노드가 하나의 **랙**rack으로 구성된다. 단일 랙에 올라간 노드들은 보통 기가비트 이더넷gigabit Ethernet 네트워크로 연결된다. 다수의 노드들이 많은 랙에 올라가며, 그 랙들은 또 다른 레벨의 네트워크 혹은 스위치로 연결된다. 랙들 간inter-rack의 통신 대역폭bandwidth은 보통 랙 내부intrarack 이더넷보다 약간 크긴 하지만, 랙들 간 통신이 필요한 노드들의 쌍이 명확한 경우 이 대역폭은 극히 중요해진다. 그림 2.1은 대규모 컴퓨팅 시스템의 아키텍처를 나타낸다. 물론 더 많은 랙과 랙당 더 많은 컴퓨터 노드들이 존재할 수도 있다.

현실적으로 컴포넌트에 장애가 발생하는 상황을 피할 수는 없는데, 시스템을 구성하는 노드들과 네트워크 통신 회선communication links 같은 컴포넌트들이 많아질수록 더 잦은 장애가 발생해 어느 순간 시스템이 동작하지 않는 상황이 벌어지게 된다. 그림 2.1과 같은 시스템에서 발생하는 주요 장애 유형은 단일 노드 장애(예컨대 노드에서 디스크가 깨진 경우)와 전체 랙 장애(예컨대 개별 노드들을 서로 연결하고 외부 환경과도 연결하는 네트워크의 장애)다.

중요한 연산의 경우 수천 개의 노드상에서 수분 심지어 수 시간이 걸리기도 한다. 하나의 컴포넌트에 장애가 발생할 때마다 연산을 중지시키고 재시작해야 한다면 그 연산은 절대로 종료되지 않을 것이다. 이런 문제를 해결하는 방법은 두 가지다.

1. 파일은 중복으로 저장돼야 한다. 몇 개의 노드들에 파일을 복제해 두지 않은 상

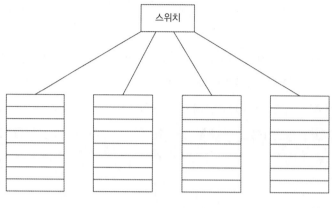

노드들로 구성된 랙들

그림 2.1 노드들은 랙을 구성하며, 랙들은 스위치로 연결된다.

황에서 노드 하나에 장애가 발생하면 노드가 교체될 때까지 그 노드의 모든 파일들을 사용하지 못한다. 파일을 백업받아 놓지 않고 디스크가 파손되면 그 파일은 영원히 사용할 수 없게 될 것이다. 2.1.2절에서 파일 관리를 다룰 것이다.

2. 연산을 여러 개의 태스크task로 나눠야 한다. 이렇게 하면 연산이 완료되기 전에 하나의 태스크가 실행에 실패한 경우 다른 태스크에 영향을 미치지 않고 그 태스크를 재시작할 수 있다. 2.2절에서 소개할 맵리듀스 프로그래밍 시스템이 이런 전략을 따른다.

2.1.2 대용량 파일 시스템 구조

클러스터 컴퓨팅을 활용하기 위해서는 단일 컴퓨터들이 사용하던 기존 파일 시스템과는 다른 관점으로 파일을 바라보고 다뤄야 한다. **분산 파일 시스템**DFS, Distributed File System(이 용어는 과거에 다른 의미로 사용됐다)이라는 이런 새로운 파일 시스템은 일반적으로 다음과 같이 사용된다.

- 테라바이트 급의 매우 큰 파일을 다룬다. 작은 파일에는 DFS를 사용할 이유가 없다.

DFS 구현

다음과 같이 실제로 사용되는 분산 파일 시스템의 종류는 여러 가지다.

1. **구글 파일 시스템**GFS, Google File System: 이 분야의 기원이다.
2. **하둡 분산 파일 시스템**HDFS, Hadoop Distributed File System: 하둡과 함께 사용되는 오픈 소스 DFS. 맵리듀스의 구현체로(2.2절 참고) 아파치 소프트웨어 재단에 의해 배포됐다.
3. **콜로서스**Colossus는 GFS의 개선된 버전이며, 거의 알려진 것이 없다. 콜로서스의 목표는 실시간 파일 서비스를 제공하는 것이다.

- 파일은 거의 갱신되지 않는다. 때때로 파일에 데이터가 추가되기도 하지만, 파일은 연산을 위한 데이터로서 읽히기만 하는 것이 보통이다. 예를 들어, 항공권 예약 시스템의 경우 다루는 데이터가 매우 크기는 하지만 자주 갱신되기 때문에 DFS에는 적합하지 않다.

파일은 **청크**chunk들로 나뉘는데, 청크의 크기는 일반적으로 64메가바이트다. 청크는 보통 서로 다른 3개의 노드에 세 번 복제된다. 또한 같은 청크의 본사본을 갖고 있는 노드들은 서로 다른 랙에 위치해야 한다. 이렇게 하면 1개의 랙 '장애'로 인해 모든 복사본이 유실되는 상황이 발생하지 않는다. 보통 랙에 위치한 컴퓨팅 노드 간 상호 연결이 실패하기 때문에 랙 '장애'가 발생하며, 그러면 랙은 더 이상 외부와 통신할 수 없게 된다. 일반적으로 청크의 크기와 복제 계수degree of replication는 사용자가 결정한다.

파일에 대한 **마스터 노드**master node 혹은 **네임 노드**name node라 불리는 또 다른 작은 파일은 해당 파일의 청크들을 찾기 위해 존재한다. 마스터 노드 자체도 역시 복제되며, 파일 시스템 전체에 대한 하나의 주소록directory으로서 복사본들의 위치 정보를 담고 있다. 그 주소록 역시 복제될 수 있으며, DFS를 구성하는 모든 노드들은 그 주소록의 복사본 위치를 알고 있다.

2.2 맵리듀스

맵리듀스MapReduce는 다양한 시스템에서 구현돼 왔다. (맵리듀스라고 불리는) 구글에서 자체적으로 구현한 시스템이나, 아파치 재단에서 배포해 많이 사용되는 오픈 소스 구현체 하둡Hadoop 및 HDFS 파일 시스템이 그 예다. 하드웨어 장애에 대응하는 하나의 방안으로서 다수의 대용량 병렬 연산을 관리하기 위해 맵리듀스를 사용할 수 있다. 사용자가 해야 할 일은 **맵**Map과 **리듀스**Reduce 두 가지 함수를 작성하는 것이 전부다. 시스템은 병렬 실행을 관리하고 맵 혹은 리듀스를 실행시키는 태스크를 조정한다. 또한 이런 태스크들 중 하나가 실행에 실패할 경우 이를 처리한다. 맵리듀스 연산이 하는 일을 요약하면 다음과 같다.

1. 일정 개수의 맵 태스크 각각에게 분산 파일 시스템으로부터 하나 이상의 청크가 할당된다. 이런 맵 태스크는 청크를 키-값key-value 쌍들을 나열한 형태로 변환한다. 입력 데이터로부터 키-값 쌍들이 생성되는 방법은 맵 함수를 구현한 사용자 코드에 따라 달라진다.

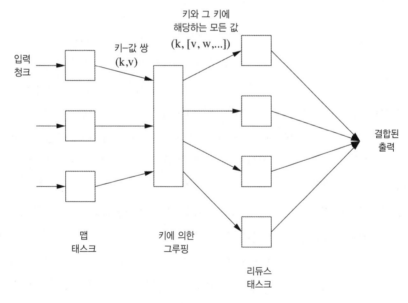

그림 2.2 맵리듀스 연산의 도식

2. 각 맵 태스크로부터 생성된 키-값 쌍은 마스터 컨트롤러master controller에 의해 수집돼 키를 기준으로 정렬된다. 키들은 모든 리듀스 태스크로 분배돼서 같은 키를 갖는 모든 키-값 쌍들은 결국 같은 리듀스 태스크에 놓이게 된다.

3. 리듀스 태스크는 한 번에 하나의 키를 대상으로 작업을 하고, 그 키에 해당하는 모든 값은 특정 방법으로 결합된다. 값들이 결합되는 방법은 리듀스 함수를 구현한 사용자 코드에 의해 결정된다.

그림 2.2가 이런 연산을 설명한다.

2.2.1 맵 태스크

맵 태스크로 입력되는 파일은 **원소**element들로 구성된다고 볼 수 있는데, 이 원소는 튜플tuple 혹은 문서 등 어떤 타입도 가능하다. 하나의 청크는 원소들의 집합이며, 어느 원소도 두 청크에 나뉘어 저장되지 않는다. 엄밀히 말해서 모든 맵 태스크로의 입력과 리듀스 태스크로부터의 출력은 키-값 쌍의 형태이나, 입력 원소의 키는 일반적으로 크게 중요하지 않으므로 무시하는 것이 보통이다. 키-값 쌍 형태의 입력과 출력을 고집하는 것은 여러 맵리듀스 프로세스를 조합해 내기 위해서인 것이다.

맵 함수는 입력 원소를 인자로 받고 0개 이상의 키-값 쌍을 출력으로 생성한다. 어떠한 타입도 키와 값이 될 수 있다. 게다가 키는 일반적인 의미의 '키'가 아니다. 다시 말해 유일할 필요가 없다. 맵 태스크는 같은 키를 갖는 다수의 키-값 쌍들을 생성할 수 있는 것이다. 그것도 심지어 같은 원소로부터 말이다.

예제 2.1 문서들의 집합에서 각 단어의 출현 빈도를 계산하는 일반적인 사례를 통해 맵리듀스 연산을 설명할 것이다. 이 사례에서 입력 파일은 문서들의 저장소이고, 각각의 문서는 하나의 원소가 된다. 그리고 맵 함수는 키key의 타입으로 문자열(단어)을 사용하고 값value의 타입으로 정수를 사용한다. 맵 태스크는 하나의 문서를 읽으면서 그 문서를 단어들이 나열된 형태 $w_1, w_2, \ldots, w_n$로 분할한다. 그런 다음 각각의 단어마다 값을 1로 해 키-값 쌍을 생성한다. 즉 이 문서에 대한 맵 태스크의 출력은 다음과 같은 연속된 키-값 쌍들이다.

$$(w_1, 1), \ (w_2, 1), \ldots, (w_n, 1)$$

주목할 사실은 보통 하나의 맵 태스크가 많은 문서, 즉 하나 이상의 청크들에 존재하는 모든 문서들을 처리하게 된다는 것이다. 따라서 위 예제의 단일 문서에 대한 키-값 쌍들보다 출력은 더 많아질 것이다. 또한 이 프로세서에 할당된 모든 문서에 단어 w가 m번 등장한다면 출력 중 키-값 쌍 $(w, 1)$은 m개가 존재하게 된다는 점 또한 주목해야 한다. 이런 쌍 m개를 단일 쌍 (w, m)으로 합쳐서[combine] 내보내는 방안도 고려해 볼 수 있는데, 이는 리듀스 태스크에서 결합법칙과 교환법칙이 성립하는 경우에만 적용할 수 있다. 이를 2.2.4절에서 논의할 것이다. ■

2.2.2 키에 의한 그루핑

맵 태스크가 성공적으로 완료되면, 키-값 쌍들은 키를 기준으로 그루핑[grouping]되고 각 키에 해당하는 값들은 리스트 형태로 나열된다. 그루핑은 맵 태스크와 리듀스 태스크가 하는 일과 관계없이 시스템에 의해 수행된다. 마스터 컨트롤러 프로세스[master controller process]는 존재하게 될 리듀스 태스크 개수를 알고 있다. 그 개수를 r이라고 하자. 보통 사용자가 맵리듀스 시스템에 r이 어떤 값이 돼야 하는지 명시한다. 이후 마스터 컨트롤러는 키를 인수로 받는 해시 함수를 선택하고, 0부터 $r - 1$에 해당하는 버킷 번호를 생성한다. 맵 태스크의 출력으로 생성된 각 키는 해시되고, 그 키-값 쌍은 r개의 로컬 파일들 중 하나에 저장되며, 그 파일은 r개의 리듀스 태스크 중 하나의 입력이 된다.[1]

키를 기준으로 그루핑하고 리듀스 태스크로 분배하기 위해 마스터 컨트롤러는 각각의 맵 태스크로부터 파일들을 합치고, 합쳐진 이 파일을 그 프로세스에게 연속된 키-값 리스트 쌍들의 형태로 리듀스 태스크에게 보낸다. 즉 각 키 k에 대해서 키 k를 처리하는 리듀스 태스크로 $(k, [v_1, v_2, \ldots, v_n])$ 형태의 쌍이 입력되는 것이다. 여기서 $(k, v_1), (k, v_2), \ldots, (k, v_n)$는 전체 맵 태스크에서 생성된, 키가 k인 모든 키-값 쌍이다.

---

1 부차적으로 사용자가 리듀스 태스크에 키를 할당할 때, 자신만의 해시 함수 혹은 그 외 방법을 명시할 수 있다. 그러나 어떤 알고리즘을 사용하든 각 키는 오직 하나의 리듀스 태스크로 할당된다.

2.2.3 리듀스 태스크

리듀스 함수의 입력은 키 및 그 키와 관련된 값들의 리스트로 구성된 쌍이다. 리듀스 함수의 출력은 연속된 0개 이상의 키-값 쌍들이다. 이런 키-값 쌍들의 타입은 맵 태스크에서 리듀스 태스크로 입력되는 타입과 서로 다를 수도 있으나, 보통은 같다. 하나의 키와 그 키에 해당하는 값들의 리스트를 대상으로 하는 리듀스 함수의 동작을 **리듀서**reducer라고 한다.

리듀스 태스크는 하나 이상의 키와 그 키에 해당하는 값 리스트를 입력으로 받는다. 즉 하나의 리듀스 태스크가 여러 개의 리듀서를 실행시키는 것이다. 모든 리듀스 태스크의 출력은 하나의 파일로 합쳐진다.

예제 2.2 　예제 2.1의 단어 개수 세기 문제를 계속해서 살펴보자. 리듀스 함수는 모든 값을 간단하게 더해 나간다. 단일 리듀서는 단어와 그 합으로 구성된 출력을 낸다. 따라서 모든 리듀스 태스크의 출력은 연속된 (w, m) 쌍들인데, 여기서 w는 모든 입력 문서에 최소 한 번 등장하는 단어이며, m은 그 문서에 등장하는 w의 총 출현 횟수다. ■

2.2.4 컴바이너

보통 리듀스 함수는 결합법칙과 교환법칙이 성립하는 연산이다. 다시 말해서 연산 순서에 상관없이 결과 값은 같다. 예제 2.2에서 처리한 덧셈은 결합법칙과 교환법칙이 성립한다. 숫자 리스트 $v_1, v_2, \ldots, v_n$를 어떻게 그루핑 하는가는 중요하지 않다. 그 합은 같을 것이기 때문이다.

리듀스 함수가 교환법칙과 결합법칙을 만족하면 리듀서가 하는 일의 일부를 맵 태스크가 하도록 만들 수 있다. 예를 들어, 예제 2.1처럼 각각의 맵 태스크가 다수의 쌍 $(w, 1), (w, 1), \ldots$을 생성하는 것이 아니라 맵 태스크 결과가 그루핑되고 취합되기 전에 각각의 맵 태스크 내부에 리듀스 함수를 적용할 수 있다. 그러면 이런 키-값 쌍들은 키 w와 키가 w인 모든 쌍에 존재하는 1들의 합을 값으로 갖는 하나의 키-값 쌍으로 대체될 것이다. 즉 단일 맵 태스크에 의해 생성된, 키가 w인 쌍들은 하나의 쌍 (w, m)로 대체될 것이다. 여기서 m은 맵 태스크가 처리하는 문서들 중 단어 w의 등장 횟수다. 그러나 전체 맵 태스크들로부터 생성되는 키가 w인 키-값 쌍은 하나 이상 존재할 것이므로 그루핑과 집계aggregation를 위해 컴바이너combiner의 결과를 리듀스 태스크에 보내는 일이 여전히 필요하다는 사실을 기억하라.

2.2.5 맵리듀스 실행에 대한 더 자세한 설명

이제 맵리듀스 프로그래밍이 실행되는 과정을 자세히 알아볼 차례다. 그림 2.3은 프로세스, 태스크, 파일이 어떻게 상호작용하는지 간략하게 보여 준다. 하둡과 같은 맵리듀스 시스템에서 제공하는 라이브러리를 활용해, 사용자 프로그램은 하나의 마스터 컨트롤러 프로세스와 다수의 워커worker 프로세스를 서로 다른 노드에서 생성fork한다. 일반적으로 하나의 워커는 맵 태스크(단일 **맵 워커**) 혹은 리듀스 태스크(단일 **리듀스 워커**) 둘 중 하나를 처리하며, 둘을 동시에 처리하지는 않는다.

마스터는 많은 일을 담당한다. 첫째는 다수의 맵 태스크와 다수의 리듀스 태스크를 생성하는 일인데, 이 개수는 사용자 프로그램에 의해 결정된다. 이런 태스크들은 마스터에 의해 워커 프로세스들에게 할당될 것이다. 입력 파일(들)의 모든 청크마다 하나의 맵 태스크가 생성되는 것이 일반적이지만 리듀스 태스크는 더 적게 생성되는 것이 좋을 수 있다. 리듀스 태스크의 개수를 제한하는 이유는 각 맵 태스크가 각 리듀스 태스크를 위한 중간 파일을 생성해야 하는데, 리듀스 태스크가 너무 많을 경우 중간 파일 개수가 폭발적으로 증가하기 때문이다.

마스터는 각 맵 태스크와 리듀스 태스크의 상태(특정 워커의 대기, 실행, 완료 상태)를 관리한다. 워커 프로세스는 하나의 태스크가 종료되면 마스터에게 이를 보고하고, 마스터는 새로운 태스크를 해당 워커 프로세스에게 할당한다.

각 맵 태스크는 하나 이상의 입력 파일 청크를 할당받고, 그 파일을 대상으로 사용자가 작성한 코드를 실행시킨다. 맵 태스크는 자신을 실행시키는 워커의 로컬 디스크에 각 리듀스 태스크를 위한 파일 하나를 생성한다. 마스터는 이런 파일 각각의 위치, 크기, 보내질 리듀스 태스크에 대한 정보를 통지받는다. 마스터가 리듀스 태스크를 워커 프로세스에 할당하면 그 리듀스 태스크에게 할당된 모든 파일들이 입력으로

리듀서, 리듀스 태스크, 노드, 편향

병렬 처리를 최대로 하고 싶다면 하나의 리듀스 태스크마다 하나의 리듀서를 실행하면 된다. 예를 들면, 각각의 키와 그 키에 해당하는 값들을 하나의 리듀스 태스크에 할당하는 것이다. 또한 각 리듀스 태스크를 서로 다른 노드node에서 실행해 그 모두를 병렬로 처리할 수도 있다. 그러나 이는 최선의 방법이 아니다. 첫 번째 문제는 태스크 생성 시 발생하는 오버헤드overhead 때문에 키 개수보다 적은 개수의 리듀스 태스크를 사용하는 것이 더 낫다는 것이다. 게다가 대부분의 경우 가용 노드의 개수보다 키의 개수가 훨씬 더 많기 때문에 리듀스 태스크 개수를 엄청나게 늘린다고 해서 얻는 이점이 없다.

두 번째 문제는 종종 키에 따라 값 리스트의 길이가 서로 상당히 달라서, 리듀서별로 실행 시간에 차이가 발생한다는 것이다. 각 리듀서를 분리된 단일 리듀스 태스크로 만들면 그 태스크들에 편향skew이 발생할 것이다. 즉 각 태스크마다 실행 시간이 큰 차이를 보일 것이다. 리듀서보다 더 적은 개수의 리듀스 태스크를 사용하면 편향의 영향을 줄일 수 있다. 키가 리듀스 태스크에게 무작위로 보내진다면 리듀스 태스크들의 실행 시간이 평균을 크게 벗어나지 않을 것이라 기대할 수 있다. 또한 노드보다 더 많은 개수의 리듀스 태스크를 사용함으로써 편향을 줄일 수도 있다. 이런 방식에서는 오래 걸리는 태스크 하나가 노드 하나를 점유하는 동안 다른 노드에서는 몇 개의 짧은 리듀스 태스크가 순차적으로 실행되도록 할 수 있다.

주어진다. 리듀스 태스크는 사용자가 작성한 코드를 실행하고, 그 출력을 분산 파일 시스템 위에 파일로 저장한다.

2.2.6 노드 장애 처리

마스터가 실행되는 노드에 장애가 발생하는 경우를 최악의 상황으로 볼 수 있다. 이런 경우 맵리듀스 작업 전체가 재실행돼야 한다. 그러나 이런 경우는 오직 마스터 노

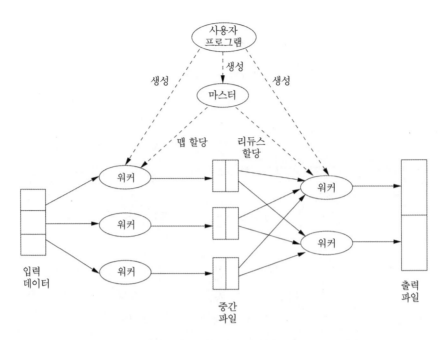

그림 2.3 맵리듀스 프로그램 실행의 개요

드에 장애가 발생했을 때에만 해당하며, 나머지 노드들에서 장애가 발생했을 때는
마스터가 이 장애를 처리해 결국 맵리듀스 작업이 완료된다.

맵 워커가 위치하는 노드에 장애가 발생했다고 가정하자. 마스터가 이 장애를 감
지할 것이다. 마스터가 주기적으로 워커 프로세스를 확인ping하기 때문이다. 이 워커
에게 할당됐던 맵 태스크들은 이미 완료됐다 하더라도 모두가 재실행돼야 한다. 완
료된 맵 태스크를 재실행하는 이유는 리듀스 태스크로 입력될 맵 태스크의 출력이
장애 발생 노드에 위치해서 리듀스 태스크가 그 입력을 사용할 수 없기 때문이다. 마
스터는 이런 맵 태스크 각각의 상태를 대기idle로 설정하고, 다른 워커가 사용 가능해
지면 그 워커에게 대기 상태의 맵 태스크들을 할당한다. 또한 마스터는 각 리듀스 태
스크에게 맵 태스크로부터의 입력 위치가 변경됐음을 알려야 한다.

리듀스 워커가 위치한 노드의 장애 처리는 조금 더 간단하다. 마스터는 간단하게
현재 실행 중인 리듀스 태스크의 상태를 대기로 설정한다. 이 태스크들은 다른 리듀
스 워커에 할당돼 다시 실행될 것이다.

2.2.7 2.2절 연습문제

연습문제 2.2.1 이 절에서 설명한 단어 개수 세기 맵리듀스 프로그램을 웹과 같은 대형 저장소를 대상으로 실행한다고 가정하자. 맵 태스크 100개와 리듀스 태스크 몇 개를 사용할 것이다.

(a) 맵 태스크에서 컴바이너를 사용하지 않는다고 가정하자. 값 리스트를 처리하는 여러 리듀서 간의 처리 시간에 편향이 있을 것이라고 생각하는가? 왜 혹은 왜 아닌가?

(b) 만약 리듀서들을 10개 정도의 리듀스 태스크로 무작위로 합친다면 편향이 커질 것이라 생각하는가? 리듀서들을 10,000개의 리듀스 태스크로 합친다면 어떻게 될 것 같은가?

! (c) 100개의 맵 태스크에서 컴바이너를 사용한다고 가정하자. 편향이 커질 것이라 생각하는가? 왜 혹은 왜 아닌가?

2.3 맵리듀스를 사용하는 알고리즘

맵리듀스가 모든 문제에 대한 해결책은 아니다. 다수의 병렬 처리 노드를 사용하는 것이 유리한 문제에서도 마찬가지다. 2.1.2절에서 언급했듯이 파일들이 매우 크고 거의 갱신되지 않는 상황에서만 분산 파일 시스템 환경이 유리하다. 일례로 아마존 닷컴[Amazon.com]과 같은 대형 온라인 업체가 웹 요청을 처리할 때 수천 개의 노드를 사용하긴 하지만, 온라인 거래 관리를 위해 DFS 혹은 맵리듀스를 사용하는 것은 바람직하지 않다. 그 이유는 아마존 데이터에 대한 주요 연산은 제품 검색에 대한 응답, 판매 기록 저장, 상대적으로 작은 계산을 수행하고 데이터베이스를 변경하는 프로세스들이기 때문이다.[2] 반면 아마존은 구입 패턴이 가장 흡사한 사용자들을 찾아내는 것과 같이 대용량 데이터를 대상으로 분석 질의를 수행하기 위해 맵리듀스를 사용할 것이다.

---

2   상품을 단지 보기만 하고 구매하지 않아도 아마존은 그 상품을 봤다는 것을 기억해 둔다는 점에 유의하라.

구글이 맵리듀스를 만든 초기 목적은 페이지랭크 연산(5장 참조)에 필요한 초대형 행렬 벡터 곱셈을 처리하기 위해서였다. 행렬 벡터 계산과 행렬-행렬 계산이 맵리듀스의 처리 방식에 매우 잘 맞는다는 사실을 설명할 것이다. 그 외 맵리듀스를 효율적으로 사용할 수 있는 중요한 연산의 종류는 바로 관계 대수relational algebra다. 이러한 연산들에 맵리듀스를 적용해 볼 것이다.

2.3.1 맵리듀스를 사용한 행렬 벡터 곱셈

$n \times n$ 행렬 M이 있다고 가정하자. 행 i와 열 j의 성분은 m_{ij}로 표시할 것이다. 그리고 길이가 n인 벡터 $\mathbf{v}$가 있다고 가정하자. 이 벡터의 j번째 원소를 v_j로 표시할 것이다. 그러면 이들 행렬 벡터 곱으로 길이가 n인 벡터 $\mathbf{x}$를 얻을 수 있으며, 이 벡터의 i번째 원소는 x_i다. x_i는 다음과 같은 식으로 표현할 수 있다.

$$x_i = \sum_{j=1}^{n} m_{ij} v_j$$

$n = 100$인 경우 이 계산을 위해 DFS 혹은 맵리듀스를 사용하지는 않을 것이다. 그러나 이런 종류의 계산이 바로 검색 엔진에서 실행되는 웹 페이지 순위 연산의 핵심이며, 이때 n은 수백억에 이르는 큰 수다.[3] 우선 n이 큰 수이기는 하나 벡터 $\mathbf{v}$가 메인 메모리에 올라갈 수 없을 정도로 크지는 않으며, 따라서 벡터 $\mathbf{v}$에 대한 연산은 맵 태스크에서 실행할 수 있다고 가정하자.

행렬 M과 벡터 $\mathbf{v}$ 각각은 DFS에 파일 하나로 저장될 것이다. 행렬 성분 각각의 행-열 좌표는 파일에서의 위치를 통해 혹은 (i, j, m_{ij})처럼 명확한 좌표와 함께 저장되므로 확인할 수 있다고 가정한다. 또한 벡터 $\mathbf{v}$의 원소 v_j의 위치 역시 유사한 방법으로 확인할 수 있다고 가정한다.

---

3   이는 행당 평균 10개에서 15개 정도만 값을 갖는 희소 행렬(sparse matrix)이다. 왜냐하면 이 행렬은 웹상의 페이지 j에서 페이지 i로 연결되는 링크가 존재하는 경우에만 m_{ij} 값으로 그 링크를 표현하기 때문이다. 한 변이 10^{10}인 조밀 행렬(dense matrix)을 저장할 수 있는 방법이 없음에 주의하라. 10^{20}개의 성분 전부를 저장해야 하기 때문이다.

맵 함수: 맵 함수는 M의 단일 성분에 적용하기 위해 작성된다. 맵 태스크를 실행하는 노드의 메인 메모리에 **v**가 아직 로딩되지 않은 상황이라면 이 맵 태스크에서 수행되는 모든 맵 함수에서 사용할 수 있도록 먼저 **v** 전체를 로딩한다. 각 맵 태스크는 행렬 M의 청크 단위를 대상으로 동작할 것이다. 맵 태스크는 각 행렬 성분 m_{ij}로부터 키-값 쌍 $(i, m_{ij}v_j)$를 생성한다. 따라서 행렬 벡터 곱에서 성분 x_i를 만들어 내는 합산 시 모든 항들은 같은 키 i를 갖게 될 것이다.

리듀스 함수: 리듀스 함수는 간단하게 키 i에 해당하는 값들을 모두 합산한다. 그 결과는 (i, x_i) 쌍이 될 것이다.

2.3.2 벡터 v가 메인 메모리에 올라가지 않는 경우

벡터 **v**가 너무 커서 벡터 전체가 메인 메모리에 올라가지 않는 경우도 있을 수 있다. 벡터 **v**를 반드시 메모리로 처리해야 하는 것은 아니지만, 파일로 처리하면 행렬과의 곱셈을 계산하기 위해 벡터의 일부를 메인 메모리로 이동시키기 위한 디스크 접속 횟수가 너무나 많아지게 될 것이다. 따라서 이에 대한 대안은 행렬을 동일한 간격의 수직 구간^{vertical stripe}들로 나누고, 벡터를 동일한 개수의 수평 구간^{horizontal stripe}으로 높이가 같도록 나누는 것이다. 분할된 벡터의 단일 구간이 하나의 노드 메인 메모리에 올라갈 수 있을 정도의 개수로 나누면 된다. 그림 2.4는 행렬과 벡터가 각각 5개

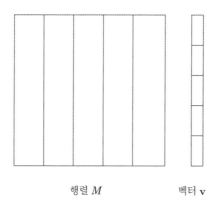

행렬 M 벡터 **v**

그림 2.4 행렬과 벡터를 5개의 구간으로 분리

의 구간으로 나뉜 상황에서 파티션의 구조를 보여 준다.

행렬의 i번째 구간은 오로지 벡터의 i번째 구간에 위치한 성분들과만 곱해진다. 따라서 행렬의 각 구간을 하나의 파일로 분할하고 벡터도 같은 방식으로 처리한다. 각 맵 태스크는 행렬을 구성하는 한 구간의 청크 파일과 그 구간에 해당하는 벡터 파일을 처리한다. 이후 맵 태스크와 리듀스 태스크는 2.3.1절에서 서술한 맵 태스크가 벡터 전체를 할당받는 경우와 정확하게 동일한 방식으로 동작한다.

5.2절에서 다시 맵리듀스를 사용한 행렬 벡터 곱셈을 다룰 것이다. 특정 응용 분야(페이지랭크 연산)에서는 결과 벡터를 입력 벡터와 같은 방식으로 분할해 이를 또 다른 행렬 벡터 반복 곱셈의 입력으로 사용해야만 하는 경우가 있다. 그런 경우 행렬 M을 구간이 아닌 정방형 블록^{square block}으로 분할하는 전략이 최적이라는 사실을 설명할 것이다.

2.3.3 관계 대수 연산

데이터베이스 질의^{database query}에서 사용되는 대용량 데이터를 대상으로 한 연산들은 많다. 데이터베이스 자체가 크다고 해도 대부분 데이터베이스를 활용할 때는 작은 양의 데이터를 대상으로 검색을 수행하는 것이 일반적이다. 예를 들어, 하나의 계좌를 대상으로 은행 예금 잔고를 검색하는 경우처럼 말이다. 이런 질의에 맵리듀스를 사용하는 것은 적합하지 않다.

그러나 질의 자체가 데이터베이스 관리 시스템 내부에서 실행되지 않더라도 기본적인 데이터 연산들을 데이터베이스 질의로 쉽게 설명할 수 있다. 따라서 맵리듀스를 활용할 때는 먼저 관계^{relation}에 대한 표준 연산부터 고려하는 것이 좋다. 이 책의 독자들은 데이터베이스 시스템, 질의 언어인 **SQL**, 관계형 모델^{relational model}에 익숙하다고 가정할 것이다. 이미 알겠지만 관계란 **속성**^{attribute}이라 불리는 열 헤더^{column header}를 갖는 테이블이다. 관계에서 행은 **튜플**^{tuple}, 속성 집합은 **스키마**^{shema}라 부른다. 보통 표현식 $R(A_1, A_2, \ldots, A_n)$은 관계 이름이 R이며, 그 관계의 속성은 $A_1, A_2, \ldots, A_n$임을 나타낸다.

예제 2.3 그림 2.5는 웹 구조를 설명하는 링크들의 관계 일부를 보여 준다. 속성은

*From*과 *To*, 2개다. 관계에서 행, 즉 튜플은 한 쌍의 URL인데 이는 첫 번째 URL 에서 두 번째 URL로 연결되는 링크가 적어도 하나 존재함을 의미한다. 예를 들어, 그림 2.5의 첫 번째 행은 (*url1*, *url2*)인데 이 튜플은 웹 페이지 *url1*이 웹 페이지 *url2*로 연결되는 링크를 하나 갖는다는 사실을 나타낸다. 이 그림에서는 4개의 튜플 만을 볼 수 있으나 웹의 실제 관계, 즉 일반적인 검색 엔진에 의해 저장되는 일부 관 계에는 수십억 개의 튜플이 존재한다. ■

From	*To*
url1	url2
url1	url3
url2	url3
url2	url4
...	...

그림 2.5 URL 쌍들의 집합으로 구성된 링크들의 관계. 첫 번째 URL에는 두 번째 URL로 연결되는 링크들이 하나 이상 존 재한다.

관계의 크기가 아무리 크다 하더라도 하나의 관계는 분산 파일 시스템에 하나의 파일로 저장될 수 있다. 이런 파일의 구성 원소들이 그 관계의 튜플이 된다.

관계에 적용되는 몇 가지 표준 연산을 일반적으로 **관계 대수**relational algebra라 하는데 이는 질의를 구현하는 데 사용된다. 질의 자체는 보통 **SQL**로 작성된다. 여기서 다룰 관계 대수 연산은 다음과 같다.

1. **선택**selection: 관계의 각 튜플에 조건 C를 적용하고 조건을 만족하는 튜플들만 출 력으로 내놓는다. 이 선택의 결과를 $\sigma_C(R)$로 나타낸다.
2. **추출**projection: 관계의 속성들로 구성된 부분집합 S에 대해서, S의 속성에 해당하 는 성분들만을 각 튜플로부터 추출한다. 추출 결과는 $\pi_S(R)$로 나타낸다.
3. **합집합**union, **교집합**intersection, **차집합**difference: 잘 알려진 이 집합 연산들은 스키마가 동일한 두 관계의 튜플들에 적용된다. SQL에서는 백bag[4]에 대한 연산 역시 존

---

4 중복 항목을 허용하는 집합체. set처럼 순서가 없는 컬렉션 데이터 타입의 일종으로서 중복이 허용된다는 점에서 set 과 다르다. - 옮긴이

재하는데, 이는 직관적으로 정의하기 다소 까다로운 연산이므로 여기서 그 내용을 다루지는 않을 것이다.

4. **자연 조인**natural join: 두 관계에서 각각의 튜플들을 서로 비교한다. 튜플들이 두 스키마의 공통 속성들 모두에서 일치하면 공통 속성에 해당하는 성분뿐만 아니라 어느 한쪽 스키마의 나머지 속성들 각각에 해당하는 성분들로 튜플을 생성한다. 만약 튜플들이 하나 이상의 공통 속성에서 서로 일치하지 않으면 그 튜플 쌍으로부터 아무것도 생성하지 않는다. 관계 R과 S의 자연 조인은 $R \bowtie S$로 나타낸다. 여기서는 맵리듀스로 자연 조인을 실행하는 방법만을 소개하겠지만, 모든 **등가조인**equijoin(두 관계의 이름이 같을 필요가 없으나 속성들은 동일해야 한다는 튜플-일치tuple-agreement 조건이 걸린 조인)도 같은 방법으로 실행될 수 있다. 예제 2.4에서 이를 설명할 것이다.

5. **그루핑**grouping과 **집계**aggregation[5]: 관계 R이 주어졌을 때 **그루핑 속성**grouping attributes이라 불리는 속성 집합 G의 값들에 따라 튜플들을 분류한다. 그런 다음 각 그룹별로 G에 속하지 않는 속성들을 대상으로 집계를 수행한다. 일반적으로 제공되는 집계는 SUM, COUNT, AVG, MIN, MAX이며 각각의 용도는 명확하다. MIN과 MAX는 집계 속성이 숫자 혹은 문자열처럼 비교 가능한 타입이어야 하는 반면, SUM과 AVG는 산술 연산arithmetic operations이 가능한 타입이어야 하며 보통 숫자만 가능하다는 사실에 주의하라. COUNT는 어느 데이터 타입에도 실행할 수 있다. 관계 R에 대한 그루핑과 집계 연산을 $\gamma_X(R)$로 표시하는데 여기서 X는 다음 두 가지 원소로 구성된 리스트다.

    (a) 그루핑 속성, 아니면

    (b) 표현식 $\theta(A)$, 여기서 θ는 SUM와 같은 5개의 집계 연산 중 하나이며, A는 그루핑 속성에 속하지 않은 속성이다.

    이 연산 결과로 각 그룹당 하나의 튜플을 얻는다. 그 튜플은 각 그루핑 속성에 해당하는 성분으로 구성되며, 그 성분 값은 해당 그룹의 튜플들이 공통으로 갖

---

5 관계 대수 일각에서는 이러한 연산들을 포함하지 않으며, 실제로 이들은 대수의 기본 정의에도 포함되지 않는다. 그러나 이런 연산들은 SQL에서 매우 중요해 현대의 관계 대수에서는 이들이 포함된다.

는 값이다. 또한 각 집계에 해당하는 성분 역시 존재하는데, 그 값은 해당 그룹의 집계 결과 값이다. 예제 2.5에서 이를 설명할 것이다.

예제 2.4 그림 2.5의 링크들 관계를 사용해 웹에서 두 단계로 이어진 경로를 구하고자 한다. 즉 u에서 v까지의 링크와 v에서 w까지의 링크가 존재할 때 URL의 튜플 (u, v, w)을 구하려고 한다. 이는 본질상 링크들의 자연 조인을 구하는 문제로 볼 수 있는데, 먼저 스키마가 서로 다른 두 관계가 있다고 가정해야 이 문제를 자연 조인으로 설명할 수 있다. 그러므로 2개의 링크 $L1(U1, U2)$와 $L2(U2, U3)$가 있다고 가정하자. $L1 \bowtie L2$를 계산하면 정확하게 원하는 값을 얻을 수 있다. 즉 $L1$의 각 튜플 $t1$(즉 링크들의 각 튜플)과 $L2$의 각 튜플 $t2$(링크들의 또 다른 튜플, 같은 튜플일 수도 있다)에서 $U2$ 성분이 일치하는지 확인한다. 이 성분은 $t1$의 두 번째 성분이면서 $t2$의 첫 번째 성분이라는 사실에 주목해야 한다. 이 두 성분이 일치하면 스키마가 $(U1, U2, U3)$인 튜플을 결과로 생성하라. 이 튜플은 $t1$의 첫 번째 성분, $t1$의 두 번째 성분($t2$의 첫 번째 성분과 동일해야 한다), $t2$의 두 번째 성분으로 구성된다.

두 단계로 이어진 경로 전체를 구하지 않고 u에서 w에 이르는 최소 한 단계의 경로에 해당하는 URL 쌍 (u, w)를 구하고자 할 수도 있다. 이런 경우 $\pi_{U1,U3}(L1 \bowtie L2)$를 연산해 가운데 성분을 제외시킬 수도 있다. ∎

예제 2.5 소셜 네트워크 사이트에 다음과 같은 관계가 존재한다고 가정하자.

$$\mathrm{Friends(User, Friend)}$$

이 관계에서 튜플은 쌍 (a, b)이며, 이는 b가 a의 친구임을 나타낸다. 이 사이트를 대상으로 멤버들의 친구 수에 대한 통계를 구하고자 한다면 각 사용자의 친구 수를 계산하는 일이 첫 번째 단계가 될 것이다. 이 연산은 다음과 같은 그루핑과 집계를 통해 수행된다.

$$\gamma_{\mathrm{User,COUNT(Friend)}}(\mathrm{Friends})$$

이 연산은 튜플의 첫 번째 성분 값을 기준으로 모든 튜플을 그룹별로 나눠 각 사용자당 하나의 그룹을 만든다. 이후 각 그룹당 해당 사용자의 친구 수가 계산된다. 그 결과로 각 그룹당 하나의 튜플이 생성되는데, 'Sally'라는 사용자의 친구가 300명인 경우 이는 일반적인 튜플 (Sally, 300)으로 표현된다. ■

2.3.4 맵리듀스를 사용한 선택 연산

선택selection을 위해서는 사실 맵리듀스의 기능이 전부 필요한 것은 아니다. 선택은 리듀스 함수로도 당연히 수행될 수 있지만, 대부분은 맵 함수만으로도 편리하게 수행할 수 있다. 여기서는 선택 연산 $\sigma_C(R)$를 맵리듀스로 구현하는 방법을 알아볼 것이다.

맵 함수: R에서 각 튜플 t가 C를 만족하는지 검사한다. 만족하는 경우 키-값 쌍 (t, t)를 생성한다. 즉 키와 값 모두 t다. C를 만족하지 않으면 t에 대한 매퍼mapper는 아무것도 생성하지 않는다.

리듀스 함수: 리듀스 함수는 항등 함수identity다. 단순히 각 키-값 쌍을 출력으로 넘긴다.

출력에 키-값 쌍들이 포함되기 때문에 엄밀히 말해서 출력 결과가 관계는 아니라는 사실에 주의하라. 그러나 출력의 값 성분(혹은 키 성분)만을 사용하면 하나의 관계를 얻을 수 있다.

2.3.5 맵리듀스를 사용한 추출 연산

추출projection은 선택과 유사하게 수행되지만, 추출로 인해 동일한 튜플들이 여러 번 등장할 수도 있기 때문에 그런 경우 리듀스 함수가 그런 중복을 제거해야 한다. $\pi_S(R)$를 다음과 같이 계산한다.

맵 함수: R의 각 튜플에서 S에 속하지 않은 성분들은 제거해 t'를 구성한다. 출력은 키-값 쌍 (t', t')다.

리듀스 함수: 맵 태스크에 의해 생성된 키 t' 각각에 대해 하나 이상의 키-값 쌍 $(t',$

t')가 존재할 것이다. 시스템이 키-값 쌍을 키로 그루핑한 후 리듀스 함수는 $(t', [t', t', \ldots, t'])$을 (t', t')로 변환해 해당 키 t'에 대해 정확하게 단 하나의 쌍 (t', t')를 생성한다.

리듀스 연산은 중복 제거와 동일함을 기억하라. 이 연산은 결합법칙과 교환법칙이 성립하므로 각 맵 태스크에서 생성된 중복은 해당 맵 태스크에 연결된 컴바이너로 제거될 수 있다. 그러나 서로 다른 맵 태스크로부터 생성된 중복 튜플들을 제거하기 위해서는 리듀스 태스크가 반드시 필요하다.

2.3.6 맵리듀스를 사용한 합집합, 교집합, 차집합 연산

먼저 두 관계의 합집합에 대해 생각해 보자. 관계 R과 관계 S의 스키마가 동일하다고 가정하자. 맵 태스크는 R 혹은 S로부터 청크를 할당받을 것이다. 어느 쪽이든 상관 없다. 맵 태스크는 입력 튜플을 리듀스 태스크에게 키-값 쌍으로 넘겨주는 것 말고는 특별히 하는 일은 없다. 추출의 경우처럼 마지막에 중복만 제거하면 된다.

맵 함수: 각 입력 튜플 t를 키-값 쌍 (t, t)로 변환한다.

리듀스 함수: 각 키 t와 관련된 값은 하나 혹은 둘이다. 어느 경우든지 출력 (t, t)를 생성한다.

교집합을 계산하기 위해서는 동일한 맵 함수를 사용하면 된다. 그러나 리듀스 함수는 두 관계 모두가 동일한 튜플을 가질 때에만 하나의 튜플을 생성한다. 키 t의 값이 리스트 $[t, t]$일 때 t에 대한 리듀스 태스크는 (t, t)를 생성한다. 반면 키 t의 값이 리스트 $[t]$일 때는 R과 S 둘 중 하나에는 t가 존재하지 않는 것이므로 교집합에 대한 튜플을 생성해서는 안 된다.

맵 함수: 각 튜플 t를 키-값 쌍 (t, t)로 변환한다.

리듀스 함수: 키 t의 값이 값 리스트 $[t, t]$일 때 (t, t)를 생성한다. 그렇지 않은 경우 아무것도 생성하지 않는다.

차집합 $R - S$를 위해서는 좀 더 많이 고민해야 한다. 튜플 t가 출력에 등장할 수 있는 한 가지 방법은 t가 R에는 있으나 S에는 없는 경우다. 맵 함수는 R과 S의 튜플들을 리듀스 함수로 넘길 때 각 튜플이 R과 S 중 어디에서 왔는지 알려 줘야 한다. 따라서 이 관계를 키 t에 해당하는 값으로 사용할 것이다. 두 함수에 대한 조건은 다음과 같다.

맵 함수: R의 튜플 t에 대해 키-값 쌍 (t, R)을 생성하고, S의 튜플 t에 대해 키-값 쌍 (t, S)를 생성한다. 관계의 성분들 자체가 아닌 R 혹은 S의 이름을 값으로 사용하고자 하는 것임에 유의하라(관계가 R인지 혹은 S인지를 하나의 비트로 표현하는 것이 더 나은 방법이다).

리듀스 함수: 각 키 t와 관련된 값 리스트가 $[R]$이면 (t, t)를 생성한다. 그렇지 않은 경우 아무것도 생성하지 않는다.

2.3.7 맵리듀스를 사용한 자연 조인 연산

맵리듀스로 자연 조인^{natural join}을 구현하는 기본 원리는 $R(A, B)$와 $S(B, C)$를 조인하는 특정한 경우를 살펴봄으로써 이해할 수 있다.[6] R의 튜플에서 두 번째 성분이자 S의 튜플에서 첫 번째 성분인 B가 일치하는 튜플들을 찾아야 한다. 두 관계에서 튜플들의 B 값을 키로 사용할 것이다. 나머지 성분과 그 성분의 관계 이름을 값으로 사용하면 리듀스 함수는 각 튜플이 어느 관계에서 왔는지 파악할 수 있다.

맵 함수: R의 각 튜플 (a, b)에 대해 키-값 쌍 $(b, (R, a))$를 생성한다. S의 각 튜플 (b, c)에 대해 키-값 쌍 $(b, (S, c))$를 생성한다.

리듀스 함수: 각 키 값 b는 (R, a) 혹은 (S, c)로 구성된 쌍 리스트와 묶인다. (R, a)처럼 첫 번째 성분이 R인 쌍과 (S, c)처럼 첫 번째 성분이 S인 쌍 모두를 조합한다. 이 키와 값 리스트로 구성된 출력은 키-값 쌍들이 나열된 형태다. 키는 중요하지 않

---

6 데이터베이스에 익숙하다면 맵리듀스의 조인을 전형적인 병렬 해시 조인으로 인식할 것이다.

다. 각 값은 (a, b, c) 형태가 될 것이다. 이 값은 입력 리스트였던 (R, a)와 (S, c)로 부터 온 것이다.

관계들의 속성이 2개 이상이더라도 동일한 알고리즘이 적용된다. S의 스키마에는 존재하지 않으나 R의 스키마에 존재하는 모든 속성을 A라고 하자. B는 두 스키마 모두에 존재하는 속성이고, C는 S의 스키마에만 존재하는 속성이다. R 혹은 S의 튜플에 대한 키는 R과 S의 두 스키마 모두에 존재하는 속성 값들의 리스트다. R 튜플의 값은 이름 R과 R에만 있고 S에는 없는 모든 속성 값이 되고, S 튜플의 값은 이름 S와 S에만 있고 R에는 없는 모든 속성 값이 된다.

리듀스 함수는 주어진 키로 모든 키-값 쌍을 검색해 R에서 온 값과 S에서 온 값으로 가능한 모든 조합을 만들어 낸다. 각 쌍들로부터 생성된 튜플은 R에서 온 값, 키 값, S에서 온 값으로 구성된다.

2.3.8 맵리듀스를 사용한 그루핑과 집계 연산

조인에서처럼 여기서는 그루핑 속성(A), 집계된 속성(B), 그루핑도 집계도 되지 않은 속성(C)이라는 간단한 예로 그루핑과 집계에 대해 설명하려고 한다. 연산자 $\gamma_{A,\theta(B)}(R)$를 적용할 관계를 $R(A, B, C)$라고 하자. 맵은 그루핑을 수행하고 리듀스는 집계를 수행할 것이다.

맵 함수: 각 튜플 (a, b, c)에 대해 키-값 쌍 (a, b)를 생성한다.

리듀스 함수: 각 키 a는 하나의 그룹을 나타낸다. 집계 연산자 θ를 키 a와 관련된 B 값들의 리스트 $[b_1, b_2, \ldots, b_n]$에 적용한다. 출력은 쌍 (a, x)인데 x는 θ를 리스트에 적용한 결과다. 예를 들어 θ가 SUM이면 $x = b_1 + b_2 + \cdots + b_n$이고, θ가 MAX이면 x는 $b_1, b_2, \ldots, b_n$ 중 가장 큰 수가 된다.

그루핑 속성이 다수일 때는 해당하는 모든 속성들의 튜플 값 리스트가 키가 된다. 집계 연산이 1개 이상이면 리듀스 함수는 각 집계 연산을 주어진 키에 해당하는 값 리스트에 수행하고, 해당 키와 그루핑 속성들, 그리고 각 집계 결과들로 구성된 하나의 튜플을 만들어 낸다.

2.3.9 행렬 곱셈

행 i와 열 j의 성분이 m_{ij}인 행렬 M과 행 j와 열 k의 성분이 n_{jk}인 행렬 N이 존재할 때 그 둘의 곱 $P = MN$은 행렬 P이며, 행 i와 열 k의 성분은 p_{ik}이다. 즉 다음 식이 성립한다.

$$p_{ik} = \sum_j m_{ij} n_{jk}$$

M의 열 개수는 N의 행 개수와 동일해야 하며, 따라서 j번 덧셈이 수행된다.

행렬을 행 개수, 열 개수, 행과 열의 값, 이 3개의 속성을 갖는 관계로 생각할 수 있다. 따라서 행렬 M을 튜플 (i, j, m_{ij})로 구성된 관계 $M(I, J, V)$로 볼 수 있으며, 행렬 N을 튜플 (j, k, n_{jk})로 구성된 관계 $N(J, K, W)$로 볼 수 있다. 크기가 큰 행렬은 대개 희소하고(대부분의 성분이 0이다), 행렬에서 성분이 0인 튜플은 생략할 수 있기 때문에 이런 관계 표현식은 보통 크기가 큰 행렬을 표현하기에 매우 적합한 방식이다. 그러나 i, j, k가 성분과 함께 명시적으로 쓰여 있지 않아서 파일에서의 위치만으로 유추해야 하는 경우가 있다. 이런 경우 맵 함수는 데이터 위치로부터 튜플들의 I, J, K 성분을 만들어 내도록 설계돼야 할 것이다.

두 행렬의 곱 MN은 자연 조인 이후 그루핑 및 집계를 연이어 적용한 결과와 거의 같다. 즉 J를 공통 속성으로 갖는 $M(I, J, V)$와 $N(J, K, W)$의 자연 조인을 통해 M의 튜플 (i, j, v)와 N의 튜플 (j, k, w)로부터 튜플 (i, j, k, v, w)가 생성될 것이다. 이런 5개의 성분으로 구성된 튜플은 행렬 성분의 쌍 (m_{ij}, n_{jk})를 나타낸다. 4개의 성분으로 구성된 튜플 $(i, j, k, v \times w)$를 생성하는 것이 최종 목표인데 그 이유는 여기에 행렬 곱셈에 필요한 $m_{ij} n_{jk}$가 포함되기 때문이다. 일단 이런 관계를 한 번의 맵리듀스 연산 결과로 얻은 후 I와 K를 그루핑 속성으로 사용하고, $V \times W$의 합을 집계 연산으로 사용해 그루핑 및 집계를 수행하면 된다. 즉 행렬 곱셈은 다음과 같은 2개의 연속적인 맵리듀스 연산으로 구현할 수 있다.

맵 함수: 각 행렬 성분 m_{ij}에 대한 키 값 쌍 $(j, (M, i, m_{ij}))$를 생성한다. 마찬가지로 각 행렬 성분 n_{jk}에 대한 키 값 쌍 $(j, (N, k, n_{jk}))$를 생성한다. 이 값에서 M과 N은 행렬 자체가 아니라는 사실에 유의하라. 그들은 행렬의 이름이다. 좀 더 정확하게 말하면 성분이 M에서 왔는지 혹은 N에서 왔는지 알려 주는 단일 비트다(유사하게 자연 조인에서 사용했던 맵 함수에 대해 언급했었다).

리듀스 함수: 각 키 j와 관련된 값 리스트를 검사한다. M에서 온 값 (M, i, m_{ij})와 N에서 온 값 (N, k, n_{jk})에 대해 키는 (i, k)이며 값은 원소들의 곱 $m_{ij}n_{jk}$인 키-값 쌍 하나를 생성한다.

이제 첫 번째 맵리듀스 연산의 출력에 적용되는 또 다른 맵리듀스 연산을 통해 그루핑과 집계를 수행할 차례다.

맵 함수: 이 함수는 항등identity일 뿐이다. 즉 키가 (i, k)이고 값이 v인 모든 입력 원소에 대해 동일하게 그 키와 그 값으로 구성된 키-값 쌍을 생성한다.

리듀스 함수: 각 키 (i, k)와 관련된 값들의 리스트에 대한 합을 생성한다. 그 결과는 쌍 $((i, k), v)$인데 여기서 v는 행렬 $P = MN$의 행 i와 열 k에 해당하는 성분 값이다.

2.3.10 한 단계 맵리듀스를 사용한 행렬 곱셈

보통 하나의 문제를 해결하기 위한 맵리듀스의 사용법은 여러 가지다. 행렬 곱셈 $P = MN$을 수행하기 위해 맵리듀스 단계를 한 번만 거치도록 할 수도 있다.[7] 이는 두 함수가 조금 더 많은 작업을 하도록 만들면 가능한 일이다. 먼저 맵 함수를 사용해서 정답 P의 각 성분을 계산하기 위해 필요한 성분들의 집합을 생성하는 것이 우선이다. M 혹은 N에서 하나의 성분은 결과의 많은 성분들에 영향을 미치므로 하나의 입력 성분이 다수의 키-값 쌍으로 변환될 것이라는 사실에 주목해야 한다. 키는 M의 행 i와 N의 열 k의 쌍 (i, k)가 될 것이다. 맵 함수와 리듀스 함수의 개요를 살펴보자.

---

7 그러나 행렬 곱셈의 경우 두 단계 맵리듀스가 한 단계 맵리듀스보다 더 나은 방법임을 2.6.7절에서 설명할 것이다.

맵 함수: M의 각 성분 m_{ij}에 대해 $k = 1, 2, \ldots$부터 N의 열 개수까지 키-값 쌍 $((i, k), (M, j, m_{ij}))$를 생성한다. 이와 유사하게 N의 각 성분 n_{jk}에 대해 $i = 1, 2, \ldots$부터 M의 행 개수까지 키-값 쌍 $((i, k), (N, j, n_{jk}))$를 생성한다. 이전과 같이 M과 N은 실제로 값이 두 관계 중 어디에서 왔는지 알려 주는 비트다.

리듀스 함수: 모든 가능한 j 값에 대해 각 키 (i, k)는 모든 값 (M, j, m_{ij})와 (N, j, n_{jk})의 리스트를 갖는다. 리듀스 함수는 리스트에서 j 값이 동일한 값들을 서로 연결해야 한다. 이 단계를 쉽게 수행하는 방법은 각 리스트별로 M으로 시작하는 값들을 j 기준으로 정렬하고, N으로 시작하는 값들을 j 기준으로 정렬하는 것이다. 각 리스트의 j번째 값에서 세 번째 성분, 즉 m_{ij}와 n_{jk}를 추출해 곱한다. 이 곱셈 결과는 합산되고, 그 합은 리듀스 함수의 출력에서 (i, k)와 짝지어진다.

행렬 M의 행 혹은 행렬 N의 열이 너무 커서 메인 메모리에 올라가지 않으면 리듀스 태스크는 주어진 키 (i, k)와 관련된 값들의 순서를 맞추기 위해 외부 정렬을 사용하도록 강제될 것이라고 생각할 수 있다. 그러나 성분의 개수가 10^{20}개일 정도로 행렬 자체가 큰 경우 행렬이 조밀하기까지 하다면 아예 이런 계산을 시도하지 않을 것이다. 하지만 행렬이 희소하다면 하나의 키와 관련된 값들의 개수가 더 적을 것이기 때문에 메인 메모리에서 곱들의 합을 구할 수 있다.

2.3.11 2.3절 연습문제

연습문제 2.3.1 정수들로 구성된 매우 큰 파일을 입력받아 다음과 같은 출력을 생성하는 맵리듀스 알고리즘을 설계하라.

(a) 가장 큰 정수

(b) 모든 정수의 평균average

(c) 중복이 제거된 정수 집합, 즉 각 정수는 오직 한 번만 등장한다.

! (d) 입력에 등장하는 중복을 제거한 정수의 개수

위 문제에서 각 출력 쌍의 키는 무시되거나 삭제되는 것으로 가정해도 된다.

연습문제 2.3.2 행렬 M이 정방형이라는 가정하에 행렬 벡터 공식을 세웠다. r개의 열과 c개의 행으로 구성된 $r \times c$ 행렬 M인 경우로 이 알고리즘을 일반화하라.

! 연습문제 2.3.3 SQL로 구현되는 관계 대수 형식에서 관계의 대상은 집합^set이 아닌 백^bag이다. 즉 튜플은 한 번 이상 등장할 수 있다. 백에 대한 합집합, 교집합, 차집합의 정의는 확장되는데 이를 다음과 같이 정의할 것이다. 백 R과 백 S를 대상으로 다음 연산을 계산하기 위한 맵리듀스 알고리즘을 작성하라.

(a) **백 합집합**^bag union: 튜플 t가 R과 S에 등장하는 횟수를 더한 만큼 튜플 t들이 반복해 등장하는 백이다.

(b) **백 교집합**^bag intersection: 튜플 t가 R과 S에 등장하는 최소 횟수만큼 튜플 t들이 반복해 등장하는 백이다.

(c) **백 차집합**^bag difference: 튜플 t가 R에 등장하는 횟수에서 S에 등장하는 횟수를 뺀 결과와 동일한 횟수만큼 튜플 t들이 반복해 등장하는 백이다. R보다 S에 더 많이 등장하는 튜플은 차집합에 포함되지 않는다.

연습문제 2.3.4 백을 대상으로 선택^selection을 수행할 수 있다. 선택 조건을 통과하는 각 튜플 t를 적당한 개수로 복제하는 맵리듀스를 구현하라. 즉, 정확한 선택 결과는 값들로부터 쉽게 얻을 수 있는데, 이 결과를 구성하는 키-값 쌍들을 생성하라.

연습문제 2.3.5 관계 대수 연산 $R(A, B) \bowtie_{B < C} S(C, D)$는 튜플 (a, b)가 관계 R에 존재하고 튜플 (c, d)가 관계 S에 존재하며, $b < c$를 만족하는 모든 튜플 (a, b, c, d)를 생성한다. R과 S가 집합이라 가정하고, 이 연산을 맵리듀스로 구현하라.

2.4 맵리듀스의 확장

맵리듀스가 강력하다는 사실이 증명됨에 따라 맵리듀스는 여러 버전으로 확장되며 수정되고 있다. 이런 시스템들이 갖는 맵리듀스의 공통적인 특징은 다음과 같다.

1. 분산 파일 시스템 위에 구성된다.

2. 적은 개수의 사용자 정의 함수로 구성된 매우 많은 개수의 태스크를 관리한다.

3. 작업^{job}을 처음부터 다시 시작할 필요 없이 대규모 작업의 실행 중 발생하는 대부분의 장애를 처리해 준다.

이 절은 '워크플로^{workflow}' 시스템에 대한 논의로 시작하려고 한다. 워크플로 시스템은 일련의 태스크들로 구현되는 각 함수의 비순환 네트워크를 지원함으로써 맵리듀스를 확장한다. 이런 시스템이 많이 구현됐는데(3장 목록 참조) 그중 UC 버클리의 스파크^{Spark}에 대한 인기가 날로 높아지고 있다. 구글의 텐서플로$^{Tensor-Flow}$ 역시 중요성이 커지고 있다. 텐서플로는 매우 구체적으로 머신러닝 애플리케이션을 지향하기 때문에 일반적으로 워크플로 시스템으로 인식되지 않지만 실제로는 워크플로 아키텍처를 기반으로 한다.

데이터 그래프 모델을 사용하는 시스템들도 있다. 그래프 노드에서 계산이 실행되며, 메시지는 어느 노드에서든 인접한 노드로 전송된다. 이런 유형의 근원이 되는 시스템은 구글의 프리겔^{Pregel}이며, 자체적으로 장애를 처리하는 고유한 방법을 갖는다. 그러나 이제는 워크플로 시스템 위에 그래프 모델 기능을 구현하고, 워크플로 시스템의 파일 시스템 및 장애 관리 기능을 사용하는 것이 일반적이다.

2.4.1 워크플로 시스템

워크플로 시스템은 함수들 사이의 워크플로를 나타내는 비순환 그래프를 통해 간단한 두 단계의 워크플로(맵 함수는 리듀스 함수로 연결된다)에서 모든 함수들로 맵리듀스를 확장했다. 즉 선^{arc} $a \to b$는 함수 a의 출력이 함수 b의 입력이 됨을 의미하는데 이런 선들로 이뤄진 비순환 그래프를 구성한 것이다.

하나의 함수에서 다음 함수로 전달되는 데이터는 한 종류의 원소들로 구성된 파일 하나다. 맵 함수와 리듀스 함수가 각 입력 원소마다 개별적으로 적용되는 것처럼 함수에 입력이 하나라면 그 함수는 각 입력에 독립적으로 적용된다. 함수의 출력은 그 함수를 각 입력에 적용한 결과를 합친 하나의 파일이다. 함수에 하나 이상의 파일이 입력되면 각 파일의 원소들은 다양한 방법으로 합쳐질 수 있다. 하지만 함수가 적용될 대상은 입력 파일 전체의 조합이라는 사실은 동일하다. 2.4.2절에서 합집합^{union}

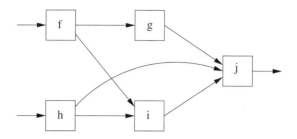

그림 2.6 맵에서 리듀스로 전송하는 것보다 다소 복잡한 워크플로 예제

과 관계형 조인의 구현을 다룰 때 이런 조합의 예를 보게 될 것이다.

예제 2.6　　그림 2.6이 워크플로의 예다. 이 그림에서 f부터 j까지 5개의 함수는 특정한 방법을 통해 좌측에서 우측으로 데이터를 넘긴다. 따라서 데이터의 흐름flow은 비순환적acyclic이며, 모든 태스크는 전체 입력을 받기 전에 출력을 생성할 필요가 없다. 예를 들어, 함수 h는 분산 파일 시스템에 미리 존재하는 파일로부터 입력을 받는다. h의 출력 원소 각각은 함수 i와 j 중 하나로 넘겨지며, i는 f와 h 모두의 출력을 입력으로 받는다. j의 출력은 분산 파일 시스템에 저장되거나 해당 데이터플로dataflow를 호출하는 애플리케이션으로 넘겨진다. ■

　　맵 함수 및 리듀스 함수와 비교해서 설명하자면 워크플로를 구성하는 각 함수는 많은 태스크에 의해 실행될 수 있으며, 태스크 각각에게 함수에 대한 입력 일부가 할당된다. 마스터 컨트롤러master controller는 함수를 구현하는 태스크들에게 일을 분배해야 할 책임이 있는데, 입력 성분을 해싱해 그 원소를 받게 될 적절한 태스크를 결정하는 방식으로 일을 분배한다. 따라서 맵 태스크처럼 함수 f를 구현하는 각 태스크의 데이터 출력 파일 목적지는 f의 뒤를 잇는 함수(들)을 구현하는 각 태스크가 된다. 이런 파일들은 적절한 시간 후에, 즉 태스크가 자신의 일을 완료한 후 마스터에 의해 전달된다.

　　워크플로 함수, 그리고 그에 따른 태스크와 맵리듀스의 공통적인 특징인 **차단 속성**blocking property으로 인해 완료 이후에만 출력을 전달한다. 결과적으로 태스크가 실패하면 플로flow 그래프에서 자신의 뒤를 잇는 태스크 중 어디에도 출력을 전달하지 않는다.[8] 따라서 마스터 컨트롤러는 재시작된 태스크가 이전의 다른 태스크로 넘겨졌던 출력을 중복해서 생성할 것이라는 우려 없이 실패한 태스크를 또 다른 노드에서 재시작할 수 있다.

몇몇 워크플로 시스템의 애플리케이션은 효율적으로 연속된 맵리듀스 작업이다. 3개의 관계를 대상으로 한 조인에서 하나의 맵리듀스 작업이 처음 2개의 관계를 조인하고, 두 번째 맵리듀스 작업이 그 결과로 생성된 관계와 세 번째 관계를 조인하는 것이 그 예다. 두 작업 모두 2.3.7절과 같은 알고리즘을 사용할 것이다.

그런 연속 작업을 단일 워크플로로 구현할 때 이점이 있다. 예컨대 분산 파일 시스템에서 하나의 맵리듀스 작업의 출력으로 생성되는 임시 파일을 저장할 필요 없이 마스터 컨트롤러가 태스크들 사이의 데이터 흐름과 복제를 관리한다. 입력 복사본을 가진 노드에 태스크를 위치시킴으로써 하나의 맵리듀스 작업 결과를 저장하고, 이후 두 번째 맵리듀스 작업을 시작시킬 때 발생할 엄청난 통신을 방지할 수 있다(물론 하둡 및 그 외 맵리듀스 시스템 역시 입력 복사본이 이미 존재하는 곳에서 맵 태스크를 실행시키려고 한다).

2.4.2 스파크

스파크Spark의 본질은 워크플로 시스템이다. 그러나 다음과 같은 여러 가지 방식으로 인해 초기 워크플로 시스템보다 앞서 있다.

1. 실패failure에 효율적으로 대처하는 방식
2. 효율적으로 컴퓨팅 노드 간에 작업을 그룹화하고 함수의 실행을 스케줄링하는 방식
3. 반복 루프(기술적으로 시스템의 비순환 워크플로 클래스를 사용한다) 및 함수 라이브러리 같은 프로그래밍의 언어적 특성을 통합

스파크의 핵심 추상화 데이터 타입을 **탄력적 분산 데이터셋**RDD, Resilient Distributed Dataset이

---

8 2.4.5절에서 다루겠지만, 차단 속성은 비순환 워크플로에만 적용되며, 순환을 지원하는 시스템은 장애 관리를 위해 이를 사용할 수 없다.

라 한다. RDD는 오브젝트 유형의 파일이다. 지금까지 살펴본 대표적인 RDD의 예는 맵리듀스 시스템에서 사용된 키-값 쌍의 파일이다. 또한 그림 2.6과 관련해 설명한 함수들 사이로 전달되는 파일들이기도 하다. RDD는 보통 청크 단위로 분할돼 서로 다른 컴퓨팅 노드에 있을 수 있다는 점에서 '분산'된다. RDD는 일부 또는 모든 청크의 손실로부터 복구될 수 있을 것이라는 점에서 '탄력적'이다. 그러나 맵리듀스의 키-값 쌍 추상화와 달리 RDD를 구성하는 원소들의 유형에는 제한이 없다.

스파크 프로그램은 일련의 단계들로 구성되며, 각 단계에서는 일반적으로 몇 가지 함수들을 RDD에 적용해 또 다른 RDD를 생성한다. 이러한 연산을 **변환**transformation이라 한다. HDFS 같은 주변 파일 시스템에서 데이터를 가져와서 RDD로 변환하고, RDD를 선택해서 주변 파일 시스템으로 반환하거나 결과를 생성해서 스파크 프로그램을 호출하는 애플리케이션으로 다시 전달되도록 할 수 있다. 후자와 같은 종류의 연산을 **액션**action이라 한다.

사용 가능한 모든 변환 및 액션을 나열하지는 않을 것이다. 스파크 연산은 여러 가지 프로그래밍 언어로 작성될 수 있도록 설계됐기 때문에 프로그래밍 언어를 특정하지 않을 것이다. 흔하게 사용되는 연산은 다음과 같다.

맵, 플랫맵, 필터

맵Map 변환은 매개 변수로 함수를 받고 해당 함수를 RDD의 모든 원소에 적용해 또 다른 RDD를 생성한다. 이 연산은 맵리듀스의 맵을 상기시키지만 정확히 동일하지는 않다. 첫째로 맵리듀스에서 맵 함수는 키-값 쌍에만 적용할 수 있다. 둘째, 맵리듀스에서 맵 함수는 키-값 쌍들을 생성하며, 개별 키-값 쌍은 맵 함수 출력의 독립적인 원소로 간주된다. 스파크에서 맵 함수는 모든 유형의 객체에 적용할 수 있지만, 결과적으로 정확히 하나의 객체를 생성한다. 결과 객체의 유형은 집합set일 수 있지만, 하나의 입력 객체로부터 많은 객체를 생성하는 것은 아니다. 단일 객체에서 객체들의 집합을 생성해야 한다면 스파크는 이를 위해 **플랫맵**Flatmap이라는 또 다른 변환을 제공한다. 맵리듀스의 맵과 유사하나 모든 유형이 키-값 쌍일 필요는 없다.

예제 2.7　예제 2.1의 '단어 수'에서와 같이 입력 RDD를 문서 파일로 가정하자. 하나의 문서를 입력으로 받고, $(w, 1)$ 형식인 쌍들의 집합을 생성하는 스파크 맵 함수를 작성할 수 있을 것이다. 여기서 w는 문서의 단어 중 하나다. 그런데 이렇게 하면 출력 RDD는 집합들이 리스트 형태로 나열되는데, 각 집합은 하나의 문서에 포함된 모든 단어로 구성되며, 각 단어는 정수 1과 쌍을 이루게 된다. 예제 2.1에서 설명한 맵 함수를 복제하고 싶다면 스파크의 플랫맵 변환을 사용해야 한다. 문서의 RDD에 적용되는 이 연산은 각각의 원소가 단일 쌍 $(w, 1)$인 또 다른 RDD를 생성할 것이다. ■

스파크는 제한된 형태의 맵과 유사한 **필터**Filter라는 연산도 제공한다. 필터 변환은 매개 변수로 함수를 받는 대신 입력 RDD의 객체 유형에 적용되는 술어predicate를 받는다. 술어는 각 오브젝트에 대해 참true 또는 거짓false을 반환하며, 필터 변환의 출력 RDD는 필터 함수가 참을 반환하는 입력 RDD의 객체만으로 구성된다.

예제 2.8 계속해서 예제 2.7을 다뤄 보자. 'the' 또는 'and'같이 가장 흔한 단어들인 불용어stop word는 세지 않는다고 가정한다. 제거하고자 하는 단어 리스트를 내장한 필터 함수를 만들면 된다. 이 함수가 쌍 $(w, 1)$에 적용되면 w가 리스트에 없는 경우에만 참을 반환한다. 먼저 문서의 RDD에 플랫맵을 적용하는 스파크 프로그램을 작성해 모든 문서들에서 단어 w의 등장에 대응하는 쌍 $(w, 1)$로 구성된 RDD R_1을 생성한다. 그런 다음 프로그램은 불용어를 제거하는 필터를 R_1에 적용해 또 다른 RDD, R_2를 생성한다. R_2는 모든 문서들에 단어 w가 등장할 때마다 이에 대응하는 쌍 $(w, 1)$로 구성되지만 w가 불용어가 아닐 때만 해당된다. ■

리듀스

스파크에서 리듀스Reduce 연산은 변환이 아니라 액션이다. 즉 리듀스 연산은 RDD에 적용되지만, 또 다른 RDD가 아닌 값을 반환한다. 리듀스는 특정 타입 T인 두 원소를 받는 함수를 매개 변수로 받고, 같은 타입 T인 또 다른 원소를 반환한다. 리듀스는 원소가 타입 T인 RDD에 적용되면 각 연속 원소 쌍에 반복적으로 적용돼 이들을 하나의 원소로 줄인다. 원소가 하나만 남으면 이것이 리듀스 연산의 결과가 되는 것이다.

예를 들어, 매개 변수가 덧셈 함수이고 리듀스 인스턴스가 정수인 원소를 갖는 RDD에 적용되면, 그 결과는 RDD의 모든 정수의 합인 하나의 정수가 될 것이다. 함수 매개 변수가 덧셈처럼 결합법칙과 교환법칙이 성립하는 함수인 한, 입력 RDD의 원소가 결합되는 순서는 중요하지 않다. 그러나 원소를 조합할 때 순서가 상관없다면 임의의 함수를 사용할 수도 있다.

관계형 데이터베이스 연산

RDD로 표현되는 관계에 관계 대수^{relational algebra} 연산처럼 동작하는, 스파크에 내장된 연산이 여럿 있다. 즉 RDD의 원소를 관계의 튜플로 생각하면 된다. 조인 변환은 2개의 RDD를 입력받는데, 각각은 관계 중 한 쪽을 나타낸다. 각 RDD의 타입은 키-값 쌍이어야 하고, 두 관계의 키 타입은 동일해야 한다. 그러면 조인 변환은 (k, x) 및 (k, y)같이 키 값이 동일한, 각 입력 RDD에서 하나씩 2개의 객체를 찾게 된다. 찾은 쌍 각각에 대해서 조인은 키-값 쌍 $(k, (x, y))$를 생성하며, 출력 RDD는 이런 모든 객체들로 구성된다.

SQL의 그루핑^{group-by} 연산 역시 스파크에서는 그룹바이키^{GroupByKey} 변환으로 구현된다. 이 변환은 타입이 키-값 쌍인 RDD를 입력으로 받는다. 출력 RDD는 동일한 키 타입을 갖는 키-값 쌍의 집합이다. 출력 값의 타입은 입력 타입 값들로 구성된 리스트다. 그룹바이키는 입력 RDD를 키를 기준으로 정렬하고 각 키 k에 대해 쌍 $(k, [v_1, v_2, \ldots, v_n])$을 생성한다. 여기서 v_i는 입력 RDD에서 키 k와 연관된 모든 값들이다. 그룹바이키는 맵 함수의 출력을 키로 그루핑하기 위해 맵리듀스가 뒷단에서 실행하는 연산과 정확히 일치한다는 점에 주목하라.

2.4.3 스파크 구현

스파크가 하둡 혹은 그 외 다른 맵리듀스 구현체와 구별되는 여러 가지 특징이 있다. 두 가지 중요한 개선 사항을 논의할 텐데, 바로 RDD의 느린 평가^{lazy evaluation}와 RDD에 대한 계보^{lineage}다. 시작에 앞서 스파크가 맵리듀스와 유사한 한 가지 특징, 즉 큰

RDD가 관리되는 방식을 언급할 것이다.

맵을 큰 파일에 적용할 때 맵리듀스는 해당 파일을 청크로 분할하고, 각 청크 또는 청크들의 그룹에 대한 맵 태스크를 생성한다. 청크와 태스크는 일반적으로 서로 다른 여러 컴퓨팅 노드로 분산된다. 마찬가지로 다수의 리듀스 태스크도 서로 다른 컴퓨팅 노드에서 병렬로 실행될 수 있으며, 이러한 각 태스크는 맵에서 리듀스로 전달되는 전체 키-값 쌍들의 일부를 담당한다. 스파크 또한 RDD를 청크로 나눌 수 있는데, 이를 **분할**split이라 부른다. 각 분할은 서로 다른 컴퓨팅 노드로 분배될 수 있으며, 해당 RDD에 대한 변환은 각 분할마다 병렬로 처리된다.

느린 평가

2.4.1절에서 언급했듯이 워크플로 시스템은 에러 처리를 위해 차단 속성blocking property을 이용하는 것이 일반적이다. 이를 위해 함수는 (RDD와 유사한) 하나의 중간 파일에 적용되고, 해당 함수의 출력은 함수가 종료된 후에만 사용이 가능해진다. 그러나 스파크는 변환이 요청될 때까지 RDD에 변환을 실제로 적용하지 않는다. 일반적으로 주변 파일 시스템에 계산된 RDD를 저장하거나 결과를 애플리케이션에 반환하는 등의 액션을 수행해야 하기 때문이다.

이런 **느린 평가** 방식의 이점은 많은 RDD가 한 번에 구성되지 않는다는 것이다. RDD의 분할 하나가 노드에서 생성되면 동일한 컴퓨팅 노드에서 즉시 사용돼 다른 변환을 적용할 수 있다. 이런 전략의 장점은 이 RDD가 디스크에 저장되지 않고 다른 컴퓨팅 노드로 전송되지도 않으므로 경우에 따라 실행 시간을 크게 단축시킬 수 있는 것이다.

예제 2.9 예제 2.8에서 설명한 상황을 생각해 보자. 하나의 RDD에 플랫맵이 적용되고, 이를 R_0이라 한다. RDD R_0은 외부 문서 파일을 RDD로 변환함으로써 생성된다. R_0은 큰 파일이므로 파일을 분할로 나누고 분할을 병렬로 처리하려고 한다.

R_0에 대한 첫 번째 변환은 플랫맵을 적용해 각 단어에 대한 쌍 $(w, 1)$의 집합을 만드는 것이다. R_0의 각 분할에 대해 예제 2.8에서 R_1로 설명했던 RDD 분할은 동일한 컴퓨팅 노드에서 생성된다. 그런 다음이 R_1 분할은 변환 필터로 전달돼 첫 번째

원소가 불용어인 쌍을 제거한다. 이 필터가 분할에 적용되면 결과는 RDD R_2의 분할로, 동일한 컴퓨팅 노드에 위치한다.

그러나 액션이 R_2에 적용되지 않으면 플랫맵 또는 필터 변환이 실행되지 않는다. 예를 들어, 스파크 프로그램은 주변 파일 시스템에 R_2를 저장하거나 단어의 등장 횟수를 세는 리듀스 작업을 실행할 수 있다. 프로그램이 이 액션에 도달할 때만 스파크는 플랫맵과 필터 변환을 R_0에 적용하는데, 이런 변환은 R_0 분할을 갖는 각 컴퓨팅 노드에서 병렬로 실행된다. 따라서 R_1 및 R_2의 분할은 이를 생성한 컴퓨팅 노드에만 존재하며, 프로그래머가 명시적으로 유지를 요구하지 않는 한 이러한 분할은 로컬에서 사용되는 즉시 삭제된다. ■

RDD의 복원력

예제 2.9에서 R_1의 분할을 생성한 후, 그리고 그 분할을 R_2 분할로 변환하기 전 컴퓨팅 노드에 장애가 발생하면 어떤 일이 발생하는지 당연히 궁금할 수 있다. R_1은 파일 시스템에 백업되지 않으므로 완전히 손실되지 않을까? 중간 값을 중복 저장하기 위한 스파크의 전략은 **계보**lineage를 기록하는 것이다. 스파크 시스템은 필요한 경우 계보를 통해 RDD 또는 분할된 RDD의 일부를 다시 생성한다.

예제 2.10　예제 2.9에서 설명한 상황을 다시 생각해 보면 R_2의 계보는 불용어를 제거하는 특정 필터 연산을 R_1에 적용해서 R_2가 생성된다는 사실을 말해 준다. 그다음으로 R_1은 문서의 단어들을 $(w, 1)$ 쌍으로 변환하는 플랫맵 연산에 의해 R_0으로부터 생성된다. 그리고 R_0은 주변 파일 시스템의 특정 파일에서 생성된 것이다.

예를 들어, R_2 분할이 손실되면 대응하는 R_1 분할로부터 다시 구성할 수 있다. 그런데 R_1도 동일한 컴퓨팅 노드에 있기 때문에 R_1 역시 손실될 수도 있다. 그렇다면 대응하는 R_0 분할로부터 이를 재구성할 수 있는데, 이 컴퓨팅 노드에 장애가 발생하면 여전히 손실될 가능성은 남는다. 그러나 주변 파일 시스템에서 R_0 분할을 재구성할 수 있으며, 다중복일 테지만 손실되지는 않을 것이다. 따라서 스파크는 또 다른 컴퓨팅 노드를 찾아 파일 시스템으로부터 손실된 R_0 분할을 재구성한 다음 대응하는 R_1 및 R_2 분할을 재구성하는 데 필요한 변환을 적용할 것이다. ■

예제 2.10에서 볼 수 있듯이 맵리듀스나 중간 값을 중복해서 저장하는 워크플로 시스템보다 스파크에서의 노드 장애 복구가 더 복잡할 수 있다. 그러나 일반적으로 문제가 발생했을 때 더 복잡한 복구와 문제가 없는 상황에서 더 빠른 속도 사이에 균형을 맞추는 것이 좋다. 스파크 프로그램이 빠르게 실행될수록 실행 중에 노드 장애가 발생할 가능성이 줄어든다.

다시 한번 강조하지만 스파크는 장기 보관이 예상되는 파일의 중복 저장소가 필요하고 장애가 발생한 경우에도 프로그램을 실행할 수 있어야 한다. 기간이 길어지면 장애는 거의 확실히 발생하기 때문에 파일을 중복 저장하지 않으면 파일 조각이 손실될 가능성이 커진다. 그러나 짧은 시간(몇 분 또는 몇 시간) 내에는 장애를 피할 수 있는 좋은 기회가 있다. 따라서 이런 경우의 장애를 대비해 더 많은 비용을 지불하는 것이 합리적이다.

2.4.4 텐서플로

텐서플로는 머신러닝 애플리케이션을 지원하기 위해 구글에서 초기에 개발한 오픈 소스 시스템이다. 스파크와 마찬가지로 텐서플로는 일련의 단계들을 작성하는 프로그래밍 인터페이스를 제공한다. 프로그램은 일반적으로 비순환적이며 스파크와 마찬가지로 코드 블록을 반복할 수 있다.

스파크와 텐서플로의 주요 차이점 중 하나는 프로그램 단계 사이에 전달되는 데이터 타입이다. 텐서플로는 RDD 대신 **텐서**tensor를 사용한다. 간단히 설명하면 텐서는 다차원 행렬이다.

예제 2.11 3.14159 같은 상수는 0차원 텐서로 간주된다. 벡터는 1차원 텐서다. 예를 들어, 벡터 $(1, 2, 3)$은 텐서플로에서 $[1., 2., 3.]$으로 작성된다. 행렬은 2차원 텐서다. 예로 다음 행렬은

$$
\begin{matrix}
1 & 2 & 3 & 4 \\
5 & 6 & 7 & 8 \\
9 & 10 & 11 & 12
\end{matrix}
$$

[[1., 2., 3., 4.], [5., 6., 7., 8.], [9., 10., 11., 12.]]로 표현된다.

고차원 배열 역시 가능하다. 예를 들어, 0으로 구성된 2 × 2 × 2 정육면체는 [[0., 0.], [0., 0.]], [[0., 0.], [0., 0.]]]로 표시된다. ▨

사실 텐서는 RDD의 제한된 형태이지만, 텐서플로의 최대 장점은 내장된 연산을 선택만 하면 된다는 점이다. 선형 대수 연산을 함수로 사용할 수 있다. 예를 들어, 행렬 C를 행렬 A와 B의 곱으로 나타내기 위해서는 다음과 같이 작성하면 된다.

```
C = tensorflow.matmul (A, B)
```

머신러닝 연산에 대한 쉬운 접근법은 더욱 쉽고 강력하다. 텐서플로 언어에서는 한 문장으로 경사 하강법gradient descent 같은 메서드를 사용해 텐서로 표현된 학습 데이터로부터 역시 텐서로 표현된 모델을 구성할 수 있다(9.4.5절과 12.3.4절에서 경사 하강법을 살펴볼 것이다).

2.4.5 맵리듀스의 재귀적 확장

대용량 연산들은 실제로 재귀적인 경우가 많다. 이와 관련된 중요한 예가 5장의 주제인 페이지랭크다. 이 연산은 간단하게 말해서 행렬 벡터 곱셈의 고정점fixedpoint을 구하는 계산이라고 할 수 있다. 이는 맵리듀스 시스템하에서 2.3.1절에서 서술한 행렬 벡터 곱셈 알고리즘을 반복적으로 사용해 계산하거나 5.2절에서 소개할 좀 더 복잡한 기법으로 계산한다. 반복 연산iteration은 일반적으로 정해지지 않은 횟수의 단계(여기서 각 단계는 맵리듀스 작업을 의미한다) 동안 연이은 2개의 반복 연산 결과가 충분히 가까워질 때까지, 즉 수렴에 이를 때까지 계속된다. 방대한 데이터에 대한 재귀 알고리즘의 두 번째 중요한 예는 경사 하강법인데 텐서플로를 설명하면서 언급했었다.

재귀는 장애 복구 시 문제를 발생시킨다. 재귀적 태스크에는 본질적으로 실패한 태스크를 독립적으로 재시작하는 데 필요한 차단 속성blocking property이 없다. 서로가 서로를 호출하는 재귀적인 태스크들 사이에서는 각 태스크가 출력을 생성하고 그 출력이 적어도 몇 개의 다른 태스크로 입력되는 상황에서 마지막 태스크만 출력을 생성하도록 할 수는 없다. 태스크들이 이런 정책을 따른다면 어느 태스크도 절대로 입력을 받지 않을 것이며, 아무 작업도 완료될 수 없을 것이다. 결과적으로 실패한 태스크를 간단하게 재시작하는 방법이 없는 메커니즘들은 재귀적인 워크플로(비순환이 아닌 플로 그래프)를 다루는 시스템으로 구현돼야 한다. 먼저 워크플로로 구현된 재귀의 예를 설명하고, 이후 태스크 실패를 처리하는 방법을 논의할 것이다.

예제 2.12 노드 X에서 노드 Y로 이어지는 선^{arc}을 관계 $E(X, Y)$로 표현하는 방향성 그래프$^{directed\ graph}$가 있다고 가정하자. 노드 X에서 노드 Y로 길이가 1 이상인 경로가 존재할 때 이 경로들의 관계 $P(X, Y)$를 계산하고자 한다. 즉 P는 E의 **이행적 폐쇄**$^{transitive\ closure}$다. 이를 위한 간단한 재귀 알고리즘은 다음과 같다.

(1) $P(X, Y) = E(X, Y)$에서 시작한다.

(2) 관계 P가 변경되는 동안 $\pi_{X,Y}\big(P(X, Z) \bowtie P(Z, Y)\big)$를 만족하는 모든 튜플들을 P에 추가한다.

$$\pi_{X,Y}\big(P(X, Z) \bowtie P(Z, Y)\big)$$

즉 특정 노드 Z에 대해 X로부터 Z에 이르는 경로와 Z로부터 Y에 이르는 경로가 알려져 있을 때 노드 X와 Y의 쌍을 구하는 것이다.

그림 2.7은 이 연산을 수행하기 위해 어떻게 재귀적 태스크를 만들 수 있는지를 설명한다. **조인**^{Join} **태스크**와 **중복 제거**$^{Dup\text{-}elim}$ **태스크** 두 종류가 있다. 조인 태스크는 n개이며, 각각은 해시 함수 h의 버킷에 대응된다. 경로 튜플 $P(a, b)$가 발견됐을 때 이 튜플은 $h(a)$와 $h(b)$라는 번호가 붙은 두 조인 태스크의 입력이 된다. i번째 조인 태스크의 작업이 튜플 $P(a, b)$를 입력받으면 이전에 발견된(그리고 해당 태스크에 의해 로컬에 저장된) 다른 튜플들을 찾는다.

1. $P(a, b)$를 로컬에 저장한다.
2. $h(a) = i$이면 튜플 $P(x, a)$를 찾고 튜플 $P(x, b)$를 출력한다.
3. $h(b) = i$이면 튜플 $P(b, y)$를 찾고 튜플 $P(a, y)$를 출력한다.

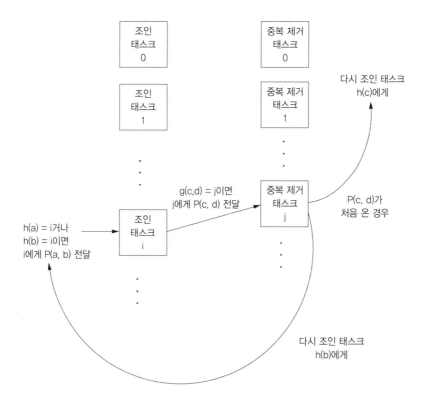

그림 2.7 재귀적 태스크로 구현한 이행적 폐쇄(transitive closure)

드물지만 $h(a) = h(b)$ 조건을 만족해 (2)와 (3) 모두가 실행되는 경우에 유의하라. 그러나 보통은 주어진 튜플에 대해서 이들 중 하나만 실행돼야 한다.

중복 제거Dup-elim 태스크는 m개이며, 각각은 인자가 2개인 해시 함수 g의 버킷에 대응된다. $P(c, d)$가 특정 조인 태스크의 출력일 때 그 출력은 중복 제거 태스크 $j = g(c, d)$로 보내진다. 이 튜플을 입력받으면 j번째 중복 제거 태스크는 이전에 해당 튜플을 입력받은 적이 있는지 확인한다. 왜냐하면 중복을 제거하는 것이 이 작업의 역할이기 때문이다. 이전에 입력받은 적이 있다면 해당 튜플은 무시된다. 그러나 처음 입력받는 튜플인 경우 로컬에 저장하고, $h(c)$와 $h(d)$라는 번호가 붙은 2개의 조인 태스크로 보내진다.

모든 조인 태스크는 m개의 출력 파일을 생성한다. 즉 각 중복 제거 태스크 하나에 대한 출력 파일을 생성한다. 그리고 모든 중복 제거 태스크는 n개의 출력 파일을 생성한다. 즉, 각 조인 태스크 하나에 대한 출력 파일을 생성한다. 이런 파일들은 몇 가지 전략에 따라 분산될 수도 있다. 최초에 그래프의 선을 표현하는 튜플들 $E(a, b)$는 중복 제거 태스크로 분산되는데, $E(a, b)$는 중복 제거 태스크 $g(a, b)$에 $P(a, b)$로 보내진다. 마스터 컨트롤러는 각 조인 태스크가 자신이 받은 입력을 한 라운드 동안 모두 처리할 때까지 기다린다. 이후 모든 출력 파일은 중복 제거 태스크로 분산되고, 중복 제거 태스크는 출력을 생성한다. 그 출력은 조인 태스크로 분산돼 다시 다음 라운드를 위한 입력이 된다. ■

예제 2.12에서 반드시 두 종류의 태스크가 필요한 것은 아니다. 오히려 조인 태스크는 이전에 받은 입력을 어떻게든 저장해야 하기 때문에 스스로 입력에서 중복을 제거할 수 있다. 그러나 조인과 중복 제거를 따로 두는 방식은 태스크 장애를 복구할 때 유리하다. 각 태스크가 모든 출력 파일들을 생성하면서 항상 저장하면 조인 태스크와 중복 제거 태스크를 서로 다른 랙에 배치할 수 있으며, 그렇게 되면 어떤 단일 노드 장애 혹은 단일 랙 장애에도 대처가 가능해진다. 즉 재시작돼야 하는 조인 태스크는 이전에 생성된 입력 파일 모두를 중복 제거 태스크로부터 얻을 수 있다. 그 반대도 마찬가지다.

이행적 폐쇄의 계산은 특별한 경우라서 재시작된 태스크가 이전에 원래 태스크가 생성한 출력을 다시 생성하는 것을 막을 필요가 없다. 이런 이행적 폐쇄의 계산에서 중복된 경로가 발견된다 해도 최종 응답에 영향을 미치지 않기 때문이다. 그러나 대부분 다른 연산에서는 원래 태스크와 재시작된 태스크 모두가 동일한 출력을 또 다른 태스크로 넘기는 상황이 허용되지 않는다. 예를 들어, 연산의 마지막 단계가 집계인 경우, 다시 말해 그래프의 각 노드로부터 도달 가능한 노드들의 개수를 세는 경우, 경로를 두 번 세면 잘못된 응답을 얻을 수도 있다.

재귀적인 프로그램을 실행할 때 실패를 처리하는 데 사용되는 세 가지 방법은 다음과 같다.

1. **반복된 맵리듀스**: 맵리듀스 작업 혹은 연속적인 맵리듀스 작업으로서 재귀를 작성한다. 그러면 맵리듀스 구현의 장애failure 메커니즘을 기반으로 어느 단계에서든

장애를 처리할 수 있다. 이러한 시스템의 첫 번째 사례가 하룹^{HaLoop}이었다(2장 참고 문헌을 참조하라).

2. **스파크 접근 방식**: 스파크 언어에는 재귀의 구현을 가능하게 하는 for-loops 같은 실제 반복문이 포함된다. 여기서 장애 관리는 스파크의 느린 평가$^{lazy-evaluation}$ 및 계보^{lineage} 메커니즘을 사용해 구현된다. 또한 스파크 프로그래머에게 재귀의 중간 상태를 저장할 수 있는 선택권이 있다.

3. **벌크 동기 시스템**$^{bulk-synchronous\ system}$: 이 시스템은 다음에 설명할 그래프 기반 계산 모델을 사용한다. 일반적으로 주기적 체크포인팅$^{periodic\ checkpointing}$이라는 복원 방식을 사용한다.

2.4.6 벌크 동기 시스템

분산 처리 환경에서 재귀적인 알고리즘을 구현하는 또 다른 방법은 대용량 데이터 처리를 위한 그래프 기반 벌크 동기 시스템의 첫 번째 예인 구글의 프리겔^{Pregel}로 대표된다. 이런 시스템은 데이터를 그래프로 인식한다. 그래프의 각 노드는 대략 하나의 태스크에 대응된다(예제 2.12에서 설명한 조인 태스크처럼 실제로는 그래프에서 다수의 노드가 단일 태스크로 묶이게 될 것이다). 각 그래프 노드는 또 다른 노드를 목적지로 하는 출력 메시지를 생성하고, 각 그래프 노드는 다른 노드들로부터 얻은 입력을 처리한다.

예제 2.13 그래프에 가중치가 적용된 선들이 있으며, 각 노드와 나머지 다른 노드들 사이에서 최단 경로의 길이를 구하고자 한다고 가정하자. 알고리즘이 실행되면 각 노드 a는 노드 a에서 노드 b까지 알려진 최단 거리의 길이 w를 (b, w) 쌍으로 저장할 것이다.

먼저 이 내용이 모든 노드들에게 (a, b, w) 형태로 보내진다. 의도하는 바는 노드 a가 자신으로부터 노드 b에 이르는 경로의 길이를 알고 있음을 전달하는 것이다.[9] 노드 a가 (c, d, w)를 입력받으면 a는 이미 알고 있는, 자신에서 노드 d에 이르는 경로

---

9   이 알고리즘에서는 너무나 과도한 통신이 발생하지만, 이는 간단한 프리겔 연산 모델의 예일 뿐이다.

보다 더 짧은 경로인지를 확인해야 한다. 노드 a는 현 시점에서 c까지의 거리를 검색한다. 즉 로컬에 저장된 (c, v) 쌍을 찾는다. 또한 (d, u) 쌍도 찾는다. $w + v < u$라면 (d, u) 쌍은 $(d, w + v)$로 치환되고, (d, u) 쌍이 없으면 $(d, w + v)$ 쌍은 노드 a에 저장된다. 이 두 가지 경우 모두 나머지 다른 노드들로 메시지 $(a, d, w + v)$가 보내진다. ■

프리겔에서의 연산들은 **슈퍼스텝**superstep들로 구성된다. 특정 슈퍼스텝에서는 노드들이 이전 슈퍼스텝(혹은 첫 번째 슈퍼스텝인 경우 맨처음)에서 받은 메시지 모두가 처리되고, 이후 그 노드들에 의해 생성된 모든 메시지는 다음 목적지로 보내진다. 바로 이 방법에 붙은 '벌크 동기'라는 이름은 많은 메시지를 하나로 묶는 것과 관련이 있다.

이런 방식으로 메시지를 그루핑하는 데에 매우 중요한 장점이 있다. 짧지만 많은 양의 메시지를 통신하려면 일반적으로 네트워크 오버헤드가 발생한다. 예제 2.13에서 하나의 새로운 최단 거리를 발견할 때마다 관련된 노드들에 전송이 발생했다고 가정하자. 그래프가 크면 전송되는 메시지의 수가 엄청날 텐데 그러한 알고리즘을 구현하는 것은 현실적이지 않다. 그러나 벌크 동기 시스템에서 그래프의 다수 노드를 관리하는 태스크는 자신이 관리하는 노드들에서 또 다른 태스크가 관리하는 노드들로 전송한 모든 메시지를 묶어서 보낼 수 있다. 이런 방식은 보통 필요한 모든 메시지를 보내는 데 요구되는 시간을 크게 줄인다.

프리겔에서의 장애 관리

노드에 장애가 발생한 경우 그 노드에서 실패한 태스크들을 재시작하려는 시도는 하지 않는다. 대신 프리겔은 얼마간의 슈퍼스텝마다 **체크포인트**checkpoint를 기록한다. 체크포인트에는 태스크들의 전체 상태가 복사되며, 필요한 경우 그 지점으로부터 작업이 재시작될 수 있다. 어떤 노드에도 장애가 발생하지 않았다면 전체 작업은 최근 체크포인트부터 재시작된다.

이런 복구 전략으로 인해 실패한 적이 없는 많은 태스크들이 작업을 다시 실행하는 경우가 발생하지만, 대부분 만족스러운 결과를 얻게 된다. 맵리듀스 시스템이 실패한 태스크에 대해서만 재시작을 지원하는 이유를 상기해 보면 장애 상황에서 전체 작업을 완료하기 위한 예상 시간이 장애가 없는 상황에서 작업을 완료하기 위한 시간보다 과도하게 길지 않도록 보장하기 위해서다. 장애 하나의 복구 시간이 평균 장애 시간보다 훨씬 짧다면 모든 장애 관리 시스템이 그런 방식을 사용할 것이다. 따라서 프리겔에서는 적절한 횟수의 슈퍼스텝마다 체크 포인트를 설정해 그 횟수의 슈퍼스텝 내에 장애가 발생할 확률을 낮춰야 한다.

2.4.7 2.4절 연습문제

! **연습문제 2.4.1** 작업은 n개의 태스크로 구성돼 있으며, 각 태스크를 실행하는 데 t초가 걸린다고 가정하자. 장애가 없다면 전체 노드에서 태스크를 실행하는 데 걸리는 시간은 nt다. 하나의 작업에서 태스크 하나가 실패할 확률은 초당 p이고, 태스크가 실패한 경우 재시작 관리에 따른 오버헤드로 인해 전체 작업 실행 시간에 $10t$초를 추가해야 한다고 가정하자. 전체 작업의 실행 예상 시간은 얼마인가?

! **연습문제 2.4.2** 어느 프리겔 작업에서 슈퍼스텝 도중 장애가 발생할 확률은 p라고 가정하자. 또한 단일 체크 포인트의 실행 시간(모든 노드 합산)은 하나의 슈퍼스텝을 실행하는 데 걸리는 시간의 c배라고 하자. 작업 실행 예상 시간을 최소화하기 위해 체크 포인트들 사이에 얼마나 많은 슈퍼스텝을 둬야 하는가?

2.5 통신 비용 모델

2.5절에서는 2장에서 지금까지 논의했던 분산 처리 방식으로 구현된 알고리즘들의 품질을 측정하는 방법을 소개할 것이다. 모든 연산은 2.4.1절에서 소개한 비순환 워크플로로 설명된다고 가정한다. 많은 응용 분야에서 맵 태스크의 출력을 적절한 리듀스 태스크로 보내는 것과 같은, 태스크 사이에서의 데이터 이동 문제가 병목이 된다. 한 가지 예로, 다중^{multiway} 조인의 연산을 하나의 맵리듀스 작업으로 처리하는 방식이 직접 2중^{2-way} 조인을 연속으로 처리하는 방법보다 효율적임을 볼 수 있다.

2.5.1 태스크 네트워크에서의 통신 비용

비순환 태스크 네트워크로 구현된 알고리즘이 있다고 상상해 보자. 이 태스크들은 일반적인 맵리듀스 알고리즘에서 리듀스 태스크를 대상으로 출력을 내는 맵 태스크일 수도 있고, 연속된 맵리듀스 작업들일 수도 있다. 아니면 그림 2.6의 워크플로를 구현하는 태스크들처럼 좀 더 일반적인 워크플로 구조일 수도 있다.[10] 단일 태스크의 **통신 비용**은 해당 태스크로 들어오는 입력의 크기다. 이 크기는 바이트[byte]로 측정될 수 있다. 그러나 예제에서는 관계형 데이터베이스 연산을 다룰 것이기 때문에 주로 튜플의 개수를 측정 단위로 사용할 것이다.

알고리즘의 통신 비용은 해당 알고리즘을 구현하는 모든 태스크들에서 발생하는 통신 비용의 합이다. 알고리즘의 효율성을 측정하는 방법으로서 통신 비용에 초점을 맞출 것이다. 특히 알고리즘의 실행 시간을 추정할 때 각 태스크의 실행 시간은 고려하지 않는다. 태스크의 실행 시간이 지배적으로 큰 부분을 차지하는 경우가 있을 수 있지만, 이런 예외적인 상황은 현실에서 매우 드물게 발생한다. 통신 비용의 중요성을 다음과 같이 설명할 수 있고, 각각을 증명할 수 있다.

- 각 태스크에 의해 실행되는 알고리즘의 실행 시간은 매우 단순한 경향이 있는데, 대부분 입력 크기에 선형으로 비례한다.

- 분산 처리 환경에서 노드 간의 일반적인 상호 연결 속도는 1초당 1기가바이트다. 이는 빨라 보이지만 프로세서가 명령어를 실행하는 속도와 비교하면 느린것이다. 게다가 많은 클러스터 아키텍처에서, 다수의 노드가 동시에 통신해야할 때 다른 노드들의 상호 연결이 완료되기를 기다려야 한다. 결국 노드는 데이터를 전달하는 데 걸리는 시간 이내에 그 데이터에 많은 작업을 수행할 수 있게된다.

- 청크(들) 복사본을 가진 노드에서 태스크가 실행돼 네트워크 비용 없이 그 청크 복사본이 처리된다 하더라도 청크는 보통 디스크에 저장될 것이고, 데이터를

---

10 이 특징은 태스크가 아닌, 함수를 설명한다는 사실을 기억하자. 예컨대 태스크 네트워크에서 함수 i를 구현하는 많은 태스크가 존재하고, 각 태스크는 함수 g에 해당하는 각 태스크와 함수 i에 해당하는 각 태스크에게 데이터를 전송한다.

메인 메모리로 옮기는 데 걸리는 시간은 데이터를 메모리에 올린 이후 데이터 처리에 필요한 시간을 초과할 수 있다.

통신 비용이 비용의 대부분을 차지한다고 가정하면 왜 출력 크기가 아닌 입력 크기만을 계산하는지 궁금할 수 있다. 이 질문에 대한 대답은 다음 두 가지 사실에서 찾을 수 있다.

1. 태스크 τ의 출력이 또 다른 태스크의 입력이 된다면 τ의 출력 크기는 다음 태스크의 입력 크기를 측정할 때 계산된다. 따라서 해당 태스크의 출력으로 전체 알고리즘 결과가 구성되는 경우를 제외하고는 출력 크기를 계산할 이유가 없다.

2. 그러나 입력 데이터 혹은 알고리즘에 의해 생성되는 중간 데이터와 비교했을 때 실제로 알고리즘 출력이 큰 경우는 거의 없다. 그 이유는 엄청나게 큰 출력은 어떤 방법으로든 요약되거나 합산되지 않는 이상 사용될 수 없기 때문이다. 예를 들어, 예제 2.6에서 그래프 전체의 이행적 폐쇄를 계산하는 방법을 설명했지만, 실제로는 각 노드로부터 도달 가능한 노드들의 개수를 계산하거나 단일 노드로부터 도달 가능한 노드들의 집합을 구하는 것처럼 요구 사항이 조금 더 간단한 경우가 대부분이다.

예제 2.14 2.3.7절의 조인 알고리즘에 대한 통신 비용을 계산해 보자. $R(A, B) \bowtie S(B, C)$를 조인할 것이며, 관계 R과 관계 S의 크기는 각각 r과 s라고 가정하자. R과 S를 포함하는 파일들의 각 청크는 하나의 맵 태스크로 보내지므로 모든 맵 태스크에 대한 통신 비용의 합은 $r + s$가 된다. 일반적으로 맵 태스크 각각은 자신이 사용할 청크 복사본이 위치한 노드에서 실행된다는 사실에 주목하라. 따라서 맵 태스크를 위해서 어떤 중간 통신도 필요하지 않으나, 맵 태스크는 디스크로부터 데이터를 읽어 와야 한다. 맵 태스크가 하는 모든 일은 간단하게 각 입력 튜플을 키-값 쌍으로 변형하는 것이므로 입력이 태스크와 같은 위치에 있는지 혹은 입력이 해당 노드로 전송돼야 하는지와 상관없이 통신 비용 대비 연산 비용은 작을 것이다.

맵 태스크 출력의 합은 대략 입력의 합과 비슷하다. 각 출력 키-값 쌍은 정확하게 하나의 리듀스 태스크로 보내지는데 이 리듀스 태스크가 (맵 태스크의 노드와) 같은 노드에서 실행될 확률은 매우 낮다. 따라서 맵 태스크와 리듀스 태스크 사이의 통신은 메모리와 디스크 사이에서가 아니라 상호 연결된 노드들 사이에서 발생할 것이다. 이런 통신에 걸리는 시간은 $O(r + s)$이므로 조인 알고리즘의 통신 비용은 $O(r + s)$이다.

리듀스 태스크는 속성 B 값들 중 하나 이상을 대상으로 리듀서(키 및 그 키와 관련된 값 리스트를 처리하는 리듀스 함수 프로그램)를 실행한다. 각 리듀서는 입력을 받고 그 입력을 R로부터 받은 튜플과 S로부터 받은 튜플로 분리한다. R로부터 받은 각 튜플은 S로부터 받은 튜플과 쌍으로 구성돼 하나의 출력이 된다. 조인에서 그 출력의 크기는 $r + s$보다 클 수도 혹은 작을 수도 있는데 이는 R 튜플이 S 튜플과 조인될 가능성에 따라 달라진다. 예를 들어, 서로 다른 B 값들이 많다면 출력 크기는 매우 작을 것이고, B 값의 종류가 적다면 출력 크기는 클 것이라 예상할 수 있다.

출력 크기가 큰 경우 단일 리듀서로부터 모든 출력을 생성하는 데 필요한 비용은 $O(r + s)$보다 훨씬 클 수도 있다. 그러나 조인의 출력 크기가 큰 경우 그 크기를 줄이기 위해 집계가 수행된다는 가정을 둬야 한다. 조인 결과와 이런 집계를 수행하는 태스크들 사이에서 통신이 필요할 것이고, 그 통신 비용은 적어도 조인의 출력을 생성하기 위해 필요한 연산 비용에 상응할 것이다.

2.5.2 월-클록 시간

분산 처리 환경에서 사용하기 위한 알고리즘을 선택할 때 통신 비용이 선택에 큰 영향을 미치긴 하지만, 병렬 알고리즘이 종료되는 데 소요되는 시간인 **월-클록**^{wall-clock} 시간의 중요성 역시 간과해서는 안 된다. 간단한 예로, 모든 작업을 하나의 태스크에 할당함으로써 전체 통신을 최소화할 수 있는데, 그렇게 해 전체 통신 비용이 최소가 됐다고 가정하자. 그러나 그런 알고리즘의 월-클록 시간은 상당이 클 것이다. 여기서 소개하는 알고리즘 혹은 지금까지 설명해 온 알고리즘은 태스크들에게 작업을 균등하게 분배한다는 특징을 갖는다. 따라서 주어진 개수의 처리 노드 환경에서 월-클록 시간은 가능한 한 적게 들 것이라 가정한다.

2.5.3 다중 조인

분산 처리 환경에서 알고리즘을 선택하는 데 있어서 통신 비용의 분석이 얼마나 도움이 되는지 알아보기 위해 다중 조인multiway join의 경우를 자세히 살펴볼 것이다. 이와 관련된 일반적인 이론은 다음과 같다.

1. 3개보다 많은 관계들을 대상으로 자연 조인을 하는 데 사용될 속성들을 선택한다. 이 속성들의 값들은 각각 일정한 개수의 버킷으로 해시된다.
2. 이런 각 속성에 대한 버킷의 개수를 선택한다. 각 속성에 대한 버킷 개수들의 곱은 k이며, 이는 사용될 리듀서의 개수가 된다.
3. k개의 리듀서 각각을 버킷 번호들로 구성된 하나의 벡터로 규정한다. 이런 벡터들은 1에서 선택된 속성들 각각에 대해 하나의 성분을 갖는다.
4. 각 관계의 튜플들을 조인 대상 튜플들을 찾을 가능성이 있는 모든 리듀서들로 보낸다. 즉 주어진 튜플 t는 1에서 선택된 속성들 중 일부에 해당하는 값들을 가질 것이므로 리듀서를 결정할 벡터 성분을 찾기 위해 해시 함수(s)를 그 튜플 값들에 적용할 수 있다. 벡터의 그 외 다른 성분들은 알 수 없으므로 이런 알려지지 않은 성분에 대해 값을 갖는 모든 벡터의 리듀서들로 t를 보내야 한다.

이런 일반적인 기법이 적용된 사례를 연습문제에서 다룰 것이다. 우선 하나의 예로 조인 $R(A, B) \bowtie S(B, C) \bowtie T(C, D)$만을 살펴볼 것이다. 관계 R, S, T의 크기는 각각 r, s, t이고, 간단한 계산을 위해 p는 다음을 만족할 확률이라고 가정하자.

1. R 튜플과 S 튜플이 B에서 일치할 확률, 동일하게
2. S 튜플과 T 튜플이 C에서 일치할 확률.

먼저 2.3.7절의 맵리듀스 알고리즘을 사용해서 R과 S를 조인하면 통신 비용은 $O(r + s)$이고, 중간 조인 $R \bowtie S$의 크기는 prs이다. 이 결과를 T와 조인하면 이 두 번째 맵리듀스 작업의 통신은 $O(t + prs)$다. 따라서 두 번의 2중 조인으로 구성된 알고리즘의 전체 통신 비용은 $O(r + s + t + prs)$다. 만약 S와 T를 먼저 조인한 다음 그 결과를 R과 조인할 경우 알고리즘은 달라지며, 그에 대한 통신 비용은 $O(r + s + t + pst)$가 된다.

이런 조인을 처리하는 세 번째 방법은 3개의 관계를 한 번에 조인하는 단일 맵리듀스 작업을 사용하는 것이다. 이런 작업을 위해 k개의 리듀서를 사용한다고 가정하자. B 값들과 C 값들이 해시될 버킷의 개수 b와 c를 선택한다. 해시 함수 h는 B 값들을 b개의 버킷들로 보내고, 해시 함수 g는 C 값들을 c개의 버킷들로 보낸다고 하자. $bc = k$라는 조건이 성립해야 하는데 각 리듀서는 B 값을 위한 버킷과 C 값을 위한 버킷으로 구성된 한 쌍의 버킷에 대응해야 한다. 버킷 쌍 (i, j)에 해당하는 리듀서는 $h(v) = i$와 $g(w) = j$라는 조건을 만족할 때마다 $R(u, v)$, $S(v, w)$, $T(w, x)$를 조인하는 역할을 한다.

결과적으로 R, S, T 튜플들을 리듀서로 보내는 맵 태스크는 R과 T 튜플들을 하나 이상의 리듀서로 보내야 한다. S 튜플 $S(v, w)$의 경우 B 값들과 C 값들을 알고 있으므로 그 튜플을 $(h(v), g(w))$에 해당하는 하나의 리듀서로만 보낼 수 있다. 그러나 R 튜플 $R(u, v)$는 다르다. 이 튜플은 특정 y에 대해 $(h(v), y)$에 해당하는 리듀서들로 보내야 한다. y가 어떤 값인지 모르기 때문에 C가 어떤 값이 돼도 상관없다. 따라서 y는 C 값들에 대한 c개의 버킷 중 어느 것도 될 수 있기 때문에 $R(u, v)$는 c개의 리듀서로 보내야 한다. 유사하게 T 튜플 $T(w, x)$는 모든 z에 대한 각 리듀서 $(z, g(w))$로 보내야 한다. 그런 리듀서들은 b개다.

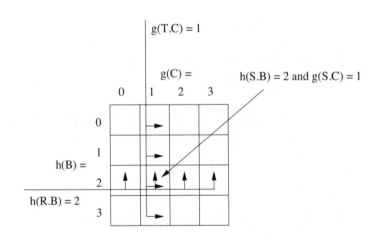

그림 2.8 16개의 리듀서가 3중 조인을 수행한다.

108

예제 2.15 $b = c = 4$라고 가정하면 $k = 16$이다. 그림 2.8처럼 16개의 리듀서가 사각형에 배치됐됐다고 생각할 수 있다. $h(v) = 2$와 $g(w) = 1$일 때 가상의 S 튜플 $S(v, w)$가 존재한다. 맵 태스크는 이 튜플을 오직 키 $(2, 1)$에 해당하는 리듀서로만 보낸다. 또한 R 튜플 $R(u, v)$의 경우 $h(v) = 2$이므로 이 튜플을 $y = 1, 2, 3, 4$인 모든 리듀서 $(2, y)$로 보낸다. 마지막으로 T 튜플 $T(w, x)$의 경우 $g(w) = 1$이므로 이 튜플을 $z = 1, 2, 3, 4$인 모든 리듀서 $(z, 1)$로 보낸다. 이렇게 3개의 튜플이 조인되고, 이후 이 튜플은 정확하게 키가 $(2, 1)$인 리듀서에서 만나게 된다는 사실에 주목하라. ■

이제부터는 R, S, T의 크기가 서로 다른 상황을 가정해 보자. 각각의 크기로 r, s, t를 사용했음을 기억하라. $bc = k$인 조건에서 B 값들은 b개의 버킷으로 해시하고 C 값들을 c개의 버킷으로 해시하면 튜플을 적절한 리듀서로 이동하는 데 드는 총 통신 비용은 다음 횟수들의 합이다.

1. 각 튜플 $S(v, w)$를 리듀서 $(h(v), g(w))$로 한 번 이동하기 위해 s회
2. 각 튜플 $R(u, v)$를 y 중 가능한 값이 c개일 때 그에 해당하는 c개의 리듀서 $(h(v), y)$로 이동하기 위해 cr회

3. 각 튜플 $T(w, x)$를 z 중 가능한 값이 b개일 때 그에 해당하는 b개의 리듀서 $(z, g(w))$로 이동하기 위해 bt회

각 관계에서 각 튜플을 맵 태스크 중 하나의 입력으로 만들기 위한 비용 $r + s + t$ 역시 존재한다. 이는 고정 비용이며 b, c, k와는 독립적이다.

$s + cr + bt$를 최소화하기 위해서는 $bc = k$ 조건을 만족하는 b와 c를 선택해야 한다. 함수 $s + cr + bt - \lambda(bc - k)$의 b와 c에 대한 미분이 0인 지점을 찾기 위해 라그랑주 승수$^{Lagrangean\ multipliers}$ 기법을 사용할 것이다. 즉 방정식 $r - \lambda b = 0$와 $t - \lambda c = 0$을 풀어야 한다. $r = \lambda b$ 그리고 $t = \lambda c$이므로 두 방정식의 대응변들을 곱해서 $rt = \lambda^2 bc$를 얻을 수 있다. $bc = k$이므로 $rt = \lambda^2 k$ 혹은 $\lambda = \sqrt{rt/k}$를 얻는다. 따라서 $c = t/\lambda = \sqrt{kt/r}$ 그리고 $b = r/\lambda = \sqrt{kr/t}$일 때 통신 비용이 최소로 발생한다.

이 값들을 수식 $s + cr + bt$로 치환하면 $s + 2\sqrt{krt}$를 얻는다. 이는 리듀스 태스크를 위한 통신 비용이며, 여기에 맵 태스크의 통신 비용인 $s + r + t$를 더해야 한다. 따라서 총 통신 비용은 $r + 2s + t + 2\sqrt{krt}$다. 일반적으로 $r + t$는 $2\sqrt{krt}$보다 무시해도 될 정도로 작기 때문에 통신 비용은 $O(\sqrt{k})$의 배수가 된다고 볼 수 있다.

예제 2.16 어떤 상황에서 3중 조인의 통신 비용이 연속된 두 번의 2중 조인보다 낮은지 알아보자. 예를 간단히 하기 위해 R, S, T는 모두 관계 R과 동일하며, 페이스북^{Facebook}과 같은 소셜 네트워크에서 '친구들' 관계를 표현한다고 가정하자. 페이스북 사용자는 대략 10억 명이고 각 사용자당 평균 친구 수는 300명이므로 관계 R의 튜플 개수는 $r = 3 \times 10^{11}$이다. 각 사용자당 친구들의 친구들의 친구들의 명수 혹은 친구들의 친구들의 친구들의 명수가 가장 많은 사람을 찾아내기 위한 계산의 일부로 $R \bowtie R \bowtie R$를 계산하고자 한다.[11] R들 사이의 3중 조인의 통신 비용은 $4r + 2r\sqrt{k}$ 인데 $3r$은 맵 태스크의 비용을 나타내고, $r + 2\sqrt{kr^2}$는 리듀스 태스크의 비용을 나타 낸다. $r = 3 \times 10^{11}$이라는 가정을 세웠으므로 이 비용은 $1.2 \times 10^{12} + 6 \times 10^{11}\sqrt{k}$다.

---

11 이런 사람, 즉 조금 더 일반적으로 말해서 친구 관계가 폭넓은 사람들은 무료 샘플을 제공하는 마케팅 캠페인의 시작 대상으로 삼기 좋은 부류다.

R과 R을 조인하고 그 결과를 다시 R과 조인하는 통신 비용을 생각해 보자. 첫 번째 조인에서 맵 태스크와 리듀스 태스크의 통신 비용은 각각 $2r$이므로 첫 번째 조인의 통신 비용은 $4r = 1.2 \times 10^{12}$이다. 반면 $R \bowtie R$의 크기는 크다. 정확하게 얼마나 큰지 계산할 수 없는데, 친구들은 집단을 형성하는 경향이 있기 때문에 300명의 친구를 둔 한 사람이 가질 수 있는 친구의 친구 수가 최댓값인 90,000보다는 훨씬 적을 것이기 때문이다. $R \bowtie R$의 크기가 $300r$이 아니라 $30r$ 혹은 9×10^{12}이라고 보수적으로 추산해 보자. 두 번째 조인 $(R \bowtie R) \bowtie R$의 통신 비용은 $1.8 \times 10^{13} + 6 \times 10^{11}$이다. 그러므로 두 조인의 총 비용은 $1.2 \times 10^{12} + 1.8 \times 10^{13} + 6 \times 10^{11} = 1.98 \times 10^{13}$이 된다.

다음으로 3중 조인 비용이 1.98×10^{13}보다 작은지 확인해야 한다.

$$1.2 \times 10^{12} + 6 \times 10^{11}\sqrt{k}$$

$6 \times 10^{11}\sqrt{k} < 1.86 \times 10^{13}$ 혹은 $\sqrt{k} < 31$이라면 그럴 것이다. 즉 $31^2 = 961$개를 넘지 않는 리듀서를 사용할 경우 3중 조인이 더 낫다. ■

2.5.4 2.5절 연습문제

연습문제 2.5.1 다음 각 알고리즘의 통신 비용은 얼마인가? 알고리즘을 적용할 관계, 행렬, 혹은 벡터의 크기 함수로 표현하라.

(a) 2.3.2절의 행렬 벡터 곱셈 알고리즘

(b) 2.3.6절의 합집합 알고리즘

(c) 2.3.8절의 집계 알고리즘

(d) 2.3.10절의 행렬 곱셈 알고리즘

! **연습문제 2.5.2** 관계 R, S, T의 크기를 각각 r, s, t라 가정하고, k개의 리듀서를 사용해 3중 조인 $R(A, B) \bowtie S(B, C) \bowtie T(A, C)$를 구하고자 한다. 속성 A, B, C의 값을 각각 a, b, c개의 버킷으로 해시하며, 따라서 $abc = k$가 된다. 각 리듀서는 버킷들로 구성된 하나의 벡터에 대응되며, 3개의 해시 함수당 하나의 리듀서가 존재한다.

스타 조인

스타 조인star Join은 상업적인 데이터를 대상으로 하는 데이터 마이닝의 일반적인 구조다. 예를 들어, 월마트Walmart와 같은 체인점은 단일 판매 정보를 나타내는 튜플 각각으로 구성된 **팩트**fact 테이블을 보유하고 있다. 이 관계는 $F(A_1, A_2, \ldots)$와 같은데 각 속성 A_i는 구매자, 구매 항목, 체인점, 혹은 날짜와 같이 판매와 관련된 중요한 요소 중 하나를 나타내는 키다. 각 키 속성에 대해서 관련된 사람에 대한 정보를 제공하는 **차원**dimension 테이블이 존재한다. 일례로, 차원 테이블 $D(A_1, B_{11}, B_{12}, \ldots)$는 구매자를 표현한다. A_1은 이 관계에서 키가 되는 구매자 ID다. B_{1i}들은 구매자의 이름, 주소, 전화번호 등이 될 수 있다. 일반적으로 팩트 테이블fact table은 차원 테이블보다 훨씬 더 크다. 예를 들어, 팩트 테이블의 튜플이 10억 개일 때 100만 개 튜플을 갖는 10개의 차원 테이블이 있을 수 있다.

분석가들은 팩트 테이블과 몇몇의 차원 테이블을 조인('스타 조인')한 후 그 결과를 유용한 형태로 집계하는 분석 질의를 실행시키면서 데이터를 마이닝한다. 예를 들어, 분석가는 '2016년도 각 월별로 바지 판매에 대한 테이블을 지역과 색상으로 구분해 제공하라'와 같은 질문을 던질 수 있다. 이 절에서 배운 통신 비용 모델에 의하면 팩트 테이블과 차원 테이블에 대해 다중 조인이 2중 조인보다 조금 더 효율적이라는 것이 거의 확실하다. 팩트 테이블과 모든 차원 테이블을 조인해야 하는 경우 얼마나 많은 노드를 가용할 수 있는지에 따라 팩트 테이블을 저장하고, 이들을 복제하는 방식과 정확하게 동일한 방법으로 차원 테이블을 영구 복제하는 것이 합리적일 수도 있다. 이런 특별한 경우에는 오직 키 속성들(이전 경우 A들)만 버킷들로 해시되고, 각 키 속성에 대한 버킷 개수는 차원 테이블 크기에 비례한다.

r, s, t, k의 함수로 알고리즘의 통신 비용을 최소화하는 a, b, c 값을 구하라.

! **연습문제 2.5.3** 팩트fact 테이블 $F(A_1, A_2, \ldots, A_m)$와 $i = 1, 2, \ldots, m$에 대한 차원 dimension 테이블 $D_i(A_i, B_i)$를 대상으로 스타 조인star join을 구하려고 한다. 리듀서는 k개이고, 각 리듀서는 버킷들로 구성된 벡터와 대응되며, 키 속성 $A_1, A_2, \ldots, A_m$ 각

각에 대해 하나의 리듀서가 존재한다고 하자. A_i가 해시될 버킷의 개수를 a_i라고 가정하자. 일반적으로 $a_1a_2 \cdots a_m = k$이다. 마지막으로 각 차원 테이블 D_i의 크기는 d_i이며, 팩트 테이블의 크기는 어떤 차원 테이블의 크기보다도 훨씬 크다고 가정하자. 하나의 맵리듀스 연산으로 스타 조인을 사용하는 비용을 최소화하는 a_i들의 값을 구하라.

2.6 맵리듀스에 대한 복잡도 이론

이제부터는 맵리듀스 알고리즘의 구조를 조금 더 상세하게 설명할 것이다. 맵리듀스 연산을 수행할 때 맵과 리듀스 태스크 사이의 통신 비용이 종종 병목이 된다는 사실을 2.5절에서 설명했었다. 2.6절에서는 특별히 리듀서가 사용하는 메인 메모리나 월-클록 시간을 줄이는 것처럼 맵리듀스 알고리즘이 갖는 필수적인 특징들이 통신 비용과 어떤 관련이 있는지 알아볼 것이다. '리듀서'는 단일 키 및 그 키와 관련된 값 리스트를 대상으로 리듀스 함수를 실행한다는 사실을 기억하라. 2.6절의 핵심은 많은 문제들이 통신량이 서로 다른 가지 각색의 맵리듀스 알고리즘으로 처리된다는 것과 대부분 알고리즘이 통신을 덜 사용할수록 요구하는 월-클록 시간과 메모리 양은 더 많아진다는 것이다. 이를 중점적으로 설명하고자 한다.

2.6.1 리듀서 크기와 복제율

이제 맵리듀스 알고리즘군을 특징짓는 두 매개 변수를 소개하고자 한다. 첫 번째는 리듀서의 크기이며 q로 표시한다. 이 매개 변수는 단일 키와 관련된 리스트에 등장 가능한 값 개수의 상한이다. 리듀서 크기는 적어도 두 가지 목적을 고려해서 선택될 수 있음을 명심하라.

1. 리듀서 크기를 작게 함으로써 리듀서 개수를 늘인다. 즉 맵 태스크가 입력을 어떻게 분할하느냐에 따라 키들은 서로 달라진다. 또한 리듀스 태스크를 많이 생성하면(물론 각 리듀서당 하나의 리듀스 태스크도 가능하다) 분산의 정도는 높아지

며, 낮은 월-클록 시간을 기대할 수 있다.

2. 리듀서 크기를 충분히 작게 설정해 단일 리듀서와 관련된 연산 전체가 리듀스 태스크가 위치한 노드의 메인 메모리에서 실행되도록 한다. 리듀서에 의해 실행되는 연산과는 상관없이 메인 메모리와 디스크 사이의 반복적인 데이터 이동을 막을 수 있다면 실행 시간은 엄청나게 줄어들 것이다.

두 번째 매개 변수는 r로 표시하는 **복제율**replication rate이다. 모든 입력을 대상으로 모든 맵 태스크에 의해 생성되는 키-값 쌍의 개수를 입력의 개수로 나눈 값을 r로 정의한다. 즉 복제율은 입력당 맵 태크스에서 리듀스 태스크까지의 평균 통신량(키-값 쌍들을 카운트함으로써 측정된다)을 의미한다.

예제 2.17 2.3.10절의 한 단계 행렬 곱셈 알고리즘을 살펴보자. 모든 행렬이 $n \times n$이라고 가정한다. 복제율 r은 n과 동일하다. 각 성분 m_{ij}에 대한 키-값 쌍은 n개이며, 이들 모두 $1 \le k \le n$를 만족하는 (i, k) 형식의 키를 갖는다. 이와 마찬가지로 다른 행렬의 각 성분 n_{jk}에 대해서는 $1 \le i \le n$를 만족하는 (i, k) 형식의 키-값 쌍 n개를 생성한다. 이 경우 n은 입력 성분 하나에 대해 생성되는 키-값 쌍의 평균 개수일 뿐만 아니라 각 입력마다 생성되는 키-값 쌍의 정확한 개수이기도 하다.

또한 필요한 리듀서 크기 q가 $2n$이라는 사실 역시 알 수 있다. 즉 각 키 (i, k)마다 첫 번째 행렬의 성분 m_{ij}를 나타내는 키-값 쌍이 n개 존재하며, 두 번째 행렬의 성분 n_{jk}에 대한 또 다른 키-값 쌍이 n개 존재한다. 이 두 값은 한 단계 행렬 곱셈을 위한 특정 알고리즘에만 해당한다고 생각할 수 있으나, 실제로 적용되는 다양한 알고리즘 중 일부이며, r이 최대일 때 q가 최소가 되는 것이 일반적이다. 조금 더 일반화하면 r과 q 사이에는 $qr \ge 2n^2$로 표현되는 상반 관계tradeoff가 존재하는 것이다. ■

2.6.2 예제: 유사도 조인

실제 상황에서 r과 q 사이의 상반 관계를 알아보기 위해 **유사도 조인**similarity join으로 알려진 문제를 설명할 것이다. 이 문제에서는 대형 원소 집합 X가 있을 때 집합 X의 원소인 x와 y가 얼마나 유사한가를 알려 주는 유사도 측정치 $s(x, y)$가 주어진다. 3장에서는 유사도와 관련된 가장 중요한 개념들과 유사 쌍들을 빠르게 찾는 몇 가지 방법을 배우게 될 것이다. 그러나 여기서는 X의 각 원소 쌍들을 검토하고 함수 s를 적용해 유사도를 결정하는 원시적인 형태의 문제들만을 다룰 것이다. s는 교환법칙이 성립해 $s(x, y) = s(y, x)$라고 가정하나, s와 관련된 그 밖에 다른 가정을 두지는 않는다. 이 알고리즘은 주어진 한계 유사도 t를 초과하는 쌍들을 출력으로 낸다.

예를 들어, 100만 개의 이미지image가 있고, 이미지 각각의 크기가 1메가바이트라고 하자. 이 경우 데이터 집합은 1테라바이트다. 유사도 함수 s의 자세한 설명은 생략할 텐데 이 유사도 함수는 색상들의 분포가 같거나 색상들의 분포가 같은 부분이 동일한 이미지들에 대해 더 높은 값을 낸다고 하자. 목표는 같은 종류의 객체 혹은 장면을 보이는 이미지 쌍들을 발견해 내는 것이다. 이는 매우 어려운 문제이긴 하지만 일반적으로 색상 분포에 의한 분류를 통해 목적을 달성할 수 있다.

이 문제의 병렬적인 특성을 활용해 맵리듀스 연산을 어떻게 수행할 수 있는지 알아보자. 입력은 키-값 쌍 (i, P_i)인데 i는 사진의 ID이고 P_i는 사진 자체다. 사진 쌍들을 각각 비교하기 위해 2개의 ID로 구성된 집합 $\{i, j\}$에 대해 하나의 키를 사용할 것이다. 2개의 ID로 구성된 쌍의 개수는 대략 5×10^{11}이다. 키 $\{i, j\}$는 두 값 P_i 및 P_j와 관련되므로 해당 리듀서에 대한 입력은 $(\{i, j\}, [P_i, P_j])$가 될 것이다. 그러면 리듀스 함수는 값 리스트를 구성하는 두 사진에 유사도 함수 s를 적용해서, 즉 $s(P_i, P_j)$를 계산해서 두 사진의 유사도가 임계치 이상인지 판독한다. 임계치를 넘는다면 그 쌍은 출력될 것이다.

애석하게도 이 알고리즘은 완전히 실패하게 된다. 리듀서 크기가 작은 것이 그 원인인데 어떤 리스트도 2개 이상의 값으로 구성되지 않으며, 입력이 총 2MB를 넘지 않기 때문이다. 유사도 함수 s가 정확히 어떻게 동작하는지 모르더라도 가용 메인 메모리 이상을 필요로 하지는 않을 것이라는 합리적인 추론이 가능하다. 그러나 각 사진은 자신 이외의 사진들 각각에 대해 하나의 키-값 쌍을 생성하므로 복제율은 999,999다. 맵 태스크에서 리듀스 태스크로 전송된 전체 바이트 수는 1,000,000(사진) 곱하기 999,999(복제본) 곱하기 1,000,000(각 사진당 크기)이다. 즉 10^{18}바이트 혹은 1엑사바이트다. 이 정도 데이터를 기가비트 이더넷gigabit Ethernet으로 통신하려면

10^{10}초 혹은 약 300년이 걸린다.[12]

다행히 이 알고리즘은 많은 알고리즘들 중 극단적인 경우에 해당한다. 사진들을 g개의 그룹으로 나눠 각 그룹당 사진의 개수가 $10^6/g$가 되도록 하는 알고리즘을 만들 수 있다.

맵 함수: 입력 원소(i, P_i)를 받아 $g - 1$개의 키-값 쌍을 생성한다. 키는 집합 $\{u, v\}$ 중 하나가 되는데 여기서 u는 사진 i가 속한 그룹이며, v는 그 외 나머지 그룹 중 하나다. 이 키와 관련된 값은 쌍 (i, P_i)다.

리듀스 함수: 키 $\{u, v\}$를 살펴보자. 이 키와 관련된 값 리스트는 $2 \times 10^6/g$개의 원소 (j, P_j)로 구성될 텐데 여기서 j는 그룹 u 혹은 그룹 v에 속한 사진이다. 리듀스 함수는 해당 리스트에서 (i, P_i)와 (j, P_j)를 입력받고, 유사도 함수 $s(P_i, P_j)$를 적용한다. 여기서 i와 j는 서로 다른 그룹에 속한 사진이다. 또 같은 그룹에 속한 사진들을 비교해야 하는데 주어진 그룹 번호가 포함된 $g - 1$개의 리듀서 모두에서 똑같이 비교를 반복할 필요가 없다. 이 문제를 처리하는 방법은 많은데 그중 한 가지 방법은 다음과 같다. 리듀서 $\{u, u + 1\}$에서 그룹 u의 멤버들을 비교하는 것이다. 여기서 '+1'은 순환한다$^{\text{end-around}}$. 즉 $u = g$(예컨대 u가 마지막 그룹인 경우)일 때 $u + 1$은 1번 그룹이다. 이 경우를 제외하고 $u + 1$은 u보다 번호가 하나 큰 그룹을 의미한다.

그룹 g개수에 대한 함수로 복제율과 리듀서 크기를 계산할 수 있다. 각 입력 원소는 $g - 1$개의 키-값 쌍으로 변환된다. 즉 그룹의 개수가 상당히 많다고 가정했으므로 복제율은 $g - 1$ 혹은 대략 $r = g$가 된다. 리듀서 크기는 각 리듀서에 해당하는 리스트 값의 개수인 $2 \times 10^6/g$가 된다. 각각의 값은 대략 1메가바이트이므로 입력을 저장하기 위해서는 $2 \times 10^{12}/g$바이트가 필요하다.

예제 2.18 g가 1000이라면 입력은 약 2GB를 차지한다. 이는 일반적인 메인 메모리에 모두 저장하기에 충분한 크기다. 또한 이제 통신되는 총 바이트 수는 $10^6 \times 999$

---

12 일반적인 클러스터에는 노드의 하위 그룹(subset)을 연결하는 스위치가 많기 때문에 모든 데이터가 단일 기가비트 스위치로 연결될 필요가 없다. 그러나 총 가용 통신량은 여전히 작으므로 여기서 가정한 데이터 크기를 대상으로는 이 알고리즘을 구현할 수 없다.

$\times 10^6$ 혹은 대략 10^{15}바이트다. 이는 통신하기에는 여전히 엄청난 양이지만, 앞서 소개했던 무차별 대입$^{brute\text{-}force}$ 알고리즘보다는 1,000배 작다. 게다가 여전히 리듀서는 50만 개다. 가용 노드가 많지 않을 것이므로 리듀서를 작은 개수의 리듀스 태스크로 분할하는 것이 가능하고 모든 노드를 항상 가동되도록 할 수 있다. 즉 분산 환경이 제공하는 만큼 병렬 처리할 수 있다. ■

이런 알고리즘군에 대한 연산 비용은 각 리듀서에 대한 입력이 메인 메모리가 처리하기에 적당한 경우에 한해 그룹의 개수 g와 무관하다. 그 이유는 대부분의 연산이 사진 쌍들에 함수 s를 적용할 때 발생하기 때문이다. g가 어떤 값이든지 s는 각 쌍에 한 번 적용된다. 따라서 다양한 방법을 통해 이 알고리즘의 연산이 여러 리듀서로 분할된다 하더라도 이 알고리즘군에 속한 알고리즘들은 같은 연산을 수행한다.

2.6.3 맵리듀스 문제를 위한 그래프 모델

2.6.3절에서는 문제 개수에 따른 리듀서 크기의 함수를 이용해 복제율의 하한값을 구하는 기법을 알아볼 것이다. 우선 문제를 표현하는 그래프 모델을 소개하는 것이 첫 번째 단계다. 이 그래프는 문제의 출력이 입력에 어떻게 의존하는지를 설명한다. 리듀서들은 독립적으로 동작하기 때문에 출력을 계산하기 위해 필요한 모든 입력들을 받는 리듀서가 각 출력에 대해 반드시 존재해야 하는데 이를 활용하는 것이 핵심이다. 맵리듀스 알고리즘으로 해결할 수 있는 각 문제들은 다음으로 구성된다.

1. 입력들의 집합
2. 출력들의 집합
3. 입력과 출력 사이의 아주 많은 관계들, 이들은 특정 출력을 생성하기 위해 어떤 입력이 필요한지 서술한다.

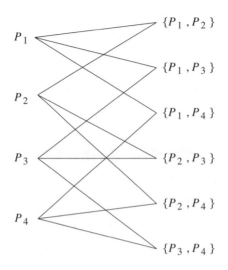

그림 2.9 유사도 조인의 입출력 관계

예제 2.19   그림 2.9는 2.6.2절에서 설명한 유사도 조인 문제에서 100만 개가 아닌 4개의 사진이 있다고 가정했을 때를 나타내는 그래프다. 입력은 사진이고 출력은 가능한 6개의 사진 쌍이다. 각 출력을 구성하는 멤버들은 2개의 입력과 연관된다. 출력들이 모든 입력들의 쌍인 이런 형태의 문제는 흔하며, 이를 모든 **쌍 문제**all-pairs problem 라고 한다. ■

예제 2.20   행렬 곱셈에 해당하는 그래프는 조금 더 복잡하다. $n \times n$ 행렬 M과 N을 곱해서 얻은 행렬 P에는 입력 m_{ij} 및 n_{jk}이 $2n^2$개, 출력 p_{ik}이 n^2개 존재한다. 또한 각 입력은 n개의 출력과 연관된다. m_{ij}가 $p_{i1}, p_{i2}, \ldots, p_{in}$과 연관되는 것이 그 예다. 간단한 예로 2×2 행렬에 대한 행렬 곱셈의 입출력 관계를 그림 2.10에서 볼 수 있다.

$$\begin{bmatrix} a & b \\ c & d \end{bmatrix} \begin{bmatrix} e & f \\ g & h \end{bmatrix} = \begin{bmatrix} i & j \\ k & l \end{bmatrix}$$ ■

예제 2.19와 예제 2.20에서 설명한 문제에서는 입력과 출력이 명확했다. 그러나 문제에 입력 그리고/혹은 출력이 모두 나타나지 않는 경우도 있다. 그런 문제의 예로서 2.3.7절에서 다뤘던 $R(A, B)$와 $S(B, C)$의 자연 조인을 들 수 있다. 속성 A, B, C

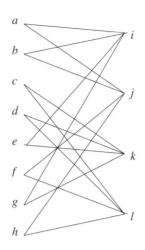

그림 2.10 행렬 곱셈의 입출력 관계

각각의 도메인이 유한하다고 가정하면 가능한 입력과 출력의 개수도 유한하다고 할 수 있다. 입력은 A 도메인 값과 B 도메인 값의 쌍으로 구성 가능한 모든 R 튜플과 B 도메인 값, C 도메인 값의 쌍으로 구성 가능한 모든 S 튜플이다. 출력은 A, B, C 도메인 순서로 해당 도메인의 요소로 구성 가능한 모든 세 원소 쌍이다. 출력 (a, b, c) 는 2개의 입력 $R(a, b)$ 및 $S(b, c)$와 연결돼 있다.

그러나 조인 연산에서는 가능한 입력 중 일부만 주어질 것이므로 가능한 출력 중 일부만이 생성될 것이다. 이 사실이 해당 문제를 표현하는 그래프에 영향을 미치지는 않는다. 주어진 문제에서 가능한 모든 출력이 생성되는지 여부와는 상관없이 어떻게 가능한 모든 출력이 입력과 연결되는지 알아내야 한다.

2.6.4 매핑 스키마

이제 맵리듀스로 다룰 수 있는 문제를 그래프로 어떻게 나타내는지 알아보고, 주어진 문제를 해결하기 위한 맵리듀스 알고리즘의 요구 사항을 정의해 보자. 각각의 알고리즘은 하나의 매핑 스키마를 가져야 하는데 매핑 스키마는 해당 알고리즘에서 사용되는 다양한 리듀서들이 출력을 생성하는 방식을 표현한다. 즉 리듀서 크기가 q인 문제에 대한 매핑 스키마는 입력을 하나 이상의 리듀서에게 할당하도록 정의하는데

결국

1. 어떤 리듀서에도 입력이 q개 이상 할당되지 않는다.

2. 그 문제의 모든 출력마다 해당 출력과 관련된 모든 입력이 할당되는 리듀서가 적어도 하나 존재한다. 이 리듀서가 그 출력을 담당^{cover}한다고 표현한다.

1은 단순히 '리듀서 크기'에 대한 정의다. **2**는 리듀서는 주어진 입력만 다룰 수 있다는 사실로 정당화된다. 만약 출력과 관련된 모든 입력을 다루는 리듀서가 없다면 어느 리듀서도 출력을 정확하게 생성할 수 없을 것이며, 따라서 가정한 알고리즘은 동작하지 않을 것이다. 리듀서 크기에 대한 매핑 스키마의 존재 여부로, 단일 맵리듀스 작업을 통해 해결 가능한 문제인지 아닌지를 구분할 수 있다는 데에는 논란의 여지가 있다.

예제 2.21 2.6.7절에서 유사도 조인과 관련해 언급했던 '그루핑' 전략을 다시 생각해 보자. 그 문제를 일반화하기 위해서 p개의 사진이 입력이고 동일한 크기의 그룹 g개에 각각 입력 p/g개를 배치한다고 가정하자. 이때 출력의 개수는 $\binom{p}{2}$ 혹은 대략 $p^2/2$이다. 리듀서당 두 그룹에서 $2p/g$개의 입력을 받게 되므로 필요한 리듀서의 크기는 $q = 2p/g$이다. 각 사진은 자신의 그룹 및 그 외 나머지 $g - 1$개 중 하나의 그룹으로 구성된 쌍에 해당하는 리듀서들로 보내진다. 따라서 복제율은 $g - 1$ 혹은 대략 g가 된다. $q = 2p/g$에서 g를 복제율 r로 치환하면 $r = 2p/q$라는 결과를 얻는다. 즉 복제율은 리듀서 크기에 반비례한다. 이런 관계는 흔히 볼 수 있는데 리듀서 크기가 작을수록 복제율은 커지게 돼 더 많은 통신이 발생한다.

이런 알고리즘군은 q마다 하나의 매핑 스키마군^{family of mapping schema}으로 표현된다. $q = 2p/g$에 대한 매핑 스키마에는 $\binom{g}{2}$ 혹은 대략 $g^2/2$개의 리듀서가 존재한다. 각 리듀서는 한 쌍의 그룹과 대응되고, 입력 P는 P가 속한 그룹이 포함된 쌍에 대응하는 모든 리듀서로 할당된다. 따라서 어떤 리듀서에도 $2p/g$개 이상의 입력이 할당되지 않는다. 실제로 각 리듀서는 정확하게 $2p/g$개의 입력을 할당받으며, 각 출력은 특정 리듀서가 담당한다. 특히 출력이 서로 다른 그룹 u와 v로 구성돼 있다면 이 출력은 그룹 쌍 $\{u, v\}$에 대응하는 리듀서가 담당한다. 만약 출력이 오직 하나의 그룹 u

에 속한 입력과 대응된다면 그 출력은 $v \neq u$인 그룹 집합 $\{u, v\}$에 대응되는 다수의 리듀서가 담당한다. 지금까지 언급한 알고리즘은 그런 출력을 계산하는 리듀서들 중 오직 하나만을 사용했지만, 모든 리듀서가 그런 출력을 계산할 수 있다는 점을 잊어서는 안 된다. ■

출력이 특정 입력에 의해 좌우된다는 사실은 그 입력이 맵 태스크에서 처리될 때 출력에 사용하기 위해 생성된 키-값 쌍이 적어도 하나 존재한다는 것을 의미한다. 그 값이 (예제 2.21의 경우처럼) 입력과 완전히 동일하지 않을 수도 있으나, 입력으로부터 주어진 것은 확실하다. 중요한 사실은 서로 연관된 모든 입력과 출력마다 통신돼야 하는 유일한 키-값 쌍이 존재한다는 것이다. 기술적으로는 입력과 출력을 위해 하나 이상의 키-값 쌍이 있어야 할 필요가 전혀 없다. 왜냐하면 입력이 그대로 리듀서로 전송돼도 맵 함수의 변환 내용이 어떤 것이든 리듀스 함수가 대신 그 일을 할 수 있기 때문이다.

2.6.5 모든 입력이 주어지지 않은 경우

예제 2.21은 모든 입력이 명확한 문제를 다루고 있다. 입력이 명확한 이유는 실제 데이터 집합에 존재하는 사진들로 입력을 정의할 수 있기 때문이다. 그러나 2.6.3절 후반부에서 논의했듯이 입력은 존재할 가능성이 있고 출력은 데이터 집합에 적어도 하나의 입력이 존재할 때만 생성되는 경우를 설명하는, 그래프에서 조인을 계산하는 것과 같은 문제들이 있다. 실제로 조인을 통해 특정한 출력을 얻고자 한다면 그 출력과 연관된 2개의 입력이 모두 존재해야 한다.

출력이 존재하지 않을 수 있는 문제에 대한 알고리즘에도 여전히 매핑 스키마가 필요하다. 왜냐하면 특정 출력과 연관된 모든 입력이 주어졌으나 공교롭게 어떤 리듀서도 그 출력을 담당하지 않는 경우, 모든 입력 혹은 입력의 일부가 주어지더라도 매핑 스키마가 없는 알고리즘은 해당 출력을 생성할 수 없기 때문이다.

입력 중 일부가 주어지지 않는 경우와 비교했을 때 유일한 차이점은 가능한 알고리즘군로부터 알고리즘을 선택할 때 리듀서 크기 q의 값을 다시 설정하기 원할 수도 있다는 사실이다. 특히 입력이 메인 메모리에 딱 맞게 올라갈 것이라 확신할 수 있는 크기로 q 값을 선택했다면 입력 중 일부가 실제로 존재하지 않는 것을 고려해 q를 증가시키는 것이 좋다.

예제 2.22 메인 메모리에서 키 및 해당 키와 연관된 q개의 값 리스트에 리듀스 함수를 적용할 수 있다고 가정하자. 그러나 가능한 입력 중 실제로 데이터 집합에 존재하는 입력은 오직 5%뿐이다. 리듀서 크기가 q일 때 매핑 스키마는 실제로 존재하는 입력 중 약 $q/20$만을 각 리듀서로 보낸다. 다르게 말하면 리듀서 크기가 $20q$인 경우에 해당하는 알고리즘을 사용할 수 있으며, 각 리듀서에 해당하는 리스트에 평균 q개의 입력이 실제로 나타나게 될 것으로 예상할 수 있다. 따라서 리듀서 크기를 $20q$로 선택하거나 아니면 각 리듀서에 실제로 나타나는 입력의 개수는 일정하지 않기 때문에 $18q$ 정도로 약간 작게 선택할 수 있다. ■

2.6.6 복제율의 하한값

예제 2.21에서 설명한 유사도-조인 알고리즘군은 리듀서 크기 대비 통신량의 균형을 맞추도록 하는데 리듀서 크기를 조정해 병렬 처리와 통신량 혹은 메인 메모리에서 리듀스 함수의 실행 가능 여부와 통신량의 사이의 균형을 맞추게 한다. 어떻게 최적으로 균형을 맞출 수 있을까? 매칭 하한값을 구할 수 있다면 통신량을 최소화할 수 있다. 종종 매핑 스키마의 존재를 시작점으로 사용해 그런 하한값을 구할 수 있는 경우가 있다. 다음은 그런 기법의 개요를 설명한다.

1. q개의 입력을 받는 하나의 리듀서가 얼마나 많은 출력을 담당할 수 있는지에 대한 상한값을 구하라. 이 상한값을 $g(q)$라고 하자. 모든 쌍 문제all-pairs problem 같은 사례에서는 이런 작업이 어려울 수 있으나 대부분은 상당히 간단하다.

2. 그 문제에서 생성되는 전체 출력 개수를 결정하라.

3. 리듀서는 k개이고 i번째 리듀서가 받는 입력이 $q_i < q$를 만족한다고 가정하자. $\sum_{i=1}^{k} g(q_i)$는 2단계에서 계산한 출력 개수보다 작을 수 없다.

4. $\sum_{i=1}^{k} q_i$의 하한값을 구하기 위해 3단계에서 얻은 부등식을 조작하라. 보통 이 단계에서는 i항에서 q_i의 일부 인수factor들을 상한값 q로 치환하고, 남은 하나의

q_i 인수만 그대로 두는 기법을 사용한다.

5. $\sum_{i=1}^{k} q_i$는 맵 태스크에서 리듀스 태스크에 입력되는 전체 통신량이기 때문에 **4**단계에서 얻은 하한값을 입력의 개수로 나누면 그 결과가 복제율의 하한값이 된다.

예제 2.23 이런 연속된 단계를 이해하는 것이 어렵게 느껴질 수도 있지만, 유사도 조인을 하나의 사례로 살펴봄으로써 이 모든 단계들을 명확히 이해해 보자. 예제 2.21에서 입력 개수가 p이고 리듀스의 크기가 q였을 때 복제율 r의 상한값을 $r \leq 2p/q$로 구했음을 기억하자. 그 값의 절반이 r에 대한 하한값임을 보일 텐데 이는 알고리즘을 개선한다 하더라도[13] 주어진 리듀서 크기에서 통신량이 최대 두 배 이상으로 감소될 수 없음을 의미한다.

1단계에서는 리듀서가 q개의 입력을 받을 때 $\binom{q}{2}$개, 즉 대략 $q^2/2$개보다 많은 출력을 담당할 수 없음을 볼 수 있다. **2**단계에서는 담당해야 할 출력이 총 $\binom{p}{2}$개, 즉 대략 $p^2/2$개라는 사실을 알 수 있다. **3**단계에서 얻은 부등식은 다음과 같다.

$$\sum_{i=1}^{k} q_i^2/2 \geq p^2/2$$

혹은 양변을 2로 곱해 다음 식을 얻을 수 있다.

$$\sum_{i=1}^{k} q_i^2 \geq p^2 \tag{2.1}$$

이제 **4**단계를 조작해야 한다. 방정식 (2.1) 좌측의 각 항에서 q_i의 인수가 2개라는 사실에서 힌트를 얻어, 하나는 q로 치환하고 다른 하나는 q_i로 남겨 둔다. 이렇게 함으로써 $q \geq q_i$이기 때문에 왼쪽 변만 증가시킬 수 있으므로 부등식은 다음과 같은 형태를 유지하게 된다.

---

13 사실 최소 p의 일부 값에 대해 r이 p/q에 매우 가까운 알고리즘이 존재한다.

$$q \sum_{i=1}^{k} q_i \geq p^2$$

아니면 q로 나눠 다음 식을 얻을 수 있다.

$$\sum_{i=1}^{k} q_i \geq p^2/q \qquad (2.2)$$

마지막 5단계에서는 방정식 (2.2)의 양변을 입력 개수인 p로 나눈다. 그 결과로 좌측 변 $(\sum_{i=1}^{k} q_i)/p$는 복제율과 같아지고, 우측 변은 p/q가 된다. 즉 r에 대한 하한 값은 다음과 같음을 증명했다.

$$r \geq p/q$$

처음에 언급했듯이 이처럼 예제 2.21 알고리즘군의 복제율은 가능한 최저 복제율의 최대 두 배까지 가능하다는 사실을 알 수 있다. ■

2.6.7 사례 분석: 행렬 곱셈

2.6.7절에서는 한 단계 행렬 곱셈 알고리즘에 하한값 기법을 적용해 볼 것이다. 2.3.10절에서 다룬 행렬 곱셈 알고리즘은 가능한 알고리즘군 중 극단적인 경우에 해당한다. 특이하게도 그 알고리즘에서 하나의 리듀서는 출력 행렬의 단일 성분에 대응한다. 유사도 조인 문제에서 리듀서 크기를 크게 선택하는 대신 통신을 줄이기 위해 입력을 그루핑한 것처럼 두 입력 행렬의 행과 열을 밴드band로 그룹 지을 수 있다. 리듀서는 첫 번째 행렬의 행 밴드와 두 번째 행렬의 열 밴드로 구성된 쌍을 사용해 정사각형으로 표현된 결과 행렬 성분을 생성한다. 그림 2.11이 그 예를 설명하고 있다.

조금 더 자세한 설명을 위해 $MN = P$를 계산할 것이며, 이때 3개의 행렬 모두 $n \times n$이라고 가정하자. M의 행들을 밴드당 n/g개의 행으로 구성된 g개의 밴드로 그룹 짓고, N의 열들을 밴드당 n/g개의 열로 구성된 g개 밴드로 그룹 짓는다. 그림 2.11이 이런 그루핑 방식을 설명한다. 두 그룹(밴드)에 해당하는 키들 중 하나는 M에서, 다른 하나는 N에서 온 것이다.

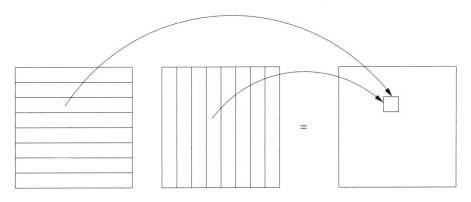

그림 2.11 통신을 줄이기 위해 행렬을 밴드로 분할하기

맵 함수: 맵 함수는 M의 각 성분에 대해 g개의 키-값 쌍을 생성한다. 각각의 경우 값은 해당 성분의 행 번호 및 열 번호와 함께 성분 자신으로 구성되므로 리듀스 함수에 의해 식별할 수 있다. 키는 해당 성분이 속한 그룹인데 행렬 N의 특정 그룹과 짝지어진다. 유사하게 맵 함수는 N의 각 성분에 대해 g개의 키-값 쌍을 생성한다. 키는 M의 그룹과 짝지어진 해당 성분의 그룹이며, 값은 그 성분 자신과 행 및 열로 구성된다.

리듀스 함수: i는 M의 그룹이고 j는 N의 그룹일 때 키 (i, j)에 해당하는 리듀스 함수는 M의 i번째 밴드와 N의 j번째 밴드의 모든 성분으로 구성된 값 리스트를 입력받는다. 따라서 M의 i번째 밴드를 구성하는 행들 중 하나와 N의 j번째 밴드를 구성하는 열들 중 하나로 이뤄진 P의 성분들을 계산하는 데 필요한 모든 값들이 주어진 셈이다. 예로, 그림 2.11에서 M의 세 번째 그룹과 N의 네 번째 그룹은 리듀서 $(3, 4)$에서 P의 정사각형에 해당하는 부분을 계산하기 위해 결합된다.

각 리듀서는 두 행렬 각각으로부터 $n(n/g)$개의 성분을 입력받으므로 $q = 2n^2/g$이다. 각 행렬의 각 성분은 g개의 리듀서로 보내지므로 복제율은 g다. 즉 $r = g$다. $r = g$를 $q = 2n^2/g$와 결합하면 $r = 2n^2/q$이라는 결론을 얻게 된다. 즉, 유사도 조인처럼 복제율은 리듀서 크기에 반비례한다.

복제율의 이런 상한값은 동시에 하한값이 됨을 알 수 있다. 즉 한 번의 맵리듀스로는 앞서 서술한 알고리즘군보다 더 나은 결과를 얻을 수 없다. 흥미롭게도 2.3.9절에서 논의했던 것과 같이 두 단계의 맵리듀스를 사용하면 리듀서 크기가 같은 경우 전체 통신량이 더 적어지는 결과를 얻게 될 것이다. 하한값에 대해서는 완전한 증명을 하지는 않겠지만, 중요한 부분들은 설명할 것이다.

1단계에서는 크기가 q인 리듀서가 얼마나 많은 출력을 담당할 수 있는지에 대한 상한값을 구해야 한다. 먼저, 하나의 리듀서가 M의 행에 있는 성분 중 전부가 아닌 일부를 입력받으면 그 행의 성분들이 쓸모가 없어진다는 사실에 주목하라. 이런 경우 리듀서는 P의 해당 행에 어떤 출력도 생성할 수 없다. 유사하게 하나의 리듀서가 N의 열 전부가 아닌 일부를 입력받으면 이런 입력 역시 쓸모가 없어진다. 따라서 가장 좋은 매핑 스키마는 M의 전체 행 중 일부와 N의 전체 열 중 일부를 각 리듀서로 보낼 것이라 가정하면 된다. 이후 이 리듀서는 M의 i번째 행 전체와 N의 k번째 열 전체를 얻은 경우에만 출력 성분 p_{ik}를 생성할 수 있다. 이제 리듀서가 같은 개수의 행과 열을 입력받을 때 담당하는 출력 개수가 최대가 된다는 사실을 증명해야 하는데 이 부분은 연습문제로 남겨 둔다.

그러나 하나의 리듀서가 M의 행 k개와 N의 열 k개를 입력받는다고 가정하면 $q = 2nk$이므로 리듀서가 담당하는 출력은 k^2개다. 즉 q개의 입력을 받는 리듀서가 존재할 때 그 리듀서가 담당하는 최대 출력 개수 $g(q)$는 $q^2/4n^2$이다.

2단계에서 출력 개수는 n^2이다. 3단계에서 리듀서가 k개 존재하며, i번째 리듀서가 $q_i \leq q$개의 입력을 받는다면 다음과 같은 부등식이 성립한다.

$$\sum_{i=1}^{k} q_i^2/4n^2 \geq n^2$$

혹은

$$\sum_{i=1}^{k} q_i^2 \geq 4n^4$$

이 부등식으로부터 다음 식을 도출할 수 있다.

$$r \geq 2n^2/q$$

예제 2.23에서와 유사한 대수 연산은 연습문제로 남겨 둔다.

이제 2.3.9절에서 설명한 두 단계 행렬 곱셈 알고리즘을 일반화하는 방법을 알아보자. 우선 첫 번째 단계에서 각 (i, j, k)마다 1개의 리듀서가 사용된다는 사실에 주목하라. 이 리듀서는 오직 2개의 성분 m_{ij}와 n_{jk}만을 입력받는다. 이를 리듀서가 더 많은 성분 집합을 입력받도록 일반화할 수 있다. 즉 이 성분 집합들이 결과 행렬의 정사각형들을 구성하게 되는 것이다. 그림 2.12가 이런 방식을 설명한다. 입력 행렬 M과 N의 행 및 열을 n/g개의 행 및 열로 구성된 g개의 그룹으로 각각 분할할 수 있다. 두 행렬의 교차지점들은 g^2개의 정사각형들로 구성되며, 그 정사각형들은 n^2/g^2개의 성분으로 구성된다.

행 I 집합과 열 J 집합에 대응하는 M의 정사각형은 행 J 집합과 열 K 집합에 대응하는 N의 정사각형과 결합된다. 이 2개의 정사각형은 행 I 집합과 열 K 집합으로 구성된 출력 행렬 P의 정사각형을 생성하는 데 필요한 일부 항들을 계산한다. 그러

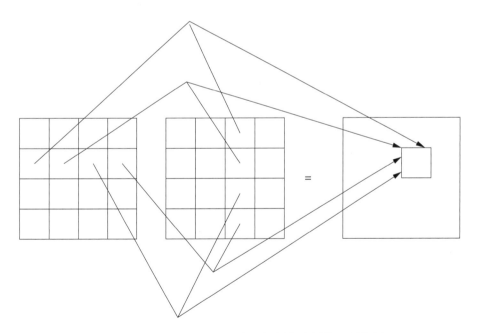

그림 2.12 두 단계 맵리듀스 알고리즘을 위해 행렬을 정사각형으로 분할하기

나 이 두 정사각형은 P의 성분 전체 값을 계산하는 것이 아니라 합들의 조합만을 생성한다. 서로 다른 정사각형으로 구성된 쌍들, 즉 하나는 M에서 오고 하나는 N에서 온 정사각형들로 구성된 쌍은 P의 정사각형 하나를 만들어 낸다. 그림 2.12에서 이를 확인할 수 있다. 이 그림에서는 집합 J의 값을 변경하면서 행 I 집합에 대해 고정된 값을 갖는 M의 모든 정사각형이 열 K 집합에 대해 고정된 값을 갖는 N의 모든 정사각형들과 어떻게 짝을 이루는지 볼 수 있다.

첫 번째 단계에서는 모든 I, J, K에 대해 M의 정사각형 (I, J)와 N의 정사각형 (J, K)의 곱을 계산한다. 그런 다음 두 번째 단계에서 각 I와 K를 대상으로 가능한 모든 집합 J에 대한 곱들의 합을 구한다. 조금 더 자세히 설명하면 첫 번째 맵리듀스 작업은 다음을 수행하게 된다.

맵 함수: 행 그리고/혹은 열 개수인 세원소 집합 (I, J, K)이 키가 된다. 성분 m_{ij}은 행 I의 그룹과 열 J의 그룹에 속한다고 가정하자. 그런 다음 m_{ij}로부터 행렬 성분을 식별하기 위해서 행 및 열 번호 i, j와 함께 m_{ij}와 값이 같은 g개의 키-값 쌍을 생성한다. 각 키 (I, J, K)마다 오직 하나의 키-값 쌍이 존재하는데 K는 N의 열 g개 중 어떤 열도 될 수 있다. 유사하게 j가 그룹 J에 속하고 k가 그룹 K에 속한다면 N의 원소 n_{jk}로부터 맵 함수는 n_{jk}, j, k로 구성된 값과 그룹 I에 대한 키 (I, J, K)로 이뤄진 키-값 쌍을 g개 생성한다.

리듀스 함수: (I, J, K)에 대응하는 리듀서는 i는 I에 속하고 j는 J에 속하는 모든 성분 m_{ij}와, j는 J에 속하고 k는 K에 속하는 모든 성분 n_{jk}를 입력으로 받는다. I에 속한 모든 i와 K에 속한 모든 k에 대해 다음을 계산한다.

$$x_{iJk} = \sum_{j \text{ in } J} m_{ij} n_{jk}$$

첫 번째 맵리듀스 작업의 복제율은 g이고, 따라서 전체 통신은 $2gn^2$라는 사실에 주목하라. 또한 각 리듀서는 $2n^2/g^2$개의 입력을 받으므로 $q = 2n^2/g^2$가 된다. 동일하게 $g = n\sqrt{2/q}$도 성립한다. 따라서 전체 통신 $2gn^2$을 q에 대한 식으로 정리하면 $2\sqrt{2}n^3/\sqrt{q}$와 같다.

두 번째 맵리듀스 작업은 간단하다. 모든 집합 J에 대해 x_{iJk}들을 합산하는 것이다.

맵 함수: 이전 작업의 리듀스 태스크를 실행하는 노드에서 맵 태스크가 수행된다고 가정한다. 따라서 작업 사이에 어떤 통신도 필요치 않다. 맵 함수는 성분 x_{iJk} 하나를 입력받는데, 이전 리듀서들이 i와 k로 표시돼 있어서 이 항이 만들어 내는 행렬 P의 성분이 어느 것인지 이미 알고 있다. 하나의 키-값 쌍이 생성된다. 키는 (i, k)이고 값은 x_{iJk}다.

리듀스 함수: 리듀스 함수는 간단하다. 키 (i, k)와 연관된 값들을 합산해서 출력 성분 P_{ik}를 계산한다.

i로 가능한 값이 n개, k로 가능한 값이 n개, 집합 J로 가능한 값이 g개이고, 각 x_{iJk}마다 오직 한 번의 통신만 발생하기 때문에 두 번째 작업에서 맵 태스크와 리듀스 태스크 사이의 통신은 gn^2이다. 첫 번째 맵리듀스 작업으로부터 분석한 결과가 $g = n\sqrt{2/q}$임을 기억해 보면 두 번째 작업의 통신은 $n^2 g = \sqrt{2}n^3/\sqrt{q}$라고 결론지을 수 있다. 이는 정확하게 첫 번째 작업에서 발생하는 통신의 절반이므로 두 단계 알고리즘에 대한 전체 통신은 $3\sqrt{2}n^3/\sqrt{q}$가 된다. 여기서는 설명하지는 않을 것이지만, 행렬 M과 N을 정사각형이 아닌 한 변이 나머지 다른 한 변보다 두 배 긴 사각형으로 분할한다면 조금 더 나은 결과를 얻을 수 있다. 그런 경우 $3\sqrt{2} = 4.24$ 대신 이보다 약간 작은 상수 4를 얻게 되고, 통신량이 $4n^3/\sqrt{q}$인 두 단계 알고리즘이 된다.

이제 한 단계 알고리즘의 통신 비용이 $4n^4/q$였음을 기억해 보자. q가 n^2보다 작다고 가정해도 되고, 하나의 노드에서 맵리듀스를 전혀 사용하지 않은 채 순차적인serial 알고리즘만을 사용한다고 가정해도 된다. 그러면 $n^3/\sqrt{q}$는 n^4/q보다 작은데, 만약 q가 최소값 $2n$에 근접하는 경우[14] 통신량 측면에서 $O(\sqrt{n})$만큼 두 단계 알고리즘이 한 단계 알고리즘보다 좋다고 볼 수 있다. 게다가 통신량의 차이는 유의미한 비용의 차이로 이어질 것이라 예측할 수 있다. 두 알고리즘은 동일한 $O(n^3)$ 산술 연산을 수행한다. 두 단계 방식은 한 단계 작업 방식보다 근본적으로 태스크 관리에 있어서 조금

---

14   q가 $2n$보다 작으면 리듀서는 하나의 행과 하나의 열조차 입력받지 못할 수도 있으므로 출력을 절대 계산할 수 없다.

더 많은 오버헤드가 존재한다. 반면 두 단계 알고리즘에서 두 번째 단계는 결합법칙과 교환법칙이 성립하는 리듀스 함수를 적용한다. 따라서 두 번째 단계에서 컴바이너combiner를 사용한다면 얼마 간의 통신 비용을 절약할 수 있다.

2.6.8 2.6절 연습문제

연습문제 2.6.1 다음 문제를 모델링하는 그래프를 그려라.

(a) $n \times n$ 행렬과 길이가 n인 벡터의 곱셈

(b) $R(A, B)$와 $S(B, C)$의 자연 조인. 여기서 A, B, C의 도메인 크기는 각각 a, b, c다.

(c) 관계 $R(A, B)$에 대한 그루핑과 집계. A는 속성들을 그루핑하고 B는 MAX 연산에 의해 집계된다. A와 B의 도메인 크기는 각각 a와 b라고 가정하라.

! **연습문제 2.6.2** 다음 사실과 함께 한 단계 행렬 곱셈 알고리즘의 복제율은 적어도 $r \geq 2n^2/q$를 만족해야 한다는 사실을 자세하게 증명하라.

(a) 고정된 크기의 리듀서는 M의 행과 N의 열을 동일한 개수로 입력받을 때 최대 출력 개수를 담당하게 된다는 증명.

(b) $\sum_{i=1}^{k} q_i^2 \geq 4n^4$에서, 필요한 대수 연산

!! **연습문제 2.6.3** 길이가 b인 비트 문자열이 입력이고 출력은 해밍 거리Hamming distance가 1인 문자열 쌍에 대응된다고 가정하자.[15]

(a) 크기가 q인 리듀서가 최대 $(q/2) \log_2 q$개의 출력을 담당할 수 있음을 증명하라.

(b) (a)를 사용해 복제율 하한값이 $r \geq b/\log_2 q$임을 증명하라.

(c) $q = 2$, $q = 2^b$, $q = 2^{b/2}$인 경우 (b)에서 언급한 복제율과 같은 복제율을 갖는 알고리즘이 존재함을 보여라.

!! **연습문제 2.6.4** 소수prime의 제곱인 p에 대해 $r \leq 1 + p/q$인 모든 쌍 문제all-pairs problem에 대한 매핑 스키마가 있음을 보여라.

---

15 정확하게 하나의 비트 위치에서 구분된다면 비트 문자열의 해밍 거리는 1이다. 해밍 거리의 일반적인 정의를 알고 싶다면 3.5.6절을 미리 살펴보기를 권한다.

2.7 요약

- **분산 처리 환경**: 매우 큰 규모의 애플리케이션을 위한 일반적인 아키텍처는 처리 노드(프로세서 칩, 메인 메모리, 디스크)들로 클러스터를 구성하는 것이다. 노드는 랙에 장착되고, 하나의 랙에 장착된 노드들은 일반적으로 기가비트 이더넷으로 연결된다. 랙들 또한 고속 네트워크 혹은 스위치로 연결된다.

- **분산 파일 시스템**: 근래에 개발된 매우 큰 규모의 파일 시스템 구조다. 파일들은 약 64메가바이트의 청크로 구성되며, 각 청크는 서로 다른 노드 혹은 랙에 여러 번 복제된다.

- **맵리듀스**: 이 프로그래밍 시스템을 사용하면 클러스터 고유의 병렬 처리를 활용할 수 있고, 많은 노드에서 긴 연산 중 발생할 수 있는 하드웨어 장애를 관리할 수 있다. 다수의 맵 태스크와 다수의 리듀스 태스크가 마스터 프로세스에 의해 관리된다. 장애 노드에 위치한 태스크들은 마스터에 의해 재실행된다.

- **맵 함수**: 이 함수는 사용자가 작성한다. 다수의 입력 객체를 받아 각각을 0 혹은 그보다 많은 키-값 쌍들로 변환한다. 키가 유일할 필요는 없다.

- **리듀스 함수**: 맵리듀스 프로그래밍 시스템은 각 맵 태스크에 의해 생성된 모든 키-값 쌍을 정렬하고, 주어진 키와 관련된 모든 값들을 리스트로 만든 후 키-리스트 쌍들을 리듀스 태스크로 분산한다. 각 리듀스 태스크는 사용자가 작성한 함수를 적용해 각 리스트의 원소들을 배합한다. 모든 리듀스 태스크에 의해 생성된 결과들이 합쳐져서 맵리듀스 프로세스의 출력이 된다.

- **리듀서**: 하나의 키 및 그 키와 관련된 값 리스트에 적용하는 리듀스 함수 프로그램을 보통 편리하게 '리듀서'라고 부른다.

- **하둡**: 하둡 프로그래밍 시스템은 분산 파일 시스템(하둡 분산 파일 시스템HDFS, Hadoop Distributed File System)과 맵리듀스(하둡 그 자체)의 오픈 소스 구현을 말한다. 아파치 재단Apache Foundation을 통해 사용할 수 있다.

- **노드 장애 관리**: 맵리듀스 시스템은 노드 혹은 노드를 포함한 랙 장애로 인해 실패한 태스크를 재시작한다. 맵 태스크와 리듀스 태스크는 자신들이 할 일을 완료한 뒤에만 출력을 전달하기 때문에(차단 속성blocking property), 실패한 태스크를 재시작

할 수 있다. 일부 태스크가 실패를 반복하더라도 전체 결과에 영향을 미치지 않는다. 마스터가 실행하는 노드에 장애가 발생한 경우에만 전체 작업을 재시작한다.

- **맵리듀스의 응용**: 모든 병렬 알고리즘이 맵리듀스 프레임워크로 구현되기에 적합한 것은 아니지만, 행렬 벡터 곱셈 및 행렬-행렬 곱셈은 맵리듀스로 간단하게 구현할 수 있다. 또한 관계 대수의 기본적인 연산들도 맵리듀스로 쉽게 구현할 수 있다.

- **워크플로 시스템**: 맵리듀스를 비순환 함수들을 지원하는 시스템으로 일반화하였으며, 각각의 함수는 여러 개의 태스크에 의해 실행될 수 있고, 각각의 태스크는 일부 데이터를 대상으로 함수를 실행시키는 역할을 한다.

- **스파크**: 인기 있는 워크플로 시스템으로, 탄력적 분산 데이터셋(RDD)과 RDD에 대한 일반적인 여러 연산들을 작성할 수 있는 언어를 제공한다. 스파크는 RDD에 대한 느린 평가 방식으로 중간 결과 저장을 위한 보조 기억장치가 필요 없으며, RDD에 대한 계보를 기록함으로써 필요에 따라 재구성될 수 있는 기능을 포함한 여러 효율성을 제공한다.

- **텐서 플로**: 머신러닝을 지원하도록 특별히 설계된 워크플로 시스템이다. 데이터는 다차원 배열 또는 텐서로 표현되며, 내장 연산을 통해 선형 대수 및 모델 학습과 같은 많은 강력한 연산을 수행한다.

- **재귀적 워크플로**: 재귀적인 함수들을 구현할 때는 실패한 노드의 재시작이 항상 가능한 것이 아니다. 왜냐하면 재귀적인 태스크에서는 어떤 태스크가 생성했던 출력을 장애 발생 전 이미 다른 태스크가 사용했을 수도 있기 때문이다. 체크포인트를 설정해 태스크 하나를 재시작하거나, 혹은 최근 실행 시점으로부터의 모든 태스크를 재시작하는 방법이 사용되고 있다.

- **통신 비용**: 맵리듀스의 많은 애플리케이션 혹은 유사 시스템은 각 태스크에서 매우 간단한 일을 수행한다. 그런데 대부분의 비용은 보통 데이터가 생성된 장소에서 사용되는 장소로 데이터를 이동시킬 때 발생한다. 이런 경우 맵리듀스 알고리즘의 효율성은 모든 태스크로 보내지는 입력 크기의 합을 계산함으로써 측정할 수 있다.

- **다중 조인**: 조인 대상 관계들의 튜플을 복제해서, 하나의 맵리듀스 작업으로 3개 이상의 관계들의 조인을 계산하는 것이 효율적일 때도 있다. 관계 각각에 대한 복제 정도를 최적화하기 위해 라그랑주 승수 기법을 사용할 수 있다.

- **스타 조인**: 분석가는 종종 매우 큰 하나의 팩트 테이블을 차원이 낮은 테이블들과 조인하는 방식으로 질의를 수행한다. 이런 조인은 다중 조인 기법에 의해 항상 효율적으로 수행된다. 팩트 테이블과 모든 차원 테이블에 다중 조인을 수행할 때 사용될 수 있는 전략과 동일한 방법을 사용해, 팩트 테이블을 분산하고 차원 테이블들을 영구적으로 복제하는 방안도 있다.

- **복제율과 리듀서 크기**: 통신량은 보통 입력당 통신을 의미하는 복제율로 측정하는 것이 편리하다. 또한 리듀서 크기는 하나의 리듀서와 관련된 입력의 최대 개수다. 많은 문제에서 복제율에 대한 하한값을 리듀서 크기 함수로 추정할 수 있다.

- **문제를 그래프로 표현하기**: 맵리듀스 연산으로 처리할 수 있는 많은 문제를 그래프로 나타낼 수 있다. 입력과 출력은 그래프에서 노드로 표현되며, 하나의 출력은 해당 출력을 계산하는 데 필요한 모든 입력과 연결된다.

- **매핑 스키마**: 문제가 그래프로 주어지고 리듀서 크기가 주어졌을 때 허용된 크기 이상의 입력을 할당받는 리듀서가 없도록 하고, 모든 출력마다 해당 출력을 계산하는 데 필요한 모든 입력을 담당하는 리듀서가 존재하도록 하나 이상의 리듀서로 그 입력들을 배치한 것을 매핑 스키마라고 한다. 어떤 맵리듀스 알고리즘에도 매핑 스키마가 존재한다는 사실은 일반적인 병렬 연산과 맵리듀스 알고리즘을 구별 짓는 장점이다.

- **맵리듀스를 이용한 행렬 곱셈**: 리듀서 크기가 q일 때 최소 가능 복제율 $r = 2n^2/q$로 $n \times n$ 행렬 곱셈을 수행하는 한 단계 맵리듀스 알고리즘 군이 존재한다. 반면 같은 리듀서 크기로 동일한 문제를 해결하는 두 단계 맵리듀스 알고리즘은 최대 n 배만큼 통신량이 적다.

2.8 참고문헌

구글 파일 시스템GFS, Google File System은 [13]에 설명돼 있다. [10]은 구글의 맵리듀스에 대한 논문이다. 하둡과 HDFS에 관한 정보는 [15]에서 찾을 수 있다. 관계 및 관계 대수와 관련된 자세한 내용은 [25]을 참고했다.

초기 워크플로 시스템 중 일부는 위스콘신 대학교University of Wisconsin의 클러스테라Clustera[11], 캘리포니아 대학교 어바인 캠퍼스UC Irvine의 하이랙스Hyracks(이전에는 Hyrax였다.)[6], 현재 드라이어드 링크DryadLINQ[26]가 된 마이크로소프트의 드라이어드Dryad[17]였다.

플링크Flink는 스트리밍 데이터를 처리하도록 설계된 오픈 소스 워크플로 시스템이다[12]. 원래 베를린 공과대학교TU Berlin의 스트라토스피어Stratosphere 프로젝트[5]에서 개발됐다. 스파크의 많은 혁신은 [27]에 설명돼 있다. 스파크의 오픈 소스 구현은 [21]를 참고했다. 텐서플로에 대한 정보는 [24]를 참조하라.

재귀를 구현하는 재귀적 맵리듀스 방식은 하룹Haloop[7]에 설명돼 있다. 재귀 클러스터 구현에 대한 설명은 [1]을 참고하라.

프리겔Pregel은 [19]를 참고했다. 지라프Giraph[14]라는 프리겔의 오픈 소스 버전이 있다. 그래프랩GraphLab[18]은 그래프 알고리즘을 위한, 주목할 만한 병렬 처리 시스템이다. 그래프XGraphX[22]는 스파크를 위한 그래프 기반 프론트엔드다.

분산 파일 시스템 그리고/혹은 맵리듀스 위에 많은 시스템들이 구축된다. 여기서 그에 대한 내용을 다루지는 않았으나 알아둘 만한 가치가 있다. [8]은 매우 큰 규모의 객체 저장소인, 구글Google에서 만든 빅테이블BigTable을 설명한다. 다소 상이한 방식으로서 야후Yahoo!의 피넛Pnuts[9]을 들 수 있다. 후자는 제한된 형태의 트랜잭션 처리를 지원한다.

피그PIG[20]는 하둡 상위단에서 관계 대수를 구현한 것이다. 이와 유사하게 하이브Hive[12]는 하둡 상위단에서 제한된 형태의 SQL을 제공한다. 스파크 역시 SQL과 비슷한 프론트엔드를 제공한다[23].

맵리듀스 알고리즘에 대한 통신 비용 모델과 다중 조인의 최적 구현에 대해서는 [3]을 참조했다. 복제율, 리듀서 크기, 그리고 그들의 관계는 [2]를 참조했다. 그 문헌에서 연습문제 2.6.2와 연습문제 2.6.3의 정답을 찾을 수 있다. 연습문제 2.6.4에 대한 정답은 [4]에 있다.

[1] F.N. Afrati, V. Borkar, M. Carey, A. Polyzotis, and J.D. Ullman, "Cluster computing, recursion, and Datalog," to appear in *Proc. Datalog 2.0 Workshop*, Elsevier, 2011.

[2] F.N. Afrati, A. Das Sarma, S. Salihoglu, and J.D. Ullman, "Upper and lower bounds on the cost of a MapReduce computation." to appear in *Proc. Intl. Conf. on Very Large Databases*, 2013. Also available as CoRR, abs/1206.4377.

[3] F.N. Afrati and J.D. Ullman, "Optimizing joins in a MapReduce environment," *Proc. Thirteenth Intl. Conf. on Extending Database Technology*, 2010.

[4] F.N. Afrati and J.D. Ullman, "Matching bounds for the all-pairs MapReduce problem," *IDEAS* 2013, pp. 3–4.

[5] A. Alexandrov, R. Bergmann, S. Ewen, J.-C. Freytag, F. Hueske, A. Heise O. Kao, M. Leich, U. Leser, V. Markl, F. Naumann, M. Peters, A. Rheinlander, M.J. Sax, S. Schelter, M. Hoger, K. Tzoumas, and D. Warneke, "The Stratosphere platform for big data analytics," *VLDB J.* **23**:6, pp. 939–964, 2014.

[6] V.R. Borkar, M.J. Carey, R, Grover, N. Onose, and R. Vernica, "Hyracks: A flexible and extensible foundation for data-intensive computing," *Intl. Conf. on Data Engineering*, pp. 1151–1162, 2011.

[7] Y. Bu, B. Howe, M. Balazinska, and M. Ernst, "HaLoop: efficient iterative data processing on large clusters," *Proc. Intl. Conf. on Very Large Databases*, 2010.

[8] F. Chang, J. Dean, S. Ghemawat, W.C. Hsieh, D.A. Wallach, M. Burrows, T. Chandra, A. Fikes, and R.E. Gruber, "Bigtable: a distributed storage system for structured data," *ACM Transactions on Computer Systems* **26**:2, pp. 1–26, 2008.

[9] B.F. Cooper, R. Ramakrishnan, U. Srivastava, A. Silberstein, P. Bohannon, H.-A. Jacobsen, N. Puz, D. Weaver, and R. Yerneni, "Pnuts: Yahoo!'s hosted data serving platform," *PVLDB* **1**:2, pp. 1277–1288, 2008.

[10] J. Dean and S. Ghemawat, "Mapreduce: simplified data processing on large clusters," *Comm. ACM* **51**:1, pp. 107–113, 2008.

[11] D.J. DeWitt, E. Paulson, E. Robinson, J.F. Naughton, J. Royalty, S. Shankar, and A. Krioukov, "Clustera: an integrated computation and data man-

agement system," *PVLDB* **1**:1, pp. 28–41, 2008.

[12] flink.apache.org, Apache Foundation.

[13] S. Ghemawat, H. Gobioff, and S.-T. Leung, "The Google file system," *19th ACM Symposium on Operating Systems Principles*, 2003.

[14] giraph.apache.org, Apache Foundation.

[15] hadoop.apache.org, Apache Foundation.

[16] hadoop.apache.org/hive, Apache Foundation.

[17] M. Isard, M. Budiu, Y. Yu, A. Birrell, and D. Fetterly. "Dryad: distributed data-parallel programs from sequential building blocks," *Proceedings of the 2nd ACM SIGOPS/EuroSys European Conference on Computer Systems*, pp. 59–72, ACM, 2007.

[18] Y. Low, D. Bickson, J. Gonzalez, C. Guestrin, A. Kyrola, and J.M. Hellerstein, "Distributed GraphLab: a framework for machine learning and data mining in the cloud," —em Proc. VLDB Endowment **5**:8, pp. 716–727, 2012.

[19] G. Malewicz, M.N. Austern, A.J.C. Sik, J.C. Denhert, H. Horn, N. Leiser, and G. Czajkowski, "Pregel: a system for large-scale graph processing," *Proc. ACM SIGMOD Conference*, 2010.

[20] C. Olston, B. Reed, U. Srivastava, R. Kumar, and A. Tomkins, "Pig latin: a not-so-foreign language for data processing," *Proc. ACM SIGMOD Conference*, pp. 1099–1110, 2008.

[21] spark.apache.org, Apache Foundation.

[22] spark.apache.org/graphx, Apache Foundation.

[23] spark.apache.org/sql, Apache Foundation.

[24] www.tensorflow.org.

[25] J.D. Ullman and J. Widom, *A First Course in Database Systems*, Third Edition, Prentice-Hall, Upper Saddle River, NJ, 2008.

[26] Y. Yu, M. Isard, D. Fetterly, M. Budiu, I. Erlingsson, P.K. Gunda, and J. Currey, "DryadLINQ: a system for general-purpose distributed data-parallel computing using a high-level language," *OSDI*, pp. 1–14, USENIX Association, 2008.

[27] M. Zaharia, M. Chowdhury, T. Das, A. Dave, J. Ma, M. McCauley, M.J. Franklin, S. Shenker, and I. Stoica, "Resilient distributed datasets: A fault-tolerant abstraction for in-memory cluster computing," *Proc. 9th USENIX conference on Networked Systems Design and Implementation*, USENIX Association, 2012.

03

유사 항목 찾기

데이터 마이닝의 본질은 '유사한' 항목들을 찾아내는 것이다. 3.1절에서는 이를 응용한 사례로서 웹 페이지들을 검토한 후 거의 흡사한 페이지들을 찾아내는 문제를 다룰 것이다. 이런 페이지들은 표절일 수도 있고, 내용은 거의 동일하나 호스트 정보 및 다른 미러mirror 사이트에 대한 정보에서만 차이를 보이는 미러 페이지일 수도 있다.

유사 항목들의 쌍을 찾는 단순한 방법은 모든 항목 쌍을 살펴보는 것이다. 대용량 데이터셋을 다룰 때 하드웨어 리소스가 충분하더라도 모든 항목 쌍을 살펴보는 일은 굉장히 어려울 수 있다. 예를 들어, 항목이 100만 개라면 검사해야 할 항목 쌍은 5,000억 건인데, 심지어 최근 기준으로 100만 개의 항목은 '작은' 데이터셋으로 간주된다.

따라서 모든 쌍을 살펴볼 필요 없이 유사할 가능성이 있는 쌍만 집중해서 검토하도록 하는 **지역성 기반 해싱**LSH, Locality-Sensitive Hashing 기법을 배우게 된 것은 다행스러운 일이다. 이제 기하학적 연산 시간이 필요한 단순한 알고리즘을 사용하지 않아도 된다. 지역성 기반 해싱의 단점은 일반적으로 거짓 음성false negative이 존재한다는 것이다. 즉 유사한 항목 쌍이지만 검토하는 쌍에는 포함되지 않는 현상인데, 검토 대상 쌍의 개수를 늘림으로써 신중하게 튜닝을 한다면 거짓 음성의 비율을 낮출 수 있다.

LSH의 기본 개념은 다양한 해시 함수를 사용해 항목을 해싱하는 것이다. 이러한 해시 함수는 일반적인 종류의 것이 아니다. 구체적으로 설명하면 항목들이 유사하지 않은 경우보다 유사한 항목들이 해시 함수의 동일한 버킷에 포함될 가능성이 훨씬 더 높은 특성을 갖도록 정교하게 설계된다. 그러면 하나 이상의 해시 함수에 대해 동일한 버킷에 포함된 항목 쌍들, 즉 후보 쌍candidate pairs들만 검토하면 되는 것이다.

이제 유사한 문서(문자열과 공통점이 많다)를 찾는 문제를 살펴보는 것으로 LSH의 논의를 시작하려고 한다. 먼저 문서의 문자적 유사성을 중첩이 큰 집합으로 보는 방식을 통해 문서를 집합으로 변환하는 방법을 설명한다(3.2절). 좀 더 자세히 설명하면 합집합과 교집합 크기의 비율인 **자카드 유사도**Jaccard similarity로 집합의 유사성을 측정할 것이다. 두 번째로 필요한 기법은 **민해싱**minhasing(3.3절)인데, 큰 집합을 **시그니처**signature라는 훨씬 더 작은 표현으로 변환하는 방법으로서 이 역시 집합의 자카드 유사도에 가까운 값을 추정할 수 있도록 한다. 마지막으로 3.4절에서 LSH에 내재된 버킷의 개념을 시그니처에 적용하는 방법을 살펴본다.

3.5절에서는 집합이 아닌 항목에 LSH를 적용하는 방법의 논의를 시작한다. 항목들이 어느 정도 유사한지 알려 주는 거리 측정의 기본 개념을 다룬다. 3.6절에서는 지역성 기반 해싱의 일반적인 개념을 다루고, 3.7절에서는 집합 이외의 여러 데이터 타입에 LSH를 적용하는 방법을 살펴본다. 그다음 3.8절에서는 LSH 방식의 응용 사례를 상세히 소개한다. 마지막으로, 3.9절에서는 유사성의 정도가 높은 경우 LSH보다 더 효율적으로 유사한 집합을 찾는 몇 가지 기법들을 살펴볼 것이다.

3.1 집합 유사도의 응용

먼저 '교집합의 상대적인 크기로 관찰되는 집합의 유사성set similarity'으로 정의되는 특별한 개념의 유사성에 주목할 것이다. 이런 개념의 유사성을 '자카드 유사도Jaccard similarity'라고 하는데, 이를 3.1.1절에서 소개할 것이다. 이후 유사 집합 검색을 어떻게 활용하는지 알아볼 텐데, 문자적으로 유사한 문서들의 검색과 유사 고객들 및 유사 상품들을 찾아내는 협업 필터링collaborative filtering의 내용을 다룰 것이다. 3.2절에서는 문서의 문자적 유사성 문제를 교집합 문제로 변환하기 위해 '슁글링shingling'이라는 기법을 소개할 것이다.

3.1.1 집합의 자카드 유사도

집합 S와 T의 **자카드 유사도**는 $|S \cap T|/|S \cup T|$로 정의하는데, 이는 S와 T의 합집합 크기 대비 S와 T의 교집합 크기의 비율을 의미한다. S와 T의 자카드 유사도는 $\mathrm{SIM}(S, T)$로 나타낸다.

> **예제 3.1** 그림 3.1에 두 집합 S와 T가 있다. 교집합 원소는 3개이며, S 혹은 T, 아니면 두 집합 모두에 나타나는 원소는 총 8개다. 따라서 $\mathrm{SIM}(S, T)$ = 3/8이다. ■

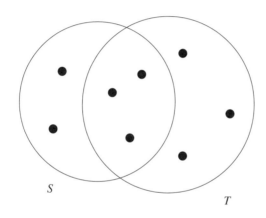

그림 3.1 자카드 유사도가 3/8인 두 집합

3.1.2 문서의 유사성

웹 혹은 뉴스 기사 모음과 같은 대형 말뭉치corpus에서 문자적으로 유사한 문서들을 찾는 일은 자카드 유사도로 다루기 적합한 종류의 문제다. 여기서 언급하는 유사성이란 문서에서의 단어와 사용법을 조사해야 하는 '의미적 유사성similar meaning'이 아닌 문자 기반 유사성character-level similarity이라는 사실을 이해해야 한다. 의미적 유사성을 찾는 문제는 1.3.1절에서 잠시 언급했던 다른 기법들을 통해 다뤄지는데, 이는 매우 흥미로운 문제임에 틀림없다. 그러나 문자적 유사성 역시 중요하게 사용된다. 문자적 유사성에 근거해 사본과 사본에 거의 가까운 문서들을 찾아낼 수 있다. 우선 두 문서가 완전히 동일한 복사본인지 판별하는 것은 쉽다. 두 문서를 문자 대 문자로 비교해서 다르지 않다면 동일한 문서로 판단하면 된다. 그러나 겹치는 문자가 많다 하더라도 문서가 완전히 동일한 경우는 흔치 않다. 다음은 이와 관련된 사례다.

표절

문자적 유사성을 찾는 능력은 표절 문서를 찾아냄으로써 검증된다. 표절자는 특정 문서 중 일부만을 추출해 자신의 문서를 꾸밀 수 있다. 몇몇 단어를 바꾸고 원문 문장들의 순서를 변경할지도 모른다. 그러나 조작된 문서에는 원문 내용의 많은 부분이 포함된다. 문자 대 문자로 문서를 비교하는 간단한 방법으로는 정교하게 조작된 표절 문서를 밝혀 낼 수 없을 것이다.

미러 페이지

중요한 혹은 인기 있는 웹 사이트는 부하 분산을 위해서 다수의 호스트host에 복제되는 것이 일반적이다. 이런 미러mirror 사이트들의 페이지들은 서로 상당히 유사하나 완전히 동일하지는 않을 것이다. 예를 들어, 각 미러 사이트는 자신의 호스트와 관련된 정보를 포함할 수 있고, 자신을 제외한 다른 미러 사이트들과 연결되는 링크를 가질 수도 있다. 하나의 수업 페이지가 또 다른 페이지로 재사용되는 경우를 예로 들 수 있다. 이런 페이지들에는 수업 노트, 숙제, 강의 자료가 포함돼 있을 것이다. 유사한 페이지들에서는 강의 이름과 연도가 변경되고, 해마다 내용이 약간씩 수정될 수도 있다. 검색 엔진 입장에서는 거의 동일한 두 페이지가 검색 결과 첫 화면에 게재되는 일을 막을 수 있다면 더 좋은 검색 결과를 낼 수 있기 때문에 이런 종류의 유사 페이지들을 찾아낼 수 있어야 한다.

출처가 같은 기사들

한 명의 기자가 쓰는 뉴스 기사는 연합 통신사Associated Press를 통해 다수의 신문사로 퍼지며, 이후 각 신문사가 자신들의 웹 사이트에 그 기사를 게재하는 것이 일반적이다. 각 신문사는 기사를 약간씩 수정한다. 단락을 삭제할 수도 있고, 심지어는 내용을 일부 추가하기도 한다. 자사 로고, 광고, 다른 기사로 연결되는 링크로 원문을 도배할지도 모른다. 그러나 각 신문사 페이지에서 가장 중요한 부분은 원문 기사일 것이다. 구글 뉴스Google News 같은 뉴스 수집기는 단 하나의 기사를 게재하기 위해 그런 기사의 모든 버전을 찾으려 하고, 이를 위해서는 동일하지는 않으나 문자적으로 유사한 두 웹 페이지를 찾아내는 작업이 필요하다.[1]

3.1.3 유사 집합 문제에서의 협업 필터링

집합들의 유사성이 매우 중요한 분야에서 사용되는 또 다른 기법은 **협업 필터링** collaborative filtering이다. 특정 사용자와 비슷한 취향을 가진 사용자들이 선호하는 항목을 해당 사용자에게 추천하는 데 이 방식을 사용한다. 9.3절에서 협업 필터링을 자세히 다룰 것이며, 일반적인 사례만 여기서 소개할 것이다.

온라인 구매

아마존 닷컴Amazon.com은 수백만 명의 고객을 보유하고 있으며, 수백만 개의 상품을 판매하고 있다. 아마존 닷컴의 데이터베이스에는 어떤 고객이 어떤 상품을 구매했는지가 기록된다. 두 고객이 구입한 상품 집합의 자카드 유사도가 높다면 둘을 유사한 고객이라 판단할 수 있다. 마찬가지로 두 상품을 구매한 구매자 집합의 자카드 유사도가 높다면 둘을 서로 유사한 상품이라고 간주할 것이다. 미러 사이트들의 경우 자카드 유사도가 90% 이상일 수 있으나, 두 고객이 (오직 하나의 상품만 구매하지 않은 이상) 그런 수준의 자카드 유사도를 가질 가능성은 낮다는 사실에 주목해야 한다. 20% 정도의 자카드 유사도만으로도 충분히 유사한 취향을 가진 고객이라 판단할 수 있다. 상품에 대해서도 마찬가지다. 즉 자카드 유사도가 유의미하기 위해서 반드시 높을 필요는 없다.

---

1   뉴스 취합 역시 문자적으로 유사하지는 않으나 주제가 같은 기사들을 찾는 작업을 포함한다. 이 문제도 유사성 검색으로 볼 수 있으나, 집합의 자카드 유사도 이외의 기법이 요구된다.

9장에서 논의하겠지만 협업 필터링에는 유사 고객 혹은 유사 상품을 찾는 것 이외에 추가적인 기법들이 필요하다. 예를 들어, 공상과학을 선호하는 두 명의 아마존 고객은 각각 다양한 공상과학 서적을 구입할 텐데, 이들 중 겹치는 서적은 소수일 것이다. 그러나 유사성 검색에 클러스터링(7장) 기법을 접목해, 서로 유사한 공상과학 서적들을 찾아내어 하나의 그룹으로 묶은 후 두 고객이 같은 그룹에 속한 서적들을 다수 구매했는지 여부를 확인함으로써 고객 유사성customer-similarity이라는 강력한 개념을 얻을 수 있다.

영화 순위

넷플릭스NetFlix는 고객들이 대여한 영화와 고객이 평가한 영화의 순위를 기록한다. 동일한 고객이 대여하거나 높은 순위를 매긴 영화들을 유사하다고 볼 수 있으며, 동일한 영화들을 대여하거나 동일한 영화들에 높은 순위를 매긴 고객들을 유사하다고 볼 수 있다. 이 경우 이전 아마존 사례와 같은 기준을 적용할 수 있다. 즉 유사성이 유의미하기 위해서 반드시 높을 필요가 없으며, 장르를 기준으로 영화들을 클러스터링함으로써 유사한 고객이나 유사한 영화를 찾아내기가 더 쉬워질 것이다.

데이터가 이진 결정binary decisions(구입/미구입 혹은 선호/비선호)에 해당하는 값이 아니라 순위 값들로 구성돼 있다면, 그 순위 값들로 이루어진 집합이 고객 혹은 상품을 대표한다고 보긴 힘들다. 다음은 이와 관련된 몇 가지 선택 사항이다.

1. 순위가 낮은 고객/영화 쌍들을 무시한다. 즉 그 고객이 그 영화를 보지 않은 것으로 간주한다.

2. 고객들을 비교할 때 각 영화에 대해서 '좋아함'과 '싫어함'이라는 두 원소만 존재한다고 가정한다. 한 명의 고객이 특정 영화에 높은 순위를 매겼으면 해당 고객 집합에 그 영화를 '좋아함'으로 넣는다. 고객이 특정 영화에 낮은 순위를 매겼으면 해당 고객 집합에 그 영화를 '싫어함'으로 넣는다. 이렇게 하면 이 집합들 사이에서 자카드 유사도가 높은 집합들을 찾아낼 수 있다. 영화를 비교할 때도 유사한 방식을 적용할 수 있다.

3. 1~5개의 별점으로 순위를 매긴다면 고객이 특정 영화에 n개의 별을 줄 경우

해당 고객 집합에 그 영화를 하나의 원소로서 n번 넣는다. 그런 후 고객들의 유사성을 측정할 때 그 백^{bag}들에 대한 자카드 유사도를 사용한다. 백 B와 C에 대한 자카드 유사도를 구하는 경우 교집합에서는 B와 C에서 한 원소가 반복되는 최소 횟수만큼 해당 원소를 센다. 그리고 합집합에서는 B와 C에서 해당 원소가 반복되는 횟수를 더한다.[2]

예제 3.2 백 {a, a, a, b}와 {a, a, b, b, c}의 백-유사도$^{bag\text{-}similarity}$는 1/3이다. 교집합은 a 2개와 b 1개를 포함하므로 그 크기는 3이다. 두 백의 합집합 크기는 항상 두 백의 크기의 합이므로 이 예제에서는 9다. 백들의 자카드 유사도로 가능한 최대값은 1/2이므로 1/3이라는 값은 두 백이 상당히 유사함을 나타내며, 백의 원소를 조사해 보면 이것이 사실임을 확인할 수 있다. ■

3.1.4 3.1절 연습문제

연습문제 3.1.1 다음 3개의 집합 {1, 2, 3, 4}, {2, 3, 5, 7}, {2, 4, 6}으로 구성되는 각 쌍들의 자카드 유사도를 구하라.

연습문제 3.1.2 다음 3개의 백 {1, 1, 1, 2}, {1, 1, 2, 2, 3}, {1, 2, 3, 4}으로 구성되는 각 쌍들의 자카드 유사도를 구하라.

!! **연습문제 3.1.3** 전체 집합 U는 n개의 원소를 포함하며, n개의 원소 중 m개의 원소로 구성되는 2개의 부분집합 S와 T를 임의로 선택한다고 하자. S와 T에 대한 자카드 유사도로 예측되는 값은 얼마인가?

---

2 백의 합집합은 보통(표준 SQL로) 두 백에서 반복되는 원소들을 모두 나열한 것으로 정의되는데, 이런 정의를 따를 경우 백과 집합에 대한 자카드 유사도가 일치하지 않는 문제가 발생한다. 백에 대한 합집합 정의를 따르면 최대 자카드 유사도는 1이 아니라 1/2이다. 왜냐하면 자기 자신과의 합집합은 자기 자신과의 교집합보다 두 배나 많은 원소로 구성되기 때문이다. 자기 자신과의 자카드 유사도를 1로 하고자 한다면 각 원소는 두 백들 중에서 더 큰 반복 횟수만큼 반복 등장한다고 백에 대한 합집합 정의를 다시 세워야 한다. 이 역시 백의 유사성을 측정하는 합리적인 한 가지 방법이 될 수 있다.

3.2 문서의 슁글링

어휘적으로 유사한 문서들을 구별해 내기 위해서 문서들을 집합으로 표현하는 가장 효과적인 방법은 문서에 등장하는 짧은 문자열들을 원소로 하는 집합을 구성하는 것이다. 그렇게 하면 문장 혹은 구문처럼 일부분을 공유하는 문서들은 집합의 많은 원소들을 공통으로 갖게 될 것이다. 그런 문장들이 두 문서에서 등장하는 순서는 다를지 몰라도 말이다. 3.2절에서는 가장 간단하면서도 일반적인 접근 방법인 슁글링shingling을 소개하고, 이후 슁글링을 변형해 보도록 하겠다.

3.2.1 k-슁글

문서를 문자들의 나열로 볼 수 있다. 문서 내에서 발견되는 길이가 k인 부분 문자열로 해당 문서에 대한 k-슁글k-Shingle을 정의한다. 그러면 각 문서를 해당 문서 내에 한 번 이상 등장하는 k-슁글들의 집합으로 생각할 수 있다.

예제 3.3 문서 D는 문자열 abcdabd이며, $k = 2$라고 가정하자. D에 대한 2-슁글 집합은 {ab, bc, cd, da, bd}이다.

부분 문자열 ab는 문서 D에 두 번 등장하지만, 슁글로서는 한 번만 등장한다는 사실에 주목하라. 슁글들을 집합 대신 백bag으로 만들 수 있는데 이때 각 슁글은 문서에 나타나는 횟수만큼 백에 등장하게 될 것이다. 그러나 여기서 다루는 슁글에 백을 사용하지는 않을 것이다. ■

화이트 스페이스white space(공백문자blank, 탭tab, 줄바꿈newline 등)를 처리하는 방법이 몇 가지 있다. 하나 이상의 화이트 스페이스들을 1개의 공백문자로 치환하는 방법이 가장 일반적이다. 그렇게 하면 2개 이상의 단어를 표현하는 슁글과 하나로 합쳐진 슁글이 구별된다.

예제 3.4 화이트스페이스를 모두 제거한 상태에서 $k = 9$일 때 'The plane was ready for touch down'라는 문장과 'The quarterback scored a touchdown'라는 문장에서 어휘적 유사성을 찾을 수 있다. 그러나 공백들을 제거하지 않은 경우 첫 번째 문장은 touch dow와 ouch down이라는 슁글을 갖는 반면, 두 번째 문장은 touchdown이라는 슁글을 갖는다. 공백을 제거하면 두 문장 모두 touchdown이라는 슁글을 갖게 될 것이다.

3.2.2 슁글의 크기 선택

k는 어떤 상수도 될 수 있다. 그러나 k가 너무 작으면 연속된 k개의 문자들 대부분이 거의 모든 문서에 등장하게 될 것이다. 그렇게 되면 문서들의 슁글 집합들은 서로 높은 자카드 유사도를 갖지만, 그 문서들에는 같은 문장 심지어 중복되는 구문조차 없는 상황이 되고 만다. 극단적인 예로, $k = 1$인 경우 웹 페이지들은 대부분의 공통 문자들과 극소수의 다른 문자들로 구성될 것이기 때문에 거의 모든 웹 페이지들 간의 유사성이 매우 높다고 판단하게 된다.

k가 얼마나 커야 하는지는 보통 문서가 얼마나 긴지 그리고 일반적인 문자들로 구성된 집합이 얼마나 큰지에 따라 결정된다. 기억해야 할 점은 다음과 같다.

- 주어진 문서에 슁글들이 등장할 확률이 낮아지도록 k가 충분히 크게 설정돼야 한다.

따라서 문서의 말뭉치가 이메일인 경우 $k = 5$가 적당하다. 그 이유를 알아보기 위해 이메일이 문자들과 일반적인 화이트 스페이스로 구성돼 있다고 가정하자(실제로 대부분의 인쇄 가능한 ASCII 문자들은 자주 등장하지 않을 것이라 예상할 수 있다). 그렇다면 가능한 슁글들은 $27^5 = 14,348,907$개다.[3] 일반적으로 이메일을 구성하는 문자들은 1,400만 개보다 훨씬 작기 때문에 $k = 5$인 경우 잘 동작할 것이라 예상할 수 있고, 실제로 그렇다.

그런데 계산이 약간 복잡하다. 분명 이메일을 구성하는 문자들은 27개 이상이지만, 모든 문자들이 같은 확률로 등장하는 것은 아니다. 스크래블[scrabble][4]에서 점수가 높은 단어들과 문자 'z'는 이메일에 거의 등장하지 않는 반면, 흔한 문자들과 공백

---

3 27은 알파벳 26개와 일반적인 화이트 스페이스 1개의 합이다. – 옮긴이
4 미국에서 흔히 하는 단어 게임. – 옮긴이

들이 이메일의 대부분을 차지한다. 따라서 짧은 이메일이라 할지라도 흔한 문자들로 구성된 다수의 5-슁글을 가질 것이고, 이런 슁글들을 공유함에도 서로 연관성이 없는 이메일이 존재할 확률은 이전 문단에서 설명한 연산에 의해 추론할 수 있는 결과보다 훨씬 높아질 것이다. 경험상 좋은 방법은 문자가 20개만 존재한다고 가정하고, k-슁글의 개수를 20^k로 추산하는 것이다. 연구 논문들과 같은 대형 문서들에서는 $k = 9$로 선택하는 것이 안전하다.

3.2.3 슁글의 해싱

부분 문자열을 슁글로 직접 사용하는 방법 대신, 길이가 k인 문자열을 특정 버킷으로 매핑하는 해시 함수를 사용해 해싱 결과로 얻은 버킷 번호를 슁글로 간주할 수 있다. 이 방법을 사용하면 문서를 표현하는 집합은 문서에 등장하는 하나 이상의 k-슁글들의 버킷 번호들로 구성된 정수 집합이 된다. 예를 들어, 하나의 문서에 대해서 9-슁글 집합을 구성하고 9-슁글 각각을 0부터 $2^{32} - 1$ 사이의 버킷 번호와 매핑시키는 것이다. 그러면 각 슁글은 9바이트가 아니라 4바이트로 표현된다. 이렇게 함으로써 데이터를 압축할 수 있을 뿐만 아니라 단어별로 한 머신에서 (해시된) 슁글들을 조작할 수 있다.

9-슁글을 4바이트로 해싱해 사용하면 4-슁글을 사용할 때와 단일 슁글을 표현하는 데 사용되는 공간은 같으면서도 4-슁글을 사용할 때보다 훨씬 더 문서를 잘 구별해 낼 수 있다는 사실에 주목하라. 그 이유는 3.2.2절에서 설명했다. 4-슁글을 사용하면 문서의 특징을 나타내는 4바이트를 찾아내는 일이 거의 불가능하다. 따라서 실질적인 슁글의 개수는 $2^{32} - 1$보다 훨씬 작다. 3.2.2절처럼 영문 문서에 등장하는 문자가 오직 20개뿐이라고 가정하면, 등장 가능한 4-슁글의 개수는 $(20)^4 = 160,000$개뿐이다. 그런데 9-슁글을 사용하면 나올 수 있는 슁글의 개수는 2^{32} 이상이다. 그것을 4바이트로 해싱하면 1.3.2절에서 언급했듯이 4바이트로 가능한 거의 모든 조합을 만들어 낼 수 있다.

3.2.4 단어를 기반으로 만드는 슁글

3.1.2절에서 언급했던 유사한 기사들을 구별해 내는 문제는 슁글을 응용해 효과적으로 다룰 수 있다. 이런 유사한 기사들은 페이지에 전형적으로 등장하는 단어들이 아닌 작성 방식에서 큰 차이를 보인다. 뉴스 기사, 그리고 대부분의 글에는 'and', 'you', 'to' 등과 같이 가장 일반적인 단어와 불용어(1.3.1절 참조)가 포함된다. 많은 경우 불용어는 주제와 같은, 기사에 대한 어떤 유용한 정보도 전달해 주지 않기 때문에 무시되곤 한다.

그러나 유사한 뉴스 기사를 찾는 문제에서 불용어 다음에 이어지는 두 단어까지가 유용한 슁글 집합을 구성한다는 사실이 밝혀졌다. 이어지는 두 단어가 불용어인지 여부는 상관이 없다. 이런 접근 방식의 장점은 뉴스 기사의 슁글이 기사의 내용 대신에 단순히 웹 페이지를 표현하는 집합이 되도록 한다는 것이다. 이 문제의 목적은 기사의 소재와 상관없이 같은 기사를 게재한 페이지들을 찾는 것이었음을 상기하라. 편향된 슁글 집합의 특성을 활용해 소재는 같으나 서로 다른 페이지인 기사들보다 소재는 다르지만 동일 페이지인 기사들이 더 높은 자카드 유사도를 갖게 만드는 것이다.

예제 3.5 'Buy Sudzo'라는 간단한 문구가 포함된 광고가 있다. 그러나 같은 주제로 작성되는 뉴스 기사는 "*A* spokesperson *for the* Sudzo Corporation revealed today *that* studies *have* shown *it is* good *for* people *to* buy Sudzo products."이다. 여기서 불용어처럼 보이는 모든 단어를 이탤릭체로 표시했다. 자주 등장하는 불용어 개수가 정해진 것은 아니지만 말이다. 하나의 불용어와 이어지는 2개의 단어로 구성된 처음 3개의 슁글은 다음과 같다.

```
A spokesperson for
for the Sudzo
the Sudzo Corporation
```

뉴스 기사의 문장에서 얻은 슁글은 9개이지만, 위의 '광고'에서 얻은 슁글은 없다.[5]

3.2.5 3.2절 연습문제

연습문제 3.2.1 3.2절의 첫 번째 문장에서 처음 10개의 3-슁글은 무엇인가?

연습문제 3.2.2 3.2.4절처럼 불용어를 기반으로 한 슁글을 사용하고 3개 이하의 문자들로 구성된 모든 단어를 불용어라고 한다면 3.2절의 첫 번째 문장에 대한 슁글들은 무엇인가?

연습문제 3.2.3 n바이트 문서가 가질 수 있는 k-슁글의 최대 개수는? 길이가 k인 문자열의 개수가 최소 n개가 되도록 알파벳의 개수가 크다고 가정한다.

3.3 집합의 유사도 보존 요약

슁글들의 집합은 크다. 각 슁글을 4바이트로 해싱하더라도 단일 집합을 저장하기 위한 공간은 대략 문서가 차지하는 공간의 네 배다. 수백만 개의 문서에 대한 모든 슁글 집합을 메인 메모리에 저장하는 것은 불가능한 일이다.[6]

  3.3절의 목적은 대형 집합을 훨씬 적은 개수의 '시그니처signature'로 표현하는 것이다. 시그니처가 가져야 하는 중요한 속성이 있는데, 두 집합의 시그니처 비교가 가능해야 하며, 시그니처만으로 집합들의 자카드 유사도를 계산해 낼 수 있어야 한다는 것이 바로 그것이다. 시그니처가 대표하는 집합들의 유사성을 정확하게 알아내는 것은 불가능하지만, 시그니처를 통해 근접한 추정치를 얻을 수 있으며, 시그니처가 크면 클수록 추정치의 정확도는 높아진다. 예를 들어, 50,000바이트 문서에서 추출된

---

5 'Buy Sudzo'라는 동일한 문구가 들어 있지만, 불용어를 사용해 자카드 유사도에는 포함되지 않게 만들어서 두 기사를 서로 다르게 분리해 준다는 의미다.

6 또 다른 심각한 문제는 집합들이 메인 메모리에 올라갈 수 있다 하더라도 유사성을 평가해야 하는 쌍의 개수가 너무나 많다는 것이다. 이런 문제에 대한 해결 방법은 3.4절에서 다룬다.

200,000바이트의 해시된 슁글 집합을 1,000바이트 시그니처로 해버리면 정확도가 너무 낮아진다.

3.3.1 집합의 행렬 표현

대형 집합으로부터 소형 시그니처를 도출하는 방법을 설명하기 전에 집합들을 **특성 행렬**characteristic matrix로 시각화하면 이해가 빠르다. 행렬의 열은 집합에 해당되며, 행은 전체 집합의 원소들에 해당된다. 행 r에 해당하는 원소가 열 c에 해당하는 집합에 포함되면 행 r과 열 c에 1이 위치한다. 그렇지 않으면 (r, c) 위치의 값은 0이다.

$Element$	S_1	S_2	S_3	S_4
a	1	0	0	1
b	0	0	1	0
c	0	1	0	1
d	1	0	1	1
e	0	0	1	0

그림 3.2 4개의 집합을 나타내는 행렬

예제 3.6 그림 3.2는 전체 집합 $\{a, b, c, d, e\}$로부터 선택된 집합들을 표현하는 행렬의 예다. 여기서 $S_1 = \{a, d\}$, $S_2 = \{c\}$, $S_3 = \{b, d, e\}$, $S_4 = \{a, c, d\}$이다. 맨 위 행과 맨 왼쪽 열은 행렬의 일부는 아니지만 행과 열이 무엇을 나타내는지를 알려 주기 위해 표시됐다. ▨

실제 데이터가 특성 행렬과 같은 방식으로 저장되지는 않겠지만, 특성 행렬이 데이터를 시각화하기 좋은 방법이라는 사실을 기억하는 것이 중요하다. 데이터를 행렬로 저장하지 않는 이유는 실제로 이런 행렬들은 거의 대부분 희소(1보다 0이 훨씬 많다)하기 때문이다. 0과 1로 구성되는 희소 행렬sparse matrix을 표현할 때 1이 등장하는 위치만을 저장하면 공간을 절약할 수 있다. 데이터를 행렬로 저장하지 않는 또 다른 이유는 보통은 데이터가 어떤 용도를 위해 이미 다른 포맷으로 저장되고 있기 때문이다.

일례로, 고객이 구매한 상품 집합으로 표현된 행렬에서 행이 상품이고 열이 고객이라면 이 데이터는 구매에 대한 데이터베이스 테이블에 이미 있을 것이다. 이 테이블에서 튜플은 상품, 구매자 리스트가 될 것이며, 날짜, 사용한 신용카드와 같이 구매와 관련된 상세 정보를 포함시킬 수 있다.

3.3.2 민해싱

구성하고자 하는 집합에 대한 시그니처는 수백 개의 아주 많은 계산 결과들로 구성되며, 그 계산들 각각을 특성 행렬의 '민해시minhash'라고 한다. 3.3.2절에서는 실제로 민해시가 어떻게 계산되는지 살펴보고 3.3.3절에서 실제로 민해시의 정밀한 근사치가 어떻게 계산되는지 알아볼 것이다.

특성 행렬에서 열로 표현되는 집합을 민해시하기 위해 행들을 치환permutation한다. 특정 열의 민해시 값은 변경된 순서에서 첫 번째로 1을 갖는 행의 번호다.

예제 3.7 그림 3.2 행렬에서 행 순서를 $beadc$로 변경한다고 가정하자. 이 변경에 의해 집합과 행을 매핑하는 민해시 함수 h가 결정된다. h에 따라 집합 S_1의 민해시 값을 계산해 보자. 집합 S_1에 해당하는 첫 번째 열은 행 b에서 0이므로 변경된 순서에서 두 번째 행인 e로 넘어간다. S_1 열의 행 e는 다시 0이므로 행 a로 넘어가게 되며, 여기서 1이 등장한다. 따라서 $h(S_1) = a$다.

Element	S_1	S_2	S_3	S_4
b	0	0	1	0
e	0	0	1	0
a	1	0	0	1
d	1	0	1	1
c	0	1	0	1

그림 3.3 그림 3.2 행들의 치환 결과

매우 큰 특성 행렬을 치환하는 것은 물리적으로 불가능하겠지만, 민해시 함수 h는 그림 3.2 행렬의 행을 내부적으로 재정렬한다. 따라서 그림 3.2 행렬은 그림 3.3이 된다. 이 행렬의 맨 위부터 1이 나올 때까지 훑어보면 h 값을 읽어 낼 수 있다. 따라

서 $h(S_2) = c, h(S_3) = b, h(S_4) = a$다. ∎

3.3.3 민해싱과 자카드 유사도

민해싱과 민해시된 집합의 자카드 유사도 사이에 주목할 만한 연관성이 있다.

- 행을 무작위로 치환하는 민해시 함수가 두 집합에 대해서 같은 값을 생성할 확률은 그 두 집합의 자카드 유사도와 같다.

그 이유를 알아보기 위해서 두 집합에 해당하는 열을 살펴봐야 한다. 집합 S_1과 S_2에 해당하는 열로 한정하면 행은 세 가지로 분류된다.

1. 타입 X 행은 두 열에서 모두 1이다.
2. 타입 Y 행은 한 열에서는 1, 다른 한 열에서는 0이다.
3. 타입 Z 행은 두 열에서 모두 0이다.

지금 다루는 행렬은 희소 행렬이기 때문에 대부분의 행 타입은 Z에 해당한다. 그러나 타입 X와 타입 Y에 해당하는 행들의 개수 비율로 $h(S_1) = h(S_2)$일 확률과 $\mathrm{SIM}(S_1, S_2)$ 값 모두가 결정된다. 타입 X 행 x개와 타입 Y 행 y개가 있을 때 $\mathrm{SIM}(S_1, S_2) = x/(x + y)$이다. 그 이유는 $S_1 \cap S_2$의 크기가 x이고, $S_1 \cup S_2$의 크기는 $x + y$이기 때문이다.

이제 $h(S_1) = h(S_2)$일 확률에 대해 생각해 보자. 무작위로 순서가 변경된 행들이 있을 때 맨 위부터 이 행들을 처리한다면 타입 Y 행을 발견하기 전에 타입 X 행을 발견할 확률은 $x/(x + y)$이다. 그런데 타입 Z 행을 제외한 상태에서 맨 위로부터 첫 번째 행이 타입 X라면 반드시 $h(S_1) = h(S_2)$이다. 반면, 타입 Z 행을 제외한 상태에서 맨 위로부터 첫 번째 행이 타입 Y라면 그 행은 값이 1인 집합의 민해시 값이 된다. 한편 그 행에서 값이 0인 집합은 치환된 리스트 아래쪽에 위치한 다른 행을 민해시 결과 값으로 선택하게 될 것이다. 따라서 처음 발견한 행이 타입 Y라면 $h(S_1) \neq h(S_2)$라는 사실을 알 수 있다. 결론적으로 $h(S_1) = h(S_2)$일 확률은 $x/(x + y)$이며, 이는 또한 S_1과 S_2의 자카드 유사도가 된다.

3.3.4 민해시 시그니처

특성 행렬 M으로 표현되는 집합들을 다시 한번 생각해 보자. M의 행들을 대상으로 순서를 변경할 횟수 n을 임의로 선택한다. 어쩌면 100번 혹은 수백 번 순서가 변경될 수도 있다. 이런 치환 $h_1, h_2, \ldots, h_n$으로 결정되는 민해시 함수를 호출하면 집합 S를 표현하는 열로부터 S에 대한 **민해시 시그니처**minhash signature인 벡터 $[h_1(S), h_2(S), \ldots, h_n(S)]$를 만들 수 있다. 이런 해시 값 리스트는 보통 하나의 열로 표현한다. 따라서 행렬 M으로부터 하나의 **시그니처 행렬**signature matrix을 생성할 수 있는데, M의 i번째 열은 해당 열(집합)에 대한 민해시 시그니처로 대체된다.

시그니처 행렬의 열 개수는 M과 같으나 행 개수는 n개뿐이라는 사실에 주목해야 한다. M을 그대로 표현하는 대신 희소 행렬에 적합한 압축 형태로(예를 들어, 1의 위치로) 표현하는 것이다. 일반적으로 시그니처 행렬은 M보다 크기가 훨씬 작다.

시그니처 행렬에서 주목할 점은 열을 사용해 시그니처 행렬에서 열에 해당하는 집합의 자카드 유사도를 계산할 수 있다는 것이다. 3.3.3절에서 증명한 이론에 의하면 시그니처 행렬의 특정 행에서 두 열이 같은 값을 가질 확률은 그 열에 대응하는 집합의 자카드 유사도와 같다. 또한 민해시 값의 기반이 되는 치환permutation은 독립적으로 실행됐으므로 시그니처 행렬의 각 행을 독립적인 결과로 볼 수 있다. 따라서 두 열이 일치할 것으로 예상되는 행 개수는 대응하는 집합의 자카드 유사도와 같다. 또한 사용하는 민해싱이 많을수록, 즉 시그니처 행렬에서 행이 많을수록 자카드 유사도의 추정치에서 예상되는 오차는 작아진다.

3.3.5 민해시 시그니처 연산의 실제

매우 큰 특성 행렬에서 행들을 직접 교환하는 것은 쉽지 않다. 수백만 혹은 수십억 개의 행들 순서를 무작위로 변경하는 일은 시간 소모가 매우 크며, 행들을 정렬하는 필수적인 작업을 위해서는 더 많은 시간이 소모된다. 따라서 그림 3.3에서 제시한 치환 행렬은 개념적으로는 훌륭하지만 실제로 구현하기는 힘들다.

다행히 행 번호를 행 개수만큼의 버킷들로 매핑하는 무작위 해시 함수를 사용해 무작위적인 치환을 연산해 낼 수 있다. 정수 $0, 1, \ldots, k - 1$을 0부터 $k - 1$까지의 버킷 번호로 매핑하는 해시 함수를 사용하면 정수 쌍 일부는 같은 버킷으로 매핑되고, 그 외 다른 버킷들이 채워지지 않은 채로 남게 될 것이다. 그러나 k가 크고 충돌이 발생하는 경우가 많지 않다면 이러한 차이는 중요하지 않다. 여전히 해시 함수 h가 행 r을 변경된 순서의 위치 $h(r)$로 '치환'한다는 가정이 유지되는 것이다.

따라서 무작위로 n번 순서를 변경하는 대신, 임의로 선택된 해시 함수 h_1, h_2, ..., h_n들로 행을 채운다. 주어진 순서로 각 행들을 처리함으로써 시그니처 행렬을 만들 수 있다. i번째 해시 함수와 열 c에 대한 시그니처 행렬의 성분을 $\mathrm{SIG}(i, c)$라고 하자. 모든 i와 c에 대한 $\mathrm{SIG}(i, c)$의 초기값을 ∞로 설정한다. 그리고 다음과 같이 행 r을 처리한다.

1. $h_1(r)$, $h_2(r)$, ..., $h_n(r)$을 계산한다.
2. 각 열 c는 다음을 따른다.
   (a) 행 r에서 c가 0이면 아무것도 하지 않는다.
   (b) 행 r에서 c가 1이면 각 $i = 1, 2, ..., n$에 대한 $\mathrm{SIG}(i, c)$는 $\mathrm{SIG}(i, c)$의 현재 값과 $h_i(r)$ 중 작은 값으로 설정한다.

예제 3.8 그림 3.2의 특성 행렬을 다시 살펴보자. 여기에 일부 데이터를 추가해 그림 3.4를 다시 생성했다. 문자로 표현된 행 이름을 정수 0부터 4로 대체했다. 또한 두 해시 함수 $h_1(x) = x + 1 \bmod 5$와 $h_2(x) = 3x + 1 \bmod 5$를 선택했다. 행 번호에 두 해시 함수를 적용해 얻은 값은 그림 3.4의 마지막 두 열에 나타냈다. 여기서는 이런 간단한 해시 함수로 행들이 실제로 모두 교환됐으나, 행의 개수 5가 소수[prime]여서 가능했다는 사실에 주의하라. 보통은 해시 충돌로 인해 두 행이 같은 해시 값을 갖게 된다.

Row	S_1	S_2	S_3	S_4	$x + 1 \ \bmod 5$	$3x + 1 \ \bmod 5$
0	1	0	0	1	1	1
1	0	0	1	0	2	4
2	0	1	0	1	3	2
3	1	0	1	1	4	0
4	0	0	1	0	0	3

그림 3.4 그림 3.2의 행렬에 대해 계산된 해시 함수

이제부터는 시그니처 행렬을 구하기 위한 알고리즘의 연산을 진행할 것이다. 우선 초기 시그니처 행렬을 모두 ∞로 구성한다.

	S_1	S_2	S_3	S_4
h_1	∞	∞	∞	∞
h_2	∞	∞	∞	∞

먼저 그림 3.4의 행 0을 살펴보자. $h_1(0)$과 $h_2(0)$의 값이 모두 1임을 볼 수 있다. 집합 S_1과 S_4에 해당하는 열에서 0번 행은 1이므로 시그니처 행렬에서 이 열들만 변경될 가능성이 있다. 1은 ∞보다 작으므로 집합 S_1과 S_4에 해당하는 열들의 두 값을 실제로 모두 변경한다. 현재 상황에서 추정되는 시그니처 행렬은 다음과 같다.

	S_1	S_2	S_3	S_4
h_1	1	∞	∞	1
h_2	1	∞	∞	1

이제 그림 3.4에서 1번 행으로 넘어간다. 1번 행은 S_3에서만 1이고, 이에 대한 해시 값은 $h_1(1)$ = 2, $h_2(1)$ = 4다. 따라서 SIG(1, 3)은 2, SIG(2, 3)은 4로 설정한다. 그 외 다른 시그니처 행렬의 성분들은 1번 행에서 해당 열들이 0이므로 이전과 같은 값으로 남겨 둔다. 새로운 시그니처 행렬은 다음과 같다.

	S_1	S_2	S_3	S_4
h_1	1	∞	2	1
h_2	1	∞	4	1

그림 3.4의 2번 행은 집합 S_2와 S_4에 해당하는 열에서 1이고, 해시 값은 $h_1(2)$ = 3과 $h_2(2)$ = 2다. S_4에 대한 시그니처 값은 변경이 가능은 하지만, 시그니처 행렬의 열 값 [1, 1]은 대응하는 해시 값 [3, 2]보다 각각 작다. 그러나 S_2에 해당하는 행은 아직 ∞이기 때문에 [3, 2]로 대체하면 결과는 다음과 같다.

	S_1	S_2	S_3	S_4
h_1	1	3	2	1
h_2	1	2	4	1

다음은 그림 3.4의 3번 행을 처리할 순서다. 3번 행에서는 S_2를 제외한 모든 열이 1이고 해시 값은 $h_1(3) = 4$, $h_2(3) = 0$이다. h_1 값 4는 모든 열에 대한 시그니처 행렬이 가진 값을 초과하므로 시그니처 행렬의 첫 번째 행에서는 어떤 값도 변경되지 않는다. 그러나 h_2 값 0은 현재 값들보다 작으므로 SIG(2, 1), SIG(2, 3), SIG(2, 4)는 0으로 낮아진다. 그림 3.4에서 S_2에 해당하는 열은 현재 처리 중인 행에서 0이기 때문에 SIG(2, 2)는 낮아질 수 없음에 유의하라. 결과 시그니처 행렬은 다음과 같다.

	S_1	S_2	S_3	S_4
h_1	1	3	2	1
h_2	0	2	0	0

마지막으로 그림 3.4의 4번 행을 처리한다. $h_1(4) = 0$, $h_2(4) = 3$이다. 4번 행에서는 S_3에 해당하는 열만 1이기 때문에 S_3에 해당하는 현재 시그니처 행 값 [2, 0]을 해시 값 [0, 3]과 비교하면 된다. $0 < 2$이므로 SIG(1, 3)을 0으로 변경한다. 그러나 $3 > 0$이므로 SIG(2, 3)은 변경하지 않는다. 최종 시그니처 행렬은 다음과 같다.

	S_1	S_2	S_3	S_4
h_1	1	3	0	1
h_2	0	2	0	0

이런 시그니처 행렬로부터 원래 집합들의 자카드 유사도를 계산할 수 있다. 열 1과 열 4는 동일하므로 SIM$(S_1, S_4) = 1.0$이라는 추측이 가능하다는 사실에 주목하라. 그림 3.4를 보면 집합 S_1과 S_4의 실제 자카드 유사도가 2/3임을 알 수 있다. 시그니처 행렬에서 서로 일치하는 행들의 비율은 실제 자카드 유사도에 대한 추정치일 뿐이며, 대수의 법칙을 통해 추정치가 실제에 근접한다는 사실을 확인하기에는 이 예제가 너무 작다는 사실을 기억하라. 예를 추가하자면, S_1과 S_3에 해당하는 시그니처 열에서는 절반의 행이 일치하는 반면(실제 유사성은 1/4이다), S_1과 S_2의 시그니처는

자신들의 자카드 유사도를 0으로 계산한다(실제로 그렇다). ■

3.3.6 민해싱 속도 향상

민해싱은 원하는 각각의 민해시 함수에 대해 전체 k-행 행렬 M을 검토해야 하므로 시간이 많이 걸리는 작업이다. 먼저 3.3.2절에서 언급한, 행들이 실제로 치환되는 모델을 다시 생각해 보자. 모든 열에 대해 하나의 민해시 함수를 계산하기 위해서 순서가 변경된 행의 끝까지 가지 않고, k행 중 처음 m행만을 살펴보는 방법이 있다. 그렇게 하면 k 대비 m을 작게 만들면 k/m만큼 작업을 줄일 수 있다.

그러나 m을 작게 만들면 단점이 있다. 각 열이 변경된 순서상 처음 m행에서 하나 이상의 1을 갖는 한, m번째 이후의 행들은 민해시 값에 영향을 미치지 않으며 검토되지 않을 수도 있다. 그런데 일부 열의 처음 m행에 0만 있다면 어떻게 될까? 그런 열을 위한 민해시 값은 없으며, 대신 ∞ 같은 특수 기호를 사용해야 한다.

3.3.4절에서와 같이 본래 집합의 자카드 유사도를 추정하기 위해 두 열의 민해시 시그니처를 검토할 때 시그니처의 일부 성분에 대한 민해시 값으로 하나 또는 두 열 모두가 ∞를 가질 가능성을 고려해야 한다. 다음과 같은 세 가지 경우가 있다.

1. 특정 행에서 어느 열도 ∞를 갖지 않으면 변경이 필요하지 않다. 두 값이 동일하면 이 행을 동일한 값의 예로 카운트하고 그렇지 않으면 동일하지 않은 값의 예로 카운트한다.

2. 한 열에는 ∞가 있고 다른 열에는 없는 경우 원래 치환 행렬 M의 모든 행을 사용했다면 ∞가 있는 열에 결국 행 번호가 부여됐을 것이고, 해당 숫자는 치환 순서에서 처음 m행 중 하나가 아닐 것이다. 그러나 다른 열은 처음 m행 중 어느 하나인 값을 갖는다. 따라서 어차피 서로 다른 민해시 값을 가졌을 것이므로 시그니처 검사 시 서로 다른 값으로 카운트한다.

3. 이제 두 열이 모두 ∞를 갖는다고 가정한다. 그러면 본래 치환 행렬 M에서 두 열의 처음 m행은 모두 0이었을 것이다. 따라서 대응하는 집합의 자카드 유사도에 대해 어떤 정보도 얻을 수 없다. 이 유사도는 검토하지 않기로 선택한 마지막 $k - m$ 행에 대한 함수다. 따라서 시그니처 행렬에서 이 행으로는 두 열이

서로 같거나 다른 값인지 판단하지 않는다.

두 열이 모두 ∞인 세 번째 경우가 드물다면 시그니처 행렬에 있는 행만큼 평균을 내기 위한 데이터는 충분히 얻게 된다. 이 효과는 자카드 거리 추정치의 정확도를 많이는 아니지만 다소 떨어뜨릴 수 있다. 하지만 이제 M의 모든 행을 검사하는 것보다 훨씬 빠르게 모든 열에 대한 민해시 값을 계산할 수 있으므로 몇 가지 민해시 함수를 더 적용해 볼 시간적 여유가 생긴 셈이다. 원래보다 정확성도 훨씬 더 높아졌으며 전보다 속도도 향상됐다.

3.3.7 해시 함수를 사용한 속도 향상

이전처럼 3.3.6절에서 가정한 방식으로 행을 직접 치환하지 않는 이유가 있다. 그러나 직접 치환하는 방식은 3.3.2절보다 3.3.6절에서 더 적합하다. 그 이유는 k원소에 대해 전체 치환을 구성할 필요 없이 k개의 행 중에서 작은 수로 m을 선택해 해당 행들만을 임의로 치환하기 때문이다. m의 크기와 행렬 M이 저장된 방식에 따라 3.3.6절에서 제안한 알고리즘을 그대로 따르는 것이 합리적일 수 있다.

그러나 결국 3.3.5절과 유사한 전략이 필요할 가능성이 크다. 이제 M의 행은 고정돼 있으며 치환되지 않는다. 행 번호를 해싱하는 해시 함수를 선택하고, 처음 m행에 대해서만 해시 값을 계산한다. 즉 m번째 행에 도달할 때까지만 3.3.5절의 알고리즘을 따르고, 각 열에 대해 자신의 민해시 값으로 지금까지 표시된 최소 민해시 값을 택한다.

일부 열은 모든 m행에서 0을 가질 수 있으므로 민해시 값 중 일부가 ∞일 수 있다. m이 충분히 커서 ∞ 민해시 값이 드물다고 가정하면 시그니처 행렬의 열을 비교함으로써 집합의 자카드 유사도에 대한 좋은 추정치를 얻게 된다. 행렬 M의 처음 m 행으로 구성되는 전체 집합의 일부를 T라 하자. S_1과 S_2는 M의 두 열로 표현되는 집합으로 가정한다. 그러면 M의 처음 m행은 집합 $S_1 \cap T$와 $S_2 \cap T$를 나타낸다. 두 집합이 모두 비어 있는 경우(즉 두 열의 처음 m행이 모두 0인 경우) 민해시 함수는 두 열에서 모두 ∞이 될 것이고, 열의 본래 집합의 자카드 유사도를 추정할 때 무시될 것이다.

집합 $S_1 \cap T$와 $S_2 \cap T$ 중 적어도 하나가 비어 있지 않은 경우 민해시 함수 값과 동일한 값을 갖는 두 열의 확률은 두 집합의 자카드 유사도다.

$$\frac{|S_1 \cap S_2 \cap T|}{|(S_1 \cup S_2) \cap T|}$$

T가 전체 집합에서 무작위로 선택된다면 이 비율의 예상 값은 S_1 및 S_2의 자카드 유사도와 동일할 것이다. 그러나 T에 따라 변동이 있을 수 있는데 행렬 M의 처음 m행 중 타입 X행(두 열에서 모두 1) 그리고/혹은 타입 Y행(한 열에서 1, 다른 열에서 0)이 평균보다 많거나 적을 수 있기 때문이다.

변동을 완화하기 위해 각 민해싱에 동일한 집합 T를 사용하지 않는다. 자세히 설명하면 M의 행을 k/m 그룹으로 나눈다.[7] 그다음 각 해시 함수에 대해 M의 처음 m행만 검사해 하나의 민해시 값을 계산하고, 두 번째 m행만 검사해 또 다른 민해시 값을 계산하고, 계속 이를 반복한다. 따라서 하나의 해시 함수에서 k/m개의 민해시 값을 얻게 되며, M의 모든 행을 한 번만 처리하게 된다. 실제로 k/m이 충분히 크면 M행의 각 부분집합에 적용되는 하나의 해시 함수로 필요한 시그니처 행렬의 모든 행을 얻을 수 있다.

또한 이런 민해시 값들 중 하나를 계산하기 위해 M의 각 행을 사용함으로써 행의 특정 부분집합으로 인한 자카드 유사도의 추정 오류들에 균형이 잡히는 경향이 있다. 즉 S_1과 S_2의 자카드 유사도는 타입 X와 타입 Y의 비율을 결정한다. 타입 X행 모두는 k/m개의 행 집합으로 분산되고, 타입 Y행도 마찬가지다. 따라서 m개의 행 집합은 한 타입의 행을 평균보다 많이 가질 수 있는데 그러면 또 다른 m개의 행 집합은 같은 타입의 행을 평균보다 더 적게 가져야 한다.

예제 3.9 그림 3.5에서 3개의 집합 S_1, S_2, S_3을 나타내는 행렬을 볼 수 있다. 전체 집합 원소는 8개로 $k = 8$이다. $m = 4$로 선택하고 행들을 처리하면 2개의 민해시 값을 얻게 되는데 하나는 처음 4개의 행에 해당하고 다른 하나는 두 번째 4개의 행에

---

7 편의상 m이 k를 균등하게 나누는 것으로 가정한다. k가 m의 정수 배가 아닌 이유로 일부 행이 그룹에 포함되지 않는다면, k/m가 큰 상황에서 이는 중요한 문제는 아니다.

해당한다.

S_1	S_2	S_3
0	0	0
0	0	0
0	0	1
0	1	1
1	1	1
1	1	0
1	0	0
0	0	0

그림 3.5 세 집합을 나타내는 부울 행렬(Boolean matrix)

먼저, 세 집합의 자카드 유사도는 $\text{SIM}(S_1, S_2) = 1/2$, $\text{SIM}(S_1, S_3) = 1/5$, $\text{SIM}(S_2, S_3) = 1/2$이다. 이제 처음 네 행만 살펴보자. 어떤 해시 함수를 사용하든 S_1의 민해시 값은 ∞이고, S_2의 민해시 값은 네 번째 행의 해시 값이 되며, S_3의 민해시 값은 세 번째 및 네 번째 행의 해시 값보다 작을 것이다. 따라서 S_1과 S_2에 대한 민해시 값은 일치하지 않는다. 이는 당연한 결과인데 T가 처음 4개의 행으로 구성되는 원소 집합이면 $S_1 \cap T = \emptyset$이고, 그러면 $\text{SIM}(S_1 \cap T, S_2 \cap T) = 0$이기 때문이다. 그러나 두 번째 네 행에서, 마지막 4개의 행으로 표현되는 원소들에 국한된 S_1 및 S_2의 자카드 유사도는 2/3이다.

이 해시 함수를 사용해 2개의 민해시 값으로 구성된 시그니처를 생성하는 경우(처음 4개의 행을 기준으로 한 하나와 마지막 4개의 행을 기준으로 한 두 번째) S_1과 S_2의 시그니처 사이에 예상되는 일치 개수는 0과 2/3의 평균, 즉 1/3이라는 결론을 내릴 수 있다. S_1과 S_2의 실제 자카드 유사도는 1/2이므로 오차가 있지만 큰 정도는 아니다. 민해시 값이 4개 이상의 행을 기반으로 하는 더 큰 예에서는 예상 오차가 0에 가까워진다.

마찬가지로 다른 두 쌍의 열에서 행을 분할함으로써 얻게 되는 효과를 볼 수 있다. S_1과 S_3 사이에서 위쪽 절반은 자카드 유사도가 0인 집합을 나타내고, 아래쪽 절반은 자카드 유사도가 1/3인 집합을 나타낸다. 따라서 S_1 및 S_3의 시그니처에서 예상되는 일치 개수는 이들의 평균, 즉 1/6이다. 실제 자카드 유사도 $\text{SIM}(S_1, S_3) = 1/5$ 과 비교해 볼 수 있다. 마지막으로 S_2와 S_3를 비교하면 처음 네 행에서 이 열들의 자카드 유사도는 1/2이며, 아래 네 행에서의 자카드 유사도 역시 마찬가지다. 평균 1/2 도 $\text{SIM}(S_2, S_3) = 1/2$과 정확히 일치한다. ■

3.3.8 3.3절 연습문제

연습문제 3.3.1 그림 3.2를 대상으로 자카드 유사도와 민해시의 확률이 같은 값이라는 3.3.3절의 이론을 검증하라.

(a) 그림 3.2에서 각 열 쌍들 사이의 자카드 유사도를 계산하라.

! (b) 그림 3.2의 각 열 쌍들에 대해서 120번 행 순서를 변경했을 때 두 열이 같은 값으로 해시되는 비율을 계산하라.

연습문제 3.3.2 그림 3.4의 데이터를 사용해서 다음 해시 함수 값을 열 시그니처에 추가하라.

(a) $h_3(x) = 2x + 4 \bmod 5$

(b) $h_4(x) = 3x - 1 \bmod 5$

Element	S_1	S_2	S_3	S_4
0	0	1	0	1
1	0	1	0	0
2	1	0	0	1
3	0	0	1	0
4	0	0	1	1
5	1	0	0	0

그림 3.6 연습문제 3.3.3의 행렬

연습문제 3.3.3 그림 3.6은 행이 6개인 행렬이다.

(a) 3개의 해시 함수 $h_1(x) = 2x + 1 \bmod 6$, $h_2(x) = 3x + 2 \bmod 6$, $h_3(x) = 5x + 2 \bmod 6$을 사용했을 때 각 열에 해당하는 민해시 시그니처를 구하라.

(b) 3개의 해시 함수들 중 어느 것이 실제로 모든 행들이 교환되는가?

(c) 6개의 열 쌍들에 대한 추정 자카드 유사도와 실제 자카드 유사도는 얼마나 근접하는가?

연습문제 3.3.4 이제 연습문제 3.1.3을 통해서 자카드 유사도와 두 집합이 같은 값으로 민해시될 확률 사이에 연관성이 있음을 알게 됐다. 이 연관성을 활용해서 임의로 선택된 집합들의 추정 자카드 유사도를 구하는 문제를 간단히 할 수 있는가?

! **연습문제 3.3.5** 두 열의 자카드 유사도가 0이면 민해싱을 통해 얻은 추정 자카드 유사도는 항상 정확함을 증명하라.

!! **연습문제 3.3.6** 가능한 행 순서 변경을 모두 적용하지 않고, 열의 자카드 유사도를 추정할 수 있다고 생각할지도 모른다. 예를 들어, 행들을 순환적으로 교환하는 경우를 생각해 보자. 즉 임의로 선택된 행 r을 순서상 첫 번째로 시작해 행 $r + 1, r + 2$ 등을 거쳐 마지막 행으로 이동한 후, 계속해서 첫 번째 행, 두 번째 행 등을 거쳐 행 $r - 1$로 이동하는 방식이다. 행이 n개일 경우 이런 순서 변경은 오직 n번 가능하다. 그러나 이는 자카드 유사도를 정확하게 추정하기에 충분하지 않은 횟수다. 모든 순서 변경을 적용한 결과의 평균으로 자카드 유사도를 얻을 수 없다는 사실을, 열이 2개인 행렬을 사용해 증명하라.

! **연습문제 3.3.7** 맵리듀스 프레임워크를 사용해서 민해시 시그니처를 구하려고 한다. 행렬이 특정 열들에 대응하는 청크들에 저장된다면 병렬 처리를 활용하기가 상당히 쉽다. 각 맵 태스크가 몇 개의 열과 모든 해시 함수를 할당받아, 주어진 열의 민해시 시그니처를 계산하면 된다. 그러나 행렬이 행 단위로 청크에 저장되고, 맵 태스크는 해시 함수들과 행들을 할당받는다고 가정하자. 이런 포맷의 데이터로 맵리듀스를 활용하기 위한 맵 함수와 리듀스 함수를 설계하라.

! **연습문제 3.3.8** 3.3.6절에서 설명했듯이 열에 0만 있으면 문제가 생긴다. (3.3.2절에서와 같이) 전체 열을 사용해 민해시 함수를 계산하면 열에서 모두 0이 되는 유일한 경우는 해당 열이 공집합을 나타낼 때다. 자카드 유사도 추정에 오차가 발생하지 않도록 하려면 공집합을 어떻게 처리해야 할까?

!! **연습문제 3.3.9** 예제 3.9에서 살펴본 세 가지 자카드 유사도 추정치 각각은 실제 자카드 유사도보다 작거나 같았다. 또 다른 열들의 쌍에서 위쪽 절반과 아래쪽 절만의 자카드 유사도의 평균이 실제 자카드 유사도를 초과할 수 있을까?

3.4 문서의 지역성 기반 해싱

민해싱을 사용해서 대용량 문서들을 작은 시그니처로 압축해 문서 쌍들의 유사도를 예측할 수 있게 됐지만, 유사도가 가장 높은 문서 쌍들을 효율적으로 찾는 일은 여전히 불가능하다. 그 이유는 문서들 자체가 많지는 않으나 문서 쌍들의 개수가 너무나 많기 때문이다.

예제 3.10 100만 개의 문서들이 있으며, 길이가 250인 시그니처를 사용한다고 가정하자. 시그니처를 위해 문서당 1000바이트를 사용하면 전체 데이터는 일반적인 랩톱의 메인 메모리보다 작은 용량인 1기가바이트에 들어맞게 된다. 그러나 문서 쌍들의 개수는 $\binom{1,000,000}{2}$, 즉 5천억 개다. 두 시그니처의 유사성을 계산하는 데 1마이크로초가 걸린다면 해당 랩톱에서 모든 문서 쌍들의 유사성을 계산하는 데는 꼬박 6일이 걸리게 된다. ■

병렬 처리를 통해 소요 시간을 줄일 수는 있지만, 모든 쌍의 유사성을 계산하는 것이 목적이라면 작업을 줄이기 위해 할 수 있는 일은 없다. 그러나 특정 하한값 이상의 유사도를 보이는 대부분의 쌍들 혹은 모든 쌍만을 필요로 하는 경우가 대부분이다. 그렇다면 모든 쌍을 조사할 필요 없이 유사해 보이는 쌍들만을 집중적으로 검토해야 한다. 이런 방식과 관련해 **지역성 기반 해싱**LSH, Locality-Sensitive Hashing 혹은 **근접-이웃 탐색**near-neighbor search이라고 불리는 일반적인 이론이 있다. 3.4절에서는 이제까지 다뤄왔던 특수한 문제, 즉 성글-집합shingle-set으로 표현되는 문서들이 짧은 시그니처로 민해시되는 것과 같은 문제를 위해 고안된 LSH 특유의 형식을 소개할 것이다. 3.6절에서는 지역성 기반 해싱의 일반적인 이론과 다수의 응용 방법 및 관련 기법들을 설명할 것이다.

3.4.1 민해시 시그니처의 LSH

LSH에 대한 일반적인 접근 방법 중 하나는 항목을 몇 차례 '해시'함으로써 유사한 항목들이 같은 버킷으로 해시되고, 유사하지 않은 항목들은 그렇게 되지 않도록 하는 방식이다. 그런 다음 같은 버킷으로 해시된 모든 쌍을 **후보 쌍**candidate pair으로 간주한다. 오직 후보 쌍들에 대해서만 유사성을 검사한다. 유사하지 않은 쌍들 대부분은 절대로 같은 버킷에 해시되지 않고, 따라서 절대로 검사 대상이 되지 않을 것이라 기대할 수 있다. 그런 유사하지 않은 쌍들이 같은 버킷으로 해시되는 경우 그 쌍들은 **거짓 양성**false positive인데, 이는 모든 쌍 중 매우 작은 부분을 차지할 것이라 예상할 수 있다. 또한 유사한 쌍들 대부분은 적어도 하나의 해시 함수에 의해 같은 버킷으로 해시될 것이다. 유사하지만 같은 버킷으로 해시되지 않는 쌍들은 **거짓 음성**false negative인데, 이는 실제 유사한 쌍들 중 매우 작은 부분을 차지할 것으로 생각할 수 있다.

항목에 대한 민해시 시그니처가 있을 때 해싱을 선택하는 효과적인 방법은 시그니처 행렬을 r개의 행로 구성된 b개의 밴드band로 나누는 것이다. 해시 함수는 각 밴드에서 r개의 정수들로 이뤄진 벡터(밴드 내에서 하나의 열 부분)들을 수많은 버킷으로 해시한다. 모든 밴드에 같은 해시 함수를 사용할 수도 있으나, 각 밴드별로 분리된 버킷 배열을 사용해 서로 다른 밴드에서 같은 벡터를 갖는 동일한 열들이 같은 버킷으로 해시되지 않도록 한다.

예제 3.11 그림 3.7은 12행 행렬의 일부로서, 3개의 행으로 구성된 대역 4개로 나뉘어 있다. 첫 번째 밴드의 열들 중 두 번째와 네 번째 열의 열 벡터는 모두 [0, 2, 1]이므로 첫 번째 밴드를 해싱하면 이 둘은 반드시 같은 버킷으로 해시될 것이다. 따라서 나머지 세 밴드의 열들과는 상관없이 이 열들은 후보 쌍이 될 것이다. 이 두 열처럼 그 외 다른 열들 또한 첫 번째 밴드의 해시 결과에 따라 같은 버킷으로 해시될 수 있다. 그러나 처음 두 열의 열 벡터 [1, 3, 0]과 [0, 2, 1]은 서로 다르고 각 해싱이 사용하는 버킷들은 많기 때문에 우연히 충돌이 발생할 확률은 매우 낮을 것이라 유추할 수 있다. 일반적으로 두 벡터가 동일한 경우에만 같은 버킷으로 해시된다고 가정해야 한다.

첫 번째 밴드에서 일치하지 않은 두 열이 후보 쌍이 될 수 있는 기회는 세 번 더

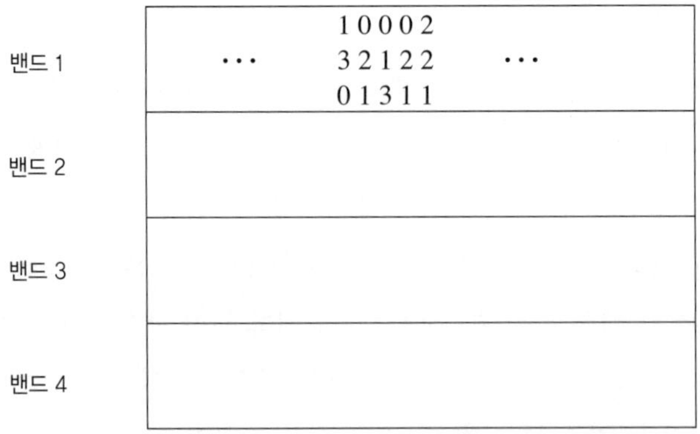

그림 3.7 시그니처 행렬은 4개의 밴드로 나뉘며, 밴드당 행은 3개다.

있다. 다른 밴드들 중 하나에 동일한 열들이 있을 수도 있기 때문이다. 어쨌든 두 열의 유사도가 높을수록 여러 밴드에서 두 열이 동일할 확률은 높아질 것이다. 따라서 밴드를 구성하는 전략을 통해 직관적으로 유사한 열이 유사하지 않은 열보다 후보 쌍이 될 확률이 높아지도록 만들 수 있다. ■

3.4.2 밴드 분할 기법의 분석

r개의 행으로 구성된 밴드 b개를 사용한다 가정하고, 특정 문서 쌍의 자카드 유사도를 s라고 하자. 이런 문서들에 대한 민해시 시그니처가 시그니처 행렬의 모든 특정 행에서 일치할 확률은 s라는 사실을 3.3.3절로부터 확인했다. 이런 문서들(혹은 시그니처들)이 후보 쌍이 될 확률은 다음과 같이 계산할 수 있다.

1. 시그니처가 하나의 특정 밴드의 모든 행과 일치할 확률은 s^r이다.
2. 시그니처가 하나의 특정 밴드의 행들 중 적어도 하나와 일치하지 않을 확률은 $1 - s^r$이다.
3. 시그니처가 각 밴드의 행들 중 적어도 하나와 일치하지 않을 확률은 $(1 - s^r)^b$다.
4. 시그니처가 적어도 한 밴드의 모든 행과 일치해서 후보 쌍이 될 확률은 $1 - (1 - s^r)^b$다.

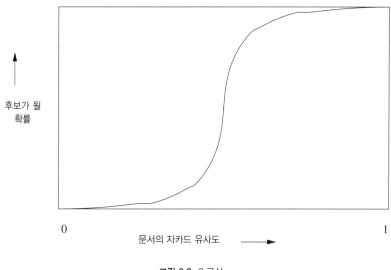

그림 3.8 S 곡선

정확하지는 않지만 선택된 상수 b와 r에 관계없이 이 함수는 그림 3.7처럼 S 곡선의 형태를 따른다. 후보가 될 확률이 1/2인 지점에서 유사성 s의 값, 즉 임계치는 b와 r의 함수다. 그 임계치에서 곡선이 가장 가파르게 상승한다. b와 r이 클 경우 유사성이 임계치보다 큰 쌍들은 후보가 될 확률이 높은 반면, 유사성이 임계치보다 작은 쌍들은 후보가 되지 않음을 알 수 있다. 바로 이런 상황을 의도했던 것이다. 임계치의 근사값은 $(1/b)^{1/r}$이다. 예를 들어, $b = 16$이고 $r = 4$이면 1/16의 네제곱근은 1/2이므로 임계치는 대략 $s = 1/2$이다.

예제 3.12　$b = 20$이고 $r = 5$인 경우를 살펴보자. 즉 길이가 100인 시그니처는 각각 5개의 행으로 구성된 밴드 20개로 나뉜다고 가정하자. 그림 3.9는 함수 $1 = (1 - s^5)^{20}$의 값 중 일부를 표로 보여 준다. 임계치, 즉 곡선이 상승하는 절반 지점에서의 s 값이 0.5보다 약간 크다는 사실에 주목하라. 또한 이 곡선은 임계치에서 0부터 1까지 급증하는 이상적인 계단 함수는 아니므로 중간 지점에서의 곡선 기울기가 매우 중요하다는 사실을 기억하라. 예를 들어, $s = 0.4$에서 $s = 0.6$으로 가면서 값은 0.6 이상 증가한다. 따라서 중간 지점에서의 기울기는 3보다 크다.

s	$1-(1-s^r)^b$
.2	.006
.3	.047
.4	.186
.5	.470
.6	.802
.7	.975
.8	.9996

그림 3.9 $b = 20$과 $r = 5$인 경우 S 곡선의 값

예를 들어, $s = 0.8$일 때 $1 - (0.8)^5$은 약 0.672다. 이 수를 20제곱하면 약 0.00035다. 1에서 이 값을 빼면 0.99965다. 즉 80%의 유사성을 보이는 두 문서가 어느 한 밴드에서 다섯 행 모두와 일치해 후보 쌍이 될 확률은 33%에 지나지 않는다. 그러나 밴드는 20개이므로 어떻게든 후보가 될 기회는 20번이다. 대략 유사도가 80% 정도인 문서 3,000쌍 중 오직 한 쌍만 후보 쌍이 되는 데 실패해 거짓 음성이 된다. ■

3.4.3 기법들의 결합

이제부터는 유사한 문서들을 대상으로 후보 쌍들의 집합을 찾고, 그중에서 실제로 유사한 문서들을 발견하는 방법을 소개할 것이다. 이런 접근 방법이 거짓 음성을 발생시킬 수 있다는 사실은 아무리 강조해도 지나치지 않다. 동일하지는 않지만 유사한 문서들의 쌍이 절대로 후보 쌍이 되지 않는 경우가 있기 때문이다. 또한 거짓 양성 역시 발생한다. 즉 후보 쌍이라고 평가된 문서들이 충분히 유사하지 않다고 밝혀지는 경우다.

1. k 값을 선택하고 문서로부터 k 슁글 집합을 구성한다. 추가로 k 슁글을 더 적은 개수로 해시한다.
2. 문서-슁글 쌍들을 슁글 기준으로 정렬한다.
3. 민해시 시그니처에서 길이 n을 선택한다. 모든 문서에 대한 민해시 시그니처를 계산하기 위해 정렬된 리스트를 3.3.5절의 알고리즘에 넣는다.
4. 유사한 문서들이 '유사 쌍'으로 간주되도록 하기 위해 얼마나 유사해야 하는지

를 정의하는 임계치 t를 선택한다. 밴드 개수 b와 행 개수 r을 $br = n$이 되도록 선택하면 한계점 t는 대략 $(1/b)^{1/r}$이 된다. 거짓 음성의 방지가 중요하다면 t보다 낮은 임계치가 생성되도록 b와 r을 선택할 수 있다. 반면 속도가 중요하며 거짓 양성을 제한해야 하는 상황이라면 더 높은 임계치가 생성되도록 b와 r을 선택한다.

5. 3.4.1절의 LSH 기법을 적용해 후보 쌍들을 구성한다.

6. 각 후보 쌍들의 시그니처를 조사하고 일치하는 성분의 비율이 t 이상인지 확인한다.

7. 추가로 시그니처들이 충분히 유사하다면 문서들의 시그니처가 우연히 유사한 것이 아니라 실제로 문서 자체가 유사한 것인지 문서들을 검토해서 확인한다.

3.4.4 3.4절 연습문제

연습문제 3.4.1 r과 b의 값이 다음과 같을 때 $s = 0.1, 0.2, \ldots, 0.9$에 대한 S 곡선 $1 - (1 = s^r)^b$을 구하라.

- $r = 3$와 $b = 10$
- $r = 6$와 $b = 20$
- $r = 5$와 $b = 50$

! **연습문제 3.4.2** 연습문제 3.4.1에서 각 (r, b) 쌍들에 대해 임계치, 즉 $1 - (1 = s^r)^b$의 값이 정확하게 1/2일 때 s값을 계산하라. 3.4.2절에서 제시한 $(1/b)^{1/r}$의 추정치와 이 값을 비교해 보라.

! **연습문제 3.4.3** 1.3.5절에서 설명한 기법들을 사용해 s^r이 매우 작은 경우 S 곡선 $1 - (1 = s^r)^b$의 근사치를 계산하라.

! **연습문제 3.4.4** 맵리듀스로 LSH를 구현하고자 한다. 맵리듀스 청크는 시그니처 행렬의 열로 구성되며, 각 원소는 키-값 쌍이라고 가정한다. 여기서 키는 열 번호이고 값은 시그니처(값들로 구성된 벡터)다.

(a) 단일 맵리듀스 프로세스의 출력으로 모든 밴드들에 대한 버킷을 생성하는 방법

을 설명하라. 힌트: 맵 함수는 하나의 원소로부터 키-값 쌍을 여러 개 생성할 수 있음을 기억하라.

(b) 또 다른 맵리듀스 프로세스가 (a)의 결과를 비교 연산이 필요한 쌍 리스트로 변환하는 방법을 설명하라. 구체적으로 말하면, 각 열 i에 대해 i와 비교해야 할 $j > i$인 열 리스트로 변환해야 한다.

3.5 거리 측정

이제부터는 거리 측정의 일반적인 개념을 파악하기 위한 지름길을 제시하려고 한다. 자카드 유사도는 실제 거리 측정치는 아니지만, 집합들이 얼마나 가까운지를 나타내는 수치다. 즉 집합들이 더 가까울수록 자카드 유사도는 더 높다. 1에서 자카드 유사도를 빼면 거리 측정치가 되는데 이를 **자카드 거리**^{Jaccard distance}라 한다.

그러나 자카드 거리가 근접성을 측정하는 유일한 방법은 아니다. 3.5절에서는 다양하게 응용되는 그 외 다양한 거리 측정 방법을 알아볼 것이다. 이후 3.6절에서는 이런 거리 측정에 역시 LSH 기법을 사용할 수 있으며, 이를 통해 모든 점을 비교하지 않고 가까운 점들만 살펴볼 수 있음을 알게 될 것이다. 그 외 거리를 측정하는 또 다른 응용 방법은 7장에서 클러스터링을 다룰 때 언급할 것이다.

3.5.1 거리 측정법의 정의

점^{point}들의 집합을 **공간**^{space}이라고 하자. 이 공간에서의 거리 측정법은 공간 안에서 두 점을 인자^{argument}로 택하고 실수^{real number}를 생성하는 함수 $d(x, y)$로서 다음 공리^{axiom}를 만족한다.

1. $d(x, y) \geq 0$(거리는 음수일 수 없다.)
2. $x = y$인 경우에만 $d(x, y) = 0$(한 점에서 자기 자신까지의 거리를 제외하고 모든 거리는 양수다.)
3. $d(x, y) = d(y, x)$(거리는 대칭 관계다.)
4. $d(x, y) \leq d(x, z) + d(z, y)$(**삼각 부등식**)

삼각 부등식$^{triangle\ inequality}$ 조건이 가장 복잡하다. 한마디로, x부터 y까지 이동할 때 제 3의 점 z를 경유하는 것이 전혀 이득이 되지 않는다는 의미다. 삼각 부등식 공리로 인해 모든 측정법에서의 거리는 한 점으로부터 또 다른 한 점까지의 최단 경로의 길이가 된다.

3.5.2 유클리드 거리

가장 친숙한 거리 측정치는 보통 일반적으로 일컫는 '거리'와 같다. n-차 유클리드 공간$^{Euclidean\ space}$에서 점들은 n개의 실수로 구성된 벡터다. $L_2\text{-}norm$라고 하는 이 공간에서의 일반적인 거리 측정법은 다음으로 정의된다.

$$d([x_1, x_2, \ldots, x_n],\ [y_1, y_2, \ldots, y_n]) = \sqrt{\sum_{i=1}^{n}(x_i - y_i)^2}$$

즉 각 차원^{dimension}에서 거리를 제곱하고 그 값들의 합을 구한 후 양의 제곱근을 구하면 된다.

거리 측정법이 앞서 서술한 세 조건들을 만족하는지 확인하는 것은 쉽다. 먼저 양의 제곱근을 취했으므로 두 점의 유클리드 거리$^{Euclidean\ distance}$는 음수가 될 수 없다. 모든 실수의 제곱은 음수가 아니기 때문에 $x_i \neq y_i$를 만족하는 모든 i에 대해서 거리는 반드시 양수가 된다. 반면 모든 i에 대해 $x_i = y_i$이면 거리는 반드시 0이 된다. 두 번째로 $(x_i - y_i)^2 = (y_i - x_i)^2$이므로 대칭 관계가 성립한다. 마지막으로 삼각 부등식을 만족하는지 확인하기 위해서는 상당한 대수학 원리가 필요하다. 그러나 삼각형에서 두 변의 길이의 합은 나머지 한 변의 길이보다 작지 않다는 유클리드 공간의 특성을 통해 마지막 조건이 성립함을 쉽게 이해할 수 있다.

그 외 유클리드 공간에서 사용되는 거리 측정법들이 있다. 특정 상수 r에 대한 $L_r\text{-}norm$는 다음과 같이 계산되는 거리 측정치로 정의할 수 있다.

$$d([x_1, x_2, \ldots, x_n],\ [y_1, y_2, \ldots, y_n]) = (\sum_{i=1}^{n}|x_i - y_i|^r)^{1/r}$$

$r = 2$인 경우가 이전에 언급한 $L_2\text{-}norm$이다. 또 다른 일반적인 거리 측정 방법은 $L_1\text{-}norm$ 혹은 맨해튼 거리Manhattan distance다. 맨해튼 거리에서 두 점 사이의 거리는 각 차원에서의 차를 합한 결과와 같다. 맨해튼과 같은 도시의 도로 같이 두 점 사이를 지나가기 위해서는 격자 선들만을 따라 이동해야 한다는 제한이 있기 때문에 이를 '맨해튼 거리'라고 한다.

또 다른 흥미로운 거리 측정치는 $L_\infty\text{-}norm$인데 이는 $L_r\text{-}norm$에서 r이 무한대로 접근할 때의 극한값이다. r이 커지게 되면 최대 차를 보이는 차원만 중요해지기 때문에 수식으로 설명하자면 $L_\infty\text{-}norm$은 모든 차원 i에 대한 $|x_i - y_i|$의 최대치로 정의된다.

예제 3.13 2차원 유클리드 공간(일반적인 평면)에서 두 점 $(2, 7)$, $(6, 4)$를 생각해 보자. $L_2\text{-}norm$ 거리는 $\sqrt{(2-6)^2 + (7-4)^2} = \sqrt{4^2 + 3^2} = 5$이고, $L_1\text{-}norm$ 거리는 $|2 - 6| + |7 - 4| = 4 + 3 = 7$이다. $L_\infty\text{-}norm$ 거리는 다음과 같다.

$$\max(|2-6|, |7-4|) = \max(4, 3) = 4$$

3.5.3 자카드 거리

3.5절의 전반부에 언급했듯이 집합의 **자카드 거리**Jaccard distance는 $d(x, y) = 1 - \text{SIM}(x, y)$로 정의된다. 즉 자카드 거리는 집합 x와 y의 합집합 크기 대비 교집합 크기 비율을 1에서 뺀 값이다. 이 함수가 거리 측정법임을 증명해야 한다.

1. 교집합의 크기는 합집합의 크기를 초과할 수 없으므로 $d(x, y)$는 음수가 아니다.
2. $x \cup x = x \cap x = x$이므로 $x = y$이면 $d(x, y) = 0$이다. 그러나 $x \neq y$이면 $x \cap y$의 크기는 $x \cup y$의 크기보다 반드시 작으므로 $d(x, y)$는 반드시 양수다.
3. 합집합과 교집합 모두 대칭 관계가 성립하므로, 즉 $x \cup y = y \cup x$와 $x \cap y = y \cap x$를 만족하기 때문에 $d(x, y) = d(y, x)$다.
4. 삼각 부등식에 대해서는 3.3절에서 다뤘던 내용을 기억해야 한다. $\text{SIM}(x, y)$는 임의의 민해시 함수가 x와 y를 같은 값으로 매핑할 확률이다. 따라서 자카드 거리 $d(x, y)$는 임의의 민해시 함수가 x와 y를 같은 값으로 매핑하지 않을 확률이

다. 그러므로 $d(x, y) \le d(x, z) + d(z, y)$라는 조건은 h가 임의의 민해시 함수인 경우 $h(x) \ne h(y)$일 확률이 $h(x) \ne h(z)$일 확률과 $h(z) \ne h(y)$일 확률의 합보다 크지 않다고 해석할 수 있다. 실제로 이런 해석은 참인데 그 이유는 $h(x) \ne h(y)$일 때마다 $h(x)$와 $h(y)$ 중 적어도 하나는 $h(z)$와 달라야 하기 때문이다. 둘 모두 $h(z)$일 수는 없는데 그렇게 되면 $h(x)$와 $h(y)$가 같아지기 때문이다.

3.5.4 코사인 거리

코사인 거리cosine distance는 점point이 정수 혹은 불린(boolean, 0 혹은 1) 성분을 갖는 벡터로 존재하는 공간처럼 유클리드 공간 및 유클리드 공간의 이산discrete 버전을 포함해 차원을 갖는 공간에서 성립한다. 이런 공간에서는 점을 방향으로 간주할 수 있다. 또한 어떤 벡터와 그 벡터의 스칼라배a multiple of that vector를 동일하게 간주한다. 그러면 두 점 사이의 코사인 거리는 두 점에 대한 벡터들이 만드는 각angle이 된다. 이 각의 범위는 공간이 갖는 차원과 상관없이 0부터 180도 사이가 될 것이다.

먼저 각의 코사인을 계산하고 그다음 각을 0~180도 범위로 환산하는 아크-코사인arc-cosine 함수를 적용해 코사인 거리를 측정할 수 있다. 두 벡터 x와 y가 주어졌을 때 이들이 만드는 각의 코사인은 내적dot product $x.y$를 x와 y의 L_2-norm(즉 원점으로부터의 유클리드 거리)으로 나눈 값이다. 벡터의 내적 $[x_1, x_2, \ldots, x_n].[y_1, y_1, \ldots, y_n]$은 $\sum_{i=1}^{n} x_i y_i$임을 기억하라.

예제 3.14 두 벡터 $x = [1, 2, -1]$과 $x = [2, 1, 1]$이 있다. 내적 $x.y$은 $1 \times 2 + 2 \times 1 + (-1) \times 1 = 3$다. 두 벡터의 L_2-norm은 모두 $\sqrt{6}$이다. 일례로 x의 L_2-norm는 $\sqrt{1^2+2^2+(-1)^2} = \sqrt{6}$이다. 따라서 x와 y가 이루는 각의 코사인은 $3/(\sqrt{6}\sqrt{6})$ 혹은 $1/2$이다. 코사인이 $1/2$인 각은 60도이며, 이것이 x와 y 사이의 코사인 거리다. ■

코사인 거리가 실제로 거리 측정법이 된다는 것을 증명해야 한다. 코사인 거리의 범위는 0부터 180 사이라고 정의했으므로 거리가 음수일 수는 없다. 두 벡터가 같은 방향일 경우에만 각이 0이다.[8] 대칭 관계는 명백하게 성립한다. 즉 x와 y가 이루는 각은 y가 x와 이루는 각과 같다. 삼각 부등식은 물리적 추론으로 가장 명확하게 증명된다. x에서 y로 회전시키는 한 가지 방법은 x에서 z로 회전시킨 후 y로 회전시키는 것이다. 두 회전의 합은 직접 x에서 y로 회전하는 경우보다 작을 수 없다.

3.5.5 편집 거리

편집 거리[edit distance]는 점들이 문자열인 경우 가능하다. 두 문자 $x = x_1x_2 \cdots x_n$와 $y = y_1y_2 \cdots y_m$ 사이의 거리는 x를 y로 변경하는데 필요한 단일 문자들의 최소 삽입 및 삭제 횟수다.

예제 3.15 문자열 strings $x =$ abcde과 $y =$ acfdeg의 편집 거리는 3이다. x를 y로 변경하기 위해

1. b를 삭제한다.
2. c 다음에 f를 삽입한다.
3. e 다음에 g를 삽입한다.

세 번보다 더 적은 횟수의 삽입 그리고/혹은 삭제로 x를 y로 변경할 수는 없다. 따라서 $d(x, y) = 3$이다. ■

편집 거리 $d(x, y)$를 정의하고 추정하는 또 다른 방법은 x와 y의 **최장 공통 부분열**[LCS, Longest Common Subsequence]을 계산하는 것이다. x와 y의 LCS는 x와 y에 공통으로 포함되지 않는 문자를 삭제해 가면서 만들어지는 문자열로서 이 방식으로 구성될 수 있는 문자열 중 가장 긴 문자열이다. 편집 거리 $d(x, y)$는 x의 길이와 y의 길이의 합에서 그들의 LCS 길이의 두 배를 뺀 값으로 계산된다.

예제 3.16 예제 3.15의 두 문자열 $x =$ abcde와 $y =$ acfdeg의 유일한 LCS는 acde

---

8 두 번째 공리를 만족시키기 위해 [1, 2]와 [3, 6]의 경우와 같이 한 벡터에 대한 스칼라배를 같은 방향으로 다뤄야 함에 유의하라. 이들을 각기 다른 벡터로 다루면 거리가 0이 될 수 있는데, 이는 오직 $d(x, x)$만 0이라는 조건을 위반하게 된다.

다. 이것이 가장 긴 문자열인 확실한 이유는 x와 y에 공통으로 등장하는 문자들을 모두 포함하기 때문이다. 다행스럽게도 이런 공통 문자들이 두 문자열에 같은 순서로 등장하므로 그들 모두를 LCS에 사용할 수 있다. x의 길이는 5, y의 길이는 6, 그리고 그들의 LCS 길이는 4다. 따라서 편집 거리는 5 + 6 − 2 × 4 = 3인데 이는 예제 3.15에서 직접 계산했던 값과 동일하다.

또 다른 예로 x = aba와 y = bab인 경우를 살펴보자. 그들의 편집 거리는 2다. 예를 들어, x에서 첫 번째 a를 삭제하고 마지막에 b를 삽입함으로써 x를 y로 변경할 수 있다. 이 두 문자열에 대한 LCS는 ab와 ba 2개인데 이 LCS는 각 문자열에서 문자 하나를 삭제함으로써 얻을 수 있다. 한 쌍의 문자열에 LCS가 여러 개더라도 두 LCS의 길이는 같다. 따라서 편집 거리를 3 + 3 − 2 × 2 = 2로 계산할 수도 있다. ▪

편집 거리는 거리 측정치의 한 종류다. 편집 거리는 음수가 될 수 없으며, 반드시

비유클리드 공간

3.5절에서 소개한 거리 측정법 중 몇 가지는 비유클리드 공간non-Euclidean space을 대상으로 한다는 사실에 주목하라. 7장에서 클러스터링을 다룰 때 중요하게 언급하겠지만, 유클리드 공간의 특징은 유클리드 공간에서 점들의 평균이 항상 존재하고, 그 평균이 한 점으로 표현된다는 사실이다. 그러나 자카드 거리를 정의한 집합 공간을 생각해 보자. 두 집합의 '평균'이라는 개념은 성립하지 않는다. 마찬가지로 편집 거리를 사용할 수 있는 문자열 공간에서 문자열들의 '평균'을 취한다는 것도 말이 되지 않는다.

코사인 거리를 위한 벡터 공간은 유클리드 공간일 수도 있고, 아닐 수도 있다. 벡터의 성분으로 실수가 허용된다면 그 공간은 유클리드 공간이다. 그러나 정수 성분만 허용된다면 그 공간은 유클리드 공간이 아니다. 예를 들어, 두 정수 성분으로 구성된 벡터 공간에서는 벡터 [1, 2]와 [3, 1]의 평균을 찾을 수 없다는 사실에 주목하라. 그 벡터들을 2차원 유클리드 공간의 멤버로 다뤘더라면 그들의 평균은 [2.0, 1.5]이 됐을 것이다.

2개의 문자열이 동일한 경우에만 편집 거리가 0이 된다. 각각의 삽입과 삭제를 역순으로 진행해도 된다는 사실에 주목하면 편집 거리가 대칭 관계임을 알 수 있다. 삼각 부등식 역시 간단하다. 문자열 s를 문자열 t로 변경하는 한 가지 방법은 s를 u로 변경한 후 u를 t로 변경하는 것이다. 따라서 s에서 u로 변경 시 편집 횟수와 u에서 t로 변경 시 편집 횟수의 합은 s를 t로 변경 시 필요한 최소 편집 횟수보다 작을 수 없다.

3.5.6 해밍 거리

벡터 공간에서 두 벡터 사이의 **해밍 거리**Hamming distance는 서로 구분되는 성분의 개수로 정의한다. 해밍 거리는 분명히 거리 측정법이다. 이 거리는 음수가 될 수 없고, 벡터들이 동일한 경우에만 0이다. 해밍 거리는 두 벡터 중 어떤 벡터를 첫 번째로 다루는지와는 상관이 없다. 게다가 삼각 부등식 역시 성립한다. x와 z에서는 m개의 성분이 서로 다르고, z와 y에서는 n개의 성분이 서로 다르다면, x와 y에서 서로 다른 성분의 개수는 $m + n$개보다 많을 수 없다. 해밍 거리는 벡터들이 불린Boolean일 때, 즉 벡터들이 0과 1로만 구성돼 있을 때 자주 사용된다. 그러나 다른 성분을 갖는 모든 종류의 벡터에 적용할 수 있다.

예제 3.17 벡터 10101와 11110 사이의 해밍 거리는 3이다. 즉 이 벡터들에서 첫 번째와 세 번째 성분은 서로 동일하지만, 두 번째, 네 번째, 다섯 번째 성분은 서로 다르다. ■

3.5.7 3.5절 연습문제

! **연습문제 3.5.1** 음수가 아닌 정수 공간에서 다음 중 어느 함수가 거리 측정법인가? 거리 측정법이라면 왜 그런지 증명하고, 그렇지 않다면 하나 이상의 공리를 만족시킬 수 없음을 증명하라.

(a) $\max(x, y) = x$와 y 중 더 큰 수

(b) $\mathrm{diff}(x, y) = |x - y|$($x$와 y의 차의 절대값)

(c) $\mathrm{sum}(x, y) = x + y$

연습문제 3.5.2 점 $(5, 6, 7)$과 $(8, 2, 4)$ 사이의 L_1 및 L_2 거리를 구하라.

!! **연습문제 3.5.3** i와 j가 양의 정수이고, $i < j$일 때 어느 두 점에 대해서도 L_i norm 값이 L_j norm 값보다 크다는 사실을 증명하라.

연습문제 3.5.4 다음 집합 쌍들 사이의 자카드 거리를 계산하라.

(a) $\{1, 2, 3, 4\}$와 $\{2, 3, 4, 5\}$

(b) $\{1, 2, 3\}$과 $\{4, 5, 6\}$

연습문제 3.5.5 다음 벡터 쌍들이 이루는 각의 코사인을 계산하라.[9]

(a) $(3, -1, 2)$와 $(-2, 3, 1)$

(b) $(1, 2, 3)$과 $(2, 4, 6)$

(c) $(5, 0, -4)$와 $(-1, -6, 2)$

(d) $(0, 1, 1, 0, 1, 1)$과 $(0, 0, 1, 0, 0, 0)$

! **연습문제 3.5.6** 0과 1로 구성되고 길이가 같은 두 벡터 사이의 코사인 거리는 최대 90도임을 증명하라.

연습문제 3.5.7 다음 문자열 쌍들 사이의 편집 거리를 (삽입과 삭제만을 사용해서) 계산하라.

(a) abcdef와 bdaefc

(b) abccdabc와 acbdcab

(c) abcdef와 baedfc

! **연습문제 3.5.8** 그 외 편집 거리와 관련돼 사용되는 개념들이 많다. 예로, 삽입 및 삭제와 더불어 다음 연산들이 허용된다.

(i) **변이**mutation. 하나의 문자가 또 다른 문자로 대체된다. 삽입 후 삭제가 뒤따를 때마다 늘 변이가 발생하며, 삭제 후 삽입을 하는 경우 해당 편집 거리는 2가 아닌

---

9   정확한 코사인 거리를 측정하려는 것이 아니므로 도표 혹은 라이브러리 함수의 도움을 얻어 코사인 값으로부터 각을 계산해도 된다.

1로 계산된다.

(ii) **이항**transposition. 2개의 인접한 문자들이 서로 위치를 맞바꾼다. 변이처럼 한 번의 삽입 이후 한 번의 삭제를 수행해 이항transposition과 동일한 효과를 낼 수 있으나, 이항에서는 이런 두 단계를 1로 계산한다.

하나의 문자열을 또 다른 문자열로 변형하는 데 필요한 삽입, 삭제, 변이, 이항의 횟수로 편집 거리를 정의하고, 연습문제 3.5.7을 다시 풀어라.

! **연습문제 3.5.9** 연습문제 3.5.8에서 설명한 편집 거리가 실제로 거리 측정법임을 증명하라.

연습문제 3.5.10 벡터 000000, 110011, 010101, 011100의 각 쌍들 사이의 해밍 거리를 계산하라.

3.6 지역성 기반 함수의 이론

3.4절에서 논의한 LSH 기법은 거리 측정치가 높은 쌍들과 낮은 쌍들 사이를 완전하게 (밴드 분리 기법으로) 구분하기 위해 결합된 함수군(민해시 함수들)을 사용하는 한 예다. 그림 3.7은 S-곡선의 기울기를 통해 후보 쌍들 중 거짓 양성과 거짓 음성을 얼마나 효과적으로 방지할 수 있는지 알려 준다.

이제부터는 민해시 함수군처럼 효율적으로 후보 쌍들을 생성하는 그 외 다른 함수군을 소개할 것이다. 이런 함수들은 집합 공간 및 자카드 거리뿐만 아니라 또 다른 공간과 거리 측정법에도 적용할 수 있다. 이런 함수군을 위해 필요한 세 가지 조건은 다음과 같다.

1. 먼 쌍보다는 가까운 쌍이 후보가 될 수 있도록 해야 한다. 3.6.1절에서 이 개념을 자세히 다룬다.
2. 확률적으로 독립이어야 한다. 즉 독립 사건들에 대한 곱셈 법칙으로 2개 이상의 함수가 특정 결과를 낼 확률을 추정할 수 있어야 한다.
3. 함수군은 다음 두 가지 측면에서 효율적이어야 한다.

(a) 함수군은 모든 쌍을 검사할 때 소요되는 시간보다 훨씬 더 적은 시간 안에 후보 쌍들을 찾아낼 수 있어야 한다. 예를 들어, 민해시 함수는 이런 조건을 만족한다. 민해시 함수는 데이터에서 집합 개수의 제곱이 아닌, 데이터 크기에 비례하는 시간 내에 집합을 민해시 값으로 해시할 수 있기 때문이다. 공통 값을 갖는 집합들은 같은 버킷에 위치하기 때문에 단일 민해시 함수에 대해서 집합 쌍 개수보다 훨씬 더 적은 후보 쌍을 시간 안에 반드시 생성한다.

(b) 거짓 양성과 거짓 음성을 효과적으로 방지하는 함수들을 만들기 위해 결합 가능해야 하며, 또한 결합된 함수들은 전체 쌍들 개수보다 훨씬 더 적은 시간을 소모해야 한다. 예를 들어, 3.4.1절의 민해시 함수는 조건 **3** (a)는 만족하나, 그 자체만으로는 S 곡선을 만들지 못한다. 그러나 밴드 분리 기법을 사용하면 다수의 민해시 함수로부터 S 곡선 형태를 띠는 결합된 함수를 만들어 낼 수 있다.

먼저 일반적인 의미의 '지역성 기반 함수'를 정의할 것이다. 이후 이런 개념이 다양한 방면에 어떻게 적용되는지 알아보고, 마지막으로 임의의 데이터를 대상으로 코사인 거리 혹은 유클리드 거리를 측정할 때 이 이론을 적용하는 방법을 논의할 것이다.

3.6.1 지역성 기반 함수

3.6.1절의 목적은 두 항목을 입력 받아서 이들이 후보 쌍인지 판단하는 함수에 대해 알아보는 것이다. 대부분의 경우 함수 f는 항목을 '해시'하고, 그 결과가 동일한지를 바탕으로 후보 쌍 여부를 결정하게 된다. $f(x, y)$가 'yes면 x와 y를 후보 쌍으로 만들어라'는 의미로 $f(x) = f(y)$를 사용하는 것이 편리하기 때문에 $f(x) = f(y)$를 이런 의미를 가진 약칭으로 사용한다. 또한 '다른 함수가 x와 y를 후보 쌍으로 만들어야 한다고 결론 내리지 않는 이상 x와 y를 후보 쌍으로 만들지 마라'는 의미로 $f(x) \neq f(y)$를 사용한다.

이런 형태의 함수들을 함수군family of function이라 부를 것이다. 예로, 특성 행렬의 치

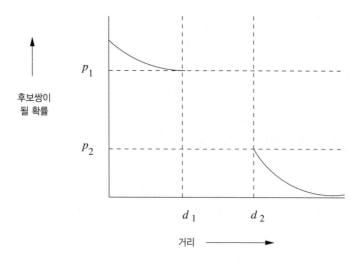

그림 3.10 (d_1, d_2, p_1, p_2) 기반 함수의 모습

환 행렬 각각에 기반한 민해시 함수들이 하나의 군^{family}을 형성하는 것이다.

특정 거리 측정치 d에 따른 두 거리를 $d_1 < d_2$라 하자. 함수군 **F**에 속한 모든 함수 f에 대해서 다음 조건이 성립한다면 함수군 **F**를 (d_1, d_2, p_1, p_2) 기반^{sensitive}이라 한다.

1. $d(x, y) \leq d_1$이면, $f(x) = f(y)$일 확률은 최소 p_1이다.
2. $d(x, y) \geq d_2$이면, $f(x) = f(y)$일 확률은 최대 p_2다.

그림 3.10은 (d_1, d_2, p_1, p_2) 기반 함수군에서 주어진 함수가 두 항목을 후보 쌍으로 결정할 확률에 대한 기대치를 보여 준다. 항목들 사이의 거리가 정확하게 d_1과 d_2 사이일 때는 벌어질 일을 예측할 수 없으나, d_1과 d_2를 원하는 만큼 가깝게 만들 수 있다는 사실에 주목하라. 이렇게 할 경우 대개 p_1과 p_2 역시 가까워진다는 것이 단점이다. 이와 같이 d_1과 d_2를 고정시키면 p_1과 p_2를 멀리 떨어뜨릴 수 있다.

3.6.2 자카드 거리에 대한 지역성 기반 함수군

지역성 기반 함수군을 찾는 방법이 한 가지 있는데, 바로 민해시 함수군을 사용하고

178

그 거리 측정치를 자카드 거리로 가정하는 것이다. 이전처럼 민해시 함수 h는 오직 $h(x) = h(y)$인 경우에만 x와 y를 후보 쌍으로 만든다고 해석한다.

- $0 \leq d_1 < d_2 \leq 1$를 만족하는 모든 d_1, d_2에 대해서 민해시 함수군은 $(d_1, d_2, 1 - d_1, 1 - d_2)$ 기반 함수군이다.

그 이유는 d가 자카드 거리일 때 $d(x, y) \leq d_1$라면 $\text{SIM}(x, y) = 1 - d(x, y) \geq 1 - d_1$인데, 여기서 x와 y의 자카드 유사도는 민해시 함수가 x와 y를 같은 값으로 해시할 확률과 동일하기 때문이다. 유사한 방식을 d_2 혹은 그 외 거리에 적용한다.

예제 3.18 $d_1 = 0.3$ 그리고 $d_2 = 0.6$이라고 하면 민해시 함수군은 $(0.3, 0.6, 0.7, 0.4)$ 기반 함수군이다. 즉 x와 y 사이의 자카드 거리가 최대 0.3(즉 $\text{SIM}(x, y) \geq 0.7$)이면 민해시 함수가 x와 y를 같은 값으로 보낼 확률은 최소 0.7이며, x와 y 사이의 자카드 거리가 최소 0.6(즉 $\text{SIM}(x, y) \leq 0.4$)이면 x와 y를 같은 값으로 보낼 확률은 최대 0.4가 될 것이다. 그 외 다른 d_1과 d_2에 대해서도 $d_1 < d_2$일 경우 모두 3.6.1의 조건을 만족한다.

3.6.3 지역성 기반 함수의 확장

(d_1, d_2, p_1, p_2) 기반 함수군 $\mathbf{F}$가 있다고 하자. $\mathbf{F}$에 AND 조합^{construction}을 적용해 새로운 함수군^{family}인 $\mathbf{F}'$를 구성할 수 있는데, 이는 다음과 같이 정의된다. $\mathbf{F}'$의 각 멤버는 고정된 r개의 $\mathbf{F}$ 멤버들로 구성된다. f가 $\mathbf{F}'$에 속하며 $\mathbf{F}$의 멤버 집합 $\{f_1, f_2, \ldots, f_r\}$로 구성되면 모든 $i = 1, 2, \ldots, r$에 대해 $f_i(x) = f_i(y)$인 경우에만 $f(x) = f(y)$가 된다. 이 조합은 하나의 밴드 내 r개 행들이 미치는 영향을 말한다. 즉 한 대역의 모든 r개의 행에서 x와 y가 동일한(그래서 그 행에 따르면 후보 쌍인) 경우 x와 y는 후보 쌍이 된다.

$\mathbf{F}'$의 멤버를 만들기 위해서 멤버들은 독립적으로 선택되기 때문에 $\mathbf{F}'$는 $(d_1, d_2, (p_1)^r, (p_2)^r)$ 기반 함수군이라고 말할 수 있다. 즉 $\mathbf{F}$의 멤버가 (x, y)를 후보 쌍으로 선언할 확률을 p라고 할 때 $\mathbf{F}'$의 멤버 역시 그렇게 선언할 확률은 p^r이다.

OR 조합이라 부르는 또 다른 구성 방식이 있는데, 이는 (d_1, d_2, p_1, p_2) 기반 함수군 F를 $(d_1, d_2, 1 - (1 - p_1)^b, 1 - (1 - p_2)^b)$ 기반 함수군 F′로 변환한다. F′의 각 멤버 f는 F의 멤버 $f_1, f_2, \ldots, f_b$ b개로 구성된다. 하나 이상의 값 i에 대해 $f_i(x) = f_i(y)$를 만족하는 경우에만 $f(x) = f(y)$라고 정의한다. OR 조합은 다수의 밴드들을 결합하는 효과를 낸다. 즉 어느 밴드이든지 x와 y가 후보 쌍을 이룬다면 그들은 후보 쌍이 되는 것이다.

F의 멤버가 (x, y)를 후보 쌍으로 선언할 확률을 p라고 하면, $1 - p$는 그렇게 선언하지 않을 확률이다. $(1 - p)^b$는 $f_1, f_2, \ldots, f_b$ 중 어느 것도 (x, y)를 후보 쌍으로 선언하지 않을 확률이고, $1 - (1 - p)^b$는 최소 하나의 f_i가 (x, y)를 후보 쌍으로 선언할 확률이다. 그러므로 f는 (x, y)를 후보 쌍으로 선언하게 될 것이다.

AND 조합으로 인해 확률이 낮아지지만, F와 r을 신중하게 선택할 경우 더 높은 확률 p_1을 0에서 상당히 떨어지도록 할 수 있으며, 더 낮은 확률 p_2를 0에 매우 근접하게 만들 수 있다. 유사하게 OR 조합으로 인해 확률이 높아지지만, F와 b를 신중하게 선택함으로써 더 낮은 확률을 1에서 멀리 떨어지도록 할 수 있으며, 더 큰 확률을 1에 근접시킬 수 있다. AND 조합과 OR 조합을 어떤 순서로든지 연속으로 처리해 낮은 확률을 0에 근접시키고, 높은 확률을 1로 근접시킬 수 있다. 물론 더 많은 조합을 사용할수록 r과 b의 값은 더 커지며, 사용해야 하는 함수군의 함수 개수도 더 많아진다. 따라서 결과 함수군이 더 좋을수록 그 함수군의 함수들를 적용하는 시간이 길어지게 된다.

예제 3.19 함수군 F에서 시작한다고 가정하자. F_1 함수군을 생성하기 위해 $r = 4$로 하며 AND 조합을 사용한다. 이후 $b = 4$로 하고 F_1에 OR 조합을 적용해 세 번째 함수군 F_2를 생성한다. F_2의 멤버들 각각은 F의 16개의 멤버들로 구성되는데, 이는 16개의 민해시 함수를 4개의 행으로 구성된 4개의 밴드로 처리하는 것과 유사한 상황이다.

p	$1 - (1 - p^4)^4$
0.2	0.0064
0.3	0.0320
0.4	0.0985
0.5	0.2275
0.6	0.4260
0.7	0.6666
0.8	0.8785
0.9	0.9860

그림 3.11 4중 AND 조합에 연이어 4중 OR 조합을 적용한 결과

4중 AND 함수는 확률 p 모두를 p^4로 변환한다. 4중 OR 조합을 뒤이어 적용하면 확률은 $1 - (1 - p^4)^4$로 한 번 더 변환된다. 이 변환 값을 그림 3.11에서 볼 수 있다. 이 함수는 S 곡선으로서, 잠시 낮게 유지되다가 이후 가파르게(심하게 가파르지는 않은 값으로서, 기울기는 절대 2를 넘지 않는다) 증가하고, 이후 높은 값에서 수평을 유지한다. 다른 S 곡선처럼 이 함수는 **고정점**fixedpoint을 갖는다. 고정점은 S-곡선 함수에 대입했을 때 변하지 않는 p 값을 말한다. 위의 경우 고정점은 $p = 1 - (1 - p^4)^4$를 만족하는 p 값이다. 고정점은 0.7과 0.8 사이의 어느 지점에 위치함을 알 수 있다. 고정점 아래에서 확률은 감소하고, 고정점 위에서는 증가한다. 따라서 고정점 위에서 높은 확률을 선택하고 고정점 아래에서 낮은 확률을 선택하면, 낮은 확률은 감소하고 높은 확률은 증가하는, 원하는 효과를 얻게 된다.

$\mathbf{F}$가 $(0.2, 0.6, 0.8, 0.4)$ 기반 민해시 함수군이라고 가정하자. 그러면 4중 AND를 적용한 뒤 연이어 4중 OR를 적용해 구성되는 $\mathbf{F}_2$군은 그림 3.10의 0.8과 0.4에 해당하는 행에서 확인할 수 있듯이 $(0.2, 0.6, 0.8785, 0.0985)$ 기반 함수군이다. $\mathbf{F}$를 $\mathbf{F}_2$로 치환함으로써 거짓 음성과 거짓 양성률 모두가 낮아졌으며, 함수들을 적용하는 시간은 16배 증가했다. ■

p	$\left(1 - (1-p)^4\right)^4$
0.1	0.0140
0.2	0.1215
0.3	0.3334
0.4	0.5740
0.5	0.7725
0.6	0.9015
0.7	0.9680
0.8	0.9936

그림 3.12 4중 OR 조합에 연이어 4중 AND 조합을 적용한 결과

예제 3.20 같은 비용으로 4중 OR 조합 적용 후 4중 AND 조합을 적용할 수 있다. 그림 3.11은 이런 구성으로 확률이 변경됐음을 보여 준다. 예를 들어, **F**가 (0.2, 0.6, 0.8, 0.4) 기반 함수군인 경우 (0.2, 0.6, 0.9936, 0.5740) 기반 함수군이 구성된다. 이런 방식이 꼭 좋은 것만은 아니다. 높은 확률은 1에 훨씬 가까워지겠지만, 낮은 확률 역시 상승하면서 거짓 양성의 수가 증가하게 된다. ■

예제 3.21 원하는 만큼 조합을 연속으로 처리할 수 있다. 예를 들어, 민해시 함수군에 예제 3.19의 조합을 적용한 후 그 결과 함수군에 예제 3.20의 조합을 적용할 수 있다. 그렇게 하면 구성된 함수군의 함수들은 256개의 민해시 함수들로부터 생성될 것이다. 예로, (0.2, 0.8, 0.8, 0.2) 기반 함수군은 (0.2, 0.8, 0.9991285, 0.0000004) 기반 함수군으로 변형될 것이다. ■

3.6.4 3.6절 연습문제

연습문제 3.6.1 민해시 함수군에 다음과 같은 조합을 적용할 때 확률은 어떻게 변경되는가?

(a) 2중 AND 조합에 연이은 3중 OR 조합

(b) 3중 OR 조합에 연이은 2중 AND 조합

(c) 2중 AND 조합에 연이은 2중 OR 조합에 연이은 2중 AND 조합

(d) 2중 OR 조합에 연이은 2중 AND 조합에 연이은 2중 OR 조합에 연이은 2중

AND 조합

연습문제 3.6.2 연습문제 3.6.1에서 구성된 각 함수에 대한 고정점을 구하라.

! **연습문제 3.6.3** 그림 3.11에서 p와 같은 확률 함수들은 도함수로 해당 함수의 기울기를 구할 수 있다. 최대 기울기가 도함수의 최대값이다. 그림 3.11과 그림 3.12의 S-곡선에서 기울기가 최대가 되는 p값을 구하라. 최대 기울기 값은 얼마인가?

!! **연습문제 3.6.4** 다음 방식으로 구성된 민해시 함수군에 대해서 연습문제 3.6.3의 최대 기울기 지점과 그 기울기 값을 얻는 방법을 r과 b의 함수로 일반화하라.

(a) r중 AND 조합에 연이은 b중 OR 조합

(b) b중 OR 조합에 연이은 r중 AND 조합

3.7 다른 거리 측정법들을 위한 LSH 함수군

거리 측정치가 해시 함수들로 구성된 지역성 기반 함수군을 갖는다는 보장은 없다. 지금까지는 자카드 거리에 대한 함수군들만을 다뤄 왔다. 3.7절에서는 해밍 거리, 코사인 거리, 일반적인 유클리드 거리에 대해서 지역성 기반 함수군을 구성하는 방법을 알아볼 것이다.

3.7.1 해밍 거리에 대한 LSH 함수군

해밍 거리에 대한 지역성 기반 함수군을 생성하는 작업은 상당히 간단하다. d차원 벡터 공간에서 벡터 x와 y 사이의 해밍 거리를 $h(x, y)$로 나타낸다고 가정하자. 벡터 안에서 임의로 하나의 위치^{position}를 택하고 그것을 i번째 위치라 한다면, 함수 $f_i(x)$를 벡터 x의 i번째 비트^{bit}로 정의할 수 있다. 그러면 벡터 x와 y가 i번째 위치에서 일치할 때만 $f_i(x) = f_i(y)$가 된다. 이후 임의로 선택된 i에 대해서 $f_i(x) = f_i(y)$일 확률은 정확하게 $1 - h(x, y)/d$인데, 즉 이는 x와 y가 일치하는 위치들의 비율이다.

이는 민해싱에서 발생하는 상황과 상당히 유사하다. 따라서 함수 $\{f_1, f_2, \ldots, f_d\}$로

구성되는 **F**군은 $d_1 < d_2$를 만족하는 조건에서 $(d_1, d_2, 1 - d_1/d, 1 - d_2/d)$ 기반 해시 함수군이다. 이 함수군과 민해시 함수군 사이의 차이점은 오직 두 가지다.

1. 자카드 거리의 범위는 0부터 1인 반면, d차원 벡터 공간에서 해밍 거리의 범위는 0부터 d다. 따라서 해밍 거리를 확률로 변환하기 위해서는 해밍 거리를 d로 나눠서 거리를 조정해야 한다.

2. 기본적으로 민해시 함수의 개수에는 제한이 없는 반면, 해밍 거리에 대한 **F**군의 크기는 항상 d다.

첫 번째 사항은 중요하지 않다. 적절한 시점에 d로 나눠 주기만 하면 되기 때문이다. 두 번째 사항은 조금 더 주의해서 살펴봐야 한다. 상대적으로 d가 작다면 AND와 OR 조합을 사용해서 구성될 수 있는 함수들의 개수에 제한이 따르게 돼 S 곡선을 가파르게 만들 수 있는 정도에 한계가 생기게 된다.

3.7.2 무작위 초평면과 코사인 거리

3.5.4절에서 설명했던 두 벡터 사이의 코사인 거리는 그 벡터들이 이루는 각이라는 사실을 상기해 보자. 예를 들어, 그림 3.13에서 두 벡터 x와 y가 이루는 각은 θ임을 볼 수 있다. 이런 벡터들은 다차원 공간에 존재할 수도 있으나, 항상 하나의 평면을 정의하며 그들 사이의 각은 그 평면에서 측정된다는 사실에 주목하라. 그림 3.13은 x와 y를 포함하는 평면의 '상면도top-view'다.

원점을 통과하는 초평면hyperplane을 선택한다고 가정하자. 이 초평면은 x와 y가 포함된 면과 한 선에서 교차해야 한다. 그림 3.13에서 가능한 초평면 2개를 볼 수 있는데, 한 초평면의 교차 지점은 파선dashed line으로 표시되며, 나머지 다른 초평면의 교차 지점은 점선dotted line으로 표시돼 있다. 실제로 하나의 초평면을 결정하는 법선 벡터normal vector를 임의로 정하고, 그 벡터를 v라고 하자. 그러면 v와 내적이 0인 점들의 집합이 초평면이 된다.

먼저 초평면의 투영projection이 그림 3.13에서 파선으로 표현될 때 그 초평면에 직각인 벡터 v에 대해 생각해 보자. 즉 x와 y는 초평면에서 서로 다른 쪽에 위치한다.

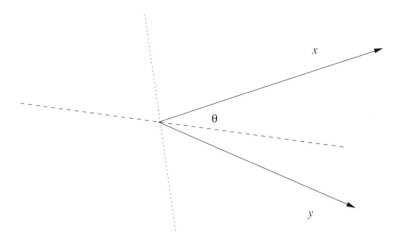

그림 3.13 각 θ를 이루는 두 벡터

그러면 내적 $v.x$와 $v.y$의 부호는 서로 다르다. 예를 들어, 벡터 x와 y가 만드는 면에 대한 벡터 v의 투영이 그림 3.13에서 파선 위쪽을 향한다면 $v.x$는 양수이고 $v.y$는 음수다. 혹은 법선 벡터 v가 파선 아래쪽, 즉 반대 방향으로 확장될 수도 있다. 이런 경우 $v.x$는 음수이고 $v.y$는 양수이나 부호는 여전히 서로 다르다.

반면 임의로 선택된 벡터 v가 그림 3.13의 점선과 같은 초평면에 직각일 수도 있다. 이런 경우 $v.x$와 $v.y$ 모두 부호가 같다. v의 투영이 우측을 향하면 두 내적 모두 양수이고, v가 좌측을 향하면 두 내적은 모두 음수다.

임의로 선택된 벡터가 점선이 아닌 파선과 같은 초평면에 직각일 확률은 얼마인가? 무작위 초평면과 x, y가 포함된 평면이 이루게 될 각의 확률은 모두 동일하다. 확률은 $\theta/180$이고, 그 외에는 점선과 같은 경우가 될 것이다.

따라서 지역성 기반 함수군 **F**에서 각 해시 함수 f는 임의로 선택된 벡터 v_f로부터 생성된다. $v_f.x$와 $v_f.y$ 내적의 부호가 같을 때만 두 벡터 x와 y는 $f(x) = f(y)$다. 그러면 **F**는 코사인 거리에 대한 지역성 기반 함수군이 된다. 거리의 범위가 0~1이 아니라 0~180이라는 점만 제외하면 매개 변수는 기본적으로 3.6.2절에서 설명한 자카드 거리 함수군에서와 같다. 즉 **F**는 $(d_1, d_2, (180 - d_1)/180, (180 - d_2)/180)$ 기반 해시 함수군이다. 이를 기초로 해 민해시 기반 함수군에서와 같이 원하는 만큼 함수군을 확장할 수 있다.

3.7.3 스케치

가능한 모든 벡터 중에서 하나의 벡터를 임의로 선택하는 대신 성분이 +1과 −1로 구성된 벡터로 제한해 선택한다 하더라도 충분히 무작위성을 띠는 벡터를 선택할 수 있다. 벡터 x와 +1 및 −1로 구성된 벡터의 내적은 v가 +1인 위치의 x 성분들을 더하고 v가 −1인 위치의 x 성분들을 빼서 구할 수 있다.

임의로 벡터 $v_1, v_2, \ldots, v_n$를 선택하고 $v_1.x, v_2.x, \ldots, v_n.x$를 계산해 양수면 +1로, 음수면 −1로 대체한다. 그 결과들을 x의 **스케치**sketch라 한다. 결과가 0인 경우에는 +1 혹은 −1로 무작위 선택하면 된다. 내적이 0일 가능성은 매우 낮기 때문에 이론적으로는 어떤 선택을 하든지 결과에 영향을 미치지 않는다.

예제 3.22 4차원 공간에서 임의로 세 벡터 $v_1 = [+1, -1, +1, +1]$, $v_2 = [-1, +1, -1, +1]$, $v_3 = [+1, +1, -1, -1]$을 선택한다고 하자. 벡터 $x = [3, 4, 5, 6]$의 스케치는 $[+1, +1, -1]$이다. 즉 $v_1.x = 3 - 4 + 5 + 6 = 10$이다. 이 결과는 양수이므로 스케치의 첫 번째 성분은 +1이다. 같은 방법으로 $v_2.x = 3$이고 $v_3.x = -4$이므로 스케치의 두 번째 성분은 +1, 세 번째 성분은 −1이다.

벡터 $y = [4, 3, 2, 1]$을 생각해 보자. 이 벡터의 스케치를 이전과 같은 방법으로 계산하면 $[+1, -1, +1]$이다. x와 y의 스케치가 서로 1/3이 일치하므로 이들 사이의 각을 120도로 추정할 수 있다. 즉 그림 3.12에서 임의로 선택된 초평면이 점선보다 파선과 같을 확률이 두 배 크다.

이는 상당히 잘못된 결론이다. x와 y 사이 각의 코사인은 $x.y$, 즉 $6 \times 1 + 5 \times 2 + 4 \times 3 + 3 \times 4 = 40$을 두 벡터의 크기magnitude로 나눈 값이다. 두 벡터의 크기는 각각 $\sqrt{6^2 + 5^2 + 4^2 + 3^2} = 9.274$와 $\sqrt{1^2 + 2^2 + 3^2 + 4^2} = 5.477$이다. 따라서 x와 y가 이루는 각의 코사인은 0.7875이며, 이 각은 약 38도다. 그러나 +1 및 −1 성분으로 구성된, 길이가 4인 16개의 서로 다른 벡터들을 살펴보면 x와 y 내적의 부호가 서로 다른 벡터는 v_2와 v_3, 그리고 성분이 $[+1, -1, +1, -1]$와 $[-1, -1, +1, +1]$인 벡터 4개뿐임을 알 수 있다. 따라서 스케치를 만들기 위해 16개 벡터를 모두 선택

하면 추정 각은 180/4 = 45도가 된다. ■

3.7.4 유클리드 거리의 LSH 함수군

이제는 유클리드 거리(3.5.2절)로 넘어가서 이 거리에 대한 해시 함수의 지역성 기반 함수군을 만들 수 있는지 알아보자. 우선 2차원 유클리드 공간부터 다룰 것이다. 함수군 **F**를 구성하는 각 해시 함수 f는 이 공간에서 임의로 선택된 선과 관련이 있다. 상수 a를 선택하고 그림 3.14에 보이는 수평 방향의 '임의의' 선을 각 부분의 길이가 a가 되도록 분할한다.

이 선에서 분할된 부분은 함수 f가 점들을 해시하는 버킷이 된다. 점은 자신의 투영이 위치하는 버킷으로 해시된다. 두 점 사이의 거리 d가 a보다 더 작으면 두 점이 같은 버킷으로 해시될 확률이 높기 때문에 해시 함수 f는 두 점을 동일하다고 선언할 것이다. 예를 들어, $d = a/2$이면 두 점이 같은 버킷으로 가게 될 확률은 최소 50%다. 사실 임의로 선택된 선과 점들을 연결하는 선 사이의 각 θ가 크면 두 점이 같은 버킷으로 가게 될 확률은 더 높아진다. 예를 들어, θ가 90도인 경우 두 점은 반드시 같은 버킷으로 해시된다.

한편, d가 a보다 큰 경우를 살펴보자. 두 점이 같은 버킷으로 갈 확률을 높이려면

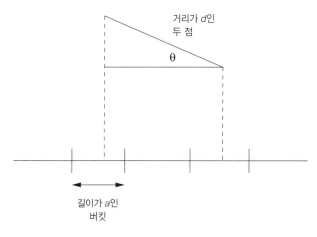

그림 3.14 거리가 $d \gg a$일 때 두 점이 같은 버킷으로 해시될 확률은 낮아진다.

$d \cos \theta \leq a$를 만족해야 한다. 그림 3.13를 보면 왜 이런 조건이 필요한지를 알 수 있다. $d \cos \theta \ll a$이더라도 두 점이 반드시 같은 버킷으로 가게 된다고 말할 수는 없다. 그러나 다음을 보장할 수는 있다. $d \geq 2a$라면 두 점이 같은 버킷으로 가게 될 확률은 1/3을 넘지 않는다. 그 이유는 $\cos \theta$가 1/2보다 작으려면 θ의 범위는 60도와 90도 사이가 돼야 하기 때문이다. θ가 0과 60도 사이라면 $\cos \theta$는 1/2보다 크다. 그러나 평면에서 임의로 선택된 두 선이 이루는 θ가 60과 90 사이일 확률은 0과 60 사이일 때보다 두 배나 낮다.

앞서 설명한 **F**군의 해시 함수들은 $(a/2, 2a, 1/2, 1/3)$ 기반 함수군을 형성한다는 결론을 내릴 수 있다. 즉 최대 거리가 $a/2$일 때 두 점이 같은 버킷으로 가게 될 확률은 최소 1/2이고, 최소 거리가 $2a$일 때 두 점이 같은 버킷으로 가게 될 확률은 최대 1/3이다. 이제까지 논의했던 지역성 기반 해시 함수의 사례와 같이 이런 함수군은 원하는 만큼 증폭할 수 있다.

3.7.5 유클리드 공간에서의 LSH 함수군에 대한 더 자세한 설명

3.7.4절에서 언급했던 해시 함수 군에 대해서는 설명이 만족스럽지 않은 면이 있다. 먼저 그 기법은 2차원 유클리드 공간만을 대상으로 설명됐다. 다차원 공간의 점들이 데이터인 경우는 다루지 않았다. 두 번째로는 자카드 거리 및 코사인 거리에 대해서는 $d_1 < d_2$를 만족할 경우 거리 d_1과 d_2 쌍에 대한 지역성 기반 함수군을 만들 수 있었다. 3.7.4절에서는 더 까다로운 조건인 $d_1 < 4d_2$를 만족해야 했다.

그러나 모든 차원에서 모든 $d_1 < d_2$에 대한 지역성 기반 해시 함수군이 존재한다. 공간을 관통하는 임의의 선들과 그 선을 분할하는 버킷 크기 a로 함수군의 해시 함수를 얻을 수 있다. 점들을 그 선에 투영함으로써 점들을 해시하는 것이다. $d_1 < d_2$일 때 거리가 d_1인 두 점이 같은 버킷으로 해시될 확률 p_1은 얼마인지 모를 수 있지만, 확실한 것은 거리가 d_2인 두 점이 같은 버킷으로 해시될 확률 p_2보다 p_1이 크다는 사실이다. 그 이유는 거리가 줄어듦에 따라 같은 버킷으로 해시될 확률은 반드시 높아지기 때문이다. 따라서 p_1과 p_2를 쉽게 계산할 수 없더라도 차원과 상관없이 $d_1 < d_2$인 조건하에서 해시 함수의 (d_1, d_2, p_1, p_2) 기반 함수군이 존재한다는 사실

을 알 수 있다.

3.6.3절의 확장 기법을 사용하면 원하는 특정 확률을 얻기 위해, 그리고 원하는 만큼 두 확률 차를 크게 만들기 위해서 두 확률을 조정할 수 있다. 물론 원하는 만큼 확률의 차이가 클수록 사용해야 하는 $\mathbf{F}$에서의 기본 함수 개수는 많아진다.

3.7.6 3.7절 연습문제

연습문제 3.7.1 길이가 6인 벡터에 대해 함수 6개로 이뤄진 지역성 기반 함수군을 구성한다고 가정하자. 벡터 000000, 110011, 010101, 011100의 각 쌍들에 대해서 벡터들을 후보로 만드는 함수는 6개의 함수 중 어느 것인가?

연습문제 3.7.2 다음 4개의 '임의의' 벡터들을 활용해 스케치를 계산해 보자.

$$v_1 = [+1, +1, +1, -1] \quad v_2 = [+1, +1, -1, +1]$$
$$v_3 = [+1, -1, +1, +1] \quad v_4 = [-1, +1, +1, +1]$$

다음 벡터들의 스케치를 계산하라.

(a) $[2, 3, 4, 5]$

(b) $[-2, 3, -4, 5]$

(c) $[2, -3, 4, -5]$

스케치에 따른 각 쌍들 사이의 추정 각은 얼마인가? 실제 각은 얼마인가?

연습문제 3.7.3 길이가 4인 벡터 16개 모두를 사용해서 스케치를 만든다고 가정하자. 벡터들의 성분은 +1 혹은 −1이다. 연습문제 3.7.2의 세 벡터에 대한 스케치를 계산하라. 각 쌍 사이의 추정각과 실제각을 비교하면 그 결과는 어떠한가?

연습문제 3.7.4 연습문제 3.7.2의 벡터 4개를 사용해 스케치를 만든다고 가정하자.

! (a) 벡터 $[a, b, c, d]$의 스케치가 $[+1, +1, +1, +1]$가 되도록 하는 a, b, c, d에 대한 제약 조건은 무엇인가?

!! (b) 두 벡터 $[a, b, c, d]$와 $[e, f, g, h]$의 스케치를 같도록 만드는 $a, b, \ldots, h$의 조

건은 무엇인가?

연습문제 3.7.5 3차원 유클리드 공간에 세 점 $p_1 = (1, 2, 3)$, $p_2 = (0, 2, 4)$, $p_3 = (4, 3, 2)$가 있다고 가정하자. (계산을 간단히 하기 위해) 세 축으로 정의되는 3개의 해시 함수를 생각해 보자. 버킷의 길이는 a로, 버킷의 간격은 $[0, a)$ ($0 \leq x < a$를 만족하는 점들의 집합)이며, 그다음은 $[a, 2a)$, 그 이전은 $[-a, 0)$ 이런 식으로 정의한다.

(a) 3개의 선들 각각에 대해서 $a = 1$로 가정해 각 점들을 버킷으로 할당하라.

(b) $a = 2$로 가정해 (a)를 반복하라.

(c) $a = 1$ 그리고 $a = 2$인 경우 후보 쌍들은 무엇인가?

! (d) 점들의 쌍 각각을 후보 쌍으로 만드는 a 값은 무엇인가?

3.8 지역성 기반 해시 응용 분야

3.8절에서는 LSH가 실제로 사용되는 세 가지 사례를 소개할 것이다. 각 경우에서 다루는 문제의 제약 조건을 만족하도록 이제까지 다뤄 왔던 기법들은 수정돼야 한다. 3.8절에서는 다음 세 가지 주제를 다룰 것이다.

1. **개체 식별**entity resolution: 개체 식별이란 데이터 레코드가 동일 인물처럼 현실 세계에 존재하는 동일 개체entity를 나타낼 때 이 데이터 레코드들을 서로 매칭하는 것을 의미한다. 3.8절에서 다루는 주된 문제는 이 이론의 근간이 되는 유사성의 유사 집합 혹은 유사 벡터 모델 중 어느 하나와 레코드의 유사성이 정확하게 매칭되지 않는다는 것이다.

2. **지문 판독**matching fingerprint: 지문들을 집합으로 표현할 수 있다. 그러나 민해싱이 아닌 다른 종류의 지역성 기반 해싱 함수군을 사용한다.

3. **신문 기사 구별**: 온라인 신문 웹 페이지에서 특정 신문사만의 정보나 광고처럼 기사와 무관한 모든 자료들은 무시하고 핵심적인 기사에 집중하는 셩글링shingling의 개념을 소개할 것이다.

3.8.1 개체 식별

활용할 수 있는 데이터 집합이 다수일 때 일반적으로 그 데이터들이 동일한 개체를 나타내는 경우가 있다. 그 예로, 여러 참고문헌 출처들에서 제공하는 정보가 동일한 책 혹은 동일한 기사인 경우가 여기에 해당한다. 보통 레코드는 사람 혹은 책과 같은 특정 타입의 개체를 설명한다. 레코드의 형태는 모두 같을 수도 있고, 그렇지 않을 수도 있으며, 서로 다른 종류의 정보를 포함할 수도 있다.

동일한 개체에 대해 같은 필드로 질의를 하더라도 거기서 얻는 정보는 서로 다를 수 있는데 이것이 가능한 이유는 많다. 예를 들어, 레코드마다 가운데 이름을 표시하는 방법이 다르거나 혹은 별명을 사용했거나 아니면 오타가 나는 등 기타 다른 이유들로 인해 동일인의 이름이 서로 다르게 표시될 수도 있는 것이다. 즉 'Bob S. Jomes'와 'Robert Jones Jr.'는 같은 사람일 수도 있고, 혹은 다른 사람일 수도 있다. 레코드의 출처가 서로 다르다면 필드들 역시 다를 수 있다. 어떤 출처의 레코드에는 '나이' 필드가 있는 반면, 다른 출처의 레코드에는 그런 필드가 없을 수 있다. 그 다른 출처에는 '생년월일' 필드가 있을 수도 있고, 아니면 그 사람이 언제 태어났는지에 대한 정보가 전혀 없을 수도 있는 것이다.

3.8.2 개체 식별 예제

개체 식별 문제를 처리하기 위해 LSH가 어떻게 사용되는지 실제 사례를 통해 알아보도록 하자. A라는 회사는 B라는 회사의 고객을 유치해 주기로 계약을 맺었다. 고객이 존재하는 한 B는 A에게 연간 수수료를 지급하도록 돼 있다. 그런데 A가 얼마나 많은 고객을 B에게 넘겨주었는지와 관련해 논쟁이 생기게 됐다. 각 회사는 1,000,000건의 레코드를 보유하고 있었는데, A가 B에게 제공한 고객 정보 중 동일 인물에 대한 기록도 있었다. 두 회사 레코드의 필드는 서로 달랐고, 아쉽게도 어떤 필드도 '이 고객은 A가 B에게 제공한 고객이다'라는 내용과 관련된 필드는 없었다. 따라서 동일 인물을 나타내는 쌍인지 확인하기 위해 두 집합의 레코드들을 매칭해야 하는 문제가 있었다.

각 레코드에는 특정 인물의 이름, 주소, 전화번호를 나타내는 필드가 있다. 그러나 이런 필드들의 값은 다양한 이유로 인해 서로 다를 수 있다. 3.8.1절에서 언급했던 오타와 그 외 명명 규칙 차이의 뿐만 아니라 아예 값이 다른 경우도 있을 수 있기 때문이다. A에게는 자신의 집 전화번호를, B에게는 자신의 휴대폰 번호를 제공하는 고객도 있을 수 있다. 혹은 번호를 변경한 후 그 사실을 B에게만 알리고 A에게 알리지 않은 고객도 있을 수 있다. (더 이상 A와 거래하지 않게 될 경우) 전화번호의 지역 코드도 때때로 변경되기도 한다.

레코드를 구별하는 방법은 이름, 주소, 전화번호 필드 3개의 차이를 점수로 매기는 것이었다. A로부터 레코드 하나, B로부터 레코드 하나, 즉 동일 인물을 나타내는 두 레코드가 유사할 가능성을 점수로 표현하기 위해 필드 3개에 각각 100점을 할당해 세 필드 모두에서 정확하게 일치하는 레코드는 300점이 되도록 했다. 그러나 세 필드 각각에서 일치하지 않는 만큼 감점을 했다. 첫 번째 근사치로 편집 거리(3.5.5절)가 사용됐으나, 감점이 거리 제곱에 비례해 증가했다. 그래서 적절한 상황에서 손실을 줄이기 위해 특정 테이블이 사용됐다. 예를 들어, 'Bill'과 'William'의 편집 거리가 5임에도 불구하고 오직 한 문자에서만 차이를 보이는 것으로 처리했던 것이다.

그러나 1조 개의 레코드 쌍 모두에 점수를 매기는 것은 불가능한 일이다. 따라서 비슷해 보이는 후보들에만 집중하는 간단한 LSH 기법이 사용됐다. 3개의 '해시 함수'들이 사용됐는데, 첫 번째 함수는 이름이 동일한 레코드들을 같은 버킷으로 보냈다. 두 번째 함수는 주소가 동일한 레코드들을, 세 번째 함수는 전화번호가 동일한 레코드들을 같은 방식으로 처리했다. 실제로 해싱은 없었다. 대신 레코드들을 이름을 기준으로 정렬해 이름이 동일한 레코드들이 연속으로 나타나게 했고 이름, 주소, 전화번호 전체의 유사성에 대한 점수를 매겼다. 그런 다음, 주소 기준으로 레코드들을 정렬했고 주소가 동일한 레코드들에 점수를 매겼다. 마지막으로, 전화 번호를 기준으로 레코드를 세 번째로 정렬하고 전화번호가 동일한 레코드들에 점수를 매겼다.

이런 접근 방법에서는 실제로 동일한 인물을 나타내지만, 세 필드 중 어느 것도 정확하게 일치하지 않는 레코드 쌍을 무시했다. 이 사례의 목표는 법정에서 그런 레코드 쌍에 해당하는 사람들이 동일한 인물인지 증명하는 것이었는데, 당연히 판사가 그들을 동일 인물로 판단하지는 않았을 것이다.

레코드가 일치한다고 판단할 수 있는 수준은 어느 정도인가?

경우마다 다를 수 있으나 3.8.3절의 내용이 어떻게 3.8.2절의 데이터에 적용되는지 보는 것이 흥미로울 것 같다. 점수가 185일 때 x값은 10에 매우 가까웠는데, 이는 레코드들이 동일 인물을 표현하고 있을 확률이 거의 1에 가까움을 나타낸다. 이 예제에서 185점은 필드 하나는 같고 (그래야만 한다. 하나의 필드라도 같지 않으면 아예 점수를 매기지 않는다), 다른 필드 하나는 완전히 다르며, 세 번째 필드는 차이가 작은 상황을 표현하고 있다는 사실에 주목하라. 또한 점수가 115일 때 x값은 45보다 현저히 작은데, 이는 이런 쌍들도 동일 인물로 판단할 수 있다는 것을 의미한다. 115점은 필드 하나는 동일하지만 나머지 두 필드들이 아주 경미한 유사성을 보이는 경우를 표현한다는 사실에 유의하라.

3.8.3 레코드의 일치 판정

이제 남은 일은 점수가 얼마나 높을 때 두 레코드가 실제 동일 인물을 나타내는지 결정하는 것이다. 앞서 다뤘던 사례에서는 그런 결정을 어렵지 않게 내릴 수 있었는데, 사례에서 사용된 판정 기법은 유사한 많은 상황에 적용될 수 있다. 레코드의 생성 날짜를 직접 살펴보고, A 회사에서 서비스를 구입한 시각과 B에 기록된 시각 사이의 최대 시간차의 절대값이 90일이라 가정하기로 했다. A 레코드의 생성 날짜 이후 0에서 90일 사이에 생성된 B 레코드 중에서 임의로 A 레코드와 B 레코드를 선택할 때 두 레코드 사이의 평균 생성 날짜 시간차는 45일이 된다.

완벽하게 300점을 획득한 레코드 쌍들이 발견됐는데, 이들의 평균 시간차는 10일이었다. 실제로 정확하게 일치하는 쌍들의 점수가 300이라고 가정하면 점수가 s인 쌍들의 풀pool을 살펴볼 수 있으며, 그 쌍들의 평균 시간차를 계산할 수 있다. 평균 시간차는 x이고 점수가 s인 쌍들 중에서 실제로 서로가 일치하는 비율을 f라고 가정하자. 그러면 $x = 10f + 45(1 - f)$ 혹은 $x = 45 - 35f$이다. 이 식을 f에 대해서 풀면 실제로 점수가 s이면서 일치하는 쌍들의 비율은 $(45 - x)/35$임을 알 수 있다.

다음과 같은 경우에 이런 기법이 사용된다.

1. 두 레코드가 같은 개체일 가능성을 평가하기 위해 사용되는 점수 체계가 있을 때
2. 점수 측정에는 사용되지 않으나, 정답 쌍과 오답 쌍에서 평균 값이 다른 측정치를 보이는 필드가 존재할 때

예를 들어, 지금 다루는 예제에서는 두 회사 A와 B 모두가 기록하는 레코드에 '키 height' 필드가 있다고 가정하자. 임의의 레코드 쌍을 대상으로 평균 키 차이를 계산할 수 있으며, 만점(반드시 동일 개체들을 표현하는 경우)을 획득한 레코드들의 평균 키 차이를 계산할 수 있다. 점수가 s라면 그 점수를 가진 쌍들의 평균 키 차이를 계산해서 그 레코드들이 같은 개체를 나타낼 확률을 추정할 수 있다. 즉 완전히 일치하는 쌍들에 대한 평균 키 차이가 h_0이고, 임의의 쌍들에 대한 평균 키 차이는 h_1이며, 점수가 s인 쌍들에 대한 평균 키 차이는 h라면, 점수가 s인 쌍들이 일치할 확률은 $(h_1 - h)/(h_1 - h_0)$이다.

3.8.4 지문 판독

컴퓨터로 지문을 판독할 때 보통 지문은 이미지가 아닌 **특징점**minutiae 위치들의 집합으로 표현된다. 지문 판독에서 특징점이란 융선의 결합ridges merging 혹은 융선의 종단 ridge ending과 같이 특이한 모양이 나타나는 위치를 의미한다. 지문에 격자를 덮어씌우면 지문을 특징점들이 위치하는 격자 무늬로 표현할 수 있다.

이상적으로 격자 무늬를 덮어씌우기 전의 지문은 크기와 방향으로 정규화되기 때문에 한 손가락에 대한 이미지 두 장에서 특징점들은 정확하게 같은 격자에 위치할 것이다. 여기서 이미지를 정규화하는 방법은 논의하지 않을 것이다. 하나의 특징점이 격자의 경계선에 근접해 있는 경우 격자 크기를 결정하고 그 특징점을 다수의 근접한 격자들로 위치시키는 등 몇몇의 기법들을 통합해 사용한다고 가정할 것이다. 이를 통해 같은 손가락에서 채취한 두 이미지의 격자들에서 특징점이 존재하는 부분혹은 존재하지 않는 부분이 일치할 확률은 서로 다른 손가락에서 채취한 이미지의 격자들보다 훨씬 더 높다고 가정할 수 있다.

따라서 지문은 특징점이 위치한 격자들의 집합으로 표현돼, 자카드 유사도 혹은 자카드 거리를 사용해 다른 집합들처럼 비교가 가능해진다. 지문을 비교하는 방식은 두 가지인데,

- **다대일** 문제는 전형적으로 볼 수 있는 문제다. 권총에서 지문이 발견된 경우, 일치하는 지문을 찾기 위해 그 지문을 대형 데이터베이스에 저장된 모든 지문들과 비교한다.
- **다대다** 문제는 전체 데이터베이스를 대상으로 동일 인물을 나타내는 쌍들을 찾아내는 것이다.

다대다 문제는 유사 항목을 찾는 문제와 구조가 같은데, 유사 항목을 찾는 문제에서 사용했던 기법을 다대일 문제를 빠르게 처리하기 위해 적용할 수 있다.

3.8.5 지문 판독을 위한 LSH 함수군

지문을 표현하는 집합은 민해시할 수 있으며 3.4절에서 설명한 기본 LSH 기법을 적용할 수 있다. 그러나 이런 집합은 상대적으로 적은 개수의 격자들(대략 1,000개 정도) 중에서 선택되기 때문에 굳이 그 집합을 개수가 더 적은 시그니처로 민해시할 필요가 없다. 이제부터 다룰 데이터 타입에 잘 동작하는, 또 다른 종류의 지역성 기반 해싱을 소개할 것이다.

임의의 지문 내 임의의 격자에서 특징점을 찾을 확률이 20%인 사례를 살펴보자. 한 손가락에서 채취한 두 지문 중 한 지문의 어떤 격자에 특징점이 존재한다면 또 다른 지문에서 역시 특징점이 발견될 확률은 80%라고 가정하자. 이런 경우 지역성 기반 함수군을 다음과 같이 정의할 수 있다. **F**군의 각 함수 f는 3개의 격자로 정의된다. 함수 f는 두 지문이 3개의 격자 모두에서 특징점을 가질 때 'yes'라고 판단하고, 그렇지 않다면 'no'라고 응답한다. 다르게 말하면 f는 3개의 격자 모두에서 특징점을 갖는 지문들을 단일 버킷으로 보내고, 나머지 지문들은 각각 다른 버킷으로 보낸다. 이제 이런 버킷들 중 첫 번째를 f에 대한 '그' 버킷이라 하고 나머지 격자가 하나만 할당되는 버킷들은 무시한다.

다대일 문제를 해결하기 위해서 **F** 함수군을 구성하는 많은 함수들을 사용할 수 있는데, 기존의 지문들이 어떤 함수에 대해 'yes'라고 응답하는지 사전에 계산해 둘 수 있다. 그 이후 찾아내야 할 새로운 지문이 주어지면 그 지문이 이런 버킷들 중 어디에 속하는지 판단하고, 그 버킷에서 발견되는 모든 지문과 비교한다. 다대다 문제를 해결하기 위해서는 함수 각각에 대한 버킷들을 계산하고 각 버킷들 내의 모든 지문을 서로 비교한다.

권총에 묻은 지문을 데이터베이스에 저장된 수백만 개의 지문들과 일일이 비교할 필요 없이 적정한 확률로 일치하는 지문을 찾으려면 얼마나 많은 함수가 필요한지 생각해 보자. 먼저, 서로 다른 손가락에서 채취한 2개의 지문이 **F**의 함수 f에 대응하는 버킷에 있을 확률은 $(0.2)^6 = 0.000064$이다. 그 이유는 두 지문이 f와 관련된 격자 무늬 3개 각각에서 특징점을 동일하게 갖는 경우에만 그 버킷으로 가게 되며, 그런 사건 6개가 각각 독립적으로 발생할 확률이 0.2이기 때문이다.

이제 한 손가락에서 채취한 2개의 지문이 어떤 함수 f에 대응하는 버킷에 위치할 확률에 대해 생각해 보자. 첫 번째 지문이 그 함수 f를 구성하는 격자 3개 각각에서 특징점을 가질 확률은 $(0.2)^3 = 0.008$이며, 나머지 한 지문 역시 그렇게 될 확률은 $(0.8)^3 = 0.512$다. 따라서 한 손가락에서 채취된 두 지문 모두가 f의 버킷에 위치할 확률은 $0.008 \times 0.512 = 0.004096$이다. 이는 거의 1/200 정도로 너무 적은 수준이다. 그러나 **F**로부터 너무 많지 않은 적당한 개수의 함수들을 사용하면 동일한 손가락에 대한 지문들을 찾아낼 확률을 어느 정도 높일 수 있으며, 일치하지 않으나 일치한다고 간주되는 거짓 양성은 낮은 수준으로 발생하게 될 것이다.

예제 3.23 구체적인 예를 들어 보면 **F**에서 임의로 선택된 1,024개의 함수를 사용한다고 가정하자. 그 다음 **F**에 1024 중 OR 조합을 수행해 새로운 함수군 F_1을 구성하려고 한다. 그러면 F_1이 한 손가락에서 채취한 지문들을 최소 하나의 버킷에 넣을 확률은 $1 - (1 - 0.004096)^{1024} = 0.985$다. 반면, 서로 다른 손가락에서 채취한 지문이 같은 버킷에 위치할 확률은 $(1 - (1 - 0.000064)^{1024} = 0.063$이다. 즉 거짓 음성은 약 1.5%, 거짓 양성은 약 6.3%라는 결과를 얻을 수 있다. ∎

예제 3.23의 결과가 최선은 아니다. 권총에 묻은 동일 지문을 판독하는 데 실패할 확률은 1.5%이지만, 동일 지문이 아닌 데이터 때문에 데이터베이스의 6.3%를 검사해야 하는 상황이 벌어지는 것이다. F를 구성하는 함수 개수가 증가하면 거짓 양성의 개수도 증가하게 되므로 거짓 음성의 개수를 1.5% 수준으로 낮추는 이득은 매우 미미하고 볼 수 있다. 반면에 AND 조합을 적용하면 거짓 음성은 완만하게 증가하도록 하면서 거짓 양성의 확률을 상당히 큰 폭으로 낮출 수 있다. 예를 들어, 함수 1,024개로 구성된 그룹 2개에 총 2,048개 함수가 있을 때 각 함수에 대응하는 버킷을 구성할 수 있다. 그러나 권총에 묻은 지문 P가 주어졌을 때

1. P가 속한 첫 번째 그룹에서 버킷들을 찾고, 이런 버킷들의 합집합을 구한다.
2. 두 번째 그룹을 대상으로 같은 작업을 반복한다.
3. 두 합집합의 교집합을 구한다.
4. 교집합에 속한 지문들과만 P를 비교한다.

대형 지문 집합의 교집합과 합집합을 구해야 하나, 그 집합 중 일부만이 지문 비교 대상이 된다는 사실에 주목하라. 대부분의 시간은 지문을 비교하는 작업에서 소모된다. 1단계와 2단계에서 지문들은 데이터베이스의 정수 인덱스로 표현될 수 있다.

이런 방식을 사용할 때 일치하는 지문을 감지할 확률은 $(0.985)^2 = 0.970$이다. 즉 약 3%의 거짓 음성이 발생한다. 그러나 거짓 양성이 발생할 확률은 $(0.063)^2 = 0.00397$이다. 즉 데이터 베이스의 약 1/250만 거짓 검토 대상이 된다.

3.8.6 유사한 신문 기사

마지막 사례로서 주된 내용이 동일한 웹 페이지들을 같은 그룹으로 분류함으로써 온라인 뉴스 기사들이 저장된 대형 저장소를 정리하는 문제를 다룰 것이다. 미국 연합통신사Associated Press와 같은 조직은 일상적으로 신문 기사를 작성한 후 그 기사를 많은 신문사에게 전송한다. 각 신문사는 그 내용을 자신들의 온라인 매체에 게재하는데, 그때 자신들의 신문사에 특화된 정보, 즉 신문사 이름과 주소, 관련 기사들의 링크, 광고로 연결되는 링크를 그 주된 내용 주변에 배치한다. 게다가 마지막 몇 단락을 뺀다거나 중간 일부를 삭제하는 등 신문사가 원문 기사를 수정하는 일이 다반사다.

결과적으로 같은 신문 기사가 서로 다른 신문사의 웹사이트에 상당히 다른 모습으로 게재될 수 있다.

이런 문제는 3.4절에서 다뤘던 슁글들의 자카드 유사도가 높은 문서들을 찾는 문제와 상당히 흡사해 보일 수 있다. 하지만 그 문제는 같은 사건을 전달하는 뉴스 기사들을 찾는 문제와는 다르다는 사실에 유의하라. 후자의 문제는 일반적으로 문서의 중요 단어 집합을 검사하는 방법(1.3.1절에서 간단하게 다룬 개념이다) 및 주제는 같으나 서로 다른 기사들을 함께 클러스터링하는 방법 등 여러 기법이 필요하다.

그런데 흥미롭게도 슁글이라는 주제를 변형하면 앞서 언급한 데이터 타입을 조금 더 효과적으로 다룰 수 있음이 밝혀졌다. 3.2절에서 설명한 슁글은 문서의 모든 부분을 동등하게 다룬다는 것이 문제다. 그러나 3.8.6절에서는 신문사가 추가한 링크로 연결되는 광고 혹은 다른 기사들의 헤드라인과 같이 해당 기사 내용과 관계가 없는 문서의 일부를 무시하려고 한다. 글에 나타나는 문체와 광고 혹은 헤드라인에 나타나는 문체에는 뚜렷한 차이점이 있다. 글에는 불용어가 훨씬 더 자주 등장하는데 'the' 혹은 'and'와 같은 단어들이 매우 빈번하게 등장한다. 불용어로 간주되는 전체 단어들의 개수는 분야마다 다르지만, 일반적으로 가장 빈번하게 등장하는 단어 수백 개를 불용어로 사용한다.

예제 3.24 전형적인 광고에서는 'Buy Sudzo'라는 간단한 표현이 등장할 것이다. 반면, 같은 내용을 기사로 쓴다면 'I recommend that you buy Sudzo for your laundry.'라는 글로 표현할 수 있다. 후자의 문장에서 'I', 'that', 'you', 'for', 'your'는 보통 불용어로 간주된다. ■

불용어 이후 연이은 두 단어를 **슁글**이라고 정의하면 예제 3.24의 광고 'Buy Sudzo'에는 슁글이 없는 것으로 볼 수 있으며, 이 광고는 웹 페이지 내용으로 인정되지 않는다. 반면, 예제 3.24의 문장은 5개의 슁글, 즉 'I recommend that', 'that you buy', 'you buy Sudzo', 'for your laundry', 'your laundry x'로 요약될 것이며, 마지막에 이어지는 문장에 따라 x는 어떤 단어도 될 수 있다.

두 웹 페이지가 있을 때 각 페이지의 절반은 뉴스 본문으로 구성되고, 나머지 절반은 광고 혹은 불용어 비중이 낮은 자료들로 구성돼 있다고 가정하자. 뉴스 본문은 같으나 주변 자료가 다른 경우 두 페이지의 슁글 다수가 일치할 것이라 예측할 수 있다. 자카드 유사도가 75%에 이를 수도 있다. 반면 주변 자료는 같으나 뉴스 내용이 상이한 경우 공통 슁글의 개수는 적을 것이며, 25% 정도에 그치는 수준일 수 있다. 하지만 일반적인 슁글 처리 방식처럼 연속된 10개의 문자로 구성된 슁글을 사용한다면 두 문서가 공유하는 뉴스나 주변 자료가 무엇이든지 상관 없이 두 문서는 각각의 슁글 절반을 서로 공유하게 될 것이다(이 경우 자카드 유사도는 1/3이다).

3.8.7 3.8절 연습문제

연습문제 3.8.1 문헌을 대상으로 개체 식별을 수행한 후 그들의 제목, 저자 목록 및 발행지의 유사성을 기반으로 참고 문헌의 쌍들에 점수를 매긴다고 가정하자. 또한 모든 참고 문헌은 최근 10년 중 어느 해에 출판됐을 가능성이 매우 높다고 가정하자. 또한 만점을 획득한 참고문헌 쌍들의 출판 연도 차이는 평균 0.1이며,[10] 특정 점수 s를 획득한 참고문헌 쌍들의 출판 연도 차이는 평균 2년으로 나타났다고 가정하자. 점수가 s인 쌍들 중 실제로 동일한 참고문헌인 쌍들의 비율은 얼마인가? **주의:** 임의의 참고문헌 쌍들의 출판 연도 차이가 평균 5년 혹은 5.5년이라고 가정하는 실수를 범해서는 안 된다. 정확하게 계산해야 한다. 필요한 모든 정보는 주어졌다.

연습문제 3.8.2 3.8.5절에서 설명한 함수군 F를 사용해 격자 하나에서 특징점이 위치할 확률은 20%이고, 복사된 두 번째 지문이 동일한 격자에서 첫 번째 지문이 갖는 특징점을 가질 확률은 80%이며, F를 구성하는 각 함수들은 격자 3개로 형성됐다고 가정하자. 예제 3.23에서는 F의 멤버 1,024개에 OR 조합을 적용해 F_1군을 구성했다. 이번에는 F의 2048 중 OR 함수군인 F_2를 사용해 보자.

(a) F_2에 대한 거짓 양성과 거짓 음성의 비율을 계산하라.

(b) 이 비율을 3.8.5절 후반부에서 다뤘던 것처럼 동일한 2,048개 함수에 2중 AND를 적용한 함수군 F_1의 비율들과 비교하면 어떠한가?

---

10 평균이 0이 될 것이라 생각할 수 있으나, 실제로는 출판 연도에 오류가 존재한다.

연습문제 3.8.3 연습문제 3.8.2에서 명시했던 통계치를 갖는 지문들이 있고, 오직 임의로 선택된 격자 2개만을 사용해서 F처럼 정의된 기본 함수군 F'을 사용한다고 가정하자. n중 OR 함수군 F'를 사용해 새로운 함수군 F'_1을 구성하라. F'_1에 대한 거짓 양성과 거짓 음성의 비율은 n의 함수로 어떻게 나타낼 것인가?

연습문제 3.8.4 예제 3.23의 함수 F_1을 사용해 다대다 문제를 해결하려고 한다.

(a) 동일한 손가락에서 채취한 두 지문이 비교되지 않을 확률은 얼마인가?(즉 거짓 음성의 비율은 얼마인가?)

(b) 서로 다른 손가락에서 채취된 지문들이 비교될 확률은 얼마인가?(즉 거짓 양성의 비율은 얼마인가?)

! **연습문제 3.8.5** 연습문제 3.8.2와 같이 함수 F의 집합에 n 중 OR 함수군을 적용해 새로운 함수군 F_3를 구성한다고 가정하자. 거짓 양성과 거짓 음성 비율의 합을 최소화할 수 있는 n은 얼마인가?

3.9 높은 유사도 처리 방법

LSH를 기반으로 한 방법들은 수용 가능한 유사도가 상대적으로 낮은 수준일 때 가장 효과적이다. 거의 동일한 집합들을 찾기 원하는 경우 사용할 수 있는 더 빠른 방법들이 있다. 그리고 이런 방법들은 원하는 정도의 유사도를 보이는 모든 항목 쌍들을 찾기 때문에 정확하다. 또한 LSH와 달리 거짓 음성이 없다.

3.9.1 동일한 항목 찾기

개별 단어들이 모두 동일한 웹 페이지들처럼 서로 똑같은 항목들을 찾는 경우가 극단적인 사례에 해당한다. 두 문서를 비교해서 동일 여부를 판단하는 방법이 간단하긴 하지만, 모든 문서 쌍들을 일일이 비교하는 일만은 피해야 한다. 이를 위한 첫 번째 대안은 문서의 처음 몇 개의 단어들을 기반으로 해당 문서를 해시하고, 같은 버킷으로 가는 문서들만을 비교하는 것이다. 이런 방식은 HTML 헤더와 같이 모든 문서들이 같은 문자들로 시작하지 않는 한 잘 동작한다.

두 번째 대안은 전체 문서들을 검사하는 해시 함수를 사용하는 것이다. 이 방법도 동작이 가능하며, 충분한 버킷을 사용하면 동일하지 않은 두 문서가 같은 버킷으로 가는 일은 매우 드물게 발생할 것이다. 이런 접근법의 단점은 모든 문서마다 모든 문자들을 검사해야 한다는 것이다. 검사 대상 문자들의 개수를 제한하면 문서들 중에서 한 버킷으로만 할당되는 유일한 문서는 전혀 검사할 필요가 없게 된다.

좀 더 나은 방법은 모든 문서를 대상으로 고정 위치를 임의로 선택해 이 위치만을 기준으로 해시 함수가 동작하도록 만드는 것이다. 이 방법으로 모든 혹은 대부분의 문서에 공통 접두사가 존재하는 경우 발생하는 문제를 피할 수 있으면서, 그 문서들이 다른 문서와 함께 한 버킷으로 할당되지 않는 한 전체 문서들을 검사할 필요가 없게 된다. 고정 위치를 선택하는 방법의 문제점은 짧은 문서의 경우 선택된 위치가 존재하지 않을 수도 있다는 사실이다. 그러나 상당히 유사한 문서들을 찾는 경우 길이의 차이가 큰 두 문서를 비교할 필요가 없다. 3.9.3절에서 이 방식을 설명할 것이다.

3.9.2 집합의 문자열 표현

이제부터는 수많은 집합들 중에서 자카드 유사도가 최소 0.9인 모든 쌍을 찾는 어려운 문제를 집중적으로 다룰 것이다. 전체 집합의 원소를 고정된 순서로 정렬하고, 그 순서로 각 집합은 자신의 원소를 리스트로 나열할 수 있다. 이 리스트는 기본적으로 '문자들'로 구성된 문자열이며, 문자들은 전체 집합의 원소들이다. 이런 문자열의 특징은 다음과 같다.

1. 단일 문자열에서 어떤 문자도 한 번 이상 등장하지 않는다.
2. 문자 2개가 서로 다른 두 문자열에 등장하는 경우 그 2개의 문자는 문자열 모두에 같은 순서로 등장한다.

예제 3.25 전체 집합이 소문자 26개로 구성되고, 일반적인 알파벳 순서를 사용한다고 가정하자. 그러면 집합 $\{d, a, b\}$는 문자열 **abd**로 표현된다. ▨

이제 이런 방식을 사용해 모든 집합을 문자열로 표현한다고 가정할 것이다. 따라서 엄밀히 말해서 문자열이 표현하는 집합의 유사성을 따진다는 것은 곧 문자열의 자카드 유사도를 계산한다는 것을 의미한다. 또한 문자열이 나타내는 집합의 원소 개수 대용으로 문자열의 길이를 사용할 것이다.

문서를 문자열로 다룬다고 해도 3.9.1절에서 논의한 문서는 이 모델과 정확하게 일치하지 않는다는 사실에 주목하라. 이 모델에 맞추기 위해서는 문서를 셩글링하고 그 셩글들에 순서를 할당하며, 선택된 순서를 따르는 정렬된 셩글 리스트로 각 문서를 표현해야 할 것이다.

3.9.3 길이 기반 필터링

3.9.2절에서 설명했듯이 문자열 표현을 활용하는 가장 간단한 방법은 문자열을 길이 기준으로 정렬하는 것이다. 이후 각 문자열 s는 리스트에서 s를 뒤따르는 문자열 t와 비교된다. t의 길이는 그렇게 길지 않다. 두 문자열 사이의 자카드 유사도에 대한 하한을 J라고 하자. 문자열 x의 길이는 L_x로 표현할 것이다. $L_s \leq L_t$임을 기억하라. s와 t로 표현된 집합들의 교집합 멤버 개수는 L_s보다 많을 수 없으며, 합집합 멤버 개수는 최소 L_t다. 따라서 s와 t의 자카드 유사도 $\text{SIM}(s, t)$는 최대 L_s/L_t다. 즉 s와 t를 비교하려면 $J \leq L_s/L_t$ 혹은 동등한 식인 $L_t \leq L_s/J$가 반드시 성립해야 한다.

예제 3.26 s는 길이가 9인 문자열일 때 s와의 자카드 유사도가 최소 0.9인 문자열을 찾는다고 가정하자. 그러면 길이를 기준으로 정렬된 순서상 s뒤에 위치하며, 길이가 최대 9/0.9 = 10인 문자열들과 s를 비교해야 한다. 즉 s와 비교해야 하는 문자열은 길이가 9이면서 순서상 s 뒤에 위치하는 문자열 및 길이가 10인 모든 문자열이다. 그외 다른 문자열들과 s를 비교할 필요가 없다.

이번에는 s의 길이가 8이라고 가정하자. 그러면 s는 순서상 s 뒤에 위치하며, 길이가 8/0.9 = 8.89인 문자열들과 비교된다. 즉 길이가 9인 문자열은 s와의 자카드 유사도가 0.9가 되기에는 너무 길다. 따라서 s와의 비교 대상 문자열은 길이가 8이면서 정렬된 순서상 s 다음에 위치하는 문자열까지다. ■

3.9.4 접두사 인덱싱

모든 유사 문자열 쌍을 파악하기 위한 문자열 비교 횟수를 제한하기 위해서 길이와 더불어 활용될 수 있는 문자열 특징들은 많다. 이런 방법들 중 가장 간단한 것은 각 문자를 대상으로 인덱스를 생성하는 것이다. 문자열을 구성하는 문자는 전체 집합의 원소 중 어느 하나가 됨을 상기하라. 각 문자열마다 s에 존재하는 처음 p개의 문자들을 접두사^{prefix}로 택한다. p의 크기는 L_s 및 자카드 거리의 하한인 J와 관련이 있다. 처음 p개의 문자들 각각에 해당하는 인덱스에 문자열 s를 추가한다.

실제로 각 문자에 해당하는 인덱스는 비교 대상 문자열들의 버킷이 된다. SIM(s, t) $\geq J$인 경우 문자열 t는 s의 접두사에 등장하는 최소 하나의 문자를 반드시 포함하게 된다.

반대 경우를 가정해 보자. 즉 SIM(s, t) $\geq J$이면서 t가 s의 처음 p개 문자들 중 어느 것도 포함하지 않는 경우다. 그러면 t가 s의 처음 p개 문자들을 제외한 나머지 문자들로 구성된 s의 접미사^{suffix}인 경우 s와 t의 자카드 유사도는 최대가 된다. 따라서 s와 t의 자카드 유사도는 $(L_s - p)/L_s$가 될 것이다. 이렇게 s와 t가 비교되지 않도록 하기 위해서는 반드시 $J > (L_s - p)/L_s$인 관계가 성립해야 한다. 즉 p는 최소 $\lfloor (1 - J)L_s \rfloor + 1$이 돼야 하는 것이다. 물론 p의 개수가 가능한 작으면 유리하기 때문에 문자열 s를 필요 이상으로 많은 버킷들에 인덱싱하지 않는다. 따라서 인덱싱되는 접두

문자를 정렬하는 더 좋은 방법

슁글을 사전식 순서로 정렬하듯 집합 원소를 명확한 순서로 정렬하는 대신, 가장 희귀한 문자들을 우선으로 정렬할 수 있다. 즉 집합에 각 원소가 얼마나 많이 등장하는지 파악하고, 그 횟수가 가장 낮은 원소를 첫 번째로 해 등장 횟수 기준으로 원소들을 정렬하면 된다. 이런 방식의 장점은 접두사를 구성하는 문자들이 순서상 뒤에 나오도록 정렬된다는 것이다. 따라서 그런 문자열은 상대적으로 멤버 개수가 적은 버킷에 위치하게 된다. 결국 일치 여부를 검사해야 하는 경우 소수의 후보 문자열들만이 검사 대상이 된다는 사실을 알 수 있다.

사의 길이는 $p = \lfloor (1 - J)L_s \rfloor + 1$이다.

예제 3.27 $J = 0.9$라고 가정하자. $L_s = 9$이면 $p = \lfloor 0.1 \times 9 \rfloor + 1 = \lfloor 0.9 \rfloor + 1 = 1$이다. 즉 s는 자신의 첫 번째 문자에 의해서만 인덱싱돼야 한다. s의 첫 번째 문자를 포함하지 않는 모든 문자열 t와 s 사이의 자카드 유사도는 0.9보다 낮을 것이다. s가 bcdefghij라고 가정하면 s는 오직 b에 의해서만 인덱싱된다. t가 b로 시작하지 않는다고 가정하면 두 가지 경우를 생각해 볼 수 있다.

1. t가 a로 시작하고 $\mathrm{SIM}(s, t) \geq 0.9$를 만족하면 t는 abcdefghij인 경우만 가능하다. 그러나 그런 경우 t는 a와 b에 의해서만 인덱싱될 것이다. 그 이유는 $L_t = 10$이므로 t는 자신의 접두사 문자들의 길이인 $\lfloor 0.1 \times 10 \rfloor + 1 = 2$개에 의해서만 인덱싱될 것이기 때문이다.

2. t가 c 혹은 그 이후 문자로 시작하면 $\mathrm{SIM}(s, t)$의 최대값은 t가 cdefghij인 경우일 때다. 그러나 $\mathrm{SIM}(s, t) = 8/9 < 0.9$다.

이를 일반화하면 $J = 0.9$일 때 길이가 9에 이르는 문자열은 자신의 첫 번째 문자에 의해 인덱싱 되고, 길이가 10~19인 문자열은 자신의 처음 2개의 문자에 의해서만 인덱싱되며, 길이가 20~29인 문자열은 자신의 처음 3개의 문자에 의해 인덱싱되는 방식을 거듭한다. ■

해결하려는 문제가 다대다인지 혹은 다대일인지에 따라 인덱싱 기법을 두 가지로 사용할 수 있다. 3.8.4절에서 소개한 구별법을 상기해 보자. 다대일 문제에서는 전체 데이터베이스를 대상으로 인덱스를 생성한다. 새로운 집합 S가 어떤 집합과 일치하는지 질의하기 위해 그 집합을 단일 문자열 s로 변환하는데 이를 탐색 문자열probe string이라고 부른다. 검사 대상인 접두사의 길이 $\lfloor (1 - J)L_s \rfloor + 1$을 결정해야 한다. 그리고 s의 접두사를 구성하는 각 문자에 대응하는 버킷을 검토하고 s를 그 버킷에 있는 모든 문자열들과 비교한다.

다대다 문제를 해결하려면 저장된 문자열과 인덱스가 없는 빈 데이터베이스에서 시작한다. 그리고 각 집합 S를 다대일 문제에서의 새 집합 S로 간주한다. 다시 말해 S를 문자열 s로 변환하고 그것을 다대일 문제에서의 탐색 문자열처럼 처리하는 것이다. 그러나 인덱스 버킷 하나를 조사한 후에 s를 그 버킷에 추가해 이후 해당 버킷으로 할당될 다른 문자열들이 s와 일치 가능성이 있는지 비교되도록 한다.

3.9.5 위치 정보 이용

문자열 s = acdefghijk와 t = bcdefghijk가 있고, J = 0.9라 가정하자. 두 문자열의 길이는 모두 10이기 때문에 두 문자열의 처음 두 문자에 의해서만 인덱싱된다. 즉 s는 a와 c로 인덱싱되고, t는 b와 c로 인덱싱된다. s와 t의 비교 순서와는 상관 없이 결국 두 문장은 c에 해당하는 버킷에서 만나게 돼 서로 비교될 것이다. 그러나 문자 c가 두 문자열 모두에서 순서상 두 번째로 등장하기 때문에 이 경우 두 문자 a, b는 집합의 합집합에는 있으나 교집합에는 없다는 사실을 알 수 있다. 실제로 s와 t가 c부터 문자열 마지막까지 일치한다 하더라도 그 둘의 교집합에 속하는 문자는 9개이며, 합집합에 속하는 문자는 11개다. 따라서 SIM(s, t) = 9/11이며 이는 0.9보다 작은 값이다.

문자와 더불어 문자열에서 그 문자의 위치를 기반으로 인덱스를 생성하면 s와 t를 위와 같이 비교하지 않아도 된다. 즉 접두사 위치 i에서의 문자가 x인 문자열 (x, i)에 대한 버킷으로 인덱스를 구성하는 것이다. 문자열 s에 대해 원하는 최소 자카드 거리를 J로 가정하면 s의 접두사 위치 1부터 $\lfloor (1 - J)L_s \rfloor$ + 1까지를 검토하면 된다. 접두사 위치 i에서의 문자가 x라면 (x, i)에 해당하는 인덱스 버킷에 s를 추가한다.

이제 s를 탐색 문자열로 간주하자. s는 어떤 버킷들과 비교돼야 하는가? s의 접두사 문자들을 좌측부터 검토해 보면서 이전에 검사했던 버킷들 중 어디에도 t가 존재하지 않은 경우 일치 가능성이 있는 문자열 t만 찾으면 된다는 사실을 활용할 것이다. 즉 일치 가능성이 있는 단 하나의 후보만을 찾는 것이다. 따라서 s에서 i번째 문자가 x인 문자열을 찾는다면 단지 몇 개의 j 값들에 대한 버킷 (x, j)만을 검토하면 된다.

j의 상한을 계산하기 위해서 문자열 t의 처음 j − 1개의 문자들 중 어느 것도 s의 모든 문자들과 일치하지 않으나, s의 i번째 문자와 t의 j번째 문자는 같다고 가정하자. 그림 3.15에서 볼 수 있듯이 SIM(s, t)가 최대인 경우는 s와 t의 문자들이 각각

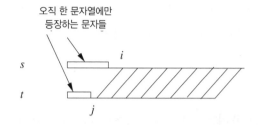

오직 한 문자열에만
등장하는 문자들

그림 3.15 문자열 s와 t는 각각 $i-1$과 $j-1$개의 유일한 문자들로 시작하고, 그 이후 위치부터 일치한다.

i와 j번째 이후 동일할 때다. 이 경우 교집합의 크기는 $L_s - i + 1$인데 이는 t에 존재할 가능성이 있는 s의 문자 개수가 된다. 합집합의 크기는 최소 $L_s + j - 1$다. 즉 s 중 반드시 L_s개의 문자가 합집합에 속하며, s에 속하지 않는 t의 문자 중 최소 $j - 1$개가 합집합에 속하게 된다. 교집합과 합집합 크기 비율은 최소 J가 돼야 하므로 다음 식이 성립한다.

$$\frac{L_s - i + 1}{L_s + j - 1} \geq J$$

이 부등식을 j로 다시 정리하면 $j \leq (L_s(1 - J) - i + 1 + J)/J$를 얻을 수 있다.

예제 3.28 3.9.5절 전반부에 언급했던 $J = 0.9$인 문자열 $s = $ acdefghijk에 대해 생각해 보자. 여기서 s를 탐색 문자열이라고 가정하자. 처음 두 위치를 검토해야 한다고 설정했으므로 i는 1 혹은 2가 될 수 있다. $i = 1$이라고 가정하자. 그러면 $j \leq (10 \times 0.1 - 1 + 1 + 0.9)/0.9$다. 즉 $j \leq 2.11$인 경우 문자 a는 오직 (a, j)에 해당하는 버킷에 위치한 문자열들과 비교하기만 하면 된다. 즉 j는 1 혹은 2가 될 수 있으나 더 높을 수는 없다.

이제 $i = 2$로 가정하자. 그러면 $j \leq (10 \times 0.1 - 2 + 1 + 0.9)/0.9$ 혹은 $j \leq 1$가 된다. $(a, 1)$, $(a, 2)$, $(c, 1)$에 해당하는 버킷들을 검토해야 하고, 그 외 다른 버킷들은 검토할 필요가 없다는 결론을 얻을 수 있다. 비교 시 3.9.4절의 버킷들을 활용해서 a와 c에 해당하는 버킷을 검토하게 될 텐데 이는 특정 j에 해당하는 모든 버킷 (a, j)와 (c, j)를 검토하는 것과 동일하다. ∎

3.9.6 인덱스 위치 및 길이 활용

3.9.5절에서 j의 상한을 계산할 때 그림 3.15처럼 문자열 s와 t에서 위치 i와 j 이후 부분은 정확하게 일치한다고 가정했었다. 문자열의 모든 문자들이 포함되도록 인덱스를 생성하는 것은 전체 작업이 과도해지기 때문에 바람직하지 않다. 그러나 인덱싱될 위치 이후의 내용을 요약해 인덱스에 추가할 수 있다. 이렇게 함으로써 적절한 한계를 넘지 않는 수준으로 버킷 개수를 확장할 수 있으며, 전체 문자열들을 서로 비교하지 않으면서도 많은 후보들을 제거할 수 있다. 그 방법은 문자와 위치, 그리고 접미사 길이에 대응하는 인덱스 버킷을 사용하는 것이다. 이 중 접미사의 길이는 검사하는 위치 이후에 등장하는 기호의 개수다.

예제 3.29 $J = 0.9$인 문자열 $s = $ acdefghijk는 (a, 1, 9)와 (c, 2, 8)에 해당하는 버킷으로 인덱싱된다. 즉 s의 첫 번째 위치에 있는 문자는 a이며 접미사의 길이는 9다. 두 번째 위치에 있는 문자는 c이며 접미사의 길이는 8이다. ■

그림 3.15는 s의 위치 i와 t의 위치 j에서 접미사 길이가 서로 같다고 가정한다. 그렇지 않다면 s와 t의 교집합 크기의 상한이 더 작아지거나(t가 더 짧은 경우), 합집합 크기의 상한이 더 커질 수 있다(t가 더 긴 경우). s의 접미사 길이는 p이고, t의 접미사 길이는 q라고 가정하자.

경우 1: $p \geq q$이면 교집합의 최대 크기는 다음과 같다.

$$L_s - i + 1 - (p - q)$$

$L_s = i + p$이므로 교집합 크기에 대한 이 식은 $q + 1$로 표현할 수 있다. 접미사 길이를 고려하지 않았을 때 합집합의 최소 크기는 $L_s + j - 1$이다. 따라서 아래와 같은 식이 성립한다.

$p \geq q$일 때

$$\frac{q + 1}{L_s + j - 1} \geq J$$

경우 2: $p < q$이면 접미사 길이를 고려하지 않았을 때 교집합의 최대 크기는 $L_s - i + 1$이다. 그러나 합집합의 최소 크기는 $L_s + j - 1 + q - p$가 된다. 관계식 $L_s = i + p$를 다시 사용하면 $L_s - p$를 i로 치환해 합집합 크기에 대한 식은 $i + j - 1 + q$가 된다. 자카드 유사도가 최소 J일 때 다음과 같은 식이 성립한다.

$p < q$일 때

$$\frac{L_s - i + 1}{i + j - 1 + q} \geq J$$

예제 3.30 문자열 s = acdefghijk을 다시 살펴보자. 예제를 조금 더 자세히 설명하기 위해 0.9 대신 $J = 0.8$로 선택하자. $L_s = 10$이다. $\lfloor (1 = J)L_s \rfloor + 1 = 3$이므로 이제부터는 접두사 위치가 $i = 1, 2, 3$인 경우를 검토할 것이다. 전처럼 s의 접미사 길이는 p, t의 접미사 길이는 q로 하자.

먼저 $p \geq q$인 경우를 살펴보자. q와 j에 대한 추가적인 제약 조건은 $(q + 1)/(9 + j) \geq 0.8$이다. 1과 3 사이의 i 각각에 대해서 j와 q의 쌍들을 다음과 같이 열거할 수 있다.

$i = 1$: 이 경우 $p = 9$이므로 $q \leq 9$다. 가능한 q 값들을 살펴보자.

$q = 9$: $10/(9 + j) \geq 0.8$이 성립해야 한다. 따라서 $j = 1$, $j = 2$, 혹은 $j = 3$이다. $j = 4$인 경우 $10/13 < 0.8$임에 주목하라.

$q = 8$: $9/(9 + j) \geq 0.8$이 성립해야 한다. 따라서 $j = 1$ 혹은 $j = 2$이다. $j = 3$인 경우 $9/12 > 0.8$이다.

$q = 7$: $8/(9 + j) \geq 0.8$이 성립해야 한다. 오직 $j = 1$인 경우에만 이 부등식이 성립한다.

$q = 6$: 모든 양수 j에 대해서 $7/(9 + j) > 0.8$이 성립하는 j 값은 없다. 더 작은 q 값에 대해서도 마찬가지다.

$i = 2$: 이 경우 $p = 8$이므로 $q \leq 8$이다. 제약 조건 $(q + 1)/(9 + j) \geq 0.8$은 i[11]와 무관하므로 위와 같이 q에 대한 분석 시 $q = 9$인 경우를 제외한다.

---

11 i는 p 값에 영향을 미치며 p를 통해 q값에 제한을 가한다는 사실에 주목하라.

따라서 $i = 2$일 때 가능한 j와 q의 값은 다음과 같다.

    (1) $q = 8; j = 1$

    (2) $q = 8; j = 2$

    (3) $q = 7; j = 1$

$i = 3$: 이 경우는 $p = 7$이고, 제약 조건은 $q \leq 7$ 그리고 $(q + 1)/(9 + j) \geq 0.8$ 이다. $p = 7$과 $j = 1$인 경우만 가능하다.

그다음 $p < q$인 경우를 살펴봐야 한다. 추가 제약 조건은 다음과 같다.

$$\frac{11 - i}{i + j + q - 1} \geq 0.8$$

다시 가능한 i 값들을 살펴보자.

$i = 1$: 이 경우 $p = 9$이므로 $q \geq 10$과 $10/(q + j) \geq 0.8$이 성립해야 한다. 가능한 q와 j 값은 다음과 같다.

    (1) $q = 10; j = 1$

    (2) $q = 10; j = 2$

    (3) $q = 11; j = 1$

$i = 2$: 이 경우 $p = 8$이므로 $q \geq 9$와 $9/(q + j + 1) \geq 0.8$이 성립해야 한다. j는 반드시 양의 정수여야 하므로 $q = 9$와 $j = 1$인 경우만 가능하다.

$i = 3$: 이 경우 $p = 7$이므로 $q \geq 8$과 $8/(q + j + 2) \geq 0.8$이 성립해야 한다. 가능한 경우는 없다.

i, j, q의 가능한 조합을 따질 때 검토해야 하는 인덱스 버킷들의 집합이 피라미드 형태를 띠고 있음을 볼 수 있다. 그림 3.16은 검색 대상 버킷을 보여 준다. 즉 문자열 s의 i번째 문자가 x이고, 해당 버킷과 관련된 위치는 j이며, 접미사 길이가 q일 때 버킷 (x, j, q)를 검토해야 한다. ■

i	q	$j=1$	$j=2$	$j=3$
	7	x		
	8	x	x	
$i=1$	9	x	x	x
	10	x	x	
	11	x		
	7	x		
$i=2$	8	x	x	
	9	x		
$i=3$	7	x		

그림 3.16 $J = 0.8$인 문자열 s = acdefghijk와 일치 가능성이 있는 문자열을 찾기 위해 조사해야 하는 버킷은 x로 표시됐다.

3.9.7 3.9절 연습문제

연습문제 3.9.1 전체 집합은 소문자들이고, 알파벳 순서로 정렬된 모음에 이어서 알파벳 역순으로 정렬된 자음이 나열된다고 가정하자. 다음 집합을 문자열로 표현하라.

(a) $\{q, w, e, r, t, y\}$

(b) $\{a, s, d, f, g, h, j, u, i\}$

연습문제 3.9.2 3.9.3절에서와 같이 길이를 기준으로 해 후보 쌍들을 걸러낸다고 가정하자. 문자열 s의 길이가 20이라면 자카드 유사도의 하한 J가 다음과 같을 때 s는 어떤 문자열들과 비교되는가? (a) $J = 0.85$ (b) $J = 0.95$ (c) $J = 0.98$

연습문제 3.9.3 문자열 s의 길이가 15일 때 3.9.4절과 같이 접두사를 인덱싱하고자 한다.

(a) $J = 0.85$일 때 접두사에 포함돼야 하는 위치는 몇 개인가?

(b) $J = 0.95$일 때 접두사에 포함돼야 하는 위치는 몇 개인가?

! (c) s의 처음 4개의 문자들까지만 인덱싱되도록 하는 J의 범위는?

연습문제 3.9.4 문자열 s의 길이를 12라고 하자. 3.9.5절의 인덱싱 기법을 사용하면 J가 다음과 같을 경우 s는 어떤 문자-위치 쌍들과 비교되는가? (a) $J = 0.75$ (b) $J = 0.95$?

! **연습문제 3.9.5** 3.9.5절과 같이 인덱스에서의 위치 정보를 사용한다고 하자. 100개의 원소로 구성된 전체 집합에서 임의로 선택된 문자열 s와 t가 있다. $J = 0.9$로 가정하면 다음 조건에서 s와 t가 비교될 확률은 얼마인가?

(a) s와 t의 길이는 둘 다 9이다.

(b) s와 t의 길이는 둘 다 10이다.

연습문제 3.9.6 3.9.6절과 같이 위치와 접미사 길이 모두를 기준으로 해 인덱싱을 한다고 가정하자. 문자열 s의 길이가 20이라면 J가 다음과 같은 조건에서 s와 비교되는 문자-위치-길이 세 성분 쌍들triples은 무엇인가? (a) $J = 0.8$ (b) $J = 0.9$

3.10 요약

- **자카드 유사도**: 집합들의 자카드 유사도는 합집합 크기 대비 교집합 크기의 비율로 정의된다. 이 유사성 측정치는 문서들의 문자적 유사성 측정 및 고객들의 구매 습관 파악 등 많은 사례에 적절하게 사용된다.

- **슁글링**: k-슁글이란 문서에 연속으로 등장하는 k개의 문자들을 지칭한다. 하나의 문서를 k-슁글의 집합으로 표현하면 슁글 집합들의 자카드 유사도로 그 문서들의 문자적 유사성을 측정할 수 있다. 때때로 슁글들을 더 짧은 길이의 비트열bit string로 해시하고 그 해시 값들의 집합으로 문서를 나타내는 것이 유용하다.

- **민해싱**: 집합들에 대한 하나의 민해시 함수는 전체 집합의 원소 순서를 변경하는 방식을 기본으로 한다. 그렇게 치환permutation했을 때 변경된 순서에서 첫 번째로 나타나는 해당 집합의 원소가 그 집합의 민해시 값이다.

- **민해시 시그니처**: 가능한 치환 행렬 중 몇 개를 선택해 각 집합의 민해시 시그니처를 계산함으로써 집합을 표현할 수 있다. 즉 각 치환을 대상으로 얻은 민해시 값들을 나열한 것이 민해시 시그니처다. 두 집합이 같은 민해시 값을 가질 확률은 집합의 자카드 유사도와 정확히 일치한다.

- **효율적 민해싱**: 무작위로 치환 행렬들을 생성하는 것은 현실적으로 불가능하기 때문에 임의의 해시 함수를 택하고 집합에 대한 민해시 값을 집합 멤버들 중 최소

해시 값으로 변경해 가면서 치환을 진행하는 것이 일반적이다. 가장 작은 민해시 값에 대한 검색을 전체 집합의 작은 부분집합으로 제한함으로써 추가적으로 효율을 높일 수 있다.

- **시그니처의 지역성 기반 해싱**: 이 기법을 사용하면 모든 집합 쌍들 혹은 모든 집합의 민해시 시그니처 쌍들의 유사성을 계산해야 하는 일을 피할 수 있다. 집합의 시그니처들을 밴드로 나누고, 두 집합이 적어도 하나의 밴드에서 동일한 경우에만 유사성을 측정하면 된다. 밴드의 크기를 적절하게 선택함으로써 유사도 임계치를 만족하지 않는 대부분의 쌍들을 비교할 필요가 없어진다.

- **거리 측정**: 거리 측정은 특정 명제를 만족하는 공간에서 점들에 대한 함수로 계산할 수 있다. 두 점이 같으면 두 점 사이의 거리는 0이지만, 두 점이 서로 다르면 거리는 0보다 크다. 거리 측정은 대칭 관계가 성립하므로 두 점의 순서는 중요하지 않다. 거리 측정값은 삼각 부등식을 만족해야 한다. 즉 두 점의 거리는 세 번째 점과 그 두 점 사이 거리들의 합보다 절대로 클 수 없다.

- **유클리드 거리**: 거리의 가장 일반적인 개념이 바로 n차원 공간에서의 유클리드 거리다. 이 거리는 L_2-norm이라고도 하는데 각 차원에서 점들 사이의 거리를 제곱해 합한 결과의 제곱근으로 정의한다. 유클리드 공간에 적합한 또 다른 거리는 맨해튼 거리 혹은 L_1-norm인데 이는 각 차원에서 점들 사이의 차이들을 더한 결과로 측정된다.

- **자카드 거리**: 1에서 자카드 유사도를 뺀 값이 자카드 거리다.

- **코사인 거리**: 벡터 공간에서 벡터들 사이의 각이 코사인 거리다. 그 각의 코사인은 벡터들의 내적을 그 벡터들의 길이로 나눔으로써 계산할 수 있다.

- **편집 거리**: 문자열 공간에 적용되는 이 거리 측정치는 하나의 문자열을 다른 문자열로 변환하기 위해 필요한 삽입 그리고/혹은 삭제의 횟수다. 또한 편집 거리는 문자열들의 길이 합에서 그 문자열들의 최장 공통 부분 문자열longest common subsequence 길이의 두 배를 뺀 값으로 계산할 수 있다.

- **해밍 거리**: 이 거리 측정치는 벡터 공간에 적용된다. 두 벡터 사이의 해밍 거리는 그 벡터들에서 서로 값이 다른 위치의 개수다.

- **지역성 기반 해싱의 일반화**: 민해시 함수 같은 함수들을 시작으로, 어느 항목 쌍이 유

사성 검사 대상의 후보가 될 수 있는지 결정할 수 있다. 이 함수들의 유일한 제약 조건은 (특정 거리 측정치에 따른) 거리가 주어진 한계점보다 가까울 때 'yes'라고 판단할 확률에 대한 하한을 제시해야 하며, 거리가 또 다른 한계점보다 멀 때 'yes'라고 판단할 확률에 대한 상한을 제시해야 한다는 것이다. 따라서 AND 조합 및 OR 조합을 적용해 유사한 항목들에 대해 'yes'라고 판단할 확률을 증가시키면서 동시에 유사하지 않은 항목들에 대해 'yes'라고 판단할 확률을 원하는 만큼 감소시킬 수 있다

- **코사인 거리에 대한 무작위 초평면과 LSH:** 코사인 거리 측정치에 대한 LSH를 일반화하기 위해 기본 함수들의 집합을 구할 수 있는데, 각 함수를 임의로 선택된 벡터 리스트와 동일하게 취급함으로써 이것이 가능하다. 리스트의 각 벡터와 벡터 v의 내적을 구함으로써 벡터 v에 함수를 적용한다. 그 결과로 내적들의 부호(+1 혹은 −1)로 구성된 스케치를 얻을 수 있다. 두 벡터의 스케치에서 일치하는 위치 비율에 180을 곱해 두 벡터 사이의 각을 추정한다.

- **유클리드 거리에 대한 LSH:** 유클리드 거리에 LSH를 시작하기 위한 기본 함수 집합은 선들을 임의로 선택하고 그 선들로 점들을 투영함으로써 구할 수 있다. 각 선은 고정 간격으로 분할되고, 함수는 같은 간격으로 할당되는 점들 쌍을 'yes'라고 판단한다.

- **문자열 비교를 통한 고−유사도**High-Similarity **탐색:** 이는 자카드 유사도의 한계점이 1에 가까울 때 민해싱과 LSH을 사용하지 않고 유사 항목들을 찾는 방법이다. 전체 집합은 정렬되고, 집합들은 자신이 갖는 원소들을 이 순서로 정렬해 집합을 문자로 표현된다. 모든 집합 쌍들 혹은 그 집합의 모든 문자열들을 비교하지 않는 가장 간단한 방법은 길이가 비슷한 문자열을 가진, 매우 유사한 집합들에 주목하는 것이다. 문자열을 정렬하면 각 문자열을 바로 연이어 등장하는 소수의 문자열들과만 비교해도 된다.

- **문자 인덱스:** 집합을 문자열로 나타냈을 때 유사성 한계점이 1에 가깝다면 모든 문자열을 그 문자열에 등장하는 처음 몇 개의 문자들만을 기준으로 인덱싱할 수 있다. 인덱싱돼야 하는 접두사의 개수는 대략 문자열 길이에 최대 자카드 거리(1에서 최소값을 뺀)를 곱한 값이다.

- **위치 인덱스**: 문자열을 접두사의 문자들로 인덱싱할 수 있을 뿐만 아니라 접두사 내 문자들의 위치를 포함해 인덱싱할 수도 있다. 두 문자열이 공유하는 하나의 문자가 두 문자열에서 첫 번째 위치가 아니라면 합집합에는 존재하나 교집합에는 존재하지 않는 앞선 문자들이 있거나 혹은 두 문자열 모두에 먼저 등장하는 문자가 존재하는 경우에 해당하기 때문에 비교 대상 문자열 쌍의 개수는 줄어든다.
- **접미사 인덱스**: 문자열을 접두사의 문자들과 그 문자들의 위치를 기반으로 인덱싱할 수 있을 뿐만 아니라 문자들의 접미사 길이를 포함해 인덱싱할 수 있다. 접미사 길이는 문자열에서 접두사 바로 뒤를 잇는 문자들의 개수다. 이 구조를 통해 비교 대상 쌍들의 개수를 줄일 수 있는데, 공통 문자의 접미사 길이가 서로 다른 경우는 합집합에는 존재하나 교집합에는 존재하지 않는 추가 문자들이 있다는 사실을 의미하기 때문이다.

3.11 참고문헌

셩글링이라고 불리는 기법은 [11]을 참조했다. [2]는 3장에서 논의한 셩글링 사용 방법의 용례다.

민해싱에 관해서는 [3]을 참조했다. 모든 성분을 검토하지 않는 개선된 방법은 [10]의 도움을 얻었다.

지역성 기반 해싱의 본래 동작은 [9]와 [7]을 참조했다. [1]은 이 분야에서 사용되는 유용한 방안들을 요약하고 있다.

[4]는 코사인 거리를 유지하면서 항목을 최소화하기 위해 무작위 초평면을 사용하는 방식을 소개한다. [8]에서는 무작위 초평면과 LSH를 결합한 방식이 유사 문서들을 감지하는 데 있어 민해싱과 LSH를 결합한 방식보다 조금 더 정확하다고 설명한다.

유클리드 공간에서 점들을 요약하는 기법은 [6]에서 다루고 있다. [12]는 불용어 기반의 셩글링 기법을 설명한다. 고-유사도high-similarity 매칭을 위한 길이 및 접두사 기반 인덱싱 기법은 [5]를 참조했다. 접미사 길이를 포함하는 기법은 [13]의 도움을 얻었다.

[1] A. Andoni and P. Indyk, "Near-optimal hashing algorithms for approximate nearest neighbor in high dimensions," *Comm. ACM* **51**:1, pp. 117–122, 2008.

[2] A.Z. Broder, "On the resemblance and containment of documents," *Proc. Compression and Complexity of Sequences*, pp. 21–29, Positano Italy, 1997.

[3] A.Z. Broder, M. Charikar, A.M. Frieze, and M. Mitzenmacher, "Min-wise independent permutations," *ACM Symposium on Theory of Computing*, pp. 327–336, 1998.

[4] M. Charikar, "Similarity estimation techniques from rounding algorithms," *ACM Symposium on Theory of Computing*, pp. 380–388, 2002.

[5] S. Chaudhuri, V. Ganti, and R. Kaushik, "A primitive operator for similarity joins in data cleaning," *Proc. Intl. Conf. on Data Engineering*, 2006.

[6] M. Datar, N. Immorlica, P. Indyk, and V.S. Mirrokni, "Locality-sensitive hashing scheme based on p-stable distributions," *Symposium on Computational Geometry* pp. 253–262, 2004.

[7] A. Gionis, P. Indyk, and R. Motwani, "Similarity search in high dimensions via hashing," *Proc. Intl. Conf. on Very Large Databases*, pp. 518–529, 1999.

[8] M. Henzinger, "Finding near-duplicate web pages: a large-scale evaluation of algorithms," *Proc. 29th SIGIR Conf.*, pp. 284–291, 2006.

[9] P. Indyk and R. Motwani. "Approximate nearest neighbor: towards removing the curse of dimensionality," *ACM Symposium on Theory of Computing*, pp. 604–613, 1998.

[10] P. Li, A.B. Owen, and C.H. Zhang. "One permutation hashing," *Conf. on Neural Information Processing Systems* 2012, pp. 3122–3130.

[11] U. Manber, "Finding similar files in a large file system," *Proc. USENIX Conference*, pp. 1–10, 1994.

[12] M. Theobald, J. Siddharth, and A. Paepcke, "SpotSigs: robust and efficient near duplicate detection in large web collections," *31st Annual ACM SIGIR Conference*, July, 2008, Singapore.

[13] C. Xiao, W. Wang, X. Lin, and J.X. Yu, "Efficient similarity joins for near duplicate detection," *Proc. WWW Conference*, pp. 131–140, 2008.

04

스트림 데이터 마이닝

이 책에서 소개하는 대부분의 알고리즘은 데이터베이스를 마이닝한다는 가정을 기초로 한다. 즉 모든 데이터는 필요하면 언제든 사용 가능하다고 가정한 것이다. 이와 다르게 4장에서는 데이터가 하나 이상의 스트림stream으로 도착했을 때 즉각 처리되거나 저장되지 않으면 영구적으로 유실된다고 가정할 것이다. 더불어 데이터는 매우 빠른 속도로 도착하기 때문에 그 모두를 액티브 스토리지(예컨대 일반적인 데이터베이스)에 저장하는 것은 불가능하므로 선택한 시간대의 데이터만 사용 가능하다고 가정할 것이다.

스트림을 처리하는 알고리즘은 저마다 자신만의 방법으로 스트림을 요약한다. 유용한 스트림 표본sample을 어떻게 만들고 대부분의 '원치 않는' 원소들을 제거하기 위해 스트림을 어떻게 걸러 내는지 살펴보는 것부터 시작할 것이다. 그런 다음 마주치는 모든 원소를 나열할 때 필요한 공간보다 훨씬 더 적은 스토리지를 사용하여 스트림에 존재하는 서로 다른 원소의 개수를 계산하는 방법을 살펴볼 것이다.

스트림을 요약하는 또 다른 방법은 (보통 매우 큰) 특정 n에 대해 마지막 n개의 원소로 이루어진, 고정 길이의 '윈도우window'만을 검토하는 것이다. 그러면 마치 그 윈도우를 데이터베이스에서의 관계relation처럼 생각해 그 윈도우를 대상으로 질의를 던질 수 있다. 스트림이 많고/많거나 n이 크면 모든 스트림에 대한 윈도우 전체를 저장할 수 없을지도 모르기 때문에 그 윈도우 자체도 요약해야 한다. 전체 윈도우를 저장하는 데 필요한 공간보다 훨씬 더 적은 공간을 사용하면서 비트^{bit} 스트림 윈도우에 존재하는 1의 개수의 근사치를 계산하는 기본적인 문제를 다룰 것이다. 이 기법은 다양한 종류의 근사치를 계산해 내는 문제로 일반화할 수 있다.

4.1 스트림 데이터 모델

스트림의 원소들과 스트림 처리 방식을 알아보는 것으로 4.1절을 시작하려고 한다. 스트림과 데이터베이스의 차이점을 설명하고, 스트림을 다룰 때 발생하는 특별한 문제들을 알아볼 것이다. 그리고 스트림 모델의 몇 가지 전형적인 응용 사례들을 소개할 것이다.

4.1.1 데이터 스트림 관리 시스템

데이터베이스 관리 시스템에 비유하자면 스트림 프로세서는 일종의 데이터 관리 시스템으로 볼 수 있는데, 이를 포함한 전체적인 구조를 그림 4.1에서 확인할 수 있다. 시스템으로 들어오는 스트림 개수에 제한은 없다. 각 스트림은 자신만의 스케줄에 따라 원소들을 시스템으로 공급하는데, 데이터 속도 혹은 데이터 타입은 같을 필요가 없으며, 하나의 스트림에서 원소들 사이의 시간 간격 역시 균등할 필요가 없다. 스트림 원소들의 도착 속도를 시스템이 제어할 수 없다는 사실은 데이터베이스 관리 시스템으로 입력되는 데이터 처리와 스트림 처리를 구별 짓는 요소다. 데이터 베이스 관리시스템은 디스크에서 데이터를 읽어 오는 속도를 제어하므로 질의를 실행하려고 할 때 데이터 유실은 전혀 우려할 필요가 없다.

스트림은 대형 **보관용 저장소**$^{archival\ store}$에 보존될 수 있으나, 그 저장소로부터 질의에 대한 응답을 얻는 것은 불가능하다고 가정한다. 그런 질의는 오직 시간 소모가 큰 검색 연산을 처리하는 특수한 환경에서만 실행될 수 있다. 또한 **작업용 저장소**$^{working\ store}$ 역시 존재하는데 이는 스트림의 요약 혹은 스트림 일부가 위치하는 장소로서 질의에 응답하기 위해 사용된다. 작업용 저장소는 질의를 얼마나 빨리 처리해야 하느냐에

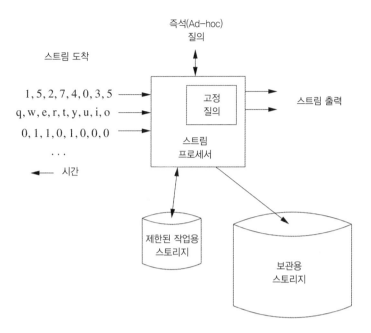

스트림 도착

1, 5, 2, 7, 4, 0, 3, 5 →
q, w, e, r, t, y, u, i, o →
0, 1, 1, 0, 1, 0, 0, 0 →
· · ·

← 시간

즉석(Ad-hoc)
질의

고정
질의

스트림
프로세서

→ 스트림 출력

제한된 작업용
스토리지

보관용
스토리지

그림 4.1 데이터 스트림 관리 시스템(data-stream-management system)

따라 디스크가 될 수도 있고 메인 메모리가 될 수도 있다. 둘 중 뭐가 됐든지 간에 작업용 저장소는 용량에 상당한 제한이 있어서 전체 스트림으로부터 얻은 모든 데이터를 저장할 수는 없다.

4.1.2 스트림 소스의 예

설명에 앞서 스트림 데이터를 발생시키는 몇 가지 기본적인 방식을 소개한다.

센서 데이터

매시간 표면 온도를 읽고 기지국으로 돌려주는 온도 센서가 해안에 세워져 있다고 생각해 보자. 이 센서에 의해 생성되는 데이터는 실수$^{real\,number}$로 구성된 스트림이다. 데이터 속도가 매우 느리기 때문에 아주 흥미로운 스트림은 아니다. 이런 스트림 처리를 위해서 고도의 현대 기술이 필요하지는 않을 것이며, 전체 스트림은 메인 메모리에 기본적으로 영구 보관될 수 있다.

이제 센서에 GPS 모듈을 장착해 온도 대신 해수면 높이를 보고하도록 하자. 해수면 높이는 온도에 비해 상당히 급격하게 변하므로 센서가 1/10초마다 데이터를 읽어 올 수 있도록 설정해야 한다. 한 번에 전송되는 실수가 4바이트라면 센서는 하루에 3.5메가바이트의 데이터를 생성하게 된다. 데이터 크기가 이 정도라면 디스크까지 고려할 필요 없이 잠시 메인 메모리에 저장하는 것으로 충분하다.

그러나 센서 하나로 얻을 수 있는 정보는 그렇게 많지 않다. 해양의 상태를 파악하기 위해서 100만 개의 센서를 배포해 초당 열 번이라는 속도로 각 센서가 스트림을 보내도록 할 수 있다. 사실 100만 개의 센서가 그다지 많은 것은 아니다. 해양에 150제곱마일당 하나의 센서가 배치될 것이기 때문이다. 이제 매일 3.5테라바이트에 달하는 데이터가 수신될 텐데 어떤 것이 작업용 저장소에 저장돼야 하고 어떤 것이 보존archive돼야 하는지 반드시 생각해 봐야 한다.

이미지 데이터

인공위성은 하루에 수 테라바이트급의 이미지로 구성된 스트림을 지구로 보낸다. 감시 카메라는 인공위성보다 낮은 해상도로 이미지를 생성하지만, 대신 그런 카메라의 개수가 많고 초 단위로 이미지 스트림을 생성한다. 런던에는 스트림을 생성하는 그런 카메라가 6만 개나 존재한다고 알려져 있다.

인터넷과 웹 트래픽

인터넷 중간에 위치한 스위칭 노드는 많은 입력들로부터 IP 패킷 스트림을 받아 그 패킷 스트림을 출력으로 분배route하는 역할을 한다. 일반적으로 스위치의 역할은 데이터를 보유하거나 질의하는 것이 아니라 데이터를 전송하는 것이다. 그러나 DoSDenial-of-Service 공격을 감지하거나 네트워크 부하량을 바탕으로 패킷들을 재분배reroute하는 것처럼 스위치에 조금 더 많은 기능이 추가되고 있다.

웹사이트가 수신하는 스트림 종류는 다양하다. 예를 들면 구글은 하루에 수억 개의 검색 질의를 입력받으며, 야후는 여러 사이트에서 발생하는 '클릭'을 하루에 수백만 건 처리한다. 이런 스트림으로부터 흥미로운 사실을 많이 발견할 수 있다. 예컨대 '인후염'과 같은 질의가 증가했다면 바이러스의 전파를 추적해 볼 수 있다. 특정 링크의 클릭 속도가 급증했다면 해당 페이지와 관련된 특별한 화젯거리가 있다거나 링크가 깨져서 복구돼야 하는 상황을 의미하는 것일 수 있다.

4.1.3 스트림 질의

스트림을 대상으로 하는 질의 방식은 두 가지다. 그림 4.1에서 프로세서 내부에 **고정 질의**standing query가 저장되는 공간이 있음을 볼 수 있는데, 이런 질의는 영구적으로 실행되고 적절한 시간 내에 출력을 생성한다.

예제 4.1 4.1.2절 초반에 언급했던 해양-지면-온도 센서에 의해 생성된 스트림을 대상으로 온도가 섭씨 25도를 초과할 때마다 경고를 발생시키는 고정 질의를 던질 수 있다. 이 질의는 가장 최근 스트림 원소만을 대상으로 하기 때문에 쉽게 응답된다.

한편 새로운 원소가 도착할 때마다 가장 최근 원소 24개의 평균을 구하는 고정 질의도 있을 수 있다. 가장 최근 스트림 원소 24개가 저장된다면 이런 질의 역시 쉽게 응답될 것이다. 새로운 스트림 원소가 도착하는 순간 25번째 원소는 더 이상 필요하지 않기 때문에(특별히 그 원소를 필요로 하는 고정 질의가 존재하지 않는 한) 이를 작업용 저장소에서 제거하면 된다.

그 외 지금까지 센서에 의해 기록된 최고 온도를 질의할 수도 있다. 간단한 스트림 요약본을 보유하고 있으면 이런 질의는 쉽게 응답된다. 바로 지금까지 마주친 스트림 원소 전체 중 최대치를 보유하는 것이다. 전체 스트림을 기록할 필요가 없이 말이다. 새로운 스트림 원소 하나가 도착하면 그 원소와 저장된 최대치를 비교해 큰 값을 최대치로 설정한다. 즉 현 시점의 최대치를 생성함으로써 그런 질의가 응답될 수 있는 것이다. 이와 유사하게 이제까지의 전체 평균 온도가 궁금할 경우 스트림으로 전송된 원소 개수와 그 원소들의 합 두 값만 저장하면 된다. 새로운 원소가 도착할 때마다 이 값들이 조정되고, 합을 개수로 나눠 그 몫을 해당 질의에 대한 응답으로 제공되도록 한다. ■

나머지 방식인 **즉석**ad-hoc 질의는 조금 다른데, 이는 단일 스트림 혹은 스트림들의 현재 상태를 대상으로 단 한 번 요청된 질의다. 일반적으로 스트림 전체를 저장할 수 없긴 하지만, 스트림 전체를 저장하지 않으면 스트림을 대상으로 한 임의의 질의가 응답될 것이라 기대하기 힘들다. 즉석 질의 인터페이스를 통해 어떤 종류의 질의가 요청될 것인지를 미리 파악하고 있다면 예제 4.1에서와 같이 스트림의 일부 혹은 요약본을 저장해 뒀다가 응답할 수 있다.

광범위한 즉석 질의를 처리해야 하는 경우 사용되는 일반적인 방법은 각 스트림의 **슬라이딩 윈도우**sliding window를 작업용 저장소에 저장하는 것이다. 슬라이딩 윈도우는 스트림의 최근 원소 n개로 구성되거나 1일과 같이 t라는 시간 단위 안에 도착한 모든 원소들로 구성될 수도 있다. 각 스트림 원소를 하나의 튜플로 생각하면 윈도우라는 관계를 대상으로 **SQL** 질의를 던지는 격이다. 물론 스트림 관리 시스템은 새로운 원소가 들어올 때마다 가장 오래된 원소를 제거해 윈도우를 항상 최신으로 유지해야 한다.

예제 4.2   보통 웹사이트 운영자는 최근 한 달 간 해당 웹사이트의 방문자 수를 알고 싶어한다. 개별 로그인을 하나의 스트림 원소로 생각하면 최근 한 달 간의 모든 로그인 기록들을 하나의 윈도우로 구성할 수 있다. 방문 시간을 각 로그인 기록과 연결시키면 그 로그인 기록이 더 이상 윈도우에 속하지 않는 시점을 알 수 있다. 윈도우를 하나의 로그인 관계 Logins(name, time)로 생각하면 지난 한 달간 방문한 새로운 방문자 수를 구하는 일은 어렵지 않다. 이를 위한 **SQL** 질의는 다음과 같다.

```
SELECT COUNT(DISTINCT(name))
FROM Logins
WHERE time >= t;
```

여기서 t는 현재 시간을 기준으로 이전 달을 나타내는 상수다.

지난 한 달간 전체 로그인 스트림을 작업용 저장소에 보관하고 있어야 한다는 사실에 유의하라. 그러나 가장 큰 웹사이트라 하더라도 그런 데이터는 몇 테라바이트를 넘지 않으므로 분명히 디스크에 저장될 수 있다. ∎

4.1.4 스트림 처리 시 이슈

스트림을 처리하는 알고리즘을 논의하기 전에 스트림 처리 시 고려해야 하는 제약 조건을 생각해 보자. 우선 스트림은 보통 원소들을 매우 빠르게 전달한다. 그래서 실시간으로 원소들을 처리해야 하며, 그렇지 않으면 보관용 저장소에 접근하는 방법을 제외하고는 절대 원소들을 처리할 수 없다. 따라서 스트림 처리 알고리즘은 보조 기억 장치secondary storage에 접근하지 않고, 혹은 매우 드물게 접근하면서 메인 메모리에서 실행된다는 점이 중요하다. 또한 4.1.2절의 센서 데이터 예제처럼 스트림이 '느린' 경우에도 스트림 개수 자체가 많을 수 있다. 각 스트림 자체는 매우 적은 양의 메인 메모리를 사용해 처리된다 할지라도 모든 스트림을 함께 처리하는 데 필요한 메모리의 총 용량은 가용 메인 메모리의 용량을 금방 초과하게 된다.

따라서 스트림 데이터와 관련된 많은 문제들은 메모리가 충분하다면 쉽게 해결할 수 있지만, 현실적인 크기의 머신에서 현실적인 속도로 스트림 데이터를 처리하기 위해서는 문제가 다소 까다로워지며 새로운 기술의 도입이 필요하다. 4장을 읽을 때는 스트림 알고리즘과 관련된 다음 두 가지 일반적인 사실을 명심해야 한다.

- 문제에 대한 정확한 해답보다는 근접한 답을 얻는 것이 훨씬 더 효율적인 경우가 있다.
- 3장처럼 해싱과 관련된 다양한 기법이 유용하다고 알려져 있다. 일반적으로 이런 기법들은 실제 결과에 매우 근접한 답을 생성하기 위해 알고리즘에 무작위성randomness을 부여한다.

4.2 스트림 데이터의 표본 추출

앞서 다뤘던 스트림 데이터를 처리하는 예제처럼 스트림에서 신뢰할 만한 표본을 추출하는 방법을 알아볼 것이다. 많은 스트림 알고리즘은 저마다 해싱을 유용하게 사용하는 자신만의 '기법trick'을 갖고 있다.

4.2.1 동기 부여를 위한 예제

4.2절에서는 스트림으로부터 부분집합을 선택하고 그 부분집합을 대상으로 질의를 요청한 후 해당 결과가 통계적으로 전체를 대변하도록 만드는 일반적인 문제를 다룰 것이다. 어떤 질의가 요청될지 알고 있는 경우 사용할 수 있는 방법들은 흔하지만, 표본에 즉석 질의를 가능하게 하는 기법은 드문데 이러한 기법에 대해 알아보고자 한다. 이를 위해 문제 하나를 살펴보고 여기서 일반적인 방식을 도출할 것이다.

살펴볼 사례는 검색 엔진에 입력된 질의 스트림으로서 일반적인 사용자의 행태를 파악하는 문제다.[1] 스트림은 튜플(사용자, 질의, 시간)로 구성된다고 가정하자. 그리고 '지난 한 달 동안 사용자가 중복으로 요청한 질의의 비율은?'과 같은 질의에 응답해야 한다고 가정하자. 마지막으로 스트림 원소 중 1/10만 저장해야 한다는 가정을 둘 것이다.

일반적인 방법은 각 검색 질의에 대응하는 숫자를 0부터 9 사이에서 임의로 생성하는 것이다. 그런 다음 그 숫자가 0인 경우만 해당 튜플을 저장한다. 이렇게 하면 각 사용자당 자신이 던진 질의 중 평균 1/10에 해당하는 질의만 저장된다. 통계적 편차로 인해 데이터에 노이즈^{noise}가 발생할 수 있으나, 사용자들이 던지는 질의가 많으면 대수의 법칙에 의거해 대부분의 사용자가 던진 질의 중 거의 1/10에 상당히 근접한 비율로 질의가 저장될 것임을 보장할 수 있다.

그러나 이런 방식은 단일 사용자가 중복으로 검색한 질의의 평균 개수를 요청했을 때 잘못된 응답을 제공할 가능성이 있다. 어떤 사용자가 지난 달 한 번 검색한 질의는 s개이고, 두 번 검색한 질의는 d개이며, 두 번 이상 검색한 질의는 없다고 가정하자. 전체 질의 중 1/10이 표본인 경우 표본에서 한 번 실행된 검색 질의의 $s/10$을 찾을 수 있다. 두 번 실행된 d개의 검색 질의에 대해서는 표본에 $d/100$개의 질의가 두 번 등장하게 될 것이다. 이 비율은 질의 하나가 1/10 표본에 두 번 등장할 확률의 d배다. 전체 스트림에 두 번 등장하는 질의 중 $18d/100$개의 질의만 표본에 정확하게 한 번 등장하게 된다. 왜냐하면 두 번 중 한 번은 표본으로 선택된 스트림 1/10에

---

1   여기서 언급하는 '사용자'와 관련해서 검색 엔진은 실제로 검색 질의가 실행된 장소의 IP 주소를 기준으로 한다. 이렇게 IP 주소로 유일한 사용자를 식별한다고 가정한다. 이 가정은 대부분 맞지만 틀릴 가능성도 있다.

포함되고, 나머지 한 번은 표본으로 선택되지 않은 스트림 9/10에 포함될 것이므로 확률이 18/100가 되기 때문이다. 이를 이해해야 한다.

반복된 검색 비율을 질의한다면 정답은 $d/(s + d)$이다. 그러나 표본을 대상으로 하면 답은 $d/(10s + 19d)$가 된다. 후자는 표본에서 중복으로 등장하는 질의 $d/100$와 한 번만 등장하는 질의 $s/10 + 18d/100$로부터 유도된 공식이다. 따라서 표본에 두 번 등장하는 질의의 비율은 $d/100$을 $d/100 + s/10 + 18d/100$로 나눈 값이다. 이 비율이 바로 $d/(10s + 19d)$다. 그러나 결론적으로 $d/(s + d) = d/(10s + 19d)$를 만족하는 양수는 없다.

4.2.2 대표 표본 추출

일반적인 사용자 통계에 대한 여타 질의들과 같이 4.2.1절의 질의는 각 사용자의 검색 질의를 대상으로 표본을 추출하는 방식으로는 답을 얻기가 힘들다. 따라서 사용자 중 1/10을 선택하고 그들이 던지는 모든 질의를 표본으로 추출해야 한다. 그 외 나머지 다른 사용자들의 질의는 고려하지 않는 것이다. 모든 사용자에 대한 리스트를 저장할 수 있다면 그들이 표본에 있든 없든 다음 작업을 수행할 수 있을 것이다. 검색 질의가 스트림으로 들어올 때마다 해당 사용자가 표본에 있는지 없는지 확인한다. 표본에 있다면 해당 검색 질의를 표본에 추가하고, 없다면 표본에 추가하지 않는다. 만약 기존에 해당 사용자에 대한 기록이 전혀 없다면 0부터 9 사이에서 임의의 수를 생성한다. 그 수가 0이면 해당 사용자를 'in'이라는 값과 함께 리스트에 추가하고 0보다 큰 수라면 'out'이라는 값과 함께 리스트에 추가한다.

이 방법은 모든 사용자 리스트와 그들의 in/out 결과를 메인 메모리에 저장할 공간이 있을 때에만 사용할 수 있다. 왜냐하면 질의가 도착할 때마다 디스크로 접속할 시간적 여유가 없기 때문이다. 따라서 해시 함수를 사용해 사용자 리스트를 보유하지 않도록 한다. 즉 각 사용자 이름을 0부터 9에 해당하는 10개의 버킷 중 하나로 해시하는 것이다. 사용자를 0번 버킷으로 해시하면 해당 검색 질의를 표본으로 받아들이고 그렇지 않다면 표본으로 받아들이지 않는다.

그런데 사용자를 버킷에 실제로 저장하는 것이 아니라는 사실에 주의해야 한다.

사실상 버킷에는 아무런 데이터가 없다. 이는 효율을 높이기 위해서는 해시 함수를 무작위 숫자 제조기로 사용하는 방법인데, 같은 사용자에 여러 번 적용될 때 항상 같은 '임의의' 숫자를 생성한다는 것이 이 함수의 중요한 특징이다. 즉 사용자에 대한 in/out 결과를 저장하지 않고도 해당 사용자가 던진 검색 질의가 도착할 때마다 표본으로 받아들일지 여부를 결정할 수 있다.

조금 더 일반적인 방법으로 사용자 이름을 0부터 $b - 1$까지 b개의 버킷으로 해시함으로써 a/b 비율로 선택된 사용자가 던진 질의로 구성된 표본을 얻을 수 있다. 해시 값이 a보다 작다면 해당 검색 질의를 표본에 추가하면 된다.

4.2.3 일반적인 표본 추출 문제

지금부터는 일반적인 문제를 대표하는 사례를 소개하려고 한다. 성분이 n개인 튜플로 구성된 스트림이 있다. 성분들의 일부가 표본 선택 기준의 키key가 된다. 이 예제에서 성분은 사용자, 질의, 시간 3개이고, 이 중 사용자가 키다. 그러나 질의query가 키가 되도록 해 질의들의 표본을 추출할 수도 있고, 아니면 사용자, 질의 2개의 성분이 키가 되도록 함으로써 사용자-질의 쌍에 대한 표본을 추출할 수도 있다.

표본 크기를 a/b로 추출하기 위해 각 튜플의 키 값을 b개의 버킷으로 해시하고, 해시 값이 a보다 작을 때에만 해당 튜플을 표본으로 받아들인다. 키가 하나 이상의 성분들로 구성돼 있다면 해시 함수는 단일 해시 값을 만들기 위해 해당 성분들의 값을 결합해야 한다. 그렇게 하면 특정 키 값을 갖는 모든 튜플들로 표본이 구성될 것이다. 스트림에 등장하는 모든 키 값 중 대략 a/b가 표본으로 선택되는 것이다.

4.2.4 표본 크기 검증

스트림이 시스템에 입력될수록 표본은 커지게 된다. 예제에서는 전체 사용자 1/10에 해당하는 선택된 사용자가 실행한 모든 검색 질의를 영구적으로 저장한다. 시간이 지나면서 동일한 사용자가 실행한 검색은 더 많이 누적되고, 새로운 사용자가 표본으로 선택돼 스트림에 등장하게 될 것이다.

스트림으로부터 표본으로 선택돼 저장될 수 있는 튜플 개수에 제한이 있다면 시간이 지남에 따라 키가 표본에서 차지하는 비율이 낮아지도록 해야 한다. 특정 키들에 해당하는 모든 튜플이 표본에 반드시 포함되도록 키 값들을 $0, 1, \ldots, B-1$에 이르는 많은 값들로 해시하는 함수 h를 선택한다. 여기서는 한계점 t가 필요한데 이 한계점의 초기값을 최대 버킷 번호 $B-1$로 설정한다. 그러면 $h(K) \le t$를 만족하는 K를 키로 갖는 튜플들로 표본이 구성된다. 새로운 스트림 튜플은 이 조건을 만족하는 경우에만 표본에 추가된다.

표본으로 저장된 튜플의 개수가 가용 공간을 초과한다면 t를 $t-1$로 낮추고 표본에서 t로 해시되는, 키가 K인 튜플 모두를 제거한다. 효율을 높이기 위해 키 값을 표본에서 제외시켜야 할 때마다 1보다 큰 값으로 t를 낮추고, 해시 값이 가장 큰 튜플 몇 개를 제거하면 된다. 더욱더 효율을 높이려면 해시 값에 대한 인덱스를 구성하면 되는데, 이렇게 하면 특정 값으로 해시되는 키를 갖는 튜플 모두를 빠르게 찾아낼 수 있다.

4.2.5 4.2절 연습문제

연습문제 4.2.1 스키마가 다음과 같은 스트림 튜플이 있다고 가정하자.

Grades(university, courseID, studentID, grade

Suppose we have a stream of tuples with the schema

Grades(university, courseID, studentID, grade)

대학들은 각자 유일하지만 과목 ID는 한 대학 내에서만 유일하다고 가정하자(서로 다른 대학은 상이한 과목을 같은 ID로 개설할 수 있다. 예컨대 'CS101'처럼 말이다). 이와 유사하게 한 대학 내에서만 학생 ID가 유일하다고 가정한다(서로 다른 대학은 서로 다른 학생에게 같은 ID를 부여할 수 있다). 데이터 중 대략 1/20에 해당하는 표본으로 특정 질의에 대한 요청을 처리하려 한다. 다음 각 질의는 표본을 구성하는 방식을 드러낸다. 즉 키 속성이 무엇이 돼야 하는지를 설명하고 있다.

(a) 각 대학에 대해서 한 과목의 평균 학생수를 구하라.

(b) GPA 가 3.5 이상인 학생의 비율을 구하라.

(c) 학생 절반 이상이 'A'를 얻은 과목의 비율을 구하라.

4.3 스트림 필터링

스트림을 처리하는 또 다른 일반적인 방법 하나는 선택 혹은 필터링이다. 스트림으로부터 하나의 기준을 만족하는 튜플만을 입력받아야 하는 경우가 있다. 입력받은 튜플은 스트림으로 또 다른 프로세스에 넘겨지고 그렇지 않은 튜플은 버려진다. 선택 조건이 튜플에서 계산될 수 있는 성질이라면(예컨대 '첫 번째 성분은 10보다 작다'라는 조건처럼) 선택은 쉽다. 그러나 조건이 집합에 속하는지 여부를 확인하는 것이라면 문제는 어려워진다. 특히 집합이 너무 커서 메인 메모리에 저장될 수 없는 경우 문제는 더 까다로워진다. 4.3절에서는 조건을 만족하지 않는 대부분의 튜플을 제거하는 하나의 방법으로 '블룸 필터링Bloom filtering'이라 불리는 기법을 살펴볼 것이다.

4.3.1 동기부여를 위한 예제

먼저 지금부터 다룰 예제에서 문제가 무엇이며, 그 문제를 어떻게 해결할 수 있을지 설명하는 것으로 4.3절을 시작하려 한다. 10억 개에 이르는 이메일 주소로 구성된 집합 S가 있다고 가정하자. 그 이메일 주소들은 스팸이 아니라는 판단하에 통과된 데이터다. 이 스트림은 이메일 주소와 그 이메일 자체가 쌍을 이룬 형태로 구성된다. 일반적으로 이메일 주소는 20바이트 이상이기 때문에 S를 메인 메모리에 저장하는 것은 합당하지 않다. 따라서 디스크 접근 방식을 사용해 주어진 스트림 원소를 통과시킬 수 있는지 확인하거나, 가용 메인 메모리 이상을 필요로 하지 않는 방법을 고안할 수 있는데, 어찌 됐든 원하지 않는 스트림 원소들 대부분을 필터링해야 한다.

필터링 방식을 설명하기 위해 가용 메인 메모리가 1기가바이트라고 가정하자. 블룸 필터링이라는 기법에서는 메인 메모리를 하나의 비트 배열bit array로 사용한다. 이런 경우 1바이트는 8비트와 동일하기 때문에 가용 공간을 80억 비트로 볼 수 있다. 따라서 이메일 주소를 80억 개의 버킷들로 해시하는 함수 h를 고안해 보도록 하자.

S의 각 멤버를 비트 하나로 해시하고, 그 비트를 1로 설정하라. 그 외 배열의 나머지 비트들 모두는 0으로 남겨 둔다.

S의 멤버가 10억 개이기 때문에 대략 1/8 정도의 비트가 1이 될 것이다. 1로 설정된 비트는 실제로 1/8보다 약간 적을 텐데, S 중 멤버 2개가 같은 비트로 해시될 가능성이 있기 때문이다. 4.3.3절에서 1이 차지하는 정확한 비율에 대해 논의할 것이다. 스트림 원소가 도착하면 그 원소의 이메일 주소를 해시한다. 그 이메일 주소를 해시한 비트가 1이면 그 이메일은 통과시킨다. 이메일 주소가 0으로 해시되면 그 이메일 주소는 S에 속하지 않는다고 판단해 해당 스트림 원소를 버리면 된다.

안타까운 사실은 일부 스팸 이메일이 통과될 수도 있다는 것이다. 이메일 주소가 S에 속하지 않는 스트림 원소 중 대략 1/8 정도가 값이 1인 비트로 해시돼 통과될 것이다. 그럼에도 불구하고 대다수 이메일이 스팸이기 때문에(연구 보고서에 따르면 약 80% 정도), 스팸의 7/8을 제거하는 것은 상당한 효과가 있다. 게다가 스팸을 모두 제거하기 원하는 경우 필터를 통과시켜서 해당 이메일 주소가 S에 속하는지 혹은 속하지 않는지만 확인하면 된다. 이런 검사를 위해서는 S로 접근하기 위한 보조기억장치가 필요하다. 일반적인 블룸 필터링 기법을 다룰 때 살펴보겠지만, 다른 필터링 기법들도 존재한다. 간단한 예로, 반복적인 필터링을 통해 남은 스팸의 7/8을 제거하는 방법도 있다.

4.3.2 블룸 필터

블룸 필터는 다음으로 구성된다.

1. 초기값이 모두 0인 n개의 비트 배열
2. 해시 함수들 $h_1, h_2, \ldots, h_k$. 각 해시 함수는 비트 배열에서 n개의 비트에 해당하는 n개의 버킷과 '키' 값들을 매핑mapping한다.
3. 키 값이 m개인 집합 S

블룸 필터를 사용하는 목적은 키가 S에 속하는 모든 스트림 원소들을 통과시키고 S에 속하지 않는 스트림 원소들은 버리기 위해서다.

먼저 이 비트 배열의 모든 비트들을 0으로 설정해 초기화한다. S에서 각 키 값을 취하고, 해시 함수 k개 각각을 사용해 이를 해시한다. 해시 함수 h_i와 S의 키 값 K에 대해 $h_i(K)$에 해당하는 각 비트들을 1로 설정한다.

스트림으로 도착하는 키 K가 S의 멤버인지 확인하기 위해 비트 배열에서 $h_1(K)$, $h_2(K), \dots, h_k(K)$가 모두 1인지 검사한다. 모두 1이라면 스트림 원소를 통과시킨다. 이들 중 하나 이상이 0 이라면 K는 S에 속할 수 없으므로 해당 스트림 원소는 탈락시킨다.

4.3.3 블룸 필터링 분석

키가 S에 속하면 원소는 반드시 블룸 필터를 통과하게 된다. 그러나 키가 S에 속하지 않아도 통과될 수 있다. 비트 배열의 길이 n, S 멤버의 수 m, 해시 함수의 개수 k의 함수로 **거짓 양성**false positive이 발생할 확률이 어떻게 계산되는지 이해해야 한다.

이를 위해 과녁에 화살을 던지는 모델을 사용한다. x개의 과녁과 y개의 화살이 있다고 하자. 각 화살이 과녁을 명중할 확률은 동일하다고 가정할 것이다. 화살을 모두 던진 후에 적어도 한 번 이상 명중한 과녁은 몇 개라고 예상할 수 있는가? 이를 분석하는 방법은 3.4.2절의 분석과 유사하며 다음과 같이 진행된다.

- 주어진 화살이 주어진 과녁에 명중하지 못할 확률은 $(x - 1)/x$이다.
- 어느 화살도 주어진 과녁에 명중하지 않을 확률은 $\left(\frac{x-1}{x}\right)^y$이다. 이를 식 $(1 - \frac{1}{x})^{x(\frac{y}{x})}$으로 쓸 수 있다.
- 매우 작은 ϵ에 대해 근사치 $(1 - \epsilon)^{1/\epsilon} = 1/e$을 사용해(1.3.5절 참조), y개의 화살 중 어느 것도 주어진 과녁에 명중하지 않을 확률이 $e^{-y/x}$이라는 결론을 얻는다.

예제 4.3   4.3.1절의 예제를 살펴보자. 위 계산식을 통해 비트 배열에서 예상되는 1의 개수를 알아낼 수 있다. 각 비트를 과녁으로 생각하고 S의 멤버를 화살로 생각하면 주어진 비트가 1이 될 확률은 그 비트에 대응하는 과녁이 하나 이상의 화살에 의해 명중될 확률이다. S의 멤버는 10억 개이므로 화살은 $y = 10^9$개다. 80억 개의 비트가 존재하므로 과녁은 $x = 8 \times 10^9$개다. 따라서 주어진 과녁에 명중하지 않을 확률은 $e^{-y/x} = e^{-1/8}$이며, 명중할 확률은 $1 - e^{-1/8}$이다. 이는 약 0.1175에 해당한다. 4.3.1절에서는 $1/8 = 0.125$를 근사값으로 제시했으나 여기서는 정확한 값을 계산해 냈다. ∎

이런 규칙을 멤버가 m개인 집합 S, 비트 n개로 구성된 배열, 해시 함수가 k개인 조금 더 일반적인 상황에 적용할 수 있다. 과녁의 개수는 $x = n$이고, 화살의 개수는 $y = km$이다. 따라서 비트 하나가 0으로 남을 확률은 $e^{-km/n}$이다. 0의 비율을 상당히 높게 유지하거나 혹은 S에 속하지 않는 멤버가 적어도 한 번 이상 0으로 해시될 확률을 매우 낮게 하면 매우 많은 거짓 양성이 발생하게 된다. 예를 들어, 해시 함수의 개수 k를 n/m 이하가 되도록 선택하면 비트가 0이 될 확률은 적어도 e^{-1} 혹은 37%가 된다. 이를 일반화하면 한 건의 거짓 양성이 발생할 확률은 $1 - e^{-km/n}$, 즉 비트 하나가 1이 될 확률과 같고, 이를 k번 제곱하면 $(1 - e^{-km/n})^k$가 된다.

예제 4.4 예제 4.3의 배열에서 1의 비율이 0.1175이며, 또한 이 비율이 거짓 양성이 발생할 확률임을 살펴보았다. 즉 S에 속하지 않는 멤버가 1로 해시돼 필터를 통과하게 될 확률은 0.1175이다.

이전과 같은 S와 이전과 같은 배열을 사용하나 서로 다른 2개의 해시 함수를 사용한다고 가정하자. 이런 상황은 20억 개의 화살을 80억 개의 과녁에 던지는 것에 해당되며, 비트가 0으로 남을 확률은 $e^{-1/4}$이다. 거짓 양성이 되기 위해서는 S에 속하지 않는 멤버가 1인 비트로 반드시 두 번 해시돼야 하고, 이렇게 될 확률은 $(1 - e^{-1/4})^2$ 혹은 대략 0.0493이다. 따라서 예제에 두 번째 해시 함수를 추가해 거짓 양성 발생 비율을 0.1175에서 0.0493로 낮추는 방향으로 개선할 수 있다. ∎

4.3.4 4.3절 연습문제

연습문제 4.3.1 예제와 같은 상황에서(비트가 80억 개이며, 집합 S의 멤버가 10억 개인 경우) 해시 함수 3개를 사용할 경우 거짓 양성 발생 비율을 구하라. 해시 함수 4개를 사용하면 어떻게 되는가?

! **연습문제 4.3.2** n개의 비트로 구성된 가용 메모리가 있고, 집합 S가 m개의 멤버를 갖는다고 가정하자. k개의 해시 함수를 사용하는 대신 n개의 비트를 k개의 배열로 나눠서 각 배열로 한 번씩 해시할 것이다. n, m, k의 함수로 거짓 양성이 발생할 확률을 구하라. k개의 해시 함수를 사용해 하나의 배열로 해싱하는 것과 비교하면 확률 차이는 얼마인가?

!! **연습문제 4.3.3** 비트 개수 n과 S의 멤버 개수 m의 함수로 거짓 양성을 최소화하는 해시 함수 개수를 구하라.

4.4 스트림에서 중복을 제거한 원소 개수 세기

4.4절에서는 세 번째로 스트림에 적용할 수 있는 간단한 처리 방법을 살펴보려고 한다. 이전에 살펴봤던 표본 추출과 필터링으로는 적당한 용량의 메인 메모리에서 원하는 작업을 하기가 다소 까다로웠으므로 스트림마다 작은 공간만을 사용해 근사치를 계산할 수 있는 다양한 종류의 해싱과 무작위적^{randomized} 알고리즘을 사용할 것이다.

4.4.1 중복을 제거한 원소 개수

어느 전체 집합에서 스트림 원소들이 선택된다고 가정하자. 스트림 처음부터, 혹은 과거 일정한 시간 동안 원소들을 세어 가면서 스트림에 서로 다른 원소들이 얼마나 많이 등장하는지 파악하려고 한다.

예제 4.5 이런 문제의 유용한 예제로서 유입되는 방문자에 대한 월별 통계를 수집하는 웹사이트에 대해 생각해 보자. 전체 집합은 해당 사이트의 로그인 기록 전체이며, 스트림 원소는 누군가가 로그인을 했을 때마다 생성된다. 이런 방식은 아마존과 같은 사이트처럼 일반 사용자가 자신만의 유일한 이름으로 로그인하는 사이트에 적합하다.

구글과 같은 웹사이트가 검색 질의를 실행할 때 로그인을 요구하지 않는 경우도 비슷한 문제인데, 이런 웹사이트는 질의를 보낸 IP 주소로만 사용자를 식별해 낼 수 있다. 대략 40억 개의 IP 주소가 존재하며,[2] 이런 경우 8비트로 이루어진 4개의 바이트가 전체 집합으로 사용될 것이다. ■

이 문제를 해결하는 명확한 방법은 현재까지 스트림에 등장해 온 모든 원소들을 메인 메모리에 리스트로 저장하는 것이다. 해시 테이블 혹은 검색 트리처럼 검색에 효율적인 구조로 원소들을 저장하면 신속하게 원소를 추가할 수 있으며, 스트림에 막 도착한 원소가 이미 존재하는 원소인지 확인할 수 있다. 중복되지 않은 원소들의 개수가 너무 많지 않은 이상, 이 구조는 메인 메모리에 담을 수 있어서 '해당 스트림에 중복되지 않은 원소가 얼마나 많은가'라는 질문에 정확한 응답을 내는 데 전혀 문제가 없다.

그러나 중복되지 않은 원소의 개수가 너무 많거나, 한 번에 처리돼야 하는 스트림이 너무 많다면(야후는 한 달 동안 각 페이지를 열람하는 고유 사용자 수를 파악해야 한다) 필요한 데이터를 메인 메모리에 저장할 수 없다. 이를 해결하는 몇 가지 방법이 있다. 더 많은 서버를 사용해서 단일 서버가 하나 혹은 몇 개의 스트림만을 처리하도록 할 수 있다. 혹은 보조기억장치에 데이터 구조 대부분을 저장하고 스트림 원소들을 일괄batch 처리해, 디스크 블록을 메인 메모리로 가져올 때마다 해당 블록의 데이터에 테스트와 갱신 작업이 많이 수행되도록 하는 방법도 있다. 아니면 유일한 원소 개수보다 훨씬 적은 메모리를 사용해서 중복을 제거한 원소 개수를 추정하는 전략을 사용할 수도 있는데, 이 방법을 4.4절에서 설명할 것이다.

4.4.2 플라졸레–마틴 알고리즘

전체 집합의 원소를 충분히 긴 비트 문자열로 해싱해 중복을 제거한 원소 개수를 계산할 수 있다. 전체 집합의 원소 개수보다 해시 함수 결과로 가능한 값의 개수가 더 많도록 비트 문자열은 충분히 길어야 한다. 예로 64비트는 URL을 해시하기 충분하다. 서로 다른 해시 함수들을 많이 선택한 후 이 해시 함수들을 사용해 스트림의 각

원소들을 해시한다. 여기서 사용되는 해시 함수의 중요한 특징은 같은 원소에 적용할 경우 항상 같은 결과를 생성한다는 것이다. 이런 성질은 4.2절에서 다뤘던 표본추출 기법에서도 역시 필수였다.

플라졸레-마틴$^{Flajolet-Martin}$ 알고리즘의 핵심은 스트림에 중복되지 않는 원소들이 더 많을수록 중복되지 않는 해시 값의 개수가 더 많아진다는 것이다. 중복되지 않는 해시 값이 더 많을수록 이런 해시 값들 중 하나가 '특이할' 확률이 높아지게 된다. 이 알고리즘에서는 값이 다수의 0으로 종료되는 경우를 특이한 성질로서 활용한다. 물론 그 외 다른 방법들이 존재하긴 하지만 말이다.

해시 함수 h를 스트림 원소 a에 적용할 때마다 비트 문자열 $h(a)$의 마지막 부분은 몇 개의 0들로 종료되거나 혹은 0으로 종료되지 않을 수도 있다. 이런 0의 개수를 a와 h의 꼬리^{tail} 길이라고 하자. 현재까지 스트림에 등장했던 a의 최대 꼬리 길이를 R이라 하면 스트림에서 중복을 제거한 원소 개수를 2^R이라는 근사치로 계산할 수 있다.

직관적으로 이 근사치는 타당하다. 주어진 스트림 원소 a의 $h(a)$가 r개의 0으로 종료될 확률은 2^{-r}이다. 스트림에 중복을 제거한 원소가 m개 있다고 가정하자. 그러면 이들 중 꼬리 길이가 최소 r개인 원소가 하나도 존재하지 않을 확률은 $(1 - 2^{-r})^m$이다. 이런 종류의 수식에 이미 익숙해졌을 것이다. 이것을 $((1 - 2^{-r})^{2^r})^{m2^{-r}}$으로 다시 쓸 수 있다. r이 충분히 크다고 가정하면 공식 내부를 $(1 - \epsilon)^{1/\epsilon}$으로 볼 수 있는데, 이 값은 대략 $1/e$이다. 따라서 해시 값 마지막 부분이 r개의 0으로 끝나는 스트림 원소를 찾지 못할 확률은 $e^{-m2^{-r}}$이다. 이로부터 다음과 같은 결론을 얻을 수 있다.

1. m이 2^r보다 훨씬 크면 꼬리 길이가 최소 r 이상인 스트림 원소를 발견할 확률은 1에 근접한다.
2. m이 2^r보다 훨씬 작으면 꼬리 길이가 최소 r 이상인 스트림 원소를 발견할 확률은 0에 근접한다.

이런 두 가지 사실로부터 m은 근사치 2^R(R은 스트림 원소에 대한 최대 꼬리 길이다)에 비해 너무 크거나 너무 작지 않다는 결론을 얻을 수 있다.

4.4.3 근사치의 조합

서로 다른 많은 해시 함수들을 사용해서 중복을 제거한 원소 개수 m의 근사치들을 조합하는 전략에는 안타깝게도 함정이 숨겨져 있다. 각 해시 함수로부터 구한 2^R 값의 평균을 구할 수 있다면 해시 함수를 더 많이 사용할수록 실제 m에 근접하는 값을 얻을 수 있다고 생각할 것이다. 그러나 이는 사실이 아닌데 그 이유는 지나치게 높게 계산된 근사치가 평균에 영향을 미치기 때문이다.

2^r이 m보다 훨씬 클 때 r의 값을 살펴보자. 모든 스트림 원소 m개에 대해서 해시 값 끝부분에 존재하는 0의 최대 개수가 r일 확률은 p라고 가정하자. 그러면 $r + 1$인 경우가 나타나서 이 값이 0의 최대 개수가 될 확률은 최소 $p/2$가 된다. 해시 값의 끝부분에 존재하는 0의 개수를 1씩 늘리면, 2^R 값은 반대로 두 배가 된다. 결론적으로 R이 커질수록 R이 2^R의 예측 값이 훨씬 커지게 돼 사실상 이 예측 값이 무한대가 돼버린다.[3]

근사치를 조합하는 또 다른 방법은 모든 근사치에 대한 중앙값^{median}을 구하는 것이다. 중앙값은 유독 큰 2^R 값에 의해 영향을 받지 않으므로 이전에 언급했던 평균과 관련된 우려가 중앙값에는 해당되지 않는다. 그러나 안타깝게도 중앙값은 항상 2의 제곱이 된다는 단점이 있다. 따라서 얼마나 많은 해시 함수를 사용하든지 m의 정확한 값이 2개의 2의 제곱값 사이 값이 돼야 하므로 가까운 근사치를 얻는 것은 불가능하다.

그러나 이 문제를 해결하는 방법이 있다. 두 방법을 결합하면 된다. 먼저 해시 함수들을 작은 그룹으로 묶고, 그들의 평균을 구한다. 이후 그 평균에 대한 중앙값을 구하는 것이다. 가끔씩 유독 큰 2^R이 그룹 일부에 영향을 미쳐서 그 그룹의 평균을 매우 크게 만드는 것이 사실이다. 그러나 그룹 평균의 중앙값을 구하면 이런 효과가 미치는 영향을 거의 없앨 수 있다. 게다가 그룹 차제가 충분히 크면 그 그룹의 평균은 기본적으로 충분한 해시 함수를 사용할 때의 실제 m 값에 근접하게 된다. 평균 값이 유효하려면 그룹의 크기는 최소한 $\log_2 m$의 작은 배수가 돼야 한다.

---

3   기술적으로 해시 값은 유한한 길이의 비트 문자열이기 때문에 R이 해시 값 길이보다 큰 경우 2^R에 영향을 미치지는 않는다. 그러나 이 사실만으로 2^R의 예측 값이 너무 커진다는 결론을 피하기에는 충분치 않다.

4.4.4 필요 공간

스트림을 읽을 때 원소를 보이는 그대로 저장할 필요가 없다는 사실이 중요하다. 오직 해시 함수당 하나의 정수만 저장하면 된다. 이 정수는 해당 해시 함수와 스트림 원소에 대해 현재까지 기록된 최대 꼬리 길이다. 단 하나의 스트림을 처리할 때 100만 개의 해시 함수를 사용할 수 있는데 이는 가까운 근사치를 얻는 데 필요한 것보다 훨씬 많은 수준이다. 동시에 많은 스트림을 처리하려고 하는 경우에만 메인 메모리는 하나의 스트림 처리를 위해 필요한 해시 함수들의 개수를 제한할 것이다. 실제로 각 스트림 원소의 해시 값을 계산하는 데 걸리는 시간이 사용하는 해시 함수 개수에 더 큰 영향을 미친다.

4.4.5 4.4절 연습문제

연습문제 4.4.1 스트림이 정수 3, 1, 4, 1, 5, 9, 2, 6, 5로 구성된다고 가정하자. 모든 해시 함수는 어떤 a와 b에 대해 $h(x) = ax + b \bmod 32$ 형태를 따른다. 이런 해시 함수들의 결과를 5비트 바이너리 정수로 나타낼 것이다. 해시 함수가 다음과 같을 때 각 스트림 원소의 꼬리 길이와 중복을 제거한 원소 개수의 근사치를 구하라.

(a) $h(x) = 2x + 1 \bmod 32$

(b) $h(x) = 3x + 7 \bmod 32$

(c) $h(x) = 4x \bmod 32$

! **연습문제 4.4.2** 연습문제 4.4.1에서 선택한 해시 함수에는 어떠한 문제가 있는가? $h(x) = ax + b \bmod 2^k$ 형태의 해시 함수를 선택한 사람에게 어떤 조언을 해주고 싶은가?

4.5 모멘트 근사치

4.5절에서는 스트림에서 중복을 제거한 원소 개수를 세는 문제를 일반화하는 방법을 살펴볼 것이다. '모멘트^{moment}' 계산이라고 불리는 이 문제는 스트림에서 서로 다른

원소들의 빈도 분포를 구하는 과정이 포함된다. 모든 모멘트 종류를 정의하고 두 번째 모멘트second moment 계산을 중점적으로 살펴볼 것이다. 그 계산 과정을 조금만 확장하면 모든 모멘트 계산을 위한 알고리즘으로 일반화할 수 있다.

4.5.1 모멘트의 정의

전체 집합에서 선택된 원소들로 구성된 스트림이 있다고 가정하자. 전체 집합은 정렬돼 있어서 i번째 원소가 무엇인지 식별할 수 있다고 가정할 것이다. i번째 원소가 등장하는 횟수를 m_i라고 하면 스트림의 k**번째 순서 모멘트**kth-order moment(혹은 k번째 모멘트)는 모든 i에 대한 $(m_i)^k$의 합으로 정의된다.

예제 4.6   0번째 모멘트0th moment는 0보다 큰 m_i 각각에 대한 1의 합이다.[4] 즉 0번째 모멘트는 스트림에서 중복을 제거한 원소의 개수다. 스트림에서 0번째 모멘트를 추정하기 위해 4.4절의 방법을 사용할 수 있다.

첫 번째 모멘트1st moment는 m_i들의 합으로서 스트림 길이와 같다. 따라서 첫 번째 모멘트는 계산하기가 매우 쉽다. 현재까지의 스트림 길이를 세기만 하면 된다.

두 번째 모멘트second moment는 m_i들의 제곱의 합이다. 때때로 이를 **서프라이즈 넘버** surprise number라고 부르는데 스트림에서 원소들이 얼마나 불균등하게 분배됐는지를 측정해 주기 때문에 이런 이름이 붙었다. 두 번째 모멘트의 특징을 확인하기 위해 길이가 100인 스트림에 서로 다른 원소 11개가 등장한다고 가정하자. 이 11개의 원소들이 가장 균등하게 분배되는 상황은 원소 1개가 10번 등장하고 나머지 원소 10개가 각각 9번 등장하는 경우다. 이때 서프라이즈 넘버는 $10^2 + 10 \times 9^2 = 910$이다. 그 외 극단적인 상황은 원소 1개가 90번 등장하고 나머지 10개 원소가 각각 1번씩 등장하는 경우다. 이때 서프라이즈 넘버는 $90^2 + 10 \times 1^2 = 8110$이다. ■

4.4절에서와 같이 각 원소가 스트림에 등장하는 횟수를 메인 메모리에 저장할 공간이 있다면 몇 번째 모멘트든지 어렵지 않게 계산할 수 있다. 그러나 4.4절에서 역

---

4   기술적으로 전체 집합의 어떤 원소에 대해서도 m_i가 0 이 될 수 있으므로 '모멘트' 정의에서 0^0은 0으로 처리된다는 것을 명확히 해야 한다. 모멘트가 1 이상인 경우 m_i가 0인 값은 0으로 적용된다.

시 언급했듯이 그렇게 많은 메모리를 사용할 수 없는 상황에서는 제한된 개수의 값들만을 메인 메모리에 저장해야 하고, 이들로부터 근사치를 계산해 k번째 모멘트를 구해야 한다. 중복되지 않는 원소의 경우 이 값은 단일 해시 함수에 의해 생성된 가장 긴 꼬리의 길이였을 것이다. 두 번째 그리고 그보다 더 높은 모멘트들을 위해 유용한 또 다른 종류의 값들을 알아보도록 하자.

4.5.2 두 번째 모멘트를 위한 알론-마티아스-세게디 알고리즘

지금부터는 스트림의 길이를 특정 n으로 가정할 것이다. 그리고 4.5.3절에서 길이가 점점 커지는 스트림을 다루는 방법을 소개할 것이다. 스트림의 모든 원소에 대해 m_i를 계산할 공간이 충분하지 않다고 가정하자. 제한된 공간만을 사용해서 스트림의 두 번째 모멘트를 계산할 수 있다. 더 많은 공간을 사용할수록 근사치의 정확도는 더 높아질 것이다. 이를 위해 몇 가지 변수들을 계산하고자 한다. 각 변수 X에 대해서 다음을 저장한다.

1. 전체 집합의 특정 원소. 이를 $X.element$라 한다.
2. 그리고 그 변수의 값인 정수 $X.value$. 변수 X의 값을 정하기 위해 스트림에서 한 위치를 1과 n 사이에서 임의로 균등하게 선택한다. $X.element$를 그 위치에서 발견되는 원소로 설정하고 $X.value$를 1로 초기화하라. 스트림을 읽어 가면서 $X.element$를 마주칠 때마다 $X.value$에 1을 더한다.

예제 4.7 $a, b, c, b, d, a, c, d, a, b, d, c, a, a, b$라는 스트림이 있다. 스트림의 길이는 $n = 15$다. a는 5번, b는 4번, c와 d는 3번 등장하므로 이 스트림의 두 번째 모멘트는 $5^2 + 4^2 + 3^2 + 3^2 = 59$다. 세 변수 X_1, X_2, X_3를 저장한다고 가정한다. 그리고 이 세 변수들을 정의하기 위해 '무작위'로 세 번째, 여덟 번째, 열세 번째 위치를 선택한다고 가정한다.

세 번째 위치의 원소는 c이므로 $X_1.element = c$로 설정하고 $X_1.value = 1$로 설정한다. 네 번째 위치의 원소는 b이므로 X_1은 변경되지 않는다. 마찬가지로 위치 5와 6에 의해서도 변경이 발생하지 않는다. 위치 7의 원소는 다시 c이므로 $X_1.value = 2$

가 된다.

위치 8의 원소는 d이므로 $X_2.element = d$, $X_2.value = 1$로 설정한다. 위치 9와 10의 원소는 각각 a와 b이므로 X_1 혹은 X_2에 영향을 미치지 않는다. 위치 11의 원소는 d이므로 $X_2.value = 2$로 설정하고, 위치 12의 원소는 c이므로 $X_1.value = 3$으로 설정한다. 위치 13의 원소는 a이므로 $X_3.element = a$, $X_3.value = 1$로 설정한다. 그다음 위치 14는 a이므로 $X_3.value = 2$로 설정한다. 위치 15의 원소 b는 어느 변수에도 영향을 미치지 않으므로 최종 값은 $X_1.value = 3$, $X_2.value = X_3.value = 2$다. ■

어느 변수 X로도 두 번째 모멘트의 근사치를 구할 수 있다. 그 근사치는 바로 $n(2X.value - 1)$다.

예제 4.8   예제 4.7의 세 변수를 살펴보자. X_1로부터 $n(2X_1.value - 1) = 15 \times (2 \times 3 - 1) = 75$를 얻을 수 있다. 다른 두 변수 X_2와 X_3의 최종 값은 각각 2이므로 근사치는 $15 \times (2 \times 2 - 1) = 45$다. 이 스트림의 두 번째 모멘트 실제 값이 59라는 사실에 주목하라. 하지만 세 근사치의 평균은 55인데 이는 실제 값과 상당히 가까운 값이다. ■

4.5.3 알론–마티아스–세게디 알고리즘 작동 원리

4.5.2절처럼 변수들을 통해 구한 예상 값이 두 번째 모멘트라는 사실은 증명할 수 있다. 다음 표기법을 사용하면 증명 과정을 쉽게 따라갈 수 있다. 스트림에서 위치 i에 등장하는 원소를 $e(i)$, 원소 $e(i)$가 스트림 위치 $i, i + 1, \ldots, n$ 사이에 등장하는 횟수를 $c(i)$라고 하자.

예제 4.9   예제 4.7의 문자열을 살펴보자. 위치 6의 원소가 a이므로 $e(6) = a$다. 또 위치 6뿐만 아니라 위치 9,13,14에도 a가 등장하기 때문에 $c(6) = 4$다. 위치 1에도 a가 등장하지만 $c(6)$에 영향을 미치지 않는다는 사실에 주목하라.

$n(2X.value - 1)$의 예상 값은 1과 n 사이의 모든 위치 i에 대한 $n(2c(i) - 1)$의

평균이다. 즉 다음 식이 성립한다.

$$E\big(n(2X.value - 1)\big) = \frac{1}{n}\sum_{i=1}^{n} n(2c(i) - 1)$$

위 식에서 $1/n$과 n을 없앰으로써 다음 식을 얻을 수 있다.

$$E\big(n(2X.value - 1)\big) = \sum_{i=1}^{n}\big(2c(i) - 1\big)$$

그러나 이 식이 성립하기 위해서는 같은 원소를 갖는 위치들을 모두 그루핑^{grouping}해 합산의 순서를 변경해야 한다. 예를 들어, 스트림에 m_a번 등장하는 원소 a를 살펴보자. a가 등장하는 마지막 위치에 해당하는 항은 $2 \times 1 - 1 = 1$이 돼야 한다. a가 끝에서 두 번째로 등장하는 위치에 해당하는 항은 $2 \times 2 - 1 = 3$이 돼야 한다. 이런 식으로 그다음 a가 등장하는 위치들은 5, 7과 함께 a가 등장하는 첫 번째 위치에 해당하는 항 $2m_a - 1$을 생성한다. 즉 $2X.value - 1$의 예상 값에 대한 식은 다음과 같이 나타낼 수 있다.

$$E\big(n(2X.value - 1)\big) = \sum_{a} 1 + 3 + 5 + \cdots + (2m_a - 1)$$

여기서 $1 + 3 + 5 + \cdots + (2m_a - 1) = (m_a)^2$임에 주목하자. 합계에서 항의 개수를 추측하기 쉬운 증거다. 따라서 두 번째 모멘트에 대한 정의는 $E(n(2X.value - 1)) = \sum_a (m_a)^2$이다.

4.5.4 높은 모멘트

두 번째 모멘트를 추정할 때와 기본적으로 같은 방법을 사용해서 $k > 2$인 k번째 모멘트를 추정할 수 있다. 오직 변수로부터 근사치를 구하는 방식만 달라진다. 4.5.2절에서는 특정 스트림 원소의 등장 횟수인 v 값을 두 번째 모멘트의 근사치로 변경하기 위해 식 $n(2v - 1)$를 사용했었다. 이후 4.5.3절에서는 이 식이 왜 성립하는지 알아보았다. 스트림에서 a가 m번 등장할 때 $v = 1, 2, \ldots, m$에 해당하는 항 $2v - 1$

들의 합이 m^2이기 때문이었다.

v^2와 $(v - 1)^2$의 차가 $2v - 1$이라는 사실에 주목하라. 두 번째 모멘트가 아니라 세 번째 모멘트를 구한다고 가정하자. 이때 해야 할 일은 $2v - 1$을 $v^3 - (v - 1)^3 = 3v^2 - 3v + 1$로 대체하는 것이다. 그러면 $\sum_{v=1}^{m} 3v^2 - 3v + 1 = m^3$이므로 세 번째 모멘트의 근사치로서 식 $n(3v^2 - 3v + 1)$를 사용할 수 있다. 여기서 $v = X.value$는 특정 변수 X와 연관된다. 조금 더 일반화해 $v = X.value$ 값을 $n(v^k - (v - 1)^k$로 변경함으로써 $k \geq 2$인 경우 k번째 모멘트의 근사치를 구할 수 있다.

4.5.5 무한한 스트림의 처리

두 번째, 그리고 그보다 더 높은 모멘트를 구하는 기법에서 사용했던 근사치는 스트림 길이를 상수 n으로 가정한다. 실제로 n은 시간이 지남에 따라 증가한다. 이런 사실 자체가 문제가 되지는 않는데, 변수들의 값만을 저장하고 모멘트 계산 시 그 값에 해당하는 함수에 n을 곱하기만 하면 되기 때문이다. 오직 $\log n$개의 비트만으로 스트림 원소의 개수를 세고 그 값을 저장할 수 있는데, 그러면 필요할 때마다 n을 사용할 수 있게 된다.

정말로 문제가 되는 것은 변수들의 위치 선정에 신중을 기해야 한다는 것이다. 모든 변수를 한 번만 선택해 버리면 스트림이 길어짐에 따라 초기 위치에 편향돼 모멘트의 근사치가 상당히 커지게 될 것이다. 반면 위치 선정이 너무 늦어지는 경우 스트림 초기에 변수가 많지 않아서 신뢰하기 어려운 근사치를 얻게 될 것이다.

따라서 저장할 수 있는 한 항상 많은 변수들을 보유해 두고, 스트림이 커짐에 따라 몇몇을 제거하는 방법이 적절하다. 제거된 변수 대신 새로운 변수로 대체하는 방식을 사용하면 항상 하나의 위치를 변수로 선택할 확률이 그 외 위치를 선택할 확률과 같아진다. s개의 변수를 저장할 공간이 있다고 가정하자. 그러면 스트림에 처음으로 등장하는 s개의 위치들이 s개의 변수로 선택된다.

귀납적으로, 스트림 원소가 n개일 때 특정 위치가 변수의 위치가 될 확률은 s/n으로 동일하다고 가정하자. $(n + 1)$번째 원소가 도착하면 $s/(n + 1)$라는 확률로 그 위치가 선택된다. 선택되지 않으면 s개의 변수들은 자신들의 위치를 유지한다. 그러나

(n + 1)번째 위치가 변수로 선택되면 현재 s개의 변수들 중 하나를 동일한 확률로 제거한다. 제거한 변수는 새로운 변수로 대체되는데 새로운 변수의 원소는 n + 1에 위치하고 그 값은 1이 된다.

위치 n + 1이 변수로 선택될 확률은 $s/(n$ + 1)임이 분명하다. 그러나 n에 대한 귀납법으로 증명할 수 있듯이 그 외 다른 위치가 선택될 확률도 역시 $s/(n$ + 1)이다. 귀납적 가설에 의하면 (n + 1)번째 스트림 원소가 도착하기 전에 선택될 확률은 s/n였다. $1 - s/(n$ + 1)라는 확률로 (n + 1)번째 위치는 선택되지 않을 것이며, 처음 n개의 위치 각각이 선택될 확률은 s/n로 변하지 않는다. 그러나 $s/(n$ + 1)라는 확률로 (n + 1)번째 위치가 선택되는 경우 처음 n개의 위치 각각이 선택될 확률은 (s − 1)/s만큼 줄어든다. 두 가지 경우를 고려하면 처음 n개의 위치 각각이 선택될 확률은 다음과 같다.

$$\left(1 - \frac{s}{n+1}\right)\left(\frac{s}{n}\right) + \left(\frac{s}{n+1}\right)\left(\frac{s-1}{s}\right)\left(\frac{s}{n}\right)$$

이 식은 다음과 같이 간단하게 표현할 수 있다.

$$\left(1 - \frac{s}{n+1}\right)\left(\frac{s}{n}\right) + \left(\frac{s-1}{n+1}\right)\left(\frac{s}{n}\right)$$

그리고 이를 정리하면 다음과 같다.

$$\left(\left(1 - \frac{s}{n+1}\right) + \left(\frac{s-1}{n+1}\right)\right)\left(\frac{s}{n}\right)$$

다시 이 식은 다음과 같이 간단하게 표현된다.

$$\left(\frac{n}{n+1}\right)\left(\frac{s}{n}\right) = \frac{s}{n+1}$$

따라서 모든 위치가 동일한 확률 s/n에 의해 변수 위치로 선택된다는 사실을 스트림 길이 n에 대한 귀납법으로 증명했다.

4.5.5절에 서술한 기법은 실제로 조금 더 일반적인 문제를 해결하는 방법이라는 사실에 유의해야 한다. 항상 모든 스트림 원소가 동일한 확률에 의해 표본으로 추출되도록 s개의 스트림 원소들로 이루어진 표본을 추출하는 방법을 제시했다.

이런 기법이 유용하게 적용될 수 있는 사례로서 임의로 선택된 부분집합으로부터 키와 값을 갖는 스트림의 모든 튜플들을 선택하는 문제를 4.2절에서 다루었음을 기억하라. 하나의 키와 연관된 튜플들은 시간이 지나면서 매우 많아진다고 가정했다. 키 K에 해당하는 새로운 튜플이 도착할 때마다 4.5.5절의 기법을 사용해 키 K에 대한 튜플들의 개수를 상수 s개로 고정해 제한할 수 있다.

4.5.6 4.5절 연습문제

연습문제 4.5.1 3, 1, 4, 1, 3, 4, 2, 1, 2에 대한 서프라이즈 넘버(두 번째 모멘트)를 계산하라. 이 스트림의 세 번째 모멘트는 얼마인가?

! **연습문제 4.5.2** 스트림의 원소가 n개이고 그중 m개가 중복되지 않는다면, 가능한 서프라이즈 넘버의 최소값, 최대값을 m과 n의 함수로 나타내라.

연습문제 4.5.3 서프라이즈 넘버를 계산하기 위해서 연습문제 4.5.1의 스트림에 알론-마티아스-세게디Alon-Matias-Szegedy 알고리즘을 적용한다고 하자. 가능한 i값 각각에 대해 위치 i에서 시작하는 변수가 X_i라면 $X_i.value$의 값은 무엇인가?

연습문제 4.5.4 세 번째 모멘트를 계산하는 것으로 목표를 바꿔 연습문제 4.5.3을 반복하라. 마지막에 각 변수 값은 무엇인가? 각 변수로부터 얻게 되는 세 번째 모멘트의 근사치는 무엇인가? 이런 근사치들의 평균을 세 번째 모멘트의 실제 값과 비교한 결과는?

연습문제 4.5.5 m에 대한 귀납법으로 $1 + 3 + 5 + \cdots + (2m - 1) = m^2$을 증명하라.

연습문제 4.5.6 네 번째 모멘트를 계산하려면 $X.value$를 네 번째 모멘트의 근사치로 어떻게 변경해야 하는가?

4.6 윈도우 내에서의 카운트

이제 스트림에서 개수를 세는 문제로 주제를 바꿔 보도록 하겠다. 바이너리 스트림에서 길이가 N인 윈도우가 있다. $k \le N$인 조건에서 '마지막 k개의 비트에 존재하는 1의 개수는?'에 대한 답을 언제고 얻을 수 있어야 한다고 하자. 4.5절처럼 전체 윈도우를 저장할 공간이 없는 상황을 다룰 것이다. 바이너리를 위한 근사치 알고리즘을 설명한 이후에 이런 방식이 어떻게 숫자들을 합산하는 방법으로 확장되는지 살펴볼 것이다.

4.6.1 정확하게 개수를 세는 데 드는 비용

시작에 앞서 $k \le N$일 때 마지막 k개의 비트에 위치하는 1의 정확한 개수를 셀 수 있어야 한다고 가정하자. N개보다 적은 개수의 비트를 사용해서는 이 문제를 해결할 수 없기 때문에 윈도우를 구성하는 N개의 비트 모두를 저장해야 한다. 이를 증명하기 위해 N개보다 적은 개수의 비트를 사용해 N개의 비트를 표현한다고 가정하자. N개의 비트에 대해서 2^N개의 순서 배열^{sequence}이 가능하나 2^N보다 적은 개수로 표현하게 되면 동일하게 표현되지만 서로 다른 2개의 비트 문자열 w와 x가 존재하게 된다. $w \ne x$이므로 이 두 비트 문자열은 적어도 반드시 하나의 비트에서 차이를 보인다. w와 x는 서로 마지막 $k - 1$개의 비트가 일치하나 오른쪽 끝에서 k번째 비트에서만 차이를 보인다고 하자.

예제 4.10 $w = 0101$이고 $x = 1010$일 때 이 둘을 오른쪽부터 훑어보면 위치 1에서 처음으로 차이가 발생하므로 $2 = 1$이다. $w = 1001$이고 $x = 0101$일 때는 오른쪽으로부터 세 번째 위치에서 차이가 발생하기 때문에 $k = 3$이다. ■

윈도우에 의해 표현된 데이터는 w와 x를 표현하는 비트들의 순서 배열과 무관하다고 가정하자. '마지막 k개의 비트에 존재하는 1의 개수는?'이라는 질의를 던져 보자. 질의 응답 알고리즘은 윈도우가 w인지 혹은 x인지와는 상관없이 현재 1의 개수만을 고려하기 때문에 같은 응답을 낸다. 그러나 이런 두 비트 문자열을 대상으로 얻는 응답은 반드시 서로 달라야 한다. 따라서 k가 어떤 값이든지 마지막 k개의 비트와 관련된 질의에 응답하기 위해서는 반드시 최소 N개의 비트를 사용해야 함을 증명했다.

사실 '길이가 N인 전체 윈도우에 존재하는 1의 개수는?'이라는 질의만이 가능한 상황에서도 N개의 비트가 필요한 것은 마찬가지다. 논거는 위에서 언급한 내용과 유사하다. 윈도우를 표현하기 위해 N개보다 적은 비트를 사용하므로 위와 같이 w, x, k를 가정할 수 있다. 예제 4.10의 두 경우처럼 w와 x의 1의 개수가 같을 수도 있다. 그러나 현재 윈도우가 $N - k$개 이후의 비트들로 구성된다면 w와 x로부터 얻은 실제 윈도우 내용은 가장 왼쪽 비트를 제외한 나머지 비트들이 동일하고 1의 개수는 동일하지 않은 상황이 나올 수도 있다. 그러나 w와 x가 동일하게 표현되므로 여기에 같은 비트 순서 배열을 넣는다면 반드시 윈도우도 동일하게 표현된다. 따라서 두 가지 가능한 윈도우 중 하나는 '윈도우에 존재하는 1의 개수는?'이라는 질문에 부정확한 답을 낼 수밖에 없다.

4.6.2 다타르-지오니스-인디크-모트와니 알고리즘

4.6.2절에서는 다타르-지오니스-인디크-모트와니[DGIM, Datar-Gionis-Indyk-Motwani]라는 가장 간단한 알고리즘을 소개할 것이다. 이 알고리즘은 N개의 비트로 구성된 윈도우를 표현하기 위해 $O(\log^2 N)$개의 비트를 사용하는데 이를 통해 50%를 넘지 않는 오차 범위 내에서 윈도우에 존재하는 1의 개수를 계산할 수 있다. 이후 오직 $O(\log^2 N)$비트만을 사용해 오류의 비율을 $\epsilon > 0$로 제한하는 개선된 방법을 논의할 것이다(ϵ가 감소함에 따라 커지는 상수 요인이 있다 할지라도 말이다).

우선 스트림의 각 비트가 도착하는 위치마다 붙는 **타임스탬프**[timestamp]부터 설명하려고 한다. 첫 번째 비트의 타임스탬프는 1이며, 두 번째 비트의 타임스탬프는 2, 이런 식으로 타임스탬프가 기록된다. 길이가 N인 윈도우 안에서 위치를 구별해야 하므로 타임스탬프를 모듈로^{modulo} N으로 표현할 것이다. 따라서 모듈로 연산을 적용한 타임스탬프는 $\log_2 N$개의 비트로 표현될 수 있다. 스트림에 존재하는 비트의 전체 개수(즉 가장 최근의 타임스탬프)에 모듈로 N 연산을 적용한 후 저장하면, 이를 통해 현재 윈도우에서 해당 타임스탬프를 갖는 비트가 어디에 위치하는지 알아낼 수 있다.

윈도우를 **버킷**^{bucket5}들로 분할한다. 버킷은 다음으로 구성된다.

1. 오른쪽 끝(가장 최근) 비트의 타임스탬프
2. 해당 버킷에 존재하는 1의 개수. 이 개수는 2의 제곱수가 돼야 하며, 1의 개수를 버킷 크기로 간주한다.

버킷을 표현하기 위해 오른쪽 끝 타임스탬프(모듈로 N)를 표현하는 $\log_2 N$개의 비트가 필요하다. 1의 개수를 표현하기 위해서는 $\log_2 \log_2 N$개의 비트로 충분하다. 그 이유는 이 개수 i가 2의 제곱수, 즉 2^j임을 알고 있어서 j를 바이너리로 변환함으로써 i를 표현할 수 있기 때문이다. j는 최대 $\log_2 N$이므로 $\log_2 \log_2 N$개의 비트가 필요하다. 따라서 $O(\log N)$개의 비트로 충분히 버킷을 표현할 수 있다.

스트림을 버킷으로 표현할 때 따라야 하는 여섯 가지 규칙은 다음과 같다.

- 버킷의 오른쪽 끝은 항상 1이다.
- 1을 갖는 모든 위치는 버킷에 포함된다.
- 어떤 위치도 하나 이상의 버킷에 포함될 수 없다.
- 특정 크기에서부터 최대 크기에 이르는 버킷이 1개 혹은 2개 존재한다.
- 모든 버킷 크기는 2의 제곱수여야 한다.
- 왼쪽으로 이동하면서(시간의 흐름 반대 방향으로) 버킷의 크기는 줄어들 수 없다.

예제 4.11 　그림 4.2의 비트 스트림은 DGIM 규칙을 만족하는 방식으로 분할된 버킷들이다. 오른쪽 가장 끝(최근)에 크기가 1인 버킷 2개가 있다. 그 왼쪽에는 크기가 2인 버킷이 있다. 이 버킷에는 4개의 위치가 포함되나 그중 2개만 1이라는 사실에 주목하라. 그 왼쪽에는 크기가 4인 버킷이 있고, 그 왼쪽에는 크기가 8인 버킷이 있

5 　이 '버킷'을 해싱과 관련해 설명한 '버킷'과 혼동해서는 안 된다.

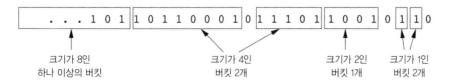

그림 4.2 DGIM 규칙에 따라 버킷으로 분할된 비트 스트림

음을 볼 수 있다.

버킷들 사이에 0이 존재할 수 있다는 사실에 주목하라. 그림 4.2에서 버킷이 겹치지 않다는 사실 또한 유의해서 봐야 한다. 최대 크기에 이르는 버킷은 1개 혹은 2개이며 크기는 왼쪽 방향으로만 커지게 된다. ■

다음 절에서는 다음과 같은 DGIM 알고리즘 내용을 설명할 것이다.

1. 윈도우를 표현하는 버킷의 개수는 왜 작아야 하는가?
2. 모든 k에 대해서 마지막 k개의 비트에 존재하는 1의 개수를 50% 이하의 오차 범위 내에서 어떻게 계산하는가?
3. 새로운 비트가 스트림으로 들어올 때 DGIM 조건을 어떻게 유지하는가?

4.6.3 DGIM 알고리즘을 위한 공간 요구 조건

각각의 버킷이 $O(\log N)$개의 비트로 표현될 수 있음을 알아봤다. 윈도우 길이가 N이라면 1은 N개보다 많을 수 없다. 최대 버킷 크기가 2^j라고 가정하자. 그러면 j는 $\log_2 N$을 초과할 수 없다. 그렇지 않으면 전체 윈도우에 존재하는 1의 개수보다 버킷에 존재하는 1의 개수가 더 많아지는 셈이다. 따라서 $\log_2 N$부터 1까지 각각의 크기로 최대 2개의 버킷이 존재하며, 이들보다 크기가 더 큰 버킷은 존재하지 않는다.

결론적으로 $O(\log N)$개의 버킷이 존재한다. 각 버킷은 $O(\log N)$개의 비트로 표현될 수 있기 때문에 크기가 N인 윈도우를 표현하는 모든 버킷을 위해 필요한 총 공간은 $O(\log_2 N)$이다.

4.6.4 DGIM 알고리즘으로 질의 응답하기

$1 \leq k \leq N$일 때 윈도우의 마지막 k개 비트에 존재하는 1의 개수를 묻는 질의에 응답해야 한다고 가정하자. 적어도 k개의 최근 비트 일부를 포함하면서 타임스탬프가 가장 이른 버킷 b를 찾아야 한다. 버킷 b보다 오른쪽에 위치한 모든 버킷들의 크기 합으로 1의 개수를 계산하고, 그 결과에 b 크기의 반을 더한다.

예제 4.12 그림 4.2의 스트림에서 $k = 10$이라고 가정하자. 0110010110과 같이 가장 오른쪽 10개 비트에 존재하는 1의 개수를 묻고 있다. 현재 타임스탬프(가장 오른쪽 비트의 시각)를 t라고 하자. 그러면 타임스탬프 $t - 1$과 $t - 2$에서 1 하나를 갖는 2개의 버킷이 반드시 정답에 포함된다. 타임스탬프 $t - 4$에서 크기가 2인 버킷 역시 반드시 포함된다. 그러나 타임스탬프 $t - 8$에서 크기가 4인 버킷은 가장 오른쪽 일부만 포함된다. 이 버킷이 정답에 포함되는 마지막 버킷인데 그 바로 다음 왼쪽 버킷의 타임스탬프는 $t - 9$보다 작아서 윈도우 밖에 위치하게 되기 때문이다. 반면 타임스탬프가 $t - 9$ 혹은 이보다 큰 왼쪽 버킷이 존재하기 때문에 이 버킷의 오른쪽에 존재하는 버킷들은 질의 범위 안에 반드시 포함된다.

마지막 10개의 위치에서 1의 개수는 6으로 추정된다. 이 값은 크기가 1인 버킷 2개, 크기가 2인 버킷 1개, 범위 내에 부분적으로 포함되는 크기가 4인 버킷의 절반이다. 물론 정답은 5다. ■

질의에 대한 응답으로서 위의 근사치는 질문 범위 내에 있으며, 크기가 2^j인 버킷 b를 부분적으로 포함한다고 가정한다. 정답 c와 근사치가 얼마나 차이가 날 수 있는지 알아보자. 근사치가 c보다 크거나 작은 두 가지 경우가 가능하다.

경우 1: 근사치는 c보다 작다. 최악의 경우 b의 모든 1들이 실제로 질의 범위 내에 존재해서 근사치에 버킷 b의 절반 혹은 2^{j-1}개의 1들이 포함되지 않는다. 그러나 이런 경우 c는 최소 2^j다. 실제로는 최소 $2^{j+1} - 1$인데 각각의 크기가 2^{j-1}, 2^{j-2}, . . . , 1인 버킷들이 적어도 하나씩 존재하기 때문이다. 결론적으로 근사치는 c의 최소 50%다.

경우 2: 근사치는 c보다 크다. 최악의 경우 버킷 b의 가장 오른쪽 비트만 범위 내에 포함되고 b보다 크기가 작은 버킷들이 각각 하나씩 존재한다. 그러면 $c = 1 + 2^{j-1}$

$+ 2^{j-2} + \cdots + 1 = 2^j$이고, 근사치는 $2^{j-1} + 2^{j-1} + 2^{j-2} + \cdots + 1 = 2^j + 2^{j-1} - 1$이다. 근사치는 c보다 50% 이상 크지 않다.

4.6.5 DGIM 조건 유지하기

길이가 N인 윈도우가 DGIM 조건을 만족하는 버킷으로 표현된다고 가정하자. 새로운 비트가 들어오면 버킷들을 수정해야 할 수도 있는데, 버킷들은 계속해서 윈도우를 표현하면서 DGIM 조건을 만족해야 한다. 먼저 새로운 비트가 들어올 때마다

- 가장 왼쪽(이른) 버킷을 검사한다. 이 버킷의 타임스탬프가 현재 타임스탬프에서 N을 뺀 값이 되면 이 버킷에는 더 이상 윈도우 내의 1이 존재하지 않는다. 따라서 버킷 리스트에서 가장 왼쪽 버킷을 제거한다.

이제 새로운 비트가 0인지 1인지 살펴봐야 한다. 0이면 버킷을 더 이상 변경할 필요가 없다. 그러나 새로운 비트가 1이면 몇 가지를 변경해야 할 수도 있다. 먼저

- 현재 타임스탬프로 크기가 1인 새로운 버킷을 생성한다.

크기가 1인 버킷이 하나만 있다면 더 이상 할 일은 없다. 그러나 크기가 1인 버킷이 3개라면 크기가 1인 버킷이 너무 많은 상황이다. 크기가 1이면서 가장 왼쪽에 위치한(이른) 버킷 2개를 결합함으로써 이 문제를 해결한다.

- 크기가 같은 인접한 버킷 2개를 결합하기 위해 그 두 버킷을 크기가 두 배인 버킷 하나로 치환한다. 새로운 버킷의 타임스탬프는 가장 오른쪽(시간상 더 늦은)에 위치한 버킷 2개의 타임스탬프로 설정한다.

크기가 1인 버킷 2개를 결합해서 크기가 2인 세 번째 버킷을 생성한다. 그렇게 되면 크기가 2이면서 가장 왼쪽에 위치한 버킷 2개는 크기가 4인 버킷 하나로 결합된다. 즉 이런 순서로 크기가 4인 세 번째 버킷을 생성할 수 있는데 그러면 크기가 4이면서 가장 왼쪽에 위치한 버킷 2개는 크기가 8인 버킷 하나로 결합된다. 이 과정으로 버킷 크기가 증폭될 수 있으나, 존재할 수 있는 버킷 크기는 최대 $\log_2 N$개이며, 크

기가 같은 인접한 버킷 2개를 상수 시간 내에 결합할 수 있다. 결과적으로 새로운 비트는 $O(\log N)$ 시간 안에 처리될 수 있는 것이다.

예제 4.13 그림 4.2 버킷들에 1이 들어온다고 가정하자. 먼저 가장 왼쪽 버킷이 절대 윈도우 밖으로 떨어지지 않으므로 제거되는 버킷은 없다. 현재 타임스탬프 t로 크기가 1인 새로운 버킷을 생성한다. 이제 크기가 1인 버킷이 3개이므로 크기가 1인 버킷들 중 가장 왼쪽에 위치한 두 버킷을 결합한다. 이 2개의 버킷은 크기가 2인 버킷 하나로 대체된다. 이 버킷의 타임스탬프는 $t - 2$이고, 이는 둘 중 오른쪽 버킷의 타임스탬프와 같다(예컨대 그림 4.2에서 실제 가장 오른쪽 버킷).

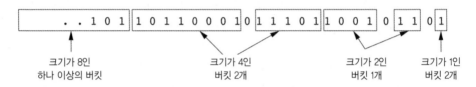

그림 4.3 스트림에 1이 새롭게 들어온 이후 수정된 버킷들

이제 크기가 2인 버킷이 2개 있지만, 이는 DGIM 규칙에 의해 허용된다. 따라서 1이 추가된 이후 버킷의 마지막 배열 순서는 그림 4.3과 같다. ■

4.6.6 오차 줄이기

버킷 크기를 1개 혹은 2개로 허용하는 대신 $r > 2$를 만족하는 정수에 대해 지수 함수로 커지는 각각의 크기들 1, 2, 4, ... 로 $r - 1$ 혹은 r의 버킷이 허용된다고 가정하자. 가능한 1의 개수를 모두 표현할 수 있도록 현재 크기가 가장 큰 버킷들과 크기가 1인 버킷들에 대한 이 조건을 완화해야 한다. 즉 버킷의 크기는 1부터 r까지 어떤 수도 될 수 있다.

버킷을 결합하는 규칙은 기본적으로 4.6.5절과 같다. 크기가 2^j인 버킷이 $r + 1$개 있다면 크기가 2^j이면서 가장 왼쪽에 위치한 버킷 2개를 크기가 2^{j+1}인 버킷 하나로 결합한다. 그 결과 크기가 2^{j+1}인 버킷은 $r + 1$개가 될 수 있다. 그런 상황이라면 더 큰 크기의 버킷들을 계속해서 결합해 나간다.

> ## 버킷 크기와 리플-자리올림수 가산기(ripple-carry adder)
>
> 4.6.5절의 기본 알고리즘을 실행할 때 버킷 크기의 분포 패턴이 존재한다. 위치 j 에 '1'이 있는 크기가 2^j인 버킷 2개를 1로, 같은 위치에 '0'이 있는 크기가 2^j인 버킷 하나를 0으로 생각해 보자. 그러면 1이 스트림에 도착할 때마다 각 1 이후 버킷은 연속적인 바이너리 정수를 형성한다. 유독 긴 버킷 조합의 순서 배열은 마치 101111에서 110000이 된 정수처럼 유독 긴 자리 올림과 유사하다.

4.6.4절에서 사용된 논거는 여기서도 역시 사용될 수 있다. 그러나 크기가 작은 버킷들이 더 많기 때문에 오차를 많이 줄일 수 있다. 가장 왼쪽 버킷 b로부터 단 하나의 1만 질의^{query} 범위에 포함될 때 상대적으로 오차가 가장 커서 실제 개수가 과하게 추정됨을 살펴봤다. 버킷 b의 크기가 2^j라고 가정하면 실제 개수는 최소 $1 + (r - 1)$ $(2^{j-1} + 2^{j-2} + \cdots + 1) = 1 + (r - 1)(2^j - 1)$이다. 이 식에서 과하게 추정된 부분은 $2^{j-1} - 1$이다. 따라서 오차 비율은 다음과 같다.

$$\frac{2^{j-1} - 1}{1 + (r - 1)(2^j - 1)}$$

j 값과 상관없이 이 비율의 상한은 $1/(r - 1)$로 제한된다. 따라서 r을 충분히 크게 선택함으로써 오류를 원하는 $\epsilon > 0$ 수준으로 제한할 수 있다.

4.6.7 일반적인 개수 세기로 확장

4.6절에서 언급한 기법을 확장해 바이너리 스트림에서 1을 세는 것보다 조금 더 일반적인 방법으로 집계^{aggregation}를 처리할 수 있는지 의문을 가질 수 있다. 이를 확인하는 정확한 방법은 정수들의 스트림을 대상으로 보통 윈도우 크기를 N이라 할 때 $1 \leq k \leq N$을 만족하는 마지막 k개의 정수들의 합을 추정할 수 있는지 질의하는 것이다.

양수와 음수가 모두 포함된 스트림에는 DGIM 기법을 사용할 수 없다. 매우 큰 양수와 매우 큰 음수가 모두 포함된 스트림에서는 윈도우의 합이 0에 매우 근접할 수 있다. 이런 큰 정수들의 값을 추정하는 데서 발생하는 부정확성은 합계 근사치에 큰 영향을 미칠 수 있으므로 오차의 비율을 제한할 수 없다.

예를 들어, 이제까지 설명한 방식을 사용해 스트림을 버킷들로 분할할 텐데 버킷들은 1의 개수가 아닌 정수들의 합으로 표현된다고 가정하자. b가 질의 범위 내에 부분적으로 포함되는 버킷이라면 b의 절반 중 앞부분은 매우 큰 음의 정수들로, 절반 중 뒷부분은 동등한 개수의 양의 정수들로 구성돼 합이 0이 될 수 있다. 합의 절반으로 b가 포함된 정도를 계산하면 그 값은 사실상 0이다. 그러나 실제로 질의 범위에 포함되는 버킷 b 일부의 합은 0부터 모든 양의 정수를 더한 합 사이의 어느 수도 될 수 있다. 이런 차이는 실제 질의 응답에서 훨씬 더 클 수 있으므로 근사치는 의미가 없다.

반면, 정수를 사용하는 확장 방법은 가능하다. 특정 m에 대해 1부터 2^m 범위에 존재하는 양의 정수로만 구성된 스트림이 있다고 가정하자. 각 정수의 m개의 비트들 각각을 마치 분리된 스트림처럼 다룰 수 있다. 그러면 DGIM 기법을 사용해 값이 1인 비트 개수를 셀 수 있다. i번째 비트 값을 c_i라고 가정하자(0에서 시작해 낮은 자리 수 비트들부터 세기 시작한다고 가정하자). 그러면 정수의 합은 다음과 같다.

$$\sum_{i=0}^{m-1} c_i 2^i$$

4.6.6절에서 설명한 기법을 사용해 최대 오차 비율 ϵ으로 각 c_i를 계산하면 실제 합에 대한 근사치의 오차는 ϵ이다. 최악의 경우는 모든 c_i가 같은 비율로 과도하게 추정되거나 모자라게 추정될 때다.

4.6.8 4.6절 연습문제

연습문제 4.6.1 그림 4.2의 윈도우가 있다고 가정하자. k = (a) 5 (b) 15일 때 마지막 k개의 위치들에 존재하는 1의 개수를 계산하라. 각각의 경우 근사치와 정확한 값은 얼마나 차이가 나는가?

연습문제 4.6.2 비트 스트림 1001011011101을 버킷으로 분할할 수 있는 몇 가지 방법이 있다. 모두 찾아라.

연습문제 4.6.3 3개 이상의 1이 그림 4.3의 윈도우에 들어올 때 어떤 일이 발생하는지 설명하라. 그림에서 보이는 1들은 모두 윈도우에 남아 있다고 가정해도 된다.

4.7 감쇠 윈도우

슬라이딩 윈도우는 스트림의 마지막 부분 일부를 보유한다고 가정했는데 여기서 일부란 고정된 N에 대해서 가장 최근 N개의 원소들이거나 과거 특정 시간 이후 도착한 모든 원소를 말한다. 때로는 최근 원소들과 과거 일정 기간의 원소들을 정확하게 구분하는 대신 최근 원소에 가중치를 조금 더 많이 두기 원하는 경우도 있다. 4.7 절에서는 '지수적 감쇠 윈도우exponentially decaying windows'를 살펴보고, 가장 빈도가 높은 '최근' 원소들을 찾는 경우처럼 지수적 감쇠 윈도우가 상당히 유용하게 적용되는 사례를 알아볼 것이다.

4.7.1 자주 등장하는 원소를 찾는 문제

전 세계에 판매된 영화 티켓이 스트림의 원소들을 구성하고 그 원소의 일부로서 영화 이름이 사용된다고 가정하자. '현재' 가장 인기 있는 영화들로 구성된 스트림의 요약본을 보유하고자 한다. '현재'라는 개념이 직관적으로 명확하지 않지만, 〈스타워즈 에피소드4〉처럼 팔린 티켓은 많으나 대부분 판매 시기가 수십 년 전인 오래된 영화의 인기도를 낮추려고 한다. 반면 지난 10주간 매주 n개의 티켓이 팔린 영화는 지난주에 $2n$개의 티켓이 팔리고 그 전에는 티켓이 팔린 적이 없는 영화보다 조금 더 인기가 많다고 볼 수 있다.

인기 있는 영화를 판별하는 한 가지 방법은 각 영화를 하나의 비트 스트림으로 간주하는 것이다. i번째 티켓이 특정 영화에 대한 것이라면 i번째 비트는 1이 되고, 그렇지 않으면 0이 된다. 윈도우 크기 N은 인기도를 계산하는 데 사용할 가장 최근에 팔린 티켓들의 개수로 선택한다. 그런 다음 4.6절의 방법을 사용해 각 영화에 대한 티켓 개수를 계산하고, 그 결과를 바탕으로 영화 순위를 매기는 것이다. 영화가 수천 편 정도 되기 때문에 이 방법은 영화에는 적용할 수 있지만, 아마존에서 판매된 상품의 인기도 혹은 트위터 사용자들이 서로 트윗하는 속도를 기록하는 문제에는 적용할 수 없을 것이다. 아마존 상품 개수와 트위터 사용자 수는 너무나 많기 때문이다. 게다가 이 기법은 대략적인 답만을 제공한다.

4.7.2 감쇠 윈도우의 정의

또 다른 방법은 윈도우에서 1의 개수를 묻지 않도록 질문을 재정의하는 것이다. 자세히 설명하면, 스트림에서 과거로 갈수록 그 크기가 작아지는 감쇠 가중치를 적용해 모든 1들을 매끄럽게^{smooth} 집계하는 방법이다. 공식으로 스트림은 현재 원소들 $a_1, a_2, \ldots, a_t$로 구성돼 있으며, 여기서 a_1은 처음 도착한 원소, a_t는 현재 원소를 나타낸다고 하자. 그리고 c를 10^{-6} 혹은 10^{-9}과 같이 작은 상수라고 하자. 이런 스트림에 대한 지수적 감쇠 가중치는 아래의 합으로 정의된다.

$$\sum_{i=0}^{t-1} a_{t-i}(1 - c)^i$$

이 정의에 의하면 스트림이 진행하면서 시간상 훨씬 뒤쪽으로 스트림 원소의 가중치가 퍼지는 효과가 발생한다. 대조적으로 가중치 합이 동일하게 $1/c$인 고정 윈도우는 가장 최근 도착한 $1/c$개의 원소 각각에 동일한 가중치 1을 부여할 것이고, 그 이전 모든 원소에는 가중치 0을 부여할 것이다. 그림 4.4에서 이 차이를 볼 수 있다.

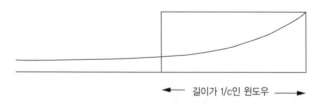

← 길이가 1/c인 윈도우 →

그림 4.4 가중치가 동일한 감쇠 윈도우와 길이가 고정된 윈도우

길이가 고정된 슬라이딩 윈도우보다 지수적 감쇠 윈도우에서 합을 조정하는 것이 훨씬 쉽다. 슬라이딩 윈도우에서는 매번 새로운 원소가 도착할 때마다 윈도우 밖으로 제거되는 원소들을 고려해야 한다. 이로 인해 합과 더불어 정확한 원소들을 유지해야 하거나 DGIM과 같은 추정 기법을 사용해야 한다. 그러나 지수적 감쇠 윈도우를 사용할 경우 스트림 입력에 새로운 원소 a_{t+1}이 도착할 때 해야 할 일은 다음과 같다.

1. 현재 합에 $1 - c$를 곱한다.
2. a_{t+1}을 더한다.

이 방법이 동작하는 이유는 이전 원소들 각각은 현재 원소를 기준으로 하나 더 먼 위치로 이동하게 돼 가중치에 $1 - c$이 곱해지기 때문이다. 뿐만 아니라 현재 원소의 가중치가 $(1 - c)^0 = 1$이므로 a_{t+1}을 더하는 것이 새로운 원소가 미치는 영향을 포함시키는 정확한 방법이다.

4.7.3 가장 인기 있는 원소들 찾기

티켓 판매 스트림에서 가장 인기 있는 영화를 찾는 문제를 다시 살펴보자.[6] 상수 c를 10^{-9}로 선택하고 지수적 감쇠 윈도우를 사용할 것이다. 즉 가장 최근에 팔린 10억 개의 티켓을 보유한 슬라이딩 윈도우가 있다고 가정한다. 특정 영화 티켓이 스트림에 도착할 때마다 1이 되고 그 외 영화 티켓이 스트림에 도착할 때는 0이 되는 스트림이 영화별로 존재한다고 생각해 보자. 1들의 감쇠decaying 합산으로 영화의 현재 인기도를 측정할 수 있다.

스트림에 등장 가능한 영화 편수가 매우 많아서 인기 없는 영화에 대한 값들은 기록하지 않는다고 가정할 것이다. 따라서 1/2이라는 한계치를 정해서 영화 인기도 점수가 이 수치 아래로 내려가면 그 영화를 더 이상 세지 않는다. 곧 알게 되겠지만, 당연히 한계치는 1보다 작은 어떤 수도 가능하나 1보다 커서는 안 된다. 새로운 티켓이

---

6 이전에 지적했듯이 이 기법을 기초로 하기에는 서로 다른 영화들이 충분하지 않기 때문에 이런 예제를 사용할 수밖에 없다. 영화 편수가 극단적으로 커서 개별 영화에 대한 티켓 판매를 계산하는 것이 가능하지 않은 상황을 생각해 보라.

스트림에 도착하면 다음을 실행한다.

1. 현재 보유하고 있는 각 영화 점수에 $(1 - c)$를 곱한다.
2. 새로운 티켓이 영화 M에 대한 것이라고 가정한다. M에 대한 현재 점수가 있다면 그 점수에 1을 더한다. M에 대한 점수가 없다면 점수를 생성하고 1로 초기화한다.
3. 그 점수가 한계치 1/2보다 작다면 그 점수는 버린다.

점수가 유지되는 영화 편수가 늘 제한된다는 점이 이상해 보일 수 있긴 하다. 그러나 모든 점수들의 합은 $1/c$이라는 사실에 주목해야 한다. 1/2보다 높은 점수를 획득한 영화는 $2/c$편을 넘을 수 없다. 혹은 점수들의 합이 $1/c$을 초과할 수도 없다. 따라서 어느 시점에 집계되는 영화는 $2/c$편으로 제한된다. 물론 실제로는 특정 시점에 티켓 판매가 소수의 영화에 집중될 수 있으므로 실제 집계되는 영화는 $2/c$편보다 훨씬 작을 것이다.

4.8 요약

- **스트림 데이터 모델**: 이 모델에서는 실제 스토리지에 모든 것을 저장하는 것이 불가능한 속도로 처리 엔진에 데이터가 도착한다고 가정한다. 스트림을 다루는 한 가지 전략은 데이터에 관한 예상 질의에 답할 수 있도록 스트림의 요약본을 충분히 저장하는 것이다. 두 번째 전략은 가장 최근에 도착한 데이터로 구성된 슬라이딩 윈도우를 유지하는 것이다.
- **스트림의 표본 추출**: 질의에 사용할 수 있는 스트림 표본을 생성하기 위해 해당 스트림에 대한 키 속성들의 집합을 정한다. 도착하는 스트림 원소의 키를 해싱해 그 해시 값으로 해당 키를 갖는 원소들이 모두 표본의 일부가 될지 혹은 되지 않을지를 일관되게 결정할 수 있다.
- **블룸 필터**: 이 기법으로 특정 집합에 속하는 원소는 통과시키고 멤버가 아닌 원소는 삭제되도록 스트림을 걸러낼 수 있다. 이를 위해 대형 비트 배열과 몇 가지 해

시 함수들을 사용한다. 선택된 집합의 멤버들은 버킷으로 해시되는데 이는 비트 배열이 되며 비트들은 1로 설정된다. 스트림 원소가 멤버인지 확인하기 위해 해시 함수들을 사용해 원소를 비트 집합으로 해시하고, 모든 비트들이 1인 경우에만 해당 원소를 받아들인다.

- **중복을 제거한 원소 세기**: 스트림에 등장하는 서로 다른 원소들의 개수를 세기 위해 원소를 바이너리 숫자로 표현되는 정수로 해시할 수 있다. 스트림 원소의 해시 값에서 가장 긴 연속된 0의 개수만큼 2를 거듭제곱한 값이 서로 다른 원소 개수의 근사치다. 많은 해시 함수를 사용하고 이런 근사치들을 결합하며 그룹 내에서 평균average을 먼저 계산한 후 평균에 대한 중앙값median을 계산함으로써 신뢰할 만한 근사치를 얻을 수 있다.

- **스트림의 모멘트**: 스트림의 k번째 모멘트는 스트림에 적어도 한 번 등장하는 각 원소의 개수를 k번 제곱한 후 이들을 더한 값이다. 0번째 모멘트는 중복을 제거한 원소들의 개수이며 1번째 모멘트는 스트림의 길이다.

- **두 번째 모멘트 계산하기**: 두 번째 모멘트 혹은 서프라이즈 넘버에 가까운 근사치는 스트림에서 무작위로 위치를 선택한 후 그 위치의 원소가 이후 위치들에서 등장하는 횟수를 구하고, 그 횟수의 두 배에서 1을 뺀 후 스트림의 길이를 곱함으로써 얻을 수 있다. 중복을 제거한 원소 개수의 근사치처럼 신뢰할 수 있는 두 번째 모멘트 근사치를 생성하기 위해 이런 종류의 많은 무작위 변수가 결합될 수 있다.

- **더 높은 모멘트 계산하기**: 식 $2x - 1$을 $x^k - (x - 1)^k$으로 대체하면(x는 선택된 위치 혹은 그 이후에 해당 원소가 등장하는 횟수다) 두 번째 모멘트를 구하는 기법은 k번째 모멘트에서도 역시 동작한다.

- **윈도우에서 1의 개수 추정하기**: 0과 1로 구성된 윈도우에서 1을 버킷들로 그루핑함으로써 1의 개수를 추정할 수 있다. 각 버킷이 갖는 1의 개수는 2의 제곱수다. 1개 혹은 2개의 버킷이 크기별로 존재하며, 시간상 과거로 갈 때 버킷 크기는 줄어들 수 없다. 버킷의 위치와 크기만을 기록한다면 크기가 N인 윈도우의 내용을 $O(\log_2 N)$의 공간으로 표현할 수 있다.

- **1의 개수를 묻는 질의에 응답하기**: 바이너리 스트림의 가장 최근 원소 k개 중 대략적인 1의 개수를 알고자 한다면, 윈도우에서 마지막 k개의 위치들에 최소한 그 일부가

포함되는 가장 이른 버킷 B를 찾은 다음, 이 버킷보다 이른 버킷들 각각의 크기 합에 B의 크기 절반을 더한 값을 1의 개수로 계산한다. 이 근사치는 실제 1들의 개수와 절대로 50% 이상 차이가 날 수 없다.

- **1의 개수에 더 가까운 근사치:** 크기가 r 혹은 $r - 1$인 버킷이 존재할 수 있도록 주어진 크기의 버킷이 바이너리 윈도우에 얼마나 많이 존재할 수 있는지에 대한 규칙을 변경함으로써 1의 실제 개수와 근사치의 차이가 $1/r$ 이상을 절대 넘지 않을 것이라 보장할 수 있다.

- **지수적 감쇠 윈도우:** 윈도우 크기를 수정하는 것이 아니라 현재까지 도착한 모든 원소로 윈도우를 구성하되 특정 시간 상수 c에 대해서 시간 t에 도착한 원소는 그 이전에 도착한 원소들의 e^{-ct}만큼 가중치가 부여되는 윈도우를 생각해 볼 수 있다. 이렇게 하면 지수적 감쇠 윈도우의 특정 요약본을 쉽게 유지할 수 있다. 예를 들어, 새로운 원소가 도착할 때 이전 합에 $1 - c$를 곱하고 새로운 원소를 추가함으로써 원소의 가중된 합이 다시 계산되는 것이다.

- **지수적 감쇠 윈도우에 자주 등장하는 원소 유지하기:** 바이너리 스트림으로 표현되는 항목을 생각해 보자. 이때 1은 각 항목이 주어진 시간에 도착하는 원소임을 뜻하고, 0은 그렇지 않음을 뜻한다고 가정한다. 바이너리 스트림의 합이 최소 1/2인 원소들을 찾을 수 있다. 새로운 원소가 도착하면 기록된 모든 합에 1에서 시간 상수를 뺀 값을 곱하고 막 도착한 항목 개수에 1을 더한 후 기록에서 합이 1/2 아래로 떨어지는 항목을 삭제한다.

4.9 참고문헌

스트림 관리와 관련된 다수의 기법들은 [8]의 '연대기적 데이터 모델chronicle data model'에 등장한다. 스트림 관리 시스템 연구의 초반 조사 내용은 [2]를 참조했다. 또한 [6]은 스트림 관리라는 주제로 최근에 출판된 서적이다.

4.2절의 표본 추출 기법은 [7]을 참고했다. 블룸 필터링은 [9]에서 'superimposed codes'로 언급된 것과 동일한 기법이지만, 대체로 [3]을 참조했다.

중복되지 않은 원소 개수를 세는 알고리즘은 기본적으로 [5]를 참고했으며, 특정 방법은 [1]을 참고했다. 후자는 서프라이즈 넘버^{suprise number}와 높은 모멘트를 계산하는 알고리즘의 기초이기도 하다. 그러나 스트림에서 균일하게 선택된 위치 표본을 유지하는 기법은 '저장 표본 추출^{reservoir sampling}'이라고 불리며, 이는 [10]을 참조했다. 윈도우에서 대략적인 1의 개수를 세는 기법은 [4]를 참고했다.

[1] N. Alon, Y. Matias, and M. Szegedy, "The space complexity of approximating frequency moments," *28th ACM Symposium on Theory of Computing*, pp. 20–29, 1996.

[2] B. Babcock, S. Babu, M. Datar, R. Motwani, and J. Widom, "Models and issues in data stream systems," *Symposium on Principles of Database Systems*, pp. 1–16, 2002.

[3] B.H. Bloom, "Space/time trade-offs in hash coding with allowable errors," *Comm. ACM* **13**:7, pp. 422–426, 1970.

[4] M. Datar, A. Gionis, P. Indyk, and R. Motwani, "Maintaining stream statistics over sliding windows," *SIAM J. Computing* **31**, pp. 1794–1813, 2002.

[5] P. Flajolet and G.N. Martin, "Probabilistic counting for database applications," *24th Symposium on Foundations of Computer Science*, pp. 76–82, 1983.

[6] M. Garofalakis, J. Gehrke, and R. Rastogi (editors), *Data Stream Management*, Springer, 2009.

[7] P.B. Gibbons, "Distinct sampling for highly-accurate answers to distinct values queries and event reports," *Intl. Conf. on Very Large Databases*, pp. 541–550, 2001.

[8] H.V. Jagadish, I.S. Mumick, and A. Silberschatz, "View maintenance issues for the chronicle data model," *Proc. ACM Symp. on Principles of Database Systems*, pp. 113–124, 1995.

[9] W.H. Kautz and R.C. Singleton, "Nonadaptive binary superimposed codes," *IEEE Transactions on Information Theory* **10**, pp. 363–377, 1964.

[10] J. Vitter, "Random sampling with a reservoir," *ACM Transactions on Mathematical Software* **11**:1, pp. 37–57, 1985.

05

링크 분석

세기의 전환 이후 근 10여 년간 우리의 일상에서 일어난 가장 큰 변화는 구글과 같은 검색 엔진을 통해 효율적이면서도 정확한 웹 검색이 가능해졌다는 사실이다. 구글이 첫 번째 검색 엔진은 아니지만 검색을 거의 쓸모 없게 만들었던 스패머spammer에 저항할 수 있도록 한 첫 번째 주자다. 게다가 구글은 '페이지랭크PageRank'라는 중대한 기술적 진보를 혁신적으로 주도했다. 5장에서는 페이지랭크가 무엇이며, 어떻게 효율적으로 페이지랭크가 계산되는지 알아보는 것부터 시작할 것이다.

웹을 유용하게 만들려는 사람들과 자신들의 목적을 위해 부당하게 사용하려는 사람들 사이의 전쟁은 아직 끝나지 않았다. 페이지랭크가 검색 엔진의 기술로 확실히 자리를 잡자, 스패머들은 링크 스팸link spam이라고도 하는, 웹 페이지의 페이지랭크를 조작하는 방법을 고안해 냈다.[1] 이로 인해 트러스트랭크TrustRank를 이용한 대응과 스패머가 페이지랭크를 공격하는 것을 막는 기법들이 탄생했다. 트러스트랭크와 그 외 링크 스팸을 감지하는 기법들을 소개할 것이다.

마지막으로 5장에서는 페이지랭크의 변형도 다룰 것이다. 이런 기법들로는 주제 기반topic-sensitive 페이지랭크(링크 스팸에 대항하는 목적으로도 사용될 수 있다)와 HITS 혹은 웹 페이지를 평가하는 기법인 '허브와 권위자hubs and authorities'가 있다.

---

1   링크 스패머(link spammer)는 자신들이 하는 비윤리적인 일을 '검색–엔진 최적화'라고 모호하게 표명한다.

5.1 페이지랭크

페이지랭크[2]는 속이기 쉽지 않으면서 각 웹 페이지의 중요도를 평가할 수 있는 도구로 정의할 수 있다. 이렇게 정의하는 이유를 설명하기 위해 검색 엔진 역사의 일부를 살펴보고자 한다. '랜덤 서퍼random surfers'라는 개념을 소개함으로써 페이지랭크가 효율적인 이유를 설명할 것이다. 그리고 특정 웹 구조에 페이지랭크의 간략한 버전을 적용할 경우 문제가 발생하는데, 이를 피하는 방법으로 '세금 매김taxation'이라는 기법 혹은 랜덤 서퍼를 재사용하는 방법을 소개할 것이다.

5.1.1 초기 검색 엔진과 용어 스팸

구글 이전에 많은 검색 엔진이 존재했다. 대체로 **역인덱스**inverted index에 웹 페이지를 크롤링crawling하고, 각 페이지에 등장하는 **용어들**terms(단어들. 혹은 공백이 아닌 문자들로 구성된 문자열)을 나열하는 방식을 사용했다. 역인덱스는 특정 용어가 주어졌을 때 그 용어가 등장하는 모든 위치를 쉽게 찾을 수 있는 데이터 구조다.

검색 질의(용어들의 리스트)가 실행되면 해당 용어들이 포함된 페이지들이 역인덱스로부터 추출되고, 페이지 내에서 해당 용어들이 사용되는 방식에 따라 순위가 매겨졌다. 따라서 페이지 머리글에 등장하는 용어는 본문에 등장할 때보다 페이지와의 관련성이 더 높다고 추측했으며, 용어의 등장 횟수가 매우 많으면 그 페이지는 검색 질의와 높은 연관성을 갖는다고 추측했다.

사람들이 스스로 웹에서 무언가를 찾기 위해 검색 엔진을 사용하기 시작하면서 비윤리적인 사람들은 검색 엔진을 속여서 사람들을 자신들의 페이지로 이끌어 올 수 있는 가능성이 있음을 발견했다. 웹에서 티셔츠를 판매하는 사람은 고객이 무엇을 찾는지에는 관심이 없고, 오직 어떻게 하면 자신의 페이지를 고객이 보게 만들지에만 관심을 갖는다. 따라서 '영화'라는 용어를 자신의 페이지에 추가하는 작업을 수천 번씩 반복하면 검색 엔진은 해당 페이지를 영화와 관련된 엄청나게 중요한 페이지로 인식하게 될 것이다. 사용자가 '영화'라는 용어가 포함된 검색 질의를 실행하면 검색

---

2   페이지랭크라는 용어는 구글의 창업자이자 이 기법을 고안한 래리 페이지(Larry Page)에서 유래했다.

엔진은 해당 페이지를 맨 위에 올려놓을 것이다. 실제 페이지에 몇 천 번씩 반복되는 '영화'라는 단어가 드러나지 않도록 배경과 같은 색으로 처리할 수 있다. 페이지에 단순히 '영화'라는 단어를 추가하기만 해서는 성공하지 못할 경우, 검색 엔진으로 이동하고 '영화'라는 질의를 실행하여 검색 엔진이 어떤 페이지를 첫 번째로 선택했는지 확인한 다음, 그 페이지를 자신의 페이지로 복사하고 역시 배경과 동일한 색으로 처리하여 보이지 않도록 하면 된다.

검색 엔진을 속여서 해당 페이지가 중요한 것이라 믿도록 하는 기법을 **용어 스팸**term spam이라고 부른다. 용어 스패머의 활약으로 초기 검색 엔진들은 너무나 쉽게 무장해제됐다. 용어 스팸에 대처하기 위해 구글이 사용한 혁신적인 방법은 두 가지다.

1. 웹 서퍼surfer가 현재 위치한 페이지로부터 무작위로 선택된 아웃링크outlink를 따라가는 과정이 여러 번 반복될 때 웹 서퍼들이 모이는 경향을 시뮬레이션하는 데 페이지랭크가 사용됐다. 많은 서퍼가 모인 페이지는 방문자가 거의 없는 페이지보다 좀 더 '중요한' 페이지로 간주됐다. 구글은 검색 질의에 대한 응답에서 첫 번째로 보여지게 될 페이지를 결정할 때 중요하지 않은 페이지보다 중요한 페이지를 선호한다.

2. 페이지의 내용은 해당 페이지에 등장하는 용어뿐만 아니라 해당 페이지로 연결되는 링크 혹은 링크 주변에 사용되는 용어들로도 판단됐다. 스패머는 거짓false 용어를 자신들이 제어하는 페이지에 쉽게 추가할 수는 있지만, 자신들의 페이

간략화된 페이지랭크는 동작하지 않는다

위에서 살펴보았듯이 랜덤 서퍼를 시뮬레이션하는 방식으로 페이지랭크를 계산하는 일은 많은 시간이 소모되는 작업이다. 간단하게 각 페이지에 대한 인-링크in-link의 개수를 세면 랜덤 서퍼가 몰려드는 위치를 추정할 수 있다고 생각할지도 모른다. 그러나 그것이 전부라면 스패머 셔츠 판매자는 자신의 페이지로 연결되는 수백만 개의 페이지들로 간단하게 '스팸 팜spam farm'을 만들어 버리면 된다. 그러면 그 셔츠 판매 페이지는 실제로 중요한 것처럼 보여지고 검색 엔진은 속게 되는 것이다.

지로 연결되는 페이지에는 쉽게 추가할 수 없다.

이런 두 가지 기법으로 앞서 예를 들었던 셔츠 판매업자가 구글을 속이는 일이 어려워진다. 셔츠 판매자가 여전히 자신의 페이지에 '영화'라는 단어를 추가하더라도, 구글은 이제 셔츠 판매자가 말하는 것뿐만 아니라 다른 페이지가 그 페이지에 대해 말하는 것도 신뢰하기 때문에 거짓된 용어를 사용하는 효과가 없어진다. 셔츠 판매자 입장에서 시도해 볼 수 있는 대응 방법은 직접 많은 페이지들을 만들어서 '영화'라고 쓰여진 링크로 이 페이지들을 자신의 셔츠 판매 페이지에 연결하는 것이다. 그러나 그런 페이지들은 페이지랭크에 의해 매우 하찮게 여겨질 텐데 그런 페이지들로 연결되는 그 외 다른 페이지들은 없을 것이기 때문이다. 셔츠 판매자는 자신의 페이지들 안에서 많은 링크를 생성할 수 있으나, 페이지랭크 알고리즘은 그들 중 어느 페이지도 중요하다고 판단하지 않을 것이다. 따라서 셔츠 판매자는 구글이 자신의 페이지를 영화와 관련된 것으로 생각하도록 속일 수 없다.

왜 랜덤 서퍼를 시뮬레이션함으로써 페이지의 '중요도'라는 직관적인 개념을 추정해야 하는지 궁금해 하는 것이 당연하다. 이런 접근법을 이끌어 낸 두 가지 전제는 다음과 같다.

- 자연스럽게 '투표하고 있는' 웹 사용자. 자신들이 생각하기에 나쁘거나 혹은 쓸모 없는 페이지보다는, 좋거나 유용한 페이지로 링크를 거는 경향이 있다.
- 랜덤 서퍼의 행동은 웹 사용자가 방문하게 될 가능성이 높은 페이지가 무엇인지 알려 준다. 사용자는 쓸모 없는 페이지보다 유용한 페이지를 방문할 가능성이 더 높다.

그러나 이유가 어찌됐든 페이지랭크 측정치는 경험적으로 효과가 있음이 증명됐으므로 페이지랭크를 계산하는 방법을 자세히 알아보도록 할 것이다.

5.1.2 페이지랭크의 정의

페이지랭크는 각 웹 페이지마다(혹은 적어도 크롤링된 웹과 거기서 발견된 링크들의 일부) 하나의 실수$^{\text{real number}}$를 할당하는 함수다. 페이지랭크가 높을수록 더 '중요한' 페이지라는 것을 나타내는 것이 목표다. 페이지랭크를 할당하기 위한 하나의 고정된 알고리즘이 있는 것은 아니고, 실제로는 기본적인 아이디어를 변형하여 두 페이지의 상대적인 페이지랭크 값을 변경하는 방식을 사용한다. 기본적인 이상적 페이지랭크를 정의하는 것을 시작으로 현실에서 벌어지는 웹 구조와 관련된 문제를 다루는 데 필요한 수정된 페이지랭크들을 살펴볼 것이다.

웹을 방향성 그래프directed graph라고 생각하면 페이지는 노드node가 되고, 페이지 p_1에서 페이지 p_2로 하나 이상의 링크가 있을 때 p_1에서 p_2로 이어지는 선arc이 존재하는 것으로 볼 수 있다. 그림 5.1은 페이지가 오직 4개뿐인 규모가 작은 웹을 표현한 그래프 예제다. 페이지 A는 나머지 3개의 페이지로 연결되는 링크를 가지며, 페이지 B는 A와 D로만 연결되는 링크를, 페이지 C는 A로만 연결되는 링크를, 페이지 D는 B와 C로만 연결되는 링크를 갖는다.

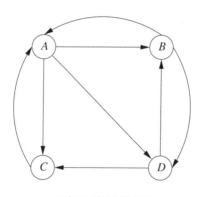

그림 5.1 가상의 웹 예제

그림 5.1의 페이지 A에서 한 명의 랜덤 서퍼가 이동을 시작한다고 가정하자. B, C, D로 연결되는 링크가 있으므로 이 서퍼가 다음 단계에서 이들 중 하나의 페이지에 위치할 확률은 각각 1/3이고, A에 있을 확률은 0이다. B에 위치한 랜덤 서퍼가 다음 단계에서 A에 위치할 확률은 1/2, D에 위치할 확률은 1/2, B 혹은 C에 위치할 확률은 0이다.

일반적으로 한 단계 이후 랜덤 서퍼의 행동을 설명하는 웹의 **전이 행렬**transition matrix을 정의할 수 있다. 페이지 개수가 n이면 이 행렬 M은 n개의 행과 열로 구성된다.

페이지 j에서 외부를 향하는 선이 k개 있고, 그중 하나가 페이지 i로 연결될 때 행 i와 열 j의 원소 m_{ij} 값은 $1/k$이다. 그렇지 않은 경우는 $m_{ij} = 0$이다.

예제 5.1 그림 5.1의 웹에 대한 전이 행렬은 다음과 같다.

$$M = \begin{bmatrix} 0 & 1/2 & 1 & 0 \\ 1/3 & 0 & 0 & 1/2 \\ 1/3 & 0 & 0 & 1/2 \\ 1/3 & 1/2 & 0 & 0 \end{bmatrix}$$

이 행렬에서 페이지들의 순서는 자연스럽게 A, B, C, D로 나열했다. 따라서 이미 언급했듯이 첫 번째 열은 A에 위치한 서퍼가 다음 단계에서 나머지 페이지들 각각에 위치할 확률이 1/3이라는 사실을 표현한다. 두 번째 열은 B에 위치한 서퍼가 다음 단계에서 A와 D에 위치할 확률이 각각 1/2이라는 사실을 표현한다. 세 번째 열은 C에 위치한 서퍼가 반드시 다음 단계에서 A에 위치하게 될 것임을 말해 준다. 마지막 열은 D에 위치한 서퍼가 다음 단계에서 B와 C에 위치할 확률이 각각 1/2이라는 사실을 말해 준다. ∎

랜덤 서퍼 위치에 대한 확률 분포는 단일 열 벡터로 표현될 수 있는데, 이 열 벡터의 j번째 성분은 서퍼가 페이지 j에 위치할 확률이다. 이 확률이 바로 (이상적인) **페이지랭크** 함수다.

랜덤 서퍼는 동일한 확률로 n개의 웹 페이지들 중 어느 하나에서 출발한다고 가정하자. 그러면 초기 벡터 $\mathbf{v}_0$의 각 성분은 $1/n$이 될 것이다. M이 웹의 전이 행렬이라면 한 단계 이후 서퍼의 분포는 $M\mathbf{v}_0$가 되고, 두 단계 이후에는 $M(M\mathbf{v}_0) = M^2\mathbf{v}_0$이 되고, 그 이후 단계도 마찬가지다. 일반적으로 초기 벡터 $\mathbf{v}_0$에 M을 총 i번 곱하면 i단계 이후 서퍼의 분포를 알 수 있다.

분포 벡터 $\mathbf{v}$에 M을 곱하면 다음 단계에서의 분포 $\mathbf{x} = M\mathbf{v}$를 알 수 있는 이유를 파악하기 위해서 다음과 같이 생각해 볼 수 있다. 랜덤 서퍼가 다음 단계에서 노드 i에 위치할 확률 $\mathbf{x}_i$는 $\sum_j m_{ij} \mathbf{v}_j$이다. m_{ij}는 서퍼가 노드 j에서 다음 단계에 노드 i로 이동할 확률이고(대부분 j에서 i로 연결되는 링크가 없기 때문에 0이다), $\mathbf{v}_j$는 이전 단계에서 서퍼가 노드 j에 위치했을 확률이다.

이런 전개 방식은 **마르코프 과정**^{Markov process}이라는 고대 이론의 한 예다. 다음과 같은 두 가지 조건이 충족되면 서퍼의 분포는 $\mathbf{v} = M\mathbf{v}$를 만족하는 극한 분포^{limiting distribution} $\mathbf{v}$에 수렴한다고 알려져 있다.

1. 그래프는 강력하게 연결되어 있다. 즉 어느 노드에서도 나머지 다른 노드들로 이동할 수 있다.
2. 데드 엔드^{dead end}가 없다. 즉 외부를 향하는 선이 없는 노드가 존재하지 않는다.

그림 5.1은 두 가지 조건 모두를 만족한다는 사실에 주목하라.

분포에 다시 M을 곱해도 더 이상 분포가 변하지 않을 때 극한에 도달한 것이다. 다른 말로 하면, 극한 $\mathbf{v}$는 M의 고유 벡터다(행렬 M의 **고유 벡터**^{eigenvector}는 특정 상수인 **고유값**^{eigenvalue} λ에 대해 $\mathbf{v} = \lambda M\mathbf{v}$를 만족하는 벡터 $\mathbf{v}$다). 사실 M은 **확률**^{stochastic} 행렬이고, 이는 M의 열 각각을 더하면 1이 된다는 것을 의미하기 때문에 $\mathbf{v}$는 주 고유 벡터 ^{principal eigenvector}가 된다(주 고유 벡터에 대응하는 고유값은 모든 고유값들 중 가장 크다). 또한 M이 확률 행렬이기 때문에 주 고유 벡터에 대응하는 고유값이 1이라는 사실에 주의하라.

M의 주 고유 벡터는 오랜 시간이 지난 후에 서퍼가 위치할 가능성이 가장 높은 위치를 알려 준다. 서퍼가 위치할 가능성이 높은 페이지가 더 중요한 페이지라는 사실이 페이지랭크의 기본 전제임을 기억하라. M의 주 고유 벡터는 초기 벡터 $\mathbf{v}_0$를 시작으로 각 단계에서 벡터의 변화가 거의 없을 때까지 M을 수차례 곱함으로써 계산할 수 있다. 이 연산은 실제로 웹을 대상으로 할 경우 50~75회 반복하면 배정밀도 ^{double-precision} 연산의 오차 한계 내에서 충분히 수렴한다.

예제 5.2 위에 서술한 과정을 예제 5.1의 행렬 M에 적용한다고 가정하자. 노드는 4개이므로 초기 벡터 $\mathbf{v}_0$는 4개의 성분을 가지며 각각의 값은 1/4이다. 각 단계에 M을 곱해서 얻게 되는 극한의 추정 과정은 다음과 같다.

$$
\begin{bmatrix} 1/4 \\ 1/4 \\ 1/4 \\ 1/4 \end{bmatrix}, \quad
\begin{bmatrix} 9/24 \\ 5/24 \\ 5/24 \\ 5/24 \end{bmatrix}, \quad
\begin{bmatrix} 15/48 \\ 11/48 \\ 11/48 \\ 11/48 \end{bmatrix}, \quad
\begin{bmatrix} 11/32 \\ 7/32 \\ 7/32 \\ 7/32 \end{bmatrix}, \quad \dots, \quad
\begin{bmatrix} 3/9 \\ 2/9 \\ 2/9 \\ 2/9 \end{bmatrix}
$$

이 예제에서 B, C, D에 대한 확률이 같다는 사실에 주목하라. 행렬 M에서 B와 C에 해당하는 행이 동일하기 때문에 어느 단계에서도 B와 C가 항상 같은 값을 갖는다는 사실을 쉽게 확인할 수 있다. 그 값들이 D에 대한 값과도 동일하다는 사실을 확인하기 위한 귀납적 증명 작업은 연습문제로 남긴다. 벡터 극한의 마지막 세 값이 같아야 한다면 위에 나열된 벡터에서 극한을 구하는 것은 쉽다. M의 첫 번째 행을 통해서 A의 확률은 나머지 확률들의 3/2배가 돼야 한다는 사실을 알 수 있으므로 A의 확률은 3/9 혹은 1/3, 나머지 세 노드의 확률은 2/9가 극한 값이 된다.

이 확률의 차이는 크지 않다. 그러나 중요도의 폭이 큰 수십억 개 노드들로 구성된 실제 웹에서는 일반적인 노드에 방문할 확률보다 www.amazon.com과 같은 노드에 방문할 확률이 수십, 수백 배 높다. ■

5.1.3 웹의 구조

웹이 그림 5.1처럼 강력하게 연결돼 있다면 다행이다. 그러나 실제로는 그렇지 않다. 초기 웹 구조는 그림 5.2와 비슷했다. 초기 웹 구조는 크기가 매우 크고 강력하게 연결된 컴포넌트[SCC, Strongly Connected Component] 하나와 약간 작은 컴포넌트들 몇 개로 구성돼 있었다.

1. **인 컴포넌트**[in-component]: 링크를 따라 SCC로 연결될 수 있으나 SCC에서 도달할 수 없는 페이지들로 구성된다.
2. **아웃 컴포넌트**[out-component]: SCC에서 도달할 수 있으나 SCC로 연결될 수 없는 페이지들로 구성된다.

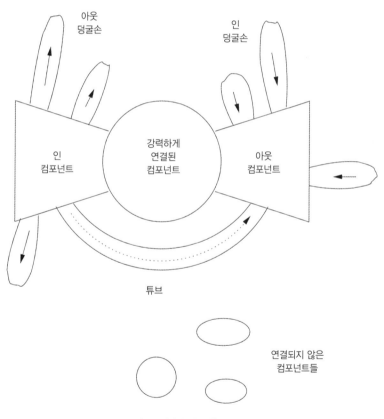

그림 5.2 '나비 넥타이' 모형의 웹

3. 두 가지 종류의 **덩굴손**[tendrils]: 어떤 덩굴손은 인 컴포넌트에서 도달할 수 있으나 인컴포넌트로 연결될 수 없는 페이지들로 구성된다. 또 다른 덩굴손은 아웃 컴포넌트로 연결될 수 있으나 아웃 컴포넌트에서 도달할 수 없다.

추가로, 다음 중 하나로 밝혀진 페이지들 일부로 구성됐다.

(a) **튜브**[tube]: 인 컴포넌트에서 도달할 수 있고 아웃 컴포넌트로 연결될 수 있으나, SCC로 연결될 수 없거나 SCC에서 도달할 수 없는 페이지들.

(b) 대형 컴포넌트(인, 아웃 컴포넌트와 SCC)에서 도달할 수 없고, 그런 컴포넌트들로 연결될 수 없는 분리된 컴포넌트들.

이런 컴포넌트들 중 몇몇은 극한으로 수렴하기 위한 마르코프 반복 과정에서 필요로 하는 가정을 위반한다. 예를 들어, 랜덤 서퍼가 아웃 컴포넌트로 들어가면 절대로 벗어날 수 없다. 결과적으로 SCC 혹은 인 컴포넌트에서 출발하는 서퍼는 결국 아웃 컴포넌트 혹은 인 컴포넌트 외부에 위치한 덩굴손으로 이동하게 될 것이다. 따라서 SCC 혹은 인 컴포넌트에 속하는 페이지 중 서퍼가 위치할 가능성이 있는 페이지는 없다는 결론을 얻는다. 이 확률이 페이지의 중요도를 대변한다고 해석한다면 SCC 혹은 인 컴포넌트 내에 중요한 페이지는 없다는 잘못된 결론이 도출되고 만다.

결과적으로 페이지랭크는 보통 이런 이상 현상을 방지하기 위해 수정된다. 반드시 피해야 하는 두 가지 문제가 있다. 첫 번째는 외부로 향하는 링크가 없는 페이지인 데드 엔드의 존재다. 그런 페이지에 도달하는 서퍼는 사라지게 돼 그 결과로 데드 엔드로 도달할 수 있는 페이지는 극한에서 절대로 페이지랭크를 가질 수 없게 된다. 두 번째 문제는 외부로 향하는 링크들은 있으나 다른 페이지들과 전혀 연결되지 않는 페이지 그룹이다. 이런 구조를 **스파이더 트랩**[spider trap][3]이라고 한다. 이런 두 가지 문제는 모두 '세금 매김[taxation]'이라는 방법으로 해결 가능한데, 이 방법에서는 랜덤 서퍼가 특정 단계에서 유한한 확률로 웹을 떠나며 새로운 서퍼가 각 페이지에서 출발을 시작한다고 가정한다. 두 문제를 다룬 사례를 각각 살펴보면서 이 과정을 설명할 것이다.

---

3 이들을 이렇게 부르는 이유는 페이지와 링크를 기록하면서 웹을 크롤링하는 프로그램들을 종종 '스파이더(spider)'라고 부르기 때문이다. 일단 거미가 스파이더 트랩(spider trap)에 걸리면 절대 빠져나갈 수 없다.

5.1.4 데드 엔드 피하기

외부를 향하는 링크가 없는 페이지를 데드 엔드라 부른다고 앞서 언급했었다. 데드 엔드를 허용하면 웹의 전이 행렬은 더 이상 확률 행렬이 아닌데, 일부 열의 합이 1이 아니라 0이 될 것이기 때문이다. 열들의 합이 최대 1인 행렬을 **부분 확률**^{substochastic} 행렬이라 한다. 부분 확률 행렬 M을 거듭제곱하면서 $M^i\mathbf{v}$를 계산하면 해당 벡터의 성분 일부 혹은 전부가 0에 이를 것이다. 즉 웹에서 중요도는 '빠져나가고', 페이지들의 상대적인 중요도와 관련된 어떤 정보도 얻지 못하게 된다.

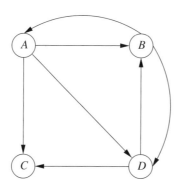

그림 5.3 C가 데드 엔드다.

> **예제 5.3** C에서 A로 연결되는 선을 제거해 그림 5.1을 그림 5.3으로 재구성했다. 그 결과로 C가 데드 엔드가 됐다. 랜덤 서퍼 관점에서 C에 도달하는 서퍼는 그다음 단계에서 사라지게 된다. 그림 5.3을 나타내는 행렬 M은 다음과 같다.

$$M = \begin{bmatrix} 0 & 1/2 & 0 & 0 \\ 1/3 & 0 & 0 & 1/2 \\ 1/3 & 0 & 0 & 1/2 \\ 1/3 & 1/2 & 0 & 0 \end{bmatrix}$$

C에 해당하는 세 번째 열의 합이 1이 아니라 0이므로 이 행렬은 확률 행렬이 아니라 부분 확률 행렬이라는 사실에 주목하라. 다음의 연속된 벡터들은 각 성분이 1/4인 벡터를 시작으로 이 벡터에 반복적으로 M을 곱해서 얻은 결과다.

$$\begin{bmatrix} 1/4 \\ 1/4 \\ 1/4 \\ 1/4 \end{bmatrix}, \begin{bmatrix} 3/24 \\ 5/24 \\ 5/24 \\ 5/24 \end{bmatrix}, \begin{bmatrix} 5/48 \\ 7/48 \\ 7/48 \\ 7/48 \end{bmatrix}, \begin{bmatrix} 21/288 \\ 31/288 \\ 31/288 \\ 31/288 \end{bmatrix}, \dots, \begin{bmatrix} 0 \\ 0 \\ 0 \\ 0 \end{bmatrix}$$

이처럼 단계의 개수가 증가하자 어디든 서퍼가 위치하게 될 확률은 0이 됐다. ∎

데드 엔드를 처리하는 방법은 두 가지다.

1. 그래프에서 데드 엔드를 제거하고, 데드 엔드로 진입하는 선들 역시 제거한다. 그렇게 하면 더 많은 데드 엔드가 생성될 수 있는데 이 역시 재귀적으로 제거돼야 한다. 그러나 결국에는 데드 앤드가 아닌 노드들로 구성된 강력하게 연결된 컴포넌트 하나를 얻게 된다. 그림 5.2에서 데드 엔드를 재귀적으로 삭제하면 아웃 컴포넌트, 덩굴손, 튜브 일부가 제거될 것이다. 그러나 소수의 분리된 컴포넌트들을 포함해 SCC와 인 컴포넌트는 남는다.[4]
2. 웹에서 랜덤 서퍼가 이동한다는 가정을 두는 것으로 마르코프 과정을 수정한다. '세금 매김'이라고 불리는 이 방식으로 스파이더 트랩 문제 역시 해결 가능한데 자세한 설명은 5.1.5절로 넘길 것이다.

데드 엔드를 재귀적으로 삭제하는 첫 번째 방법을 사용하는 경우 삭제하고 남은 그래프 G 노드들의 페이지랭크는 세금 매김 기법 등을 포함해 적절한 방법으로 어떻게든 계산해 낼 수 있다. 그런 방법으로 그래프는 복구되며, 데드 엔드들을 삭제한 상태의 그래프 G에 속한 페이지랭크 값들은 그대로 유지된다. G에 속하지는 않지만 자신의 선행자predeccessor 모두가 G에 속한 노드들의 페이지랭크는 모든 선행자 p의 페이지랭크를 p의 후속자successor 개수로 나눈 값들을 합산함으로써 계산된다. 이로써 G에 속하지 않는 나머지 노드들은 계산을 완료한 자신의 모든 선행자의 페이지랭크를 갖는다. 나머지 노드들도 같은 방식으로 계산해 자신만의 페이지랭크를 가질 수 있다. 결국 G 외부에 위치한 노드들 모두에 대한 페이지랭크가 계산된다. 그들은

4　전체 아웃 컴포넌트와 모든 덩굴손이 제거될 것이라고 가정할 수 있으나, 그들 내부에 삭제될 수 없는 스파이더 트랩을 비롯해 강력하게 연결된 컴포넌트들이 작은 규모로 존재할 수 있다는 사실을 기억하라.

반드시 삭제된 순서와 반대로 계산돼야 한다.

예제 5.4 그림 5.3에 C의 후속자 E를 추가해 그림 5.4로 재구성했다. E는 데드 엔드인데 이를 C에서 진입하는 선과 함께 제거하면 C가 데드 엔드가 되는 것을 볼 수 있다. C를 제거한 이후에는 A, B, D 각각에서 외부를 향하는 선이 존재하기 때문에 어느 노드도 더 이상 제거할 수 없다. 그 결과로 그래프는 그림 5.5와 같아진다.

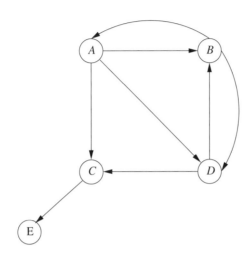

그림 5.4 두 단계 데드 엔드가 존재하는 그래프

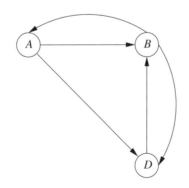

그림 5.5 데드 엔드가 삭제된 그래프

그림 5.5 그래프에 해당하는 행렬은 다음과 같다.

$$M = \begin{bmatrix} 0 & 1/2 & 0 \\ 1/2 & 0 & 1 \\ 1/2 & 1/2 & 0 \end{bmatrix}$$

행과 열은 순서대로 A, B, D에 대응한다. 이 행렬에 대한 페이지랭크를 얻기 위해 모든 성분들이 동일하게 1/3인 벡터를 시작으로 이 벡터에 M을 반복적으로 곱한다. 다음과 같은 순서로 벡터를 얻는다.

$$\begin{bmatrix} 1/3 \\ 1/3 \\ 1/3 \end{bmatrix}, \begin{bmatrix} 1/6 \\ 3/6 \\ 2/6 \end{bmatrix}, \begin{bmatrix} 3/12 \\ 5/12 \\ 4/12 \end{bmatrix}, \begin{bmatrix} 5/24 \\ 11/24 \\ 8/24 \end{bmatrix}, \ldots, \begin{bmatrix} 2/9 \\ 4/9 \\ 3/9 \end{bmatrix}$$

이제 A의 페이지랭크는 2/9, B의 페이지랭크는 4/9, D의 페이지랭크는 3/9이라는 사실을 알 수 있다. C와 E에 대한 페이지랭크는 삭제되는 순서와 반대로 계산해야 한다. C가 마지막으로 삭제됐기 때문에 C의 모든 선행자에 대한 페이지랭크가 이미 계산됐다는 사실을 알 수 있다. C의 선행자는 A와 D다. 그림 5.4에서 A의 후속자는 3개이므로 자신의 페이지랭크의 1/3이 C에 영향을 미친다. 그림 5.4에서 D의 후속자는 2개이므로 자신의 페이지랭크의 절반이 C에 영향을 미친다. 따라서 C의 페이지랭크는 $\frac{1}{3} \times \frac{2}{9} + \frac{1}{2} \times \frac{3}{9}$ = 13/54이다.

이제 E에 대한 페이지랭크를 계산할 수 있다. E 노드의 선행자는 C 단 하나이고, C의 후속자도 단 하나다. 따라서 E의 페이지랭크는 C의 페이지랭크와 같다. 페이지랭크들의 합이 1을 초과하며, 노드들의 페이지랭크가 더 이상 랜덤 서퍼 분포를 나타내지 않는다는 사실에 주목하라. 그러나 페이지들의 상대적인 중요도에 대한 추정치를 상당히 정확하게 표현하고 있다. ■

5.1.5 스파이더 트랩과 세금 매김

전에 언급했듯이 스파이더 트랩은 데드 엔드는 없으나 외부를 향하는 선들이 없는 노드들의 집합이다. 이런 구조는 웹에서 의도적으로 혹은 우연히 생길 수 있는데 스파이더 트랩이 존재하면 페이지랭크 계산 시 모든 페이지랭크가 스파이더 트랩 내부에 위치하게 된다.

예제 5.5　그림 5.6을 살펴보자. 그림 5.1을 변경해 C에서 외부로 나가는 선이 C 자신을 향하도록 재구성했다. 이렇게 함으로써 C는 하나의 노드로 구성된 간단한 스파이더 트랩이 됐다. 일반적으로 스파이더 트랩은 다수의 노드들로 구성되며, 스패머들이 의도적으로 만든 수백만 개의 노드로 구성된 스파이더 트랩이 존재한다는 사실을 유념하라. 이를 5.4절에서 다룰 것이다.

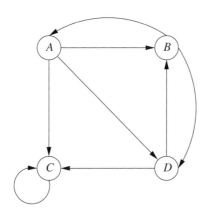

그림 5.6 단일 노드 스파이더 트랩이 존재하는 그래프

그림 5.6에 대한 전이 행렬은 다음과 같다.

$$M = \begin{bmatrix} 0 & 1/2 & 0 & 0 \\ 1/3 & 0 & 0 & 1/2 \\ 1/3 & 0 & 1 & 1/2 \\ 1/3 & 1/2 & 0 & 0 \end{bmatrix}$$

노드들의 페이지랭크를 계산하기 위해 일반적인 반복 연산을 수행해 다음을 얻는다.

$$\begin{bmatrix} 1/4 \\ 1/4 \\ 1/4 \\ 1/4 \end{bmatrix}, \begin{bmatrix} 3/24 \\ 5/24 \\ 11/24 \\ 5/24 \end{bmatrix}, \begin{bmatrix} 5/48 \\ 7/48 \\ 29/48 \\ 7/48 \end{bmatrix}, \begin{bmatrix} 21/288 \\ 31/288 \\ 205/288 \\ 31/288 \end{bmatrix}, \dots, \begin{bmatrix} 0 \\ 0 \\ 1 \\ 0 \end{bmatrix}$$

예상했듯이 한번 C에 도착한 랜덤 서퍼는 C를 절대 떠날 수 없기 때문에 C가 모든 페이지링크를 갖게 된다. ■

예제 5.5에서 설명했던 문제를 피하기 위해 각 랜덤 서퍼가 현재 페이지에서 외부로 향하는 링크만을 따라가는 것이 아니라 임의의 페이지로 순간이동teleporting할 가능성을 두는 것으로 페이지랭크의 연산을 수정한다. 현재 페이지랭크 근사치 $\mathbf{v}$와 전이 행렬 M으로부터 페이지랭크 $\mathbf{v}'$의 새로운 벡터 근사치를 계산하는 반복적 단계는 다음과 같다.

$$\mathbf{v}' = \beta M \mathbf{v} + (1 - \beta)\mathbf{e}/n$$

여기서 β는 보통 0.8에서 0.9 범위에서 선택된 상수이고, $\mathbf{e}$는 동일한 개수의 성분으로 구성된 벡터로서 값은 모두 1이며, n은 웹 그래프에 존재하는 노드 개수다. $\beta M \mathbf{v}$ 항은 β라는 확률로 랜덤 서퍼가 현재 페이지에서 외부로 향하는 링크를 따라 이동하는 경우를 나타낸다. $(1 - \beta)\mathbf{e}/n$ 항은 값이 $(1 - \beta)/n$인 성분들로 구성된 벡터로서 임의의 페이지에 새로운 랜덤 서퍼가 $1 - \beta$의 확률로 등장함을 의미한다.

그래프에 데드 엔드가 없다면 새로운 랜덤 서퍼가 등장할 확률은 랜덤 서퍼가 현재 페이지에서 링크를 따라 이동하지 않을 확률과 정확하게 일치한다. 이런 경우 서퍼는 링크를 따르든지 아니면 임의의 페이지로 순간이동을 하든지 둘 중 하나를 선택하는 것으로 생각할 수 있다. 그러나 데드 엔드가 있다면 서퍼가 어느 곳으로도 이동하지 않는다는 세 번째 가능성이 생기게 된다. $(1 - \beta)\mathbf{e}/n$ 항은 벡터 $\mathbf{v}$를 구성하는 성분들의 합에 좌우되지 않기 때문에 항상 서퍼는 일정 비율로 웹에서 활동하는 셈이다. 즉 데드 엔드가 존재하면 $\mathbf{v}$를 구성하는 성분들의 합은 1보다 작을 수 있으나 절대 0이 되지는 않을 것이다.

예제 5.6 그림 5.6 그래프에서 페이지랭크 비용을 계산하는 새로운 방법이 무엇인지 알아보자. 이 예제에서 $\beta = 0.8$을 사용할 것이다. 따라서 반복 연산을 위한 방정식은 다음과 같다.

$$\mathbf{v}' = \begin{bmatrix} 0 & 2/5 & 0 & 0 \\ 4/15 & 0 & 0 & 2/5 \\ 4/15 & 0 & 4/5 & 2/5 \\ 4/15 & 2/5 & 0 & 0 \end{bmatrix} \mathbf{v} + \begin{bmatrix} 1/20 \\ 1/20 \\ 1/20 \\ 1/20 \end{bmatrix}$$

M의 각 원소에 4/5를 곱함으로써 인수 β를 M에 적용시켰음에 주목하라. $1 - \beta =$ 1/5이고 $n = 4$이므로 벡터 $(1 - \beta)\mathbf{e}/n$의 성분들은 각각 1/20이다. 처음 몇 번의 반복 연산 결과는 다음과 같다.

$$
\begin{bmatrix} 1/4 \\ 1/4 \\ 1/4 \\ 1/4 \end{bmatrix}, \begin{bmatrix} 9/60 \\ 13/60 \\ 25/60 \\ 13/60 \end{bmatrix}, \begin{bmatrix} 41/300 \\ 53/300 \\ 153/300 \\ 53/300 \end{bmatrix}, \begin{bmatrix} 543/4500 \\ 707/4500 \\ 2543/4500 \\ 707/4500 \end{bmatrix}, \cdots, \begin{bmatrix} 15/148 \\ 19/148 \\ 95/148 \\ 19/148 \end{bmatrix}
$$

C가 스파이더 트랩이 됨으로써 전체 페이지랭크의 절반 이상을 얻게 됐다. 그러나 그 효과는 전보다는 미미하며, 각 노드들이 페이지랭크 일부를 얻게 됐다. ■

5.1.6 검색 엔진의 페이지랭크 사용

검색 엔진이 크롤링하는 웹 영역에 대한 페이지랭크 벡터가 어떻게 계산되는지 살펴 봤다면 이제부터는 이런 정보가 어떻게 사용되는지 알아볼 순서다. 각 검색 엔진마 다 하나 이상의 검색 용어(단어들)로 구성된 검색 질의에 대한 응답으로 사용자에게 페이지를 보여 주는 순서를 결정하는 비밀 공식을 갖고 있다. 구글은 250개가 넘는 페이지의 특징들을 사용해 페이지의 일차원적 순서를 결정한다고 알려져 있다.

먼저, 질의에 사용된 검색 용어들 중 적어도 하나를 포함한 페이지만이 순위 결정 의 대상이 된다. 모든 검색 단어가 페이지에 존재하지 않으면, 그 페이지는 사용자에 게 보여지는 최상위 10개 페이지 안에 들기 힘들다는 특징을 활용해 가중치를 부여 하는 방식이다. 그러면 자격이 있는 페이지들만 점수가 계산되는데 페이지랭크가 이 점수의 대부분을 차지한다. 페이지랭크 외에 나머지 점수들은 해당 페이지로 연결되 는 링크나 헤더 정보처럼 중요한 위치에 검색 단어가 있는지 여부 등이다.

5.1.7 5.1절 연습문제

연습문제 5.1.1 그림 5.7의 각 페이지에 대한 페이지랭크를 계산하라. 세금 매김 기법 은 적용하지 않는다고 가정한다.

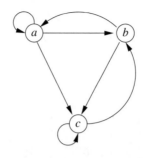

그림 5.7 연습문제를 위한 그래프

연습문제 5.1.2 그림 5.7에서 각 페이지에 대한 페이지랭크를 계산하라. $\beta = 0.8$이라고 가정한다.

! **연습문제 5.1.3** n개의 노드로 구성된 하나의 **무리**^{clique}(다른 노드들로 이어지는 모든 선을 가진 노드들의 집합)와 추가로 그 무리에 속한 노드들의 후속자 노드 하나로 구성된 웹이 있다고 가정하자. 그림 5.8은 $n = 4$인 경우 이런 그래프를 나타낸다. 각 페이지에 대한 페이지랭크를 n과 β의 함수로 결정하라.

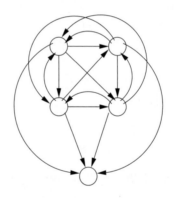

그림 5.8 연습문제 5.1.3에서 설명한 그래프

!! **연습문제 5.1.4** 모든 정수 n에 대해서 β 값에 따라 n개 노드들 중 항상 가장 높은 페이지랭크를 갖는 노드가 존재하는 웹을 구성하라. 이 n개의 노드 외에 다른 노드들이 웹에 존재할 수 있다.

278

! **연습문제 5.1.5** $n \geq 0$을 만족하는 n에 대해 벡터 **v**의 두 번째, 세 번째, 네 번째 성분들이 서로 동일하고 M이 예제 5.1의 전이 행렬이라면 $M^n\mathbf{v}$의 두 번째, 세 번째, 네 번째 성분들 역시 서로 동일하다는 것을 귀납적으로 보여라.

그림 5.9 데드 엔드들로 구성된 체인

연습문제 5.1.6 그래프에서 데드 엔드를 재귀적으로 제거하고 남아 있는 그래프를 처리하며, 5.1.4절에서 설명한 방식으로 데드 엔드 페이지들의 페이지랭크를 계산한다고 가정하라. 그래프는 데드 엔드 체인으로 구성되며, 그림 5.9처럼 자가 루프self-loop를 갖는 노드에서 시작한다고 가정하면 각 노드들의 페이지랭크는 얼마인가?

연습문제 5.1.7 그림 5.10과 같은 데드 엔드 트리를 대상으로 연습문제 5.1.6을 반복하라. 즉 자가 루프를 갖는 노드가 하나 존재하며, 이 노드는 n개의 단계로 구성된 완전 이진 트리complete binary tree의 루트root이기도 하다.

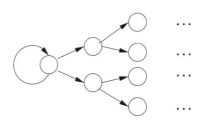

그림 5.10 데드 엔드 트리

5.2 페이지랭크의 효율적인 연산

웹을 표현하는 대형 그래프에 대한 페이지랭크를 계산하기 위해서는 벡터가 더 이상 변경되지 않을 때까지 행렬 벡터 곱셈을 대략 50번 정도 반복해야 한다. 첫 번째 추정치까지는 2.3.1절에서 설명한 맵리듀스 기법이 적절하다. 그러나 두 가지 문제를 고려해야 한다.

1. 웹 M의 전이 행렬은 매우 희소하다. 따라서 행렬의 모든 원소들을 표현하는 것은 매우 비효율적이다. 그보다는 0이 아닌 원소들만으로 행렬을 표현하고자 한다.

2. 맵리듀스를 사용하지 않거나 효율성을 이유로 맵 태스크에서 리듀스 태스크로 넘어가는 데이터 양을 줄이기 위해 맵 태스크와 함께 컴바이너(2.2.4절 참조)를 사용하는 것이 더 나을 수 있다. 이런 경우 2.3.1절에서 설명한 구간 나누기 stripping 방법으로는 디스크 스래싱thrashing을 막을 수 없다.

5.2절에서는 이 두 가지 문제의 해결책을 논의할 것이다.

5.2.1 전이 행렬의 표현

일반적인 웹 페이지는 평균 약 10개 정도의 외부로 향하는 링크를 가지기 때문에 전이 행렬은 매우 희소할 수밖에 없다. 100억 개의 페이지에 대한 그래프를 분석한다면 10억 개 성분들 중 겨우 하나만 0이 아닌 정도다. 희소 행렬을 표현하는 적절한 방법은 0이 아닌 성분들의 위치와 해당 값을 나열하는 것이다. 그렇게 하면 필요한 공간은 행렬 한 변의 제곱이 아니라 0이 아닌 성분 개수에 선형으로 비례하게 된다.

그러나 웹의 전이 행렬을 대상으로 한 번 더 압축을 수행할 수 있는 방법이 있다. 열별로 0이 아닌 성분들만을 나열하면 각 성분들의 값을 아는 것은 어렵지 않다. 그 값은 바로 1을 해당 페이지의 출력 차수out-degree로 나눈 결과다. 따라서 출력 차수를 나타내는 정수 하나와 0이 아닌 성분의 행 번호로 하나의 열을 표현하는 것이 가능하다. 결론적으로 전이 행렬을 표현하기 위해서는 0이 아닌 성분마다 4바이트보다 조금 더 많은 공간이 필요하게 된다.

예제 5.7 그림 5.1의 웹 그래프를 다시 살펴보자. 이 웹 그래프의 전이 행렬은 다음과 같다.

$$M = \begin{bmatrix} 0 & 1/2 & 1 & 0 \\ 1/3 & 0 & 0 & 1/2 \\ 1/3 & 0 & 0 & 1/2 \\ 1/3 & 1/2 & 0 & 0 \end{bmatrix}$$

이 행렬에서 행과 열은 노드 A, B, C, D를 순서대로 나타낸다. 그림 5.11은 이 행렬을 압축해서 표현한 것이다.[5]

출발 노드	차수	도착 노드들
A	3	B, C, D
B	2	A, D
C	1	A
D	2	B, C

그림 5.11 각 노드의 출력 차수와 그 후속자 리스트로 전이 행렬을 표현하고 있다.

예컨대 A는 차수^{degree} 3과 3개의 후속자로 구성된 리스트다. 그림 5.11의 해당 열에서 추론할 수 있는 사실은 행렬 M의 A에 해당하는 열에서 A행은 0이고(A는 도착 노드에 없기 때문이다), B, C, D행은 1/3이라는 것이다. 그림 5.11의 '차수' 열로부터 A에서 출발하는 링크가 3개임을 알 수 있으므로 그 값은 1/3이다. ■

5.2.2 맵리듀스를 이용한 페이지랭크 반복

페이지랭크 알고리즘은 매번 페이지랭크 벡터의 추정치 $\mathbf{v}$를 구한 뒤 다음 식을 통해 그 이후 근사치 $\mathbf{v'}$를 계산하는 작업이 포함된다.

$$\mathbf{v'} = \beta M \mathbf{v} + (1 - \beta)\mathbf{e}/n$$

β는 1보다 약간 작은 상수이고, $\mathbf{e}$는 모두 1로 구성된 벡터이며, n은 전이 행렬 M이 표현하는 그래프에 존재하는 노드들의 개수라는 사실을 기억하라.

---

5 M은 희소 행렬이 아니기 때문에 이는 M에 대해서는 그다지 유용하지 않다. 그러나 이 예제는 행렬을 표현하는 일반적인 절차를 설명하고 있는데, 행렬이 희소할수록 이 표현 방식으로 더 많은 공간을 절약할 수 있다.

만약 n이 충분히 작아서 각 맵 태스크가 메인 메모리에 전체 벡터 $\mathbf{v}$를 저장할 수 있고 결과 벡터 $\mathbf{v}'$를 저장할 수 있는 메인 메모리 공간이 있으면, 맵리듀스 연산은 행렬 벡터 곱셈보다 조금 더 많아진다. $M\mathbf{v}$의 각 성분에 상수 β를 곱하고 각 성분에 $(1 - \beta)/n$를 더하는 단계가 추가된다.

그러나 오늘날 웹의 크기로 봐서는 $\mathbf{v}$가 너무 크기 때문에 $\mathbf{v}$가 메인 메모리에 올라가지 않을 가능성이 높다. 2.3.1절에서 설명했듯이 M을 수직 구간$^{vertical\ stripes}$으로 분할하고 $\mathbf{v}$를 대응하는 수평 구간$^{horizontal\ stripes}$으로 분할하는 구간 나누기^{striping} 방법을 통해 맵리듀스 과정을 효율적으로 실행할 수 있다. 그렇게 하면 모든 맵 태스크가 자신의 메인 메모리에 충분히 $\mathbf{v}$의 일부를 담아 처리하게 된다.

5.2.3 결과 벡터를 합산해 내기 위한 컴바이너의 사용

두 가지 이유 때문에 5.2.2절의 방법이 적절하지 않을 수도 있다.

1. 결과 벡터 $\mathbf{v}$의 i번째 성분인 $\mathbf{v}'_i$에 대한 항들을 맵 태스크에서 합산할 수도 있다. 리듀스 함수가 공통 키로 단순하게 항들을 합산하기 때문에 이런 개선 방식은 컴바이너를 사용하는 것과 동일하다. 행렬-벡터 곱셈의 맵리듀스 구현에서 키는 $m_{ij}\ \mathbf{v}_j$항에 해당하는 i값이라는 사실을 기억하라.
2. 맵리듀스를 전혀 사용하지 않고, 단일 머신 혹은 머신들의 집합에서 반복 단계를 수행할 수 있다.

맵 태스크와 함께 컴바이너를 구현하려 한다고 가정할 것이다. 두 번째 경우도 기본적으로 같은 원리다.

메인 메모리에 올라가지 않는 행렬과 벡터를 분할하기 위해 구간을 나누는 방법을 사용한다고 가정하자. 그러면 결과 벡터 $\mathbf{v}'$의 모든 성분은 행렬 M의 수직 구간과 벡터 $\mathbf{v}$의 수평 구간으로 구성될 것이다. 결과 벡터는 $\mathbf{v}$와 길이가 같기 때문에 메인 메모리에 역시 올라가지 않을 것이다. 게다가 효율성을 이유로 M은 열 × 열 단위로 저장되기 때문에 하나의 열은 $\mathbf{v}'$의 모든 성분에 영향을 미칠 수 있다. 하나의 항을 특정 성분 $\mathbf{v}'_i$에 더해야 할 때 그 성분이 이미 메인 메모리에 있을 가능성은 매우 적다. 따라서 대부분의 항들을 위해서는 페이지가 메인 메모리로 옮겨진 뒤 적절한 성분에 합산돼야 한다. **스래싱**thrashing이라고 불리는 이런 상황은 실행되기까지 너무 많은 시간이 걸린다.

이에 대한 대안으로서 벡터를 k개의 구간으로 분할하며 행렬은 k^2개의 블록으로 분할하는 방식에 기반한 전략을 동일하게 사용한다. 그림 5.12는 $k = 4$인 경우 분할을 나타낸다. 행렬에 β를 곱하거나 $(1 - \beta)\mathbf{e}/n$를 더하는 작업은 사용 전략과 관계없이 직관적이므로 그림에 나타내지 않았다.

이 방식에서는 k^2개의 맵 태스크를 사용한다. 각 태스크는 행렬 M 중 하나의 정사각형 M_{ij}와 벡터 $\mathbf{v}$ 중 하나의 구간을 할당받는데, 이 벡터는 $\mathbf{v}_j$가 돼야 한다. 벡터의 각 구간이 k개의 서로 다른 맵 태스크들로 보내진다는 사실이 중요하다. 즉 k개의 i 값들 각각에 해당하는 M_{ij}가 있는데, $\mathbf{v}_j$는 이 M_{ij}를 처리하는 태스크로 보내지는 것이다. 따라서 $\mathbf{v}$는 네트워크를 통해 k번 전송된다. 그러나 행렬을 구성하는 각 부분은 오직 한 번 보내진다. 5.2.1절에서 설명한 것처럼 적당히 인코딩된 행렬 크기는 벡터 크기보다 몇 배 더 크다고 예상할 수 있기 때문에 전송 비용은 사용 가능한 최소 비용을 크게 넘어서지 않는다. 게다가 맵 태스크에서 상당히 많은 결합을 수행하기 때문에 맵 태스크에서 리듀스 태스크로 데이터가 전송될 때 비용을 절약할 수 있다.

이런 접근 방법의 장점은 M_{ij}를 처리하면서 $\mathbf{v}$의 j번째 구간과 $\mathbf{v}'$의 i번째 구간 모두를 메인 메모리에 저장할 수 있다는 사실이다. M_{ij}와 $\mathbf{v}_j$로부터 생성된 모든 항들은 $\mathbf{v}_i'$에는 영향을 미치고 $\mathbf{v}_j$의 다른 구간에는 영향을 미치지 않는다.

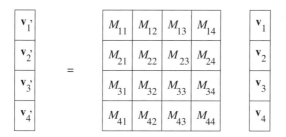

그림 5.12 행렬을 정사각 블록으로 분할하기

5.2.4 전이 행렬의 블록 표현

5.2.1절에서 설명한 특별한 방법으로 전이 행렬을 표현하는 경우 그림 5.12의 블록들을 어떻게 표현할 수 있을지 살펴봐야 한다. 안타깝게도 블록들(이전에 '구간'이라고 불렀다)로 구성된 열 하나를 저장하는 데 필요한 공간은 구간 전체를 그대로 저장하는 데 필요한 공간보다 크다. 하지만 그렇게 큰 것은 아니다.

각 블록 내에서 0이 아닌 성분이 적어도 하나 이상 존재하는 모든 열에 대한 데이터가 필요하다. 각 차원에서 구간의 개수 k가 크면 해당 구간 내 대부분 블록에서 대부분의 열은 아무런 값도 갖지 않을 것이다. 해당 열에서 0이 아닌 성분을 갖는 행들을 나열해야 할 뿐만 아니라 그 열로 표현된 노드에 대해 출력 차수를 반복해서 저장해야 한다. 따라서 출력 차수는 최대 자기 자신만큼 중복으로 저장될 가능성이 높다. 이 때문에 구간으로 나눈 블록들을 저장하는 데 필요한 공간의 상한은 구간 전체를 그대로 저장할 때 필요한 공간의 2배라는 사실을 알 수 있다.

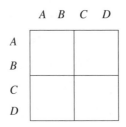

그림 5.13 4개의 2 × 2 블록으로 분할된 4노드 그래프

예제 5.8   예제 5.7의 행렬이 $k = 2$인 블록들로 분할된다고 가정하자. 즉 왼쪽 상단 사분면은 A 혹은 B에서 A 혹은 B로 연결된 링크를 표현하고, 오른쪽 상단 사분면은 C 혹은 D에서 A 혹은 B로 연결된 링크를 표현한다. 나머지도 마찬가지다. 이런 간단한 예제에서 유일하게 중복으로 저장되지 않는 열은 M_{22}의 C뿐이다. 왜냐하면 C에서 C 혹은 D로 연결되는 선이 없기 때문이다. 4개의 블록을 표현하는 표를 그림 5.14에서 확인할 수 있다.

출발 노드	차수	도착 노드들
A	3	B
B	2	A

(a) A와 B에서 A와 B로 연결되는 M_{11}의 표현

출발 노드	차수	도착 노드들
C	1	A
D	2	B

(b) C와 D에서 A와 B로 연결되는 M_{12}의 표현

출발 노드	차수	도착 노드들
A	3	C, D
B	2	D

(c) A와 B에서 C와 D로 연결되는 M_{21}의 표현

출발 노드	차수	도착 노드들
D	2	C

(d) C와 D에서 C와 D로 연결되는 M_{22}의 표현

그림 5.14 행렬 블록들의 희소 표현

그림 5.14(a)를 보면 왼쪽 상단 사분면의 내용을 알 수 있다. A와 B의 차수는 그림 5.11과 같다는 사실에 주목하라. 관련 블록 내 후속자 개수가 아닌, 전체 후속자 개수를 알아야 하기 때문이다. 그러나 A와 B의 각 후속자는 그림 5.14(a)와 그림 5.14(c)에서 표현되나 둘 다에 중복으로 표현되지는 않는다. 또한 그림 5.14(d)에는 C에 대한 정보가 없는데, 행렬 절반 아래 부분(행 C와 D)에 C의 후속자가 존재하지 않기 때문이다. ▩

5.2.5 페이지랭크 반복 연산을 위한 그 외 효율적인 접근법

5.2.3절에서 설명한 알고리즘이 오직 유일한 방법은 아니다. 더 적은 프로세서를 사용하는 몇 가지 방법들을 소개할 것이다. 이 알고리즘들은 5.2.3절의 알고리즘처럼 벡터 $\mathbf{v}$와 $\mathbf{v}'$ 중 $1/k$이 메인 메모리에 올라갈 수 있도록 매개 변수 k가 선택되면 벡터 $\mathbf{v}$가 k번 읽혀진다 하더라도 행렬 M은 오직 한 번 읽혀진다는 훌륭한 특징을 갖는다. 5.2.3절의 알고리즘은 모든 맵 태스크가 서로 다른 프로세서에서 병렬로 실행된다고 가정했을 때 k^2개의 프로세서를 사용한다는 사실을 기억하라.

한 행의 블록들을 모두 하나의 맵 태스크에 할당할 수 있는데 그렇게 하면 맵 태스크의 개수를 k개로 줄일 수 있다. 예를 들어, 그림 5.12에서 M_{11}, M_{12}, M_{13}, M_{14}는 하나의 맵 태스크에 할당될 것이다. 그림 5.14처럼 블록을 표현하면 한 행의 블록 전체를 한 번에 읽을 수 있으므로 그 행렬을 읽는 데에 메인 메모리가 그렇게 많이 필요하지는 않다. M_{ij}를 읽는 시점에 벡터 구간 $\mathbf{v}_j$를 읽어야 한다. 결과적으로 k개의 맵 태스크 각각은 전체 벡터 $\mathbf{v}$와 행렬의 $1/k$을 함께 읽는다.

M과 $\mathbf{v}$를 읽는 작업은 5.2.3절의 알고리즘이 하는 작업과 같으나, 이 방법의 장점은 각 맵 태스크가 $\mathbf{v}'_i$에 해당하는 모든 항들을 전담해 결합할 수 있다는 것이다. 다르게 말하면 k개의 맵 태스크로부터 받는 $\mathbf{v}'$의 조각들을 잇는^{concatenate} 것 말고는 리듀스 태스크가 하는 일은 없다.

이런 개념을 맵리듀스가 사용되지 않는 환경으로 확장할 수 있다. 프로세서가 하나이며, M과 $\mathbf{v}$가 디스크에 저장되고, 이제까지 설명했던 것과 같은 M의 희소 표현을 사용한다고 가정하자. 먼저 첫 번째 맵 태스크가 M_{11}부터 M_{1k}까지의 블록들과 모든 $\mathbf{v}$를 사용해서 $\mathbf{v}'_1$을 계산하는 과정을 그대로 구현한다. 이후 두 번째 맵 태스크가 M_{21}부터 M_{2k}까지의 블록들과 모든 $\mathbf{v}$를 읽어서 $\mathbf{v}'_2$를 계산하는 과정을 반복한다. 나머지도 마찬가지다. 이전 알고리즘에서와 같이 M은 한 번 읽고 $\mathbf{v}$는 k번 읽는다. 디스크에서 읽어올 수 있을 정도로 작은(일반적으로 디스크 블록 하나) M의 일부와 함께 $\mathbf{v}$의 $1/k$과 $\mathbf{v}'$의 $1/k$ 정도는 메인 메모리에 저장할 수 있다고 가정한다.

5.2.6 5.2절 연습문제

연습문제 5.2.1 $n \times n$ 불린 행렬(오직 0과 1로만 구성된 행렬)을 저장하려 한다고 가정하자. 이 행렬은 비트들로 표현할 수도 있고, 아니면 $\lceil \log_2 n \rceil$개의 비트로 표현할 수 있는 정수들의 쌍으로 1들의 위치를 표현할 수도 있다. 전자는 조밀 행렬에 적합하고, 후자는 희소 행렬에 적합하다. 희소 행렬 표현 방식으로 공간을 절약하려면 그 행렬이 얼마나 희소해야 하는가(즉 원소 중 1들의 비율은 얼마가 돼야 하는가)?

연습문제 5.2.2 5.2.1절의 방식을 사용해 다음 그래프의 전이 행렬을 표현하라.

(a) 그림 5.4

(b) 그림 5.7

연습문제 5.2.3 5.2.4절의 방식을 사용해 블록을 2개씩 나눌 경우 그림 5.3 그래프에 대한 전이 행렬을 표현하라.

연습문제 5.2.4 그림 5.9처럼 n개의 노드를 갖는 체인 형태의 웹 그래프가 있다고 하자. n을 나누는 값인 k의 함수로 5.2.4절의 방식을 사용해서 이 그래프에 대한 전이 행렬의 표현식을 설명하라.

5.3 주제 기반 페이지랭크

페이지랭크를 개선하기 위해 시도할 수 있는 몇 가지 방법이 있다. 5.3절에서 다룰 방법은 주제를 기준으로 특정 페이지에 더 높은 가중치를 주는 것이다. 이렇게 가중치를 강제하는 메커니즘은 랜덤 서퍼가 행동하는 방식을 변화시키는데, 랜덤 서퍼가 특정 주제를 다룬다고 알려진 페이지에 더 많이 머물도록 만든다. 5.4절에서는 페이지랭크 알고리즘을 속이려는 목적으로 배포된 '링크 스팸'이라는 새로운 종류의 스팸에 주제-관련 방식이 영향을 받지 않도록 하는 원리를 설명할 것이다.

5.3.1 주제 기반 페이지랭크의 필요성

사람마다 관심사가 다르고 때로는 서로 다른 관심사들이 질의에서 같은 용어로 표현되기도 한다. 전형적인 예는 재규어를 검색하는 상황이다. 재규어는 동물, 자동차, 맥MAC 운영체제의 버전, 혹은 아주 오래된 게임 콘솔로 의미하는 바가 여러 가지다. 예를 들어, 검색 엔진이 사용자가 자동차에 관심이 있다고 추론할 수 있다면 사용자에게 자동차와 관련된 페이지들을 보여 주는 훌륭한 작업을 수행할 수 있게 된다.

이상적으로 각 사용자는 자신만의 페이지랭크 벡터를 갖는데 이 벡터는 해당 사용자 입장에서 각 페이지가 중요한 정도를 나타낸다. 10억 명 사용자 각각에 대해 길이가 수십억에 달하는 벡터를 저장하는 것은 불가능하므로 이를 조금 더 간단하게 만드는 작업이 필요하다. 주제 기반 페이지랭크 기법은 일부 소수 주제들을 대상으로 각각 하나의 페이지 벡터를 생성하고, 해당 주제와 관련된 페이지들의 페이지랭크가 높아지도록 만든다. 이후 선택된 주제들 각각에 대한 사용자의 관심 정도에 따라 사용자들을 분류하려는 시도를 거듭한다. 비록 확실히 정확성은 떨어지지만, 각 사용자 별로 엄청나게 큰 벡터가 아닌 작은 벡터만을 저장한다는 장점이 있다.

예제 5.9 하나의 유용한 주제 집합의 예로 오픈 디렉터리Open Directory(DMOZ)의 16개 상위 카테고리(스포츠, 의학 등)를 들 수 있다.[6] 각 주제를 하나의 벡터로 표현하기 위해 페이지랭크 벡터 16개를 생성할 수 있다. 사용자가 최근에 본 페이지들의 내용을 기준으로 사용자의 관심 주제가 무엇인지 파악할 수 있다면, 해당 주제에 대한 페이지랭크 벡터를 사용해 페이지들의 순위를 결정할 수 있다. ■

5.3.2 편향된 랜덤 워크

'스포츠'라는 주제와 관련된 페이지들을 구별해 냈다고 가정하자. 스포츠에 대한 주제 기반 페이지랭크를 생성하기 위해서 랜덤 서퍼는 다른 주제와 관련된 페이지가 아닌 스포츠 페이지만을 접하게 된다고 가정해 보자. 이 결과로 랜덤 서퍼가 확인된 스포츠 페이지 혹은 스포츠 페이지라고 알려진 페이지 중 하나로부터 짧은 경로를

---

6 이 디렉터리는 www.dmoz.org에 있으며, 사람이 분류한 웹 페이지들을 모아 뒀다.

통해 도달 가능한 페이지에 위치할 가능성이 높아진다. 직관적으로 스포츠 페이지에 의해 연결된 페이지들은 스포츠와 관련이 있을 가능성이 높다. 확인된 스포츠 페이지로부터 거리가 멀어질수록 스포츠와 관련될 가능성은 감소하지만, 스포츠 페이지와 연결된 페이지들은 스포츠와 관련될 가능성이 있다.

주제 기반 페이지랭크를 생성하는 반복 연산에 대한 수학적 공식은 일반적인 페이지랭크를 위해 사용했던 방정식과 유사하다. 유일한 차이점은 새로운 서퍼를 추가하는 방식이다. 특정 주제에 속한다고 확인된 페이지의 행/열 번호로 구성된 정수 집합을 S라고 가정하자(이를 **순간이동 집합**teleport set이라고 부른다). S에 속하는 성분은 1, 그 외 다른 성분은 0인 벡터를 $\mathbf{e}_S$라고 하자. 그러면 S에 대한 주제 기반 페이지랭크는 다음과 같은 반복 연산의 극한이 된다.

$$\mathbf{v}' = \beta M \mathbf{v} + (1 - \beta)\mathbf{e}_S/|S|$$

여기서 보통 M은 웹의 전이 행렬이고 $|S|$는 집합 S의 크기다.

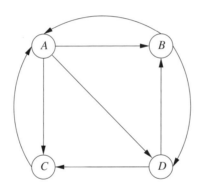

그림 5.15 예제 웹 그래프의 재현

예제 5.10 원본 그림 5.1을 그림 5.15로 재현했다. 이를 다시 살펴보자. $\beta = 0.8$이라고 가정하자. 이 그래프에 대한 전이 행렬에 β를 곱하면 다음과 같다.

$$\beta M = \begin{bmatrix} 0 & 2/5 & 4/5 & 0 \\ 4/15 & 0 & 0 & 2/5 \\ 4/15 & 0 & 0 & 2/5 \\ 4/15 & 2/5 & 0 & 0 \end{bmatrix}$$

주제는 순간이동 집합 $S = \{B, D\}$로 표현된다고 가정하자. 그러면 벡터 $(1 - \beta)$ $\mathbf{e}_S/|S|$의 두 번째와 네 번째 성분은 1/10이며, 나머지 두 성분은 0이다. 그 이유는 $1 - \beta = 1/5$이고 S의 크기는 2이며, $\mathbf{e}_S$에서 B와 D에 해당하는 성분은 1, A와 C에 해당하는 성분은 0이기 때문이다. 따라서 반복돼야 하는 방정식은 다음과 같다.

$$\mathbf{v}' = \begin{bmatrix} 0 & 2/5 & 4/5 & 0 \\ 4/15 & 0 & 0 & 2/5 \\ 4/15 & 0 & 0 & 2/5 \\ 4/15 & 2/5 & 0 & 0 \end{bmatrix} \mathbf{v} + \begin{bmatrix} 0 \\ 1/10 \\ 0 \\ 1/10 \end{bmatrix}$$

이 방정식을 처음 몇 번 반복한 결과는 다음과 같다. 순간이동 집합 페이지에서 서퍼가 출발을 시작한다고 설정했다. 초기 분배 값은 극한 값에 아무런 영향도 미치지 않으나 연산을 좀 더 빠르게 수렴하도록 할 수 있다.

$$\begin{bmatrix} 0/2 \\ 1/2 \\ 0/2 \\ 1/2 \end{bmatrix}, \begin{bmatrix} 2/10 \\ 3/10 \\ 2/10 \\ 3/10 \end{bmatrix}, \begin{bmatrix} 42/150 \\ 41/150 \\ 26/150 \\ 41/150 \end{bmatrix}, \begin{bmatrix} 62/250 \\ 71/250 \\ 46/250 \\ 71/250 \end{bmatrix}, \dots, \begin{bmatrix} 54/210 \\ 59/210 \\ 38/210 \\ 59/210 \end{bmatrix}$$

서퍼가 B와 D에 집중되기 때문에 이 노드들의 페이지랭크는 예제 5.2에서보다 더 높다는 사실에 주목하라. 예제 5.2에서 가장 높은 페이지랭크를 기록한 노드는 A였다. ■

5.3.3 주제 기반 페이지랭크의 사용

주제 기반 페이지랭크를 검색 엔진에 적용하려면 다음을 따라야 한다.

1. 주제를 결정하고 해당 주제에만 특화된 페이지랭크 벡터를 생성한다.
2. 이런 주제들 각각에 대해 순간이동 집합을 선택하고, 그 집합을 사용해 해당 주제에 대한 주제 기반 페이지랭크 벡터를 계산한다.
3. 특정 검색 질의와 가장 관련이 큰 주제 혹은 주제 집합을 결정하는 방법을 찾는다.

4. 해당 주제 혹은 주제들에 대한 페이지랭크를 검색 결과 순서에 반영한다.

주제 집합을 선택하는 한 가지 방법을 설명했다. 오픈 디렉터리^{Open Directory}에서 순위가 높은 주제들을 사용하는 것이었다. 그 외 다른 방법도 가능하나 적어도 몇몇 페이지들은 사람이 구별해 내야 할 수도 있다.

세 번째 단계는 가장 까다로울 수 있는데, 몇 가지 방법들이 사용돼 왔다. 가능한 방법은 다음과 같다.

(a) 사용자가 메뉴에서 주제를 선택하도록 한다.
(b) 사용자가 최근에 검색한 웹 페이지에 등장하는 단어들, 혹은 사용자가 최근에 입력한 질의들로 주제(들)를 추론한다. 단어들의 집합을 하나의 주제와 연관시키는 방법을 알아볼 필요가 있다. 5.3.4절에서 이를 다룰 것이다.
(c) 사용자와 관련된 정보, 예컨대 사용자들의 북마크^{bookmark} 혹은 페이스북에 언급된 관심사들로 주제(들)를 추론한다.

5.3.4 단어로부터 주제 추론

주제를 기준으로 문서를 분류하는 문제는 수십 년간 연구됐던 분야다. 물론 여기서 자세한 내용을 설명하지는 않을 것이다. 특정 주제와 관련된 문서에 매우 자주 등장하는 단어들로 주제를 결정한다는 설명만으로 충분하다. 예를 들어, 후위공격수(fullback)나 홍역(measles)이라는 단어는 웹 문서에 자주 등장하지는 않는다. 그러나 후위공격수라는 단어는 스포츠와 관련된 페이지에 평균 이상으로 자주 등장할 것이고, 홍역이라는 단어는 의학과 관련된 페이지에 평균 이상으로 자주 등장할 것이다.

웹 전체 혹은 수많은 무작위 표본들을 검토하면, 각 단어의 백그라운드 빈도수^{background frequency}를 알아낼 수 있다. 그런 다음 오픈 디렉터리^{Open Directory}에 의해 스포츠로 분류된 페이지처럼 특정 주제와 관련 있다고 알려진 수많은 페이지 표본들을 검토한다. 스포츠 표본에 등장하는 단어들의 빈도수를 센 다음, 일반적인 페이지보다 스포츠 표본에 더 자주 등장하는 단어들을 찾아낸다. 이런 판단을 할 때 상대적으로 빈도는 높으나 스포츠 표본에는 드물게 등장하는 단어라면 그 단어들을 피해야 한다. 그 단어는 스포츠 페이지에 한 번 혹은 몇 번만 등장하는 오타일 수 있다. 따라서 주제를 특징짓는 단어라고 판단하기 전에 단어가 등장하는 횟수의 하한선을 정할 수도 있다.

일단 일반적인 페이지보다 스포츠 표본에 훨씬 더 자주 등장하는 단어들로 구성된 대형 집합을 찾아냈으면 리스트에 존재하는 모든 주제를 대상으로 같은 작업을 반복해 검사하고 주제에 따라 그 페이지들을 구별할 수 있다. 리스트의 각 주제를 특징짓는 단어들의 집합을 $S_1, S_2, \ldots, S_k$라고 가정하자. P는 주어진 페이지 P에 등장하는 단어들의 집합이라고 하자. P와 각 S_i 사이의 자카드 유사도(3.1.1절을 기억하라)를 계산하고, 자카드 유사도가 가장 높은 주제로 페이지들을 분류한다. 특히 집합 S_i의 크기가 작은 경우 모든 자카드 유사도는 매우 낮을 수 있음에 유의하라. 따라서 집합에 표현된 모든 종류의 주제들을 반드시 다룰 수 있도록 집합 S_i를 상당히 크게 선택하는 것이 중요하다.

사용자가 최근에 검색한 페이지들을 분류하기 위해 이런 방식 혹은 이 외 다른 다양한 방법을 사용할 수 있다. 사용자는 최근에 검색한 페이지들 중 가장 많은 페이지와 관련된 주제에 관심이 있다고 볼 수 있다. 또는 각 주제로 할당된 이런 페이지 비율에 비례해서 주제 기반 페이지랭크 벡터들을 섞을 수 있는데, 그렇게 함으로써 구성되는 단일 페이지랭크 벡터는 사용자의 현재 혼합된 관심사를 반영하게 된다. 또한 사용자가 현재 북마크한 페이지 혹은 북마크한 페이지와 더불어 최근에 검색한 페이지에도 역시 같은 방식을 적용할 수 있다.

5.3.5 5.3절 연습문제

연습문제 5.3.1 순간이동 집합이 다음과 같다고 가정하고 그림 5.15 그래프에 대한 주제 기반 페이지랭크를 계산하라.

(a) 오로지 A

(b) A와 C

5.4 링크 스팸

구글에서 사용했던 페이지랭크와 그 외 기법들이 용어 스팸을 비효율적으로 만든다는 사실이 명백히 드러났을 때 스패머들은 특정 페이지를 과대평가하도록 페이지랭크 알고리즘을 속이는 방식을 사용하기 시작했다. 페이지의 페이지랭크를 인위적으로 증가시키는 기법 전체를 **링크 스팸**link spam이라 한다. 5.4절에서는 스패머가 어떻게 링크 스팸을 생성하는지 먼저 알아보고, 트러스트랭크TrustRank와 스팸 매스spam mass의 측정을 비롯해 이런 스팸 기법의 영향력을 감소시키는 몇 가지 방법을 소개할 것이다.

5.4.1 스팸 팜의 구조

특정 페이지 혹은 페이지들의 페이지랭크를 증가시키기 위해 생성된 페이지들을 **스팸 팜**spam farm이라고 한다. 그림 5.16은 스팸 팜의 가장 간단한 형태다. 스패머 관점에서 웹은 세 부분으로 나뉜다.

1. **접근 불가능 페이지**: 스패머가 영향을 미칠 수 없는 페이지. 웹 대부분이 여기 속한다.
2. **접근 가능한 페이지**: 스패머가 직접 조정할 수는 없으나, 스패머에 의해 영향을 받을 수 있는 페이지
3. **소유 페이지**: 스패머가 소유하고 관리하는 페이지

스팸 팜은 오른쪽처럼 특별한 방법으로 조직된 스패머 소유의 페이지, 그리고 접근 가능한 페이지에서 스패머 페이지로 연결된 링크들로 구성된다. 외부로 향하는 링크들이 없는 스팸 팜은 소용이 없는데, 이런 스팸 팜은 일반적인 검색 엔진으로는 크롤링조차 되지 않을 것이기 때문이다.

그림 5.16에서 접근 가능한 페이지를 보면 페이지를 소유하지 않고도 해당 페이지에 영향을 미칠 수 있다는 사실이 놀라울 수 있다. 그러나 요즘은 블로그나 신문기사처럼 다른 사람들로 하여금 자신의 의견을 사이트에 올릴 수 있도록 허용하는 사이트가 많다. 외부에서 자신의 페이지로 방문을 유도해 페이지랭크를 훨씬 더 높이

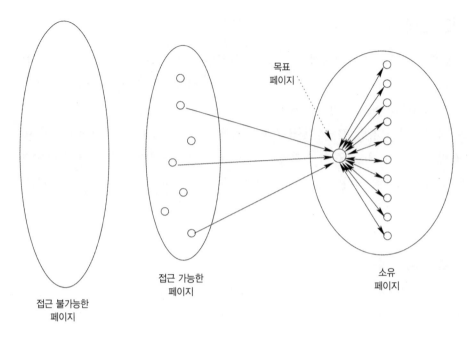

목표
페이지

접근 불가능한
페이지

접근 가능한
페이지

소유
페이지

그림 5.16 링크 스패머 관점에서 본 웹

기 위해 스패머는 '동감합니다. www.mySpamFarm.com 여기서 제 의견을 봐 주세요'와 같은 많은 글을 올리게 된다.

　스팸 팜에는 스패머가 가능한 한 페이지랭크를 높이려고 목표로 삼는 **목표 페이지** t 가 존재한다. 매우 큰 수인 m개의 **지원 페이지**supporting page들은 모든 페이지에 동등하게 분배되는 페이지랭크 일부를 나눠 갖는다(페이지랭크의 비율 $1 - \beta$는 무작위 페이지로 유입되는 서퍼들이었다). 이런 지원 페이지 일부에 매회 세금이 매겨지기 때문에 지원 페이지 역시 가능한 한 t의 페이지랭크가 유실되는 것을 막는 역할을 한다. t는 링크를 통해 모든 지원 페이지로 연결되며, 모든 지원 페이지는 오직 t에만 연결돼 있다는 사실에 주목하라.

294

5.4.2 스팸 팜 분석

페이지랭크는 세금 매김 매개 변수 β를 보통 0.85 정도 설정해 계산된다고 가정하자. β는 다음 단계에서 자신의 후속자로 분배되는 페이지랭크 비율이다. 웹에 총 n개의 페이지가 있으며, 그들 중 일부 페이지가 목표 페이지 t와 m개의 지원 페이지로 구성된 그림 5.16 형태의 스팸 팜을 형성한다고 하자. 그리고 접근 가능한 페이지에 의해 분배되는 페이지랭크의 양을 x라고 하자. 즉 t로 연결되는 접속 가능한 모든 페이지들 p에 대해서 p의 페이지링크들에 β를 곱한 후 그 합을 p의 후속자 개수로 나눈 값이 x가 된다. 마지막으로, t의 알려지지 않은 페이지랭크를 y라고 하자. 이를 y에 대해서 풀 것이다.

먼저 각 지원 페이지의 페이지랭크는 다음과 같다.

$$\beta y/m + (1 - \beta)/n$$

첫 번째 항은 t로부터 받은 영향을 나타낸다. t의 페이지랭크 y는 세금 매김되므로 단지 βy만 t개의 후속자들로 분배된다. 즉 이 페이지랭크가 m개의 지원 페이지로 동등하게 분배되는 것이다. 두 번째 항은 웹의 모든 페이지에게 동등하게 분배되는 페이지랭크의 비율 $1 - \beta$ 중 지원 페이지가 차지하는 몫을 나타낸다.

이제 목표 페이지 t의 페이지랭크 y를 계산해 보자. 이 페이지랭크는 세 부분으로 계산된다.

1. 이미 가정했듯이 외부로부터 받는 영향 x
2. 모든 지원 페이지의 페이지랭크의 β배, 즉 다음과 같다.

$$\beta\bigl(\beta y/m + (1 - \beta)/n\bigr)$$

3. 페이지랭크 비율 $1 - \beta$에서 t가 차지하는 몫 $(1 - \beta)/n$, 이는 무시해도 될 정도의 양이므로 분석을 간단히 하기 위해 삭제할 것이다.

따라서 위의 **1**과 **2**로부터 다음과 같은 식을 얻을 수 있다.

$$y = x + \beta m \left(\frac{\beta y}{m} + \frac{1 - \beta}{n} \right) = x + \beta^2 y + \beta (1 - \beta) \frac{m}{n}$$

위 방정식을 y에 대해 풀면 다음과 같다.

$$y = \frac{x}{1 - \beta^2} + c \frac{m}{n}$$

여기서 $c = \beta(1 - \beta)/(1 - \beta^2) = \beta/(1 + \beta)$이다.

예제 5.11 $\beta = 0.85$면 $1/(1 - \beta^2) = 3.6$, $c = \beta/(1 + \beta) = 0.46$이다. 즉 이 구조는 외부 페이지랭크의 영향을 360%까지 증폭시켰으며, 스팸 팜의 웹 비율 m/n 중 46%에 해당하는 페이지랭크를 추가로 얻게 만든다. ■

5.4.3 링크 스팸과의 전쟁

검색 엔진에게 있어서 이전 10년간은 용어 스팸 제거가 필수적이었듯이 이제 링크 스팸을 감지하고 제거하는 것이 필수적인 기능으로 자리 잡고 있다. 링크 스팸을 처리하는 방법은 두 가지다. 하나는 그림 5.16의 스팸 팜처럼 하나의 페이지가 매우 큰 다수의 페이지들로 연결되고, 이들 각각이 다시 자신에게로 연결되는 구조를 찾는 것이다. 검색 엔진은 이런 구조를 찾아낸 후 자신들의 인덱스에서 이런 페이지들을 제거한다. 이 때문에 스패머들은 비슷한 효과를 내는 다른 구조들을 개발해 목표 페이지 혹은 목표 페이지들이 페이지랭크를 점유하게 하는 데 온 힘을 쏟고 있다. 본질적으로 그림 5.16는 끝없이 변형될 수 있으므로 스패머와 검색 엔진 간의 전투는 오랜 시간 지속될 것으로 보인다.

그러나 스팸 팜의 위치를 찾는 데 의존하지 않고 링크 스팸을 제거하는 또 다른 방법이 있다. 오히려 검색 엔진이 링크 스팸의 순위를 자동적으로 낮추도록 하기 위해 페이지랭크 정의를 수정하면 된다. 2개의 서로 다른 공식을 살펴보도록 하자.

1. **트러스트랭크**TrustRank: 스팸 페이지의 점수를 낮추기 위해 고안된 주제 기반 페이지랭크의 변형

2. **스팸 매스**^{spam mass}: 스팸이 될 것 같은 페이지들을 찾아내고 검색 엔진이 그런 페이지들을 제거하거나 페이지랭크를 매우 낮추도록 하는 연산

5.4.4 트러스트랭크

트러스트랭크는 주제 기반 페이지랭크인데 여기서 주제란 신뢰할 만하다고(스팸이 아니라고) 여겨지는 페이지들의 집합이다. 이 이론의 핵심은 스팸 페이지가 쉽게 신뢰할 만한 페이지로 연결될 수 있는 반면 신뢰할 만한 페이지는 스팸 페이지로 연결될 가능성이 적다는 것이다. 5.4.1절에서 언급했듯이 스패머는 블로그나 기타 게재가 가능한 사이트에 링크를 생성할 수 있기 때문에 그런 사이트들을 신뢰하기가 힘들다. 그런 페이지들은 내용이 매우 믿을 만하더라도 신뢰할 수 없는데, 독자가 의견을 게재할 수 있도록 허용하는 이름 있는 신문사의 경우가 이에 해당한다.

트러스트랭크를 구현하기 위해서는 신뢰할 만한 페이지들로 구성된 순간이동 집합을 적절하게 만들어야 한다. 이를 위해 다음과 같은 두 가지 방법이 사용돼 왔다.

1. 사람이 직접 페이지 집합을 검사하고 그들 중 신뢰할 만한 페이지를 가려내는 방법이다. 예를 들어, 페이지랭크가 가장 높은 페이지를 선택해서 검토하는 것이다. 이론상 링크 스팸은 페이지 순위를 바닥에서 중간 수준으로 끌어올릴 수는 있지만, 스팸 페이지를 목록에서 가장 높은 수준에 가깝도록 만드는 것은 기본적으로 불가능하다.
2. 스패머가 자신들의 페이지를 특정 도메인에 넣는 것이 어렵다는 가정하에 가입이 제한되는 도메인을 선택하는 방법이다. 예를 들어, 대학 페이지는 스팸 팜이될 가능성이 낮기 때문에 .edu 도메인을 선택하면 된다. 아니면 .mil 혹은 .gov를 선택할 수도 있다. 그러나 이렇게 특정한 도메인을 선택함으로써 발생하는 문제는 이런 도메인들이 거의 다 미국 사이트라는 것이다. 신뢰할 만한 웹 페이지를 잘 분배하려면 ac.il, 혹은 edu.sg와 같은 여러 국가의 유사한 사이트들을 포함시켜야 한다.

오늘날 검색 엔진은 일반적으로 두 번째 전략을 구현하는 경우가 많으며, 현실에서의 페이지랭크는 트러스트랭크의 일종이라고 보면 된다.

5.4.5 스팸 매스

스팸 매스의 기본 아이디어는 각 페이지에 대해서 스팸으로부터 오는 페이지랭크의 비율을 측정하는 것이다. 신뢰할 만한 페이지의 순간이동 집합을 기초로 해 원래 페이지랭크와 트러스트랭크 모두를 구하면 이를 계산할 수 있다. 페이지 p의 페이지랭크는 r이며, 트러스트랭크는 t라고 가정하자. 그러면 p의 **스팸 매스**는 $(r - t)/r$다. 스팸 매스가 음수 혹은 작은 양의 정수이면 p가 스팸 페이지가 아닐 확률을 나타내는 반면, 스팸 매스가 1에 가까우면 해당 페이지가 스팸일 확률이 높음을 뜻한다. 검색 엔진에 의해 사용되는 웹 페이지의 인덱스에서 스팸 매스가 높은 페이지를 제거할 수 있다. 따라서 스팸 팜이 사용하는 특이한 구조를 파악하는 일 없이 거대한 양의 링크 스팸을 제거할 수 있다.

예제 5.12   예제 5.2와 예제 5.10의 그림 5.1을 대상으로 계산된 페이지랭크와 주제 기반 페이지랭크 모두를 살펴보자. 후자의 경우 순간이동 집합은 노드 B와 D였으므로 이 노드들을 신뢰할 만한 페이지들이라 가정하자. 그림 5.17은 4개 노드에 대한 페이지랭크, 트러스트랭크, 스팸 매스를 표로 보여 주고 있다.

노드	페이지랭크	트러스트랭크	스팸 매스
A	3/9	54/210	0.229
B	2/9	59/210	-0.264
C	2/9	38/210	0.186
D	2/9	59/210	-0.264

그림 5.17 스팸 매스의 계산

이런 간단한 예제에서 얻을 수 있는 한 가지 결론은 노드 B와 D의 스팸 매스는 음수이며, 실제로 노드 B와 D가 스팸이 아니라는 사실이다. 그 외 다른 두 노드 A와 C 각각의 스팸 매스는 양수인데, 이는 그들의 페이지랭크가 트러스트랭크보다 높기 때문이다. 예컨대 A의 스팸 매스는 두 값의 차 3/9 − 54/210 = 8/105를 구하고 8/105를 페이지랭크 3/9로 나눔으로써 계산되는데, 이 값은 8/35, 약 0.229다. 그러나 그 스팸 매스들도 1이 아닌 0에 가까우므로 스팸이 아닐 확률이 높다. ■

5.4.6 5.4절 연습문제

연습문제 5.4.1 5.4.2절에서는 모든 지원 페이지가 목표 페이지로 다시 연결되는 그림 5.16의 스팸 팜을 분석했다. 다음의 스팸 팜에 대해 분석을 반복하라.

(a) 각 지원 페이지는 목표 페이지가 아닌 자기 자신으로 연결된다.

(b) 각 지원 페이지는 어디로도 연결되지 않는다.

(c) 각 지원 페이지는 자기 자신과 목표 페이지로 연결된다.

연습문제 5.4.2 그림 5.1의 웹 그래프에서 신뢰할 수 있는 페이지는 오직 B뿐이라는 가정하에

(a) 각 페이지의 트러스트랭크를 계산하라.

(b) 각 페이지의 스팸 매스를 계산하라.

! **연습문제 5.4.3** 2명의 스팸 파머spam farmer가 자신들의 스팸 팜을 서로 연결하는 것에 동의한다고 가정하자. 각 스팸 팜에서 목표 페이지의 페이지랭크를 가능한 한 높이기 위해 페이지들을 어떻게 연결할 것인가? 스팸 팜들을 연결시키는 이점은 무엇인가?

5.5 허브와 권위자

'허브와 권위자hubs and authorities'라고 불리는 개념은 페이지랭크가 처음 구현된 이후 바로 등장했다. 허브와 권위자를 계산하는 알고리즘은 페이지랭크의 연산과 비슷한데, 행렬 벡터의 곱셈을 반복하며 고정점fixedpoint을 구하는 연산을 다룬다. 그러나 두 개념 사이에 서로 대체 불가능한 중요한 차이점이 존재한다.

때때로 HITShyperlink-induced topic search(**하이퍼링크가 포함된 주제 검색**)라고 불리는 이런 허브와 권위자 알고리즘은 페이지랭크처럼 검색 질의 실행의 전처리 단계로 고안된 것이 아니라 원래는 질의를 처리하는 단계에서 검색 응답 순위를 결정하기 위해 의도된 것이다. 그러나 전체 웹 혹은 검색 엔진에 의해 크롤링된 웹의 일정 부분을 분석하는 기법으로서 허브와 권위자 알고리즘을 설명할 것이다. 실제로 이와 비슷한 방법이

애스크^{Ask}라는 검색 엔진에 사용됐기 때문이다.

5.5.1 HITS의 직관적 이해

페이지랭크가 페이지의 중요도를 나타내는 일차원적 개념이라면 HITS는 페이지 중요도를 두 가지 측면으로 바라본다.

1. 특정 페이지들은 주제와 관련된 정보를 제공하기 때문에 가치가 있다. 이런 페이지들을 **권위자**^{authorities}라고 부른다.

2. 그 외 페이지들은 주제와 관련된 정보를 제공하기 때문이 아니라 해당 주제를 찾기 위해 어디를 방문해야 하는지 알려 주기 때문에 가치가 있다. 이런 페이지를 **허브**^{hubs}라 한다.

예제 5.13 일반적으로 대학의 학과들이 운영하는 웹 페이지에는 각 강의를 담당하는 교수, 교재, 강의 개요 등 강의와 관련된 내용이 담긴 페이지로 연결되는 링크와 함께 학과에서 제공하는 모든 강의 목록이 게재돼 있다. 특정 강의에 대해 알기 원하면 강의에 대한 페이지가 필요하다. 즉 부분적인 강의 목록만으로는 충분치 않다. 강의 페이지는 해당 강의에 대한 권위자다. 그러나 학과에서 제공하는 강의들을 파악하고자 하는 경우에는 각 강의 페이지를 일일이 검색하는 방법은 도움이 안 된다. 강의 목록이 포함된 페이지가 먼저 필요하다. 이 페이지가 바로 강의들 정보에 대한 허브다. ■

페이지랭크가 '중요한 페이지들로부터 연결된 페이지는 중요한 페이지다'라며 중요도를 재귀적으로 정의하는 것처럼 HITS는 두 가지 개념을 사용해 상호 재귀적으로 중요도를 정의한다. '어떤 페이지로부터 좋은 권위자에게 연결됐다면 그 페이지는 좋은 허브이고, 좋은 허브에 의해 연결된 페이지는 좋은 권위자다'라고 말이다.

5.5.2 허브 지수와 권위 지수의 공식화

위의 직관을 공식화하기 위해서 각 웹 페이지에 두 가지 점수를 할당할 것이다. 먼저 하나의 점수는 페이지의 **허브 지수**^{hubbiness}다. 즉 페이지가 좋은 허브인 정도를 나타내며, 두 번째 점수는 페이지가 좋은 권위자인 정도를 표현한다. 페이지가 나열된다는 가정하에 벡터 **h**와 **a**로 이런 점수들을 표현할 수 있다. **h**의 i번째 성분은 i번째 페이지에 할당된 허브 지수이며, **a**의 i번째 성분은 같은 페이지에 부여된 권위 지수 authority다.

웹의 전이 행렬로 표현되는 중요도를 각 페이지 후속자들에게 분배할 때 일반적으로 후속자의 권위 지수를 합산해서 허브 지수를 계산하고, 선행자의 허브 지수를 합산해서 권위 지수를 계산하는 방법을 사용한다. 이것만 수행한다면 허브 지수와 권위 지수 값은 보통 한계치 이상으로 증가하게 될 것이다. 따라서 보통 벡터 **h**와 **a** 의 값을 조정해 가장 큰 성분이 1이 되도록 한다. 아니면 성분들의 합이 1이 되도록 하는 방법도 있다.

h와 **a**의 반복적 연산을 공식으로 설명하기 위해 웹의 링크 행렬 L을 사용한다. 페이지가 n개라면 L은 $n \times n$ 행렬이며, 페이지 i에서 페이지 j로 연결되는 링크가 있는 경우 $L_{ij} = 1$이고, 없는 경우는 $L_{ij} = 0$이다. 또한 L의 **전치 행렬**transpose인 L^{T}이 필요하다. 즉 페이지 j에서 페이지 i로 연결되는 링크가 있는 경우 $L_{ij}^{\mathrm{T}} = 1$이고, 없는 경우는 $L_{ij}^{\mathrm{T}} = 0$이다. L^{T}은 페이지랭크를 위해 사용하는 행렬 M과 유사하나, 행렬 M의 성분은 1을 해당 열로 표현되는 페이지로부터 외부를 향하는 링크 개수로 나눈 비율이었던 반면, L^{T}에서는 1이라는 사실을 유념하라.

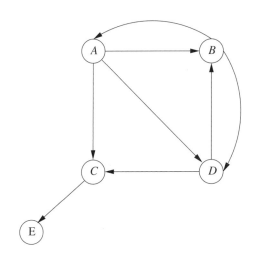

그림 5.18 HITS 예제를 위한 표본 데이터

이 예제에서는 그림 5.18로 재현한 그림 5.4의 웹을 사용할 것이다. 유심히 관찰해 보면 데드 엔드나 스파이더 트랩이 존재하는 상황에서도 HITS가 반복되면 두 벡터가 의미 있는 쌍으로 수렴하게 된다. 따라서 '세금 매김' 혹은 더 이상의 그래프 변경이 없이 직접 그림 5.18로 작업할 수 있다. 링크 행렬 L과 그것의 전치 행렬을 그림 5.19에서 볼 수 있다. ■

$$L = \begin{bmatrix} 0 & 1 & 1 & 1 & 0 \\ 1 & 0 & 0 & 1 & 0 \\ 0 & 0 & 0 & 0 & 1 \\ 0 & 1 & 1 & 0 & 0 \\ 0 & 0 & 0 & 0 & 0 \end{bmatrix} \qquad L^T = \begin{bmatrix} 0 & 1 & 0 & 0 & 0 \\ 1 & 0 & 0 & 1 & 0 \\ 1 & 0 & 0 & 1 & 0 \\ 1 & 1 & 0 & 0 & 0 \\ 0 & 0 & 1 & 0 & 0 \end{bmatrix}$$

그림 5.19 그림 5.18의 웹에 대한 링크 행렬과 그것의 전치 행렬

한 페이지의 허브 지수가 그 페이지 후속자들의 권위 지수 합에 비례한다는 사실은 방정식 $\mathbf{h} = \lambda L \mathbf{a}$로 표현되는데, 여기서 λ는 조정 인수^{scaling factor}로 사용되는 임의의 상수다. 이와 마찬가지로 한 페이지의 권위 지수가 그 페이지 선행자들의 허브 지수 합에 비례한다는 사실은 방정식 $\mathbf{a} = \mu L^T \mathbf{h}$로 표현되며, 여기서 μ는 또 다른 조정 상수다. 이런 방정식을 통해 하나의 방정식을 또 다른 방정식으로 대체함으로써 허브 지수와 권위 지수 각각을 다음과 같이 계산할 수 있다.

- $\mathbf{h} = \lambda\mu LL^T\mathbf{h}$
- $\mathbf{a} = \lambda\mu L^TL\mathbf{a}$

그러나 LL^T와 L^TL는 L과 L^T만큼 희소하지 않기 때문에 보통 실제 상호 재귀^{mutual recursion} 방식으로 $\mathbf{h}$와 $\mathbf{a}$를 계산하는 것이 더 낫다. 즉 모두 1로 구성된 벡터 $\mathbf{h}$에서 시작하라.

1. $\mathbf{a} = L^T\mathbf{h}$를 계산하고 가장 큰 성분이 1이 되도록 조정한다.
2. 그런 다음 $\mathbf{h} = L\mathbf{a}$를 계산하고 다시 조정한다.

이제 새로운 $\mathbf{h}$를 얻었으므로 두 벡터의 변화가 충분히 작아질 때까지 1과 2를 계속

반복해 극한 값을 얻으면 된다.

$$
\mathbf{h}=\begin{bmatrix}1\\1\\1\\1\\1\end{bmatrix}\qquad
L^{\mathrm{T}}\mathbf{h}=\begin{bmatrix}1\\2\\2\\2\\1\end{bmatrix}\qquad
\mathbf{a}=\begin{bmatrix}1/2\\1\\1\\1\\1/2\end{bmatrix}\qquad
L\mathbf{a}=\begin{bmatrix}3\\3/2\\1/2\\2\\0\end{bmatrix}\qquad
\mathbf{h}=\begin{bmatrix}1\\1/2\\1/6\\2/3\\0\end{bmatrix}
$$

$$
L^{\mathrm{T}}\mathbf{h}=\begin{bmatrix}1/2\\5/3\\5/3\\3/2\\1/6\end{bmatrix}\qquad
\mathbf{a}=\begin{bmatrix}3/10\\1\\1\\9/10\\1/10\end{bmatrix}\qquad
L\mathbf{a}=\begin{bmatrix}29/10\\6/5\\1/10\\2\\0\end{bmatrix}\qquad
\mathbf{h}=\begin{bmatrix}1\\12/29\\1/29\\20/29\\0\end{bmatrix}
$$

그림 5.20 HITS 알고리즘을 처음 2회 반복한 결과

예제 5.15   그림 5.18의 웹을 대상으로 HITS 알고리즘을 2회 반복 실행하자. 그림 5.20에서 벡터들이 연쇄적으로 계산되는 것을 볼 수 있다. 첫 번째 열은 초기 $\mathbf{h}$로서 모두 1로 구성된다. 두 번째 열에서는 $L^{\mathrm{T}}\mathbf{h}$를 계산해 페이지들의 상대적인 권위 지수를 예측하고, 각 페이지에 해당 선행자 허브 지수의 합을 할당한다. 세 번째 열은 $\mathbf{a}$의 첫 번째 예상치를 알려 준다. 이는 두 번째 열을 조정함으로써 계산된다. 즉 이 경우 각 성분을 2로 나누는데 이것이 두 번째 행에서 가장 큰 값이기 때문이다.

네 번째 열은 $L\mathbf{a}$다. 즉 각 페이지 선행자의 예상 권위 지수들을 더해서 각 페이지의 허브 지수를 예측할 수 있다. 그런 다음, 네 번째 열을 조정해 다섯 번째 열을 구한다. 이 경우 3이 네 번째 열에서 가장 큰 값이기 때문에 네 번째 열을 3으로 나눴다. 여섯 번째부터 아홉 번째 열에 두 번째부터 다섯 번째 열을 대상으로 설명했던 과정을 반복하는데 좀 더 정확한 다섯 번째 열의 추정 허브 지수를 이용한다.

이 과정을 통해 얻는 극한값이 정확하지 않을 수 있으나 간단한 프로그램으로 계산할 수 있다. 극한값은 다음과 같다.

$$\mathbf{h} = \begin{bmatrix} 1 \\ 0.3583 \\ 0 \\ 0.7165 \\ 0 \end{bmatrix} \qquad \mathbf{a} = \begin{bmatrix} 0.2087 \\ 1 \\ 1 \\ 0.7913 \\ 0 \end{bmatrix}$$

이 결과는 타당하다. 먼저 E는 어느 곳으로도 이어지지 않으므로 당연히 E의 허브 지수가 0이 된다는 사실에 주목하자. C의 허브 지수는 E의 권위 지수에만 종속적이고 그 반대도 마찬가지이므로 둘 다 0이라는 사실은 당연한 결과다. A는 가장 큰 3개의 권위자 B, C, D와 연결되기 때문에 가장 큰 허브가 된다. 또한 B와 C는 2개의 가장 큰 허브 A와 D에 의해 연결되기 때문에 가장 큰 권위자들이다.

웹 규모의 그래프에서 허브 권위자 방정식의 해를 구하는 유일한 방법은 반복 연산이다. 그러나 이런 작은 예제에서는 방정식을 풀어서 해를 구할 수 있다. 방정식 $\mathbf{h} = \lambda\mu LL^{\mathrm{T}}\mathbf{h}$을 사용할 것이다. 먼저 LL^{T}은 다음과 같다.

$$LL^{\mathrm{T}} = \begin{bmatrix} 3 & 1 & 0 & 2 & 0 \\ 1 & 2 & 0 & 0 & 0 \\ 0 & 0 & 1 & 0 & 0 \\ 2 & 0 & 0 & 2 & 0 \\ 0 & 0 & 0 & 0 & 0 \end{bmatrix}$$

$\nu = 1/(\lambda\mu)$라 하고, A부터 E까지 $\mathbf{h}$의 성분들을 각각 a부터 e라고 하자. 그러면 $\mathbf{h}$에 대한 방정식을 다음과 같이 쓸 수 있다.

$$\begin{aligned} \nu a &= 3a + b + 2d & \nu b &= a + 2b \\ \nu c &= c & \nu d &= 2a + 2d \\ \nu e &= 0 \end{aligned}$$

위 식에서 b에 대한 방정식은 $b = a/(\nu - 2)$이며, d에 대한 방정식은 $d = 2a/(\nu - 2)$임을 알 수 있다. b와 d에 대한 이 식들을 a에 대한 방정식에 대입해 식 $\nu a = a(3 + 5/(\nu - 2)$를 구한다. 이 식에서 두 변 모두에 있는 인수 a를 제거하면 ν에 대한 이차 방정식을 얻을 수 있으며, 그 식은 $\nu^2 - 5\nu + 1 = 0$로 정리할 수 있다. 이 식에 대한 양의 근은 $\nu = (5 + \sqrt{21})/2 = 4.791$이다. 이로부터 ν는 0도 1도 아니며, c와 e에 대한 방정식을 통해 $c = e = 0$라는 사실을 알 수 있다.

마지막으로 **h**의 성분들 중 a가 가장 크기 때문에 $a = 1$로 설정하면 $b = 0.3583$와 $d = 0.7165$가 된다. $c = e = 0$와 함께 이 값들이 **h**의 극한값이 된다. **a** 값은 **h**에 L^T을 곱하고 이를 조정해 계산할 수 있다. ▪

5.5.3 5.5절 연습문제

연습문제 5.5.1 그림 5.1의 원본 웹 그래프에서 각 노드들의 허브 지수와 권위 지수를 계산하라.

! **연습문제 5.5.2** 그림 5.9처럼 그래프가 n개의 노드들로 구성된 체인이라고 가정하라. n에 대한 함수로 허브 지수와 권위 지수 벡터들을 계산하라.

5.6 요약

- **용어 스팸**: 초기 검색 엔진은 용어 스팸에 취약했기 때문에 검색 질의와 관련된 결과를 전달할 수 없었다. 용어 스팸이란 페이지 내용과 관련 없는 단어들로 구성된 웹 페이지들을 말한다.

- **용어 스팸에 대한 구글의 해결책**: 구글은 두 가지 방법으로 용어 스팸에 대응할 수 있었다. 첫 번째는 웹 페이지의 상대적인 중요도를 결정하는 페이지랭크 알고리즘이었다. 두 번째는 페이지가 자기 자신을 설명하는 내용이 아니라 다른 페이지들에서 그 페이지로 연결되는 링크 주변 문구들을 더 신뢰하는 전략이었다.

- **페이지랭크**: 페이지랭크란 웹의 각 페이지마다 페이지랭크라고 불리는 실수real number를 할당하는 알고리즘이다. 페이지의 페이지랭크는 해당 페이지가 얼마나 중요한지 혹은 검색 질의에 얼마나 적절한 응답을 내놓을 것인지에 대한 측정치다. 가장 간단한 형태의 페이지랭크는 '중요한 페이지들에서 연결되는 페이지는 중요한 페이지다'라는 재귀적 방정식의 해로 볼 수 있다.

- **웹의 전이 행렬**: 행렬의 i번째 행과 i번째 열이 웹의 i번째 페이지를 표현하는 방식

으로 웹에 존재하는 링크들을 표현할 수 있다. 페이지 j에서 페이지 i로 연결되는 하나 이상의 링크가 있을 때 행 i와 열 j의 성분은 $1/k$이다. k는 페이지 j를 통해 연결되는 페이지들의 개수다. 전이 행렬에서 그 외 링크가 없는 성분들은 0이다.

- **강력하게 연결된 웹 그래프의 페이지랭크 계산하기**: 강력하게 연결된 웹 그래프(어떤 노드도 자신 이외의 모든 노드에 연결될 수 있다)에 대한 페이지랭크는 전이 행렬의 주 고유 벡터^{principal eigenvector}다. 0이 아닌 벡터를 시작으로 현재 벡터에 전이 행렬을 반복적으로 곱함으로써 페이지랭크를 계산하면 조금 더 정확한 근사치를 얻을 수 있다.[7] 약 50번의 반복 연산 이후 근사치는 극한값에 매우 근접하게 되는데 이 값이 바로 실제 페이지랭크가 된다.

- **랜덤 서퍼 모델**: 페이지랭크 연산이란 임의의 단계 혹은 임의의 페이지에서 시작해 현재 페이지에서 연결 가능한 페이지들 중 하나에 무작위로 이동하는 많은 랜덤 서퍼들의 행동을 시뮬레이션한 것으로 생각할 수 있다. 특정 페이지에 서퍼가 위치할 확률이 해당 페이지의 페이지랭크다. 직관적으로 봤을 때 사람들은 유용하다고 생각하는 페이지로 링크를 거는 경향이 있으므로 랜덤 서퍼는 유용한 페이지에 위치할 확률이 높을 것이다.

- **데드 엔드**: 외부로 향하는 링크가 없는 페이지를 데드 엔드라 한다. 데드 엔드의 존재로 인해 재귀 연산에서 데드 엔드가 아닌 페이지를 포함한 모든 페이지 혹은 일부 페이지의 페이지랭크는 0이 돼 버린다. 외부로 향하는 선이 없는 노드들을 재귀적으로 제거해 페이지랭크 연산을 수행하기 전에 모든 데드 엔드들을 제거할 수 있다. 하나의 노드를 제거하면 그 노드에만 연결되는 다른 하나의 노드가 데드 엔드가 되므로 이 과정은 재귀적일 수밖에 없다.

- **스파이더 트랩**: 다른 노드들과 외부로 연결되는 링크들이 없는 노드들의 집합을 스파이더 트랩이라 한다. 그 노드들은 서로 연결돼 있을 수도 있다. 스파이더 트랩이 있으면 페이지랭크의 반복 연산 시 모든 페이지랭크가 그 노드들의 집합 내에만 존재한다.

7　기술적으로 이 방법이 동작하기 위해서는 그저 '강력하게 연결된'이라는 조건보다는 좀 더 엄격한 기준이 요구된다. 그러나 인위적으로 구성되지 않은 웹에서 강력하게 연결된 대형 컴포넌트들은 그 외 필요한 조건들을 반드시 만족할 것이다.

- **세금 매김 기법**: (데드 엔드를 제거하지 않았다면 데드 엔드를 포함해) 스파이더 트랩의 악영향에 대처하기 위해서 페이지랭크는 보통 전이 행렬에 의한 반복 곱셈을 수정하는 방식으로 계산된다. 매개 변수 β는 보통 약 0.85로 선택된다. 페이지랭크의 근사치가 주어지면 다음 근사치는 이 값에 전이 행렬을 β번 곱하고 각 페이지에 대한 근사치에 $(1 - \beta)/n$를 더함으로써 계산된다. 여기서 n은 전체 페이지 개수다.

- **세금 매김과 랜덤 서퍼**: 세금 매김 매개 변수 β를 활용한 페이지랭크의 계산은 각 랜덤 서퍼에게 웹 페이지를 이탈할 가능성 $1 - \beta$을 부여하고, 같은 수의 서퍼들을 웹으로 불러들이는 것으로 생각할 수 있다.

- **전이 행렬의 효율적 표현**: 전이 행렬은 희소 행렬이기 때문에(거의 모든 성분이 0이다), 0이 아닌 성분을 나열함으로써 자신을 표현하는 시간과 공간 모두를 절약한다. 그러나 전이 행렬은 희소하다는 특징과 더불어, 0이 아닌 성분들의 값이 해당 열에서 모두 동일하다는 특성을 갖는다. 즉 0이 아닌 각 성분의 값은 해당 열에 존재하는 0이 아닌 성분 개수의 역수다. 따라서 열 × 열 표현 방식이 선호된다. 이런 경우 열은 0이 아닌 성분의 총 개수와 그 성분들이 위치하는 행들의 리스트로 표현된다.

- **초대형 행렬 벡터 곱셈**: 실제 웹 규모의 그래프에 대한 페이지랭크 근사치 벡터 전체를 단일 머신의 메인 메모리에 저장하는 것은 불가능할 수도 있다. 따라서 벡터를 k개의 조각으로 분할하고 전이 행렬을 블록이라고 불리는 k^2개의 정사각형으로 나눠서 각 정사각형을 단일 머신에 할당한다. 벡터 조각들은 각각 k개의 머신으로 보내지므로 벡터를 복제하는 데 드는 추가 비용은 매우 적다.

- **전이 행렬의 블록 표현**: 전이 행렬을 정사각 블록으로 분할할 때 열은 k개의 조각으로 분할된다. 열의 한 조각에 0이 아닌 성분이 없다면 그 조각은 표현할 필요가 없다. 그러나 0이 아닌 성분이 하나 이상 존재하면 열의 조각을 해당 열에 존재하는 0이 아닌 성분의 총 개수(이렇게 하면 0이 아닌 성분 값을 알 수 있다)와 그 성분들이 위치하는 행들의 리스트로 표현해야 한다.

- **주제 연관 페이지랭크**: 검색을 시도하는 사람이 관심을 갖는 특정 주제를 파악하고 있다면 페이지랭크가 그 주제에 대한 페이지를 선호하도록 만드는 것이 당연하다. 이런 식으로 페이지랭크를 계산하기 위해 해당 주제와 관련된 것으로 알려진

페이지들의 집합을 파악하고 그 집합을 '순간이동 집합'으로 사용한다. 페이지랭크 계산은 웹 페이지들 전부에게 세금을 분배하는 것이 아니라 순간이동 집합에 속한 페이지들에게만 세금이 매겨지도록 수정된다.

- **순간이동 집합 생성**: 주제─ 연관 페이지랭크가 동작하도록 하기 위해 주어진 주제와 관련이 있을 가능성이 높은 페이지들을 파악해야 한다. 한 가지 방법은 해당 주제를 식별하고 있는 오픈 디렉터리(DMOZ) 페이지들에서 시작하는 것이다. 또 다른 방법은 해당 주제와 관련이 있다고 알려진 단어들을 파악하고, 그런 단어들이 유독 많이 등장하는 페이지들을 순간이동 집합으로 선택하는 것이다.

- **링크 스팸**: 페이지랭크 알고리즘을 속이기 위해 비양심적인 사람들이 스팸 팜을 만들어 왔다. 스팸 팜은 특정 목표 페이지에 페이지랭크가 집중되도록 하려는 목적으로 만들어진 페이지들의 집합이다.

- **스팸 팜의 구조**: 일반적으로 스팸 팜은 목표 페이지와 매우 많은 지원 페이지들로 구성된다. 목표 페이지는 모든 지원 페이지들과 연결되고, 지원 페이지들은 오직 목표 페이지와만 연결된다. 추가로 스팸 팜 외부에서 연결되는 링크가 존재하는 것이 필수다. 예를 들어, 스패머가 다른 사람의 블로그 혹은 토론 그룹에 의견을 개시함으로써 그 페이지를 목표 페이지로 연결시킬 수 있다.

- **트러스트랭크**: 링크 스팸에 영향을 받지 않는 한 가지 방법은 트러스트랭크라고 불리는 주제 기반 페이지랭크를 계산하는 것인데, 이 계산에서는 신뢰할 수 있는 페이지들의 집합인 순간이동 집합이 사용된다. 예를 들어, 대학의 홈페이지를 신뢰할 수 있는 집합으로 생각할 수 있다. 이 기법은 페이지랭크 계산 시 스팸 팜의 수많은 지원 페이지들에게 세금을 나눠 주지 않는 방법으로 그 페이지들의 페이지랭크를 줄이는 방식을 따른다.

- **스팸 매스**: 모든 페이지들의 일반적인 페이지랭크와 트러스트랭크를 계산해 스팸 팜을 파악할 수 있다. 페이지랭크보다 훨씬 더 낮은 트러스트랭크를 갖는 페이지들은 스팸 팜의 일부일 가능성이 높다.

- **허브와 권위자**: 페이지랭크가 일차원적 관점으로 페이지의 중요도를 측정한다면, HITS 알고리즘은 두 가지 다른 관점으로 중요도를 측정한다. 권위자는 가치 있는 정보를 포함하는 페이지를 지칭한다. 허브는 정보를 자체적으로 갖고 있지는

않으나 정보가 발견될 수 있는 위치로 연결시켜 주는 페이지를 의미한다.

- **HITS 알고리즘의 재귀적 공식**: 페이지에 대한 허브와 권위자의 점수 계산은 '허브는 많은 권위자로 연결되고, 권위자는 많은 허브에 의해 연결된다'는 재귀적인 방정식을 해결하는 것으로 볼 수 있다. 이 방정식을 푸는 방법은 페이지랭크와 같이 기본적으로 행렬 벡터 곱셈을 반복하는 것이다. 하지만 페이지랭크에서와는 달리 데드 엔드나 스파이더 트랩이 HITS 방정식의 해를 구하는 데 영향을 미치지 않기 때문에 세금 매김을 할 필요가 없다.

5.7 참고문헌

페이지랭크 알고리즘은 [1]에서 처음으로 언급됐다. 데드 엔드와 스파이더 트랩의 존재를 증명하기 위해 사용된 웹 구조와 관련된 실험은 [2]에 서술돼 있다. 페이지랭크 반복 수행을 위한 블록–구간^{block-stripe} 방식은 [5]를 참조했다.

주제 기반 페이지랭크는 [6]의 도움을 얻었다. 트러스트랭크는 [4]에 서술됐고, 스팸 매스의 개념은 [3]을 참조했다.

허브와 권위자^{HITS} 개념은 [7]에서 서술돼 있다.

[1] S. Brin and L. Page, "Anatomy of a large-scale hypertextual web search engine," *Proc. 7th Intl. World-Wide-Web Conference*, pp. 107–117, 1998.
[2] A. Broder, R. Kumar, F. Maghoul, P. Raghavan, S. Rajagopalan, R. Stata, A. Tomkins, and J. Weiner, "Graph structure in the web," *Computer Networks* **33**:1–6, pp. 309–320, 2000.
[3] Z. Gyöngi, P. Berkhin, H. Garcia-Molina, and J. Pedersen, "Link spam detection based on mass estimation," *Proc. 32nd Intl. Conf. on Very Large Databases*, pp. 439–450, 2006.
[4] Z. Gyöngi, H. Garcia-Molina, and J. Pedersen, "Combating link spam with trustrank," *Proc. 30th Intl. Conf. on Very Large Databases*, pp. 576–587, 2004.
[5] T.H. Haveliwala, "Efficient computation of PageRank," Stanford Univ. Dept. of Computer Science technical report, Sept., 1999. Available as

    http://infolab.stanford.edu/~taherh/papers/efficient-pr.pdf

[6] T.H. Haveliwala, "Topic-sensitive PageRank," *Proc. 11th Intl. World-Wide-Web Conference*, pp. 517–526, 2002

[7] J.M. Kleinberg, "Authoritative sources in a hyperlinked environment," *J. ACM* **46**:5, pp. 604–632, 1999.

06

빈발 항목집합

6장에서는 데이터를 특징짓는 주요 기법들 중 하나인 빈발 항목집합^{frequent itemset}을 찾아내는 문제를 다루려고 한다. 이는 종종 '연관 규칙^{association rules}'을 발견하는 문제와 동일시된다. 후자가 좀 더 데이터를 복잡하게 정의하긴 하지만, 연관 규칙의 발견은 근본적으로 빈발 항목집합을 찾아내는 것에서 시작된다.

'시장바구니^{market-basket}' 데이터 모델을 소개하는 것으로 6장을 시작할 것이다. 이 모델에서는 '항목^{items}'과 '바구니^{baskets}'라는 두 종류의 원소들이 서로 다대다 관계^{many-many relationship}이며, 데이터 모형과 관련하여 몇 가지 가정을 둔다. 빈발 항목집합 문제는 여러 바구니들에 동시에 등장하는 (서로 관련된) 항목들의 집합을 찾아내는 것이다.

빈발 항목집합을 찾는 문제는 3장에서 다뤘던 유사성 검색과는 다르다. 3장에서는 항목집합을 포함하는 바구니 개수가 적다 하더라도 바구니들 안에서 공통으로 차지하는 비율이 높은 항목들을 찾는 것에 중점을 두었다면, 6장에서는 특정 항목집합을 포함하는 정확한 바구니 개수를 구하는 것이 관건이다.

이런 차이점으로 인해 빈발 항목집합을 찾는 새로운 종류의 알고리즘들이 탄생하게 됐다. 먼저 선험적 알고리즘^{A-Priori Algorithm}부터 소개할 텐데 이 알고리즘은 큰 집합의 부분집합들이 빈발하지 않는 한 큰 집합 자신도 빈발할 수 없다는 사실이 명확하기 때문에 후보자들 중 가장 큰 집합을 제거하는 방식으로 동작한다. 이후 가용 메모리상에서 처리하기 버거운 초대형 집합을 중점적으로 다루면서 기본적인 선험적 A-Priori 방식을 개선하는 다양한 방법을 설명할 것이다.

그다음으로 동작은 빠르지만 빈발 항목집합 모두를 찾아낸다고 보장하지 못하는 근사 알고리즘approximate algorithms을 소개할 것이다. 이런 종류의 알고리즘 역시 맵리듀스 방식을 통한 병렬 처리는 물론 그 외 병렬 처리 기법을 활용한다. 마지막으로 데이터 스트림에서 빈발 항목집합을 찾는 방법을 간단하게 설명할 것이다.

6.1 시장바구니 모델

데이터의 **시장바구니**market-basket 모델은 두 종류 객체 사이의 다대다 관계를 일반적인 예제로 알기 쉽게 설명하기 위해 사용된다. 한쪽에는 항목item들이, 다른 한쪽에는 '구매transaction'라고도 하는 바구니basket들이 있다. 각 바구니는 항목들의 집합(**항목집합**)으로 구성되며, 보통 바구니에 담긴 항목들의 개수는 전체 항목들의 개수보다 훨씬 적다고 가정한다. 바구니 개수는 일반적으로 메인 메모리에 올라갈 수 있는 것보다 훨씬 많다고 가정한다. 그리고 데이터는 연속된 바구니들로 구성된 하나의 파일로 표현된다고 가정한다. 2.1절에서 설명한 분산 파일 시스템 관점으로 설명하면 바구니들이 바로 그런 파일 객체들에 해당하며, 각 바구니가 '항목들의 집합'에 해당한다고 볼 수 있다.

6.1.1 빈발 항목집합의 정의

직관적으로 다수의 바구니에 등장하는 항목들의 집합을 '빈발'한다고 말할 수 있다. 이를 공식화하기 위해서 **지지도 임계치**support threshold라는 숫자 s가 있다고 가정하자. I가 항목들의 집합이라면 I에 대한 **지지도**support는 I를 부분집합으로 갖는 바구니들의 개수다. I의 지지도가 s 혹은 그 이상이면 I는 '빈발한다'고 정의한다.

예제 6.1 그림 6.1은 단어들의 집합들이다. 각 집합은 바구니이고, 단어는 항목이다.

'cat dog'을 구글에서 검색한 후 순위가 가장 높은 페이지들에서 일부를 가져왔다. 바구니는 집합이므로 원칙상 한 바구니에 각 항목이 단 한 번만 등장하기 때문에 한 바구니에 두 번 등장한 단어들은 신경 쓰지 않아도 된다. 대문자도 무시하라.

(1) {Cat, and, dog, bites}
(2) {Yahoo, news, claims, a, cat, mated, with, a, dog, and, produced, viable, offspring}
(3) {Cat, killer, likely, is, a, big, dog}
(4) {Professional, free, advice, on, dog, training, puppy, training}
(5) {Cat, and, kitten, training, and, behavior}
(6) {Dog, &, Cat, provides, dog, training, in, Eugene, Oregon}
(7) {"Dog, and, cat", is, a, slang, term, used, by, police, officers, for, a, male–female, relationship}
(8) {Shop, for, your, show, dog, grooming, and, pet, supplies}

그림 6.1 8개의 바구니가 있다. 각 바구니를 구성하는 항목은 단어다.

공집합^{empty set}은 모든 집합의 부분집합이므로 Ø에 대한 지지도는 8이다. 그러나 공집합은 큰 의미가 없기 때문에 보통 무시한다.

한원소 집합^{singleton set}으로 {cat}과 {dog}가 상당히 자주 등장하는 것을 볼 수 있다. (5)를 제외한 모든 바구니에 'dog'가 등장하므로 이에 대한 지지도는 7이며, 한편 'cat'은 (4)와 (8)을 제외한 모든 바구니에 등장하므로 지지도는 6이다. 'and'라는 단어 역시 상당히 자주 등장한다. (1), (2), (5), (7), (8)에 등장하므로 이에 대한 지지도는 5다. 단어 'a'와 'training'은 세 집합에 등장하고, 'for'와 'is'는 각각 두 집합에 등장한다. 그 외 한 번 이상 등장하는 단어는 없다.

임계치를 s = 3이라고 가정하자. 그러면 빈발 한원소 항목집합은 {dog},{cat}, {and}, {a}, {training} 5개다.

이제 두원소 집합^{doubleton set}을 살펴보자. 두원소 집합을 구성하는 항목 2개가 모두 자주 등장해야만 두원소 집합이 빈발한다고 말할 수 있다. 따라서 빈발 두원소 집합으로 가능한 조합은 단지 10개뿐이다. 그림 6.2는 어떤 바구니가 어떤 두원소 집합을 담고 있는지 표로 보여 주고 있다.

	training	a	and	cat
dog	4, 6	2, 3, 7	1, 2, 7, 8	1, 2, 3, 6, 7
cat	5, 6	2, 3, 7	1, 2, 5, 7	
and	5	2, 7		
a	없음			

그림 6.2 두원소 집합의 구성

예를 들어, 그림 6.2의 표에서 두원소 집합 {dog, training}은 바구니 (4)와 (6)에만 등장한다는 사실을 알 수 있다. 그러므로 이에 대한 지지도는 2이며, 빈발한다고 볼 수 없다. s = 3일 때 빈발 두원소 집합은 다음 5개다.

$$\{dog, a\} \quad \{dog, and\} \quad \{dog, cat\}$$
$$\{cat, a\} \quad \{cat, and\}$$

다섯 번 등장하는 {dog, cat}를 제외하고는 각각 정확하게 세 번 등장한다.

다음으로 빈발 세원소 집합^{triple set}이 있는지 살펴보자. 빈발 세원소 집합이 되기 위해서는 집합을 구성하는 원소의 각 쌍이 빈발 두원소 집합이어야 한다. 예를 들어, {dog, a, and}는 빈발 항목집합이 될 수 없는데 빈발 항목집합이라면 반드시 {a, and}가 빈발 두원소 집합이어야 하지만 그렇지 않기 때문이다. 세원소 집합 {dog, cat, and}은 빈발 세원소 집합이 될 가능성이 있는데 이에 대한 두원소 부분집합들이 각각 빈발하기 때문이다. 안타깝게도 3개의 단어가 동시에 등장하는 바구니는 (1)과 (2)뿐이므로 이는 빈발 세원소 집합이 아니다. 세원소 집합 {dog, cat, a}의 두원소 부분집합들은 모두 자주 등장하므로 이 세원소 집합은 빈발할 가능성이 있다. 실제로 3개의 단어 모두가 바구니 (2), (3), (7)에 등장하므로 빈발 세원소 집합이 맞다. 그 외 단어들로 구성된 세원소 집합은 빈발 세원소 집합의 후보조차 될 수 없는데 조합할 수 있는 3개의 두원소 부분집합이 이미 빈발하지 않기 때문이다. 빈발 세원소 집합은 오직 하나이므로 빈발 네원소 집합^{quadruple set} 혹은 더 큰 집합은 있을 수 없다. ∎

6.1.2 빈발 항목집합의 응용

시장바구니 모델은 본래 실제 시장바구니 분석에 응용됐다. 즉 슈퍼마켓이나 대형마트는 구매를 위해 계산대에 올려지는 모든 시장바구니(실제 쇼핑 카트) 내용물을 기록한다. 여기서 '항목items'은 상점에서 판매하는 상품이고 '바구니baskets'는 하나의 시장바구니에 담긴 항목들의 집합이다. 주요 대형마트는 서로 다른 100,000개의 항목들을 판매하며, 수백만 개의 시장바구니 데이터를 수집하기도 한다.

빈발 항목집합들을 찾음으로써 판매자는 공통으로 함께 팔리는 물품들을 파악할 수 있다. 특히 개별로 판매하고 있지만 기대보다 훨씬 더 빈발하게 같이 팔리는 물품들을 찾아낼 수 있다는 사실이 중요하다. 이런 종류의 문제들을 6.1.3절에서 다룰 것이다. 우선은 간단하게 빈발 항목집합을 찾아내는 것부터 살펴보도록 하자. 이런 분석을 통해 많은 사람들이 빵과 우유를 함께 구매한다는 사실을 파악할 수 있는데 이 사실은 그다지 흥미를 끌지 못하는 결과다. 왜냐하면 누구라도 이들이 원래 개별로

온라인 vs. 오프라인 상점

온라인 판매자는 다수의 고객이 구매하지는 않더라도 상당히 많은 고객들이 공통으로 구매하는 항목 쌍을 찾기 위해 유사성 측정치를 사용한다고 3.1.3절에서 설명했다. 온라인 판매자는 그 쌍 중 하나의 항목을 그 쌍의 나머지 다른 한 항목을 구입한 적이 있는 소수의 고객들을 대상으로 광고할 수 있다. 이런 방법은 오프라인 판매자에게는 전혀 필요치 않다. 그 이유는 많은 사람들이 구입하지 않는 항목을 광고하는 것은 비용 측면에서 비효율적이기 때문이다. 따라서 3장에서 설명한 기법은 오프라인 판매자에게는 유용하지 않다.

반대로 온라인 판매자에게는 6장에서 설명하는 분석이 전혀 필요치 않다. 6장의 분석은 자주 등장하는 항목집합에 대한 검색을 위해 고안된 것이기 때문이다. 온라인 판매자가 광고할 수 있는 항목을 빈발 항목집합으로 제한한다면 각 고객을 개별적인 광고 대상으로 선택할 수 있는 '롱테일long tail' 전략의 기회를 놓치게 될 것이다.

잘 팔리는 항목들이라는 사실을 예상할 수 있기 때문이다. 아니면 많은 사람들이 핫도그와 머스터드를 함께 구매한다는 사실을 알아낼 수도 있다. 이런 사실 역시 핫도그를 좋아하는 사람들에게는 그리 놀라운 것은 아닐 것이나, 슈퍼마켓을 운영하는 판매자에게 확실한 마케팅 기회를 제공한다. 슈퍼마켓은 핫도그 할인 판매를 광고하면서 머스터드 가격을 올릴 수 있다. 저렴한 핫도그를 사기 위해 상점에 몰려든 사람들은 머스터드가 필요하다는 사실을 인지하게 될 것이고, 이는 구매로 이어지게 될 것이다. 고객은 가격이 높다는 사실을 알아채지 못하거나 더 저렴한 머스터드를 사기 위해 다른 곳을 찾아 헤맬 필요까지는 없다고 생각할 수 있다.

이런 종류로 유명한 예는 '기저귀와 맥주'다. 누구도 이런 두 항목이 관련돼 있을 것이라 예상하지 않았으나, 데이터 분석을 통해 어느 대형마트에서 기저귀를 사는 사람들이 특이하게도 맥주를 같이 구매하는 확률이 높다는 사실을 밝혀 냈다. 기저귀를 사는 사람은 아마도 집에 아기가 있을 것이고, 아기가 있다면 바에서는 술을 마시지 않을 것이므로 맥주를 집으로 사 들고 갈 가능성이 높다는 가설이 옳았던 것이다. 핫도그와 머스터드에 사용했던 기법과 같은 종류의 마케팅이 기저귀와 맥주에도 적용될 수 있을 것이다.

그러나 빈발 항목집합 분석 방법은 시장바구니에만 제한되지 않고 더 많은 분야에 응용될 수 있다. 이 모델은 다양한 종류의 데이터 마이닝에 사용할 수 있다. 다음과 같은 몇 가지 예가 있다.

1. **관련된 개념**: 단어가 항목에 해당하고, 문서(예컨대 웹 페이지, 블로그, 트위트)가 바구니에 해당한다고 하자. 바구니/문서는 그 문서에 존재하는 항목들/단어들을 담고 있다. 예제 6.1에서 알아봤듯이 다수의 문서에서 함께 등장하는 단어들의 집합을 찾는다면 그 집합은 가장 일반적인 단어들(불용어)로 대부분 구성될 것이다. cat 및 dog와 관련된 정보를 찾는 것이 목적이었지만 불용어 'and'와 'a'가 빈발 항목집합 대다수를 차지했다. 그런데 가장 일반적인 단어들을 모두 무시해 버리면 빈발 쌍 중에서 연관된 개념을 표현하는 단어들로 구성된 쌍을 찾아낼 것이라 기대할 수 있다. 예를 들어, {Brad, Angelina}와 같은 쌍이 엄청난 빈도로 등장하는 상황을 예상해 볼 수 있다.

316

2. **표절**: 문서가 항목에 해당하고 문장이 바구니에 해당한다고 하자. 어떤 문장이 어떤 문서에 쓰여 있으면 해당 항목/문서는 해당 바구니/문장 '안에' 있다고 할 수 있다. 이런 설정이 무언가 뒤바뀐 것처럼 보일 수 있지만, 표절을 찾아낼 때에는 바로 이런 특징을 정확하게 활용할 것이며, 항목과 바구니 사이의 관계는 임의의 다대다 관계라는 사실을 기억해야 한다. 즉 '안에'라는 것은 본래 의미인 '…의 일부'일 필요가 없다. 이 응용 방식에서 몇몇 바구니에 함께 등장하는 항목들을 찾게 되면 동일한 문장들이 등장하는 두 문서를 찾을 수 있다. 실제로 1개 혹은 2개의 공통된 문장이 등장한다는 사실은 해당 문서가 표절이라는 명확한 증거가 된다.

3. **생체 지표**biomarker: 유전자 혹은 혈단백질과 같은 생체 지표와 질병이라는 두 종류의 항목이 있다고 하자. 환자들의 유전자와 혈액 분석 결과뿐만 아니라 병력과 같이 환자와 관련된 데이터 집합이 바구니에 해당한다. 어떤 질병과 하나 이상의 생체 지표로 구성된 빈발 항목집합을 이용하면 해당 생체 지표를 가진 환자에게 해당 질병에 대한 검사를 제안해 볼 수 있다.

6.1.3 연관 규칙

6장의 주제는 데이터에 자주 등장하는 항목들의 집합을 추출하는 것인데, 이런 정보는 흔히 **연관 규칙**association rule이라고도 하는 if-then 규칙들의 집합으로 표현된다. I가 항목들의 집합이고 j는 단일 항목이라면 연관 규칙의 형식은 $I \rightarrow j$다. 이 연관 규칙이 의미하는 바는 I의 항목 모두가 특정 바구니에 등장하면 j 역시 '거의' 그 바구니에 등장하게 될 것이라는 사실이다.

'거의'라는 개념은 I의 지지도support에 대한 $I \cup \{j\}$의 지지도 비율이 규칙 $I \rightarrow j$의 신뢰도confidence라는 정의로 공식화한다. 즉 규칙의 신뢰도는 I만을 포함하는 바구니의 개수 대비 I뿐 아니라 j 역시 포함하는 바구니의 비율인 것이다.

예제 6.2 그림 6.1의 바구니를 살펴보자. 규칙 $\{cat, dog\} \rightarrow and$의 신뢰도는 3/5이다. 단어 'cat'과 'dog'는 5개의 바구니 (1), (2), (3), (6), (7)에 등장한다. 이 중에서 'and'는 (1), (2), (7)에, 다시 말해 바구니의 3/5에 등장한다.

다른 예로, {cat} → kitten의 신뢰도는 1/6이다. 단어 'cat'은 6개의 바구니 (1), (2), (3), (5), (6), (7)에 등장한다. 이 중에서 (5)만이 단어 'kitten'을 포함한다. ■

이 규칙에서 왼쪽 변에 대한 지지도가 상당히 크다면 오직 신뢰도 자체만으로도 유용할 수 있다. 예를 들어, 많은 사람들이 핫도그를 구매하고 많은 사람들이 핫도그와 머스터드를 같이 구매한다는 사실을 안다면 핫도그를 구매할 때 머스터드를 같이 구매할 가능성이 매우 높다는 사실까지 알 필요는 없다. 6.1.2절에서 설명한 핫도그 할인 판매 수법을 여전히 사용할 수 있다는 것이다. 그러나 왼쪽의 항목 혹은 항목들이 오른쪽 항목에 영향을 미치는 경우 연관 규칙이 실제 관계를 반영한다면 관련된 몇 가지 값들을 더 고려해 봐야 한다.

따라서 연관 규칙 $I \rightarrow j$의 관심도interest는 이 규칙의 신뢰도와 j를 포함하는 바구니 비율 사이의 차이로 정의한다. 즉 I가 j에 영향을 미치지 않으면 I를 포함한 바구니가 j를 포함하는 비율이 j를 포함하는 전체 바구니 비율과 정확하게 같다고 예측할 수 있다. 이런 규칙의 관심도는 0이다. 그러나 관심도가 높거나 매우 낮은 음수이면 비공식적, 기술적 두 가지 측면 모두에서 흥미로운 경우가 된다. 관심도가 높다는 것은 바구니에 I가 있으면 j도 있다는 뜻이고, 관심도가 매우 낮은 음수라면 I를 포함하는 바구니에 j가 있을 확률이 낮다는 것을 의미한다.

예제 6.3 맥주와 기저귀 사례는 실제로 연관 규칙 {diapers} → beer가 높은 관심도를 보인다는 사실을 증명한다. 즉 맥주 구매자들 중 기저귀 구매자의 비율은 전체 구매자 중에서 맥주를 구매한 고객들의 비율보다 훨씬 더 크다. 음수의 관심도를 보이는 규칙의 예는 {coke} → pepsi다. 즉 많은 사람들이 펩시를 구매했다 하더라도 코카콜라를 구매한 사람이 펩시를 구매할 가능성은 낮다. 사람들은 일반적으로 하나 혹은 그 외 다른 것을 선호하지, 둘 다를 선호하지는 않기 때문이다. 비슷한 원리로 규칙 {pepsi} → coke의 관심도는 음수가 될 것이라고 예상할 수 있다.

수치 계산을 위해 그림 6.1의 데이터를 다시 살펴보자. 규칙 {dog} → cat의 신뢰도는 5/7인데 'dog'은 7개의 바구니에 등장하고, 이 중 5개의 바구니에 'cat'이 등장하기 때문이다. 그러나 8개 중 6개의 바구니에 'cat'이 등장하기 때문에 'dog'을 포함하는 7개의 바구니 중 75%가 'cat' 또한 포함할 것이라 예상할 수 있다. 따라서 이 규칙의 관심도는 5/7 − 3/4 = −0.036이고, 이는 거의 0으로 볼 수 있다. 규칙 {cat} → kitten의 관심도는 1/6 − 1/8 = 0.042다. 그 이유는 'cat'이 위치한 6개의 바구니 중 하나에 'kitten' 역시 등장하고, 'kitten'은 8개의 바구니 중 오직 하나에만 등장하기 때문이다. 이 관심도는 비록 양수이나, 0에 가까우므로 매우 '관심을 둘 만한 상황'이 아님을 나타낸다. ■

6.1.4 신뢰도가 높은 연관 규칙 찾기

유용한 연관 규칙을 정의하는 것이 빈발 항목집합을 찾는 것보다 많이 어렵지는 않다. 6장 후반부에 빈발 항목집합을 찾는 문제를 다룰 텐데 지금 당장은 지지도가 임계치 s이거나 혹은 그보다 높은 빈발 항목집합을 찾는 것이 가능하다고 가정하자.

비율이 상당히 높은 연관 규칙 $I \rightarrow j$를 찾는다면 I의 지지도가 상당히 높아야 한다. 실제로 오프라인 상점 마케팅의 경우 '상당히 높은'이란 전체 바구니에 약 1% 정도를 의미한다. 규칙의 신뢰도 역시 약 50% 정도로 상당히 높아야 하는데 그렇지 않은 규칙은 사실상 효과가 없다. 결국 집합 $I \cup \{j\}$의 지지도 역시 상당히 높아야 한다는 뜻이다.

지지도 임계치를 만족하는 모든 항목집합을 찾았고, 이런 항목집합 각각에 대한 정확한 지지도를 계산했다고 가정하자. 이들 중 지지도 및 신뢰도가 둘 다 높은 연관 규칙 모두를 찾을 수 있다. 즉 J가 항목 n개로 구성된 빈발 집합이면 J의 각 j에 대해 $J - \{j\} \rightarrow j$ 형태의 연관 규칙이 n개까지 존재할 수 있다. J가 빈발한다면 아마 $J - \{j\}$도 빈발할 것이다. 따라서 이 역시 빈발 항목집합이며, J와 $J - \{j\}$의 지지도는 이미 계산돼 있다. 이 둘의 비율이 규칙 $J - \{j\} \rightarrow j$의 신뢰도다.

지지도 및 신뢰도가 높은 연관 규칙의 후보가 너무 많아지지 않도록 빈발 항목집합의 개수가 적당해야 한다. 찾아낸 후보들 각각을 처리해야 하기 때문이다. 지지도 및 신뢰도의 임계치를 만족한다는 이유로 연관 규칙 수백만 개를 상점 관리자에게 제시한다면 관리자는 그 많은 내용을 읽을 수조차 없기 때문에 그냥 내버려둘 수밖에 없다. 마찬가지로 생체 지표 후보 수백만 개를 생성하면 후보들을 검토하기 위해 필요한 실험을 모두 실행할 여유가 없다. 따라서 너무 많은 빈발 항목집합을 만들지 않기 위해 지지도의 임계치를 조정하는 것이 일반적이다. 이런 가정은 이후 절에서 빈발 항목집합을 찾는 알고리즘의 효율성에 중대한 영향을 미친다.

6.1.5 6.1절 연습문제

연습문제 6.1.1 1부터 100까지 번호가 붙은 100개의 항목이 있고, 역시 1부터 100까지 번호가 붙은 100개의 바구니가 있다고 가정하자. 바구니 b를 항목 i로 나눴을 때 나머지가 없는 경우에만 항목 i는 바구니 b에 위치한다. 따라서 항목 1은 모든 바구니에 위치하며, 항목 2는 짝수 번호가 붙은 50개의 바구니에 위치하게 된다. 나머지도 마찬가지다. 12번 바구니는 항목 {1, 2, 3, 4, 6, 12}로 구성되는데, 이들 정수 모두가 12의 약수이기 때문이다. 다음 질문에 답하라.

(a) 지지도의 임계치가 5라면 빈발 항목은 무엇인가?

! (b) 지지도의 임계치가 5라면 빈발 항목 쌍은 무엇인가?

! (c) 모든 바구니 크기의 합은 얼마인가?

! **연습문제 6.1.2** 연습문제 6.1.1의 항목 바구니 데이터에서 가장 큰 바구니는 무엇인가?

연습문제 6.1.3 1부터 100까지 번호가 붙은 100개의 항목과 역시 1부터 100까지 번호가 붙은 100개의 바구니가 있다고 가정하자. 항목 i를 바구니 b로 나눴을 때 나머지가 없는 경우에만 항목 i는 바구니 b에 위치한다. 예를 들어, 12번 바구니는 항목 {12, 24, 36, 48, 60, 72, 84, 96}로 구성된다. 이 데이터로 연습문제 6.1.1을 반복하라.

! **연습문제 6.1.4** 이번 연습문제는 항목집합 간에 연관성이 없어서 빈발 항목집합들에 대한 관심도를 얻을 수 없는 데이터를 다루고 있다. 1부터 10까지 번호가 붙은 항목이 있고, 각 바구니에 항목 i가 포함될 확률은 $1/i$이며, 포함 여부에 대한 각각의 결정은 나머지 다른 모든 결정들과는 독립적으로 내려진다고 가정한다. 즉 모든 바구니는 항목 1을 포함하고, 절반의 바구니가 항목 2를 포함하며 1/3에 해당하는 바구니는 3번 항목을 포함하는 식이다. 바구니의 개수는 충분히 크기 때문에 모든 바구니는 확률을 따라 행동한다고 가정한다. 그리고 지지도 임계치는 1%에 해당하는 바구

320

니라고 가정한다. 이런 가정하에서 빈발 항목집합을 찾아라.

연습문제 6.1.5 연습문제 6.1.1 데이터에서 다음 연관 규칙의 신뢰도는 얼마인가?

(a) $\{5, 7\} \rightarrow 2$

(b) $\{2, 3, 4\} \rightarrow 5$

연습문제 6.1.6 연습문제 6.1.3 데이터에서 다음 연관 규칙의 신뢰도는 얼마인가?

(a) $\{24, 60\} \rightarrow 8$

(b) $\{2, 3, 4\} \rightarrow 5$

!! **연습문제 6.1.7** 다음 시장바구니 데이터에 대해 100% 신뢰도를 갖는 연관 규칙 모두를 나열하라.

(a) 연습문제 6.1.1

(b) 연습문제 6.1.3

! **연습문제 6.1.8** 연습문제 6.1.4 데이터에 대해 관심을 둘 만한 연관 규칙은 없음을 증명하라. 즉 모든 연관 규칙의 관심도가 0인 경우처럼 말이다.

6.2 시장바구니와 선험적 알고리즘

이제 어떻게 빈발 항목집합을 찾을 것인지, 그리고 지지도 및 신뢰도가 높은 연관 규칙과 같이 빈발 항목집합으로부터 얻을 수 있는 정보들을 어떻게 찾아낼 것인지의 논의를 시작하려 한다. 기본적으로 '선험적A-Priori'이라는 명확한 알고리즘을 다양한 방식들로 변형해 개선하는 방법을 다룰 것이다. 6.3절, 6.4절에서는 일부 심화된 개선 방안을 소개할 것이다. 선험적 알고리즘 자체를 살펴보기에 앞서서 빈발 항목집합 검색 시 데이터가 저장되고 조작되는 방법에서 전제하는 가정을 설명하는 것부터 시작해 보자.

6.2.1 시장바구니 데이터의 표현

앞서 언급했듯이 시장바구니 데이터는 바구니 단위로 파일에 저장된다. 2.1절처럼 이 데이터는 분산 파일 시스템에 저장될 것이며, 이 경우 바구니들은 파일이 포함하는 객체들이 된다. 아니면 바구니와 항목들을 표현하는 문자 코드로 일반적인 파일에 저장될 수도 있다.

예제 6.4 다음으로 시작하는 파일이 있다고 생각해 보자.

$$\{23,456,1001\}\{3,18,92,145\}\{\dots$$

여기서 바구니를 시작하는 문자는 {이고 바구니를 종료하는 문자는 }다. 바구니의 항목들은 정수로 표현되며 콤마로 구분된다. 따라서 첫 번째 바구니는 항목 23, 456, 1001을 담고 있으며, 두 번째 바구니는 3, 18, 92, 145를 담고 있다. ■

이 경우 단일 머신이 전체 파일을 처리할 수 있다. 아니면 맵리듀스나 유사한 툴 ^{tool}을 사용해 다수의 프로세스에게 작업을 분할할 수도 있는데, 이런 경우 각 프로세서는 파일의 일부만을 처리하게 된다. 전역적 지지도$^{global\ support}$ 임계치를 정확히 넘는 항목집합들을 얻기 위해서 각 병렬 프로세서의 작업들을 결합하는 것은 까다롭다고 알려져 있는데 6.4.4절에서 이를 다룰 것이다.

바구니들로 구성된 파일 크기는 메인 메모리에 올라갈 수 없을 정도로 충분히 크다고 가정한다. 따라서 어떤 알고리즘이든 디스크에서 바구니를 읽는 시간이 주요 비용이 된다. 바구니로 가득 찬 단일 디스크 블록이 일단 메인 메모리에 올라가면 크기가 k인 모든 부분집합의 쌍을 생성해 나갈 수 있다. 바구니의 평균 크기는 작다는 것이 이 모델의 가정 중 하나이므로 메인 메모리에서 모든 쌍을 생성하는 데 걸리는 시간은 디스크에서 바구니를 읽는 데 걸렸던 시간보다 훨씬 적어야 한다. 예를 들어, 바구니에 20개의 항목이 있다면 그 바구니의 항목 쌍은 $\binom{20}{2} = 190$개이며, 이들은 중첩된 for 루프를 통해서 쉽게 생성될 수 있다.

생성하고자 하는 부분집합의 크기가 커짐에 따라 필요한 시간도 늘어난다. 실제로 n개의 항목을 담고 있는 단일 바구니에 대해 크기가 k인 부분집합을 모두 생성하기 위해서는 대략 $n^k/k!$의 시간이 걸린다. 결국 이 시간은 디스크로부터 데이터를 전송

하는 데 필요한 시간의 대부분을 차지한다. 그러나

1. 종종 매우 작은 빈발 항목집합만이 필요한 경우도 있으므로 k는 2 혹은 3을 넘지 않는다.
2. 항목집합의 크기인 k가 크다면 각 바구니에서 빈발 항목집합에 포함될 수 없는 다수의 항목을 보통 삭제하는 것이 가능한데 그렇게 되면 k가 증가하면서 n 값은 감소한다.

이로써 각 바구니를 조사하는 작업은 파일 크기에 비례하게 될 것이라 가정하는 결론을 얻을 수 있다. 따라서 빈발 항목집합 알고리즘의 실행 시간은 데이터 파일의 각 디스크 블록이 읽혀지는 횟수로 측정할 수 있다.

게다가 여기서 언급한 모든 알고리즘은 바구니 파일을 순차적으로 읽는다는 특징을 갖는다. 따라서 알고리즘은 바구니 파일을 처리해야 하는 횟수로 특징지을 수 있으며, 실행 시간은 바구니 파일의 처리 횟수와 해당 파일 크기를 곱한 값에 비례한다. 데이터의 양을 제어할 수는 없으므로 오직 알고리즘이 처리하는 횟수가 중요하며, 알고리즘 관점에서 빈발 항목집합 알고리즘의 실행 시간을 측정하는 방법을 집중적으로 살펴볼 것이다.

6.2.2 항목집합을 세기 위한 메인 메모리의 사용

데이터와 관련된 두 번째 문제를 검토할 차례다. 모든 빈발 항목집합 알고리즘에서는 데이터 처리 시 서로 다른 카운트 값들이 많이 유지돼야 한다. 예를 들어, 각 항목 쌍이 바구니에 등장하는 횟수를 세야 하는 경우를 들 수 있다. 메인 메모리 저장 공간이 충분하지 않아서 모든 카운트를 저장할 수 없으면, 어떤 카운트에 1을 더하기 위해 디스크로부터 하나의 페이지를 로딩해야 할 가능성이 높다. 이런 경우 알고리즘은 버벅거리며 메인 메모리에 모든 카운트를 저장할 때보다 훨씬 느려질 것이다. 결론은 메인 메모리에 올라가지 않는 데이터는 카운팅이 불가능하다는 것이다. 따라서 각 알고리즘은 처리할 수 있는 항목 개수에 제한을 둔다.

예제 6.5 항목이 n개일 때 모든 항목 쌍의 개수를 세는 알고리즘이 있다고 가정하자.

따라서 $\binom{n}{2}$개 혹은 약 $n^2/2$개의 정수를 저장해야 한다. 정수가 4바이트면 $2n^2$바이트가 필요하다. 머신의 메인 메모리가 2기가바이트 혹은 2^{31}바이트면 $n \leq 2^{15}$ 혹은 대략 $n < 33,000$를 만족해야 한다. ■

쌍 $\{i, j\}$에 대한 카운트를 쉽게 검색하는 방식으로 $\binom{n}{2}$개의 카운트를 저장하는 것은 간단한 문제가 아니다. 먼저 항목을 표현하는 방법에 관해서는 아무런 가정도 두지 않았다. 예컨대 'bread'처럼 문자열로 항목을 표현할 수도 있다. 중복되지 않는 항목의 개수가 n이라면 1부터 n까지 연속된 정수들로 항목을 표현하는 것이 조금 더 공간을 절약하는 방법이다. 이런 방식으로 미리 항목들을 표현해 두지 않았다면 항목이 파일에 등장할 때 항목을 정수로 변환하는 해시 테이블이 필요하다. 즉 파일에서 하나의 항목이 등장할 때마다 그 항목을 해시하는 방법이다. 해시 테이블이 이미 있다면 테이블로부터 정수 코드를 얻을 수 있다. 테이블에 해당 항목이 없다면 다음으로 가능한 숫자를 해당 항목에 할당하고 항목과 해당 코드를 테이블에 입력한다.

삼각 행렬 방식

정수로 항목을 인코딩한 이후에도 저장 공간 어디엔가 쌍 $\{i, j\}$의 카운트를 저장해야 하는 문제가 남는다. 예를 들어, $i < j$가 되도록 쌍을 정렬하고, 이차원 배열 a의 원소 $a[i, j]$를 사용해 저장하는 방법도 있다. 이런 전략은 배열 절반을 쓸모 없도록 만든다. 조금 더 공간을 효율적으로 사용하는 방법은 일차원 삼각 배열^{triangular array}을 사용하는 것이다. $1 \leq i < j \leq n$일 때 아래 식을 만족하는 $a[k]$에 쌍 $\{i, j\}$에 대한 카운트를 저장한다.

$$k = (i - 1)\left(n - \frac{i}{2}\right) + j - i$$

이런 배치 결과 쌍은 사전식 순서로 저장된다. 즉 첫 번째는 $\{1, 2\}$, $\{1, 3\}$, . . . , $\{1, n\}$, 그다음은 $\{2, 3\}$, $\{2, 4\}$, . . . , $\{2, n\}$, 이런 순서가 반복되고 $\{n - 2, n - 1\}$, $\{n - 2, n\}$에 이르러 마지막은 $\{n - 1, n\}$다.

세원소 집합 방식

또 다른 방식으로 일부 바구니에 실제로 등장 가능한 항목 쌍들의 비율에 따라 좀 더 적절한 카운트를 저장하는 방법도 있다. 카운트를 세원소 집합 $[i, j, c]$로 저장할 수 있는데 이는 $i < j$를 만족하는 쌍 $\{i, j\}$의 등장 횟수가 c임을 의미한다. 검색 키가 i와 j인 해시 테이블과 같은 데이터 구조를 사용해 주어진 i와 j에 대한 세원소 집합이 있는지 확인할 수 있고, 있다면 해당 원소를 빠르게 찾아낼 수 있다. 카운트 값을 저장하는 이런 접근 방식을 **세원소 집합 방식**triples method이라 한다.

삼각 행렬triangular matrices과는 다르게 세원소 집합 방식에서는 쌍의 카운트가 0인 경우 아무것도 저장할 필요가 없다. 반면 일부 바구니에 등장하는 모든 쌍을 위해서 하나가 아닌 3개의 정수를 저장해야 한다. 게다가 해시 테이블이나 그 외 효율적인 검색에 사용되는 데이터 구조를 위해서 일정 공간이 필요하다. 결론적으로 일부 바구니에 $\binom{n}{2}$개의 쌍 중 1/3 이상이 등장할 수 있는 경우에는 삼각 행렬이 더 적합한 반면, 1/3보다 훨씬 더 적은 쌍들이 등장하는 경우에는 세원소 집합 방식을 사용하는 것이 더 낫다고 볼 수 있다.

예제 6.6   100,000개의 항목이 있고, 각각 10개의 항목을 포함하는 10,000,000개의 바구니가 있다고 가정하자. 그러면 삼각 행렬 방법에서는 $\binom{1000000}{2}$ = (대략) 5×10^9개의 정수 카운트 값들이 필요하다.[1] 반면 모든 바구니에 담긴 총 쌍들의 개수는 $10^7 \binom{10}{2}$ = 4.5×10^8이다. 모든 항목 쌍들이 단 한 번만 등장하는 극단적인 경우라 할지라도, 카운트가 0이 아닌 쌍들은 4.5×10^8개가 될 수 있다. 카운트를 저장하는 방법으로 세원소 집합 방식을 사용하면 이 정수의 3배, 즉 1.35×10^9개의 정수만 필요하게 된다. 따라서 이런 경우 세원소 집합 방식이 삼각 행렬보다 반드시 훨씬 더 적은 공간을 차지하게 될 것이다.

바구니의 개수가 10배 혹은 100배 더 많다 하더라도 보통은 항목들의 분포가 상당히 불균등하기 때문에 이런 경우에도 세원소 집합 방식을 사용하는 것이 더 나을 수 있다. 즉 일부 쌍들의 카운트는 매우 높을 것이며, 하나 이상의 바구니에 등장하는

---

1   이 부분을 포함한 6장 전체에서 큰 수 n에 대해 $\binom{n}{2}$ = $n^2/2$라는 추정치를 사용할 것이다.

서로 다른 쌍들의 개수는 이론적인 최대 쌍의 개수보다 훨씬 적을 것이다. ■

6.2.3 항목집합의 단조성

앞으로 다룰 알고리즘들의 효율성은 항목집합에 대한 **단조성**monotonicity이라는 한 가지 특성에 의해 좌우된다.

- 항목집합 I가 자주 등장하면 I의 모든 부분집합 역시 자주 등장한다.

그 이유는 간단하다. $J \subseteq I$라면 I의 모든 항목을 포함하는 모든 바구니는 반드시 J의 모든 항목을 포함한다. 따라서 J의 개수는 적어도 I의 개수보다 커야 하고, I의 개수 가 최소 s라면 J의 개수는 최소 s가 된다. J를 포함하는 바구니가 $I - J$에 속한 원 소를 하나 이상 포함할 수 있기 때문에 전체적으로 봤을 때 J의 카운트가 I의 카운 트보다 큰 경우가 존재할 수 있다.

단조성은 선험적 알고리즘 동작의 근간일 뿐만 아니라 빈발 항목집합에 대한 정 보를 압축하는 방법을 제시한다. 지지도 임계치를 s라고 하면 어떤 항목집합이 더 이 상 부모집합을 갖지 않을 때 그 항목집합을 **정점**maximal이라고 말한다. 정점 항목집합 만을 나열하면 정점 항목집합의 모든 부분집합이 빈발한다는 사실과 정점 항목집합 의 부분집합이 아닌 집합은 자주 등장할 수 없다는 사실을 알 수 있다.

예제 6.7 지지도 임계치를 $s = 3$으로 하고 예제 6.1의 데이터를 다시 살펴보자. 단 어가 'cat,' 'dog,' 'a,' 'and,' 'training'인 5개의 빈발 한원소 집합들을 볼 수 있다. 'training'을 제외하고 이들 각각은 빈발 두원소 집합에 포함되므로 {training}은 하 나의 정점 빈발 항목집합이다. $s = 3$인 두원소 집합은 다음과 같이 5개다.

$$\{dog, a\} \quad \{dog, and\} \quad \{dog, cat\}$$
$$\{cat, a\} \quad \{cat, and\}$$

또한 세원소 집합은 {cat, dog, a}이며, 더 큰 빈발 항목집합은 없다는 사실을 알 수 있다. 따라서 이 세원소 집합은 정점이고, 이 세원소 집합의 부분집합들인 3개의 두 원소 집합은 정점이 아니다. 그들을 제외한 나머지 두원소 집합인 {dog, and}와 {cat, and)는 정점이다. 빈발 두원소 집합으로부터 {dog}와 같은 빈발 한원소 집합을 추론해 낼 수 있다는 점에 주목하라. ■

6.2.4 쌍 개수로의 귀결

지금까지는 쌍의 개수를 세는 문제를 집중적으로 다뤘다. 사실 이 문제를 집중적으로 다루는 이유가 있다. 실전에서는 대부분의 메인 메모리가 빈발 쌍을 결정하기 위해서 사용된다. 메인 메모리에서 한원소 집합의 개수를 셀 수 없을 정도로 항목 개수가 너무 많은 경우는 드물다.

세원소 집합, 네원소 집합 등과 같은 대형 집합은 어떨까? 빈발 항목집합 분석은 분석 결과로 얻은 집합의 개수가 적을 때 의미가 있다. 그렇지 않으면 그들을 읽을 수조차 없고, 그들 중 어떤 집합이 중요한지 다시 따져 보아야 한다는 사실을 기억하라. 따라서 실전에서도 빈발 집합이 드물게 존재하도록 하기 위해 지지도 임계치는 충분히 높게 설정된다. 단조성을 통해 빈발 세원소 집합이 있으면 그 집합에 포함된 3개의 빈발 쌍들이 존재한다는 것을 알 수 있다. 물론 빈발 세원소 집합에 포함되지 않지만 빈발한 쌍들도 존재할 수 있다. 따라서 빈발 세원소 집합보다 빈발 쌍의 개수가 많을 것이고, 빈발 네원소 집합보다 빈발 세원소 집합의 개수가 많을 것이다. 나머지도 마찬가지다.

두원소의 조합보다 세원소 조합이 더 많아서 세원소 집합을 모두 세는 일이 불가피할 수도 있다. 다수의 세원소 집합 혹은 그 이상의 대형 집합의 카운팅을 효율적으로 피하는 것이 선험적 알고리즘 및 그와 관련된 알고리즘들이 하는 일이다. 따라서 6.2.5절에서는 빈발 쌍을 구하는 알고리즘을 중심으로 살펴볼 것이다.

6.2.5 선험적 알고리즘

지금부터는 빈발 쌍을 찾는 문제를 집중적으로 살펴볼 것이다. 모든 쌍을 세기에 충분한 메인 메모리가 있다면 6.2.2절에서 설명한 방법 중 하나(삼각 행렬 혹은 세원소 집합)를 사용해서 한 번에 바구니의 파일을 읽는 것은 간단하다. 각 바구니마다 모든 쌍을 생성하는 이중 루프loop를 사용하면 된다. 한 쌍을 생성할 때마다 카운트에 1을 더한다. 마지막에는 지지도 임계치 이상의 카운트를 갖는 쌍을 확인하기 위해 모든 쌍을 검사한다. 이들이 바로 빈발 쌍들이다.

그러나 항목 쌍이 너무 많아서 메인 메모리에서 그들 모두를 셀 수 없다면 이런 간단한 접근 방식은 동작하지 않는다. **선험적**A-Priori 알고리즘은 데이터가 한 번이 아니라 두 번의 처리 단계를 거치는 대신 세야 하는 쌍의 개수를 줄이는 방식을 기반으로 한다.

선험적 알고리즘의 첫 번째 단계

첫 번째 단계에서는 2개의 테이블을 생성한다. 6.2.2절에서 설명했듯이 필요한 경우 첫 번째 테이블에서는 항목 이름이 1부터 n까지의 정수로 변환된다. 다른 테이블은 카운트 값들의 배열이다. i번째 배열 원소는 번호 i가 붙은 항목의 등장 횟수다. 초기 모든 항목에 대한 카운트는 0이다.

바구니를 읽어 가면서 바구니의 각 항목을 확인하고 그 이름을 정수로 변환한다. 그런 다음 그 정수를 카운트 배열의 인덱스로 사용하고, 그 인덱스에 해당하는 정수 값에 1을 더한다.

선험적 알고리즘의 중간 단계

첫 번째 단계 이후 어느 한원소로서 자주 등장하는 항목을 파악하기 위해 항목들의 카운트들을 검사한다. 자주 등장하는 한원소가 많지 않다는 사실에 놀랄 수도 있다. 그러나 임계치 s를 충분히 높게 설정해 빈발 집합이 너무 많아지지 않도록 해야 한다는 사실을 기억하라. 보통 s는 전체 바구니의 1%에 해당된다. 슈퍼마켓에 들를 때를 생각해 보면 100번에 한 번 정도로 반드시 구매하게 되는 상품들이 있다. 우유, 빵, 코카콜라 혹은 펩시가 그런 상품들의 예다. 실제로 그렇지는 않다 하더라도 고객의 약 1% 정도가 기저귀를 구매한다고 생각해도 무방하다. 그러나 크리미 시저 샐러드 드레싱과 같이 선반에 놓인 다수의 항목은 절대로 1%의 고객에게 선택받지 못한다.

선험적 알고리즘의 두 번째 단계를 위해 빈발 항목집합에만 1부터 m까지 새롭게 번호를 붙인다. 이 테이블은 1부터 n까지를 인덱스로 사용하는 배열이며, i에 해당하는 값은 i가 빈발 항목이 아닌 경우 0, 빈발 항목인 경우 1과 m 사이의 유일한 정수가 된다. **빈발 항목집합 테이블**^{frequent-items table}로서 이 테이블을 참조할 것이다.

선험적 알고리즘의 두 번째 단계

두 번째 단계에서는 자주 등장하는 2개의 항목들로 구성된 모든 쌍의 개수를 센다. 6.2.3절에서 한 쌍을 구성하는 두 항목이 모두 빈발하지 않으면 그 두 항목으로 이뤄진 쌍도 빈발할 수 없다는 사실을 설명했었다. 따라서 빈발 쌍을 찾아내지 못하는 경우는 없다. 두 번째 단계에서 개수를 셀 때 삼각 행렬 방식을 사용할 경우 필요한 공간은 $2n^2$바이트가 아니라 $2m^2$바이트다. 꼭 필요한 개수의 삼각 행렬만을 사용하기 위해 자주 등장하는 항목에만 다시 번호를 붙이는 단계가 필요하다는 사실에 주목하라. 첫 번째와 두 번째 단계에서 사용되는 메인 메모리 구조는 그림 6.3과 같다.

또한 자주 등장하지 않는 항목을 제거해서 얻는 이득이 크다는 사실 역시 중요하다. 항목 중 절반만이 자주 등장하는 경우 그 개수를 세는 데는 원래 공간의 1/4만 필요하다. 마찬가지로 세원소 집합을 사용할 경우 2개의 빈발 항목들로 이루어진 쌍

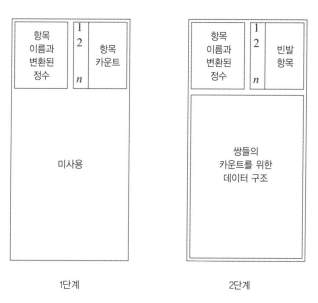

그림 6.3 선험적 알고리즘의 두 단계 동안 메인 메모리 사용의 도식

들만을 세면 되며, 그 쌍들은 각각 최소 1개의 바구니 이상에 등장해야 한다.

두 번째 단계의 메커니즘은 다음과 같다.

1. 빈발 항목 테이블을 참조해 각 바구니를 대상으로 어떤 항목들이 자주 등장하는지 확인한다.
2. 이중 루프로 그 바구니에 자주 등장하는 모든 쌍을 생성한다.
3. 카운트를 저장하는 데 사용되는 데이터 구조에서 각 쌍의 카운트 값에 1을 더한다.

마지막으로 두 번째 단계 말미에 빈발 쌍을 결정하기 위해 카운트 값들을 검사한다.

6.2.6 모든 빈발 항목집합을 위한 선험적 알고리즘

모든 쌍의 개수를 세지 않고도 빈발 쌍을 찾는 기법을 사용하면 모든 집합을 세야 하는 소모적인 작업 없이 더 큰 빈발 항목집합을 찾을 수 있다. 선험적 알고리즘에서는 각 집합 크기 k마다 단계 하나가 수행된다. 특정 크기의 빈발 항목집합이 발견되지 않는 경우 단조성을 통해 더 큰 빈발 항목집합이 없다는 것을 알 수 있으므로 그 시점에 해당 단계를 종료할 수 있다.

크기 k에서 다음 크기 $k + 1$로 이동하는 절차를 다음과 같이 요약할 수 있다. 각 크기 k에 대해 다음과 같은 두 가지 항목집합들의 집합이 존재한다.

1. C_k는 크기가 k인 **후보**candidate들의 집합이다. 여기서 후보란 진짜 빈발 항목인지 판단하기 위해 반드시 개수를 세야 하는 항목집합이다.
2. L_k는 크기가 k인 실제 빈발 항목집합들의 집합이다.

하나의 집합에서 다음 집합으로, 그리고 하나의 크기에서 다음 크기로 이동하는 절차를 그림 6.4에서 볼 수 있다.

모두가 한원소 항목집합인 집합, 즉 개별 항목들로 구성된 C_1에서 시작한다. 즉 데이터를 검사하기 전에는 현재 파악된 항목들 중 어떤 항목이라도 자주 등장할 수 있다. 첫 번째 필터링 단계에서는 모든 항목을 카운트하고 이들 중 지지도 임계치가 s 이상인 항목들로 L_1 집합이 구성된다.

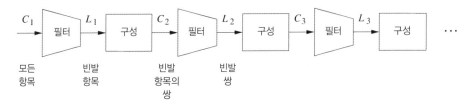

그림 6.4 선험적 알고리즘에서는 후보 쌍을 구성하는 작업과 실제로 빈발하는 후보 쌍을 걸러내는 작업이 동시에 수행된다.

후보 쌍 집합 C_2는 두 항목이 모두 L_1에 속한 쌍들의 집합이다. 즉 이들이 빈발 항목집합이다. C_2를 따로 구성하지 않았음에 주목하라. C_2로 정의된 항목을 따로 검사하는 것이 아니라 단지 두 항목이 L_1에 속하는지 검사함으로써 C_2의 멤버인지를 확인한다. 선험적 알고리즘의 두 번째 단계에서는 모든 후보 쌍을 카운트하고, 최소 s번 등장하는 쌍들을 밝혀 낸다. 이런 쌍들로 빈발 쌍 L_2가 구성된다.

이 절차를 원하는 만큼 반복할 수 있다. 후보 세원소 집합 C_3은 세원소 집합들의 집합으로 (간접적으로) 구성되며, 이들은 모두 L_2에 속한 쌍이다. 6.2.4절에서는 빈발 항목집합이 희소하다고 가정했는데 이는 자주 등장하는 쌍들이 그렇게 많지 않기 때문에 메인 메모리 테이블에 올라갈 수 있음을 의미했다. 이와 마찬가지로 후보 세원소 집합들 역시 그렇게 많지 않을 것이므로 세원소 집합 저장 방식을 일반화하면 모든 원소 집합을 셀 수 있다. 즉 쌍을 세기 위해 세원소 집합이 사용되는 것처럼 세원소 집합을 셀 때는 3개의 항목 코드 및 관련 카운트로 구성된 네원소 집합 방식으로 저장할 수 있는 것이다. 유사하게 $k + 1$개의 성분을 갖는 튜플을 사용해서 크기가 k인 집합의 개수를 셀 수 있다. 이 튜플을 구성하는 마지막 성분은 개수이고 처음 k개의 성분들은 항목 코드들이다.

L_3을 찾기 위해 바구니 파일을 세 번째 단계로 통과시킨다. 각 바구니에 대해 L_1에 속하는 항목들만 검토해야 한다. 이런 항목들에서 각 쌍을 검사하고, 그 쌍이 L_2에 속하는지 알아낼 수 있다. 바구니의 항목으로 구성된 빈발 쌍이 있을 때, 최소 2개의 빈발 쌍에 등장하지 않는 바구니의 항목은 바구니가 포함하는 빈발 세원소 집합의 일부가 될 수 없다. 따라서 바구니에 포함돼 있으면서 C_3 후보인 세원소 집합은 상당히 제한적으로 발견된다. 발견된 세원소 집합의 카운트에 1을 더한다.

예제 6.8 바구니는 1부터 10까지 항목으로 구성된다고 가정하자. 이들 중 자주 등장하는 항목은 1부터 5까지이며, 자주 등장하는 쌍은 {1, 2}, {2, 3}, {3, 4}, {4, 5}라 가정하자. 먼저 1부터 5를 제외하고 자주 등장하지 않는 항목을 제거한다. 그러나 1과 5는 항목집합에서 하나의 빈발 쌍에만 등장하기 때문에 어떤 바구니의 빈발 세원소 집합에도 속할 수 없다. 따라서 {2, 3, 4} 중에서 세원소 집합이 나와야 한다. 분명히 그런 세원소 집합은 오직 하나뿐이다. 그러나 그 집합은 C_3이 될 수는 없는데 {2, 4}가 빈발하지 않기 때문이다. ■

특정 단계에서 새로운 빈발 항목집합을 발견하지 못해 해당 단계를 종료할 때까지 대형 빈발집합과 후보군들을 구성해 나가는 방식은 기본적으로 동일하게 진행된다. 즉

1. 항목집합의 크기는 k이며, 이들 중 크기가 $k - 1$인 모든 조합이 L_{k-1}에 속하도록 C_k를 정의한다.
2. 바구니들을 통과시켜 C_k에 속하면서 크기가 k인 항목집합들을 세는 단계를 만들어 L_k를 구한다. 카운트가 최소 s인 항목집합은 L_k에 속하게 된다.

6.2.7 6.2절 연습문제

연습문제 6.2.1 삼각 행렬을 사용하고 항목의 개수 n이 20일 때 $a[100]$에 속하는 쌍들의 카운트는 얼마인가?

! **연습문제 6.2.2** 6.2.2절에서 설명한 삼각 행렬 방식에서 k에 대한 방정식은 임의의 정수 i를 2로 나눈다. 여기서 k는 항상 정수가 돼야 한다. 실제로 k가 정수가 됨을 증명하라.

! **연습문제 6.2.3** B개의 바구니와 I개의 항목이 있다고 하자. 모든 바구니가 정확하게 K개의 항목을 포함한다고 가정한다. I, B, K에 대한 함수로 다음을 나타내라.

(a) 모든 항목 쌍의 카운트들을 저장하기 위해 삼각 행렬 방식이 차지하는 공간은 얼마인가? 행렬 원소당 4바이트를 차지한다고 가정하라.

(b) 카운트가 0이 아닌 쌍은 최대 몇 개까지 가능한가?

(c) 세원소 집합 방식이 삼각 배열보다 더 적은 공간을 사용할 것이라 확신할 수 있는 상황은?

!! **연습문제 6.2.4** 삼각 행렬 방식의 일반화를 통해 크기가 3인 모든 항목집합을 어떻게 셀 것인가? 즉 일차원 배열에서 정확하게 하나의 원소가 3개의 항목집합에 대응될 때 이를 어떻게 저장할 것인가?

! **연습문제 6.2.5** 지지도 임계치가 5라고 가정하자. 다음 데이터에 대한 정점 빈발 항목집합을 찾아라.

(a) 연습문제 6.1.1

(b) 연습문제 6.1.3

연습문제 6.2.6 지지도 임계치를 5로 설정하고 다음 데이터에 선험적 알고리즘을 적용하라.

(a) 연습문제 6.1.1

(b) 연습문제 6.1.3

! **연습문제 6.2.7** 다음 가정을 만족하는 시장바구니가 있다고 가정하자.

(1) 지지도 임계치는 10,000이다.

(2) 정수 0, 1, . . . , 999999으로 표현되는 100만 개의 항목이 있다.

(3) 10,000번 이상 등장하는 빈발 항목은 N개다.

(4) 10,000번 이상 등장하는 쌍은 100만 개다.

(5) 정확하게 한 번 등장하는 쌍은 $2M$개다. 이 쌍들 중 M개는 2개의 빈발 항목으로 구성되며, 나머지 M개는 빈발하지 않는 항목을 1개 이상 포함한다.

(6) 그 외의 쌍들은 없다.

(7) 정수는 항상 4바이트로 표현된다.

이런 가정하에 선험적 알고리즘을 실행하면 두 번째 단계에서 후보 쌍들을 카운트하기 위해 삼각 행렬 방식과 항목-항목-카운트 형태의 세원소 집합 해시 테이블 방식

중 하나를 선택할 수 있다. 첫 번째 방식에서는 원래 항목 번호를 빈발 항목 번호로 변환하기 위한 공간을 무시하고, 두 번째 방식에서는 해시 테이블을 위해 필요한 공간을 무시하라. 이 데이터에 선험적 알고리즘을 실행하기 위해 필요한 메인 메모리의 최소 바이트 수는 얼마인가? N과 M에 대한 함수로 나타내라.

6.3 메인 메모리에서 더 큰 데이터셋 처리하기

선험적 알고리즘은 메인 메모리를 가장 많이 요구하는 단계(일반적으로 후보 쌍 C_2를 세는 단계)에서 메모리가 충분하다면 버벅거리지 않고(디스크와 메인 메모리 사이에서 데이터의 반복 이동 없이) 잘 동작한다. 몇몇 알고리즘은 후보 집합 C_2의 크기를 제한하는데, 여기서 다룰 PCY 알고리즘은 선험적 알고리즘의 첫 번째 단계에서 단일 항목을 셀 때 일반적으로 많은 메인 메모리가 필요하지 않다는 사실을 활용한다. 이후 살펴볼 다단계 알고리즘^{multistage algorithm}은 PCY 기법을 사용하며 C_2의 크기를 더 많이 줄이기 위해 추가 단계들이 삽입된다.

6.3.1 PCY 알고리즘

저자들의 성을 따라 PCY^{Park, Chen, Yu}라고 불리는 이 알고리즘은 첫 번째 단계에서 사용되지 않는 메인 메모리 공간이 상당히 많이 남는다는 사실을 활용한다. 항목이 100만 개이고 메인 메모리가 기가바이트 급이라면 그림 6.3이 설명하는 2개의 테이블(항목 이름을 작은 정수로 변환하는 테이블과 카운트를 해당 정수로 변환하는 테이블)을 위해서는 메인 메모리의 10% 이상이 필요하지 않다. PCY 알고리즘은 블룸 필터(4.3절 참조)의 개념을 일반화해 정수 배열을 위한 공간을 사용한다. 이 개념을 그림 6.5에서 도식으로 확인할 수 있다.

이 배열을 해시 테이블로 생각하라. 이 해시 테이블의 버킷은 (원래 해시 테이블처럼) 키도 아니고 (블룸 필터처럼) 비트 집합도 아닌 정수를 갖는다. 항목 쌍들은 해시 테이블의 버킷으로 해시된다. 첫 번째 단계에서 버킷을 검사하며 버킷의 각 항목에 대한 카운트에 1을 더하고, 이중 루프를 사용해 모든 쌍을 생성한다. 각 쌍을 해시하

그림 6.5 PCY 알고리즘의 처음 두 단계 중 메인 메모리의 구성

고 그 쌍이 해시되는 버킷에 1을 더한다. 그 쌍 자신은 버킷으로 가지 않는다는 사실에 주목하라. 그 쌍은 오직 버킷의 단일 정수에 영향을 미칠 뿐이다.

첫 번째 단계 말미에 각 버킷은 카운트를 갖는데, 이는 그 버킷으로 해시되는 모든 쌍에 대한 카운트의 합이다. 버킷의 카운트가 지지도 임계치 s보다 크면 이를 **빈발 버킷**frequent bucket이라 부른다. 빈발 버킷으로 해시된 쌍이 정확히 무엇인지는 알 수 없지만, 앞으로 이 버킷으로 해시되는 쌍이 빈발 쌍일 수 있다는 정보를 얻을 수 있다. 버킷의 카운트가 s보다 작으면 (버킷이 아니므로) 빈발 단일 항목으로 구성된 쌍이라 할지라도 해당 버킷으로 해시되는 모든 쌍은 빈발하지 않는다는 사실을 알 수 있다. 이 정보가 두 번째 단계에서 유용하게 쓰인다. 후보 쌍 C_2는 다음과 같은 쌍 $\{i, j\}$로 정의할 수 있다.

1. i와 j는 빈발 항목이다.
2. $\{i, j\}$는 빈발 버킷으로 해시된다.

두 번째 조건이 PCY가 선험적 알고리즘과 구별되는 점이다.

예제 6.9 데이터와 가용 메모리 크기에 따라 단계 1에서 해시 테이블을 사용하는 것이 이득이 될 수도 있고, 안 될 수도 있다. 최악의 경우는 모든 버킷이 자주 등장하고, 두 번째 단계에서 PCY 알고리즘이 선험적 알고리즘과 정확하게 같은 쌍을 세야 하는 상황이다. 하지만 현실적으로 버킷의 대부분은 자주 등장하지 않을 것이라 예상할 수 있다. 그런 경우 PCY의 두 번째 단계를 위해 필요한 메모리 양은 줄어든다.

첫 번째 단계에서 해시 테이블을 위한 가용 메인 메모리가 1기가바이트라 가정하자. 또한 데이터 파일은 10억 개의 바구니로 구성되며, 각 바구니는 10개의 항목을 갖는다고 가정하자. 버킷은 정수이고, 보통 4바이트이므로, 2억 5,000만 개의 버킷을 사용할 수 있다. 모든 바구니에서 버킷 쌍의 개수는 $10^9 \times \binom{10}{2}$ 혹은 4.5×10^{10}개다. 또한 이 개수는 버킷에 대한 카운트의 합이다. 따라서 평균 카운트는 $4.5 \times 10^{10}/2.5 \times 10^8$ 혹은 180이다. 지지도 임계치 s가 180 이하일 경우 대부분 빈발 버킷이 될 것이라 예상할 수 있다. 그러나 s가 1000 정도로 훨씬 크면 대다수 버킷이 빈발하지 않게 된다. 빈발 버킷의 개수는 2억 5,000만 개의 버킷 중 최대 $4.5 \times 10^{10}/1000$ 혹은 4,500만 개까지 가능하다. ■

PCY 단계들 사이에서 해시 테이블은 **비트맵**bitmap으로 요약되는데 각 버킷에 하나의 비트가 대응된다. 버킷이 빈발하면 비트는 1이고 그렇지 않은 경우 비트는 0이다. 따라서 32비트 정수는 단일 비트로 대체되고, 그림 6.5의 두 번째 단계에서 볼 수 있는 비트맵은 카운트를 저장할 수 있는 공간의 1/32에 해당하는 공간만을 차지한다. 그러나 버킷 대부분이 자주 등장하지 않으면 두 번째 단계에서 카운트되는 쌍들의 개수는 전체 빈발 항목 쌍들의 개수보다 훨씬 작을 것이라 예상할 수 있다. 따라서 PCY는 두 번째 단계에서 버벅거림 없이 일부 데이터 집합을 처리할 수 있는 반면, 선험적 알고리즘은 메인 메모리 부족을 발생시켜 버벅거림이 있을 수 있다.

PCY의 두 번째 단계 중 필요한 공간에 영향을 미치는 중요한 요인이 하나 더 있다. 선험적 알고리즘의 두 번째 단계에서는 빈발 항목에 1부터 m까지 다시 번호를 붙일 수 있으므로 원한다면 삼각 행렬을 사용할 수 있었다. 반면, PCY에서는 그렇게 할 수 없다. 그 이유는 PCY에서는 카운트되지 않을 항목 쌍들이 삼각 행렬 내에 알 수 없는 순서로 저장되기 때문이다. 이들은 첫 번째 단계에서 빈발하지 않는 버킷으로 해시되는 쌍들이다. 카운트되지 않을 쌍들을 위한 공간이 남겨지는 것을 막기 위해 행렬을 압축하는 방법은 없다.

따라서 PCY에서는 세원소 집합 방식을 사용해야 한다. 이런 제약은 실제 버킷에 등장하는 빈발 항목 쌍들의 비율이 작다면 중요한 문제는 아니다. 그런 경우라면 선험적 알고리즘에서도 세원소 집합을 사용할 수 있다. 그러나 대부분의 빈발 항목 쌍들이 하나 이상의 버킷에 등장할 때에도 PCY에서는 세원소 집합을 사용해야 한다. 반면 선험적 알고리즘에서는 삼각 행렬을 사용할 수 있다. 따라서 PCY로 빈발 항목 쌍들 중 최소 2/3 이상을 세야 하는 상황이라면 선험적 알고리즘 대신 PCY를 사용함으로써 얻는 이득은 없다.

PCY로 빈발 쌍들을 발견하는 과정은 선험적 알고리즘에서와 상당한 차이가 있는 반면, 빈발 세원소 집합들과 더 큰 빈발 집합들을 찾는 그 이후 과정은 PCY와 선험적 알고리즘이 동일하다. 이는 6.3절에서 다루고 있는 선험적 알고리즘에 대한 다른 개선 방식에도 역시 해당되는 설명이다. 결론적으로 여기서는 빈발 쌍들의 구성만을 다룰 것이다.

6.3.2 다단계 알고리즘

다단계 알고리즘은 후보 쌍들의 개수를 더 줄이기 위해 연속적인 해시 테이블을 사용하는 방법으로서 PCY를 개선한 방식이다. 다단계 알고리즘에서 빈발 쌍을 찾기 위해 두 단계 이상을 거쳐야 한다는 사실이 트레이드 오프tradeoff가 된다. 다단계 알고리즘의 개요를 그림 6.6에서 확인할 수 있다.

다단계의 첫 단계는 PCY의 첫 번째 단계와 같다. 이 단계 이후 빈발 버킷이 발견되고 비트맵으로 요약되는 과정은 PCY와 같다. 그러나 다단계 알고리즘의 두 번째 단계에서는 후보 쌍들의 개수를 세지 않는다. 오히려 또 다른 해시 함수를 사용해 가용 메모리에 해시 테이블을 하나 더 만든다. 첫 번째 해시 테이블의 비트맵이 가용 메모리의 1/32를 차지하고, 두 번째 해시 테이블은 첫 번째 해시 테이블과 거의 비슷한 개수의 버킷을 갖는다.

다단계 알고리즘의 두 번째 단계에서는 바구니의 파일을 다시 검토한다. 항목 개

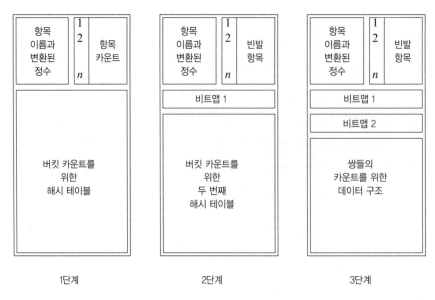

그림 6.6 다단계 알고리즘은 후보 쌍들의 개수를 줄이기 위해 추가 해시 테이블을 사용한다.

수를 다시 셀 필요는 없다. 그 카운트는 첫 번째 단계에서 얻은 값이기 때문이다. 그러나 어떤 항목이 자주 등장하는지에 관한 정보는 두 번째와 세 번째 단계 모두에서 필요하기 때문에 보유하고 있어야 한다. 두 번째 단계가 진행되는 동안 특정 항목 쌍은 두 번째 해시 테이블의 버킷으로 해시된다. 해시되는 쌍은 PCY의 두 번째 단계에서 카운트되기 위한 두 가지 기준을 만족한 경우다. 즉 첫 번째 단계에서 빈발 버킷으로 해시됐고, i와 j가 각각 모두 빈발한 경우에만 $\{i, j\}$를 해시한다. 따라서 두 번째 해시 테이블에서 카운트의 합은 첫 번째 단계에서의 합보다 상당히 작아야 한다. 그 결과 두 번째 해시 테이블이 첫 번째 테이블이 갖는 버킷 개수의 31/32을 갖는다 하더라도 첫 번째보다 두 번째 해시 테이블이 갖는 빈발 버킷 개수가 훨씬 더 적을 것이라 예상할 수 있다.

두 번째 단계 이후 두 번째 해시 테이블 역시 비트맵으로 요약되고, 그 비트맵은 메인 메모리에 저장된다. 2개의 비트맵은 모두 가용 메모리의 1/16보다 약간 더 작은 공간을 차지한다. 그러므로 세 번째 단계에서 후보 쌍들을 카운트하기 위한 공간은 충분하다. 쌍 $\{i, j\}$는 다음 경우에만 C_2에 속한다.

338

다단계 알고리즘의 미세한 오류

때로는 구현 시 {*i*, *j*}가 후보가 되기 위한 두 번째 조건을 고려하지 않고 배제하는 경향이 있다. 즉 후보는 첫 번째 단계에서 빈발 버킷으로 해시돼야 한다는 조건 말이다. 첫 번째 단계에서 빈발 버킷으로 해시되지 않았다면 두 번째 단계에서도 절대로 해시되지 않을 것이다. 따라서 두 번째 단계에서 버킷 카운트에 영향을 미치지 않을 것이라는 (잘못된) 추측이 가능하다. 두 번째 단계에서 쌍이 카운트되지 않는 것은 사실이지만, 그렇다고 해서 첫 번째 단계에서 해시되지 않은 쌍은 반드시 두 번째 단계에서도 해시되지 않는다고 단정할 수 없다. {*i*, *j*}는 2개의 빈발 항목으로 구성되며, 첫 번째 단계에서는 빈발 버킷으로 해시되지 않았지만, 두 번째 단계에서 빈발 버킷으로 해시될 가능성이 있다. 그러므로 3개의 조건 모두는 다단계의 카운팅 작업마다 반드시 확인돼야 한다.

1. *i*와 *j* 모두 빈발 항목이다.
2. {*i*, *j*}는 첫 번째 해시 테이블의 빈발 버킷으로 해시됐다.
3. {*i*, *j*}는 두 번째 해시 테이블의 빈발 버킷으로 해시됐다.

세 번째는 다단계와 PCY를 구별하는 조건이다.

다단계 알고리즘에는 첫 번째 단계와 마지막 단계 사이에 다수의 단계들을 추가할 수 있다. 각 단계마다 이전 단계에서 만든 비트맵을 각각 저장해야 한다는 제약 사항이 있다. 결국 카운팅을 위해 메인 메모리에 남겨진 공간은 충분하지 않다. 얼마나 많은 단계을 거치든지 결국 실제 빈발 쌍들은 항상 빈발 버킷으로 해시될 것이며, 결국 빈발 쌍들은 반드시 카운트될 것이다.

6.3.3 다중 해시 알고리즘

때때로 다단계 알고리즘에 단계를 추가해 얻는 이득의 대부분을 한 단계에서 얻을 수 있다. PCY를 이렇게 변형한 방식을 **다중 해시 알고리즘**multihash algorithm이라 한다. 연속된 두 단계에서 서로 다른 해시 테이블 2개를 사용하는 대신, 그림 6.7처럼 첫 번째 단계에서 같은 메인 메모리에 위치하는 서로 다른 해시 함수 2개와 분리된 해시 테이블 2개를 사용한다.

한 단계에서 해시 테이블 2개를 사용하는 것에 따른 위험 요인은 각 해시 테이블이 PCY의 대형 해시 테이블이 갖는 버킷 크기의 절반만을 갖는다는 사실이다. PCY에서 버킷의 평균 카운트가 지지도 임계치보다 훨씬 낮으면 절반 크기의 해시 테이블 2개를 사용할 수 있고, 두 해시 테이블 대부분의 버킷 역시 빈발하지 않을 것이라 예상할 수 있다. 따라서 이런 경우 다중 해시 접근 방식을 선택하는 것이 더 낫다.

예제 6.10 PCY를 실행할 때 평균 버킷의 카운트가 $s/10$라 가정하자. 여기서 s는 지지도 임계치다. 절반 크기의 해시 테이블 2개로 다중 해시 접근 방법을 사용하면 평균 카운트는 $s/5$가 될 것이다. 결국 전체 버킷 중 최대 1/5에 해당하는 버킷들이 두 해시 테이블 중 어느 한쪽에서 빈발할 수 있고, 자주 등장하지 않는 임의의 쌍이 두 해시 테이블 모두에서 빈발 버킷으로 갈 확률은 최대 $(1/5)^2 = 0.04$가 된다.

같은 방식으로 추측하면 자주 등장하지 않는 쌍이 하나의 PCY 해시 테이블에서

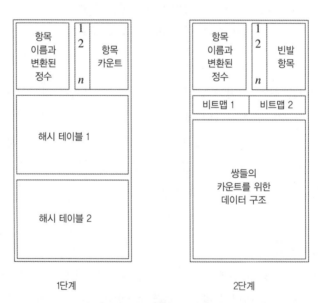

그림 6.7 다중 해시 알고리즘은 한 단계에서 다수의 해시 테이블을 사용한다.

빈발 버킷으로 갈 확률은 최대 1/10을 넘지 않는다. 즉 PCY는 앞서 설명한 다중 해시 방식보다 2.5배 많은 개수의 빈발하지 않은 쌍을 세게 된다. 따라서 다중 해시는 두 번째 단계에서 PCY보다 더 적은 메모리를 필요로 할 것이라 예상할 수 있다.

그러나 이런 상한선이 전부가 아니다. PCY에서 보다 더 적은 빈발 버킷이 많이 있을 수 있다. 왜냐하면 매우 자주 등장하는 쌍들로 인해 버킷 카운트가 편향적으로 분배될 수 있기 때문이다. 그러나 이런 분석은 적절한 데이터와 지지도 임계치로 메인 메모리에서 한 번에 몇 개의 해시 함수들을 실행함으로써 더 나은 결과를 얻을 수 있는 가능성을 시사한다. ■

다중 해시의 두 번째 단계에서 각 해시 테이블은 보통 하나의 비트맵으로 변환된다. 그림 6.7에서 2개의 해시 함수에 해당하는 2개의 비트맵이 정확히 PCY 알고리즘의 두 번째 단계에서 단일 비트맵이 차지하는 만큼의 공간을 차지한다는 사실에 주목하라. 쌍 $\{i, j\}$가 C_2에 속하기 위한 조건, 그리고 두 번째 단계에서 카운트될 조건은 다단계 알고리즘의 세 번째 단계에서 요구하는 조건과 동일하다. 즉 i와 j는 모두 자주 등장해야 하며, 그 쌍은 두 해시 테이블 모두에 의해 빈발 버킷으로 해시돼야 한다.

다단계 알고리즘에서 해시 테이블을 2개만 사용해야 한다는 제약이 없는 것처럼 가용 메인 메모리를 원하는 만큼 많은 개수의 해시 테이블로 분할할 수 있다. 이에 따른 위험성은 너무 많은 해시 테이블을 사용하면 하나의 버킷에 대한 평균 카운트가 지지도 임계치를 초과하게 될 것이라는 사실이다. 이런 점 때문에 어느 해시 테이블이든지 빈발하지 않은 버킷이 매우 적을 가능성이 크다. 쌍이 카운트되려면 모든 해시 테이블에 의해 빈발 버킷으로 해시돼야 함에도 또 다른 해시 테이블을 추가했을 때 빈발하지 않는 쌍이 후보가 될 가능성은 낮아지는 것이 아니라 오히려 높아지는 것을 볼 수 있다.

6.3.4 6.3절 연습문제

연습문제 6.3.1 12개의 버킷이 있다. 각각은 1부터 6까지 6개의 항목 중 3개를 포함한다.

$$\{1,2,3\} \quad \{2,3,4\} \quad \{3,4,5\} \quad \{4,5,6\}$$
$$\{1,3,5\} \quad \{2,4,6\} \quad \{1,3,4\} \quad \{2,4,5\}$$
$$\{3,5,6\} \quad \{1,2,4\} \quad \{2,3,5\} \quad \{3,4,6\}$$

지지도 임계치를 4라고 가정하자. PCY 알고리즘의 첫 번째 단계에서 11개의 버킷을 갖는 해시 테이블을 사용하고 집합 $\{i, j\}$은 버킷 $i \times j \bmod 11$로 해시된다.

(a) 어떤 방법을 사용해서든 각 항목과 각 항목 쌍에 대한 지지도를 계산하라.

(b) 어떤 쌍이 어떤 버킷으로 해시되는가?

(c) 어떤 버킷이 자주 등장하는가?

(d) PCY 알고리즘의 두 번째 단계에서 카운트되는 쌍은 어떤 것인가?

연습문제 6.3.2 연습문제 6.3.1의 데이터에 지지도 임계치를 역시 4로 설정해 다단계 알고리즘을 실행한다고 가정하자. 첫 번째 단계는 연습문제 6.3.1과 같고 두 번째 단계에서는 $\{i, j\}$를 버킷 $i + j \bmod 9$로 해시하는 해시 함수를 사용해 쌍들을 9개의 버킷으로 해시한다. 두 번째 단계에서 버킷의 카운트를 계산하라. 두 번째 단계에서 후보 쌍들이 줄어드는가? 모든 항목들은 빈발하므로, 두 번째 단계에서 해시되지 않는 쌍이 있다면 그 쌍은 첫 번째 단계에서 빈발하지 않은 버킷으로 해시됐기 때문이라는 사실에 주목하라.

연습문제 6.3.3 연습문제 6.3.1의 데이터에 다중 해시 알고리즘을 실행한다고 가정하자. 5개의 버킷을 갖는 해시 테이블 2개를 사용할 것이다. 하나의 테이블에서 집합 $\{i, j\}$는 버킷 $2i + 3j + 4 \bmod 5$로 해시되고, 다른 하나의 테이블에서 같은 집합은 $i + 4j \bmod 5$로 해시된다. 이 해시 함수들은 i와 j에 대해 대칭 관계가 아니므로 각 해시 함수를 평가할 때 $i < j$가 되도록 항목들을 정렬하라. 10개 버킷 각각을 카운트 하라. 연습문제 6.3.1에서 설명한 해시 테이블과 함수를 사용해 PCY 알고리즘보다 더 많은 쌍들을 제거하기 원한다면 다중 해시 알고리즘에 대한 지지도 임계치는 얼마나 커야 하는가?

! **연습문제 6.3.4** 다음 조건을 만족하는 시장바구니 데이터에서 빈발 쌍을 찾기 위해 PCY 알고리즘을 실행한다고 가정하자.

(1) 지지도 임계치는 10,000이다.

(2) 정수 0, 1, . . . , 999999로 표현되는 100만 개의 항목들이 있다.

(3) 자주 등장하는 항목, 즉 10,000번 혹은 그 이상 등장하는 항목은 250,000개다.

(4) 10,000번 혹은 그 이상 등장하는 쌍은 100만 개다.

(5) 정확하게 한 번 등장하고 2개의 빈발 항목으로 구성된 쌍은 P개다.

(6) 그 외의 쌍은 존재하지 않는다.

(7) 정수는 항상 4바이트로 표현된다.

(8) 쌍을 해시할 때 쌍들은 버킷에 무작위로 분배되나, 가능하면 균등하게 분배된다. 즉 정확하게 한 번 등장하는 P개의 쌍이 각 버킷에 균등하게 분배된다고 가정해도 된다.

S바이트의 메인 메모리가 있다고 가정하자. PCY 알고리즘을 성공적으로 실행하기 위해서는 대부분의 버킷이 빈발하지 않도록 버킷의 개수가 충분히 커야 한다. 게다가 두 번째 단계에서 모든 후보 쌍을 카운트할 충분한 공간이 있어야 한다. 이 데이터에 PCY 알고리즘을 성공적으로 실행하기 위한 P의 최대값은 얼마인가? S에 대한 함수로 나타내라.

! **연습문제 6.3.5** 연습문제 6.3.4의 가정하에 다중 해시 알고리즘을 사용하면 두 번째 단계에서 필요한 메인 메모리가 줄어드는가? 첫 번째 단계에서 사용하기 위한 최적의 해시 테이블 개수는? S와 P의 함수로 나타내라.

! **연습문제 6.3.6** 다음 조건을 만족하는 시장바구니 데이터에서 빈발 쌍을 찾기 위해 세 단계를 거치는 다단계 알고리즘을 실행한다고 가정하자.

(1) 지지도 임계치는 10,000이다.

(2) 정수 0, 1, . . . , 999999로 표현되는 100만 개의 항목들이 있다. 모든 항목들은 자주 등장한다. 즉, 최소 10,000번 등장한다.

(3) 10,000번 혹은 그 이상 등장하는 쌍은 100만 개다.

(4) 정확하게 한 번 등장하는 쌍은 P개다.

(5) 그 외의 쌍은 존재하지 않는다.

(6) 정수는 항상 4바이트로 표현된다.

(7) 쌍을 해시할 때 쌍들은 버킷에 무작위로 분배되나, 가능하면 균등하게 분배된다. 즉 정확하게 한 번 등장하는 P개의 쌍이 각 버킷에 균등하게 분배된다고 가정해도 된다.

(8) 처음 두 단계에서 사용되는 해시 함수는 서로 완전히 독립적이다.

S바이트의 메인 메모리가 있다고 가정하자. 다단계 알고리즘의 세 번째 단계에서 예상되는 후보 쌍들의 개수는 얼마인가? S와 P의 함수로 나타내라.

6.4 단계 한정 알고리즘

지금까지 살펴본 빈발 항목집합을 찾기 위한 알고리즘은 탐색한 항목집합의 각 크기마다 하나의 단계를 사용하고 있다. 메인 메모리가 너무 작아서 데이터를 담을 수 없고 하나의 크기에 대응하는 빈발 항목집합을 카운트하기 위해 필요한 공간에 대한 여유가 없는 상황에서라도 정확한 빈발 항목집합들을 계산하려면 k번의 단계들을 거

파일의 첫 부분만으로 판단을 내리지 않는 이유

크기가 큰 파일의 일부분에서 표본을 취하는 것이 위험한 이유는 데이터가 파일에 균등하게 분포되지 않기 때문이다. 예를 들어, 실제 백화점에서 판매된 시장바구니 내역이 판매 날짜를 기준으로 정렬된 파일이 있다고 가정하자. 파일의 첫 번째 바구니는 오래된 데이터일 것이다. 예를 들어, 물론 나중에 아이팟이 대중적인 제품이 됐지만, 당시에는 그 바구니에 아이팟이라는 제품이 없었을 것이다.

다른 예로, 서로 다른 병원의 진료 기록 파일을 생각해 보자. 서로 다른 병원에서 기록된 정보의 일부가 수집된다면 임의로 그 정보를 선택하는 경우 해당 병원들 일부에 대해서만 표본을 취하는 꼴이 된다. 병원들이 서로 다른 검사를 하거나 서로 다른 방법으로 검사를 진행하면 데이터는 심각하게 편향될 수 있다.

칠 수밖에 없다. 그러나 굳이 모든 항목집합을 찾아내지 않아도 되는 응용분야들이 많이 있다. 예를 들어, 슈퍼마켓에서 함께 팔린 항목들을 찾는 경우 찾아낸 빈발 항목집합 모두를 근거로 해서 할인 행사를 진행하지는 않을 것이다. 그러므로 이 경우에는 빈발 항목집합 전부가 아닌 대부분을 찾는 것만으로도 충분하다.

6.4절에서는 최대 두 단계를 사용해 모든 혹은 대부분의 빈발 항목집합을 찾아내도록 고안된 몇 가지 알고리즘을 소개할 것이다. 우선 전체 데이터셋이 아니라 데이터의 표본을 사용하는 명확한 방법부터 알아보도록 한다. SON이라고 하는 알고리즘은 두 단계를 사용해서 정확한 결과를 얻고, 그것을 맵리듀스 혹은 또 다른 병렬 컴퓨팅 방식으로 구현한다. 마지막으로 설명할 토이보넨 알고리즘^{Toivonen's algorithm}은 평균적으로 두 단계를 사용해서 정확한 결과를 얻을 수 있지만, 종종 주어진 시간 내에 종료가 되지 않는다.

6.4.1 단순 무작위 알고리즘

바구니들의 전체 파일을 사용하는 대신 바구니의 부분집합을 임의로 선택하고 그것을 전체 데이터셋으로 가정할 수 있다. 작은 개수의 바구니에 적용하기 위한 지지도 임계치를 조정해야 한다. 예를 들어, 전체 데이터셋에 대한 지지도 임계치가 s이고, 바구니의 1%를 표본으로 선택한다면 그 표본에서 항목집합들이 바구니의 $s/100$ 이상 등장하는지를 검사해야 한다.

표본을 선택하는 가장 안전한 방법은 전체 데이터셋을 읽은 후 일정한 확률 p로 각 바구니를 표본으로 발탁하는 것이다. 전체 파일에 m개의 바구니가 있다고 가정하라. 마지막에는 표본 크기가 pm개의 바구니에 매우 근접하게 될 것이다. 그러나 이미 바구니가 무작위 순서로 파일에 쓰여 있다는 전제하에서는 전체 파일을 읽을 필요조차 없다. 처음 pm개의 바구니를 표본으로 선택하면 된다. 혹은 파일이 분산 파일 시스템에 위치한다면 임의로 일부 청크들을 선택해서 표본으로 사용해도 된다.

바구니 표본들을 선택하면서 이를 저장하기 위해 메인 메모리의 일부를 사용하게 된다. 남은 메인 메모리는 선험적 알고리즘, PCY, 다단계, 혹은 다중 해시와 같이 지금까지 다뤄 왔던 알고리즘들 중 하나를 실행하는 데 사용된다. 그러나 알고리즘은 빈발 항목이 없는 크기를 발견할 때까지 각 단계를 통과할 때마다 표본을 메인 메모리에 담고 있어야 한다. 표본은 메인 메모리에 남아 있기 때문에 표본을 읽기 위한 디스크 접근이 필요 없다. 각 크기의 빈발 항목집합이 발견되면 이들은 외부 디스크에 쓰여진다. 이런 동작과 최초에 디스크에서 표본을 읽는 것이 이 알고리즘의 유일한 디스크 I/O다.

물론 6.2절 혹은 6.3절의 방법 중 어느 것을 선택하든 표본을 저장한 이후 남는 메인 메모리에서 실행될 수 없다면 그 알고리즘은 동작할 수 없다. 더 많은 메인 메모리가 필요할 때 가능한 방법은 각 단계마다 디스크에서 표본을 읽어 오는 것이다. 표본은 전체 데이터셋보다 훨씬 작기 때문에 이전 알고리즘에서 발생했던 대부분의 디스크 I/O를 막을 수 있다.

6.4.2 표본 추출 알고리즘에서의 오류 방지

6.4.1절의 단순 알고리즘이 가진 문제를 유념해야 한다. 이 알고리즘은 전체 데이터셋의 모든 빈발 항목집합을 생성하는 것도 보장하지 못하며, 게다가 오직 빈발 항목집합만을 생성해 낸다는 것도 보장하지 못한다. 전체에서는 빈발하나, 표본에는 그렇지 않은 항목집합은 **거짓 음성**false negative이고, 표본에는 자주 등장하나 전체에서는 그렇지 않은 항목집합은 **거짓 양성**false positive이다.

표본이 충분히 크면 심각한 오류가 있을 가능성은 매우 낮다. 즉 지지도가 임계치보다 훨씬 큰 항목집합은 거의 확실히 임의의 표본에서 발견될 것이고, 지지도가 임계치보다 훨씬 작은 항목집합이 표본에 자주 등장할 가능성은 매우 낮다. 그러나 전체에서 지지도가 임계치에 매우 근접하는 항목집합은 표본에서 빈발할 수도 빈발하지 않을 수도 있다.

전체 데이터셋을 통과시켜 표본에서 빈발하다고 파악된 모든 항목집합을 다시 셈으로써 거짓 양성을 제거할 수 있다. 표본과 전체 모두에서 빈발한 항목집합들만 빈발 항목집합으로 인정하라. 이런 방식으로 모든 거짓 양성이 제거될 것이다. 그러나 거짓 음성은 카운트되지 않기 때문에 여전히 발견되지 않은 채로 남아 있다는 사실에 주목하라.

이런 작업을 한 단계에서 처리하려면 메인 메모리에서 모든 크기의 빈발 항목집합을 한 번에 셀 수 있어야 한다. 메인 메모리에서 단순 알고리즘을 성공적으로 실행할 수 있었다면 이는 모든 빈발 항목집합을 한 번에 셀 수 있는 좋은 기회로 볼 수 있다. 그 이유는 다음과 같다.

(a) 빈발 한원소와 빈발 쌍들이 빈발 항목집합의 대다수를 차지할 가능성이 높다. 그리고 한 번의 단계에서 이미 그들 모두를 셌어야 한다.

(b) 메인 메모리에 표본을 저장할 필요가 없으므로 이제 가용 메인 메모리는 충분하다.

거짓 음성을 완전히 제거할 수는 없으나, 메인 메모리가 허용하는 한 그들의 개수는 줄일 수 있다. 지지도 임계치는 s이고 표본은 전체 데이터셋에서 p 비율만큼을 차지할 때 표본에 대한 지지도 임계치는 ps라 가정했었다. 그러나 $0.9ps$처럼 이보다 작은 수를 표본에 대한 임계치로 사용할 수 있다. 임계치가 더 낮다는 것은 각 크기에서 더 많은 항목집합이 카운트돼야 한다는 것을 의미하기 때문에 결국 메인 메모리 사용량이 늘어나게 된다. 메인 메모리가 충분한 경우 표본에서 지지도가 $0.9p$ 이상인 항목집합이 전체에서 지지도가 p 이상인 항목집합의 대부분을 구성하게 된다. 이제 마무리 단계를 하나 만들어서 표본에서는 빈발하지만 전체에서는 그렇지 않은 항목집합들을 제거한다면, 거짓 양성은 없어지고 거짓 음성은 없거나 매우 적을 것으로 기대할 수 있다.

6.4.3 SON 알고리즘

다음 개선 사항은 두 단계 전체가 추가되긴 하지만, 거짓 음성과 거짓 양성 모두를 방지할 수 있는 방법이다. 이를 저자의 이름을 따서 SON[Savasere, Omiecinski, Navathe] 알고리즘이라 부른다. 이 알고리즘의 아이디어는 입력 파일을 청크(분산 파일 시스템 혹은 간단히 파일의 일부인 '청크'일 수 있다)로 분할하는 것이다. 각 청크를 표본으로 생각하고 그 청크에 6.4.1절의 알고리즘을 실행한다. 각 청크는 전체 파일의 비율 p에 해당하고 지지도 임계치가 s라면 ps를 임계치로 사용한다. 각 청크에서 발견된 모든 빈발 항목집합을 디스크에 저장한다.

　모든 청크가 이런 방식으로 처리된 후 하나 이상의 청크에서 빈발한 항목집합 모두를 취합한다 이들이 바로 후보 항목집합이다. 항목집합이 어느 청크에서도 자주 등장하지 않으면 각 청크에서 그 항목집합의 지지도는 ps보다 작다. 청크의 개수가 $1/p$이므로 해당 항목집합에 대한 전체 지지도는 $(1/p)ps = s$보다 작다는 결론을 내릴 수 있다. 따라서 전체에 자주 등장하는 모든 항목집합은 적어도 한 청크에서 자주 등장하며, 실제로 빈발 항목집합이 후보들 중에 있다는 것을 확신할 수 있다. 즉 거짓 음성이 존재하지 않는다.

　각 청크를 읽고 처리하면서 데이터를 통과시키는 전체적인 단계 하나를 만들었다. 두 번째 단계에서는 모든 후보 항목집합을 카운트해 지지도가 s 이상인 항목집합을 빈발 항목집합으로 선택한다.

6.4.4 SON 알고리즘과 맵리듀스

SON 알고리즘은 그 자체로도 분산 처리 환경에 잘 맞는다. 각 청크는 병렬로 처리되며, 후보를 구성하기 위해 각 청크로부터 얻은 빈발 항목집합들이 결합된다. 이 후보들을 다수의 프로세서에 분배하고, 각 프로세서가 바구니의 부분집합에서 각 후보에 대한 지지도를 카운트할 수 있도록 하며, 마지막으로 이런 지지도를 합산해 전체 데이터셋에서 각 후보 항목집합에 대한 지지도를 얻는다. 이런 과정은 꼭 맵리듀스로 구현될 필요는 없으나, 두 단계 각각을 맵리듀스 과정으로 자연스럽게 표현할 수 있다. 이런 연속된 맵리듀스-맵리듀스 과정은 다음과 같이 요약할 수 있다.

첫 번째 맵 함수: 할당된 바구니의 부분집합을 택하고 6.4.1절의 알고리즘을 사용해 부분집합에서 빈발 항목집합을 찾는다. 6.4.1절에서 설명한 것처럼 각 맵 태스크가 전체 입력 파일의 비율 p에 해당하는 파일을 할당받았다면 지지도 임계치를 s에서 ps로 낮춘다. 출력은 키-값 쌍$(F, 1)$의 집합인데, 여기서 F는 표본에서의 빈발 항목집합이다. 값은 모두 1이며, 이 값이 지닌 의미는 없다.

첫 번째 리듀스 함수: 각 리듀스 태스크에는 키들의 집합, 즉 항목집합이 할당된다. 값은 무시되고, 리듀스 태스크는 간단하게 한 번 이상 등장하는 키들(항목집합들)을 생성한다. 따라서 첫 번째 리듀스 함수의 출력은 후보 항목집합이다.

두 번째 맵 함수: 두 번째 맵 함수에 대한 맵 태스크는 첫 번째 리듀스 함수의 모든 출력(후보 항목집합)과 일부 입력 데이터 파일을 받는다. 각 맵 태스크는 할당받은 데이터셋 일부의 바구니에서 각 후보 항목집합이 등장하는 횟수를 센다. 출력은 키-값 쌍(C, v)의 집합인데, 여기서 C는 후보 집합 중 하나이고, v는 이 맵 태스크로 입력된 바구니들 중 항목집합에 대한 지지도다.

두 번째 리듀스 함수: 리듀스 태스크는 키로 주어진 항목집합을 받아서 그 키의 값들을 더한다. 그 결과는 리듀스 태스크가 처리하도록 할당받은 항목집합에 대한 전체 지지도다. 합산된 값이 s 이상인 항목집합들은 전체에서 빈발한 것이므로 리듀스 태스크는 이 항목집합들을 그들의 카운트와 함께 출력한다. 전체 지지도가 s 이하인 항목집합은 리듀스 태스크의 출력으로 전송되지 않는다.[2]

6.4.5 토이보넨의 알고리즘

이 알고리즘은 6.4.1절의 표본 추출 알고리즘의 무작위성을 다른 방법으로 사용한다. 토이보넨의 알고리즘Toivonen's algorithm 사용 시 충분한 메모리가 할당되면 한 단계에서는 작은 표본을 처리하고, 한 단계에서는 데이터 전체를 처리할 것이다. 이 알고리즘은 거짓 음성도 거짓 양성도 생성하지 않으나 결과를 전혀 내지 못할 가능성이 아주 약간 존재한다. 이런 경우 결과를 낼 때까지 알고리즘이 반복돼야 한다. 그러나 정확한 빈발 항목집합만을 생성하기 전까지 필요한 평균 처리의 횟수는 작은 상수다.

토이보넨의 알고리즘은 입력 데이터셋에서 작은 표본을 선택하고, 그중에서 후보 빈발 항목집합을 찾는 것으로 시작한다. 이 과정은 임계치가 반드시 표본에 비례하는 값보다 작게 설정돼야 하는 것을 제외하고는 6.4.1절과 정확하게 같다. 즉 전체 데이터셋에 대한 지지도 임계치가 s이고 표본이 p 비율만큼 선택된다면 표본에서 빈

---

2   엄격하게 말해서 리듀스 함수는 각 키에 대한 값을 생성해야 한다. 자주 등장하는 항목집합에 대한 값으로 1을, 자주 등장하지 않는 항목집합에 대한 값으로 0을 생성할 수 있다.

발 항목집합을 찾을 때 $0.9ps$ 혹은 $0.8ps$와 같은 임계치를 사용한다. 임계치를 작게 할수록 표본의 모든 빈발 항목집합을 세는 데 필요한 메인 메모리는 더 많아지나, 알고리즘이 결과를 내는 데 실패하는 상황을 방지할 확률은 더 높아진다.

표본에 대한 빈발 항목집합들을 구성했다면 다음은 **음성 경계**negative border를 구성할 차례다. 음성 경계는 표본에서 그 자체로는 빈발하지 않으나, 그들의 모든 **중간 부분집합**(정확하게 하나의 항목을 제외함으로써 구성되는 부분집합)들은 빈발하는 항목집합들이다.

예제 6.11   항목이 $\{A, B, C, D, E\}$이고 표본에서 $\{A\}$, $\{B\}$, $\{C\}$, $\{D\}$, $\{B, C\}$, $\{C, D\}$를 빈발 항목집합으로 찾아냈다고 가정하자. 바구니의 개수가 최소 지지도 임계치만큼 있다면 $\emptyset$ 역시 빈발한다는 사실에 주목하라. 기술적으로 이제까지 다뤄온 알고리즘들이 이런 명백한 사실을 생략했다 하더라도 말이다. 먼저 $\{E\}$는 음성 경계인데, $\{E\}$는 표본에서 빈발하지 않지만 유일한 중간 부분집합인 $\emptyset$는 빈발하기 때문이다.

집합 $\{A, B\}$, $\{A, C\}$, $\{A, D\}$, $\{B, D\}$는 음성 경계에 속한다. 이 집합들 중 어느 것도 빈발하지 않고 각각은 2개의 중간 부분집합을 갖는데, 이둘 모두 빈발한다. 예를 들어, $\{A, B\}$의 중간 부분집합은 $\{A\}$와 $\{B\}$다. 다른 6개의 두원소 집합 중 어느 것도 음성 경계에 속하지 않는다. 집합 $\{B, C\}$와 $\{C, D\}$는 빈발하기 때문에 음성 경계에 속하지 않는다. 남은 네 쌍은 각각 E와 또 다른 항목으로 구성되는데 이들은 빈발하지 않는 중간 부분집합 $\{E\}$를 갖기 때문에 음성 경계에 속하지 않는다.

세원소 집합 혹은 이보다 더 큰 집합 중 어느 것도 음성 경계에 속하지 않는다. 예컨대 $\{B, C, D\}$의 경우 중간 부분집합 $\{B, D\}$가 자주 등장하지 않으므로 $\{B, C, D\}$는 음성 경계에 속하지 않는다. 음성 경계는 5개의 집합 $\{E\}$, $\{A, B\}$, $\{A, C\}$, $\{A, D\}$, $\{B, D\}$로 구성된다. ■

토이보넨의 알고리즘을 완료하기 위해 표본 혹은 음성 경계에서 빈발하는 모든 항목집합을 전체 데이터셋에서 카운트한다. 다음과 같은 두 가지 결과가 가능하다.

1. 음성 경계 중 어느 멤버도 전체 데이터셋에 빈발하지 않는다. 이런 경우 표본에서 도출한 빈발 항목집합은 정확히 전체의 빈발 항목집합과 동일하다.

2. 음성 경계 중 일부 멤버는 전체에서 빈발한다. 이런 경우 표본이나 음성 경계에서 도출한 빈발 항목집합이 전부라는 것을 확신할 수 없다. 더 큰 빈발 항목집합이 전체 데이터셋에 존재할 가능성이 있다. 따라서 이 시점에는 아무런 결과를 낼 수 없으며, 임의의 새로운 표본으로 이 알고리즘을 반복해야 한다.

6.4.6 토이보넨의 알고리즘이 동작하는 이유

토이보넨의 알고리즘은 전체에서 카운트되고 빈발한다고 밝혀진 항목집합만을 빈발한다고 보고하기 때문에 절대 거짓양성을 생성하지 않는다는 것은 확실하다. 거짓양성을 절대 생성하지 않는다고 주장하려면 음성 경계 중 어느 멤버도 전체에 자주 등장하지 않을 때 더 이상 어떤 항목도 빈발할 수 없다는 사실을 증명해야 한다.

1. 전체에 자주 등장한다.
2. 그러나 음성 경계도 아니고 표본의 빈발 항목집합도 아니다.

반대의 경우를 가정해 보자. 즉 전체에서는 빈발하나 음성 경계와 표본에서는 빈발하지 않는 집합 S가 있다. 토이보넨의 알고리즘의 이번 시도에서는 빈발 항목집합에 절대 S가 포함되지 않는다는 결과를 도출했다. 단조성에 의해 S의 모든 부분집합 역시 전체에서 빈발한다. 표본에서 빈발하지 않는 S의 모든 부분집합 중 크기가 가장 작은 부분집합을 T라고 하자.

T는 음성 경계에 속해야 한다. 반드시 T는 음성 경계에 속하기 위한 조건 중 하나를 만족한다. 즉 음성 경계는 표본에 자주 등장하지 않는다는 조건이다. 또한 음성 경계에 속하기 위한 다른 조건을 만족한다. 이 조건이란 음성 경계의 각 중간 부분집합이 표본에 자주 등장한다는 것이다. T의 일부 중간 부분집합이 표본에서 빈발하지 않으면 T보다 작으면서 표본에서 빈발하지 않는 S의 부분집합이 따로 존재할 것이다. 이는 표본에서 빈발하지 않으면서 S의 가장 작은 부분집합으로 T를 선택한 것에 모순된다.

이제 T는 음성 경계에 속하면서 전체 데이터셋에서 빈발하는 것을 알 수 있다. 결과적으로 토이보넨의 알고리즘의 이번 시도에서는 결과를 생성하지 않았다.

6.4.7 6.4절 연습문제

연습문제 6.4.1 8개의 항목 $A, B, \ldots, H$이 있고 정점 빈발 항목집합은 $\{A, B\}$, $\{B, C\}$, $\{A, C\}$, $\{A, D\}$, $\{E\}$, $\{F\}$라 가정하자. 음성 경계를 찾아라.

연습문제 6.4.2 지지도 임계치를 4로 해 토이보넨의 알고리즘을 연습문제 6.3.1의 데이터에 적용하라. 파일의 1/3에 해당하는 바구니의 첫 번째 행 $\{1, 2, 3\}$, $\{2, 3, 4\}$, $\{3, 4, 5\}$, $\{4, 5, 6\}$을 표본으로 택하라. 축소된 지지도 임계치는 1로 할 것이다.

(a) 표본에서 빈발한 항목집합은 무엇인가?

(b) 음성 경계는 무엇인가?

(c) 전체 데이터셋을 통과시켜서 얻게 되는 결과는 무엇인가? 음성 경계에 속하는 항목집합 중 전체에서 빈발한 항목집합이 있는가?

!! **연습문제 6.4.3** 지지도 임계치가 s일 때 n개의 바구니로 구성된 파일에 항목 i가 정확하게 s번 등장한다고 가정하자. $n/100$개의 바구니를 표본으로 선택하고, 표본에 대한 지지도 임계치를 $s/100$로 낮추면 i가 빈발 항목으로 밝혀질 가능성은 얼마인가? s와 n이 모두 100으로 나뉜다고 가정해도 된다.

6.5 스트림에서 빈발 항목 개수 세기

바구니로 구성된 파일 대신 바구니로 구성된 스트림이 있다고 가정하자. 이 스트림에서 빈발 항목집합을 마이닝하려고 한다. 4장에서 설명한 스트림과 데이터 파일의 차이점은 스트림 원소는 도착할 때만 사용할 수 있고 보통 도착 속도가 너무 빨라서 전체 스트림을 검색에 용이한 방법으로 저장할 수 없다는 것이었음을 기억하라. 게다가 스트림은 시간이 지남에 따라 변경되는 것이 일반적이므로 오늘 스트림에 자주 등장하는 항목집합이 내일은 자주 등장하지 않을 수도 있다.

스트림과 파일 사이의 명백한 차이점은 빈발 항목집합에서 드러난다. 스트림에는 종료 지점이 없으므로 빈발 항목집합이 반복적으로 스트림에 등장하는 경우 결국 지지도 임계치를 초과하게 된다. 결과적으로 스트림에서는 지지도 임계치 s를 빈발한다고 판단해야 할 항목이 들어 있는 바구니의 비율로 봐야 한다. 이렇게 변형을 하더라도 여전히 비율이 측정되는 스트림의 대상 영역에 대해 고민해야 할 부분이 몇 가지 남아 있다.

6.5절에서는 스트림에서 빈발 항목집합을 추출하는 몇 가지 방법들을 소개할 것이다. 먼저 6.4절의 표본 추출 기법을 사용하는 방법을 설명한다. 이후 4.7절의 감쇠 윈도우^{decaying window} 모델에 대해 살펴보고 4.7.3절에서 설명한 '인기 있는' 항목을 찾는 방법으로 확장한다.

6.5.1 스트림에서의 표본 추출 방법

이어지는 6.5.1절에서는 스트림 원소가 항목들의 바구니라 가정할 것이다. 아마도 스트림에서 빈발 항목집합의 현재 추정치를 만들기 위해 가장 간단한 방법은 몇 개의 바구니를 선택하고 그것을 하나의 파일로 저장하는 것일 수 있다. 도착하는 스트림 원소는 무시하거나 차후 분석을 위해 또 다른 파일로 저장함과 동시에 6장에서 설명한 빈발 항목집합 알고리즘 중 하나를 이미 저장된 파일에 대해 실행한다. 빈발 항목집합 알고리즘이 종료하면 스트림에서 빈발 항목집합의 추정치를 얻게 된다. 그다음의 몇 가지 선택 사항은 다음과 같다.

1. 이제 어떤 목적으로든 이 빈발 항목집합 결과들을 사용할 수 있다. 그러나 선택된 빈발 항목집합의 또 다른 반복 단계를 즉각적으로 실행하라. 이 알고리즘은 다음 중 하나일 수 있다.

   (a) 알고리즘의 첫 반복 단계에서 수집된 파일을 사용한다. 동시에 현재 반복 단계의 종료 후 다음 반복 단계에서 사용하게 될 새 파일을 수집한다.

   (b) 이제부터 바구니들의 또 다른 파일을 수집하기 시작하라. 적절한 개수의 바구니가 수집됐을 때 알고리즘을 실행하라.

2. 카운트가 시작된 이후 이런 빈발 항목집합의 각 등장 횟수와 스트림의 바구니 전체 개수를 계속해서 셀 수 있다. 어느 항목집합이 임계치 s보다 훨씬 낮은 비율로 바구니에 등장한다고 밝혀지면 이 집합은 빈발 항목집합 결과들에서 제거될 수 있다. 비율을 계산할 때 빈발 항목집합이 추출된 대상 바구니의 원본 파

일에 등장하는 항목들을 포함하는 것이 중요하다. 그렇게 하지 않으면 짧은 기간만을 대상으로 삼게 돼 실제 빈발 항목집합이 그다지 자주 등장하지 않아 놓치게 될 위험이 있다. 새로운 빈발 항목집합이 현재 결과들에 추가되는 몇 가지 방법이 있다. 그 방법들은 다음과 같다.

(a) 바구니의 새로운 일부분^{segment}을 스트림에서 주기적으로 수집하고, 그것을 선택된 빈발 항목집합 알고리즘의 또 다른 반복 단계를 위해 데이터 파일로 사용한다. 새로운 빈발 항목들은 이 반복 단계의 결과로부터 형성되며, 이전과 동일한 빈발 항목집합은 반복 단계에서 빈발하지 않는다고 판단돼 삭제될 뻔하다가 살아남은 결과들이다.

(b) 일부 임의의 항목집합을 현재 결과들에 추가하고, 그 항목집합이 현재 빈발한지 파악될 때까지 잠시 동안 등장하는 비율을 계산한다. 새로운 항목집합을 완전히 무작위로 선택하는 것이 아니라 이미 빈발한다고 밝혀진 많은 항목집합들에 등장하는 항목으로 구성한 집합을 선택할 수 있다. 예를 들어, 현재 빈발 항목집합 결과들의 음성 경계(6.4.5절 참조)로부터 새로운 항목집합을 선택하는 것은 좋은 방법 중 하나다.

6.5.2 감쇠 윈도우에서의 빈발 항목집합

4.7절에서 설명했듯이 스트림에서 감쇠 윈도우^{decaying windows}를 만드는 방법은 작은 상수 c를 선택하고 가장 최근 i번째의 이전 원소에 가중치 $(1 - c)^i$ 혹은 대략 e^{-ci}을 부여하는 것이었음을 다시 기억해 보자. 4.7.3절은 지지도 임계치가 조금 다르게 정의된 경우 빈발 항목을 세는 방법을 실제로 보여 줬다. 즉 각 항목에 대해 그 항목이 특정 스트림 원소에 등장하면 1, 그렇지 않으면 0이라고 간주했다. 그 항목에 대한 '점수'는 그 항목의 스트림 원소가 1인 위치에 따른 가중치들의 합으로 정의했다. 항목의 점수가 적어도 1/2 이상인 항목들만을 기록하도록 제한했었다. 스트림에 항목이 등장할 때까지 그 항목에 대한 카운트를 시작하지 않고, 처음 등장할 때 점수가 늘 1이기 때문에(왜냐하면 1 혹은 $(1 - c)^0$은 현재 항목의 가중치이기 때문이다) 1보다 큰 점수 임계치를 사용할 수 없다.

이런 방식을 바구니 스트림에 적용하고자 한다면 두 가지 수정을 가해야 한다. 첫 번째는 간단하다. 스트림 원소는 개별 항목들이 아닌 바구니들이므로 주어진 스트림 원소에 다수의 항목이 등장할 수 있다. 4.7.3절에서 설명한 것처럼 이런 항목들 각 각을 마치 '현재' 항목인 것처럼 생각하고, 현재까지의 모든 점수에 $1 - c$를 곱한 후 그 점수에 1을 더한다. 바구니 일부 항목이 현재 점수가 없으면, 그런 항목의 점수를 1로 초기화한다.

두 번째 수정 사항은 조금 까다롭다. 단지 한원소 항목집합이 아닌 빈발 항목집합 전부를 찾으려고 한다. 항목집합을 볼 때마다 해당 항목집합에 대한 카운트를 초기화한다면 너무 많은 카운트가 생기게 될 것이다. 예를 들어, 20개의 항목을 가진 하나의 바구니는 100만 개에 달하는 부분집합을 갖게 되고, 하나의 바구니에 대해 이들 모두가 초기화돼야 한다. 반면 이미 언급했듯이 항목집합의 점수를 매기는 작업을 시작하기 위해 1 이상이어야 한다는 조건을 건다면 어떤 항목집합으로도 아예 시작할 수가 없으므로 이 방식은 동작하지 않을 것이다.

이런 문제를 처리하는 방법은 하나의 인스턴스를 보자마자 특정한 항목집합들의 점수를 매기는 작업을 시작하는 것이다. 그러나 어떤 항목집합을 시작할 것인가에 대해서는 보수적인 관점을 견지해야 한다. 선험적 알고리즘 기법을 차용해 항목집 합 I의 모든 중간 부분집합이 이미 점수가 매겨져 있을 때에만 그 항목집합의 점수를 매기는 작업을 시작하면 된다. 이처럼 하게 될 경우 I가 실제로 자주 등장하면 결국 그 항목집합을 세는 작업을 시작하게 될 것이다. 반면 선험적 알고리즘에서 후보가 될 만한 자격도 갖추지 못한 항목집합은 절대로 카운트를 시작하지 않는다.

예제 6.12 I는 대형 항목집합이고, 매 $2/c$개의 바구니마다 주기적으로 스트림에 등장한다고 가정하자. 그러면 I와 I 부분집합의 점수는 절대 $e^{-1/2}$ 아래로 떨어지지 않을 것이며, 즉 1/2보다 클 것이다. 따라서 일단 I의 일부 부분집합에 대한 점수가 하나 생성되면 그 부분집합은 계속해서 점수가 계산될 것이다. I가 처음 등장할 때 오직 I의 한원소 부분집합에 대한 점수만 생성될 것이다. 그러나 다음번에 I가 등장했을 때는 I의 두원소 집합의 부분집합 각각에 점수가 매겨지기 시작할 것이다. 왜냐하면 그런 두원소 집합의 중간 부분집합 각각이 이미 점수가 매겨졌기 때문이다. 이와

마찬가지로 k번째로 I가 등장하면 크기가 $k - 1$인 I의 부분집합 모두의 점수가 매겨져 있으므로 크기가 k인 I의 부분집합 각각에 대한 점수를 매기기 시작할 수 있다. 결국 크기는 $|I|$에 이르게 되고, 여기가 바로 I 자체의 점수를 매기기 시작하는 시점이다. ■

6.5.3 기법들의 결합

6.5.2절의 방식은 몇 가지 장점이 있다. 스트림 원소가 도착할 때마다 처리해야 하는 작업량이 제한되고, 감쇠 윈도우에서 빈발하는 항목이 무엇인지 최신 정보를 항상 제공한다. 반면 가장 큰 단점은 각 항목집합에 대한 점수가 최소 1/2로 유지된다는 사실이다. 매개 변수 c의 값을 높여 가면서 점수가 매겨지는 항목집합의 개수를 제한할 수 있다. 그러나 c가 커질수록 감쇠 윈도우는 작아진다. 결국 장기간의 기록을 취합하기보다는 더 가까운 시간 내의 변동을 추적하게 만들 수 있다.

6.5.1절과 6.5.2절의 개념을 결합할 수 있다. 예를 들어, 일반적인 지지도 임계치로 스트림 표본에서 빈발 항목집합의 표준 알고리즘을 실행할 수 있다. 이 알고리즘에 의해 빈발한다고 밝혀진 항목집합 모두는 마치 현재 시점에 도착한 것처럼 간주될 것이다. 즉 그들 각각은 그들 카운트의 일정 비율 값과 동일한 점수를 얻게 된다.

조금 더 구체적으로 초기 표본이 b개의 바구니를 가지며, c는 감쇠 윈도우에 대한 감쇠 상수이고, 감쇠 윈도우에서 빈발 항목집합으로 인정하는 최소 점수를 s라고 가정하자. 그러면 빈발 항목집합 알고리즘의 초기 실행 시 지지도 임계치는 bcs다. 지지도가 t인 항목집합 I가 표본에서 발견됐다면 초기 점수는 $t/(bc)$가 된다.

예제 6.13 $c = 10^{-6}$이고 감쇠 윈도우에서 허용하는 최소 점수를 10으로 가정하자. 스트림에서 108개의 바구니를 표본으로 추출한다고 가정하자. 그러면 표본을 분석할 때 지지도 임계치를 $10^8 \times 10^{-6} \times 10 = 1000$으로 사용할 수 있다.

표본에서 지지도가 2000인 항목집합 I를 생각해 보자. I에 대해 사용하는 초기 점수는 $2000/(10^8 \times 10^{-6}) = 20$이다. 이런 초기 단계 이후 바구니가 스트림에 도착할 때마다 현재 점수에 $1 - c = 0.999999$가 곱해질 것이다. I가 현재 바구니의 부분집합이면 점수에 1을 더한다. I에 대한 점수가 10 아래로 내려가면 더 이상 자주

등장하지 않는다고 간주되므로 I는 빈발 항목집합의 결과에서 제거된다. ■

안타깝게도 새로운 항목집합의 점수 매기기를 시작하는 적당한 방법은 없다. 항목집합 I에 대한 점수가 없고 유지하기 원하는 최소 점수가 10이지만, 단일 바구니 점수를 0에서 1 이상으로 끌어올릴 수 있는 방법은 없다. 새로운 집합을 추가하는 최고의 전략은 스트림 표본에 새로운 빈발 항목집합 연산을 수행하고, 표본에 대한 임계치를 만족하는 점수가 매겨지는 항목집합들에 추가하는 것이다.

6.5.4 6.5절 연습문제

!! **연습문제 6.5.1** 감쇠 상수가 c인 감쇠 윈도우에서 빈발 항목집합을 센다고 가정하자. 또한 주어진 스트림 원소(바구니)가 항목 i와 j를 모두 포함할 확률은 p라고 가정하자. 추가적으로 그 바구니가 i는 포함하나 j를 포함하지 않을 확률은 p이고, j는 포함하나 i를 포함하지 않을 확률 역시 p다. 쌍 $\{i, j\}$에 대한 점수를 매기게 될 확률은 얼마인가? c와 p의 함수로 나타내라.

6.6 요약

- **시장바구니 데이터**: 이 데이터 모델은 항목 및 바구니라는 두 종류의 개념이 있다고 가정한다. 항목과 바구니 사이에는 다대다 관계가 성립한다. 일반적으로 바구니는 적은 항목집합들과 연결되며, 항목은 많은 바구니들과 연결된다.
- **빈발 항목집합**: 항목집합에 대한 지지도는 해당 항목들을 전부 포함하는 바구니의 개수다. 지지도가 임계치 이상인 항목집합을 빈발 항목집합이라 한다.
- **연관 규칙**: 바구니가 특정 항목들의 집합 I를 포함하면 또 다른 특정 항목 j 역시 포함할 가능성이 높다는 것을 의미한다. I를 포함하는 바구니에 j 역시 위치할 확률을 이 규칙의 신뢰도confidence라고 한다. 규칙의 관심도interest는 신뢰도에서 j를 포함하는 모든 바구니 비율을 제외한 양이다.
- **쌍 카운트의 병목bottleneck**: 빈발 항목집합을 찾기 위해서는 모든 버킷을 검사하고 특

정 크기의 집합들이 등장하는 횟수를 계산해야 한다. 가장 자주 등장하는 항목집합을 적게 생성하기 위해서는 일반적인 데이터에 대해 항목들의 쌍 개수를 세는 작업이 메인 메모리 대부분을 차지한다. 따라서 빈발 항목집합을 찾는 방법은 보통 쌍을 세는데 필요한 메인 메모리를 최소화하는 방안에 중점을 둔다.

- **삼각 행렬**: 쌍을 세려고 이차원 배열을 사용하면 공간의 절반을 낭비하게 된다. 왜냐하면 $i - j$와 $j - i$ 배열 원소 모두에서 쌍 $\{i, j\}$의 카운트를 가질 필요가 없기 때문이다. 사전식 순서로 $i < j$를 만족하는 쌍 (i, j)를 배치하면 공간 낭비 없이 일차원 배열에 필요한 카운트만을 저장할 수 있고, 특정 쌍에 대한 카운트에 효율적으로 접근할 수 있다.

- **세원소 집합으로 쌍을 세는 데 필요한 저장 공간**: 등장할 수 있는 모든 쌍의 1/3보다 적은 쌍들이 실제로 바구니에 등장하면 쌍의 카운트를 세원소 집합 (i, j, c)로 저장하는 것이 좀 더 공간을 효율적으로 활용하는 방법이다. 여기서 c는 $i < j$일 때 쌍 $\{i, j\}$의 카운트다. 해시 테이블과 같은 인덱스 구조를 통해 (i, j)에 해당하는 세원소 집합을 효율적으로 찾아낼 수 있다.

- **빈발 항목집합의 단조성**: 항목들의 집합이 자주 등장하면 그들의 모든 부분집합도 자주 등장한다는 것은 항목집합의 중요한 특징이다. 항목집합이 자주 등장하지 않으면 부모집합도 역시 자주 등장하지 않는다는 대우를 사용하면 특정 항목집합들을 셀 필요가 없어진다.

- **쌍을 위한 선험적 알고리즘**: 두 번의 단계를 거쳐 바구니들로부터 모든 빈발 쌍을 찾아낼 수 있다. 첫 번째 단계에서는 항목 자체를 세고, 이후 어떤 항목들이 자주 등장하는지 파악한다. 두 번째 단계에서는 두 항목 모두가 첫 번째 단계에서 빈발하다고 밝혀진 항목들로 구성된 쌍만을 센다. 단조성에 근거해 그 외 쌍들은 무시해도 된다.

- **더 큰 항목집합 찾기**: 쌍보다 큰 항목집합들을 찾기 위해 선험적 알고리즘과 그 외 여러 알고리즘들을 사용할 수 있는데, 각 항목집합 크기에 따라 어느 정도까지 단계를 거치도록 하면 된다. 크기가 k인 빈발 항목집합을 찾는 경우 단조성은 크기가 $k - 1$인 모든 부분집합들 중에서 이미 빈발한다고 밝혀진 항목집합에만 집중할 수 있도록 한다.

- **PCY 알고리즘**: 선험적 알고리즘을 개선한 이 알고리즘은 첫 번째 단계에서 항목을 카운트할 때 필요하지 않은 메인 메모리 공간을 전부 활용해 해시 테이블을 하나 생성한다. 항목들의 쌍은 해시되며 해시 테이블 버킷은 정수 카운트 값을 갖는데, 이는 해당 버킷으로 해시되는 쌍들의 개수를 나타낸다. 그러면 두 번째 단계에서는 첫 번째 단계의 빈발 버킷(카운트가 지지도 임계치 이상인 버킷)으로 해시된 빈발 항목 쌍들만을 세면 된다.

- **다단계 알고리즘**: PCY 알고리즘의 첫 번째와 두 번째 단계 사이에 추가적인 단계들을 삽입해 해시 테이블과 독립적인 다른 테이블로 쌍들을 해시할 수 있다. 각 중간 단계에서는 이전 모든 단계에서 빈발 버킷으로 해시된 적이 있는 빈발 항목 쌍들만을 해시하면 된다.

- **다중 해시 알고리즘**: 가용 메인 메모리를 몇 개의 해시 테이블로 분할하도록 PCY 알고리즘의 첫 단계를 수정할 수 있다. 두 번째 단계에서는 모든 해시 테이블에서 빈발 버킷으로 해시된 빈발 항목들의 쌍들만을 세면 된다.

- **무작위 알고리즘**: 모든 데이터를 통과시키는 대신 메인 메모리에 표본과 필요한 개수의 항목집합 모두를 저장하는 것이 가능한 정도의 크기로 표본 바구니를 무작위로 선택해도 된다. 지지도 임계치는 표본의 크기에 반비례한다. 이후 표본에 대한 빈발 항목집합을 찾을 수 있고, 전체 데이터를 잘 표현하는 것으로 기대할 수 있다. 이 방법은 전체 데이터셋을 통과시키는 데 최대 한 단계를 사용하나, 거짓 양성(표본에서는 빈발하나 전체에서는 빈발하지 않는 항목집합)과 거짓 음성(전체에서는 빈발하나 표본에서는 빈발하지 않는 항목집합)을 포함한다.

- **SON 알고리즘**: 간단한 무작위 알고리즘을 개선해 조각segment에 대한 모든 빈발 항목집합이 메인 메모리에서 처리될 정도로 충분히 작은 조각으로 바구니의 전체 파일을 분할한다. 후보 항목집합은 적어도 하나의 조각에서 빈발한다고 밝혀진 것들이다. 두 번째 단계에서는 모든 후보들을 세고 정확한 빈발 항목집합들을 찾을 수 있다. 이 알고리즘은 기본적으로 맵리듀스 환경에 적합하다.

- **토이보넨의 알고리즘**: 이 알고리즘은 표본에서 빈발 항목집합을 찾는 것에서 시작한다. 그러나 낮아진 임계치로 인해 전체에서 빈발하는 항목집합을 놓칠 가능성은 거의 없다. 다음으로 표본에서 빈발하는 항목집합과 함께 자신은 빈발하지 않으

나 그들의 중간 부분집합은 모두 빈발하는 항목집합인 음성 경계를 세면서 바구니의 전체 파일을 검사한다. 음성 경계의 어떤 멤버도 전체에서 빈발하지 않는 것으로 밝혀지면 결과가 정확하다고 할 수 있다. 그러나 음성 경계의 멤버가 빈발한 것으로 밝혀지면 전체 프로세스는 또 다른 표본으로 반복돼야 한다.

- **스트림에서의 빈발 항목집합**: 감쇠 상수가 c인 감쇠 윈도우를 사용하면 바구니에서 항목이 발견될 때마다 개수를 세기 시작할 수 있다. 어떤 항목집합이 현재의 바구니에 포함돼 있고, 자신의 모든 중간 부분집합이 이미 세어지고 있다면 그 항목집합을 세기 시작한다. 윈도우는 감쇠하므로 모든 카운트 값에 $1 - c$를 곱하고, 1/2보다 작아진 항목집합은 제거한다.

6.7 참고문헌

연관 규칙과 선험적 알고리즘을 포함해 시장바구니 모델은 [1]과 [2]를 참고했다.

PCY 알고리즘은 [4]를 참고했다. 다단계 알고리즘과 다중 해시 알고리즘은 [3]에서 도움을 얻었다.

SON 알고리즘은 [5]를 참고했다. 토이보넨의 알고리즘은 [6]에서 언급하고 있다.

[1] R. Agrawal, T. Imielinski, and A. Swami, "Mining associations between sets of items in massive databases," *Proc. ACM SIGMOD Intl. Conf. on Management of Data*, pp. 207–216, 1993.

[2] R. Agrawal and R. Srikant, "Fast algorithms for mining association rules," *Intl. Conf. on Very Large Databases*, pp. 487–499, 1994.

[3] M. Fang, N. Shivakumar, H. Garcia-Molina, R. Motwani, and J.D. Ullman, "Computing iceberg queries efficiently," *Intl. Conf. on Very Large Databases*, pp. 299-310, 1998.

[4] J.S. Park, M.-S. Chen, and P.S. Yu, "An effective hash-based algorithm for mining association rules," *Proc. ACM SIGMOD Intl. Conf. on Management of Data*, pp. 175–186, 1995.

[5] A. Savasere, E. Omiecinski, and S.B. Navathe, "An efficient algorithm for mining association rules in large databases," *Intl. Conf. on Very Large Data-*

bases, pp. 432–444, 1995.

[6] H. Toivonen, "Sampling large databases for association rules," *Intl. Conf. on Very Large Databases*, pp. 134–145, 1996.

07

클러스터링

클러스터링clustering은 '점point'들을 검사하고, 그 점들을 일정한 거리 측정 방법에 따라 '클러스터clusters'로 그루핑하는 과정이다. 이 과정의 목표는 서로 가까운 거리의 점들은 같은 클러스터에, 그리고 서로 거리가 먼 점들은 다른 클러스터에 속하게 만드는 것이다. 그림 1.1에서 클러스터의 모습을 확인할 수 있었다. 그 그림의 의도는 3개의 도로 교차지점 주변에 3개의 클러스터가 형성됐음을 보여 주는 것이었으나, 그중 2개의 클러스터가 충분히 분리되지 않았기 때문에 또 다른 하나의 클러스터로 병합돼 있었다.

7장의 목적은 데이터에서 클러스터를 찾아내는 방법을 제시하는 것이다. 특별히 데이터가 매우 방대하거나 혹은/그리고 공간이 다차원이나 비유클리드인 경우를 중심으로 살펴볼 것이다. 그리고 데이터가 메인 메모리에 올라가지 않는다는 가정하에 동작하는 몇 가지 알고리즘을 논의할 것이다. 그러나 기초부터 시작하는 것이 좋을 것 같다. 두 가지 일반적인 클러스터링 방법과 비유클리드 공간에서 클러스터를 다루는 기법을 소개할 것이다.

7.1 클러스터링 기법의 개요

거리 측정과 공간의 개념을 다시 살펴보는 것부터 시작하자. 클러스터링의 두 가지 주요 기법인 계층적^{hierarchical} 방식과 점-할당^{point-assignment} 방식을 정의할 것이다. 그리고 고차원 공간에서는 클러스터링을 어렵게 만들지만 알고리즘에서 정확하게 사용된다면 단순화를 가능하게 하는 '차원의 저주^{curse of dimensionality}'라는 개념의 논의로 넘어갈 것이다.

7.1.1 점, 공간, 거리

클러스터링에 적합한 데이터셋은 점들의 집합이다. 이 점들은 특정 **공간**^{space}에 속한 객체들이다. 가장 일반적인 관점으로 보면 공간은 단지 점들로 구성된 전체집합이며, 데이터셋은 이 전체집합의 일부 점들로 구성된다. 그러나 유클리드 공간(3.5.2절 참조)이라는 일반적인 경우를 주목해야 한다. 유클리드 공간은 클러스터링에 유리한 특징들을 많이 갖는다. 특별히 유클리드 공간의 점들은 실수^{real number}로 구성된 벡터다. 그리고 벡터의 길이는 그 공간의 차원 수다. 벡터의 성분을 보통 점을 표현하는 **좌표**^{coordinate}라고 부른다.

클러스터링을 수행할 수 있는 모든 공간마다 그 공간에 속한 두 점 사이의 거리를 측정하는 방법이 있다. 거리는 3.5절에서 설명했다. 비록 맨해튼 거리(각 차원의 차이 값들의 합)와 L_∞-거리(각 차원의 차이 값들 중 최대치)를 포함해 유클리드 공간에서 거리를 측정하는 여러 방법을 언급하긴 했지만, 일반적인 유클리드 거리(각 차원에서 점 좌표 사이의 차이를 제곱해 합한 값에 대한 제곱근)는 모든 유클리드 공간에서 사용할 수 있다.

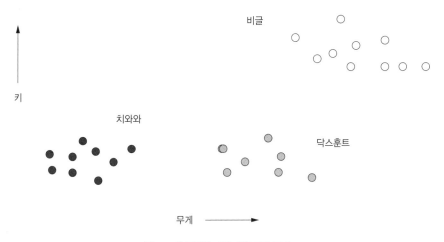

비글

키

치와와

닥스훈트

무게

그림 7.1 세 품종의 개에 대한 키와 무게

예제 7.1 저차원 유클리드 공간에서는 전통적인 클러스터링 방식이 응용된다. 예를 들어, 그림 7.1에서는 몇몇 품종의 개들에 대한 키와 무게 측정치를 볼 수 있다. 어느 개가 어느 품종에 속하는지 모르지만, 단지 도표를 보는 것만으로도 개들은 3개의 클러스터로 나뉘며, 그 클러스터가 품종에 대응된다는 사실을 알 수 있다. 데이터 양이 적다면 어떤 클러스터링 알고리즘도 클러스터를 정확히 만들 수 있으며, 점들을 단순히 구획으로 나눈 다음 그 구획을 '눈대중하는' 것만으로 충분할 것이다. ■

그러나 오늘날 클러스터링 문제들은 그렇게 간단하지 않다. 상당한 고차원 유클리드 공간이거나 비유클리드 공간에 대한 문제일 수 있다. 예를 들어, 문서에서 흔하거나 흔치 않은 단어들의 등장 횟수를 기준으로 해 주제별로 문서를 클러스터링하는 작업은 쉽지 않다. 선호하는 영화 장르 혹은 장르들로 영화광들을 클러스터링하는 작업 역시 쉽지 않다.

3.5절에서는 비유클리드 공간에 대한 거리 측정 방법을 역시 살펴봤다. 자카드 거리Jaccard distance, 코사인 거리cosine distance, 해밍 거리Hamming distance, 편집 거리edit distance가 바로 그것이다. 점들 쌍에 적용되는 함수가 거리 측정 방법이 되기 위한 조건은 다음과 같다는 사실을 상기하라.

1. 거리는 항상 음수가 아니며, 하나의 점과 자기 자신 사이의 거리는 0이다.
2. 거리는 대칭 관계symmetric가 성립한다. 거리를 계산할 때 점들의 순서는 상관없다.
3. 거리 측정 방법은 삼각 부등식을 따른다. 즉 x에서 y를 거쳐 z에 이르는 거리는 x에서 z에 이르는 직접적인 거리보다 절대로 작을 수 없다.

7.1.2 클러스터링 전략

클러스터링 알고리즘은 기본적으로 두 가지 전략으로 나뉠 수 있다(클러스터링을 클러스터링할 수 있다).

1. **계층적**hierarchical 혹은 **병합적**agglomerative 알고리즘은 클러스터에 속한 각 점들에서 시작한다. '가까운'에 대한 정의 중 가능한 것을 사용해 클러스터는 자신과 '가까운 정도'를 기준으로 결합된다. 어떤 이유들로 인해 클러스터가 바람직한 상태가 아닌 상황이 되면 더 이상 결합 과정을 진행하지 않는다. 예를 들어, 이미 결정된 개수의 클러스터가 만들어졌을 때 결합을 중단할 수 있다. 아니면 클러스터가 압축된 정도에 대한 측정치를 사용해, 생성된 클러스터의 점들이 너무 큰 범위에 흩어져 있는 경우 2개의 더 작은 클러스터를 결합해 하나의 클러스터를 구성하는 작업을 마지막으로 결합을 중단할 수도 있다.
2. 위와 다른 종류의 알고리즘은 점을 할당하는 방식이다. 점들에 특정 순서가 있다고 간주해 각 점을 가장 적합한 클러스터에 할당한다. 보통은 초기의 클러스터를 추정하는 짧은 단계가 선행된다. 이 알고리즘을 변형하면 클러스터의 결합 혹은 분할이 가능하고, **이상점**outlier(현재 클러스터에서 너무 멀리 떨어진 점)은 할당되지 않도록 할 수도 있다.

이런 종류의 알고리즘 역시 다음과 같이 구분될 수 있다.

(a) 유클리드 공간을 가정하는 알고리즘인지 아니면 다른 거리 측정 방법으로 동작하는 알고리즘인지에 따라 구분된다. 유클리드 공간에서 점들의 집합은 그들의 **센트로이드**centroid, 즉 점들의 평균으로 요약될 수 있는데, 이는 비

유클리드 공간과 대비되는 중요한 차이점이다. 비유클리드 공간에서는 센트로이드라는 개념이 없으며, 클러스터를 요약하는 또 다른 방법을 개발해야 한다.

(b) 데이터가 충분히 작아서 메인 메모리에 올라갈 수 있다고 가정하는 알고리즘인지 아니면 데이터가 주로 보조기억장치에 놓여 있다고 가정하는 알고리즘인지에 따라 구분된다. 모든 점의 쌍을 검토하는 것은 불가능하기 때문에 대용량 데이터에 적용되는 알고리즘은 보통 축약된 방법shortcut을 사용해야 한다. 또한 메인 메모리에 클러스터를 요약해 둬야 한다. 왜냐하면 모든 클러스터의 모든 점을 메모리에 동시에 보유할 수 없기 때문이다.

7.1.3 차원의 저주

고차원 유클리드 공간은 때때로 '차원의 저주curse of dimensionality'라고 불리는 비직관적인 특징을 많이 갖는다. 비유클리드 공간 역시 이런 특이한 성질들을 갖는다. 고차원에서 거의 모든 점이 서로 일정하게 멀리 떨어져 있는 상황이 '저주'의 한 징후다. 그리고 거의 대부분의 두 벡터가 직교하는orthogonal 상황이 또 다른 징후라고 할 수 있다. 이들 각각을 차례대로 설명할 것이다.

고차원 공간에서 거리 측정치들의 분포

d-차원 유클리드 공간을 생각해 보자. 임의의 n개의 점들 $[x_1, x_2, \ldots, x_d]$이 단위 정육면체에 위치한다고 가정하자. 그러면 x_i 값의 범위는 0부터 1이다. $d = 1$이면 임의의 점들을 길이가 1인 직선 위에 위치시킨다. 직선상에 연이어 배치된 점들처럼 일부 점들은 서로 매우 가깝게 위치할 것이다. 또한 직선의 반대 끝이나 그 근처에 위치한 점들처럼 일부 점들은 서로 매우 멀리 떨어져 위치할 것이다. 쌍을 이루는 두 점 사이의 평균 거리는 1/3이다.[1]

---

1   이중 적분(double integral)을 계산해서 이 사실을 증명할 수 있으나, 이 부분이 논의의 핵심은 아니므로 여기서 수학적 증명을 하지는 않을 것이다.

d가 매우 크다고 가정하자. 임의의 두 점 $[x_1, x_2, \ldots, x_d]$와 $[y_1, y_2, \ldots, y_d]$ 사이의 유클리드 거리는 다음과 같다.

$$\sqrt{\sum_{i=1}^{d}(x_i - y_i)^2}$$

여기서 x_i와 y_i 각각은 0과 1 범위에서 균등하게 선택된 임의의 변수다. d가 크기 때문에 그중 어떤 i에 대한 $|x_i - y_i|$는 1에 가까울 수 있다. 이는 대부분 점들 사이의 거리가 최소 1 이상이라는 사실을 뜻한다. 사실 조금 더 미세한 인자를 통해 일부를 제외한 거의 모든 점 사이의 거리에 조금 더 명확한 하한선을 둘 수도 있다. 그러나 두 점들의 최대 거리는 $\sqrt{d}$이며, 일부를 제외한 거의 모든 점 사이의 거리는 이 상한선에 가깝지 않을 것이다. 실제로 거의 모든 점 사이의 거리는 평균 거리에 근접하게 된다.

기본적으로 서로 가까운 점들이 없다면 클러스터를 만들기가 대단히 어렵다. 점들의 쌍 하나만을 그루핑해야 할 이유가 전혀 없기 때문이다. 물론 데이터는 무작위가 아닐 수 있으며, 초고차원 공간일지라도 클러스터가 유용한 경우가 있을 수도 있다. 그러나 무작위 데이터에 대해서라면 모두가 거의 같은 거리에 위치한 다수의 점들 사이에서 클러스터들을 구분해 내기란 대단히 어려운 일이다.

벡터 사이의 각도

임의의 세 점 A, B, C가 d차원 공간에 있다고 다시 한번 가정하자. 여기서 d는 매우 큰 수다. 여기서는 점들이 단위 정육면체에 위치한다고 가정하지 않는다. 공간 어디든지 위치할 수 있다. ABC의 각도는 얼마일까? A는 점 $[x_1, x_2, \ldots, x_d]$이며, C는 점 $[y_1, y_2, \ldots, y_d]$이고 B는 원점이라 가정하자. 3.5.4절에서 각 ABC의 코사인은 A와 C의 내적을 벡터 A와 C의 길이의 곱으로 나눈 값이었음을 상기하라. 즉 코사인은 다음과 같다.

$$\frac{\sum_{i=1}^{d} x_i y_i}{\sqrt{\sum_{i=1}^{d} x_i^2} \sqrt{\sum_{i=1}^{d} y_i^2}}$$

d가 커지면 분모는 d에 선형으로 비례해 커지지만, 분자는 음수가 될 확률과 양수가 될 확률이 비슷한 임의의 값들을 더한 값이다. 따라서 분자의 기대 값은 0이며, d가 커지면 기대 값의 표준편차는 $\sqrt{d}$만큼 커지게 된다. 따라서 d가 클 때 이런 두 벡터 사이의 코사인 각은 거의 확실히 0에 가까워지며, 이는 각도가 90도에 가까워짐을 의미한다.

임의의 벡터가 직교하게 된다는 중요한 결과를 통해, 임의의 세 점 A, B, C가 있을 때 A와 B 사이의 거리는 d_1, B와 C 사이의 거리는 d_2라면 A와 C 사이의 거리는 대략 $\sqrt{d_{21} + d_{22}}$가 된다고 가정할 수 있다. 이 법칙은 차원의 개수가 작은 경우에는 거의 성립하지 않는다. $d = 1$이라는 극단적인 경우 A와 C가 B를 사이에 두고 서로 반대편에 위치한다면 A와 C 사이의 거리는 $d_1 + d_2$가 되고, A와 C가 B의 한쪽 편에 위치한다면 A와 C 사이의 거리는 $|d_1 - d_2|$가 된다.

7.1.4 7.1절 연습문제

! **연습문제 7.1.1** 길이가 1인 직선에서 균등하면서 독립적으로 두 점을 선택한다면 이 두 점 사이의 예상 거리는 1/3임을 증명하라.

!! **연습문제 7.1.2** 단위 정사각형에서 두 점을 균등하게 선택한다면 그 두 점 사이의 예상 유클리드 거리는 얼마인가?

! **연습문제 7.1.3** d-차원 유클리드 공간이 있다고 하자. 각 차원에서 벡터의 성분은 +1 아니면 −1이라고 생각하라. 각 벡터의 길이는 $\sqrt{d}$이므로 길이들의 곱(벡터가 이루는 코사인 각에 대한 공식에서 분모)은 d이다. 각 성분들을 독립적인 확률로 선택하되 각 성분의 값이 +1 아니면 −1인 경우 이 공식에서 분자 값의 분포는 어떻게 되는가(즉 각 벡터 성분들의 곱들을 더한 값)? d가 매우 커지면 벡터 코사인 각들의 기대 값은 얼마가 되는가?

7.2 계층적 클러스터링

먼저 유클리드 공간에서의 계층적 클러스터링을 살펴보자. 이 알고리즘은 상대적으로 작은 데이터셋만을 대상으로 사용할 수 있는데, 미세한 조작을 통해 효율성을 증대시킬 수 있는 여지가 있다. 비유클리드 공간에서는 계층적 클러스터링과 관련된 문제들이 별도로 존재한다. 따라서 '클러스트로이드clustroids'를 알아보고 센트로이드가 없거나 클러스터에 평균 점이 없는 경우 그 클러스터를 표현하는 방법을 알아볼 것이다.

7.2.1 유클리드 공간에서 계층적 클러스터링

모든 계층적 클러스터링 알고리즘은 다음과 같이 동작한다. 처음에는 모든 점 각각이 클러스터가 된다. 시간이 지남에 따라 2개의 작은 클러스터들이 결합되면서 더 큰 클러스터가 형성될 것이다. 다음 사항을 미리 결정해야 한다.

1. 클러스터는 어떻게 표현될 것인가?
2. 합쳐질 2개의 클러스터를 어떻게 선택할 것인가?
3. 클러스터 결합을 언제 멈출 것인가?

이 세 가지 질문에 대한 답이 있다면 그 알고리즘은 다음과 같이 간결하게 서술될 수 있다.

```
WHILE 지금은 멈출 시점이 아니다. DO
       결합할 최적의 클러스터 2개를 선택하라;
       이 2개의 클러스터를 하나의 클러스터로 결합하라;
END;
```

먼저 유클리드 공간을 가정하며 시작하자. 이렇게 하면 클러스터의 센트로이드 혹은 점들의 평균이 그 클러스터를 대표할 수 있다. 한 점으로 구성된 클러스터에서는 그 점이 해당 클러스터의 센트로이드이므로 클러스터를 곧바로 초기화할 수 있다. 그런 다음 두 클러스터 사이의 거리가 두 센트로이드 사이의 유클리드 거리라는 병

합 규칙을 사용해 최단 거리에 위치한 두 클러스터를 선택한다. 클러스터 사이의 거리에 대해서는 다른 정의를 사용할 수 있으며, 최적의 쌍을 선택하는 문제 역시 거리가 아닌 다른 기준을 사용할 수도 있다. 이와 관련된 방법은 7.2.3절에서 설명할 것이다.

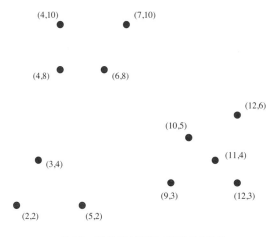

그림 7.2 계층적으로 클러스터링된 12개의 점

예제 7.2 기본적인 계층적 클러스터링이 그림 7.2의 데이터를 대상으로 어떻게 동작하는지 알아보자. 이 점들은 2차원 유클리드 공간에 위치하고, 각 점에는 (x, y) 좌표가 붙여졌다. 초기에 각 점은 자신으로만 구성된 하나의 클러스터에 속하고, 자기 자신이 그 클러스터의 센트로이드가 된다. 모든 점의 쌍들 중 가장 가까운 쌍은 $(10, 5)$와 $(11, 4)$ 혹은 $(11, 4)$와 $(12, 3)$ 2개다. 각 쌍의 거리는 $\sqrt{2}$이다. 임의로 두 경우 중 하나를 선택해 $(11, 4)$와 $(12, 3)$을 결합해 보자. 그 결과를 그림 7.3에서 볼 수 있다. 새로운 클러스터의 센트로이드는 $(11.5, 3.5)$다.

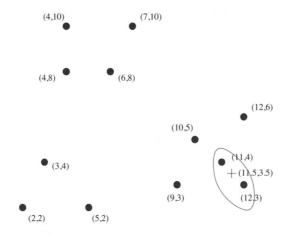

그림 7.3 처음 2개의 점들이 하나의 클러스터로 결합된다.

다음으로 $(10, 5)$가 새로운 클러스터에 결합될 것이라 생각할 수 있다. $(10, 5)$가 $(11, 4)$와 가깝기 때문이다. 그러나 거리 규칙에서는 클러스터 센트로이드들의 비교만을 허용하는데, $(10, 5)$에서 새로운 클러스터의 센트로이드까지 거리는 $1.5\sqrt{2}$ 다. 이는 2보다 약간 큰 수다. 따라서 현재 가장 가까운 클러스터 2개는 $(4, 8)$과 $(4, 10)$이다. 이들은 하나의 클러스터로 결합되며 그 클러스터의 센트로이드는 $(4, 9)$다.

이제 현 시점에서 가장 가까운 2개의 센트로이드는 $(10, 5)$와 $(11.5, 3.5)$이므로 이 2개의 클러스터를 결합한다. 그 결과 3개의 점 $(10, 5)$, $(11, 4)$, $(12, 3)$으로 구성된 하나의 클러스터가 형성됐다. 이 클러스터의 센트로이드는 $(11, 4)$인데 이렇게 센트로이드가 클러스터의 한 점이 되는 경우도 있으나 그런 상황은 우연의 일치일 뿐이다. 클러스터들의 상황을 그림 7.4에서 볼 수 있다.

이제 거리가 $\sqrt{5}$인 몇 쌍의 센트로이드들이 있는데 이들이 바로 가장 가까운 센트로이드들이다. 이들 중 3개를 선택한 결과를 그림 7.5에서 확인할 수 있다.

1. $(6, 8)$은 2개의 원소를 포함하며, 센트로이드가 $(4, 9)$인 클러스터와 결합된다.
2. $(2, 2)$와 $(3, 4)$가 결합된다.
3. $(9, 3)$은 3개의 원소를 포함하며, 센트로이드가 $(11, 4)$인 클러스터와 결합된다.

클러스터의 결합을 더 많이 진행할 수 있다. 이제 반대로 클러스터 형성 규칙의 적용

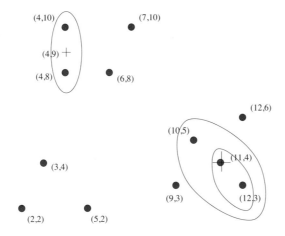

그림 7.4 두 단계 진행 후의 클러스터링

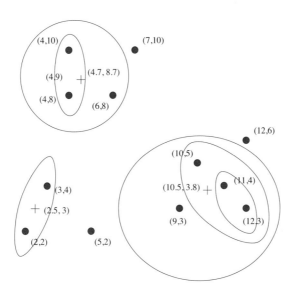

그림 7.5 세 단계 진행 후의 계층적 클러스터링

을 중단하는 방법을 논의할 것이다. ■

클러스터링을 중단하기 위해 몇 가지 방법을 사용할 수 있다.

1. 보통은 데이터에 클러스터가 얼마나 많이 존재하는지와 관련해 들은 바가 있거나, 이미 알려진 경우가 있다. 예를 들어, 개에 대한 데이터가 치와와Chihuahua, 닥스훈트Dachshund, 비글Beagle과 관련된 것이라는 이야기를 들었다면 3개의 클러스터가 남을 때 클러스터링을 멈춰야 한다는 것이 명확하다.

2. 존재하는 클러스터들을 최적으로 결합했음에도 부적절한 클러스터가 생성됐다면 그 시점에 결합을 멈출 수 있다. 클러스터의 적절성을 측정하는 다양한 방법들은 7.2.3절에서 알아볼 것이다. 예를 들어, 어느 클러스터에서도 센트로이드와 그 클러스터에 속한 점들의 평균 거리가 특정 한계점보다 커서는 안 된다는 제한을 둘 수도 있다. 이는 전체 공간에 너무 심하게 흩어져 있는 클러스터가 없다는 가정하에서 사용할 수 있는 방법이다.

3. 오직 하나의 클러스터가 남을 때까지 클러스터링을 계속할 수 있다. 그러나 마지막에 모든 점을 포함하는 하나의 클러스터가 남는 것은 의미가 없다. 대신 모든 점을 연결해 표현하는 트리 구조를 사용한다. 이런 표현 방식은 점이 서로 다른 종species의 유전자를 나타내고, 거리 측정치가 유전자의 차이를 나타내는 특정 응용 분야에서 매우 유용하다.[2] 이런 경우 트리 구조로 종들의 진화, 즉 공통된 조상에서 갈라진 두 종을 순서대로 표현할 수 있게 된다.

예제 7.3 그림 7.2의 데이터에 클러스터링을 완료하면 어떻게 클러스터들이 그루핑됐는지 설명하는 트리 구조를 그림 7.6에서 볼 수 있다.

---

2 이는 당연히 유클리드 공간이 아니다. 그러나 계층적 클러스터링에 관한 원리에 일부 수정을 가하면 계층적 클러스터링을 비유클리드 공간에서도 사용할 수 있다.

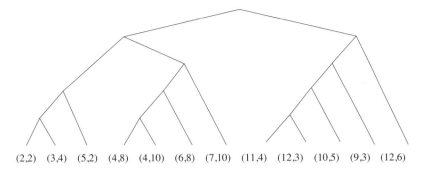

(2,2) (3,4) (5,2) (4,8) (4,10) (6,8) (7,10) (11,4) (12,3) (10,5) (9,3) (12,6)

그림 7.6 그림 7.2의 점들에 대한 최종 그루핑 결과를 보여 주는 트리 구조

7.2.2 계층적 클러스터링의 효율성

계층적 클러스터링의 기본적인 알고리즘은 그렇게 효율적이지 않다. 최적의 조합을 찾기 위해 각 단계마다 각 클러스터 쌍 사이의 거리를 계산해야 한다. 초기 단계에서는 $O(n^2)$ 시간이 소요되나, 이후 단계들에서 소요되는 시간은 $(n-1)^2$, $(n-2)^2$, . . .에 비례한다. n까지 제곱의 합은 $O(n^3)$이므로 이 알고리즘의 복잡도는 세제곱^{cubic}이다. 따라서 점의 개수가 상당히 작은 경우를 제외하고는 실행될 수 없다.

그런데 조금 더 효율적인 구현 방식이 있다.

1. 모든 점 쌍의 거리를 계산하는 것으로 시작한다. 이 단계의 복잡도는 $O(n^2)$ 이다.

2. 쌍과 그들 사이의 거리를 우선순위 큐$^{priority\ queue}$에 넣는다. 이 때문에 한 단계에서 언제든 최단 거리를 찾을 수 있다. 이 동작의 복잡도 역시 $O(n^2)$다.

3. 결합할 두 클러스터 C와 D를 결정할 때 이 두 클러스터 중 하나를 포함하는 우선순위 큐에서 모든 원소를 제거한다. 최대 $2n$번의 삭제가 수행돼야 하고, 우선순위 큐 삭제는 $O(\log n)$ 시간 내에 수행될 수 있으므로 이 작업의 실행 시간은 $O(n \log n)$이다.

4. 그다음 새로운 클러스터와 남아 있는 클러스터들 사이의 모든 거리들을 계산한다. 최대 n개의 원소가 우선순위 큐에 삽입되고, 우선순위 큐에 삽입되는 작업 역시 $O(\log n)$ 시간 안에 수행되므로 이 작업 시간 역시 $O(n \log n)$이다.

마지막 두 단계는 최대 n번 실행되고 처음 두 단계는 오직 한 번만 실행되기 때문에 이 알고리즘의 전체 실행 시간은 $O(n^2 \log n)$이다. 이는 $O(n^3)$보다는 나으나, 여전히 이런 클러스터링 방식을 실행 가능하게 하려면 n의 크기를 강력하게 제한할 수밖에 없다.

7.2.3 그 외의 계층적 클러스터링 처리 규칙들

합치려는 클러스터들을 최적으로 선택하는 한 가지 규칙을 알아봤다. 센트로이드들 사이의 거리가 가장 가까운 쌍을 찾는 것이었다. 그 외 다른 방법들은 다음과 같다.

1. 두 클러스터 각각에서 한 점을 선택하고, 그 두 점 사이의 거리를 클러스터 사이의 거리로 본다. 예를 들어, 그림 7.3에서 두 점들로 구성된 클러스터와 다음으로 클러스터링될 대상은 점 $(10, 5)$이다. 왜냐하면 $(10, 5)$까지의 거리는 $\sqrt{2}$인데 클러스터링되지 않은 점들 중 이만큼 가까운 쌍이 없기 때문이다. 예제 7.2에서도 이 점 $(10, 5)$가 동일한 클러스터로 결합되기는 했지만, 먼저 다른 쌍들이 결합될 때까지 기다려야 했다. 보통 이런 규칙은 센트로이드-거리 규칙^{distance-of-centroids rule}을 사용해서 얻은 결과와 완전히 다른 클러스터링을 만들어 낼 수 있다.

2. 두 클러스터의 거리가 각 클러스터에 속한 점들로 구성된 모든 쌍의 평균 거리가 되도록 한다.

3. 클러스터의 **반지름**^{radius}은 모든 점과 센트로이드 사이의 최대 거리다. 결합된 클러스터의 반지름이 최소가 되도록 두 클러스터를 결합하면 된다. 이 방법을 약간 수정하면 결합 대상 클러스터의 각 점과 센트로이드 사이의 평균 거리가 최소가 되도록 두 클러스터를 결합할 수도 있다. 또 다르게 수정한 방법은 점들과 센트로이드 사이의 거리들을 제곱해 더한 값을 반지름으로 사용하는 것이다. 일부 알고리즘에서 '반지름'에 대한 이런 변형된 정의를 '실제 반지름'처럼 사용하는 것을 보게 될 것이다.

4. 클러스터의 **지름**^{diameter}은 클러스터의 어느 두 점 사이의 최대 거리다. 클러스터의 지름과 반지름은 실제 원에서와 같은 직접적인 연관성은 없으나, 비례하는

경향은 있다. 결합된 클러스터의 지름이 최소가 되게 하는 클러스터들을 결합하면 된다. 반지름에 대한 법칙과 유사하게 이 규칙에 변형을 가할 수 있다.

예제 7.4 그림 7.2에서 오른쪽에 위치한 5개의 점으로 이뤄진 클러스터를 살펴보자. 이 다섯 점들의 센트로이드는 (10.8, 4.2)다. 센트로이드로부터 가장 먼 두 점 (9, 3)과 (12, 6)은 먼 정도가 동일한데, 센트로이드에서 두 점까지 거리는 모두 $\sqrt{4.68}$ = 2.16이다. 따라서 반지름은 2.16이다. 지름의 경우 클러스터에서 거리가 최대인 두 점을 찾는다. 이들 역시 (9, 3)과 (12, 6)이다. 이 둘의 거리는 $\sqrt{18}$ = 4.24다. 따라서 이 값이 지름이다. 반지름은 정확하게 지름의 두 배가 아니라는 사실에 주목하라. 이 경우에는 비록 근접하기는 하지만 말이다. 그 이유는 센트로이드가 (9, 3)과 (12, 6)을 잇는 직선 위에 위치하지 않기 때문이다. ■

병합 과정을 언제 멈출지 결정하는 방법들도 선택할 수 있다. k를 미리 결정하고 'k개의 클러스터가 만들어지면 중단'하는 방법은 이미 언급했다. 다음은 그 외 다른 방법들이다.

1. 최적의 병합 결과로 만들어진 클러스터의 반지름이 한계점을 초과하면 중단한다. 이 규칙은 반지름 혹은 앞서 언급된 변형된 반지름을 기반으로 할 수 있다.

2. 최적의 병합 결과로 만들어진 클러스터의 밀도가 일정 한계점보다 낮으면 중단한다. 밀도는 여러 가지 방법으로 정의가 가능하다. 대략 클러스터의 단위 부피당 점들의 개수로 정의된다. 이 비율은 점들의 개수를 클러스터 지름 혹은 반지름의 몇 제곱으로 나눈 값이다. 정확한 제곱의 횟수는 공간의 차원 개수가 될 수도 있으나, 때로는 차원의 개수와 상관없이 1 혹은 2가 제곱 횟수로 선택되기도 한다.

3. 다음 차례로 병합될 클러스터 쌍이 나쁜 클러스터를 만든다는 사실이 분명할 때 중단한다. 예를 들어, 현재 모든 클러스터의 평균 지름 변화 정도를 추적할 수 있다. 실제로 한 클러스터에 속하는 점들을 결합하는 한 이 평균은 점진적으로 증가하게 될 것이다. 그러나 병합해서는 안 되는 두 클러스터를 병합하면 평균 지름은 갑자기 증폭하게 될 것이다.

예제 7.5 그림 7.2를 다시 살펴보자. 3개의 정상적인 클러스터가 있다. 예제 7.4에서는 오른쪽 5개의 점들로 이뤄진 클러스터의 최대 지름을 계산했다. 그 값은 4.24다. 왼쪽 하단의 3노드 클러스터의 지름은 3인데 이는 (2, 2)와 (5, 2) 사이의 거리다. 왼쪽 상단의 4노드 클러스터의 지름은 $\sqrt{13} = 3.61$이다. 처음 0에서 시작해 9번의 결합 과정 이후 전체 평균 지름이 3.62가 된 것이다. 따라서 한 번의 결합 과정당 평균 지름은 약 0.4 증가했고, 매우 느린 속도 증가했다고 볼 수 있다.

이렇게 정상적인 클러스터를 결합하는 경우 왼쪽에 위치한 2개의 클러스터를 결합하는 것이 최선의 방안이다. 이 클러스터의 지름은 $\sqrt{89} = 9.43$인데 이는 두 점 (2, 2)와 (7,10) 사이의 거리다. 이제 지름의 평균은 (9.43 + 4.24)/2 = 6.84다. 이 한 단계에서 평균이 증가한 양과 이전 아홉 단계에 걸쳐서 평균이 증가한 양이 거의 같다. 이런 비교 결과는 마지막 결합 단계를 수행하지 않는 편이 좋으며, 이 단계 이전으로 돌아가서 멈춰야 한다는 사실을 시사한다. ■

7.2.4 비유클리드 공간에서 계층적 클러스터링

비유클리드 공간에서는 자카드, 코사인, 혹은 편집 거리와 같이 점들로부터 계산된 거리 측정치를 사용해야 한다. 즉 점들의 '위치'로 거리를 측정할 수 없다. 7.2.1절의 알고리즘에서는 점들 사이의 거리가 계산돼야 하는데 그 거리를 계산하는 방법이 있기는 하다. 문제는 클러스터를 대표적으로 표현해야 할 때다. 비유클리드 공간에서는 수많은 점들을 해당 클러스터의 센트로이드로 대체할 수 없기 때문이다.

예제 7.6 어떤 비유클리드 거리를 사용해도 문제가 발생하지만, 일단 편집 거리를 기반으로 문자열 abcd와 aecdb를 병합해 보자. 이들의 편집 거리는 3이며 당연히 병합할 수 있다. 그러나 그 문자열들 사이에 위치한다고 생각할 수 있는 문자열이나 평균처럼 그들을 대표할 수 있는 문자열을 표현할 수 있는 방법이 없다. 다른 여러 방법이 있지만, 한 번의 삽입 혹은 삭제로 aebcd와 같이 하나의 문자열을 또 다른 문자열로 변환해 만들 수 있는 문자열들 중 하나를 택하는 방법이 가능하다. 게다가 2개 이상의 문자열로부터 클러스터가 형성될 때 '…사이의 경로'라는 개념은 더 이상 유효하지 않다. ■

비유클리드 공간일 때 하나의 클러스터에서 점들을 결합할 수 없다면 유일하게 가능한 방법은 클러스터에 속한 점들 중 하나를 선택해서 그 점이 해당 클러스터를 대표하게 하는 것이다. 이상적으로 이 점은 클러스터의 모든 점과 가까우므로 어떤 의미로 보면 '중심'에 놓여 있다고 말할 수 있다. 이런 대표 점을 **클러스트로이드**clustroid 라고 부른다. 다양한 방법으로 클러스트로이드를 선택할 수 있는데, 이들 모두 어떤 의미로 보면 클러스트로이드와 클러스터에 속한 다른 점들 사이의 거리를 최소화하기 위해 고안된 것이다. 일반적으로 다음을 최소화하는 점을 클러스트로이드로 선택한다.

1. 클러스터 내에서 다른 점들까지의 거리의 합
2. 클러스터 내에서 다른 점들까지의 거리 최대값
3. 클러스터 내에서 다른 점들까지의 거리를 제곱한 값들의 합

예제 7.7 편집거리를 사용하고 클러스터는 4개의 점 abcd, aecdb, abecb, ecdab로 구성돼 있다고 가정하자. 이들의 거리를 다음 표에서 확인할 수 있다.

	ecdab	abecb	aecdb
abcd	5	3	3
aecdb	2	2	
abecb	4		

클러스터의 네 점 각각에 센트로이드가 되는 기준을 적용해 보면 다음과 같은 결과를 얻을 수 있다.

Point	Sum	Max	Sum-Sq
abcd	11	5	43
aecdb	7	3	17
abecb	9	4	29
ecdab	11	5	45

이 측정치로부터 3개의 기준 중 어느 것을 선택하든 aecdb가 클러스트로이드로 선

택될 것이라는 사실을 확인할 수 있다. 보통 기준이 다르면 선택되는 클러스트로이드도 달라진다. ▪

센트로이드 대신 클러스트로이드를 사용하면 7.2.3절에서 설명한 클러스터들 사이의 거리를 측정하는 방법을 비유클리드 환경에도 적용할 수 있다. 예를 들면, 클러스트로이드들이 가장 가까운 2개의 클러스터를 결합할 수 있다. 그 클러스터들에 속한 모든 점의 쌍들 사이의 평균거리 혹은 최소거리를 사용할 수도 있다.

그 외 가능한 기준은 지름 혹은 반지름을 기반으로 하나의 클러스터 밀도를 측정하는 것이다. 지름과 반지름이라는 두 개념 모두 비유클리드 공간에 적용할 수 있다. 지름은 클러스터에 속한 두 점 사이의 최대 거리다. 반지름은 센트로이드 대신 클러스트로이드를 사용해서 정의할 수 있다. 게다가 이전과 같이 클러스트로이드를 선택했다면 반지름에도 동일한 기준을 사용할 수 있다. 예컨대 다른 노드들과의 거리를 제곱한 값의 합이 최소가 되는 점을 클러스트로이드로 선택했다면 제곱들의 합(혹은 제곱들의 합에 대한 제곱근)을 반지름으로 사용한다.

마지막으로 7.2.3절에서 클러스터의 결합을 멈추는 기준 역시 살펴봤다. 반지름을 이용하는 경우를 제외하고는 이런 기준 중 어느 것도 센트로이드를 직접적으로 사용하지 않았는데, 그 '반지름'이 비유클리드 공간에서 잘 적용된다는 사실을 이미 살펴봤다. 따라서 유클리드에서 비유클리드 공간으로 확장한다고 해도 중단하는 조건에 대한 방법에 근본적인 변화는 없다고 할 수 있다.

7.2.5 7.2절 연습문제

연습문제 7.2.1 점들 1, 4, 9, 16, 25, 36, 49, 64, 81의 일차원 집합에 계층적 클러스터링을 수행하라. 클러스터들은 그들의 센트로이드(평균average)로 대표되고, 각 단계에서 센트로이드들 사이가 가장 가까운 클러스터들이 결합된다고 가정하라.

연습문제 7.2.2 다음 거리를 두 클러스터 사이의 거리로 사용한다면, 예제 7.2의 클러스터링은 어떻게 변하는가?

(a) 각 클러스터에 속한 두 점 사이의 최소 거리

(b) 두 클러스터의 점들로 이뤄진 쌍들의 평균 거리

연습문제 7.2.3 두 클러스터를 결합해서 만들어지는 클러스터가 다음과 같은 특징을 가질 때 예제 7.2의 클러스터링을 반복하라.

(a) 최소 반지름
(b) 최소 지름

연습문제 7.2.4 클러스터에 속한 점들의 개수를 다음과 같은 값으로 나눠 '밀도'를 정의할 때 그림 7.2에서 3개의 클러스터 각각의 밀도를 계산하라.

(a) 반지름의 제곱
(b) (제곱하지 않은) 지름

(a)와 (b)를 따라 3개의 클러스터 중 2개를 결합해서 만들어지는 클러스터들의 밀도는 얼마인가? 밀도의 차이가 클러스터가 결합돼야 하는지 혹은 결합돼서는 안 되는지를 설명하는가?

연습문제 7.2.5 유클리드 공간이라도 클러스터에서 클러스트로이드를 선택할 수 있다. 그림 7.2의 일반적인 클러스터 3개를 살펴보자. 클러스트로이드를 선택하는 기준은 클러스터 내에서 다른 각 점들과의 거리 합이 최소인 점을 찾는 것이라 가정하고 각각에 대한 클러스트로이드를 계산하라.

! **연습문제 7.2.6** 편집 거리를 거리 측정치로 사용하는 문자열 공간을 생각해 보자. 다른 점들까지의 거리 합이 최소가 되는 점을 클러스트로이드로 선택할 때와, 다른 점들까지 최대 거리가 최소가 되는 점을 클러스트로이드로 선택할 때 클러스트로이드가 서로 달라지는 문자열 집합의 예를 제시하라.

7.3 K평균 알고리즘

7.3절에서는 가장 먼저 점 할당point-assignment 알고리즘을 알아볼 것이다. 이런 종류의 클러스터링 알고리즘군으로 가장 널리 알려진 것이 바로 k평균k-means이다. 이는 유클

리드 공간을 가정하고 클러스터 개수 k가 이미 알려진 상황이라 가정한다. 그러나 시행착오를 통해 k를 추론할 수 있다. k평균 알고리즘군을 소개한 후 저자의 이름을 따서 BFR이라 불리는 특별한 알고리즘을 중점적으로 다룰 것이다. 이 알고리즘을 사용하면 너무 커서 메인 메모리에 올라가지 않는 데이터에 대해서도 k평균을 실행할 수 있다.

7.3.1 k평균의 기초

그림 7.7은 k평균 알고리즘의 개요를 보여 준다. 클러스터를 대표하는 초기 k개의 점을 선택하는 방법이 몇 가지 있는데 7.3.2절에서 이를 다룰 것이다. 이 알고리즘의 핵심은 for 루프인데 이를 통해 선택된 k개의 점들 외의 각 점들을 가장 가까운 클러스터에 할당한다. 여기서 '가장 가까운'은 클러스터의 센트로이드에 가장 가깝다는 것을 의미한다. 점들이 클러스터에 할당되면서 그 클러스터의 센트로이드는 이동할 수 있다. 그러나 오직 클러스터 주변의 점들만 할당될 것이기 때문에 센트로이드가 그렇게 많이 이동하지는 않을 것이다.

```
서로 다른 클러스터에 속할 가능성이 높은 k개의 점들을 초기에 선택하라;
이런 점들이 클러스터들의 센트로이드가 되게 하라;
FOR 남아 있는 각 점 p에 대해 DO
        p에서 가장 가까운 센트로이드를 찾아라;
        p를 그 센트로이드의 클러스터에 추가하라;
        p를 반영해 그 클러스터의 센트로이드를 조정하라;
END;
```

그림 7.7 k평균 알고리즘의 개요

　　마지막으로 클러스터의 센트로이드를 수정하고 초기 k개의 점들을 포함한 각 점들을 k개의 클러스터로 다시 할당하는 단계를 추가할 수 있다. 보통 점 p는 첫 번째 단계에서 위치했던 클러스터와 같은 클러스터에 할당될 것이다. 그러나 첫 번째 단계에서 p가 속했던 클러스터의 센트로이드는 두 번째 단계에서 변경될 텐데, 만약 p의 위치로부터 상당히 먼 곳으로 변경되면 p는 두 번째 단계에서 다른 클러스터로 할당된다. 실제로 원래 k개의 점들 중 일부가 심지어 다시 할당되기도 한다. 이런 경우는 매우 특별하므로 이를 자세히 다루지는 않을 것이다.

7.3.2 k평균의 클러스터 초기화

서로 다른 클러스터에 위치할 가능성이 높은 점들을 선택하고자 한다. 두 가지 방법이 있다.

1. 가능하면 서로 멀리 떨어져 있는 점들을 선택한다.
2. 데이터 표본을 계층적으로 클러스터링해서 k개의 클러스터를 만든다. 각 클러스터에서 점 하나를 선택한다. 아마 그 점은 해당 클러스터의 센트로이드에 가장 가까운 점일 것이다.

두 번째 방법은 조금 까다롭다. 첫 번째 방법은 여러 가지로 구현이 가능한데 그중한 가지 좋은 방식은 다음과 같다.

초기 점들을 임의로 선택한다;
WHILE k개보다 적은 개수의 점들이 있다. DO
    선택된 점으로부터 가능하면 최소거리가 큰 점을 추가하라;
END;

예제 7.8   그림 7.2의 12개의 점을 그림 7.8로 재현했다. (6, 8)과 같이 중심에 가까운 점을 처음으로 선택하는 것이 최악의 경우다. (6, 8)에서 가장 멀리 떨어진 점은 (12, 3)이므로 그 점이 다음으로 선택된다.

남아 있는 10개의 점 중 (6, 8) 혹은 (12, 3)까지의 최소 거리가 최대인 점은 (2, 2)다. (6, 8)에서 그 점까지의 거리는 $\sqrt{52}$ = 7.21이고, (12, 3)에서 그 점까지의 거리는 $\sqrt{101}$ = 10.05다. 따라서 '점수'는 7.21이다. (6, 8)과 (12, 3) 중 적어도 한 점에서 거리가 7.21보다 작은 점을 쉽게 찾아낼 수 있다. 따라서 3개의 시작점으로 (6, 8), (12, 3), (2, 2)를 선택한다. 이 세 점은 서로 다른 클러스터에 속한다는 사실에 주목하라.

(10, 5)처럼 (6, 8)이 아닌 점에서 시작했다면 이전과는 다른 3개의 초기 점들이

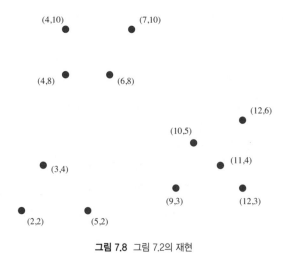

그림 7.8 그림 7.2의 재현

선택됐을 것이다. 이 경우 시작점은 (10, 5), (2, 2), (4, 10)이 된다. 이 경우도 역시 이 세 점들은 서로 다른 3개의 클러스터에 속한다. ■

7.3.3 적합한 k 값의 선택

k평균 클러스터링에서 사용되는 k에 적합한 값을 알지 못할 수도 있다. 그러나 k 값을 다양하게 변경해 클러스터링의 품질을 측정할 수 있다면 일반적으로 k 값을 정확하게 추측할 수 있다. 7.2.3절, 특히 예제 7.5에서는 평균 지름 혹은 반지름처럼 클러스터의 적절성을 값으로 측정하는 경우, 가정하는 클러스터 개수가 실제 클러스터 개수와 동등하거나 더 많은 한 그 값이 점진적으로 증가한다는 사실을 알아봤다. 그러나 실제보다 적은 개수의 클러스터를 형성하려고 하자마자 그 측정값은 가파르게 증가할 것이다. 이 개념을 그림 7.9에서 도식으로 표현하고 있다.

정확한 k 값을 모르는 경우 클러스터 개수를 로그 함수로 증가시키며 클러스터링을 반복한다면 적합한 값을 찾아낼 수 있다. $k = 1, 2, 4, 8, \ldots$ 로 각각의 k평균 알고리즘을 실행하라. 언젠가는 평균 지름 혹은 다른 측정값이 거의 줄어들지 않게 되는 두 값 v와 $2v$를 찾게 될 것이다. 데이터를 근거로 정확한 k 값은 $v/2$와 v 사이에 위치한다는 결론을 내릴 수 있다. 이 범위에서 이진 검색을 사용하면(이후 다룰 것이

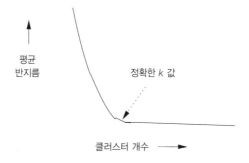

그림 7.9 데이터의 클러스터 개수가 실제보다 적어지자마자 평균 지름 혹은 다른 분산 측정값이 빠르게 증가한다.

다) 또 다른 $\log_2 v$ c번의 클러스터링 동작을 통해 최적의 k 값을 찾아낼 수 있다. 전체적으로 $2\log_2 v$번의 클러스터링이 수행되는 셈이다. 실제 k 값은 $v/2$ 이상이므로 로그 함수를 통해 k 값을 알아낼 수 있다.

'크지 않은 변화'라는 개념이 명확하지 않기 때문에 아주 큰 변화가 어느 정도인지 정확하게 말할 수 없다. 그러나 '크지 않은 변화'의 개념을 몇 가지 공식을 통해 명확하게 한다면 이진 검색을 다음과 같이 수행할 수 있다. $v/2$와 v 사이에 아주 큰 변화가 있다는 사실을 안다고 하자. 모른다면 $2v$개의 클러스터를 대상으로 클러스터링을 실행하지 않은 것이다. 어느 점에서 k의 범위를 x와 y 사이로 낮춘다고 가정한다. $z = (x + y)/2$라 하자. z를 클러스터 목표 개수로 해 클러스터링을 실행한다. z와 y 사이에 아주 큰 변화가 없으면 k의 실제 값은 x와 z 사이에 있다. 정확한 k 값을 찾기 위해 반복적으로 범위를 좁혀 나간다. 반면 z와 y 사이에 아주 큰 변화가 있는 경우 대신 z와 y 사이의 범위에서 이진 검색을 사용한다.

7.3.4 BFR 알고리즘

저자들의 이름을 따서 BFR[Bradley, Fayyad, Reina]라 불리는 이 알고리즘은 k평균 알고리즘의 변형으로서 고차원 유클리드 공간에서 데이터를 클러스터링하기 위해 고안됐다. 이 알고리즘은 클러스터는 보통 센트로이드를 중심으로 분포해야 한다는 클러스터 모형에 관한 매우 강력한 가정을 둔다. 클러스터에 대한 평균[mean]과 표준편차는 차원마다 다를 수 있으나, 차원은 서로 독립적이어야 한다. 예컨대 클러스터는 이차원에서 담배 모형cigar-shaped일 수 있으나, 축에서 벗어난 상태로 회전하는 모형이어서는 안 된다. 가능한 모형을 그림 7.10에서 볼 수 있다.

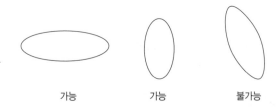

가능   가능   불가능

그림 7.10 BRF 알고리즘이 사용될 수 있는 데이터에서 클러스터의 표준편차는 축에 따라 달라질 수 있다. 그러나 클러스터의 축은 공간의 축과 평행해야 한다.

BFR 알고리즘은 7.3.2절에서 설명한 방법들 중 하나를 사용해 k개의 점들을 선택하는 것에서 시작된다. 그런 다음 데이터 파일의 점들을 청크로 읽는다. 이들은 분산 파일 시스템으로부터 온 청크들일 수도 있으며, 아니면 일반적인 파일이 적절한 크기로 분할된 청크들일 수도 있다. 각 청크는 메인 메모리에서 처리할 수 있을 만큼 충분히 작은 점들로 구성돼야 한다. k개의 클러스터 요약본과 그 외 일부 데이터 역시 메인 메모리에 저장되므로 전체 메모리에 청크 하나만을 저장할 수는 없다. 입력 중에 청크 이외에 저장돼야 하는 메인 메모리 데이터는 아래 세 종류의 객체로 구성된다.

1. **폐기 집합**discard set: 이들은 클러스터 자체의 간단한 요약본이다. 클러스터 요약 cluster summarization이 무엇인지 곧 짧게 언급할 것이다. 클러스터 요약본은 '폐기되지' 않는다는 사실에 주의하라. 실제로 요약본은 필수적이다. 그러나 요약본이 나타내는 점들은 폐기되며, 이 요약본을 통하지 않고서는 데이터가 메인 메모리에서 표현될 수 없다.

2. **압축 집합**compressed set: 이들은 클러스터 요약본과 비슷한데 다른 한 점과 가까운 것으로 밝혀진 점들, 그러나 어느 클러스터와도 가깝지 않은 점들에 대한 요약본이다. 압축 집합으로 표현되는 점들 역시 메인 메모리에 명시적으로 나타나지 않는다는 점에서 폐기된다고 할 수 있다. 이렇게 표현된 점들의 집합을 미니 클러스터minicluster라고 부른다.

3. **보유 집합**retained set: 특정 점들은 클러스터에 할당되지 않을 수도 있으며, 압축 집
   합으로 표현 가능한 다른 점들과도 충분히 가깝지 않을 수 있다. 이런 점들은
   입력 파일에 있는 그대로 메인 메모리에 유지된다.

그림 7.11은 지금까지 처리한 점들이 어떻게 표현되는지 설명하고 있다.

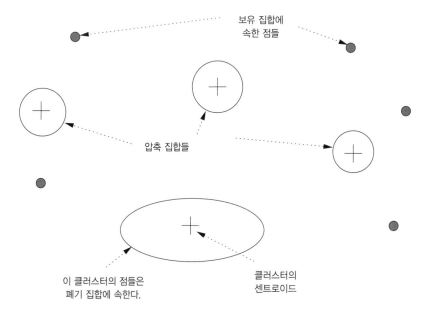

그림 7.11 폐기, 압축, 보유 집합에 속한 점들

폐기 집합과 압축 집합은 데이터가 d-차원일 경우 $2d + 1$개의 값들로 표현된다.
이 값들은 다음과 같다.

(a) 표현되는 점들의 개수 N

(b) 각 차원의 모든 점 성분들의 합. 이 데이터는 길이가 d인 하나의 벡터 SUM이고,
   i번째 차원에서 성분은 SUM_i다.

(c) 각 차원에서 모든 점 성분들을 제곱한 값의 합. 이 데이터는 길이가 d인 벡터
   SUMSQ이고, i번째 차원에서 그 벡터의 성분은 $SUMSQ_i$다.

실제로는 점들의 집합을 각 차원마다 점들의 개수, 센트로이드, 표준편차로 표현

N, SUM, SUMSQ 표현 방식의 장점

점들의 집합을 N, 센트로이드, 표준편차를 저장해 표현하는 대신 BFR 알고리즘에서 사용되는 방식으로 표현할 때 얻는 큰 장점이 하나 있다. 새로운 점을 클러스터에 추가할 때 필요한 작업에 대해 생각해 보자. 당연히 N은 1씩 증가한다. 점들의 위치를 표현하는 벡터를 SUM에 추가해서 새로운 SUM을 얻고, 벡터 성분의 제곱을 SUMSQ에 더해서 새로운 SUMSQ를 얻을 수 있다. SUM 대신 센트로이드를 사용했다면 N 전체에 대한 어떤 연산 없이 새로운 점을 반영하기 위해 센트로이드를 조정할 수 없을 것이며, 표준편차의 재연산 역시 훨씬 더 복잡해졌을 것이다. 또 다른 장점으로는 두 집합을 결합하고자 할 때 N, SUM, SUMSQ 값들을 더하기만 하면 된다. 반면 센트로이드와 표준편차를 대표로 사용하는 경우 연산은 훨씬 더 복잡해질 것이다.

하는 것이 목표다. 그런데 $2d + 1$개의 값들을 통해 그런 통계치를 구할 수 있다. N은 점들의 개수다. i번째 차원에서 센트로이드의 좌표는 SUM_i/N이다. 이는 해당 차원에서 합을 점들의 개수로 나눈 값이다. i번째 차원에서 분산은 $SUMSQ_i/N - (SUM_i/N)^2$이다. 표준편차는 분산의 제곱근이므로 각 차원에서의 표준편차를 계산할 수 있다.

예제 7.9   점 $(5, 1)$, $(6, -2)$, $(7, 0)$로 구성된 클러스터가 있다고 가정하자. 그러면 $N = 3$, SUM = [18, =1], SUMSQ = [110, 5]다. 센트로이드는 SUM/N, 즉 [6, $-1/3$]이다. 첫 번째 차원에서 분산은 $110/3 - (18/3)^2 = 0.667$이므로 표준편차는 $\sqrt{0.667} = 0.816$이다. 두 번째 차원에서 분산은 $5/3 - (-1/3)^2 = 1.56$이므로 표준편차는 1.25다. ■

7.3.5 BFR 알고리즘의 데이터 처리

이제부터는 점들로 이뤄진 하나의 청크를 처리하는 과정을 설명할 것이다.

1. 먼저 클러스터의 센트로이드와 충분히 가까운 모든 점은 그 클러스터로 추가된다. 이전 박스에서 장점으로 설명했던 것처럼 클러스터를 표현하는 N, SUM, SUMSQ에 새로운 점과 관련된 정보를 추가하는 것은 간단하다. 그런 다음 그 점을 폐기한다. '충분히 가까운'이 의미하는 바를 곧 알아볼 것이다.

2. 어느 센트로이드와도 충분히 가깝지 않은 점들은 보유 집합에 속한 점들과 함께 클러스터링한다. 7.2절에서 설명한 계층적 방법과 같은 어떤 메인 메모리 클러스터링 알고리즘도 사용할 수 있다. 특정 기준을 사용해서 두 점을 클러스터로 결합하거나 두 클러스터를 하나의 클러스터로 결합하는 시점을 결정해야 한다. 7.2.3절에서 이런 결정 방법에 대해 다뤘다. 하나 이상의 점으로 구성된 클러스터는 요약되고 압축 집합에 추가된다. 한원소 클러스터들이 보유 집합이 된다.

3. 이제 새로운 점들과 과거 보유 집합을 클러스터링해서 미니클러스터를 만들었으며, 과거 압축 집합으로부터 미니 클러스터들을 만들었다. 이런 미니클러스터 중 어느 것도 k개의 클러스터 중 하나와 결합될 수는 없으나, 서로 간의 결합은 가능하다. 결합 기준은 7.2.3절에서 설명한 바에 따라 다시 선택된다. 압축 집합(N, SUM, SUMSQ)에 대한 표현 방식 덕분에 결합을 고려 중인 2개의 미니 클러스터의 조합 시 필요한 분산과 같은 통계 연산이 쉬워진다.

4. 클러스터나 미니클러스터에 할당된 점들, 즉 보유 집합에 포함되지 않은 점들이 할당되면서 보조기억장치에 기록된다.

마지막으로 입력 데이터에서 마지막 청크에 압축 집합과 보유 집합으로 해야 하는 작업이 있다. 그들을 이상점^{outlier}으로 생각하고 클러스터링하지 않는다. 아니면 보유 집합에 속한 각 점들을 가장 가까운 센트로이드를 갖는 클러스터에 할당할 수도 있다. 각 미니클러스터를 그 미니클러스터의 센트로이드에서 가장 가까운 센트로이드를 갖는 클러스터와 결합할 수도 있다.

새로운 점 p를 k개의 클러스터 중 하나에 추가하는 것이 합당한지 결정하기 위해서는 충분히 가까운 정도를 판단하는 방법이 중요하다. 다음과 같은 두 가지 방법이 사용된다.

(a) 클러스터의 센트로이드가 p와 가장 가깝고 모든 점이 처리된 후에 다른 클러스터의 센트로이드가 p 근처에서 발견될 가능성이 매우 낮으면 p를 그 클러스터에 추가한다. 이 방식은 복잡한 통계적 연산이 필요하다. 점들은 임의로 정렬돼 있으며, 향후 처리될 점들의 개수를 미리 알고 있다고 가정해야 한다. 이 방식의 장점은 p가 모든 센트로이드들과 매우 멀리 떨어져 있다 해도 p와 충분히 가까운 센트로이드 하나를 발견하면 p를 그 클러스터에 추가하는 것으로 끝이라는 것이다.

(b) 센트로이드에서 떨어진 정도에 따라 p가 클러스터에 속할 확률을 측정할 수 있다. 이 연산은 각 클러스터들이 공간 축에 평행한 분산 축을 기준으로 정규분포를 따른다는 가정을 활용한다. 이제 곧 설명할 마할라노비스 거리 Mahalanobis distance를 통해 연산할 수 있다.

마할라노비스 거리는 기본적으로 하나의 점과 하나의 클러스터 센트로이드 사이의 거리를 각 차원에서 클러스터의 표준편차로 정규화한 값이다. BFR 알고리즘에서 클러스터의 축과 공간의 축이 평행하다고 가정했기 때문에 마할라노비스 거리의 연산이 매우 간단해진다. $p = [p_1, p_2, \dots, p_d]$는 점이고, $c = [c_1, c_2, \dots, c_d]$는 클러스터의 센트로이드라고 하자. i번째 차원에서 그 클러스터에 속한 점들의 표준편차를 σ_i라 하자. 그러면 p와 c 사이의 마할라노비스 거리는 다음과 같다.

$$\sqrt{\sum_{i=1}^{d}\left(\frac{p_i - c_i}{\sigma_i}\right)^2}$$

즉 i번째 차원에서 p와 c 사이의 차이를 해당 차원의 클러스터 표준편차로 나눔으로써 정규화한다. 공식의 나머지 부분에서는 각 차원에서 정규화된 거리를 유클리드 공간에서 사용되는 일반적인 방법으로 결합한다.

점 p를 클러스터에 할당하기 위해 p와 각 클러스터 센트로이드 사이의 마할라노비스 거리를 계산한다. 마할라노비스 거리가 최소가 되는 클러스터를 선택하고, 마할라노비스 거리가 임계치보다 작으면 해당 클러스터에 p를 추가한다. 예를 들어, 임계치를 4로 선택한다고 가정하자. 데이터가 정규적으로 분포돼 있으면 평균mean으로부터 표준편차 4배만큼 떨어져 있을 확률은 100만 분의 1이다. 따라서 실제로 클러스터의 점들이 정규적으로 분포돼 있다면 점 p가 해당 클러스터에 할당되지 않을 확률은 10^{-6}보다 작다. 결국 그 점은 어떻게 해서든지 해당 클러스터에 할당될 것이다. 그 클러스터에 점들이 추가돼 그 결과로 센트로이드들이 이동하면서 다른 센트로이드에 더 가까워지는 상황이 벌어지지 않는 한 말이다.

7.3.6 7.3절 연습문제

연습문제 7.3.1 그림 7.8의 점들에 대해 7.3.2의 방법을 사용해서 3개의 시작점을 선택한다고 하자. 첫 번째로 선택한 점이 (3, 4)일 때 그 외 선택되는 나머지 점들은 무엇인가?

!! **연습문제 7.3.2** 그림 7.8에서 7.3.2절의 방법을 사용해 3개의 시작점을 선택하면 어느 점에서 시작하든지 3개의 클러스터 각각에 속한 점들을 얻게 됨을 증명하라. 힌트: 차례대로 빠짐없이 12개의 점들 각각에서 시작해 보는 방법으로 이 문제를 해결할 수 있다. 그러나 좀 더 일반적으로 가능한 응용 방법은 3개 클러스터 지름과 **클러스터 간 최소 거리**^{minimum intercluster distance}, 즉 2개의 클러스터에서 선택된 두 점 사이의 최소거리를 따져 보는 것이다. 점들 집합에 대한 이런 두 가지 매개 변수에 근거해서 일반적인 이론을 증명할 수 있는가?

! **연습문제 7.3.3** 마지막에 점들이 자신들과 가장 가까운 센트로이드로 재할당되고, 초기 k개의 점들 중 하나가 다른 클러스터로 할당되는 데이터셋과 초기 k개 센트로이드들의 예를 제시하라.

연습문제 7.3.4 그림 7.8의 3개의 클러스터에서

(a) BFR 알고리즘의 대표 값들을 계산하라. 다시 말해 N, SUM, SUMSQ를 계산하라.

(b) 이 차원 각각에서 각 클러스터의 분산과 표준편차를 구하라.

연습문제 7.3.5 3차원 공간에서 점들로 구성된 클러스터의 표준편차가 순서대로 2,

3, 5라 가정하자. 원점(0, 0, 0)과 점 (1, −3, 4) 사이의 마할라노비스 거리를 계산하라.

7.4 CURE 알고리즘

이제 점 할당 방식 중 또 다른 대규모 클러스터링 알고리즘을 소개할 차례다. CURE^{Clustering Using REpresentatives}(대표 값을 사용한 클러스터링)라고 불리는 이 알고리즘은 유클리드 공간을 가정한다. 그러나 클러스터 모형에 대해서는 어떤 가정도 두지 않는다. 클러스터는 정규 분포일 필요는 없으며, 이상 굴절^{strange bend}, S 모형, 혹은 링 형태도 가능하다. 클러스터를 센트로이드로 표현하는 대신, 이름이 명시하듯 점들의 대표 값을 사용한다.

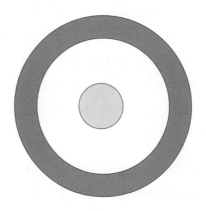

그림 7.12 2개의 클러스터. 한 클러스터가 다른 하나를 둘러싸고 있다.

예제 7.10 그림 7.12에서 2개의 클러스터를 볼 수 있다. 내부 클러스터는 일반적인 원이고 두 번째 클러스터는 이 원을 감싸는 링이다. 이런 배치가 그렇게 희귀한 것만은 아니다. 미지의 은하계 생명체가 태양계를 바라보는 상황을 상상해 보면 내부 원(행성들)과 약간의 사이를 둔 외부 링(카이퍼 벨트^{Kuyper belt})이 하나의 객체로서 클러스터링된 것으로 이 그림을 해석해 볼 수도 있다. ■

392

7.4.1 CURE에서의 초기화

CURE 알고리즘은 다음과 같이 시작된다.

1. 표본 데이터를 작게 선택하고 메인 메모리에서 그 표본을 클러스터링한다. 원칙적으로 어느 클러스터링 방식도 사용할 수 있으나 CURE는 특이한 모형의 클러스터를 다루는 목적으로 고안됐기 때문에 가까운 점들의 쌍부터 결합되는 클러스터들에 계층적 방법을 사용하는 것이 일반적으로 권고된다. 이 문제는 예제 7.11에서 좀 더 자세하게 논의할 것이다.

2. 각 클러스터에서 적은 개수로 점을 선택해 대표 점이 되도록 한다. 7.3.2절에서 설명한 방법을 사용해 가능하면 서로 먼 점들이 선택돼야 한다.

3. 대표 점들 각각을 자신의 위치와 클러스터 센트로이드 사이의 거리에서 일정한 비율만큼 이동시킨다. 20% 정도가 적당하다. 주의해야 할 사항은 이 단계가 유클리드 공간이어야 한다는 것이다. 유클리드 공간이 아닌 경우 두 점을 잇는 직선이라는 개념이 존재하지 않기 때문이다.

예제 7.11 그림 7.12 데이터 표본에 계층적 클러스터링 알고리즘을 사용할 수 있다. 각 클러스터에 속한 점들로 구성된 쌍들 사이의 최단 거리를 클러스터 사이의 거리로 선택하면 2개의 클러스터가 정확하게 찾아진다. 즉 점들 중 일부는 링에 합쳐지고, 일부는 내부 원에 합쳐지겠지만, 링에 있는 점들과 내부 원의 점들은 항상 어느 정도 떨어져 있게 될 것이다. 클러스터 사이의 거리가 자신들의 센트로이드 사이의 거리라는 법칙을 사용하면 직관적으로 정확한 결과를 얻을 수 없다는 사실에 주목하라. 그 이유는 두 클러스터의 센트로이드 모두 그 도식의 중심에 위치하기 때문이다.

두 번째 단계에서는 대표 점들을 선택한다. 구성된 클러스터로부터 추출한 표본이 충분히 크면 그 클러스터 경계에 위치하며 서로 간의 거리가 최대인 표본 점들을 찾을 수 있다. 그림 7.13은 초기 표본 점들을 선택한 결과다.

마지막으로 대표 점들을 일정 비율만큼 센트로이드 쪽으로 이동시킨다. 그림 7.13에서 두 클러스터들의 센트로이드 위치는 같다. 그 센트로이드는 내부 원의 중심에 위치한다. 따라서 의도했듯이 원을 대표하는 점들은 클러스터 내부로 이동하게 된다.

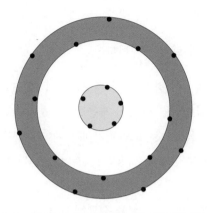

그림 7.13 각 클러스터의 대표 점들을 선택한다. 가능하면 서로 멀리 떨어져야 한다.

링의 외부 가장자리에 위치한 점들 역시 자신들의 클러스터 안쪽으로 이동하나 링의 내부 가장자리에 위치한 점들은 그 클러스터 바깥쪽으로 이동한다. 그림 7.13 대표 점들의 최종 위치는 그림 7.14가 된다. ■

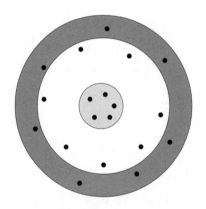

그림 7.14 클러스터의 센트로이드 방향으로 20%만큼 대표 점들을 이동시킨다.

7.4.2 CURE 알고리즘의 종료

CURE의 다음 단계에서는 두 클러스터에 속한 대표 점들로 구성된 하나의 쌍이 충분히 가까우면 두 클러스터를 결합한다. 사용자는 '가까운'이라는 단어가 정의하는 거리의 기준을 선택할 수 있다. 더 이상 충분히 가까운 클러스터들이 없을 때까지 결합을 반복한다.

예제 7.12 그림 7.14가 설명하기 용이한 상황이다. 링과 원의 센트로이드가 같다는 이유 때문에 그 둘이 실제로 결합돼야 하는지는 논란의 여지가 있다. 예를 들어, 링과 원 사이의 간격이 훨씬 작다면 링과 원의 점들을 하나의 클러스터로 결합하는 것이 더 낫다고 볼 수도 있다. 예컨대 토성의 경우 링들 사이의 간격은 좁으나, 링을 다수의 동심원 객체가 아닌 단일 객체로 시각화하는 것이 더 합당하다. 그림 7.14의 경우

1. 대표 점들을 이동시킬 센트로이드까지의 거리 비율
2. 두 클러스터가 결합되는 것을 막기 위해 그 클러스터들의 대표 점들이 떨어져 있어야 하는 정도

이 두 가지를 어떻게 선택하느냐에 따라 그림 7.12를 하나의 클러스터로 간주할지 혹은 2개로 간주할지 결정된다. ■

CURE의 마지막 단계에서는 점을 할당한다. 각 점 p는 보조기억장치에서 읽혀지고, 대표 점들과 비교된다. 이후 p를 p와 가장 가까운 대표 점의 클러스터에 할당한다.

예제 7.13 지금 살펴본 예제에서 링 내부의 점들은 분명히 원의 대표 점보다는 링의 대표 점들 중 하나와 더 가까워진다. 마찬가지로 원 내부의 점들은 분명히 원의 대표 점과 가장 가까워진다. 링 혹은 원 내부에 위치하지 않은 점인 이상점[outlier]이 링 바깥쪽에 위치한 경우 이 점은 링으로 할당될 것이다. 이상점이 링과 원 사이에 있다면 링으로 할당될 가능성이 더 높다. 왜냐하면 링의 대표점들이 원을 향해 이동됐기 때문이다. ■

7.4.3 7.4절 연습문제

연습문제 7.4.1 7.4절에서 다룬 예제와 같은 원과 링 2개의 클러스터를 살펴보자. 다음을 가정한다.

i. 원의 반지름은 c다.

ii. 링을 형성하는 내부 원과 외부 원의 반지름은 각각 i와 o다.

iii. 두 클러스터의 모든 대표 점은 클러스터 경계에 위치한다.

iv. 대표 점들은 자신들의 초기 위치에서 자신들의 클러스터 센트로이드에 이르는 거리의 20%만큼 이동한다.

v. 재배치 이후 두 클러스터로부터 대표 점들까지의 거리가 d 이하이면 그 클러스터들은 결합된다.

어떤 상황에서 링과 원이 하나의 클러스터로 합쳐지게 되는가? d, c, i, o를 이용해 설명하라.

7.5 비유클리드 공간에서 클러스터링

다음으로 메인 메모리에 올라가지 않는 데이터를 처리하면서 유클리드 공간을 요구하지 않는 알고리즘을 소개할 것이다. 저자들의 이름을 따서 GRGPF[Ganti, Ramakrishnan, Gehrke, Powell, French]라고 불리는 이 알고리즘은 계층적 접근법과 점 할당 방법을 모두 차용한다. CURE처럼 메인 메모리에 올라간 표본 점들로 클러스터를 표현한다. 그러나 CURE와 달리 클러스터를 트리 구조를 사용해 계층적으로 구성하는 방식이기 때문에 새로운 점은 트리 아래쪽으로 이동해 가며 적절한 클러스터에 할당된다. 트리의 리프leaf 노드들은 어떤 클러스터의 요약 정보를 가지며, 중간 노드들은 자신들을 통과해 도달할 수 있는 클러스터들을 설명하는 일부 정보를 갖는다. 서로 간의 거리를 이용해 클러스터들을 그룹화한 덕분에 리프 노드에 위치한 클러스터들은 서로 가까이에 있고, 중간 노드 하나로부터 도달 가능한 클러스터들 역시 상대적으로 가까이 위치하게 된다.

7.5.1 GRGPF 알고리즘의 클러스터 표현 방식

점들을 클러스터에 할당하면 그 클러스터는 커질 수 있다. 클러스터에 속한 대부분 점들은 디스크에 저장되는데, 그들을 검색하는 것은 가능하지만 다른 점들을 할당하기 위한 계산에 사용되지는 않는다. 메인 메모리에서 클러스터를 표현하는 방식에는 몇 가지 특징이 있다. 이런 특징들을 나열하기 전에, p가 클러스터의 어느 한 점이라고 했을 때 p에서 해당 클러스터의 다른 점들 각각에 이르는 거리들의 제곱을 더한 값을 ROWSUM(p)라 하자. 비록 비유클리드 공간이지만 점들에 적용되는 거리 측정치 d가 존재한다. 그렇지 않다면 점들을 클러스터링하는 것은 절대 가능하지 않다는 사실에 유의하라. 다음 특징들이 클러스터를 대표한다.

1. N: 클러스터에 속한 점들의 개수
2. 클러스터의 클러스트로이드: 이는 특별히 다른 점들까지의 거리 제곱의 합이 가장 작은 클러스터 내의 점으로 정의된다. 즉 클러스트로이드는 ROWSUM가 최소인 클러스터 내의 점이다.
3. 그 클러스트로이드에 대한 rowsum
4. 선택된 상수 k에 대해 클러스터에 속한 점들 중 클러스트로이드와 가장 가까운 k개의 점들과 그들의 rowsum: 이들은 클러스터에 점들을 추가하면서 클러스트로이드가 변경되는 경우 대표 점의 일부가 되는 점들이다. 새로운 클러스트로이드는 이전 클러스트로이드 근처 k개의 점들 중 하나가 될 것이라고 가정한다.
5. 클러스터에 속한 점들 중 클러스트로이드와 가장 멀리 떨어진 k개의 점들과 그들의 rowsum: 이 점들은 두 클러스터가 결합하기에 충분히 가까운지 판단의 기준이 되는 대표 점들이다. 두 클러스터가 가까우면 이 대표 점들도 서로 가까울 것이라 가정한다.

7.5.2 클러스터 트리 초기화

클러스터는 트리 구조로 구성할 수 있는데 B 트리나 R 트리와 같은 클러스터 표현 트리는 여러 디스크 블록 혹은 페이지들을 차지할 정도로 노드들의 개수가 매우 많다. 트리의 리프 노드는 가능한 한 많은 클러스터 표현 값들을 갖는다. 클러스터 표현 값들의 크기는 클러스터에 속한 점들의 개수와 무관하다는 사실에 주목하라.

클러스터 트리의 중간 노드는 자신의 하위 트리들에서 루트를 향하는 포인터와 함께 자신의 하위 트리 각각으로 표현되는 클러스터들의 클러스트로이드 표본을 갖는다. 표본의 크기는 고정돼 있어서 중간 노드가 가질 수 있는 자식들의 개수는 트리 레벨에 독립적이다. 트리 상위로 올라갈수록 주어진 클러스터의 클러스트로이드가 표본의 일부가 될 가능성은 낮아진다는 사실을 명심해야 한다.

메인 메모리의 데이터셋에서 표본을 가져온 후 그 표본을 계층적으로 클러스터링함으로써 클러스터 트리를 초기화한다. 이 클러스터링 결과로 트리 T가 만들어지나, 이는 사실 GRGPF 알고리즘에서 사용되는 트리가 아니다. 대신 T에서 n개의 클러스터들을 표현하는 노드들을 원하는 만큼 선택한다. 이들이 GRGPF 알고리즘의 초기 클러스터들이며, 그들의 대표 값들을 클러스터 표현 트리의 리프 노드에 위치시킨다. 이후 T에서 공통 조상ancestor을 찾아내서 클러스터들을 클러스터 표현 트리의 중간 노드로 그루핑한다. 그러므로 어떻게 보면 하나의 중간 노드에서 내려오는 클러스터들은 서로 가능한 한 가깝다고 할 수 있다. 클러스터 표현 트리의 재배치가 필수적인 경우가 있는데, 이 과정은 B 트리의 재조직 과정과 유사하다. 여기서 이 문제를 자세히 설명하지는 않을 것이다.

7.5.3 GRGPF 알고리즘에서 점들을 추가하기

이제 보조기억장치에서 점들을 읽어 오고 각 점을 가장 가까운 클러스터로 삽입할 차례다. 루트를 시작으로 루트의 각 자식들에 대한 표본 클러스트로이드들을 조사한다. 새로운 점 p와 가장 가까운 클러스트로이드를 갖는 자식이 다음으로 검사할 노드가 된다. 트리에서 어느 노드에 도달했을 때 그 노드의 자식들에 대한 표본 클러스트로이드들을 검토해 p와 가장 가까운 클러스트로이드를 갖는 자식으로 이동한다. 노드에서 표본 클러스트로이드 중 일부가 더 높은 레벨에서 발견됐을 수도 있으나, 각 레벨은 하위 클러스터에 관한 세부 정보를 좀 더 자세히 제공하기 때문에 트리에서 레벨이 낮아질 때마다 새로운 표본 클러스트로이드를 많이 마주치게 된다는 사실을 유념해야 한다.

마지막으로 리프 노드에 도달하게 된다. 이 리프 노드는 그 리프 노드에 의해 표현되는 각 클러스터에 대한 클러스터 특징 값^{feature}들을 가지며, p와 가장 가까운 클러스트로이드를 갖는 클러스터를 선택한다. 새로운 노드 p를 반영해 그 클러스터의 대표 값들을 조정한다. 특별히

1. N에 1을 더한다.
2. p와 대표 값에서 언급된 각 노드 q 사이의 거리 제곱을 $\text{ROWSUM}(q)$에 더한다. 이 점들 q는 클러스트로이드, k개의 최근접 점들, 가장 멀리 떨어진 점 k개를 포함한다.

p가 대표 값의 일부가 돼야 하는 경우(예컨대 클러스트로이드의 최근접 k개의 점들 중 하나로 밝혀질 경우) p의 rowsum 역시 계산한다. 디스크에 접근해서 클러스터의 모든 점들을 검색하지 않고서는 $\text{ROWSUM}(p)$를 정확하게 계산할 수 없음에 주의하라. 따라서 아래와 같은 추정 방법을 사용한다.

$$\text{ROWSUM}(p) = \text{ROWSUM}(c) + Nd^2(p, c)$$

여기서 $d(p, c)$는 p와 클러스트로이드 c 사이의 거리다. 이 공식에서 N과 $\text{ROWSUM}(c)$은 p가 추가되기 이전의 특징 값들이다.

왜 이런 추정 방법이 동작하는지 궁금할 수 있다. 7.1.3절에서 '차원의 저주'를 설명하면서 특별히 고차원 유클리드 공간에서는 거의 모든 각이 직각임을 확인할 수 있었다. 물론 GRGPF 유클리드 공간만을 다루는 것은 아니지만, 일반적으로 비유클리드 공간 역시 차원의 저주 아래 놓여 있고, 여러 측면에서 고차원 유클리드 공간과 비슷한 행태를 보인다고 가정한다. 클러스터에서 p와 c, 그리고 또 다른 점 q 사이의 각이 직각이면 피타고라스 정리에 따라 다음 식이 성립한다.

$$d^2(p, q) = d^2(p, c) + d^2(c, q)$$

c가 아닌 모든 q 전부를 더하고, 클러스트로이드 역시 클러스터에 속한 점들 중 하나이므로 $d^2(p, c)$를 $\text{ROWSUM}(p)$에 더하면 다음 식 $\text{ROWSUM}(p) = \text{ROWSUM}(c) + Nd^2(p, c)$를 얻을 수 있다.

이제 새로운 점 p가 클러스트로이드로부터 가장 가까운 혹은 가장 먼 k개의 점들 중 하나인지 확인해야 한다. 만약 그렇다면 p와 p의 rowsum은 클러스터 특징 값feature이 되며, 그 외 다른 특징 값들 중 하나를 대체한다. 대체된 점은 이제 더 이상 k개의 가장 가까운 혹은 먼 점들 중 하나가 아니다. 또한 k개의 가장 가까운 점들 중 하나인 q에 대한 rowsum이 ROWSUM(c)보다 작은지 검토해야 한다. 이런 상황은 p가 현재 클러스트로이드보다 이런 점들 중 하나에 더 가까울 때 발생한다. 만약 그렇다고 하면 c와 q의 역할을 교체한다. 결국 실제 클러스트로이드는 더 이상 원래 k개의 가장 가까운 점들 중 하나가 될 수밖에 없다. 메인 메모리에서 클러스터에 속한 다른 점들을 확인할 수 없기 때문에 이를 확인하는 방법은 없다. 그러나 점들은 모두 디스크에 저장돼 있으며, 클러스터 특징 값의 재연산을 위해 주기적으로 메인 메모리에 올릴 수 있다.

7.5.4 클러스터의 분할과 병합

GRGPF 알고리즘은 클러스터 반지름 길이에 제한을 둔다. 특이하게도 반지름을 $\sqrt{\text{ROWSUM}(c)/N}$라고 정의하는데, 여기서 c는 클러스트로이드이며 N은 클러스터에 속한 점들의 개수다. 즉 반지름은 센트로이드로부터 클러스터 점들까지의 거리를 제곱한 값의 평균에 대한 제곱근이다. 클러스터의 반지름이 너무 커지면 클러스터는 2개로 분할된다. 그 클러스터의 점들은 메인 메모리에 올려지고 rowsum을 최소화하는 2개의 클러스터로 나뉜다. 두 클러스터에 대한 클러스터 특징 값들이 계산된다.

이제 분할된 리프 노드는 결국 하나 이상의 클러스터를 표현하게 됐다. 클러스터 트리를 B 트리처럼 관리해 하나 이상의 클러스터가 추가될 수 있는 공간을 마련해 둬야 한다. 그렇게 할 수 없다면 리프 노드는 2개의 리프 노드들로 분할돼야 한다. 분할 과정을 구현하기 위해서는 부모 노드에 또 다른 포인터와 더 많은 표본 클러스트로이드들을 추가해야 한다. 역시 여분의 공간이 있을 수 있으나 그렇지 않다면 이 부모 노드 역시 분할돼야 하고, 다시 다른 노드에 할당된 표본 클러스트로이드들 사이의 거리를 제곱한 값이 최소가 되도록 해야 한다. B 트리에서와 같이 이 분할 과정은 루트로 올라가면서 전파되며 루트 노드 역시 필요하면 분할될 수 있다.

최악의 상황은 현재 클러스터 표현 트리가 너무 커서 메인 메모리에 올라가지 않는 경우다. 할 수 있는 일은 하나다. 클러스터 반지름 길이에 대한 제한을 완화해 클러스터 쌍들을 결합하고 트리를 작게 만드는 것이다. 클러스터의 표현 값들이 같은 부모를 가지며 같은 리프 노드 혹은 리프 노드들에 위치한다는 점에서 '근처에' 있는 클러스터들을 고려하는 것이 보통이다. 그러나 이론상으로는 어느 클러스터든 C_1과 C_2를 하나의 클러스터 C로 결합하면 된다.

클러스터를 결합하기 위해서 C_1의 클러스트로이드 혹은 C_2의 클러스트로이드에서 가능한 한 먼 점들 중 하나가 C의 클러스트로이드가 될 것이라고 가정한다. C_1의 센트로이드에서 가능한 한 먼 k개의 점들 중 하나인 점 p에 대한 C에서의 rowsum을 계산하기 원한다고 가정하자. 다음 공식이 성립하도록 차원의 저주에 근거해 모든 각을 대략 90도로 생각한다.

$$\mathrm{ROWSUM}_C(p) = \mathrm{ROWSUM}_{C_1}(p) + N_{C_2}\big(d^2(p, c_1) + d^2(c_1, c_2)\big) + \mathrm{ROWSUM}_{C_2}(c_2)$$

위 식에서 각 특징 값이 참조하는 클러스터를 N과 ROWSUM의 아래 첨자로 표시했다. C_1과 C_2의 클러스트로이드를 각각 c_1과 c_2로 표현했다.

자세하게 설명하면 p와 같은 클러스터에 속한 점들에 해당하는 항들을 얻기 위해 $\mathrm{ROWSUM}_{c_1}(p)$에서 시작해 결합된 클러스터 C에 속한 p로부터 모든 노드들까지의 거리를 제곱한 값의 합을 계산한다. C_2에서 N_{C_2}개의 점 q에 대해서는 p로부터 C_1 클러스트로이드까지의 경로를, 그 이후 C_2 클러스트로이드까지의 경로를, 마지막으로 q까지의 경로를 따진다. p에서 c_1 그리고 c_1에서 c_2 구간 사이가 90도라 가정하고, p에서 c_2 그리고 c_2에서 q 구간의 최단 경로 사이 역시 90도라 가정한다. 이후 피타고라스 정의를 사용해 각 q에 이르는 경로 길이의 제곱이 세 구간의 제곱의 합이 됨을 증명한다.

이제 병합된 클러스터를 위한 특징 값들의 결합을 마무리 할 차례다. 병합된 클러스터의 모든 점을 고려해야 하는데 우리가 알고 있는 것은 rowsum들이다. 즉 새로운 클러스트로이드로 선택된 점 외에 두 클러스터의 센트로이드들과 각 클러스터의 클러스트로이드의 최근접 k개의 점들 및 각 클러스터의 클러스트로이드로부터 가장 멀리 떨어진 k개의 점들이다. 이런 $4k + 1$개의 점들 각각을 대상으로 새로운 클러스트로이드와의 거리를 계산할 수 있다. '가까운' 점들을 계산하기 위해 최단 거리에 위치한 점 k개를 선택하고, '먼' 점들을 계산하기 위해 최대 거리에 위치한 점 k개를 선택한다. 그런 다음 클러스트로이드 후보의 rowsum을 계산했던 공식을 이용해 선택된 점들의 rowsum을 구할 수 있다.

7.5.5 7.5절 연습문제

연습문제 7.5.1 7.5.1절의 클러스터 표현 방식을 사용해 그림 7.8의 12개의 점을 하나의 클러스터로 나타내라. 매개 변수 $k = 2$를 대표 값에 포함되는 가까운 점들과 먼 점들의 개수로 사용하라. 힌트: 유클리드 거리이므로 x축과 y축에서 발생하는 차이의 제곱에 대한 합을 이용하면 두 점 사이의 거리를 제곱한 값을 얻을 수 있다.

연습문제 7.5.2 그림 7.8 오른쪽 하단에 위치하는 5개의 점으로 구성된 클러스터에 GRGPF 알고리즘에서 사용된 정의로서의 반지름을 계산하라. 클러스트로이드는 (11, 4)라는 점에 유의하라.

7.6 스트림을 위한 클러스터링과 병렬 처리

7.6절에서는 스트림을 클러스터링하는 방법을 간략하게 설명할 것이다. N개의 점들로 이뤄진 슬라이딩 윈도우^sliding window가 있는 상황을 가정하면(4.1.3절을 상기해 보자), $m \leq N$인 조건에서 이 점들 중 마지막 m개로 이뤄진 최적의 클러스터들의 센트로이드 혹은 클러스트로이드를 알아낼 수 있다. 또한 컴퓨팅 클러스터 환경에서 맵리듀스를 사용해 고정 점들의 대형 집합을 클러스터링하는 유사한 방법도 알아볼 것이다. 또한 스트림에서 클러스터가 변화하는 방식에 따라 사용 가능한 방법들을 간략하게 제시할 것이다.

7.6.1 스트림 연산 모델

각 스트림 원소는 특정 공간의 한 점에 해당한다고 가정한다. 슬라이딩 윈도우는 가장 최근 N개의 점들로 구성된다. $m \leq N$인 조건에서 '마지막 m개 점들의 클러스터는 무엇인가?'와 같은 질의에 빠르게 응답하기 위해 스트림에 속한 점들의 부분집합을 미리 클러스터링해 두는 것이 목표다. 클러스터 구성 방식을 어떻게 정의하느냐에 따라 질의가 다양해질 수 있다. 예컨대 k평균 방식을 사용하는 경우 마지막 m개의 점들이 k개의 클러스터로 정확하게 할당됐는지를 실제로 묻는다. 혹은 클러스터들을 더 큰 클러스터로 병합하는 과정을 멈추는 시점을 결정하기 위해 7.2.3절 혹은 7.2.4절의 기준 중 하나를 사용해서 클러스터의 개수를 변경할 수도 있다.

스트림의 점들이 위치하는 공간과 관련해서는 제한을 두지 않는다. 유클리드 공간인 경우 질의에 대한 응답은 선택된 클러스터들의 센트로이드가 된다. 비유클리드 공간인 경우 응답은 선택된 클러스터들의 클러스트로이드가 되는데 '클러스트로이드'를 어떻게 정의하든 상관없다(7.2.4절 참조).

선택된 모든 스트림 원소들의 통계치가 시간이 흘러도 변치 않는다면 문제는 상당히 간단해진다. 그런 경우 표본 스트림만으로도 클러스터를 충분히 예측할 수 있으며, 사실상 이후의 스트림을 무시해도 된다. 그러나 스트림 모델에서는 보통 스트림 원소들의 통계치가 시간이 흐르면서 변한다고 가정한다. 예를 들어, 클러스터의 센트로이드는 시간이 흐르면서 점진적으로 이동될 수 있으며, 혹은 클러스터가 확장, 축소, 분할 아니면 병합될 수도 있다.

7.6.2 스트림-클러스터링 알고리즘

7.6.2절에서는 저자들의 이름을 따서 BDMO[Babcock, Datar, Motwani, O'Callaghan]라고 불리는 매우 간략화된 알고리즘을 설명하려고 한다. 이 알고리즘의 실제 버전은 훨씬 더 복잡하며, 최악의 상황에서도 성능을 보장하기 위해 고안됐다.

BDMO 알고리즘은 4.6절에서 설명했던 스트림에서 개수를 세는 방법론에 기초한다. 중요한 유사점과 차이점은 다음과 같다.

- 4.6절의 알고리즘처럼 스트림의 점들은 2의 제곱수 크기의 버킷으로 분할되고 요약된다. 여기서는 (차이점) 버킷의 크기가 버킷이 표현하는 점들의 개수를 의미한다. 값이 1인 스트림 원소의 개수가 아니다.
- 4.6절의 알고리즘처럼 각 버킷의 크기는 1개 혹은 2개에서 시작해 일정 개수에 이른다는 제한이 가해진다. 그러나 여기서는 (차이점) 버킷의 크기가 1에서 시작하는 일정 개수들이어야 한다고 가정하지 않는다. 3, 6, 12, 24, . . .처럼 각 크기가 이전 크기의 두 배가 되기만 하면 된다.
- 과거로 갈수록 버킷 크기가 감소하지 않도록 제한된다. 4.6절에서와 같이 버킷의 개수가 $O(\log N)$일 것이라는 결론을 내릴 수 있다.
- 버킷의 내용은 다음으로 구성된다.

1. 버킷의 크기
2. 해당 버킷으로 가장 최근에 들어온 점의 타임스탬프. 4.6절에서와 같이 타임스탬프는 모듈로modulo N으로 기록된다.
3. 해당 버킷의 점들이 분할된 클러스터들을 표현하는 정보들의 집합. 이 정보는 다음을 포함한다.
   (a) 클러스터에 속한 점들의 개수
   (b) 클러스터의 센트로이드 혹은 클러스트로이드.
   (c) 클러스터를 병합하고, 병합된 클러스터 전체 집합에 대한 추정치를 유지하는 데 필요한 그 외 다른 매개 변수들. 7.6.4절에서 결합 과정을 설명할 때 예를 들 것이다.

7.6.3 버킷 초기화

가장 작은 버킷 크기는 2의 제곱수인 p가 될 것이다. 따라서 모든 p개의 스트림 원소들마다, 가장 최근 p개의 점들이 속하게 될 버킷을 새롭게 생성한다. 이 버킷의 타임스탬프는 그 버킷에 존재하는 가장 최근 점의 타임스탬프다. 각 점을 단일 클러스터에 남겨두거나 선택한 클러스터링 전략에 따라 이런 점들에 클러스터링을 수행할 수도 있다. 예를 들어, k평균 알고리즘을 선택한다면 ($k < p$라 가정하고) 점들을 k개의

클러스터로 클러스터링한다.

초기에 어떤 클러스터링 방법을 사용하든 클러스터의 센트로이드 혹은 클러스트로이드를 계산할 수 있고, 각 클러스터에 속한 점들의 개수를 셀 수 있다고 가정한다. 이 내용은 각 클러스터에 대한 정보의 일부가 된다. 또한 병합 과정에 필요하게 될 클러스터의 다른 매개 변수들도 모두 계산한다.

7.6.4 버킷 병합

4.6절의 전략을 따르면 새로운 버킷을 생성할 때마다 나열된 버킷들을 검토해야 한다. 첫 번째로, 현재 시간 이전에 타임스탬프가 N시간 단위 이상인 버킷이 있다면 그 윈도우에서 해당 버킷은 아무 의미도 갖지 못하므로 리스트에서 그 버킷을 삭제하면 된다. 두 번째로, 크기가 p인 3개의 버킷이 생성됐을 수도 있는데, 이런 경우 3개 중 가장 오래된 2개의 버킷을 병합해야 한다. 결합을 통해 크기가 $2p$인 버킷 2개가 만들어지는데 4.6절에서와 같이 버킷들의 크기를 증가시키며 재귀적으로 결합해야 할 수도 있다.

2개의 연속된 버킷을 병합하려면 다음과 같은 몇 가지 작업을 수행해야 한다.

1. 병합된 버킷의 크기는 결합되는 버킷 크기의 두 배다.
2. 결합된 버킷의 타임스탬프는 둘 중 더 최근 타임스탬프로 설정한다.
3. 클러스터를 결합해야 할지 판단해야 하는데, 결합해야 하는 경우 결합되는 클러스터들의 매개 변수를 계산해야 한다. 결합 기준과 필요한 매개 변수를 계산하는 방법들에 관한 다수의 예제를 살펴봄으로써 이런 종류의 알고리즘을 상세하게 서술할 것이다.

예제 7.14 아마도 유클리드 공간에서는 k평균 방법을 사용하는 경우가 가장 간단할 것이다. 클러스터에 속한 점들의 개수와 센트로이드를 사용해 클러스터를 표현한다. 각 버킷은 정확하게 k개의 클러스터를 가지므로 $p = k$로 선택하거나, 7.6.3절에서와 같이 초기에 버킷을 생성할 때 k보다 p를 크게 선택해서 p개의 점들을 k개의 클러스터로 클러스터링할 수 있다. 첫 번째 버킷의 클러스터 k개와 두 번째 버킷의 클러스터 k개 사이의 최적의 조합^{matching}을 찾아야 한다. 여기서 '최적'이 의미하는 바는 조합된 클러스터들의 센트로이드 사이의 거리 합이 최소가 되는 조합을 뜻한다.

같은 버킷의 두 클러스터를 결합하는 경우는 고려하지 않는데, 연속된 버킷들 사이에서는 클러스터들이 너무 많이 변경되지 않는다는 가정 때문이다. 따라서 2개의 인접한 버킷 각각에서 스트림에 존재하는 k개의 '실제' 클러스터 각각에 대한 대표값을 찾게 될 것이다.

각 버킷에 존재하는 두 클러스터를 결합하기로 결정할 때 결합된 클러스터에 속한 점들의 개수는 반드시 두 클러스터에 속한 점들의 개수의 합이 된다. 결합된 클러스터의 센트로이드는 두 클러스터의 센트로이드에 대한 가중된 평균인데 클러스터에 속한 점들의 개수로 가중치가 부여된다. 즉 두 클러스터에 속한 점들의 개수가 각각 n_1, n_2개이고, 센트로이드는 $\mathbf{c}_1$, $\mathbf{c}_2$라면(이는 특정 d에 대한 d차원 벡터다) 결합된 클러스터에 속한 점들의 개수는 $n = n_1 + n_2$이고, 센트로이드는 다음과 같이 계산된다.

$$\mathbf{c} = \frac{n_1\mathbf{c}_1 + n_2\mathbf{c}_2}{n_1 + n_2}$$

■

예제 7.15 클러스터들이 매우 느리게 변경될 때는 예제 7.14의 방법이 적절하다. 연속된 2개의 버킷에서 센트로이드를 조합할 때 클러스터의 센트로이드들이 너무 빠르게 이동하는 바람에 어느 것이 최적의 조합인지 명확하지 않은 애매한 상황에 부딪힐 수 있다. 이런 상황을 방지하는 한 가지 방법은 질의 시 정확하게 k개의 클러스터로 병합해야 한다는 사실을 알고 있더라도(7.6.5절 참조) 각 버킷에서 k개 이상의 클러스터를 생성하는 것이다. 예를 들어, p를 k보다 훨씬 크게 선택해서 병합 시에 그 결과가 7.2.3절에 설명한 기준 중 하나에 부합할 때만 클러스터들을 병합하면 된다. 아니면 계층적 방법을 사용해 각 버킷에 $p > k$ 클러스터가 유지되도록 하기 위한 최적의 병합 결과를 만들어 낼 수 있다.

구체적으로, 한 클러스터의 모든 점과 센트로이드 사이의 거리 합에 제한을 두기 원한다고 가정하자. 그러면 클러스터에 속한 점들의 개수 및 센트로이드와 더불어 클러스터 정보에 이 합에 대한 추정치를 포함시킬 수 있다. 버킷을 초기화할 때 합을 정확하게 계산할 수 있다. 그러나 클러스터를 병합할 때는 이 매개 변수가 오직 추정치일 뿐이다. 두 클러스터를 병합하고 병합된 클러스터의 거리 합을 계산하기 원한다고 가정하자. 예제 7.14에서 사용한 방식[notation]으로 센트로이드와 개수를 표현하고, s_1과 s_2를 두 클러스터에 대한 합이라고 하자. 그러면 병합된 클러스터의 반지름을 다음과 같이 추정할 수 있다.

$$n_1|\mathbf{c}_1 - \mathbf{c}| + n_2|\mathbf{c}_2 - \mathbf{c}| + s_1 + s_2$$

즉 모든 점 x와 새로운 센트로이드 c 사이의 거리를 그 점에서 예전 센트로이드까지의 거리(위 식의 마지막 두 항인 $s_1 + s_2$)에 예전 센트로이드에서 새로운 센트로이드까지의 거리(이전 식의 처음 두 항)를 더한 값이라 추정한다. 삼각 부등식에 의해서 이 추정치가 상한 선이 된다는 사실에 주목하라.

다른 방법은 거리의 합을 그 점들에서 센트로이드까지 거리에 대한 제곱의 합으로 대체하는 것이다. 두 클러스터에 대한 이런 합이 각각 t_1, t_2라면 새로운 클러스터에서 같은 합에 대한 추정치를 다음으로 생성할 수 있다.

$$n_1|\mathbf{c}_1 - \mathbf{c}|^2 + n_2|\mathbf{c}_2 - \mathbf{c}|^2 + t_1 + t_2$$

이 추정치는 고차원 공간인 경우 '차원에 저주'에 의해 정확한 값에 가까워진다. ▪

예제 7.16 세 번째 예제는 비유클리드 공간이며 클러스터 개수에 제한을 두지 않는다고 가정한다. 7.5절의 GRGPF 알고리즘으로부터 몇 가지 기법을 차용할 것이다. 특히 클러스터를 클러스트로이드와 rowsum(클러스터의 각 노드에서 클러스트로이드까지의 거리 제곱의 합)으로 표현한다. 클러스트로이드와 rowsum으로부터 거리를 포함해 클러스트로이드로부터 최대 거리에 위치한 점들의 집합과 관련된 내용을 클러스터 정보에 포함시킨다. 이 정보는 클러스터가 다른 클러스터와 병합될 때 새로운 클러스트로이드를 결정하기 위해 사용된다는 점을 기억하라.

버킷들을 병합할 때는 병합해야 할 클러스터들을 결정하는 다양한 방법 중 하나를 선택하면 된다. 예를 들어, 클러스터들의 클러스트로이드 사이의 거리 순서로 클러스터 쌍들을 따져 볼 수 있다. 또한 클러스터들을 살펴볼 때 rowsum의 합이 일정

한계 이하면 클러스터를 병합하기로 결정할 수도 있다. 다른 방법으로는 rowsum의 합을 클러스터에 속한 점들의 개수로 나눈 값이 한계점 이하면 병합을 수행할 수도 있다. 결정에 필요한 데이터(예를 들어, 클러스터 지름)들을 준비해 두면, 클러스터를 병합하는 시점을 결정하기 위해 논의했었던 그 외 전략들 중 어느 것도 사용할 수 있다.

그런 후에 2개의 병합된 클러스터들의 클러스트로이드로부터 가장 먼 점들 중에서 새로운 클러스트로이드를 선택해야 한다. 이런 후보 클러스트로이드들 각각에 대한 rowsum을 7.5.4절에 주어진 공식으로 계산할 수 있다. 7.5.4절에서 설명했던 전략에 따라, 병합될 각 클러스터의 거리 정보들로부터 새로운 rowsum과 클러스터로이드까지의 거리를 계산한다. ■

7.6.5 질의에 대한 응답

$m \leq N$인 최근 m개 점들로 구성된 클러스터를 만들라는 요청이 하나의 질의였음을 기억하라. 시간의 흐름과 반대 방향으로 버킷들을 병합하는 전략을 채택했기 때문에 정확하게 마지막 m개의 점들을 포함하는 버킷 집합을 찾을 수 없을지도 모른다. 그러나 m개의 점을 포함하는 최소한의 버킷들을 선택할 수는 있고, 이 버킷들이 $2m$개보다 많은 점들은 포함하지 않는다고 보장할 수 있다. 선택된 버킷들에서 모든 점의 센트로이드 혹은 클러스트로이드를 질의에 대한 응답으로 생성할 것이다. 마지막 m개의 점들로 이뤄진 클러스터에 대한 근사치를 더 정확하게 얻기 위해서는 $2m$와 $m + 1$개 사이의 점들에 대한 통계치들이 가장 최근 m개의 점들에 대한 통계치들과 완전히 다르다고 가정해야 한다. 그러나 4.6.6절에서 언급한 사실을 상기해 볼 때 통계치들이 너무 급속하게 변하면 조금 더 복잡하게 버킷을 구성하는 방식을 통해 어떠한 $\epsilon > 0$에 대해서도 최대 마지막 $m(1 + \epsilon)$개의 점들을 포함하는 버킷들을 찾을 수 있다.

원하는 버킷들을 선택했다면 그 버킷들의 모든 클러스터들을 이용한다. 그런 다음 특정 방법론을 통해 어느 클러스터들을 병합할지 결정한다. 예제 7.14와 예제 7.16은 두 가지 병합방식을 설명하고 있다. 예컨대 정확하게 k개의 클러스터를 생성해야 하는 경우 예제 7.14처럼 k개의 클러스터가 남을 때까지 센트로이드들 사이의 거리가 가장 가까운 클러스터들을 병합해 나가면 된다. 아니면 예제 7.16의 표본처럼 다양한 방법으로 클러스터들을 병합할지 혹은 병합하지 않을지 결정을 내릴 수 있다.

7.6.6 분산 환경에서의 클러스터링

이제 컴퓨팅 클러스터에서 사용할 수 있는 병렬 처리 기법을 간략하게 알아보자.[3] 점들로 구성된 대형 집합들이 있고 이 점들로 이뤄진 클러스터의 센트로이드를 계산하기 위해 병렬 처리를 활용하기 원한다고 가정하자. 가장 간단한 방법은 맵리듀스 전략을 사용하는 것이나, 대부분의 경우 단일 리듀스 태스크를 사용하도록 제한받는다.

우선 다수의 맵 태스크를 생성하는 것부터 시작하자. 각 태스크에 점들의 부분 집합이 할당된다. 맵 함수의 역할은 주어진 점들을 클러스터링하는 것이다. 출력은 키-값 쌍 집합인데 고정 키로 1을 넣고, 값에는 하나의 클러스터에 대한 요약 정보 description를 넣는다. 이 요약 정보는 클러스터의 센트로이드, 개수, 지름과 같이 7.6.2 절에서 설명한 어떤 것들도 될 수 있다.

모든 키-값 쌍이 같은 키를 갖기 때문에 리듀스 태스크는 오직 하나만 존재한다. 이 태스크는 각 맵 태스크에서 생성된 클러스터의 요약 정보를 받으며, 이 클러스터들을 적절하게 병합해야 한다. 다양한 전략을 논의했던 7.6.4절의 표현 방식들을 사용해 리듀스의 출력으로 최종 클러스터를 만들어 낼 수 있다.

7.6.7 7.6절 연습문제

연습문제 7.6.1 다음 1차원 유클리드 데이터 1, 45, 80, 24, 56, 71, 17, 40, 66, 32, 48, 96, 9, 41, 75, 11, 58, 93, 28, 39, 77을 대상으로 $p = 3$으로 해 BDMO 알고리즘을 실행하라.

이 클러스터링 알고리즘은 $k = 3$인 k평균이다. 클러스터 개수와 함께 센트로이드 만으로 클러스터를 표현해야 한다.

---

3 '클러스터'라는 용어는 7.6절에서 서로 완전히 다른 두 가지 뜻이 있음을 잊어서는 안 된다.

연습문제 7.6.2 연습문제 7.6.1의 클러스터를 사용해서 마지막 10개의 점들로 구성된 클러스터링을 만들라는 요청에 최적의 센트로이드를 생성해 응답하라.

7.7 요약

- **클러스터링**: 클러스터는 일반적으로 어느 공간에 위치하며 점들의 형태로 존재하는 데이터에 관한 유용한 요약 정보다. 점들을 클러스터링하기 위해서는 해당 공간에서 거리를 측정하는 방법이 필요하다. 이상적으로 같은 클러스터에 속한 점들 사이의 거리는 작은 반면, 서로 다른 클러스터에 속한 점들 사이의 거리는 크다.

- **클러스터링 알고리즘**: 클러스터링 알고리즘은 보통 두 종류로 구분된다. 계층적 클러스터링 알고리즘은 클러스터에 포함된 모든 점에서 시작해 가까운 클러스터들이 반복적으로 합쳐지는 방식이다. 점 할당 클러스터링 알고리즘은 점들을 반복적으로 검사해 가장 알맞은 클러스터에 할당하는 방식이다.

- **차원의 저주**: 비유클리드 공간에 속한 점들뿐만 아니라 고차원 유클리드 공간에 속한 점들은 보통 비직관적인 방식으로 행동한다. 이런 공간에서는 예측하기 힘든 두 가지 특징이 나타나는데, 임의의 점들이 거의 항상 같은 거리에 위치한다는 것과 임의의 벡터들이 거의 항상 직교한다는 것이다

- **센트로이드와 클러스트로이드**: 유클리드 공간에서는 클러스터 멤버들에 대한 평균을 구할 수 있는데, 이 평균을 센트로이드라고 부른다. 비유클리드 공간에서는 점들이 '평균'을 갖는다고 보장할 수 없으므로 클러스터의 멤버 중 하나를 대표로 혹은 전형적인 원소로 사용해야 한다. 그 대표를 클러스트로이드라고 부른다.

- **클러스트로이드 선택하기**: 비유클리드 공간에서 클러스터를 대표하는 점을 정의하는 방법은 많다. 예컨대 다른 점들과의 거리들의 합이 최소인 점, 그런 거리들에 대한 제곱의 합이 최소인 점, 혹은 해당 클러스터의 어느 점과의 최대 거리가 최소인 점을 선택하는 방법들이 있다.

- **반지름과 지름**: 유클리드 공간이든 비유클리드 공간이든, 클러스터의 반지름은 센

트로이드 혹은 클러스트로이드에서 해당 클러스터에 속한 어느 점까지의 최대 거리로 정의한다. 또한 클러스터의 지름은 해당 클러스터에 속한 두 점 사이의 최대 거리로 정의한다. 반지름에 대해서는 특별히 다른 정의가 가능한데, 센트로이드에서 다른 점들까지의 평균 거리를 반지름으로 사용할 수도 있다.

■ **계층적 클러스터링**: 이 알고리즘들과 관련된 변종이 많은데 이들은 주로 두 가지 면에서 구분된다. 첫 번째는 다음으로 병합할 클러스터들을 선택하는 방법이 다양하다는 것이다. 두 번째는 병합 과정을 멈추는 시점을 결정하는 방법 역시 다양하며, 이를 통해 구분이 가능하다.

■ **병합할 클러스터 선택하기**: 계층적 클러스터링으로 최적의 병합 대상 클러스터 쌍을 결정하는 한 가지 전략은 가장 가까운 센트로이드 혹은 클러스트로이드를 가진 클러스터들을 선택하는 것이다. 또 다른 방법은 각 클러스터에 속한 점들로 구성된 쌍 중에서 가장 가까운 두 점이 속한 클러스터 쌍을 선택하는 것이다. 세 번째로는 두 클러스터에 속한 점들의 평균 거리를 사용하는 방법이 있다.

■ **병합 과정 중단하기**: 계층적 클러스터링은 고정 개수의 클러스터가 남을 때까지 계속될 수 있다. 아니면 병합을 통해 충분히 조밀한 클러스터 쌍을 더 이상 찾을 수 없을 때까지 병합을 진행할 수도 있다. 결합된 클러스터의 반지름 혹은 지름이 일정 한계 이하가 될 때 멈추는 것을 예로 들 수 있다. 또 다른 방법으로는 병합 결과로 생기는 클러스터의 '밀도'가 충분히 높은 동안에만 병합을 진행하는 것이다. 밀도는 다양한 방법으로 정의될 수 있으나, 점들의 개수를 반지름 같은 클러스터 크기와 관련된 측정치로 나눈 값으로 정의한다.

■ **K평균 알고리즘**: 이 알고리즘군은 점 할당 방식이며 유클리드 공간을 가정한다. k 값은 미리 공개되며 정확하게 k개의 클러스터가 있다고 가정한다. k개의 초기 클러스터 센트로이드를 선택한 후 점들을 한 번에 하나씩 검토해 가장 가까운 센트로이드에 할당한다. 점들을 할당할 때마다 클러스터의 센트로이드는 이동되기 때문에 첫 번째 단계를 통해 얻은 최종 값을 기준으로 모든 점을 다시 할당하는 과정을 한 번 더 수행할 수도 있다.

■ **K평균 알고리즘의 초기화**: k개의 초기 센트로이드를 찾는 한 가지 방법은 임의로 한 점을 선택하고, 이전에 선택한 점과 가능하면 멀리 떨어진 $k - 1$개의 점들을 추

가로 선택하는 것이다. 다른 방법으로는 작은 개수의 표본 점들을 시작으로 계층적 클러스터링을 사용해 그 점들을 k개의 클러스터로 결합해 나가는 방식이 있다.

- **K평균 알고리즘에서 K 선택하기**: 클러스터 개수가 공개되지 않았다면 서로 다른 k 값들로 k평균 클러스터링을 시도하는 이진 검색 기법을 사용할 수 있다. 클러스터 개수가 k개 이하일 때 클러스터의 평균 지름이 갑자기 증폭하게 되는 k의 최대값을 찾는다. 이는 실제 k 값의 로그만큼 클러스터링을 반복해 알아낼 수 있다.

- **BFR 알고리즘**: 이 알고리즘은 k평균의 일종으로 크기가 너무 커서 메인 메모리에 올라갈 수 없는 데이터를 처리하기 위해 고안됐다. 클러스터들은 축을 기준으로 정규 분포를 따른다고 가정한다.

- **BFR의 클러스터 표현 방식**: 디스크에서 점들은 한 번에 한 청크씩 읽혀진다. 클러스터는 메인 메모리에서 점들의 개수, 모든 점의 벡터 합, 각 차원에서 점들의 성분들을 제곱한 값에 대한 합으로 구성되는 벡터로 표현된다. 클러스터 센트로이드로부터 너무 멀리 떨어져서 클러스터에 포함될 수 없는 다른 점들은 k개의 클러스터와 같은 방법을 통해 '미니클러스터minislusters'로 표현된다. 반면 주변에 자신 이외의 다른 점이 없는 점들은 자기 자신으로 대표되며 '보유' 점들이라 불린다.

- **BFR에서 점들 처리하기**: 메인 메모리 로딩 시 대부분의 점들은 클러스터 근처에 할당되고, 그 클러스터에 대한 매개 변수는 새로운 점들을 반영하기 위해 조정될 것이다. 할당되지 않은 점들은 새로운 미니클러스터로 형성될 수 있고, 이런 미니클러스터들은 이전에 발견된 미니클러스터 혹은 보유 점들과 결합될 수 있다. 마지막 메모리 로딩 이후 미니클러스터와 보유 점들은 자신들과 가장 가까운 클러스터로 결합되거나 이상점outlier으로 남는다.

- **CURE 알고리즘**: 이 알고리즘은 점 할당 방식이다. 유클리드 공간만을 위해 고안됐으나 클러스터의 모형에 제한은 없다. 너무 커서 메인 메모리에 올라갈 수 없는 데이터를 다룬다.

- **CURE 알고리즘의 클러스터 표현 방법**: 이 알고리즘은 작은 표본 점들을 클러스터링하는 것으로 시작된다. 이후 각 클러스터의 대표 점들을 선택하는데 가능하면 클러스터에서 서로 멀리 떨어져 있는 점들을 선택한다. 클러스터 가장자리에 위치한

대표 점들을 찾는 것이 목표다. 그러나 이후 대표 점들은 그 클러스터의 센트로이드를 향해 일정 비율만큼 이동돼 클러스터 내부 어느 지점에 위치하게 된다.

- **CURE 알고리즘의 점 처리 방식**: 각 클러스터마다 대표 점들을 생성한 이후 전체 점들의 집합이 디스크에서 읽혀지고 하나의 클러스터로 할당된다. 점이 주어지면 그 점과 가장 가까운 대표 점이 속한 클러스터로 그 점을 할당한다.

- **GRGPF 알고리즘**: 이 알고리즘은 점 할당 방식이다. 메인 메모리에 올라가기에 너무 큰 데이터를 다루며, 유클리드 공간을 가정하지 않는다.

- **GRGPF 알고리즘의 클러스터 표현 방식**: 클러스터는 클러스터에 속한 점들의 개수, 클러스트로이드, 클러스트로이드와 가장 가까운 점들의 집합 및 클러스트로이드로부터 가장 멀리 떨어진 점들의 집합으로 대표된다. 클러스터가 진화하면서 주변 점들로 인해 클러스트로이드가 변경되고, 떨어진 점들을 통해 적절한 환경에서 효율적으로 클러스터들을 결합할 수 있다. 이런 점들 각각에 대해 rowsum을 기록하는데 rowsum은 그 점에서 클러스터의 다른 모든 점까지의 거리를 제곱한 값의 합에 대한 제곱근이다.

- **GRGPF 알고리즘의 클러스터의 구성**: 클러스터 대표 값들은 B-트리처럼 트리 구조로 저장된다. 여기서 트리의 노드는 일반적으로 디스크 블록을 차지하고, 많은 클러스터에 대한 정보를 포함한다. 리프 노드들은 가능하면 많은 클러스터의 대표 값들을 보유하며 중간 노드는 자신의 후손descendant 리프 노드 클러스터들의 클러스트로이드 표본을 보유한다. 어느 하위 트리에서도 클러스터의 대표 값들이 가능하면 서로 가깝게 위치하도록 트리가 구성된다.

- **GRGPF 알고리즘에서 점들 처리하기**: 표본 점들에서 클러스터를 초기화한 이후 각 점에서 클러스트로이드가 가장 가까운 클러스터로 각 점을 삽입한다. 트리 구조로 인해 루트에서 시작해 주어진 점에 가장 가까운 클러스트로이드 표본을 갖는 자식을 방문할지 선택할 수 있다. 이 규칙으로 트리에서 하나의 경로를 따라 내려가면 리프 노드에 이르게 되는데 이 리프 노드에서 클러스트로이드가 가장 가까운 클러스터에 그 점을 삽입한다.

- **스트림 클러스터링**: (스트림의 슬라이딩 윈도우에서 1의 개수를 세기 위한) DGIM 알고리즘을 일반화하면 느리게 변경되는 스트림의 일부 점들을 클러스터링하는 데 사용

할 수 있다. BDMO 알고리즘은 DGIM 알고리즘에서와 비슷한 버킷을 사용하는 데 각 버킷의 크기는 이전 버킷의 두 배가 되도록 구성된다.

- **BDMO 알고리즘의 버킷 표현 방식**: 버킷 크기는 버킷이 표현하는 점들의 개수다. 버킷 자신은 이런 점들로 구성된 클러스터의 대표 값들만을 보유하고 점들 자체는 보유하지 않는다. 클러스터 대표 값들은 점들의 개수, 센트로이드 혹은 클러스트로이드, 선택된 전략에 따라 클러스터를 결합하는 데 필요한 정보들로 구성된다.

- **BDMO 알고리즘에서 버킷 결합하기**: 버킷이 결합돼야 할 때 각 버킷에 속한 클러스터 중에서 최고의 조합을 찾고 그들을 한 쌍으로 결합한다. 스트림이 느리게 변경되면 연속된 버킷들의 클러스터 센트로이드가 거의 같다고 예상할 수 있으므로 이런 조합 방식이 잘 들어맞는다.

- **BDMO 알고리즘에서 질의에 응답하기**: 질의 대상은 슬라이딩 윈도우 뒷부분이다. 그 부분을 포함하는 최소한의 버킷들을 선택하고, 그 버킷들의 모든 클러스터에 대해 특정 기법을 사용해서 그들을 병합한다. 그 결과로 생성되는 클러스터가 그 질의에 대한 응답이다.

- **맵리듀스를 사용한 클러스터링**: 데이터를 청크로 분할하고 맵 태스크를 사용해 각 청크를 병렬로 클러스터링할 수 있다. 각 맵 태스크가 만든 클러스터들이 하나의 리듀스 태스크에 모여 몇 차례 더 클러스터링될 수 있다.

7.8 참고문헌

대용량 데이터 클러스터링에 대한 고전적 연구는 [6]의 BIRCH 알고리즘을 참고했다. BFR 알고리즘은 [2]를 참고했다. CURE 알고리즘은 [5]에서 설명하고 있다.

GRGPF 알고리즘에 대한 논문은 [3]을 참조했다. B 트리와 R 트리에 관한 필수적인 배경 지식은 [4]의 도움을 얻었다. 스트림 클러스터링에 대한 연구는 [1]에서 발췌했다.

[1] B. Babcock, M. Datar, R. Motwani, and L. O'Callaghan, "Maintaining variance and k-medians over data stream windows," *Proc. ACM Symp. on Principles of Database Systems*, pp. 234–243, 2003.

[2] P.S. Bradley, U.M. Fayyad, and C. Reina, "Scaling clustering algorithms to large databases," *Proc. Knowledge Discovery and Data Mining*, pp. 9–15, 1998.

[3] V. Ganti, R. Ramakrishnan, J. Gehrke, A.L. Powell, and J.C. French:, "Clustering large datasets in arbitrary metric spaces," *Proc. Intl. Conf. on Data Engineering*, pp. 502–511, 1999.

[4] H. Garcia-Molina, J.D. Ullman, and J. Widom, *Database Systems: The Complete Book* Second Edition, Prentice-Hall, Upper Saddle River, NJ, 2009.

[5] S. Guha, R. Rastogi, and K. Shim, "CURE: An efficient clustering algorithm for large databases," *Proc. ACM SIGMOD Intl. Conf. on Management of Data*, pp. 73–84, 1998.

[6] T. Zhang, R. Ramakrishnan, and M. Livny, "BIRCH: an efficient data clustering method for very large databases," *Proc. ACM SIGMOD Intl. Conf. on Management of Data*, pp. 103–114, 1996.

08

웹을 통한 광고

21세기의 가장 놀라운 변화는 모든 종류의 흥미로운 웹 애플리케이션이 구독 방식을 통하지 않고도 스스로 자신을 광고하는 것이 가능해졌다는 사실이다. 라디오나 텔레비전이 광고를 자신들의 주요 수입원으로 사용해 왔던 반면, 신문, 잡지를 포함한 대부분의 미디어는 광고와 구독료 모두에서 수익을 얻는 혼합된 방식을 사용해야 했다.

이제까지 온라인 광고에서 가장 수익성이 좋은 분야는 검색이었는데 이런 검색 광고의 효율성은 검색 질의와 광고를 조합하는 '애드워즈adwards' 모델에 기인한다. 따라서 8장의 대부분을 이런 임무를 최적으로 수행하는 알고리즘에 집중할 것이다. 앞으로 논의할 알고리즘은 기술적 의미로 탐욕적greedy이며 '온라인on-line'을 대상으로 한다는 점에서 특별하다. 애드워즈 문제와 씨름하기 전에 잠시 주제에서 벗어나 일반적인 두 가지 알고리즘(탐욕greediness 알고리즘과 온라인 알고리즘)을 소개할 것이다.

온라인 광고와 관련해서 두 번째로 흥미로운 문제는 온라인 상점에서 광고할 상품들을 선택하는 것이다. 이 문제는 '협업 필터링collaborative filtering'과 관련이 있는데 유사한 고객들이 구입한 적이 있는 물건을 고객들에게 제안하기 위해 유사한 행동을 보이는 고객들을 찾아내는 것이 목표다. 이 주제는 9.3절에서 다룰 것이다.

8.1 온라인 광고와 관련된 주제들

8.1절에서는 온라인 광고에서 발생할 수 있는 기술적인 문제들을 요약할 것이다. 웹을 통한 광고 종류를 조사하는 것부터 시작해 보자.

8.1.1 광고의 기회

웹에서 제공하는 많은 방법들로 광고주는 잠재 고객에게 자신의 광고를 보여 준다. 주된 광고 공간은 다음과 같다.

1. 이베이^{eBay}, 크레이그 리스트^{Craig's List} 혹은 자동 매매 사이트와 같은 일부 사이트에서는 광고주가 무료, 유료, 혹은 수수료를 내고 자신의 광고를 직접 올릴 수 있다.

2. 많은 웹 사이트에는 디스플레이 광고^{display ads}가 위치한다. 광고주는 **노출**^{impression}(사용자가 페이지를 다운로드할 때마다 보여지는 1회 광고)당 고정 광고비용을 지불한다. 보통 같은 사용자에 의해서라 할지라도 해당 페이지가 두 번 다운로드되면 첫 번째와는 다른 광고가 보이는데 이는 두 번째 노출에 해당된다.

3. 아마존 같은 온라인 상점은 다양한 맥락으로 광고를 보여 준다. 광고 상품의 제조사가 광고 비용을 지불하는 것이 아니라 해당 상점에서 광고를 선택해 고객들이 그 상품에 대한 관심을 가질 가능성을 극대화시키는 것이다. 이런 종류의 광고를 9장에서 설명할 것이다.

4. 검색 광고는 검색 질의 결과들 사이에 위치한다. 광고주들은 자신들의 광고가 특정 질의에 대한 응답으로 보여질 권리를 얻기 위해 입찰하지만, 그 광고가 클릭됐을 때만 비용을 지불한다. 광고주가 입찰한 검색 용어, 입찰 가격, 그 광고가 클릭될 확률, 해당 서비스를 위한 전체 예산 등을 포함하는 복잡한 과정에 의거해 보여지게 될 광고가 선택되는데 8장에서 이를 다룰 것이다.

8.1.2 광고 직접 배치

크레이그 리스트의 무료 광고 혹은 이베이의 '바로 구매하기^{buy it now}' 기능처럼 광고주가 광고를 직접 배치하는 것이 가능할 때는 해당 사이트가 처리해야 하는 몇 가지 문제들이 생기게 마련이다. 예를 들어, '아파트 팔로 알토^{PaloAlto}'와 같은 검색 용어에 대한 응답으로 광고를 보여 주는 것처럼 말이다. 웹 사이트는 검색 엔진처럼(5.1.1절 참조) 단어의 역인덱스$^{inverted\ index}$를 사용해 질의에 있는 모든 단어를 포함하는 광고들을 반환할 수 있다. 다른 방법으로는 데이터베이스에 저장된 광고의 속성들을 명시하도록 광고주에게 요청할 수도 있다. 예를 들어, 중고차 광고의 경우 풀다운 메뉴$^{pull-down\ menu}$에 제조사, 모델, 색상, 연식을 명시할 수 있게 해 납득할 수 있는 용어만 사용되도록 한다. 그러면 질의자는 메뉴와 동일한 용어를 사용해 질의를 할 수 있게 된다.

광고에 순위를 매기는 일은 조금 더 문제가 많은데 어느 광고가 더 '중요한'지 알려 주는 웹 링크와 비슷한 성질의 문제가 아니기 때문이다. 이를 위한 한 가지 전략은 '가장 최근을 우선으로' 간주하는 방식이다. 이 전략은 공평하긴 하지만 광고주가 짧은 주기로 자신의 광고를 약간 변형해 올리는 것이 가능하기 때문에 악용의 대상이 된다. 매우 유사한 광고들을 찾아내는 기술은 3.4절에서 이미 설명했다.

또 다른 접근 방법은 광고의 매력 지수^{attractiveness}를 측정하는 것이다. 광고가 보일 때마다 질의자가 그 광고를 클릭했는지 여부를 기록하면 된다. 아마도 매력적인 광고는 그렇지 않은 광고보다 클릭 빈도가 더 높을 것이다. 그러나 광고를 평가할 때 고려해야 할 몇 가지 요소가 있다.

1. 리스트에서 광고의 위치는 클릭에 지대한 영향을 미친다. 리스트에서 첫 번째 위치는 훨씬 더 클릭될 확률이 높으며, 위치가 아래로 내려갈수록 그 확률은 기하급수적으로 떨어진다.

2. 광고의 매력 지수는 질의 용어에 따라 달라진다. 예를 들어, 중고 컨버터블^{convertible} 자동차 광고는 컨버터블 차를 원하는지 여부를 명시하지 않고 차를 검색하는 질의에 대한 응답으로도 가능하긴 하지만, 검색 질의에 '컨버터블'이라는 용어가 포함돼 있을 때 조금 더 매력적일 것이다.

3. 모든 광고는 클릭 확률이 계산되기 전에 사용자에게 노출될 기회를 갖는다. 모든 광고의 초기 클릭 확률이 0이라 가정하면 그 광고들은 절대로 보이지 않을

것이며, 따라서 매력적인 광고인지 여부도 절대 파악할 수 없다.

8.1.3 디스플레이 광고의 문제

이런 종류의 웹 광고는 전통적인 미디어 광고와 매우 유사하다. 「뉴욕타임스New York Times」의 한 페이지에 게재 중인 쉐보레Chevrolet 광고가 디스플레이 광고의 한 예인데 이 광고 효과는 제한적이다. 많은 사람들에게 보여지긴 하지만 그들 중 대부분은 차를 사는 것에 관심이 없거나, 차를 이미 샀다거나, 운전을 하지 않는다거나, 저마다 그 광고를 무시할 합당한 이유가 있을 것이기 때문이다. 게다가 광고를 인쇄하는 비용은 신문사뿐 아니라 광고주에게도 큰 부담이다. 야후Yahoo! 홈페이지에서의 광고 노출은 기본적으로 같은 이유로 인해 상대적으로 효과가 낮을 것이다. 그런 광고를 올리는 데 드는 비용은 일반적으로 1회 노출당 1센트 정도다.

이렇게 대상을 공략하는 기능이 부족했던 전통적인 미디어의 대안으로 특정 관심 주제를 다루는 신문과 잡지가 탄생하게 됐다. 골프채 제조사의 경우 『골프 다이제스트Golf Digest』라는 잡지에 광고를 게재하면 그 광고에 관심이 있는 사람이 그 광고를 보게 할 확률을 수십 배로 증가시킬 수 있다. 이런 현상은 다수의 전문화된, 발행 주기가 짧은 잡지의 존재 이유를 설명한다. 그런 잡지들은 노출당 광고 비용을 일간지 같은 일반적인 매체보다 훨씬 더 많이 요구한다. 같은 현상이 웹에서도 벌어진다. sports.yahoo.com/golf에 게재된 골프채 광고는 야후 홈페이지에 게재된 같은 광고 혹은 야후 골프 페이지에 게재된 쉐보레 광고보다 노출당 광고 비용이 훨씬 더 높다.

그러나 웹에는 인쇄 미디어가 할 수 없는 방법으로 디스플레이 광고를 조정할 수 있는 기능이 있다. 사용자 정보를 사용해 사용자가 현재 보고 있는 페이지와 상관없이 어떤 광고를 내보내야 할지 결정할 수 있다. 샐리가 골프를 좋아한다는 사실이 알려진 경우 현재 샐리가 보고 있는 페이지와는 상관없이 골프채 광고를 보여 주는 것이 합당하다. 다양한 방법으로 샐리가 골프를 좋아한다는 사실을 확인할 수 있다.

1. 그녀는 페이스북의 골프 관련 그룹에 속해 있을 것이다.
2. 그녀는 지메일gmail 계정의 이메일에 '골프'라는 단어를 자주 언급할 것이다.
3. 그녀는 야후의 골프 페이지에서 많은 시간을 보낼 것이다.

4. 그녀는 골프와 관련된 용어들로 자주 검색을 시도할 것이다.

5. 하나 이상의 골프 강좌 웹 사이트를 북마크해 놨을 것이다.

이 방법들과 이와 비슷한 그 외 많은 방법들은 엄청난 사생활 침해 문제를 일으킨다. 사실 이 문제에 대해 모든 우려를 잠재울 만한 해결책은 없으므로 이를 해결하는 것이 이 책의 목적은 아니다. 한편 사람들은 광고료로 운영되는 무료 서비스를 선호하며, 이런 서비스들은 전통적인 광고보다 훨씬 효과적인 개인 맞춤형 광고에 의존적이다. 광고를 꼭 봐야 한다면 사람들은 자신과 관계 없는 광고보다는 이왕이면 유용한 광고를 보는 것이 더 낫다는 데 일반적으로 동의한다. 반면 그 정보가 알고리즘을 수행하는 머신의 영역을 벗어날 경우에는 실제 사람들의 손으로 넘어가서 악용될 잠재 가능성이 매우 큰 것이 사실이다.

8.2 온라인 알고리즘

광고와 검색 질의를 조합하는 문제를 다루기 전에 논의를 약간 벗어나서 그런 알고리즘들을 포함하는 일반적인 알고리즘 종류를 소개하려고 한다. '온라인'이라 일컫는 알고리즘 종류에는 보통 '탐욕적' 알고리즘이라는 방법이 포함된다. 8.2절에서는 최적의 조합을 찾는, 조금 더 간단한 문제를 위한 탐욕적 온라인 알고리즘의 예제를 다룰 것이다.

8.2.1 온라인과 오프라인 알고리즘

전형적인 알고리즘은 다음과 같이 동작한다. 알고리즘이 필요로 하는 모든 데이터는 처음부터 존재한다. 알고리즘은 어느 순서로도 데이터에 접근할 수 있다. 마지막 단계에 알고리즘은 응답을 생성한다. 이런 알고리즘을 **오프라인**off-line 방식이라 부른다.

그러나 알고리즘이 어떤 결정을 내리기 전에 모든 데이터를 볼 수 없는 경우도 있다. 4장에서는 스트림 마이닝을 다뤘는데, 오직 제한된 양의 스트림만 저장할 수 있었고, 요청하는 시점에 전체 스트림에 대한 질의에 응답해야 했다. 극단적인 스트림 처리 방식에서는 각 스트림 원소가 도착하자마자 출력으로 응답을 내야 한다. 따라서 미래를 전혀 알지 못한 채 각 스트림 원소를 대상으로 결정을 내려야 하는 것이다. 이런 종류의 알고리즘을 **온라인**on-line 알고리즘이라 부른다.[1]

예를 들어, 검색 질의와 함께 보여 줄 광고를 선택하는 것은 오프라인 방식에서는 상대적으로 간단한 문제다. 한 달 치 검색 질의를 검토하고, 광고주들이 검색 용어에 입찰한 가격과 더불어 그들의 예산을 따져 본 후 검색 엔진의 수익과 각 광고주가 획득하게 되는 노출 개수 모두를 최대화하는 방법으로 광고를 질의에 할당하면 된다. 그러나 검색을 시도하는 사람 대부분은 자신의 검색 결과를 얻기 위해 한 달이라는 시간을 기다리려고 하지 않는다는 게 오프라인 알고리즘의 맹점이다.

따라서 광고를 검색 질의에 할당하기 위해서는 온라인 알고리즘을 사용해야 한다. 즉 검색 질의가 도착할 때 그 질의와 함께 보여 줄 광고를 즉각적으로 선택해야 하는 것이다. 이때 과거 정보를 활용할 수 있다. 예컨대 광고주의 예산이 이미 바닥난 경우에는 광고를 보여 줄 필요가 없는 사례처럼 말이다. 또한 지금까지 광고가 획득한 클릭률click-through rate(광고가 보였을 때 클릭되는 횟수의 비율)을 조사할 수도 있다. 그러나 미래 검색 질의와 관련해서는 어떤 정보도 사용할 수 없다. 예를 들어, 나중에 엄청난 양의 질의가 유입돼 이 광고주가 이 검색 용어를 더 높은 가격으로 입찰할 것인지 예측하는 것은 불가능하다.

예제 8.1 왜 미래를 아는 것이 유리한지 매우 간단한 예제로 설명하겠다. 복제 고가구의 제조업자 A는 '체스터필드'라는 검색 용어에 10센트라는 가격으로 입찰했다.[2] 조금 더 평범한 사례로서 제조업자 B는 '체스터필드'와 '소파'라는 용어 모두에 20센트라는 가격으로 입찰했다. 2명의 월 예산은 100달러이며, 이들 외에 이 용어들에 입찰한 사람은 없다. 월 초에 '체스터필드'라는 검색 질의가 막 유입됐다. 그 질의와 함께 오직 하나의 광고만을 보여 줄 수 있다.

---

1   안타깝게도 두 가지 의미를 가진 경우를 또다시 마주치게 됐다. 7.6.6절에서 언급한 '클러스터'라는 용어의 경우 '컴퓨터 클러스터에서 클러스터들을 계산하기 위한 알고리즘'과 같은 문장을 적절하게 해석해야 한다. 여기서 '온라인'은 알고리즘의 성질을 뜻하는데 이 용어를 '온라인 광고를 위한 온라인 알고리즘'과 같은 문장에서 '인터넷상에서(on the Internet)'를 뜻하는 '온라인'과 혼돈해서는 안 된다.

2   체스터필드는 소파의 한 종류다. www.chesterfields.info를 참고하라.

분명히 B의 광고를 보여 주는 것이 옳다. B의 입찰가가 더 높기 때문이다. 그런 데 이 달에 '소파'에 대한 검색 질의는 많았으나 '체스터필드'에 대한 질의는 적었다고 가정하자. 그러면 A는 자신의 예산 100달러를 절대로 사용하게 되지 않을 것이다. 반면 A에게 해당 질의를 넘긴다고 해도 B는 예산을 전부 소비하게 될 것이다. 특히 '소파' 혹은 '체스터필드' 중 하나에 대해 최소 500건 이상의 질의가 쏟아진다면 그 질의를 A에게 넘긴다고 해서 손해가 나는 것은 아니며 잠재적으로 이득이 된다. A가 써야 할 예산을 늘리면서 B가 전체 예산을 모두 쓰도록 할 수도 있다. 이런 결정은 전체 수익을 극대화하려는 검색 엔진 입장에서도, 예산 한도 내에서 최대한의 노출 광고를 확보하려는 A와 B의 입장에서도, 모두 합리적이라는 사실에 주목해야 한다.

미래를 알 수 있다면 이 달에 얼마나 더 많은 '소파' 질의와 얼마나 더 많은 '체스터필드' 질의가 유입될지 파악할 수 있다. 질의 건수가 500건 이하면 그 질의를 B에게 넘겨서 수익을 극대화하고, 500건 이상이면 A에게 넘기는 것이 좋다. 미래를 알 수 없기 때문에 온라인 알고리즘은 오프라인 알고리즘만큼 항상 좋은 결과를 낼 수 없는 것이다. ■

8.2.2 탐욕적 알고리즘

많은 온라인 알고리즘은 **탐욕적 알고리즘** 형태다. 이런 알고리즘은 입력 원소 및 과거 정보에 대한 함수 값을 극대화함으로써 입력 원소 각각에 대한 응답을 결정한다.

예제 8.2　예제 8.1에 설명한 상황에서 정확하게 탐욕적 알고리즘이 하는 일은 예산이 남아 있고 가장 높은 가격으로 입찰한 사람에게 질의를 할당하는 것이다. 예제 데이터로 설명하면 처음 500건의 '소파' 혹은 '체스터필드' 질의는 B에게 할당된다. 그 순간 B의 예산은 바닥나고 B는 더 이상 질의를 할당받지 못한다. 그 이후 다음 1,000건의 '체스터필드' 질의는 A에게 할당되며, '소파' 질의에는 어떤 광고도 따라 붙지 못하므로 검색 엔진은 돈을 벌지 못하게 된다.

발생할 수 있는 최악의 상황은 500건의 '체스터필드' 질의가 유입되고 나서야 500건의 '소파' 질의가 유입되는 경우다. 오프라인 알고리즘이 낼 수 있는 최적의 결과는 처음 500건의 질의를 A에게 할당해서 50달러를 벌고, 다음 500건의 질의를 B에게 할당해서 100달러를 벌어 총 150달러의 수익을 발생시키는 것이다. 그러나 탐욕적 알고리즘은 처음 500건의 질의를 B에 할당해서 100달러를 벌고, 다음 500건의 질의에는 광고를 내보내지 않아 수익을 내지 못한다. ■

8.2.3 경쟁률

예제 8.2에서 살펴봤듯이 같은 문제에 대해서 온라인 알고리즘이 꼭 오프라인 알고리즘처럼 최적의 결과를 낼 필요는 없다. c가 1보다 작은 상수일 때 어느 입력에 대한 특정 온라인 알고리즘의 결과는 보통 최적 오프라인 알고리즘 결과의 c배가 된다고 생각할 수 있다. 상수 c를 온라인 알고리즘의 **경쟁률**competitive ratio이라고 부른다.

예제 8.3   예제 8.2의 특정 데이터에 대해서 탐욕적 알고리즘은 최적 결과의 2/3에 해당하는 결과를 돌려준다. 즉 100달러 대 150달러다. 이는 경쟁률이 2/3를 넘지 않음을 뜻한다. 그렇지만 더 작을 수도 있다. 알고리즘의 경쟁률은 그 알고리즘으로 입력되는 데이터 종류에 따라 달라진다. 유입 질의의 상황은 예제 8.2와 같고 입찰 가격이 변한다고 해도 탐욕적 알고리즘의 경쟁률은 1/2을 넘지 않는다는 사실을 알 수 있다. A의 입찰 가격을 20센트보다 작은 범위 내에서 ϵ만큼 올린다고 가정해 보자. ϵ가 0에 근접할수록 탐욕적 알고리즘은 동일하게 100달러라는 결과를 낼 것이다. 그러나 알고리즘의 최적 결과는 200달러다. 이 예제의 경우 최적의 절반보다 나빠지는 것은 불가능하므로 실제 경쟁률은 1/2이다. 이런 종류의 증명은 다음 절을 위해 남겨 둘 것이다. ■

8.2.4 8.2절 연습문제

! **연습문제 8.2.1** 경쟁률을 최소화하는 온라인 알고리즘의 설계와 관련해 잘 알려진 예제는 스키를 구입하는 문제다.[3] 스키를 100달러에 구매할 수도 있고 하루에 10달러

---

3   이 예제로 도움을 준 안나 칼린(Anna Karlin)에게 감사를 전한다.

라는 가격으로 대여할 수도 있다고 가정하자. 스키를 배우기로 결정했지만 좋아하게 될지는 모르는 상황이다. 며칠 동안 스키를 타 보다가 포기할지도 모른다. 알고리즘 의 역할은 하루당 소요된 비용을 계산하는 것이며, 이 비용을 최소화해야 한다.

　대여/구입에 대한 온라인 알고리즘이 내리는 결정 중 하나는 '즉각 스키를 구입' 하는 것이다. 만약 스키를 한번 타보고 넘어져서 포기한다면 이 온라인 알고리즘은 하루에 100달러라는 비용을 요구하게 된다. 반면 최적 오프라인 알고리즘은 하루에 10달러를 지불하고 스키를 빌린 후에 사용하도록 한다. 따라서 '즉각 스키를 구입' 하는 알고리즘의 경쟁률은 최대 1/10인데, 하루 동안 스키를 사용하는 것이 온라인 알고리즘에서 가능한 최악의 결과이기 때문에 이는 정확한 경쟁률이 맞다. 한편 '항 상 스키를 대여'하는 온라인 알고리즘의 경쟁률은 낮다. 만약 스키 타기에 흥미를 붙 여서 정기적으로 스키를 타러 간다면 n일 후에는 10n달러, 다시 말해 일당 10달러 라는 비용을 쓰게 될 것이다. 반면 최적 오프라인 알고리즘은 스키를 즉시 구매해서 100달러 혹은 하루에 100달러/n라는 비용만을 쓰도록 했을 것이다.

　질문: 스키를 구입하는 문제에서 가능한 최고의 경쟁률을 갖는 온라인 알고리즘을 설계하라. 이때 경쟁률은 얼마인가? 힌트: 언제라도 스키를 타다 넘어져서 스키를 포 기할 수 있기 때문에 온라인 알고리즘이 결정을 내릴 때 참고할 수 있는 정보는 이전 에 스키를 타러 간 횟수뿐이다.

8.3 조합 문제

지금부터는 검색 질의와 광고를 조합하는 문제를 단순하게 변형해 다루려고 한다. '최선의 조합maximal matching'이라고 부르는 이 문제는 **이분 그래프**bipartite graphs(노드들이 왼 쪽과 오른쪽 두 집합으로 구분된 그래프. 왼쪽 집합의 한 노드와 오른쪽의 한 노드를 연결하는 모든 선분edge으로 구성된다)와 관련된 추상적 문제다. 그림 8.1은 이분 그래프의 예다. 노드 1, 2, 3, 4가 왼쪽 집합을 구성하며, 노드 a, b, c, d는 오른쪽 집합을 구성한다.

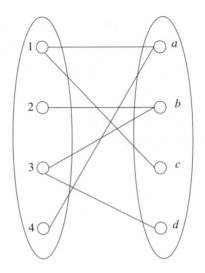

그림 8.1 이분 그래프

8.3.1 조합과 완벽한 조합

이분 그래프 A가 있다고 가정하자. 2개 이상의 선분^{edge}을 갖는 노드가 없도록 하는 선분들의 부분집합을 '**조합**^{matching}'이라고 한다. 이때 모든 노드가 포함되는 조합을 완벽하다고 말한다. 왼쪽 집합과 오른쪽 집합의 크기가 같을 때만 조합이 완벽할 수 있다는 사실에 주목하라. 질의를 표현하는 그래프에서 만들어지는 조합들 중 가장 크기가 큰 조합을 **최선**^{maximal}이라고 한다.

예제 8.4 선분 집합 {(1, *a*), (2, *b*), (3, *d*)}는 그림 8.1의 이분 그래프에 대한 조합이다. 집합의 각 멤버는 이분 그래프의 선분이며, 어떤 노드도 한 번 이상 등장하지 않는다. 선분 집합 {(1, *c*), (2, *b*), (3, *d*), (4, *a*)}는 완벽한 조합이며, 그림 8.2에서 굵은선으로 표현됐다. 모든 노드가 정확하게 한 번 등장한다. 즉 이 집합은 이 그래프에 대해 유일하게 완벽한 조합이다. 물론 이 외 다른 이분 그래프는 하나 이상의 완벽한 조합을 가질 수 있다. 그림 8.2의 조합은 최선이기도 하다. 완벽한 조합은 최선일 수밖에 없기 때문이다. ■

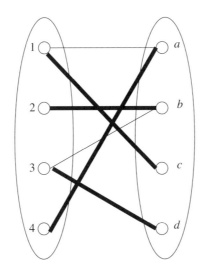

그림 8.2 그림 8.1 그래프에서 유일하게 완벽한 조합

8.3.2 최선 조합을 찾는 탐욕적 알고리즘

최선 조합을 찾는 오프라인 알고리즘은 수십 년간 연구돼 왔으며, n-노드 그래프에서 $O(n^2)$에 매우 근접하는 알고리즘이 탄생했다. 같은 문제를 위한 온라인 알고리즘 역시 연구돼 왔는데 8.3.2절에서는 이런 종류의 알고리즘을 설명하고자 한다. 특히 최선 조합을 찾는 탐욕적 알고리즘은 다음과 같이 동작한다. 순서와 상관없이 선분들을 검토한다. (x, y)를 검토해 x와 y 중 어느 것도 지금까지 조합으로 선택된 선분의 노드가 아니면 이 선분을 조합에 추가한다. 그렇지 않은 경우 (x, y)를 건너뛰는 방식이다.

예제 8.5 그림 8.1 그래프에 대한 탐욕적 조합을 살펴보자. 사전 순서로 노드들을 정렬한다고 가정하자. 즉 왼쪽 노드에 우선순위를 두고 오른쪽 노드와 함께 정렬한다. 그러면 $(1, a)$, $(1, c)$, $(2, b)$, $(3, b)$, $(3, d)$, $(4, a)$ 순서로 선분들을 검토할 수 있다. 첫 번째 선분 $(1, a)$는 반드시 조합의 일부가 된다. 두 번째 선분 $(1, c)$는 노드 1이 이미 조합에 속했기 때문에 선택될 수 없다. 세 번째 선분 $(2, b)$는 노드 2와 b 중 어느 것도 지금까지 조합에 등장한 적이 없으므로 선택된다. 선분 $(3, b)$는 b가 이미 조합에 위치하기 때문에 거절되나, $(3, d)$는 3도 d도 지금까지 조합된 적이 없기 때문에 조합에 추가된다. 마지막으로 $(4, a)$는 a가 조합에 이미 등장했으므로 거절된다. 따라서 이 선분들 순서로 탐욕적 알고리즘에 의해 생성되는 조합은 {$(1, a)$, $(2, b)$, $(3, d)$}다. 알고 있듯이 이 조합은 최선이 아니다. ■

예제 8.6　어떤 탐욕적 조합은 예제 8.5의 결과보다 더 나쁠 수 있다. 그림 8.1 그래프에서 선분 $(1, a)$와 $(3, b)$로 시작하게 되면 시작 순서와 상관없이 그 두 쌍이 조합될 텐데 그런 경우 노드 2 혹은 4는 조합되지 않는다. 따라서 조합 결과의 크기는 겨우 2가 된다. ■

8.3.3 탐욕적 조합의 경쟁률

8.3.2절에서 탐욕적 조합 알고리즘의 경쟁률은 1/2임을 살펴봤다. 일단 이 비율은 1/2 이상이 될 수 없다. 그림 8.1 그래프에 대해서 크기가 4인 완벽한 조합이 있음을 살펴봤다. 그러나 예제 8.6에서 설명한 순서로 선분이 표현되면 조합 크기는 겨우 2이거나 최적 값의 절반이 된다. 알고리즘의 경쟁률은 전체 입력 중 해당 알고리즘으로 달성할 수 있는 최고 결과 값 대비 가능한 최소값의 비율이기 때문에 경쟁률에 대한 상한선은 1/2임을 알 수 있다.

M_o를 최선 조합으로, M_g를 탐욕적 알고리즘이 생성하는 조합으로 가정하자. L은 M_o 내에서는 조합되나 M_g에서는 조합되지 않는 왼쪽 노드들의 집합이라 하자. R은 L의 모든 노드에 대해 선분으로 연결되는 오른쪽 노드들의 집합이라 하자. R의 모든 노드는 M_g에 포함됐다고 판단할 수 있다. R에 위치한 특정 노드 r이 M_g 조합에 포함되지 않는다고 가정해 보자. 그러면 탐욕적 알고리즘은 결국 선분 (ℓ, r)를 검토하게 될 것이다. 여기서 ℓ은 L에 위치한 노드다. 그때 이 선분의 어느 끝 점도 조합되지 않아야 하는데 그 이유는 탐욕적 알고리즘에 의해서는 ℓ과 r이 모두 조합되지 않는다고 가정했기 때문이다. 이 사실은 탐욕적 알고리즘의 동작 방식과 상반된다. 즉 탐욕적 알고리즘은 실제로 (ℓ, r)을 조합할 것이다. R의 모든 노드들은 M_g 내에서 조합된다는 결론을 내릴 수 있다.

이제 집합의 크기와 조합에 대해 몇 가지 사실을 알게 됐다.

1. $|M_o| \leq |M_g| + |L|$가 성립한다. 왼쪽 노드들 중에서 오직 L에 속한 노드들만 M_o와 조합되고 M_g와는 조합되지 않기 때문이다.

2. $|L| \leq |R|$가 성립한다. M_o에서는 L에 속한 모든 노드가 조합됐기 때문이다.

3. $|R| \leq |M_g|$가 성립한다. R의 모든 노드는 M_g와 조합되기 때문이다.

2와 3으로 $|L| \leq |M_g|$가 성립한다. 이를 1에 적용하면 $|M_o| \leq 2|M_g|$ 혹은 $|M_g| \geq \frac{1}{2}|M_o|$가 성립한다. 후자 부등식을 통해서 경쟁률은 최소 1/2이 됨을 알 수 있다. 최대 경쟁률 역시 1/2이라는 사실을 파악했으므로 경쟁률이 정확하게 1/2이라는 결론을 내릴 수 있다.

8.3.4 8.3절 연습문제

연습문제 8.3.1 다음과 같은 $2n$개의 노드와

$$a_0, a_1, \ldots, a_{n-1}, b_0, b_1, \ldots, b_{n-1}$$

다음과 같은 선분을 갖는 그래프 G_n을 정의하라. $i = 0, 1, \ldots, n - 1$인 조건에서 각 노드 a_i는 노드 b_j와 b_k에 연결된다. 여기서 다음 조건이 성립한다.

$$j = 2i \mod n \text{ 그리고 } k = (2i+1) \mod n$$

예를 들어, 그래프 G_4는 선분(a_0, b_0), (a_0, b_1), (a_1, b_2), (a_1, b_3), (a_2, b_0), (a_2, b_1), (a_3, b_2), (a_3, b_3)으로 구성된다.

(a) G_4에 대한 완벽한 조합을 찾아라.

(b) G_5에 대한 완벽한 조합을 찾아라.

!! (c) 모든 n에 대해서 G_n이 완벽한 조합을 가짐을 증명하라.

! **연습문제 8.3.2** 연습문제 8.3.1의 G_4와 G_5가 갖는 완벽한 조합은 몇 개인가?

! **연습문제 8.3.3** 그림 8.1 그래프에 대해서 탐욕적 알고리즘이 완벽한 조합을 생성할지 여부는 검토하는 선분 순서에 따라 달라진다. 6개의 선분으로 가능한 6!개의 순서들 중에서 완벽한 조합을 생성하는 경우는 몇 가지인가? 완벽한 조합을 생성하는 순서와 그렇지 않은 순서를 구별하는 간단한 테스트 방법을 제시하라.

8.4 애드워즈 문제

8.4절에서는 검색 광고와 관련된 기본적인 문제를 다룰 것이다. 이 문제는 구글 애드
워즈$^{Google\ Adwards}$ 시스템에서 처음으로 발견됐기 때문에 이를 '애드워즈 문제'라고 한
다. 이후 높은 경쟁률을 갖는 '밸런스^{Blance}'라는 탐욕적 알고리즘을 논의할 것이다.

8.4.1 검색 광고의 역사

대략 2000년쯤 오버추어^{Overture}(나중에 야후에 의해 인수됐다)라는 회사는 새로운 종류
의 검색 방식을 시장에 내놓았다. 광고주가 **키워드**^{keyword}(검색 질의에 사용되는 단어)에
입찰하면 사용자가 그 키워드를 사용해서 검색을 할 때 해당 키워드에 입찰한 모든
광고주들의 링크가 높은 입찰 가격 순서로 보이는 방식이었다. 어떤 광고주의 링크
가 클릭되면 광고주들은 자신들이 입찰했던 만큼의 비용을 지불했다.

이런 종류의 검색 결과는 검색을 시도하는 사람이 실제로 광고를 찾고 있는 경우
매우 유용했으나, 정보를 찾는 사람에게는 쓸모가 없었다. 검색 엔진이 일반적인 정
보를 찾는 질의에 신뢰할 만한 응답을 내지 못하는 한 아무도 물건을 살 때 그 검색
엔진을 사용하려 하지 않을 것이라는 사실을 5.1.1절에서 설명했었다.

몇 년 후 구글은 애드워즈라는 시스템에서 이 아이디어를 차용했다. 그때까지 구
글은 사람들로부터 신뢰를 잘 쌓아 가고 있었기 때문에 사람들은 자신들에게 노출되
는 광고를 기꺼이 신뢰하고 있는 상황이었다. 구글은 광고 리스트로부터 페이지랭크
의 결과와 기타 영역들을 분리해서 보여 줬다. 덕분에 하나의 시스템으로 검색 사용
자뿐 아니라 물건을 구매하려는 사람을 모두 만족시킬 수 있었다.

애드워즈 시스템은 조금 더 정교하게 광고를 선택하는 몇 가지 방식을 도입해 초
기 시스템을 능가하게 됐다.

1. 구글은 각 질의당 제한된 개수의 광고만을 보여 줬다. 그렇기 때문에 오버추어
   가 주어진 키워드에 대해 모든 광고들을 간단하게 정렬했던 반면, 구글은 어떤
   광고를 보여 줄지 결정하는 것은 물론 보여 줄 순서까지 결정해야 했다.

2. 애드워즈 시스템 사용자는 예산, 즉 자신들의 광고에서 발생하는 모든 클릭에

기꺼이 지불할 한 달 치 비용을 명시했다. 이런 제약 사항으로 예제 8.1의 사례처럼 광고를 검색 질의에 할당하는 문제가 대두됐다.

3. 구글은 광고를 단순히 입찰 가격만을 기준으로 정렬하지 않고, 각 광고를 통한 기대 수입을 기준으로 광고를 정렬했다. 즉 각 광고가 과거에 보였던 이력을 기준으로 그 광고에 대한 클릭률을 관찰했던 것이다. 입찰 가격과 클릭률의 곱으로 해당 광고의 가치를 측정했다.

8.4.2 애드워즈 문제의 정의

당연히 온라인 방식으로 보여 줄 광고를 결정해야 한다. 따라서 다음과 같은 애드워즈 문제를 해결하기 위해 온라인 알고리즘만을 살펴볼 것이다.

- 다음 조건이 주어진다.
  (1) 검색 질의에 대한 광고주의 입찰가 집합
  (2) 광고주-질의 쌍 각각에 대한 클릭률
  (3) 각 광고주가 가진 예산. 한 달을 기준으로 할 것이나, 어느 시간 단위도 가능하다.
  (4) 각 검색 질의와 함께 노출될 광고 개수의 상한

- 다음을 만족하는 광고주 집합으로 각 검색 질의에 응답한다.
  (1) 광고주 집합의 크기는 질의당 광고 개수의 상한보다 크지 않다.
  (2) 각 광고주는 검색 질의에 입찰한다.
  (3) 각 광고주가 가진 예산은 충분해서 자신의 광고가 클릭됐을 때 비용을 지불할 수 있다.

광고 선택으로 얻는 수익은 선택된 광고들의 전체 가치에 달렸는데, 그 가치는 해당 광고와 질의에 대한 입찰가와 클릭률의 곱으로 계산된다. 온라인 알고리즘의 장점은 한 달(예산이 적용된다고 가정되는 시간 단위) 동안의 전체 수익을 계산한다는 것이다. 알고리즘의 경쟁률은 검색 질의 순서가 같을 때 해당 알고리즘의 전체 수익의 최소값을 최적 오프라인 알고리즘이 내는 수익으로 나눈 값이다.

8.4.3 애드워즈 문제에 대한 탐욕적 접근법

온라인 알고리즘만이 애드워즈 문제를 해결하는 방법으로 적합하기 때문에 일반적인 탐욕적 알고리즘의 성능을 먼저 검증해야 한다. 일반적인 탐욕적 알고리즘보다 더 나은 알고리즘이 있다는 것을 증명하는 것이 목표이므로 다음과 같이 조건을 매우 단순화시켜 보자.

(a) 각 질의당 보여 주는 광고는 단 하나다.

(b) 모든 광고주가 가진 예산은 같다.

(c) 클릭률은 모두 동일하다.

(d) 모든 입찰가는 0 아니면 1이다. 아니면 각 광고의 가치(입찰가와 클릭률을 곱한 값)를 같다고 가정해도 된다.

탐욕적 알고리즘은 각 검색 질의마다 해당 질의에 1이라는 입찰가로 참여한 광고주 한 명을 선택한다. 다음 예제는 이 알고리즘의 경쟁률이 1/2이라는 사실을 설명한다.

예제 8.7 두 광고주 A와 B가 있고, 오직 가능한 질의는 x와 y뿐이라고 가정하자. 광고주 A는 x에만 입찰하고, B는 x와 y에 모두 입찰한다. 각 광고주가 가진 예산은 2다. 예제 8.1도 이와 비슷한 상황이었다는 사실을 기억하라. 유일한 차이점은 각 광고주의 입찰가는 동일하고 예산은 더 작다는 것뿐이다.

질의 순서를 $xxyy$라 하자. 탐욕적 알고리즘은 처음 두 건의 x를 B에 할당하는데, 그렇게 되면 두 건의 y에 예산을 지불할 수 있는 광고주가 없게 된다. 따라서 이 경우 탐욕적 알고리즘의 수익은 2다. 그러나 최적 오프라인 알고리즘은 두 건의 x를 A에 할당하고 두 건의 y를 B에 할당해서 4라는 수익을 낼 것이다. 따라서 탐욕적 알고리즘의 경쟁률은 1/2을 넘지 않는다. 기본적으로 8.3.3절에서와 같은 개념을 사용하면 어느 질의 순서에서도 탐욕적 알고리즘과 최적 알고리즘이 내는 수익의 비율은 최소 1/2이다. ■

8.4.4 밸런스 알고리즘

탐욕적 알고리즘을 조금만 개선하면 8.4.3절의 간단한 경우에서는 경쟁률이 3/4이 된다. **밸런스 알고리즘**이라고 불리는 이 알고리즘은 질의를 해당 질의에 입찰했으면서 예산이 가장 많이 남은 광고주에게 할당한다. 동점인 경우 질의를 임의로 할당한다.

예제 8.8 예제 8.7과 같은 상황을 생각해 보자. 밸런스 알고리즘은 첫 번째 질의 x를

실제 애드워즈 시스템과의 차이점

실제 애드워즈 시스템은 이 절에서 설명하는 단순한 모델과 몇 가지 다른 점이 있다.

입찰 광고와 검색 질의의 조합: 단순화된 모델에서는 광고주가 단어들의 집합에 입찰하며, 광고주가 입찰한 광고는 광고주 자신이 입찰한 단어들과 정확하게 동일한 단어 집합으로 구성된 검색 질의에 대해 노출될 자격을 갖는다. 실제로는 구글, 야후, 마이크로소프트 모두 **폭넓은 조합**broad matching이라는 기능을 광고주에게 제공하는데, 입찰 키워드의 조합이 부정확한 검색 질의에도 광고는 노출될 자격을 갖게 된다. 키워드들의 하위 집합 혹은 상위 집합을 포함하는 질의, 그리고 광고주가 입찰한 단어와 매우 유사한 의미를 갖는 단어들을 사용하는 질의를 이런 예로 들 수 있다. 이런 폭넓은 조합에 대해 검색 엔진은 입찰한 광고들과 검색 질의가 얼마나 가깝게 연관되는지 계산하는 복잡한 공식을 바탕으로 광고주를 변경한다. 이 공식은 검색 엔진마다 다르며 공개되지 않는다.

클릭당 광고비: 단순화된 모델에서는 사용자가 광고주의 광고를 클릭하면 그 광고주가 입찰한 가격만큼 광고주에게 비용이 청구된다. 이 정책은 **최고가 밀봉경매**first-price actuion로 알려져 있다. 실제로 검색 엔진은 **차가 밀봉경매**second-price auction라는 좀 더 복잡한 시스템을 사용하는데, 각 광고주는 경매에서 입찰 가격 순서상 자신의 바로 뒤에 위치한 광고주와 비슷한 입찰가를 지불한다. 맨 처음 위치한 광고주는 두 번째에 위치한 광고주 입찰가에 1센트를 더한 가격을 지불하는 것이 한 예다. 차가 밀봉경매는 최고가 밀봉경매보다 광고주가 속임수를 쓰기 더 어려운 방식이며, 검색 엔진에게 더 높은 수익을 안겨 준다고 알려져 있다.

A 혹은 B에게 할당할 수 있다. 그 이유는 둘 다 모두 x에 입찰했고 남은 예산이 똑같기 때문이다. 그러나 두 번째 x는 첫 번째와 다른 A 혹은 B에게 할당돼야 하는데, 그래야 남은 예산이 더 많아지기 때문이다. 첫 번째 y는 B에게 할당된다. B는 예산이 남아 있고 y에 입찰한 사람은 B뿐이기 때문이다. 마지막 y는 어느 누구에게도 할당되지 않는데, B의 예산은 바닥났고 A는 y에 입찰하지 않았기 때문이다. 따라서 이 데이터에 대한 밸런스 알고리즘의 전체 수익은 3이다. 이와 비교해 최적 오프라인 알고리즘은 두 건의 x를 A에게, 두 건의 y는 B에게 할당하므로 전체 수익은 4가 된다. 결론적으로 8.4.3절의 단순화된 애드워즈 문제에 대한 밸런스 알고리즘의 경쟁률은 최대 3/4이다. 광고주의 인원이 늘어나면 경쟁률은 0.63(실제로는 $1 - 1/e$)으로 낮아지긴 하지만 더 낮아지지는 않으며, 광고주가 오직 2명뿐인 상황에서 경쟁률은 정확하게 3/4이 됨을 살펴볼 것이다. ■

8.4.5 밸런스 알고리즘 경쟁률의 하한선

8.4.5절에서는 지금 다루고 있는 간단한 상황에서 밸런스 알고리즘의 경쟁률이 3/4임을 증명하려고 한다. 주어진 예제 8.8에 대해 밸런스 알고리즘으로 얻는 전체 수익이 최적 오프라인 알고리즘 수익의 최소 3/4임을 증명해야 한다. 그러기 위해서 두 광고주 A_1과 A_2 각각의 예산이 B인 경우를 살펴볼 것이다. 각 질의는 최적 알고리즘에 따라 1명의 광고주에게 할당된다고 가정한다. 그렇지 않다면 최적 알고리즘이 내는 수익에 영향을 미치지 않을 뿐더러 밸런스의 수익도 낮출 수 없는 질의들이므로 최소값 계산에서는 제외된다. 따라서 최적 알고리즘에 의해 할당된 광고들만으로 질의 순서가 구성될 때 경쟁률은 가장 낮은 값이 된다.

그리고 두 광고주의 예산은 최적 알고리즘에 의해 전부 소비된다고 가정할 것이다. 예산을 더 낮게 잡아서 밸런스의 매출 일부만 줄어들고 최적 알고리즘의 매출은 줄어들지 않도록 만들 수 있다. 이렇게 변경하면 두 광고주가 가진 예산을 다르게 설정할 수도 있으나, 이전처럼 예산은 모두 B라고 가정할 것이다. 광고주의 예산이 서로 다른 경우에 대한 증명은 연습문제로 남겨 두겠다.

그림 8.3은 $2B$만큼의 질의가 두 알고리즘에 따라 광고주에게 할당된 상황을 보여

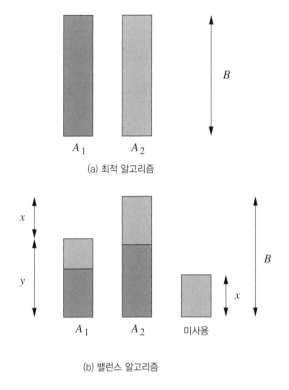

(a) 최적 알고리즘

(b) 밸런스 알고리즘

그림 8.3 최적 알고리즘과 밸런스 알고리즘에서 광고주에게 할당된 질의들

준다. (a)에서는 최적 알고리즘에 의해 B만큼의 질의 전부가 A_1과 A_2 각각에게 할당된 것을 볼 수 있다. 이제 밸런스에서는 같은 질의가 어떻게 할당되는지 알아보자. 먼저 밸런스에서는 광고주들 중 적어도 1명(예컨대 A_2)의 예산이 전부 바닥나게 된다는 사실을 기억하라. 그렇지 않으면 예산이 남아 있음에도 불구하고 두 광고주 중 어느 누구에게도 할당되지 않는 질의들이 존재한다는 뜻이 된다. 하지만 최적 알고리즘에서 질의가 전부 할당됐다는 것은 각 질의마다 이미 적어도 1명의 광고주가 입찰했다는 사실을 뜻한다. 결국 이런 상황은 가능하다면 항상 질의를 할당한다는 밸런스 알고리즘 동작에 대한 정의와 모순된다.

따라서 그림 8.3(b)에서는 A_2에게 B만큼의 질의가 할당됨을 볼 수 있다. 이들은 최적 알고리즘에서 A_1 혹은 A_2에게 할당됐던 질의들이다. 또한 그림 8.3(b)에서는

y를 A_1에게 할당된 질의의 건수로, x를 $B - y$로 사용하고 있음을 볼 수 있다. $y \geq x$ 임을 보이는 것이 목표다. 이 부등식은 밸런스의 수익이 최적 알고리즘 수익의 최소 $3B/2$ 혹은 3/4이라는 사실을 의미한다.

x 역시 밸런스 알고리즘에서 할당되지 않은 질의 건수이며, 최적 알고리즘에서는 할당되지 않은 질의 모두가 A_2에게 할당됐었다는 사실에 주목해야 한다. 그 이유는 A_1의 예산은 바닥나지 않았으며 최적 알고리즘을 통해 A_1에게 할당된 질의는 반드시 A_1이 입찰한 질의이기 때문이다. A_1은 밸런스 알고리즘이 실행되는 중에는 항상 예산을 보유하고 있으므로 밸런스 알고리즘은 반드시 이 질의를 A_1 아니면 A_2에게 할당할 것이다.

최적 알고리즘에서 A_1에게 할당되는 질의가 밸런스 알고리즘에서 A_1 혹은 A_2에게 할당되는 질의보다 많은 경우와 그렇지 않은 경우 두 가지가 있다.

1. 이 질의들 중 최소 절반이 밸런스에서 A_1에게 할당된다고 가정하자. 그러면 $y \geq B/2$이므로 반드시 $y \geq x$다.

2. 이 질의들 중 절반 이상이 밸런스에서 A_2에게 할당된다고 가정하자. 밸런스 알고리즘에서 A_2에게 할당되는 마지막 질의 q를 생각해 보자. 그 당시에 A_2는 적어도 A_1만큼 예산을 갖고 있었음이 분명하다. 그렇지 않았다면 밸런스 알고리즘은 최적 알고리즘과 마찬가지로 질의 q를 A_1에게 할당했을 것이다. 최적 알고리즘에서 A_1에게 할당되는 B건의 질의 중 절반 이상이 밸런스에서는 A_2에게 할당되므로 q가 할당되기 직전 A_2의 남은 예산은 $B/2$보다 적었을 것이라는 사실을 알 수 있다. 그러므로 그 당시 A_1의 남은 예산 또한 $B/2$보다 적었음이 분명하다. 예산은 점점 더 감소하기 때문에 $x \leq B/2$임을 알 수 있다. $x + y = B$ 이므로 $y \geq x$가 성립한다.

어느 경우든 $y \geq x$이므로 밸런스 알고리즘의 경쟁률은 3/4이라는 결론을 내릴 수 있다.

8.4.6 입찰자가 많은 경우의 밸런스 알고리즘

광고주가 많을 때 밸런스 알고리즘의 경쟁률은 3/4보다 작을 수 있으나, 그 비율이 아주 심하게 낮아지지는 않는다. 밸런스 알고리즘에서 발생하는 최악의 상황은 다음과 같다.

1. N명의 광고주 $A_1, A_2, \ldots, A_N$이 있다.
2. 각 광고주가 가진 예산은 $B = N!$이다.
3. N개의 질의 $q_1, q_2, \ldots, q_N$이 있다.
4. 광고주 A_i는 질의 $q_1, q_2, \ldots, q_i$에 입찰한다. 그 외 입찰한 질의는 없다.
5. 질의는 N번의 라운드로 구성된다. i번째 라운드에는 질의 q_i가 B번 반복 등장한다.

최적 오프라인 알고리즘은 모든 i에 대해 B건의 질의 q_i를 i번째 라운드에서 A_i에게 할당한다. 따라서 모든 질의는 한 광고주에게 할당되고 최적 알고리즘 전체 수익은 NB가 된다.

그러나 밸런스 알고리즘은 각 질의를 1라운드에서 N명의 광고주들에게 동등하게 할당하는데, 그 이유는 모두가 q_1에 입찰했으며 밸런스 알고리즘은 남아 있는 예산이 가장 많은 광고주를 선호하기 때문이다. 따라서 각 광고주는 B/N건의 질의 q_1를 할당받는다. 이제 2라운드에서 질의 q_2를 생각해 보자. A_1을 제외한 모두가 이 질의들에 입찰했으므로 A_2부터 A_N 사이에 동등하게 질의들이 분배되고, 이들 $N - 1$명의 입찰자 각각은 $B/(N-1)$건의 질의를 할당받는다. 그림 8.4에서 설명한 방식으로 각 라운드 $i = 3, 4, \ldots$가 반복되면서 A_i부터 A_N까지 $B/(N-i+1)$건의 질의를 할당받는다.

그러나 결국 가장 높은 번호의 광고주는 파산하게 될 것이다. 다음을 만족하는 최저 라운드 j에서 그런 일이 발생하게 될 것이다.

$$B\left(\frac{1}{N} + \frac{1}{N-1} + \cdots + \frac{1}{N-j+1}\right) \geq B$$

즉 다음과 같은 식이 성립한다.

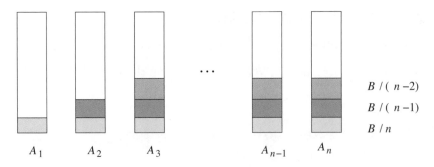

그림 8.4 최악의 경우 N명의 광고주에게 분배되는 질의

$$\frac{1}{N} + \frac{1}{N-1} + \cdots + \frac{1}{N-j+1} \ge 1$$

오일러^{Euler}는 k가 커질수록 $\sum_{i=1}^{k} 1/i$가 $\log_e k$에 근접함을 증명했다. 이 사실을 사용해서 이전 합을 $\log_e N - \log_e(N - j)$라는 근사치로 대체할 수 있다.

따라서 대략적으로 $\log_e N - \log_e(N - j) = 1$을 만족하는 j를 찾으면 된다. $\log_e N - \log_e(N - j)$를 동등한 $\log_e(N/(N - j))$로 치환하고, 이 방정식 $\log_e(N/(N - j)) = 1$의 양변을 거듭제곱하면 $N/(N - j) = e$를 얻게 된다. 이 방정식을 j에 대해 풀면 다음과 같은 식을 얻는다.

$$j = N\left(1 - \frac{1}{e}\right)$$

이 식은 모든 광고주가 파산하거나 혹은 모든 광고주가 남은 질의 중 어디에도 입찰하지 않은 상황을 만족하는 j 값의 추정치다. 따라서 밸런스 알고리즘의 추정 수익은 $BN(1 - \frac{1}{e})$이며, 다시 말해 처음 j라운드에서 처리한 질의에 의해서만 수익이 발생한다. 따라서 경쟁률은 $1 - \frac{1}{e}$이며, 이는 대략 0.63이다.

8.4.7 밸런스 알고리즘의 일반화

밸런스 알고리즘은 모든 입찰가가 0 혹은 1일 때 잘 동작한다. 그러나 현실에서의 입찰 가격은 일정치 않으며, 제멋대로인 입찰가로 밸런스 알고리즘을 수행하게 되면 광고의 가중치를 적절히 매기는 데 실패하고 만다. 다음 예제에서 그 점을 설명한다.

예제 8.9 두 광고주 A_1과 A_2가 있고, 하나의 질의 q가 있다고 가정하자. q의 입찰 가격과 예산은 다음과 같다.

광고주	입찰 가격	예산
A_1	1	110
A_2	10	100

q가 10번 등장하는 경우 최적 오프라인 알고리즘은 그 모든 질의를 A_2에게 할당해서 수익으로 100을 얻을 것이다. 그러나 밸런스 알고리즘은 A_1의 예산이 더 크기 때문에 모든 10건의 질의를 A_1에 할당하고 수익으로 10을 얻을 것이다. 실제로 이런 개념을 간단히 확장하면 이런 상황에는 밸런스 알고리즘이 갖는 경쟁률이 0보다 높을 수 없음을 보일 수 있다. ■

좀 더 일반적인 상황에서 밸런스가 동작하도록 하기 위해서는 두 가지 수정을 가해야 한다. 첫 번째로 입찰가가 더 높은 광고가 선택되도록 해야 한다. 두 번째로 남아 있는 예산이 미치는 영향을 줄여야 한다. 대신 남아 있는 예산의 비율을 따져서 각 광고주의 예산을 어느 정도씩 사용하도록 해야 한다. 후자와 같이 변경을 가하면 밸런스 알고리즘은 좀 더 '위험을 회피하는' 형태가 될 것이다. 즉 각 광고주의 예산이 너무 많이 남지 않도록 만들 것이다. 밸런스 알고리즘을 다음과 같이 일반화하면 경쟁률은 $1 - 1/e = 0.63$이 된다는 사실을 보일 수 있다(8장 참고 문헌).

- 질의 q가 유입되고 광고주 A_i는 그 질의에 x_i라는 가격으로 입찰한다고 가정하자(x_i는 0이 될 수 있다는 사실을 기억하라). 또한 A_i가 가진 예산에서 비율 f_i만큼은 현재 사용되지 않았다고 가정하자. $\Psi_i = x_i(1 - e^{-f_i})$라고 하자. Ψ_i가 최대값이 되도록 q를 광고주 A_i에게 할당하라. 동점인 경우는 어느 쪽을 선택해도 상관이 없다.

예제 8.10 밸런스 알고리즘을 일반화하면 예제 8.9 데이터를 대상으로 어떻게 동작하는지 알아보자. 질의 q가 처음 등장할 때 다음 식이 성립한다.

$$\Psi_1 = 1 \times (1 - e^{-1})$$

A_1의 입찰가는 1이고 A_1의 남은 예산 비율은 1이기 때문이다. 즉 다음이 성립한다.

$$\Psi_1 = 1 - 1/e = 0.63$$

반면 $\Psi_2 = 10 \times (1 - e^{-1}) = 6.3$이다. 따라서 첫 번째 q는 A_2에게 할당된다.

q_s의 각각에 같은 일이 발생한다. 즉 Ψ_1은 0.63에 머무는 반면 Ψ_2는 감소한다. 그러나 절대 0.63 아래로 내려가지는 않는다. 10번째 q라 하더라도 A_2의 예산 중 90%가 이미 사용됐을 때 $\Psi_2 = 10 \times (1 - e^{-1/10})$이다. $e^x = 1 + x + x^2/2! + x^3/3! + \cdots$에 대한 테일러 전개식$^{\text{Taylor expansion}}$을 상기하라(1.3.5절 참조). 따라서 다음이 성립한다.

$$e^{-1/10} = 1 - \frac{1}{10} + \frac{1}{200} - \frac{1}{6000} + \cdots$$

즉 대략 $e^{-1/10} = 0.905$이다. 따라서 $\Psi_2 = 10 \times 0.095 = 0.95$다. ■

이 알고리즘의 경쟁률이 $1 - 1/e$라는 주장은 증명하지 않은 채로 남겨 둔다. 또한 8.4절에서 설명한 애드워즈 문제를 위한 어느 알고리즘의 경쟁률도 $1 - 1/e$ 이상이 될 수 없다는 놀라운 사실 역시 증명하지 않고 남겨 둘 것이다.

8.4.8 애드워즈 문제와 관련된 마지막 사실

앞서 설명한 밸런스 알고리즘은 광고마다 클릭률이 서로 다를 가능성을 고려하지 않는다. 입찰가와 클릭률을 곱해서 Ψ_i를 계산하는 것은 쉬우며, 이렇게 함으로써 예측 수익은 최대가 될 것이다. 입찰가가 0이 아닌 경우 각 질의에 입찰한 개별 광고의 클릭률 정보를 활용할 수도 있다. 특정 질의 q를 할당하는 문제를 해결해야 하는 상황에서는 질의 q에 해당하는 광고의 클릭률을 활용해서 Ψs 각각을 계산한다.

실제 상황에서 고려해야 하는 또 다른 문제는 질의의 과거 등장 빈도다. 예를 들어, 과거의 등장 빈도와 비교해 이번 달에 유입될 질의의 빈도를 예측해 보니 A_i의 예산을 충분히 소모시킬 수 있음을 확신할 수 있다고 가정하자. 이런 경우 A_i의 예산이 어느 정도 소모됐다면 더 이상 Ψ_i 값을 증가시킬 이유가 없다. 즉 A_i의 전체 예산을 소모시킬 수 있을 정도로 이번 달 유입될 질의가 충분할 것이라 예상할 수 있는 경우에만 $\Psi_i = x_i(1 - e^{-1})$를 유지한다. 질의 순서를 제어할 수 있는 경쟁 광고주에 의해 질의 순서가 조작된다면 이런 변경 사항으로 인해 밸런스 알고리즘은 더 좋지 않게 동작할 수 있다. 그런 경쟁자는 A_i가 입찰한 질의의 광고를 갑자기 사라지게 만들 수도 있다. 그러나 검색 엔진이 받는 질의는 매우 많으며, 질의는 상당히 무작위로 발생하기 때문에 현실적으로 그런 특이한 경우까지 심각하게 고려할 필요는 없다.

8.4.9 8.4절 연습문제

연습문제 8.4.1 예제 8.7의 단순한 가정을 이용해 3명의 광고주 A, B, C가 있다고 하자. 3개의 질의 x, y, z가 있다. 각 광고주가 가진 예산은 2다. 광고주 A는 x에만 입찰하고 B는 x와 y에 입찰하며, C는 x, y, z 모두에 입찰한다. 질의 순서가 $xxyyzz$일 때 최적 오프라인 알고리즘에서는 모든 질의가 할당될 수 있으므로 수익은 6이라는 사실에 주목하라.

! (a) 탐욕적 알고리즘은 6개의 질의 중 최소 4개를 할당할 것임을 보여라.

!! (b) 최적 오프라인 알고리즘에 비해 탐욕적 알고리즘이 절반 정도밖에 할당하지 못하는 질의 순서를 찾아내라.

!! **연습문제 8.4.2** 8.4.5절에서 두 광고주의 예산이 서로 다른 경우로 문제를 확장해 증명하라.

! **연습문제 8.4.3** 예제 8.9에서 경쟁률을 0에 가깝도록 만들기 위해 입찰가를 그리고/혹은 예산을 어떻게 수정할지 보여라.

8.5 애드워즈 구현

이제까지는 검색 질의에 대한 응답과 함께 광고를 선택하는 기법을 살펴봤으나, 질의에 부합하는 입찰 광고를 찾는 문제는 다루지 않았다. 질의를 구성하는 정확한 단어들의 집합에 입찰한 경우라면 해결 방법은 상대적으로 쉽다. 그러나 질의/광고 조합 과정은 간단하지 않으며, 다수의 확장된 방법들이 사용된다. 8.5절에서 그 부분을 자세하게 설명할 것이다.

8.5.1 입찰과 검색 질의 조합

애드워즈 문제에서 설명했던 것처럼 현실에서 광고주들은 단어들의 집합에 입찰하는 것이 보통이다. 실행된 검색 질의는 모두 어떤 순서로 나열된 단어들의 집합이며, 그 단어 집합이 정확하게 입찰된 내용과 일치할 경우 해당 광고는 선택 후보가 된다. 입찰 광고 단어들의 집합 모두를 사전 순서(알파벳 순서)로 정렬함으로써 단어 순서를 결정해야 하는 문제를 피할 수 있다. 1.3.2절에서 설명했듯이 정렬된 단어들의 리스트는 해당 입찰 광고에 대한 해시 키를 구성하며, 이 입찰 광고들은 인덱스로 사용되는 해시 테이블에 저장될 수 있다.

검색 질의 역시 색인^{lookup} 전에 정렬된다. 정렬된 리스트를 해시할 때 정확하게 그 단어들 집합에 해당되는 모든 입찰 광고를 해시 테이블에서 찾는다. 해당 버킷 내용만을 검토하면 되기 때문에 그 광고들은 빠르게 검색될 수 있다.

게다가 전체 해시 테이블을 메인 메모리에 유지할 수 있다는 장점도 있다. 광고주가 100만 명이고, 각 광고주마다 100건의 질의에 입찰했으며, 한 건의 입찰을 기록하는 데 100바이트가 필요하다면 총 10기가바이트의 메인 메모리가 필요한데, 이는 단일 머신에서 충분히 실행할 수 있는 정도다. 더 많은 공간이 필요하면 해시 테이블의 버킷들을 머신들에게 분할하는 방법도 있다. 검색 질의는 해시돼 적절한 머신으로 보내질 것이다.

실제로 단일 머신 혹은 한 번에 하나의 질의를 동시에 처리하는 머신들에 검색 질의가 너무 빠르게 도착해 이들 모두를 처리하지 못할 수도 있다. 이런 경우 질의 스트림은 많은 조각들로 분할돼 각 조각이 하나의 머신 그룹에서 처리된다. 사실 광고와 별개로, 검색 질의에 응답하려면 질의 전체가 메인 메모리에서 처리될 수 있도록 하기 위해 병렬로 동작하는 머신들이 필요하다.

8.5.2 좀 더 복잡한 조합 문제

그러나 광고 입찰과 객체를 조합하는 문제는 객체가 검색 질의에 해당하며, 같은 단어들로 구성된 집합이 조합의 기준인 경우만으로 제한되지 않는다. 예를 들어, 구글은 애드워즈 입찰 광고를 이메일과도 조합해야 한다. 이 경우 그런 집합들의 일치 여부가 조합의 기준이 되지 않는다. 대신 단어들 집합 S에 해당하는 입찰은 S의 모든 단어가 이메일에 등장하는 경우 그 이메일과 조합되는 방식이다.

이 조합 문제는 훨씬 어렵다. 여전히 입찰 광고에 대한 해시 테이블 인덱스를 유지할 수 있으나, 수백 개의 단어가 나열되는 이메일의 경우 단어들의 부분집합 개수가 너무 커서 모든 집합들, 심지어 3개 혹은 그보다 적은 단어로 구성된 작은 집합들조차 검색해 낼 수 없다. 이 책을 쓰는 시점에서 아직 구현되지는 않았으나, 많은 응용 분야에 적용될 수 있는 조합 방식이 가능하긴 하다. 그런 방식은 모두 **고정 질의**standing query를 사용한다. 고정 질의란 사용자가 직접 사이트에 게재하는 질의로서 해당 사이트는 그 질의에 해당하는 조합 결과가 발생했을 때마다 그 질의를 게재한 사용자에게 이 사실을 알려 준다. 다음과 같은 예를 들 수 있다.

1. 트위터Twitter에서는 특정인의 '트윗tweet'을 모두 팔로우할 수 있다. 그러나 사용자는 다음과 같은 단어 집합을 등록해서 이 단어들이 포함된 모든 트윗을 볼 수도 있다. 단어 순서는 상관없으며 서로 인접할 필요도 없다.

```
ipod free music
```

2. 온라인 뉴스 사이트에서 사용자는 '복지' 혹은 '버락 오바마'와 같은 특정 키워드 혹은 구절을 선택해서, 해당 단어 혹은 연속된 단어들이 포함된 새로운 뉴스 기사가 올라올 때마다 알람을 받을 수 있다. 이 문제는 이메일/애드워즈 문제보다 몇 가지 이유로 더 간단하다. 긴 기사에서 하나의 단어 혹은 연속된 단어들을 조합하는 것은 작은 단어들의 집합을 조합하는 것만큼 시간이 소모되는 작업은 아니다. 게다가 한 사람이 검색할 수 있는 용어 집합은 제한적이어서 '입찰'이 그렇게 많이 발생하지는 않는다. 많은 사람들이 같은 용어에 대해서 알람

을 받기 원하더라도 필요한 것은 관련된 모든 사람들의 리스트와 오직 하나의 인덱스뿐이다. 그러나 조금 더 발전된 시스템에서는 사용자가 새로운 기사에 등장하는 단어 집합을 대상으로 알람을 설정할 수 있다. 애드워즈 시스템에서 누구라도 이메일에 존재하는 단어 집합에 입찰할 수 있듯이 말이다.

8.5.3 문서와 입찰 광고를 조합하는 알고리즘

지금부터는 다수의 '입찰'과 다수의 '문서'를 조합하는 알고리즘을 설명하겠다. 이전처럼 입찰 대상은 (일반적으로 작은) 단어들의 집합이며, 문서는 이메일, 트윗 혹은 뉴스 기사처럼 단어들의 대형 집합이다. 초당 도착하는 문서는 수백 개에 이를 수 있고, 비록 그렇게 많기는 하지만 그 문서 스트림은 다수의 머신 혹은 머신 그룹들로 분할될 수 있다고 가정한다. 수억 혹은 수십억 건에 달하는 입찰들이 있다고 가정한다. 항상 그랬듯이 가능하면 메인 메모리에서 많은 양을 처리하려고 한다.

이전처럼 어떠한 순서로 나열된 단어들로 입찰 대상을 표현할 것이다. 이를 표현할 때 두 가지 새로운 요소를 고려할 텐데, 첫 번째는 각 단어 리스트와 함께 저장되는 하나의 상태 값이다. 이 값은 리스트의 첫 번째 단어들이 현재 문서와 얼마나 많이 조합되는가를 나타내는 정수다. 하나의 입찰 광고가 인덱스에 저장되는 시점에서 그 값은 항상 0이다.

두 번째로, 단어들을 사전 순서가 아니라 희귀한 단어순으로 정렬해 작업량을 낮추는 것이다. 그러나 이메일에 등장하는 단어들은 워낙 다양하기 때문에 모든 단어를 이 방법으로 정렬하는 것은 불가능하다. 타협점을 찾자면 처리하려는 웹 혹은 표본 스트림 문서에서 가장 많이 등장하는 공통 단어 n개를 명시하는 것이다. n은 백, 천, 혹은 백만 단위도 가능하다. 이런 n개의 단어들은 빈도를 기준으로 정렬돼 리스트의 끝 부분에 위치하게 되므로 가장 자주 등장하는 단어가 가장 끝에 놓이게 된다. 이 n개의 빈출 단어에 속하지 않는 모든 단어들은 동등한 수준으로 자주 등장하지 않는다고 가정해 사전 순서로 정렬하면 된다. 그러면 어느 문서를 구성하는 단어들도 정렬할 수 있다. n개의 빈출 단어 리스트에 등장하지 않는 단어는 순서 앞쪽에 사전 순서로 배열한다. 빈도의 역순으로 문서에서 가장 자주 등장하는 단어들은 희귀한 단어 뒤에 배치된다(즉 문서에서 가장 자주 등장하는 단어들은 순서상 마지막에 위치한다).

예제 8.11 다음과 같은 문서가 있다고 가정하자.

'Twas brillig, and the slithy toves

영어에서는 'The'라는 단어가 가장 자주 등장하며, 그다음으로 자주 등장하는 단어는 'and'다. 'twas'의 빈도는 'the' 혹은 'and'보다는 확실히 낮긴 하지만, 빈출 단어 리스트를 구성한다고 하자. 그 외 다른 단어들은 빈출 단어 리스트를 구성하지 않는다.

그러면 리스트의 마지막에서 이 단어들은 'twas', 'and', 'the' 순서로 배치되는데, 이 순서가 바로 빈도의 역순이기 때문이다. 나머지 다른 3개의 단어는 리스트 앞쪽에 사전 순서로 배열된다. 따라서 문서에서 정렬된 단어 순서는 다음과 같다.

---

brillig slithy toves twas and the

입찰 광고는 해시 테이블에 저장되는데 이전에 설명한 순서상 해당 입찰의 첫 번째 단어가 해시 테이블의 해시 키가 된다. 입찰 대상이 조합됐을 때 어떤 일을 할 것인지에 대한 정보 역시 입찰에 관한 기록에 포함된다. 이 상태는 0이고 명시적으로 저장될 필요는 없다. 또 다른 해시 테이블은 부분적으로 조합되는 입찰 광고의 복사본을 담는 역할을 한다. 이제 이 입찰들의 상태 값은 최소 1 이상이지만, 집합의 단어 개수보다는 적다. 상태 값이 i라면 이 해시 테이블에 대한 해시 키는 $(i + 1)$번째 단어가 된다. 해시 테이블의 처리 방식은 그림 8.5에서 볼 수 있다. 문서를 처리하기 위해 다음 단계를 따른다.

1. 이전에 설명했던 순서로 문서의 단어들을 정렬한다. 중복된 단어는 삭제한다.
2. 정렬된 순서에서 각 단어 w에 대해
   (i) 부분적으로 조합된 입찰 테이블의 해시 키로 w를 사용해 키가 w인 입찰 대상들을 찾는다.

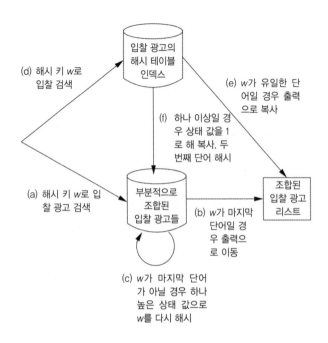

입찰 광고의
해시 테이블
인덱스

(d) 해시 키 w로
입찰 검색

(e) w가 유일한 단
어일 경우 출력
으로 복사

(f) 하나 이상일 경
우 상태 값을 1
로 해 복사. 두
번째 단어 해시

(a) 해시 키 w로 입
찰 광고 검색

부분적으로
조합된
입찰 광고들

조합된
입찰 광고
리스트

(b) w가 마지막
단어일 경
우 출력으
로 이동

(c) w가 마지막 단어
가 아닐 경우 하나
높은 상태 값으로
w를 다시 해시

그림 8.5 대량의 광고와 문서들의 관리

(ii) 그런 입찰 대상 b 각각에 대해서 w가 b의 마지막 단어라면 조합된 입찰 테이블로 b를 이동시킨다.

(iii) w가 b의 마지막 단어가 아니라면 b의 상태 값에 1을 더하고, 새로운 상태 값보다 하나 다음에 위치하는 단어를 해시 키로 사용해 b를 다시 해시한다.

(iv) 모든 입찰 테이블에 대한 해시 키로 w를 사용해, 정렬된 순서에서 첫 번째 단어가 w인 입찰들을 찾는다.

(v) 그런 입찰 대상 b에 대해 리스트에 오직 하나의 단어만 있으면 조합된 입찰 테이블에 그 단어를 복사한다.

(vi) b가 하나 이상의 단어로 구성돼 있으면 1단계의 결과와 함께 b를 부분적으로 조합된 입찰 테이블에 추가한다. b의 두 번째 단어를 해시 키로 사용한다.

3. 조합된 입찰 리스트를 출력으로 생성한다.

  희귀한 단어순으로 정렬하는 방식의 장점을 이제 보게 될 것이다. 입찰 대상 중 빈도가 가장 낮은 단어가 문서에 등장하는 경우에만 해당 입찰은 두 번째 해시 테이블로 복사된다. 이와 대조적으로 사전 순서를 사용하면 더 많은 입찰 대상들이 두 번째 해시 테이블로 복사될 것이다. 이 테이블의 크기를 최소화함으로써 2(i)부터 2(iii)단계에 해당하는 작업 양을 줄일 수 있을 뿐만 아니라 이 전체 테이블을 메인 메모리에 담을 수 있다.

8.6 요약

- **맞춤형 광고**: 신문과 같은 전통적인 미디어에서의 광고에 비해 웹 기반 광고가 갖는 최대 이점은 각 개인의 관심사에 맞춰 광고를 선택할 수 있다는 것이다. 이 장점으로 인해 많은 웹 서비스는 광고 수익으로 자립할 수 있게 됐다.
- **온라인 알고리즘과 오프라인 알고리즘**: 응답을 생성하기 전에 모든 데이터를 검토하도록 하는 전통적인 알고리즘을 오프라인 방식이라 한다. 온라인 알고리즘은 미래 원소가 아닌 오직 과거에 대한 정보만으로 스트림의 각 원소에 즉각적으로 응답하도록 하는 방식이다.
- **탐욕적 알고리즘**: 다수의 온라인 알고리즘은 단계마다 목표 함수 값이 최소가 되는 방향으로 자신들의 행동을 결정한다는 점에서 탐욕적이라 일컬어진다.
- **경쟁률**: 모든 입력에 대해서 오프라인 알고리즘의 가능한 최고 결과 값 대비 온라인 알고리즘의 결과 값을 최소화함으로써 온라인 알고리즘의 품질을 측정할 수 있다.
- **이분 조합**: 이 문제는 노드들의 집합 2개와 두 집합의 멤버들 사이의 선분 집합에 대한 것이다. 최선 조합, 즉 한 번 이상 포함되는 노드 없이 가능한 한 많은 선분들로 구성된 집합을 찾는 것이 목표다.
- **조합 문제에 대한 온라인 방식의 해결법**: 이분 그래프(아니면 어떤 그래프라도)에서 조합을 찾는 탐욕적 알고리즘은 특정 방법으로 선분들을 정렬하고, 선분의 어느 끝점

도 이전에 조합으로 선택된 선분의 일부가 아닌 경우 순서대로 각 선분들을 조합에 할당한다. 이 알고리즘 의 경쟁률이 1/2임을 증명할 수 있다. 즉 최적 오프라인 알고리즘을 사용할 경우 최소 절반에 해당하는 노드들이 반드시 조합된다.

- **검색 광고 관리**: 검색 엔진은 광고주로부터 특정 검색 질의에 대한 입찰 가격을 받는다. 일부 광고들이 검색 질의와 함께 노출되며, 검색 엔진은 검색을 시도하는 사람이 그 광고를 클릭했을 때만 광고주로부터 그 가격에 해당하는 돈을 받는다. 각 광고주는 한 달 동안 클릭이 발생했을 때 지불 가능한 전체 금액, 즉 예산을 보유하고 있다.

- **애드워즈 문제**: 특정 검색 질의에 광고주가 입찰한 가격 집합, 각 광고주가 가진 전체 예산, 각 질의에 대한 개별 광고에 해당하는 과거 클릭률 정보가 애드워즈 문제와 관련된 데이터다. 또 다른 데이터는 검색 엔진이 받는 스트림 형태의 검색 질의다. 각 질의에 대한 응답으로 고정된 크기의 온라인 광고 집합을 선택해 검색 엔진의 수익을 최대화하는 것이 목표다.

- **애드워즈 문제의 단순화**: 광고 선택에 있어서 미묘한 차이가 있음을 파악하기 위해 애드워즈 문제의 단순화된 버전을 살펴봤다. 여기서는 모든 입찰가가 0 혹은 1이며, 각 질의당 오직 하나의 광고가 노출되고, 모든 광고주의 예산이 같다고 가정했다. 이 모델하에서 일반적인 탐욕적 알고리즘은 해당 질의에 입찰한 광고주 중 예산이 남은 광고주 아무에게나 광고를 할당한다. 이런 알고리즘의 경쟁률은 1/2이다.

- **밸런스 알고리즘**: 이 알고리즘은 단순한 탐욕적 알고리즘을 개선한 방식이다. 질의와 함께 노출될 광고는 해당 질의에 입찰한 광고주 중 남은 예산이 가장 많은 광고주에게 돌아간다. 동점인 경우는 어느 쪽을 선택해도 상관이 없다.

- **밸런스 알고리즘의 경쟁률**: 단순화된 애드워즈 모델에서 밸런스 알고리즘의 경쟁률은 광고주가 2명인 경우 3/4이고, 광고주가 그보다 더 많은 경우 $1 - 1/e$ 혹은 약 63%다.

- **애드워즈 문제에 대한 밸런스 알고리즘의 일반화**: 각각의 질의에 대해 입찰자마다 입찰가격이 다르고 예산도 다르며 클릭률도 다른 상황을 허용한다면 밸런스 알고리즘은 함수 $\Psi = x(1 - e^{-f})$의 값이 가장 높은 광고주에게 광고를 할당한다. 여기서

x는 해당 광고주 및 질의에 대한 입찰가와 클릭률의 곱이며, f는 쓰지 않고 남아 있는 광고주의 예산 비율이다.

- **애드워즈 알고리즘 구현하기**: 가장 간단한 구현 방식은 검색 질의에서 단어들 집합이 정확하게 입찰 대상이 되는 경우다. 질의는 정렬된 단어 리스트로 표현될 수 있다. 입찰 광고는 정렬된 단어 리스트에 대응되는 해시 키와 함께 해시 테이블 혹은 그와 유사한 구조에 저장된다. 그러면 입찰 테이블을 순차적으로 색인해 검색 질의에 대응되는 광고를 찾을 수 있다.

- **문서와 단어들 집합 조합하기**: 애드워즈 구현 문제보다 더 어려운 버전으로 검색 질의를 구성하는 단어들의 작은 집합인 입찰 대상이 이메일 혹은 트윗과 같은 대형 문서에 조합돼야 하는 경우가 있다. 이렇게 입찰 단어 집합을 구성하는 모든 단어가 문서에 등장하면 해당 입찰과 그 문서를 조합한다. 단어들의 순서는 상관이 없으며 인접할 필요도 없다.

- **단어 집합들의 해시 저장소**: 각 입찰 집합을 희귀한 순서로 저장하는 데이터 구조가 유용하다. 문서를 구성하는 단어들도 이와 같은 순서로 정렬된다. 단어 집합은 희귀한 순서상 첫 번째 단어 즉 키와 함께 해시 테이블에 저장된다.

- **입찰과 문서의 조합 처리 과정**: 문서를 구성하는 단어들을 희귀한 순서로 처리한다. 단어 집합에서 첫 번째 단어가 현재 처리 중인 단어이면 그 단어 집합은 임시 해시 테이블로 복사된다. 이 경우 두 번째 단어가 키가 된다. 이미 임시 해시 테이블에 있는 집합들은 자신들의 키인 단어가 현재 처리 중인 단어와 조합되는지 확인하고, 만약 그런 경우 다음 단어를 사용해 다시 해시된다. 마지막 단어가 조합되는 집합이 결과로 출력된다.

8.7 참고문헌

[1]은 광고의 위치가 클릭률에 미치는 영향을 조사한 문헌이다. 밸런스 알고리즘은 [2]에서 연구됐고, 이를 애드워즈 문제로 응용한 내용은 [3]을 참조했다.

[1] N. Craswell, O. Zoeter, M. Taylor, and W. Ramsey, "An experimental comparison of click-position bias models," *Proc. Intl. Conf. on Web Search and Web Data Mining* pp. 87–94, 2008.

[2] B. Kalyanasundaram and K.R. Pruhs, "An optimal deterministic algorithm for b-matching," *Theoretical Computer Science* **233**:1–2, pp. 319–325, 2000.

[3] A Mehta, A. Saberi, U. Vazirani, and V. Vazirani, "Adwords and generalized on-line matching," *IEEE Symp. on Foundations of Computer Science*, pp. 264–273, 2005.

09

추천 시스템

사용자의 선택을 예측하는 다양한 종류의 웹 애플리케이션들이 있다. 그런 기능을 **추천 시스템**recommendation system이라 한다. 이런 시스템 중에서 가장 중요한 사례들을 살펴보는 것으로 9장을 시작할 것이다. 우선 이 주제를 명확히 하기 위해 살펴볼 추천 시스템의 두 가지 좋은 예는 다음과 같다.

1. 독자의 관심사에 대한 예측을 기반으로 온라인 뉴스 독자에게 새로운 기사를 제공하는 것
2. 온라인 고객의 과거 구매 이력 그리고/혹은 상품 검색 이력을 기반으로, 그 고객이 사고 싶어할 만한 상품을 제안하는 것

추천 시스템은 여러 가지 다양한 기법을 활용한다. 이런 추천 시스템을 크게 두 종류로 구분할 수 있다

- **내용 기반 시스템**content-based system은 추천되는 항목의 특징을 검사한다. 카우보이 영화를 많이 보는 넷플릭스 가입자에게 데이터베이스에서 '카우보이' 장르로 구분된 영화를 추천하는 것을 예로 들 수 있다.
- **협업 필터링 시스템**collaborative filtering system은 사용자들 그리고/혹은 항목들 사이의

유사성 측정치를 기반으로 항목을 추천한다. 사용자에게 추천된 항목은 유사한 사용자들이 선호하는 항목이다. 이런 종류의 추천 시스템은 3장에서 설명한 유사성 검색과 7장에서 설명한 클러스터링에 기초를 둔다. 그러나 이런 기법들 자체만으로는 충분치 않으며, 추천 시스템에 효과적이라고 증명된 새로운 알고리즘들이 존재한다.

9.1 추천 시스템 모델

9.1절에서는 선호도의 다목적^{utility} 행렬을 기초로 하는 추천 시스템 모델을 알아볼 것이다. 전통적인 오프라인 상점 대비 온라인 상점이 갖는 장점을 설명하는 '롱테일$^{long-tail}$'의 개념을 소개한다. 이후 추천 시스템이 유용하게 사용된다고 증명된 응용 분야를 간략하게 살펴볼 것이다.

9.1.1 다목적 행렬

추천 시스템에는 **사용자**와 **항목**이라는 두 종류의 개체가 있다. 사용자는 특정 항목을 선호하며, 이런 선호도는 반드시 데이터로 표현되기 마련이다. 데이터 자체는 사용자-항목 쌍으로 구성된 다목적 행렬로 표현되는데, 이 행렬은 각 사용자-항목 쌍에 대해서 사용자가 해당 항목을 선호하는 정도를 값으로 표현한다. 사용자가 해당 항목에 순위를 매길 때 별의 개수를 표현하는 정수 1~5처럼 모든 값들은 어떤 정렬된 집합에서 선택된다. 이 행렬은 희소하다고 가정하는데 이는 대부분의 성분이 '알려지지 않은' 상태임을 의미한다. 순위가 알려지지 않았다는 것은 그 항목에 대한 사용자의 선호도와 관련된 명확한 정보가 없음을 뜻한다.

예제 9.1 그림 9.1에서 다목적 행렬의 예를 볼 수 있다. 이 행렬은 영화에 대한 사용자의 순위를 1~5단계로 표현하는데 5가 가장 높은 순위를 의미한다. 빈칸은 사용자가 영화에 대한 순위를 매기지 않은 상황을 표현한다. 〈해리 포터$^{Harry\ Potter}$〉 I, II, III에 해당하는 영화 이름은 HP1, HP2, HP3로, 〈트와일라잇^{Twilight}〉은 TW로, 〈스타워즈Star Wars〉 에피소드 1, 2, 3은 SW1, SW2, SW3으로 표시했으며, 사용자는 대문자 *A*부터 *D*로 나타냈다.

	HP1	HP2	HP3	TW	SW1	SW2	SW3
A	4			5	1		
B	5	5	4				
C				2	4	5	
D		3					3

그림 9.1 영화 순위를 1~5단계로 표현하는 다목적 행렬

주목해서 봐야 할 점은 대부분의 사용자-영화 쌍이 빈칸이며, 이는 사용자가 영화에 순위를 매기지 않았음을 의미한다는 사실이다. 보통 사용자들은 자신이 본 영화들 중 극히 일부에만 순위를 매기기 때문에 이 행렬은 실제로 더 희소할 것이다. ■

다목적 행렬에서 이런 빈칸들을 유추하는 것이 바로 추천 시스템의 목적이다. 예컨대 '사용자 *A*는 SW2를 좋아할 것인가?'와 같이 말이다. 그림 9.1처럼 작은 행렬에서는 그 증거를 거의 얻을 수 없다. 영화 제작자, 감독, 배우 혹은 비슷한 제목 등과 같은 영화의 특징을 활용하는 추천 시스템을 설계해 보면 어떨까? 그러면 SW1과 SW2 사이의 유사성을 파악할 수 있고, 이를 바탕으로 SW1을 좋아하지 않았던 *A*는 SW2 역시 좋아하지 않을 것이라는 결론을 내릴 수 있을 것이다. 아니면, 훨씬 많은 데이터를 활용해 SW1과 SW2 모두에 순위를 매긴 사람은 서로 비슷하게 순위를 매기는 경향이 있음을 발견해 낼 수도 있다. 따라서 *A*가 SW1에 낮은 순위를 매겼던 것처럼 SW2에도 역시 낮은 순위를 매길 것이라는 결론이 가능하다. ■

추천 시스템의 응용 분야마다 목적이 서로 조금씩 다르다는 사실을 알고 있어야 한다. 다목적 행렬의 모든 빈 성분을 예측할 필요는 없다. 각 행마다 오직 값이 높을 것으로 예측되는 성분만 찾아내면 된다. 대부분의 응용 분야에서 추천 시스템은 사용자에게 순위가 매겨진 모든 항목들을 제안하는 것이 아니라 대신 사용자가 높은 관심을 둘 만한 소수의 항목들만을 추천한다. 예상 순위가 가장 높은 항목들이라고 해서 반드시 모두 찾아낼 필요까지는 없으며, 그들 중 일부만을 찾아내기만 하면 된다.

9.1.2 롱테일

추천 시스템의 주요 응용 분야를 논의하기 이전에 추천 시스템이 매우 유용하게 사용되는 **롱테일**long tail 현상에 대해 생각해 보자. 오프라인 배송 시스템의 특징은 자원 부족이라는 문제를 겪는다는 것이다. 소매점의 진열대는 공간적으로 한계가 있기 때문에 고객을 위해 모든 상품 중 일부 물품만을 전시할 수밖에 없다. 반면 온라인 상점에서는 고객들이 존재하는 모든 상품을 선택할 수 있다. 따라서 오프라인 서점은 진열대에 몇 천 권의 책을 전시할 수 있지만, 아마존은 수백만 권의 책을 전시할 수 있다. 오프라인 신문에는 하루에 몇 십 건의 기사가 실리는 반면, 온라인 뉴스 서비스는 하루에 수천 건의 뉴스를 전달할 수 있다.

오프라인에서의 추천은 상당히 간단하다. 먼저 개인 고객별로 맞춤형 상점을 구성하는 것은 불가능하다. 따라서 선택 문제는 오로지 집계된 숫자에 의해 좌우된다. 일반적으로 서점에는 가장 인기 있는 책들만이 진열될 것이고, 신문에는 대부분의 사람들이 관심을 가질 만한 기사들만이 게재될 것이다. 첫 번째 경우 판매 부수가 선택을 좌우하고, 두 번째 경우 편집장의 판단이 그 역할을 담당한다.

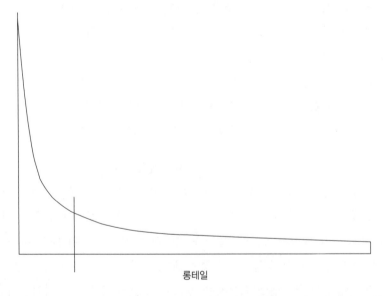

롱테일

그림 9.2 롱테일: 오프라인 상점이 오직 인기 있는 상품만을 제공하는 반면, 온라인 상점은 모든 상품을 진열할 수 있다.

『희박한 공기 속으로』와 『허공을 만지다』

잘 설계된 추천 시스템을 갖췄을 때 롱테일이 미치는 영향을 보여 주는 극단적인 사례는 『허공을 만지다Touching the Void』라는 책에 관한 크리스 앤더슨Chris Anderson의 주장이다. 산악 등반에 관한 이 책은 그 당시 큰 주목을 끌지 못했으나, 이 책의 출판 이후 여러 해가 지나자 같은 주제를 다룬 『희박한 공기 속으로Into Thin Air』라는 책이 출판됐다. 아마존의 추천 시스템은 소수의 사람들이 두 책을 모두 구입했음을 파악하고 『희박한 공기 속으로』를 구매한 사람 혹은 구매를 고려하는 사람들에게 『허공을 만지다』를 추천하기 시작했다. 온라인 서점이 아니었더라면 잠재 구매자는 『허공을 만지다』라는 책을 알지도 못했을 것이다. 그러나 온라인 세계에서 『허공을 만지다』는 결국 그 책 자체로 매우 유명해졌으며, 실제로 그 인기는 『희박한 공기 속으로』 이상이었다.

롱테일이라 불리는 현상이 오프라인과 온라인 세계 사이를 구분 짓는데 그림 9.2에서 이를 설명하고 있다. 수직 축은 인기도(단일 상품이 선택된 횟수)를 표현한다. 상품들은 수직선 왼쪽에 위치하는 가장 유명한 상품들만 제공하는 반면, 온라인 상점은 상품 범위 전체, 즉 인기 있는 항목뿐만 아니라 곡선의 꼬리tail 부분에 위치하는 상품들도 제공한다.

롱테일 현상 때문에 온라인 상점들은 개별 사용자에게 맞춤형 상품을 추천한다. 온라인 상점에서는 오프라인 상점처럼 모든 항목들을 사용자에게 노출시키는 것은 불가능하다. 게다가 사용자들이 노출된 항목을 이미 알고 있을 것이라 기대할 수도 없다.

9.1.3 추천 시스템의 응용 분야

추천 시스템의 몇 가지 중요한 응용 사례에 대해 언급했는데 이들을 정리해 나열해 보자.

1. **상품 추천**: 아마도 추천 시스템이 가장 중요하게 사용되는 사례는 온라인 상점일 것이다. 아마존 혹은 유사한 온라인 판매자가 재방문 고객을 대상으로 그들이 사고 싶어할 만한 상품을 제안하기 위해 얼마나 공을 들이는지 살펴봤다. 이런 제안은 무작위로 이뤄지는 것이 아니라 유사한 고객들이 내린 구매 결정, 혹은 9장에서 다룰 그 외 기법들을 기반으로 한다.

2. **영화 추천**: 넷플릭스는 고객들에게 그들이 좋아할 만한 영화를 추천한다. 이런 추천은 사용자가 매긴 순위를 바탕으로 하는데 이는 그림 9.1의 다목적 행렬 예에서 살펴봤던 순위와 매우 흡사하다. 순위를 정확하게 예측하는 것이 매우 중요하기 때문에 넷플릭스는 자신들의 추천 시스템 성능을 10% 개선할 수 있는 첫 번째 알고리즘을 위해 100만 달러의 상금을 내걸었다.[1] 이 상금은 3년 동안의 경쟁 끝에 2009년 'Bellkor's Pragmatic Chaos'라는 연구팀에게 돌아갔다.

3. **뉴스 기사**: 뉴스 서비스는 과거 독자가 읽은 적이 있는 기사들을 기반으로 독자의 관심사를 다룬 기사를 구별하려고 노력해 왔다. 이는 문서에 등장하는 중요한 단어들의 유사성을 기반으로 하거나, 유사한 독서 취향을 가진 사람들이 읽은 기사를 기반으로 할 수도 있다. 수백만 개의 블로그들, 유투브의 영상들, 혹은 주기적으로 콘텐츠가 올라오는 사이트들에서도 다른 내용을 추천할 때 이와 같은 원리가 적용된다.

9.1.4 다목적 행렬 생성

다목적 행렬 없이 항목을 추천하는 것은 거의 불가능하다. 그러나 다목적 행렬을 만들기 위해 데이터를 획득하는 것은 꽤 어려운 일이다. 사용자가 관심을 두는 항목을 식별하는 두 가지 일반적인 접근 방법은 다음과 같다.

1. 사용자에게 항목들의 순위를 매기도록 한다. 영화 순위는 보통 이런 식으로 매

---

1 정확하게 말하자면 넷플릭스의 실제 사용자 순위에서 가져온 테스트 집합을 대상으로 새로운 알고리즘의 평균 제곱근 오차(RMSE, Root-Mean-Square Error)는 넷플릭스 알고리즘의 RMSE보다 10%가 적어야만 했다. 알고리즘을 개선하기 위해 참가자에게 데이터 학습 집합(training set)이 주어졌고, 이 역시 실제 넷플릭스 데이터였다.

겨지며, 일부 온라인 상점은 구매자가 매긴 순위를 확보하기 위해 애쓴다. 일부 뉴스 사이트 혹은 유튜브처럼 콘텐츠를 공급하는 사이트들 역시 사용자에게 항목의 순위를 매기도록 요청한다. 이런 방식의 효과는 제한적인데 그 이유는 일반적으로 사용자들은 응답하기를 꺼리는 것이 보통이며, 그렇지 않은 사용자들에게만 얻은 정보이므로 데이터가 편향될 수 있기 때문이다.

2. 사용자 행위로부터 유추가 가능하다. 확실한 사실은 누군가 아마존에서 상품을 구매하고 유투브에서 영화를 보거나 뉴스 기사를 읽는다면 그 사용자가 해당 항목을 '좋아한다'라고 인식된다는 것이다. 이런 종류의 순위 시스템은 실제로 하나의 값만을 갖는다는 사실에 주목하라. 즉 1은 그 사용자가 해당 항목을 좋아한다는 뜻이다. 이런 종류의 데이터에 대한 다목적 행렬을 찾아낼 때 사용자가 해당 항목을 구매하지 않았거나 보지 않았다면 빈칸으로 남겨두기보다는 0으로 표현하는 것이 보통이다. 그러나 이 경우 0은 1보다 순위가 낮다는 뜻은 아니다. 아직 순위가 매겨지지 않았을 뿐이다. 좀 더 일반적으로 구매에 대한 기록보다는 행위에 대한 기록으로 관심사를 유추할 수 있다. 예를 들어, 아마존 고객이 어떤 상품 정보를 열람했다면 그 상품을 구입하지 않았다 하더라도 관심이 있는 것으로 유추할 수 있다.

9.2 내용 기반 추천

9장을 시작하면서 언급했듯이 추천 시스템에는 두 가지 기본적인 구조가 있다.

1. **내용 기반** 시스템은 항목의 특성에 중점을 둔다. 항목이 갖는 특성의 유사성을 측정해 항목 간의 유사성이 결정된다.

2. **협업 필터링** 시스템은 사용자들과 항목들 사이의 관계에 중점을 둔다. 사용자들이 두 항목에 순위를 매기고, 매겨진 순위의 유사성에 따라 항목 간의 유사성이 결정된다.

9.2절에서는 내용 기반 추천 시스템을 집중적으로 살펴볼 것이다. 협업 필터링은 9.3

절에서 다룬다.

9.2.1 항목 프로파일

내용 기반 시스템에서는 각 항목에 대한 **프로파일**profile을 구성해야 한다. 이는 해당 항목의 중요한 특징을 표현하는 레코드 혹은 레코드의 집합이다. 간단한 경우 프로파일은 해당 항목에서 쉽게 발견되는 특징들의 일부로 구성된다. 한 가지 예로 추천 시스템에서 사용될 수 있는 영화의 특징feature들을 생각해 보자.

1. 영화 배우들: 일부 관객은 자신들이 좋아하는 배우가 출연하는 영화를 선호한다.
2. 감독: 일부 관객은 특정 감독의 작품을 선호한다.
3. 영화 제작 연도: 일부 관객은 옛날 영화를 선호하는 반면 최신 영화만을 보는 사람들도 있다.
4. **장르** 혹은 일반적인 영화 종류: 일부 관객은 코미디만을 좋아하고, 어떤 관객은 드라마 혹은 로맨스만을 좋아한다.

이 외에 사용될 수 있는 영화의 특징들도 많다. 마지막 장르만 제외하고 나머지 정보는 영화 설명에서 쉽게 발췌할 수 있다. 장르는 모호한 개념이다. 그러나 영화 평론에서는 보통 공통적으로 사용되는 용어 집합으로부터 장르가 선택된다. 예를 들어, **인터넷 영화 데이터베이스**IMDB, Internet Movie Database에는 모든 영화가 장르 혹은 장르들로 구분돼 있다. 9.3.3절에서 장르를 기계적으로 분류하는 내용을 살펴볼 것이다.

그 외 다른 종류의 항목도 역시 가용 데이터로부터 특징들을 추출해 낼 수 있다. 손으로 입력한 데이터도 포함된다. 예를 들어, 일반적으로 제조사에 의해 직접 작성되는 상품 설명서에는 그런 종류의 상품과 관련된 특징들이 포함된다(예컨대 TV의 화면 크기 및 캐비닛 색상). 도서 설명서는 영화 설명서와 유사하게 작가, 출판 연도, 장르 같은 특징들이 존재한다. CD와 MP3 같은 음향기기는 아티스트, 작곡가, 장르와 같은 특징을 갖는다.

9.2.2 문서의 특징 추출

어떤 특징을 사용해야 할지 즉각적으로 명백하지 않은 종류의 항목들도 있다. 그들 중 두 가지를 살펴볼 것이다. 바로 문서와 이미지다. 문서와 관련된 특별한 문제를 다룰 텐데 9.2.2절에서는 문서로부터 특징들을 추출하는 기법을 살펴볼 것이다. 9.2.3 절에서는 이미지를 살펴볼 텐데 사용자가 제공하는 특징들이 문제를 해결하는 열쇠가 되는 중요한 사례를 다룰 것이다.

추천 시스템이 유용하게 사용될 수 있는 문서의 종류들은 많다. 예컨대 매일 출판되는 뉴스 기사들은 많고 그들 전부를 읽는 것은 불가능하다. 추천 시스템은 사용자의 관심사와 관련된 주제를 다룬 기사를 제안할 수 있다. 그런데 그 주제들을 어떻게 분류할 수 있을까? 웹 페이지 역시 문서의 일종이다. 사용자가 보고 싶어할 만한 페이지를 제안하는 것이 가능할까? 블로그도 이와 마찬가지로 주제에 따라 분류가 가능하다면 사용자의 관심사에 따라 특정 블로그를 추천할 수 있을 것이다.

안타깝게도 이런 종류의 문서들에서는 특징을 파악할 수 있는 정보를 쉽게 사용할 수 없는 경우가 많다. 대신 실제로는 문서의 주제를 특징짓는 단어들을 식별하는 방법이 유용하게 사용된다. 1.3.1절에서 식별 방법의 개요를 설명했다. 그 방법은 다음과 같다. 먼저 불용어stop word를 제거한다. 불용어란 문서 주제와 관련된 어떤 정보도 알려 주지 못하는 단어로서 수백 개에 이르는 가장 공통된 단어를 뜻한다. 남은 단어들에 대해서는 문서에 등장하는 각 단어에 대한 TF.IDF 점수를 계산한다. 가장 높은 점수를 가진 단어가 그 문서를 특징짓는 단어가 된다.

그다음 TF.IDF 점수가 가장 높은 n개의 단어들을 문서의 특징들로 택한다. 모든 문서에서 n을 동일한 값으로 선택하거나 문서에 등장하는 단어의 고정 비율이 되도록 할 수 있다. 또한 TF.IDF 점수가 일정 한계점 이상인 모든 단어들을 특징 집합의 일부로 택하는 방법도 있다.

이제 문서는 단어들의 집합으로 표현된다. 직관적으로 이런 단어들은 문서의 주제 혹은 핵심 개념을 나타내게 될 것이다. 예를 들어, 새로운 기사에서 TF.IDF가 가장 높은 단어들에는 기사에 언급된 사람들의 이름, 설명된 이벤트의 특별한 성질, 이벤트의 위치가 포함될 것이라 예상할 수 있다. 두 문서의 유사성을 측정하는 데 사용할 수 있는 몇 가지 일반적인 거리 측정치는 다음과 같다.

1. 단어들의 집합 사이의 자카드 거리를 사용할 수 있다(3.5.3절 참조).
2. 벡터 집합 사이의 코사인 거리를 사용할 수 있다(3.5.4절 참조).

2번 방법으로 코사인 거리를 측정하려면 TF.IDF가 높은 단어들의 집합을 하나의 벡터로 생각해야 한다. 하나의 성분이 하나의 단어에 해당된다. 이 벡터의 성분은 해당 단어가 집합에 속한 경우 1, 속하지 않으면 0이다. 두 문서에 해당하는 두 집합들에는 오직 유한한 개수의 단어들이 존재하기 때문에 벡터의 무한 차원infinite dimensionality은 고려할 필요가 없다. 벡터의 거의 모든 성분이 0이고, 0은 내적dot product에 영향을 미치지 않는다. 더 정확히 말하면 내적은 두 단어 집합의 교집합 크기이고, 벡터의 길이는 각 집합에 속한 단어 개수의 제곱근이다. 내적을 벡터 길이들의 곱으로 나눔으로써 두 벡터 사이의 코사인 각을 계산할 수 있다.

9.2.3 태그에서 얻는 항목 특징

항목으로부터 특징을 얻는 방법의 한 사례로 이미지 데이터베이스를 생각해 보자. 보통 픽셀pixel의 배열인 이미지 데이터는 자신의 특징과 관련된 어떤 유용한 정보도 제공하지 않는다. 이것이 바로 이미지 데이터가 갖는 문제다. 그림에서 붉은색이 차지하는 양을 픽셀 특징으로 간단하게 계산할 수 있지만, 붉은 그림 혹은 붉은 계통의 그림을 찾는 사용자는 거의 없다.

사용자로 하여금 항목을 설명하는 단어들 혹은 구절들을 입력해 그 항목에 태그를 붙이도록 함으로써 항목의 특징과 관련된 정보를 획득하려는 시도들이 다수 있어 왔다. 따라서 붉은 계통의 그림은 '천안문 광장'이라는 태그가 붙을 수도 있고, 다른 그림에는 '말리부의 석양'이라는 태그가 붙을 수도 있다. 이는 현존하는 이미지 분석 프로그램을 통해 구분해 낼 수 있는 성질의 것이 아니다.

거의 모든 종류의 데이터는 태그로 설명되는 자신만의 특징을 갖고 있다. 엄청난 양의 데이터에 태그를 붙이려는 최초의 시도 중 하나는 나중에 야후에 의해 인수된 del.icio.us라는 사이트인데 사용자로 하여금 웹 페이지에 태그를 붙이도록 했다. 이

문서 유사성의 두 가지 종류

3.4절에서 슁글링^{shingling}, 민해싱^{minhashing}, LSH를 사용해 '유사한' 문서들을 찾는 기법을 살펴봤다. 유사성의 개념은 어휘적^{lexical}이었다. 즉 많은 문자들이 동일한 순서로 배열된 문서들을 유사하다고 판단했다. 추천 시스템에서 유사성의 개념은 이와는 다르다. 두 문서 사이에 어휘적 유사성이 거의 없다 하더라도 중요한 단어들이 많이 등장하는지에만 집중한다. 그렇지만 유사한 문서들을 찾는 방법론은 거의 같다. 자카드 거리든지 코사인 거리든지 일단 거리 측정치가 있으면 (자카드 거리인 경우) 민해싱을 사용하거나 혹은 (코사인 거리인 경우, 3.7.2절 참조) 다수의 공통 키워드를 갖는, 즉 유사한 문서들 쌍을 찾는 LSH 알고리즘에 무작위 초평면을 적용할 수 있다.

태그의 기원은 컴퓨터 게임

태그를 붙이도록 부추기는 흥미로운 방법은 루이스 폰 안^{Luis von Ahn}이 제시한 '게임' 접근 방식이다. 그는 두 게이머가 협업해 한 이미지에 태그를 붙이도록 했다. 라운드마다 각자 하나의 태그를 제시할 수 있으며, 그 태그는 상대방에게 공개된다. 2명이 동시에 같은 태그를 제시하면 사람이 '이기는' 것이고, 그렇지 않으면 같은 태그를 제시할 때까지 동일한 이미지로 다음 라운드 게임이 진행된다. 이는 혁신적인 방법으로 시도되긴 했으나, 데이터에 공짜로 태그를 달 수 있게 만들 만큼 대중들의 관심을 충분히 이끌어 낼 수 있는지는 의문으로 남는다.

태그 작업의 목적은 새로운 방식의 검색을 가능하게 하려는 것이었는데, 사용자가 태그 집합으로 구성된 검색 질의를 입력하면 시스템은 그런 식으로 태그가 붙은 웹 페이지들을 검색해 냈다. 그런데 그 태그들을 추천 시스템으로 사용할 수도 있다. 사용자가 특정 태그 집합으로 많은 페이지들을 검색하거나 북마크한다는 사실을 파악하면 동일한 태그가 붙은 페이지들을 추천할 수 있다.

특징 추출 방법으로서 이렇게 태그를 붙이는 방식의 문제는 사용자가 기꺼이 태그를 생성하려는 수고를 아끼지 않아야 하며, 가끔씩 잘못 붙은 태그가 시스템에 지대한 영향을 끼치지 않을 만큼 충분히 태그가 많아야 이 방식이 동작한다는 것이다.

9.2.4 항목 프로파일 표현

내용 기반 추천의 궁극적인 목표는 다목적 행렬의 행을 기반으로 특징-값 쌍으로 구성된 항목 프로파일과 사용자의 선호도를 요약하는 사용자 프로파일 모두를 생성하는 것이다. 9.2.2절에서는 항목 프로파일이 구성되는 방식을 살펴봤다. 0과 1로 구성된 벡터에서 1은 문서에 TF.IDF가 높은 단어가 등장한다는 것을 의미했다. 문서에 대한 특징은 모두 단어였기 때문에 이런 방식으로 프로파일을 표현하는 것은 쉬웠다.

이렇게 벡터를 사용하는 방식을 모든 종류의 특징들로 일반화할 것이다. 특징이 이산 값$^{\text{discrete values}}$ 집합인 경우 일반화가 쉽다. 예를 들어, 영화의 특징 하나가 배우들의 집합일 때 각 배우에 대한 성분이 존재하며 그 배우가 해당 영화에 출연한 경우 1, 그렇지 않은 경우를 0으로 표현할 수 있다. 이와 마찬가지로 감독, 장르에 대한 성분도 존재할 수 있다. 이런 모든 특징들은 오직 0과 1만으로 표현할 수 있다.

불린^{boolean} 벡터로 쉽게 표현될 수 없는 종류의 특징들도 있다. 수치로 표현해야 하는 특징이 바로 그런 경우다. 예를 들어, 영화에 대한 평균 순위를 특징으로 택할 수 있는데[2] 이 경우 평균은 실수$^{\text{real number}}$가 된다. 평균 순위 각각을 하나의 개별 성분 값으로 볼 수는 없다. 그렇게 되면 그 수치 속에 함축된 의미가 파괴돼 버리기 때문이다. 즉 동일하지는 않으나 서로 가까운 두 순위는 차이가 많은 순위들보다 좀 더 유사하다고 생각돼야 한다. 이와 마찬가지로 PC의 화면 크기, 혹은 디스크 용량과 같이 수치로 표현되는 상품의 특징은 그 값들의 차이가 그렇게 크지 않다면 서로 유사한 것으로 생각돼야 한다.

수치 특징은 항목들을 표현하는 벡터에서 단일 성분들로 표현돼야 한다. 이 성분

---

2   순위는 그렇게 신뢰할 만한 특징은 아니나 예로 사용할 것이다.

들은 그 특징의 정확한 값을 담고 있다. 벡터의 일부 성분이 불린^{boolean}이고 나머지가 실수 혹은 정수이더라도 상관없다. 불린이 아닌 성분이 계산 결과를 좌우한다거나 전혀 영향을 미치지 않는 일이 없도록 하기 위해 적절한 조정 단계가 필요할 수는 있지만, 어찌 됐건 벡터들 사이의 코사인 거리는 계산할 수 있다.

예제 9.2 배우 집합과 평균 순위가 영화의 유일한 특징이라고 가정하자. 5명의 배우가 출연하는 두 영화를 생각해 보자. 배우 중 2명은 두 영화에 모두 출연한다. 또한 한 영화의 평균 순위는 3이고 또 다른 영화의 평균 순위는 4다. 이때 벡터는 다음과 같이 구성된다.

$$\begin{matrix} 0 & 1 & 1 & 0 & 1 & 1 & 0 & 1 & 3\alpha \\ 1 & 1 & 0 & 1 & 0 & 1 & 1 & 0 & 4\alpha \end{matrix}$$

원칙적으로는 성분 개수에 제한이 없는데 두 벡터에서 0은 두 영화 중 어디에도 출현하지 않는 배우들을 나타낸다. 벡터의 코사인 거리는 두 벡터 모두에서 0인 성분의 영향을 받지 않으므로 두 영화 어디에도 출연하지 않는 배우가 미치는 영향에 대해 걱정할 필요는 없다.

마지막 성분은 평균 순위를 표현한다. 알려지지 않은 조정 인수$^{scale\ factor}$ α가 포함돼 있음을 볼 수 있다. α가 포함된 항으로 벡터들 사이의 코사인 각을 계산할 수 있다. 내적은 $2 + 12\alpha^2$이며, 벡터의 길이는 각각 $\sqrt{5 + 9\alpha^2}$와 $\sqrt{5 + 16\alpha^2}$이다. 따라서 벡터 사이의 코사인 각은 다음과 같다.

$$\frac{2 + 12\alpha^2}{\sqrt{25 + 125\alpha^2 + 144\alpha^4}}$$

$\alpha = 1$로 선택하면, 즉 평균 순위를 그 순위 값 자체로 택하면 위 식의 값은 0.816이다. $\alpha = 2$로 선택하면, 즉 순위 값을 두 배로 조정하면 코사인은 0.940이다. 즉 벡터들은 $\alpha = $ 인 경우보다 같은 부호로 훨씬 가까워진다. 이와 마찬가지로 $\alpha = 1/2$로 선택하면 코사인은 0.619인데 이는 벡터들을 서로 상당히 다르게 해석하도록 한다. 어느 α 값이 '옳다'고 말할 수는 없으나, 수치로 표현되는 특징에 대해 선택한 조정 인수가 항목간의 유사성 정도를 판단하는 데에 영향을 미친다는 사실을 알 수 있다. ■

9.2.5 사용자 프로파일

항목을 설명하는 벡터는 물론이고, 항목 프로파일과 동일한 성분으로 사용자 선호도를 설명하는 벡터를 생성해야 한다. 다목적 행렬은 사용자와 항목 사이의 관련성을 표현한다. 행렬에서 빈칸이 아닌 성분은 1만 가능한데 이는 사용자가 해당 항목을 구매했거나 그와 비슷한 행동을 했음을 표현한다. 아니면 순위 혹은 항목에 대한 사용자의 호감 정도를 표현하는 임의의 숫자가 될 수도 있다.

이 정보로 사용자가 좋아하는 항목들을 찾아내는 최선 방법은 해당 항목의 프로파일들을 집계하는 것이다. 다목적 행렬이 오직 1만으로 구성돼 있다면 일반적인 집계 방식은 다목적 행렬에서 해당 사용자에 대해 1 값을 갖는 항목들의 프로파일을 표현하는 벡터 성분들의 평균을 구하는 것이다.

예제 9.3 영화가 항목이고, 이 영화는 배우에 해당하는 성분으로 구성된 불린 프로파일로 표현된다고 가정하자. 또한 다목적 행렬은 사용자가 영화를 봤다면 1로 채워지고, 보지 않았다면 빈칸으로 채워진다. 사용자 U가 좋아하는 영화 중 20%에 해당하는 영화에 줄리아 로버츠가 배우들 중 1명으로 출연한다면 U에 대한 사용자 프로파일에서 줄리아 로버츠에 해당하는 성분 값은 0.2가 될 것이다. ■

다목적 행렬이 불린이 아니라면, 예컨대 1~5의 순위로 표현된다면 항목 프로파일을 표현하는 벡터에 그 성분 값만큼 가중치를 줄 수 있다. 각 값에서 해당 사용자의 평균 값을 빼는 방식으로 다목적 행렬을 정규화할 수 있다. 평균보다 낮은 순위를 갖는 항목에는 음수 가중치를 주고, 평균 이상의 순위를 갖는 항목에는 양수 가중치를 주는 방법이다. 9.2.6절에서 사용자가 좋아하는 항목을 찾는 방법을 논의할 때 이로 인한 효과가 유용함을 증명할 것이다.

예제 9.4 예제 9.3과 동일한 영화 정보를 생각해 보자. 다목적 행렬에 빈칸은 없으며 성분은 1~5 범위에서 순위를 나타낸다고 가정한다. 사용자 U가 매기는 순위의 평균은 3이다. 줄리아 로버츠가 배우로 출연하는 세 편의 영화가 있고, 그 영화들의 순위는 각각 3, 4, 5다. 그러면 U의 사용자 프로파일에서 줄리아 로버츠에 해당하는 성분 값은 3 − 3, 4 − 3, 5 − 3의 평균인 1이 된다.

반면 사용자 V가 매기는 순위의 평균은 4이고, 줄리아 로버츠가 출연하는 세 편의 영화에 역시 순위를 매긴다(U가 순위를 매긴 세 편의 영화와 같은지는 상관이 없다). 사용자 V가 이 세 편의 영화에 매긴 순위는 2, 3, 5다. V에 대한 사용자 프로파일에서 줄리아 로버츠에 해당하는 성분 값은 $2-4$, $3-4$, $5-4$의 평균인 $-2/3$가 된다. ▨

9.2.6 내용 기반 항목 추천

사용자와 항목에 대한 프로파일 벡터로 그들 사이의 코사인 거리를 계산해 사용자가 항목을 선호하는 정도를 측정할 수 있다. 예제 9.2에서와 같이 불린 값이 아닌 다양한 성분들을 조정하기 원할 수도 있다. 항목 프로파일(만)을 버킷에 위치시키기 위해 무작위 초평면과 지역 기반 해싱 기법이 사용된다. 그런 방식에서는 특정 항목을 추천하고 싶은 사용자가 있을 때 역시 같은 두 가지 방법(무작위 초평면과 LSH)을 적용해 해당 사용자로부터 코사인 거리가 작은 항목들을 어느 버킷에서 찾아야 하는지 판단할 수 있다.

예제 9.5   예제 9.3의 첫 번째 데이터를 살펴보자. 사용자의 프로파일에서 배우에 해당하는 성분 값은 해당 사용자가 좋아하는 영화에 그 배우가 출연하는 비율이다. 따라서 사용자가 선호하는 영화에 출연하는 배우들이 가급적 많이 출연하는 새 영화를 가장 우선(가장 낮은 코사인 거리)으로 추천하게 된다. 영화의 특징과 관련해 얻을 수 있는 유일한 정보가 배우라면 이것이 아마도 적용 가능한 최선의 방안이 될 것이다.[3]

이제 예제 9.4를 살펴보자. 사용자 벡터는 자신이 좋아하는 영화에 출연해 온 배우에 대해서는 양수 값을, 자신이 좋아하지 않는 영화에 출연해 온 배우에 대해서는 음수 값을 가짐을 살펴봤다. 사용자가 좋아하는 다수의 배우들이 출연하는 영화 혹은 사용자가 좋아하지 않는 소수의 배우들이 출연하는 혹은 전혀 출연하지 않는 영화가 있다고 생각해 보자. 사용자와 영화 벡터 사이의 코사인 거리는 상당히 큰 양의 비율 값이 될 것이다. 이는 각이 0에 근접하고, 따라서 벡터들 사이의 코사인 거리가

---

3   모든 사용자-벡터 성분들은 작은 비율 값이 될 것이다. 그러나 이는 추천에 영향을 미치지 않는데 코사인을 계산할 때 각 벡터의 길이로 나누는 과정이 포함되기 때문이라는 사실을 기억하라. 즉 사용자 벡터는 영화 벡터보다 훨씬 짧은 경향이 있지만, 중요한 것은 오직 벡터의 방향이다.

작다는 것을 의미한다.

  다음으로 사용자가 좋아하지 않는 배우들만큼 좋아하는 배우들이 출연하는 영화를 생각해 보자. 이런 상황에서 사용자와 영화 사이의 코사인 각도는 0에 가까우므로 두 벡터 사이의 각은 90도가 된다. 마지막으로 사용자가 좋아하지 않는 대부분의 배우들이 출연하는 영화에 대해 생각해 보자. 이 경우 코사인은 상당히 큰 음의 비율 값이 될 것이고, 두 벡터 사이의 각은 180도에 가까워질 것이다. 즉 가능한 최대 코사인 거리가 된다. ■

9.2.7 분류 알고리즘

항목 프로파일 및 다목적 행렬을 사용하는 추천 시스템과는 전혀 다른 접근 방법은 이 문제를 머신러닝의 한 종류로 다루는 것이다. 주어진 데이터를 학습 집합으로 생각하고, 각 사용자별로 모든 항목의 순위를 예측하는 분류자^{classifier}를 생성한다. 너무나 다양한 분류자가 존재하는데 이와 관련된 내용을 설명하는 것이 9.2.7절의 목적은 아니다. 그렇지만 추천을 위한 분류자를 개발하는 방법은 알고 있어야 한다. 따라서 공통적으로 많이 쓰이는 분류자(결정 트리)를 간략하게 설명하려 한다.

  결정 트리$^{decision\ tree}$는 이진 트리$^{binary\ tree}$ 형태로 배열된 노드들이다. 리프 노드들에 의해서 의사결정이 이뤄지는데 이번 사례에서 결정해야 하는 문제는 '좋아한다' 혹은 '좋아하지 않는다'다. 각 중간 노드는 분류되는 객체에 대한 조건을 나타낸다. 이번 사례에서 조건은 하나 이상의 항목 특징에 대한 술어^{predicate}다.

  항목을 분류하기 위해 루트부터 시작해 술어를 해당 항목에 적용한다. 술어가 참^{true}이면 왼쪽 자식 노드로 이동하고, 거짓^{false}이면 오른쪽 자식 노드로 이동한다. 그런 다음 리프 노드에 도달할 때까지 방문한 노드마다 같은 절차를 반복한다. 리프 노드에서 결국 해당 항목을 좋아하는지 아닌지가 구별된다.

  결정 트리를 구성하기 위해서는 각 중간 노드에 대한 술어의 선택이 필수적이다. 최적의 술어를 선택하는 방법은 많으나, 이들 모두는 자식들 중 한쪽이 전반적으로 긍정적인 표본(즉 사용자가 좋아하는 항목들)을 갖도록 하고, 나머지 한쪽은 부정적인 표본(사용자가 좋아하지 않는 항목들)을 갖도록 분류하는 것이 목표다.

노드 N에 대해 술어 하나를 선택하고 나면 그 술어를 만족하는 항목과 만족하지 않는 항목 2개의 그룹으로 나뉜다. 각 그룹에 대해 해당 그룹을 긍정과 부정 표본으로 나눌 수 있는 술어를 다시 찾아낸다. 이 술어는 N의 자식들에게 적용된다. 표본을 나누고 자식들을 생성하는 과정은 어느 레벨까지도 진행할 수 있다. 어떤 노드에서 나뉜 각 그룹의 멤버들 종류가 같아질 때까지, 즉 남은 그룹이 모두 긍정 표본이거나 부정 표본이라면 이 과정을 멈추고 리프 노드를 생성한다.

그러나 긍정 표본과 부정 표본 모두가 그룹에 포함된다 하더라도 여기서 멈추고 그 그룹을 대상으로 다수결로 의사결정을 해 리프 노드를 생성해야 할 수도 있다. 그 이유는 작은 그룹은 신뢰할 만큼 통계적으로 중요하지 않기 때문이다. 그런 이유로 사용되는 변형된 전략은 결정 트리들의 앙상블ensemble을 생성하는 것이다. 앙상블의 멤버 각각은 서로 다른 술어를 사용한다. 주어진 데이터로 만든 트리가 지나치게 깊다면 그런 트리를 과적합overfitted됐다고 한다. 항목을 분류하기 위해 앙상블에 존재하는 모든 멤버에 적용해 보고, 이들이 결과를 선출하게 한다. 여기서 이 방법을 살펴보지는 않을 것이나, 가상으로 결정 트리를 사용하는 사례를 간단하게 제시할 것이다.

예제 9.6 뉴스 기사가 항목이고 문서에서 TF.IDF가 높은 단어(키워드)들이 특징이 된다고 가정하자. 또한 뉴욕 양키스Yankees와 관련된 기사를 제외하고, 나머지 야구와 관련된 기사를 좋아하는 사용자 U가 있다고 하자. U에 대한 다목적 행렬에서 행은 U가 그 기사를 읽은 경우에는 1, 읽지 않은 경우에는 빈칸으로 표시된다. 1을 '좋아하는' 것으로, 빈칸을 '좋아하지 않는' 것으로 처리할 것이다. 술어는 키워드에 대한 불린 표현식Boolean expressions이다.

보통 U가 야구를 좋아하기 때문에 루트에 대한 최적의 술어는 '홈런' 혹은 ('타자' AND '투수')라 생각할 수 있다. 이 술어를 만족하는 항목들은 긍정 표본(다목적 행렬의 U행에서 값이 1인 기사들)이 될 가능성이 높고, 술어를 만족하지 못하는 항목들은 부정 표본(U에 대한 다목적 행렬의 행에서 빈칸들)이 될 가능성이 높다. 그림 9.3에서 루트와 결정 트리의 나머지 부분을 확인할 수 있다.

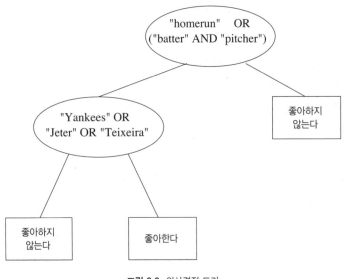

그림 9.3 의사결정 트리

술어를 만족하지 못하는 그룹은 긍정 표본을 너무 적게 포함하기 때문에 '좋아하지 않는다'는 결론을 내린다고 가정하자. 따라서 '좋아하지 않는다'는 의사결정 리프 노드를 루트의 오른쪽 자식으로 남겨 둔다. 그러나 여전히 술어를 만족하는 기사에 사용자 *U*가 좋아하지 않는 다수의 기사가 포함된다. 바로 양키스를 언급하는 기사들이다. 그래서 루트의 왼쪽 자식에 또 다른 술어를 추가한다. 야구와 양키스에 관련된 기사라면 아마도 'Yankees'나 'Jeter', 혹은 'Teixeira'가 최적의 술어가 될 것이다. 따라서 그림 9.3의 루트 왼쪽 자식 노드에 이 술어가 적용됐음을 볼 수 있다. 이 술어를 만족하는 항목들 대부분이 부정적이고(즉 사용자가 좋아하지 않고) 만족하지 않는 항목들 대부분은 긍정적이기(사용자가 좋아한다) 때문에 해당 노드의 자식은 모두 리프 노드가 된다. ■

안타깝게도 모든 종류에 대한 분류자를 구성하는 데 오랜 시간이 걸리는 것이 보통이다. 예를 들어, 결정 트리를 사용하고자 하면 사용자당 하나의 트리가 필요하다. 트리를 구성하기 위해서는 모든 항목 프로파일을 검토해야 할뿐만 아니라 특정들의 복잡한 조합과 관련된 다양한 술어들을 고려해야 한다. 따라서 이런 방식은 문제 크기가 상대적으로 작은 경우에만 사용된다.

9.2.8 9.2절 연습문제

연습문제 9.2.1 세 대의 컴퓨터 A, B, C가 다음과 같은 수치 특징을 갖는다.

속성	A	B	C
프로세서 속도	3.06	2.68	2.92
디스크 용량	500	320	640
메인 메모리 용량	6	4	6

이 값들이 각 컴퓨터에 대한 벡터를 정의한다고 생각할 수 있다. 예를 들어, A의 벡터는 [3.06, 500, 6]가 되는 것처럼 말이다. 이들 중 어느 두 벡터 사이의 코사인 거리를 계산할 수 있으나, 성분을 조정하지 않으면 디스크 용량이 너무 커져서 다른 성분에 나타나는 차이가 쉽게 드러나지 않을 것이다. 1을 프로세서 속도에 대한 조정 인수로, α를 디스크 크기에 대한 조정 인수로, β를 메인 메모리 크기에 대한 조정 인수로 사용하자.

(a) 3대의 컴퓨터에 대한 각 벡터 쌍 사이의 코사인 각을 α와 β에 대해 계산하라.

(b) $\alpha = \beta = 1$일 때 벡터들 사이의 각은 얼마인가?

(c) $\alpha = 0.01$ 그리고 $\beta = 0.5$일 때 벡터들 사이의 각은 얼마인가?

! (d) 조정 인수를 선택하는 타당한 방법 중 하나는 각 인수를 성분의 평균으로 나누는 것이다. α와 β의 값은 얼마가 되는가? 두 벡터의 사이 각은 얼마가 되는가?

연습문제 9.2.2 벡터의 성분을 조정하는 또 다른 방법은 벡터를 먼저 정규화하는 것이다. 즉 각 성분의 평균을 구하고 각 벡터 성분 값에서 그 평균을 빼면 된다.

(a) 연습문제 9.2.1에서 설명한 3대의 컴퓨터에 해당하는 벡터를 정규화하라.

!! (b) 이 질문에서는 어려운 계산이 필요하지 않으나 두 벡터 사이의 각이 무엇을 의미하는지 깊이 생각해 봐야 한다. 연습문제 9.2.1의 데이터처럼 모든 성분이 음수가 아닐 때는 어느 벡터들의 각도 90도를 넘지 않는다. 그러나 벡터를 정규화하면 음수 성분들이 생기고(생겨야 하고), 따라서 그 각은 0부터 180도까지 어느 각도 될 수 있다. 게다가 이제 모든 성분에서 평균이 0이 되므로 성분들을 평균 값으로 나눠야 한다는 연습문제 9.2.1(d)의 주장은 타당하지 않다. 정규화된 벡

터의 각 성분을 대상으로 적절한 조정 값을 찾는 방법을 제시하라. 정규화된 벡터들 사이의 작은 혹은 큰 각을 어떻게 해석해야 하는가? 연습문제 9.2.1의 데이터로부터 유추되는 정규화된 벡터에 대해서 각은 얼마가 돼야 하는가?

연습문제 9.2.3 특정 사용자는 연습문제 9.2.1의 3대의 컴퓨터에 다음과 같이 순위를 매겼다. A: 별 4개, B: 별 2개, C: 별 5개

(a) 각 사용자에 대한 순위를 정규화하라.
(b) 연습문제 9.2.1의 데이터를 기반으로 해당 사용자에 대한 사용자 프로파일을 프로세서 속도

9.3 협업 필터링

이제 상당히 다른 방식으로 추천을 다루는 기법을 설명하겠다. 항목 간의 유사성을 파악하기 위해 특징들을 사용하는 대신 두 항목에 대한 사용자 순위의 유사성에 집중하는 방식이다. 즉 단일 항목에 대한 항목-프로파일 벡터 대신 다목적 행렬의 열을 사용한다. 또한 사용자에 대한 프로파일 벡터를 구성하는 대신 다목적 행렬의 행으로 이들을 표현한다. 자카드 거리 혹은 코사인 거리와 같은 거리 측정치에 의해서 사용자 벡터들이 가까운 것으로 판명되면 그 사용자들은 유사하다고 판단한다. 이런 방식으로 사용자 U와 가장 유사한 사용자들을 살펴보고 그 사용자들이 좋아하는 항목들을 추천함으로써 사용자 U에 대한 추천이 이뤄진다. 유사한 사용자를 식별해 내는 동시에 유사한 사용자들이 좋아하는 항목들을 추천하는 과정을 **협업 필터링**collaborative filtering이라 부른다.

9.3.1 유사성 측정

첫 번째로 처리해야 할 질문은 다목적 행렬의 행 혹은 열로부터 사용자 혹은 항목들의 유사성을 어떻게 측정할 것인가 하는 문제다. 그림 9.4는 그림 9.1을 재현했다. 이 데이터는 너무 작아서 신뢰할 만한 결론을 내리기 힘들지만, 데이터 크기가 작기 때

문에 거리 측정치를 선택하는 문제가 좀 더 명쾌해질 수 있다. 특별히 사용자 A와 C를 주목해서 살펴보자. 그들은 두 영화에 공통으로 순위를 매겼으나 이 영화들에 대한 의견은 완전히 상반되는 것을 볼 수 있다. 좋은 거리 측정 방법이라면 이 둘이 멀리 떨어져 있다고 판명해 낼 것이라 기대해 볼 수 있다. 몇 가지 선택 가능한 측정 방법은 다음과 같다.

	HP1	HP2	HP3	TW	SW1	SW2	SW3
A	4			5	1		
B	5	5	4				
C				2	4	5	
D		3					3

그림 9.4 그림 9.1에서 소개했던 다목적 행렬

자카드 거리

순위가 매겨진 항목집합에만 집중하고 행렬의 나머지 값들은 무시한다. 다목적 행렬이 오직 구매 결과만을 반영했다면 이런 측정 방법도 괜찮다. 그러나 행렬이 좀 더 자세한 순위를 표현하고 있다면 자카드 거리는 중요한 정보들을 놓치게 된다.

예제 9.7 A와 B의 교집합 크기는 1, 합집합 크기는 5다. 따라서 이들의 자카드 유사성은 1/5이고 자카드 거리는 4/5다. 즉 그 둘은 매우 멀리 떨어져 있다. 이와 상반되게 A와 C의 자카드 유사성은 2/4이므로 그들의 자카드 거리는 1/2이 된다. 따라서 A는 B보다는 C와 가깝다는 것을 알 수 있다. 그러나 이런 결론은 직관적으로 봤을 때 옳지 않다. A와 C는 같이 본 두 영화에 대해서 상반된 의견을 갖는 반면, A와 B는 같이 본 하나의 영화를 좋아하는 것처럼 보이기 때문이다. ■

코사인 거리

빈칸의 값을 0으로 처리한다. 이 선택이 좋은지는 의문으로 남는데 왜냐하면 순위가 없는 것을, 해당 영화를 좋아하는 것이 아니라 싫어하는 것과 유사하게 처리하는 효과를 가져오기 때문이다.

A와 B 사이의 코사인 각은 다음과 같다.

$$\frac{4 \times 5}{\sqrt{4^2 + 5^2 + 1^2}\sqrt{5^2 + 5^2 + 4^2}} = 0.380$$

A와 C 사이의 코사인 각은 다음과 같다.

$$\frac{5 \times 2 + 1 \times 4}{\sqrt{4^2 + 5^2 + 1^2}\sqrt{2^2 + 4^2 + 5^2}} = 0.322$$

(양수일 경우) 코사인이 더 크다는 것은 각이 그만큼 더 작고, 따라서 거리도 더 가깝다는 의미이므로 이 측정치를 통해 A가 C보다는 B와 약간 더 가깝다는 것을 알 수 있다. ▪

데이터의 반올림 처리

1명의 사용자가 순위를 높게 매긴 영화들과 순위를 낮게 매긴 영화들 사이에 나타나는 명백한 유사성을 순위를 반올림^{rounding}함으로써 제거한다. 예컨대 순위 3, 4, 5를 1로, 순위 1, 2를 아직 순위가 매겨지지 않은 상태로 생각하는 것이다. 그러면 다목적 행렬은 그림 9.5가 된다. 이제 A와 B 사이의 자카드 거리는 3/4이고, A와 C 사이의 자카드 거리는 1이다. 즉 C는 B보다는 A와 더 먼데 이는 직관적으로 봤을 때 옳은 결과다. 그림 9.5에 코사인 거리를 적용하면 같은 결과를 얻을 수 있다.

	HP1	HP2	HP3	TW	SW1	SW2	SW3
A	1			1			
B	1	1	1				
C					1	1	
D		1					1

그림 9.5 순위 3, 4, 5는 1로 대체됐고 순위 1, 2는 삭제됐다.

순위 정규화

각 순위에서 해당 사용자가 매긴 평균 순위를 뺌으로써 순위를 정규화하면 낮은 순위는 음수로, 높은 순위는 양수로 변경된다. 그런 다음 코사인 거리를 구하면 공통으로 본 영화에 대해 반대 의견을 가진 사용자들은 거의 음의 부호로 구성된 벡터를 가지며, 가능한 한 서로 멀리 떨어진 것으로 간주된다. 그러나 공통으로 순위를 매긴 영화에 대해 유사한 의견을 가진 사용자들 사이의 각은 상대적으로 작다.

예제 9.9   그림 9.6은 그림 9.4 행렬의 모든 순위들을 정규화한 결과다. 흥미로운 점은 D의 순위가 사실상 사라진 것과 같은 효과를 보인다는 것인데, 이는 코사인 거리가 계산될 때 0은 빈칸과 같기 때문이다. D는 영화들을 구별하지 않고 모든 영화에 3순위를 매겼으므로 D의 의견을 심각하게 고려할 가치가 없다고 생각해도 된다.

	HP1	HP2	HP3	TW	SW1	SW2	SW3
A	2/3			5/3	−7/3		
B	1/3	1/3	−2/3				
C				−5/3	1/3	4/3	
D		0					0

그림 9.6 그림 9.1에서 소개한 다목적 행렬

A와 B 사이의 코사인 각을 계산해 보자.

$$\frac{(2/3) \times (1/3)}{\sqrt{(2/3)^2 + (5/3)^2 + (-7/3)^2}\sqrt{(1/3)^2 + (1/3)^2 + (-2/3)^2}} = 0.092$$

A와 C 사이의 코사인 각은 다음과 같다.

$$\frac{(5/3) \times (-5/3) + (-7/3) \times (1/3)}{\sqrt{(2/3)^2 + (5/3)^2 + (-7/3)^2}\sqrt{(-5/3)^2 + (1/3)^2 + (4/3)^2}} = -0.559$$

이 측정치를 놓고 보면 A와 C는 A와 B 사이보다 훨씬 더 멀리 떨어져 있으며, 사실 두 쌍 모두 그다지 가까운 상황은 아니라는 사실을 알 수 있다. 이런 두 가지 사실 모두 직관적으로 옳은데 A와 C는 공통으로 순위를 매긴 두 영화에 대해 상반된 의견을 갖는 반면, A와 B는 공통으로 순위를 매긴 겨우 하나의 영화에만 유사한 점수를 주고 있다. ▪

9.3.2 유사도의 이중성

다목적 행렬은 사용자나 항목, 혹은 둘 모두와 관련된 사실을 말해 주는 것으로 보일 수 있다. 9.3.1절에서 설명한 유사한 사용자를 찾는 기법들을 다목적 행렬의 열에 적용해 유사한 항목들을 찾아낼 수 있다는 사실이 중요하다. 그러나 현실에서 대칭성이 성립하지 않는 두 가지 이유는 다음과 같다.

1. 항목을 추천하는 데 사용자 정보를 활용할 수 있다. 즉 3장의 기법들을 활용해 특정 사용자와 가장 비슷한 사용자 몇 명을 찾을 수 있다. 이런 유사한 사용자들이 내린 결정을 기반으로 추천이 이뤄진다. 예컨대 유사한 사용자들 중 가장 많은 사람들이 구입한 혹은 높은 순위를 부여한 항목을 추천하는 것이다. 그러나 여기에 대칭성symmetry은 없다. 유사한 항목 쌍들을 찾았다고 해도 그 항목을 사용자에게 추천하기 위해서는 추가적인 단계를 밟아야 한다. 이 점은 이번 절 후반부에 좀 더 자세히 다룰 것이다.

2. 사용자 행동과 항목에는 차이가 있다. 직관적으로 단순한 몇 가지 종류들로 항목들을 구분할 수 있다. 음악이 보통 한 장르에 속하는 것이 그 예다. 어떤 음악한 곡이 1960년대 록rock에 속하면서 동시에 1700년대 바로크baroque에 속할 수는 없다. 반면에 개개인들은 1960년대 록과 1700년대 바로크 모두를 좋아할 수 있으며, 두 종류의 음악을 모두 구매하기도 한다. 결론적으로, 유사한 항목을 찾아내는 것이 유사한 사용자를 찾아내는 것보다 더 쉽다. 두 항목은 같은 장르에 속할 수 있지만, 두 사용자는 한 장르를 똑같이 좋아하는 동시에 서로 다른 장르를 좋아할 수 있기 때문이다.

1에서 설명했듯이 사용자 U와 항목 I에 대한 다목적 행렬 성분 값을 예측하는 한 가지 방법은 U와 가장 유사한 n명의 사용자를 찾고(미리 결정한 어떤 숫자 n), 항목 I에 대한 그들의 순위 평균을 구하는 것이다. I에 순위를 매긴 n명의 유사한 사용자들만의 순위로 평균을 구하면 된다. 이는 행렬을 먼저 정규화하는 방법보다 낫다. 즉 n명의 사용자 각각이 i에 매긴 순위에서 그 평균 순위를 뺀다. 이렇게 구한 I의 차이 값들의 평균을 구하고, 이 평균에 U가 모든 항목에 매긴 평균 순위를 더한다. U가 순위를 너무 높게 혹은 너무 낮게 주는 경향이 있거나, I에 순위를 매긴 유사한 사용자들 중 다수가 매우 높거나 낮게 순위를 매기는 경향이 있는 경우 이런 정규화를 통해 예측 값을 조정할 수 있다.

반대로, 사용자 U와 항목 I에 해당하는 성분 값을 예측하기 위해 항목 유사성을 사용할 수 있다. U가 순위를 매긴 항목들 중 I와 가장 유사한 항목 m개를 찾고, m개 항목의 평균 순위를 구한다. 사용자-사용자 간 유사성을 이용했을 때처럼 U가 순위를 매긴 m개의 항목만을 고려하기 때문에 항목 순위를 먼저 정규화하는 것이 현명한 방법이다.

다목적 행렬에서 성분을 예측할 때 어떤 접근법을 사용하든지 하나의 성분 값을 찾는 것만으로는 충분치 않다. 사용자 U에게 항목들을 추천하려면 다목적 행렬에서 사용자 U의 행에 위치하는 모든 성분들을 예측하거나 최소한 빈칸임에도 예측 값이 높은 성분의 대부분은 찾아내야 한다. 유사한 사용자로 작업을 할지, 아니면 유사한 항목으로 작업을 할지와 관련된 트레이드 오프가 존재한다.

- 유사한 사용자들을 찾으면 사용자 U를 대상으로 오직 한 번의 처리 과정을 수행해야 한다. 유사한 사용자 집합으로부터 U에 대한 다목적 행렬의 모든 빈칸을 예측할 수 있다. 유사한 항목들로 작업을 한다면 U에 해당하는 행을 예측하기 전에 먼저 거의 모든 항목들을 검토해 유사한 항목들을 찾아내야 한다.
- 반면 항목-항목 유사성에서 좀 더 신뢰할 만한 정보를 얻을 수 있는데, 이전에 살펴봤던 현상 때문에 주로 하나의 장르에 속한 항목들만을 좋아하는 사용자들을 찾는 것보다 같은 장르에 속한 항목들을 찾는 것이 더 쉽다.

어떤 방법을 사용하든지 결정을 내려야 하는 시점까지 기다리는 것이 아니라 각 사용자가 선호하는 항목들을 미리 파악해 둬야 한다. 다목적 행렬은 느린 속도로 변경되기 때문에 일반적으로 자주 계산될 필요는 없으며, 재계산 도중에는 변하지 않는다고 가정한다.

9.3.3 사용자와 항목 클러스터링

항목들 혹은 사용자들 간의 유사성을 밝혀 내는 것은 어려운 작업인데, 희소한 다목적 행렬로부터 사용자-항목 쌍에 관해 얻어 낼 수 있는 정보가 거의 없기 때문이다. 9.3.2절의 관점에서 보면 두 항목의 장르가 같더라도 그 두 항목 모두를 사거나 모두에 점수를 매긴 사람들은 극히 소수에 지나지 않을 가능성이 높다. 마찬가지로 두 사용자 모두가 한 장르 혹은 동일한 장르들을 좋아하더라도 같은 항목들을 구입할 것이란 보장은 없다.

이 문제를 처리하는 한 가지 방법은 항목들 그리고/혹은 사용자들을 클러스터링하는 것이다. 9.3.1절에서 설명한 거리 측정 방법이나 다른 측정 방법을 선택하고, 그 거리 측정치를 사용해서 항목이나 사용자를 클러스터링한다. 7장에서 설명한 방법들을 사용해도 된다. 그러나 처음부터 고정된 적은 개수의 클러스터를 만들기 위해 애쓸 필요는 없다. 이보다는 많은 클러스터가 합쳐지지 않은 상태에서 시작하는 계층적 접근법이 첫 번째 단계로 적합할 수 있다. 예를 들어, 항목 절반에 해당하는 클러스터들을 만들 수도 있다.

	HP	TW	SW
A	4	5	1
B	4.67		
C		2	4.5
D	3		3

그림 9.7 사용자와 항목 클러스터에 대한 다목적 행렬

예제 9.10 그림 9.7은 세 편의 ⟨해리포터⟩ 영화를 하나의 클러스터로 클러스터링해 HP라 표시하고, 세 편의 ⟨스타워즈⟩ 영화를 하나의 클러스터 SW로 클러스터링한 결과다. ■

항목들을 어느 정도 클러스터링하면 열들이 항목 클러스터를 표현하도록 다목적 행렬을 수정할 수 있으며, 사용자 U와 클러스터 C에 해당하는 성분 값은 U가 클러스터 C의 멤버들에게 매긴 평균 순위가 된다. U가 클러스터 멤버 중 어느 누구에게

도 점수를 매기지 않으면 U와 C에 해당하는 성분은 여전히 빈칸으로 남는다.

이렇게 수정된 다목적 행렬로 가장 적절하다고 생각되는 거리 측정치를 사용해 사용자들을 클러스터링할 수 있다. 많은 클러스터를 만드는 클러스터링 알고리즘을 사용하라. 사용자 절반에 해당하는 클러스터들이 생성되도록 말이다. 열이 항목 클러스터에 대응되는 것처럼 행이 사용자 클러스터에 대응되도록 다목적 행렬을 수정한다. 항목 클러스터에서처럼 클러스터에 속하는 사용자들의 순위 평균으로 해당 사용자 클러스터에 해당하는 성분 값을 계산한다.

이제 이 과정은 원하는 만큼 몇 차례 반복할 수 있다. 즉 항목 클러스터들을 클러스터링하고 또 다시 하나의 클러스터에 속한 다목적 행렬상의 열들을 합칠 수 있다. 그런 다음 사용자로 다시 넘어가서 사용자 클러스터들을 클러스터링한다. 이 과정은 자연스럽게 종류마다 적절한 개수로 클러스터가 생성될 때까지 반복될 수 있다.

사용자들 그리고/혹은 항목들을 원하는 정도로 클러스터링하고 클러스터-클러스터 다목적 행렬을 계산했으면 원래 다목적 행렬의 성분들을 다음과 같이 계산할 수 있다. 사용자 U와 항목 I에 해당하는 성분을 예측하기 원한다고 가정하자.

(a) U와 I가 속하는 클러스터를 찾는다. 그 클러스터들을 C와 D라고 하자.

(b) 클러스터-클러스터 다목적 행렬에서 C와 D에 해당하는 성분이 빈칸이 아닌 어느 값이라면 이 값을 원래 다목적 행렬의 U-I 성분에 대한 예측 값으로 사용한다.

(c) C-D에 해당하는 성분이 빈칸이면 9.3.2절에서 설명한 방법을 사용해 C 혹은 D와 유사한 클러스터들을 참고해 그 값을 예측한다. 그 결과를 U-I 성분의 예측 값으로 사용한다.

9.3.4 9.3절 연습문제

	a	b	c	d	e	f	g	h
A	4	5		5	1		3	2
B		3	4	3	1	2	1	
C	2		1	3		4	5	3

그림 9.8 연습문제를 위한 다목적 행렬

연습문제 9.3.1 그림 9.8은 3명의 사용자 A, B, C가 평가하는 a부터 h까지 8개의 항목에 대한 순위를 1~5개의 별로 표현하는 다목적 행렬이다. 이 행렬 데이터로부터 다음을 계산하라.

(a) 다목적 행렬을 불린이라 가정하고, 각 사용자 쌍들의 자카드 거리를 계산하라.

(b) 코사인 거리로 (a)를 반복하라.

(c) 순위 3, 4, 5를 1로 처리하고 순위 1, 2와 빈칸을 0으로 처리하라. 각 사용자 쌍들의 자카드 거리를 계산하라.

(d) 코사인 거리로 (c)를 반복하라.

(e) 빈칸이 아닌 각 성분에서 해당 사용자의 평균 값을 뺌으로써 행렬을 정규화하라.

(f) (e)에서 정규화된 행렬을 사용해 각 사용자 쌍들의 코사인 거리를 계산하라.

연습문제 9.3.2 이 연습문제에서는 그림 9.8 행렬에 등장하는 항목들을 클러스터링한다. 다음 단계를 따르라.

(a) 8개의 항목들을 계층적으로 클러스터링해 4개의 클러스터를 만들어라. 클러스터링을 위해 다음 방법이 사용돼야 한다. 모든 3, 4, 5를 1로, 1, 2, 빈칸을 0으로 치환하라. 자카드 거리를 사용해 그 결과 열 벡터들 사이의 거리를 계산하라. 하나 이상의 원소로 구성된 클러스터들의 경우 각 클러스터에 속한 원소 쌍 사이의 최소 거리를 클러스터 사이의 거리로 택하라.

(b) 그런 다음, 그림 9.8의 원래 클러스터로부터 이전처럼 행이 사용자에 대응되고 열이 클러스터에 대응되는 새로운 행렬을 구성하라. 사용자와 클러스터의 모든 항목들에 해당하는 빈칸이 아닌 성분들의 평균을 구해서 사용자와 항목 클러스터에 해당하는 성분 값을 계산하라.

(c) (b)의 행렬을 따라 각 사용자 쌍 사이의 코사인 거리를 계산하라.

9.4 차원 축소

다목적 행렬의 빈 성분을 예측하는 완전히 다른 접근 방식은 다목적 행렬이 길고 얇은 2개의 행렬을 실제로 곱한 결과라고 추측하는 것이다. 이런 관점은 대부분의 사용자와 항목들의 반응을 결정하는, 해당 항목과 사용자 특징 집합의 크기가 상대적으로 작을 때 타당하다. 9.4절에서는 그런 2개의 행렬을 찾는 한 가지 방법을 설명할 것이다. 이를 'UV 분해$^{UV\text{-}decomposition}$'라 부르는데 이는 **단일 값 분해**$^{SVD, Singular\text{-}Value}$ ^{Decomposition}라는 좀 더 일반적인 이론의 일부다.

9.4.1 UV 분해

영화를 예로 들어 보자. 대부분의 사용자는 작은 개수의 특징들에 반응한다. 특정 장르를 좋아한다거나, 자신들이 좋아하는 특정 배우가 있다거나, 주요 팬층을 보유한 소수의 감독들이 있는 것이 그 예다. n개의 행과 m개의 열로 구성된 다목적 행렬 M에서 시작하면(n명의 사용자와 m개의 항목), 비어 있지 않은 M의 원소들과 매우 비슷한 성분을 갖는 UV, 즉 n개의 행과 d개의 열로 구성된 행렬 U와 d개의 행과 m개의 열로 구성된 행렬 V를 찾을 수 있을지도 모른다. 그런 행렬을 찾았다면 d개의 차원으로 사용자와 항목을 비슷하게 표현한 것이다. 이후 UV곱의 성분 값을 사용해 대응되는 행렬 M의 비어 있는 성분을 계산할 수 있다. 이 과정을 M의 **UV 분해**라고 부른다.

$$
\begin{bmatrix}
5 & 2 & 4 & 4 & 3 \\
3 & 1 & 2 & 4 & 1 \\
2 &   & 3 & 1 & 4 \\
2 & 5 & 4 & 3 & 5 \\
4 & 4 & 5 & 4 &
\end{bmatrix}
=
\begin{bmatrix}
u_{11} & u_{12} \\
u_{21} & u_{22} \\
u_{31} & u_{32} \\
u_{41} & u_{42} \\
u_{51} & u_{52}
\end{bmatrix}
\times
\begin{bmatrix}
v_{11} & v_{12} & v_{13} & v_{14} & v_{15} \\
v_{21} & v_{22} & v_{23} & v_{24} & v_{25}
\end{bmatrix}
$$

그림 9.9 행렬 M의 UV 분해

예제 9.11   2개의 성분만 알려지지 않은 5×5 행렬 M을 예제로 사용할 것이다. M을 5×2 행렬 U와 2×5 행렬 V로 분해하려고 한다. 그림 9.9에서 행렬 M, U, V를 볼 수 있는데, M은 알려진 성분들만 표시돼 있고, 행렬 U와 V의 성분은 결정돼야 하는 변수들로 표시돼 있다. 이 예제는 U와 V의 조합으로 구해야 하는 성분보다 이미 알려진 성분이 더 많기 때문에 상당히 간단한 경우에 속한다. 그러나 최적으로 분해를 한다고 해도 이 방법을 통해 M의 비어 있는 성분을 정확히 맞추기는 어렵다. ■

9.4.2 평균 제곱근 오차

UV 곱이 M에 얼마나 근접한지 측정하는 방법들은 많은데 일반적으로 평균 제곱근 오차를 사용한다. 평균 제곱근 오차^{RMSE, Root-Mean-Square Error}는 일반적으로 다음과 같이 계산한다.

1. M에서 빈칸이 아닌 모든 성분과 여기에 대응하는 UV 곱 성분과의 차이에 대한 제곱의 합을 구한다.
2. 이 제곱의 합을 항 개수로 나눠 평균(mean 혹은 average)을 구한다.
3. 이 평균의 제곱근을 구한다.

제곱의 합을 최소화하는 것은 평균 제곱의 제곱근을 최소화하는 것과 같다. 따라서 이번 예제에서는 마지막 두 단계를 생략할 것이다.

$$\begin{bmatrix} 1 & 1 \\ 1 & 1 \\ 1 & 1 \\ 1 & 1 \\ 1 & 1 \end{bmatrix} \times \begin{bmatrix} 1 & 1 & 1 & 1 & 1 \\ 1 & 1 & 1 & 1 & 1 \end{bmatrix} = \begin{bmatrix} 2 & 2 & 2 & 2 & 2 \\ 2 & 2 & 2 & 2 & 2 \\ 2 & 2 & 2 & 2 & 2 \\ 2 & 2 & 2 & 2 & 2 \\ 2 & 2 & 2 & 2 & 2 \end{bmatrix}$$

그림 9.10 모든 성분이 1인 행렬 U와 V

예제 9.12 그림 9.10과 같이 모든 성분이 1인 U와 V로 추측하는 상황을 가정하자. 이 두 행렬 곱의 모든 성분은 2인데, M 성분의 평균보다 훨씬 낮기 때문에 이는 만족스럽지 못한 예측이다. 그렇지만 U와 V에 대한 RMSE를 계산해 볼 수는 있다. 실제로 성분 값이 균일하면 계산하기가 훨씬 쉽다. M과 UV의 첫 번째 행을 살펴보자. M의 첫 번째 행에 위치한 각 성분에서 2를 빼면 3, 0, 2, 2, 1이 된다. 이를 제곱한 후 더하면 18을 얻는다. 두 번째 행에 같은 작업을 하면 1, -1, 0, 2, -1이 되고, 제곱의 합은 7이 된다. 세 번째 행의 두 번째 열은 빈칸인데 RMSE를 계산할 때 이런 성분은 무시된다. 편차는 0, 1, -1, 2이고 제곱의 합은 6이다. 네 번째 행의 편차는 0, 3, 2, 1, 3이고 제곱의 합은 23이다. 다섯 번째 행의 마지막 열이 빈칸이며, 편차는 2, 2, 3, 2이고 제곱의 합은 21이다. 이 5개의 행 각각에 대한 합을 모두 더하면 18 + 7 + 6 + 23 + 21 = 75다. 보통은 이 단계에서 멈춰야 하나 실제 RMSE 값을 계산하기 위해서는 이 합을 23(M에서 빈칸이 아닌 성분의 개수)으로 나누고 제곱근을 구한다. 이 경우 RMSE는 $\sqrt{75/23} = 1.806$이다. ■

9.4.3 UV 분해의 단계적 연산

RMSE가 최소인 UV 분해 결과를 찾기 위해 먼저 U와 V를 임의로 선택하고 반복적으로 U와 V를 조정해 RMSE를 줄여 나간다. U 혹은 V의 단일 원소만을 조정할 텐데 원칙적으로는 조금 더 정교한 조정 작업도 가능하다. 어떻게 조정을 하든지 일반적인 상황에서는 다수의 **지역 최소값들**^{local minima}이 생기게 될 것이다. 지역 최소값이란 더 이상 조정을 가한다고 해서 RMSE를 줄일 수 없는 상태의 행렬 U와 V를 뜻한다. 안타깝게도 이런 지역 최소값들 중 하나만이 **전역 최소값**^{global minimum}이 된다. 전역 최소값이란 최소 RMSE를 갖는 행렬 U와 V를 뜻한다. 전역 최소값을 찾을 가능성을 높이기 위해서는 서로 다른 다수의 시작 지점들이 필요하다. 즉 초기 행렬 U와 V를 다르게 선택해야 한다. 그러나 최선의 지역 최소값이 꼭 전역 최소값이라고 보장할 수는 없다.

　그림 9.10의 U와 V로 시작해 보자. 이 행렬의 성분들은 모두 1이고 일부 성분들에 약간의 조정을 가해 RMSE를 가장 많이 개선하는 성분 값들을 찾아낼 것이다. 이런 예제들로 일반화된 연산들도 명확하게 설명할 수는 있지만, 이번 예제에서는 하나의 성분만을 변경함으로써 RMSE를 최소화하는 공식을 사용해 볼 것이다. 이제부터는 그림 9.9처럼 U와 V의 성분들을 u_{11}과 같은 변수 이름으로 나타낼 것이다.

예제 9.13　그림 9.10처럼 U와 V에서 시작해 가능한 한 RMSE를 줄이기 위해 u_{11}을 변경해 보자. u_{11}의 값을 x라 하면 새로운 U와 V는 그림 9.11처럼 표현될 수 있다.

$$\begin{bmatrix} x & 1 \\ 1 & 1 \\ 1 & 1 \\ 1 & 1 \\ 1 & 1 \end{bmatrix} \times \begin{bmatrix} 1 & 1 & 1 & 1 & 1 \\ 1 & 1 & 1 & 1 & 1 \end{bmatrix} = \begin{bmatrix} x+1 & x+1 & x+1 & x+1 & x+1 \\ 2 & 2 & 2 & 2 & 2 \\ 2 & 2 & 2 & 2 & 2 \\ 2 & 2 & 2 & 2 & 2 \\ 2 & 2 & 2 & 2 & 2 \end{bmatrix}$$

그림 9.11 u_{11}을 변수로 만들기

행렬의 곱에서 변경된 성분들은 오직 첫 번째 행에만 나타난다는 사실에 주목하라. 따라서 UV를 M과 비교할 때 오직 첫 번째 행만이 RMSE에 변화를 준다. 첫 번째 행이 제곱의 합에 미치는 영향은 다음과 같다.

$$\left(5-(x+1)\right)^2 + \left(2-(x+1)\right)^2 + \left(4-(x+1)\right)^2 + \left(4-(x+1)\right)^2 + \left(3-(x+1)\right)^2$$

이 합은 다음과 같이 정리할 수 있다.

$$(4-x)^2 + (1-x)^2 + (3-x)^2 + (3-x)^2 + (2-x)^2$$

합을 최소화하는 x값을 찾기 위해 다음과 같이 이 식을 미분하고 그 값이 0과 같도록 설정한다.

$$-2 \times \left((4-x) + (1-x) + (3-x) + (3-x) + (2-x)\right) = 0$$

혹은 $2 \times (13 - 5x) = 0$이므로 $x = 2.6$이다.

$$\begin{bmatrix} 2.6 & 1 \\ 1 & 1 \\ 1 & 1 \\ 1 & 1 \\ 1 & 1 \end{bmatrix} \times \begin{bmatrix} 1 & 1 & 1 & 1 & 1 \\ 1 & 1 & 1 & 1 & 1 \end{bmatrix} = \begin{bmatrix} 3.6 & 3.6 & 3.6 & 3.6 & 3.6 \\ 2 & 2 & 2 & 2 & 2 \\ 2 & 2 & 2 & 2 & 2 \\ 2 & 2 & 2 & 2 & 2 \\ 2 & 2 & 2 & 2 & 2 \end{bmatrix}$$

그림 9.12 최적의 u_{11} 값은 2.6으로 계산됐다.

그림 9.12는 u_{11}이 2.6으로 설정된 후의 U와 V를 보여 준다. 첫 번째 행에서 오차들의 제곱의 합은 18에서 5.2로 감소해 전체 (평균과 제곱근을 무시한) RMSE는 75에서 62.2로 감소했음을 확인할 수 있다.

$$\begin{bmatrix} 2.6 & 1 \\ 1 & 1 \\ 1 & 1 \\ 1 & 1 \\ 1 & 1 \end{bmatrix} \times \begin{bmatrix} y & 1 & 1 & 1 & 1 \\ 1 & 1 & 1 & 1 & 1 \end{bmatrix} = \begin{bmatrix} 2.6y+1 & 3.6 & 3.6 & 3.6 & 3.6 \\ y+1 & 2 & 2 & 2 & 2 \\ y+1 & 2 & 2 & 2 & 2 \\ y+1 & 2 & 2 & 2 & 2 \\ y+1 & 2 & 2 & 2 & 2 \end{bmatrix}$$

그림 9.13 v_{11}은 변수 y가 됐다.

다음으로 성분 v_{11}을 변경해 보자. 그림 9.13처럼 이 성분의 값을 y라 하자. 행렬 곱의 첫 번째 열만 y의 영향을 받기 때문에 M과 UV의 첫 번째 열에 위치하는 성분들의 차이에 대한 제곱의 합만을 계산하면 된다. 합은 그 다음과 같다.

$$\left(5-(2.6y+1)\right)^2 + \left(3-(y+1)\right)^2 + \left(2-(y+1)\right)^2 + \left(2-(y+1)\right)^2 + \left(4-(y+1)\right)^2$$

이 식을 간단하게 정리하면 다음과 같다.

$$(4-2.6y)^2 + (2-y)^2 + (1-y)^2 + (1-y)^2 + (3-y)^2$$

이전처럼 이 식을 미분해 0과 같도록 함으로써 이 식의 최소값을 다음과 같이 구할 수 있다.

$$-2 \times \left(2.6(4-2.6y) + (2-y) + (1-y) + (1-y) + (3-y)\right) = 0$$

y의 해는 $y = 17.4/10.76 = 1.617$이다. 그림 9.14에서 U와 V의 개선된 예측 값을 확인할 수 있다.

M의 성분이 빈칸인 경우 어떤 일이 발생하는지 설명하기 위해 한 번 더 변경을 가할 것이다. u_{31}을 임시로 z라고 하고 이를 변경하자. 그림 9.15에서 새로운 U와 V를 볼 수 있다. z값은 세 번째 행에만 영향을 미친다.

$$\begin{bmatrix} 2.6 & 1 \\ 1 & 1 \\ 1 & 1 \\ 1 & 1 \\ 1 & 1 \end{bmatrix} \times \begin{bmatrix} 1.617 & 1 & 1 & 1 & 1 \\ 1 & 1 & 1 & 1 & 1 \end{bmatrix} = \begin{bmatrix} 5.204 & 3.6 & 3.6 & 3.6 & 3.6 \\ 2.617 & 2 & 2 & 2 & 2 \\ 2.617 & 2 & 2 & 2 & 2 \\ 2.617 & 2 & 2 & 2 & 2 \\ 2.617 & 2 & 2 & 2 & 2 \end{bmatrix}$$

그림 9.14 y를 1.617로 변경한다.

$$\begin{bmatrix} 2.6 & 1 \\ 1 & 1 \\ z & 1 \\ 1 & 1 \\ 1 & 1 \end{bmatrix} \times \begin{bmatrix} 1.617 & 1 & 1 & 1 & 1 \\ 1 & & 1 & 1 & 1 & 1 \end{bmatrix} = \begin{bmatrix} 5.204 & 3.6 & 3.6 & 3.6 & 3.6 \\ 2.617 & 2 & 2 & 2 & 2 \\ 1.617z+1 & z+1 & z+1 & z+1 & z+1 \\ 2.617 & 2 & 2 & 2 & 2 \\ 2.617 & 2 & 2 & 2 & 2 \end{bmatrix}$$

그림 9.15 u_{31}은 변수 z가 됐다.

오차들의 제곱의 합은 다음과 같이 표현할 수 있다.

$$\left(2 - (1.617z + 1)\right)^2 + \left(3 - (z+1)\right)^2 + \left(1 - (z+1)\right)^2 + \left(4 - (z+1)\right)^2$$

세 번째 행의 두 번째 열에 해당하는 원소가 미치는 영향은 없는데 이 원소는 M에서 빈칸이기 때문이다. 이 식은 다음과 같이 간략하게 정리할 수 있다.

$$(1 - 1.617z)^2 + (2 - z)^2 + (-z)^2 + (3 - z)^2$$

미분한 값이 0되도록 하는 일반적인 과정으로 다음 식을 얻는다.

$$-2 \times \left(1.617(1 - 1.617z) + (2 - z) + (-z) + (3 - z)\right) = 0$$

이 식의 해는 $z = 6.617/5.615 = 1.178$이다. 다음 UV 분해 예측 값은 그림 9.16과 같다. ■

$$\begin{bmatrix} 2.6 & 1 \\ 1 & 1 \\ 1.178 & 1 \\ 1 & 1 \\ 1 & 1 \end{bmatrix} \times \begin{bmatrix} 1.617 & 1 & 1 & 1 & 1 \\ 1 & & 1 & 1 & 1 & 1 \end{bmatrix} = \begin{bmatrix} 5.204 & 3.6 & 3.6 & 3.6 & 3.6 \\ 2.617 & 2 & 2 & 2 & 2 \\ 2.905 & 2.178 & 2.178 & 2.178 & 2.178 \\ 2.617 & 2 & 2 & 2 & 2 \\ 2.617 & 2 & 2 & 2 & 2 \end{bmatrix}$$

그림 9.16 z를 1.178로 변경한다.

9.4.4 임의의 원소 최적화

지금까지 행렬 U 혹은 V에서 단일 원소에 대한 최적 값을 선택하는 예제를 살펴봤는데 이제부터는 이를 일반화하는 공식을 세우겠다. 이전처럼 M은 일부 성분이 빈칸인 $n \times m$ 다목적 행렬이고, U와 V는 특정 d에 대한 $n \times d$와 $d \times m$ 행렬이라 가정하자. M, U, V에서 i행 j열의 성분을 각각 m_{ij}, u_{ij}, v_{ij}로 표현할 것이다. $P = UV$라 하고 행렬 곱 P에서 i행 j열의 원소를 p_{ij}로 표현할 것이다.

u_{rs}를 변경해 가며 M과 UV 사이의 RMSE를 최소화하는 값들을 찾아보자. u_{rs}는 행렬 곱 $P = UV$에서 행 r에 위치한 원소들에만 영향을 미친다는 사실에 주목하라. 따라서 다음과 같이 빈칸이 아닌 m_{rj}의 모든 j 값에 대한 원소들만 살펴보면 된다.

$$p_{rj} = \sum_{k=1}^{d} u_{rk}v_{kj} = \sum_{k \neq s} u_{rk}v_{kj} + xv_{sj}$$

이 식에서 변경하고자 하는 원소 u_{rs}를 변수 x로 대체하고, 다음과 같은 방식을 따른다.

- $k = s$인 경우를 제외한 $k = 1, 2, \ldots, d$ 해당하는 합을 $\sum_{k \neq s}$로 표기한다.

m_{rj}가 행렬 M에서 빈칸이 아닌 성분이면 이 원소가 오차들의 제곱의 합에 미치는 영향은 다음과 같다.

$$(m_{rj} - p_{rj})^2 = \left(m_{rj} - \sum_{k \neq s} u_{rk}v_{kj} - xv_{sj}\right)^2$$

다른 방식을 사용할 수도 있다.

- m_{rj}가 빈칸이 아닌 모든 j에 대한 합을 $\sum_j$로 표기한다.

그러면 $x = u_{rs}$ 값에 의해 영향을 받는 오차들의 제곱의 합을 다음과 같이 쓸 수 있다.

$$\sum_j \left(m_{rj} - \sum_{k \neq s} u_{rk}v_{kj} - xv_{sj}\right)^2$$

위 식을 x에 대해 미분한 값이 0이 되게 해, RMSE를 최소화하는 x값을 찾는다.

$$\sum_j -2v_{sj}\left(m_{rj} - \sum_{k \neq s} u_{rk}v_{kj} - xv_{sj}\right) = 0$$

이전 예제처럼 공통 인수 -2는 소거될 수 있다. 이 방정식을 x에 대해 풀면 다음과 같은 식을 얻는다.

$$x = \frac{\sum_j v_{sj}\left(m_{rj} - \sum_{k \neq s} u_{rk} v_{kj}\right)}{\sum_j v_{sj}^2}$$

V 원소의 최적 값을 구하는 유사한 공식이 있다. 변하는 값 $v_{rs} = y$에 대해 RMSE를 최소화하는 y값은 다음과 같다.

$$y = \frac{\sum_i u_{ir}\left(m_{is} - \sum_{k \neq r} u_{ik} v_{ks}\right)}{\sum_i u_{ir}^2}$$

여기서 $\sum_i$는 m_{is}가 빈칸이 아닌 모든 i에 대한 합의 표기이며, $\sum_{k \neq r}$는 $k = r$을 제외하고 1부터 d까지의 모든 k에 대한 합의 표기다.

9.4.5 완성된 UV 분해 알고리즘 구현

지금까지 다목적 행렬 M의 전역 최적 분해$^{\text{global optimum decomposition}}$ 값을 찾기 위한 기법들을 알아봤다. 다음 네 가지 부분에 대해 각각 선택할 수 있는 사항들을 설명할 것이다.

1. 행렬 M의 전처리
2. U와 V 초기화
3. U와 V 원소의 최적 값 평가
4. 최적화 시도 종료

전처리

항목 특성에 따른 차이와 사용자 순위 값의 범위 편차는 행렬 M의 빈 값을 결정할 때 중요한 요인이 된다. 따라서 다른 작업을 하기에 앞서 이런 요인들을 제거하는 것이 유용할 때가 많다. 이 개념을 9.3.1절에서 소개했다. 빈칸이 아닌 각 원소 m_{ij}에서 사용자 i의 평균 순위를 뺀다. 그런 다음 항목 j의 (수정된 행렬에서) 평균 순위를 뺌으로써 결과 행렬은 다시 수정된다. 항목 j의 평균 순위를 먼저 빼고, 그런 다음 수정된 행렬에서 사용자 i의 평균 순위를 뺄 수도 있다. 이 두 가지 작업을 서로 다른 순서로 실행해서 얻은 결과가 같지는 않아도 서로 근접하는 경향이 있다. 세 번째 방법은 사용자 i에 대한 순위 평균과 항목 j에 대한 순위 평균의 평균 값을 m_{ij}에서 빼는 것, 즉 사용자 평균과 항목 평균 합의 절반을 빼는 방식으로 정규화하는 것이다.

M을 정규화했다면 예측 후에는 정규화했던 부분을 다시 복구해야 한다. 즉 어떤 방법을 사용하든 정규화된 행렬 성분 m_{ij}에 대한 예측 값 e를 결과로 얻었다면, 실제 다목적 행렬에서 m_{ij}의 값은 정규화 과정 중 행 i와 열 j에서 뺐던 값을 e에 더한 값이다.

초기화

이미 언급했듯이 최적해optimum solution를 구하는 방법에 무작위성이 어느 정도 있을 수밖에 없는데, 이는 지역 최소값이 여러 개 존재한다는 것은 적어도 한 번 이상의 최적화를 거쳐야 전역 최소값을 얻을 수 있다는 사실을 의미하기 때문이다. U와 V의 초기값 혹은 최적해optimum를 구하는 방법을 변경할 수 있으며(이후 논의할 것이다), 둘 다 변경할 수도 있다.

처음 시작은 간단하게 U와 V의 각 원소에 같은 값을 할당하는 것인데, 행렬 곱 UV 원소에 M에서 빈칸이 아닌 원소의 평균을 할당하는 것이 좋다. M을 정규화했다면 이 값은 분명히 0이 될 것이다. d가 U와 V의 짧은 변 길이이고, a는 M에서 빈칸이 아닌 원소의 평균이라면 U와 V의 원소는 $\sqrt{a/d}$가 돼야 한다.

U와 V에 다양한 초기값들이 필요하다면 독립적이면서 무작위로 각 원소에 대한 값 $\sqrt{a/d}$에 변화를 줄 수 있다. 방법은 다양한데 그들 중 편차의 분포와 관련된 방법 한 가지를 소개한다. 예를 들어, 평균mean이 0이며 선택된 표준편차를 갖는, 정규 분포를 따르는 값을 각 원소에 추가할 수 있다. 아니면 특정 c에 대해 $-c$부터 $+c$에 이르는 범위에서 균등하게 선택된 값을 추가할 수도 있다.

최적화 수행하기

U와 V의 주어진 시작점으로부터 지역 최소값에 도달하기 위해서는 U와 V 원소를 검토할 순서를 결정해야 한다. 가장 간단한 방법의 한 예는 U와 V 원소를 행 단위로 선택하고, 라운드 로빈round-robin 방식으로 그 원소들을 검토하는 것이다. 한 원소에 대해 최적화를 한 번 수행했다고 해서 그 이후 더 나은 값을 찾을 수 없는 것은 아니라는 사실을 명심해야 한다. 따라서 더 나은 방향으로 개선될 수 없다고 믿을 만한 근거가 있을 때까지 반복적으로 원소들을 검토해야 한다.

다른 방법으로는 최적화할 원소를 임의로 선택하고, 어떤 하나의 값에서 시작해 최적화를 수차례 시도해 보는 것이다. 반드시 각 라운드마다 모든 원소가 처리되도록 하기 위해서는 라운드마다 치환permutation된 원소 순서를 따르도록 하면 된다.

최소값 수렴

이상적으로 어느 지점에서 RMSE가 0이 된다면 이보다 더 나은 결과를 얻을 수는 없다. 실제로는 보통 U와 V 모두에 존재하는 원소들보다 M에 존재하는 빈칸이 아닌 원소들이 훨씬 많기 때문에 RMSE를 0으로 줄일 수 있다고 기대하기는 힘들다. 따라서 U 그리고/혹은 V의 원소를 다시 검토함으로써 얻는 이득이 거의 없어지는 시점을 선택해야 한다. 한 라운드에서 최적화를 통해 얻은 RMSE의 개선된 양을 추적할 수 있는데 이 양이 임계치 이하일 때 멈추는 방법이 있다. 이 방법을 약간 변형해 개별 원소들의 최적화로 얻은 개선 결과를 검토한 후 한 라운드 동안 최대로 개선된 양이 임계치 이하일 때 멈추는 방법도 있다.

과적합 피하기

UV 분해를 수행할 때 종종 발생하는 한 가지 문제는 주어진 데이터에 잘 맞는 지역 최소값은 찾아냈지만 근원적인 과정을 반영하지 못하는 데이터 값을 사용할 수 있다는 것이다. 즉 주어진 데이터에 대한 RMSE가 작더라도 미래 데이터를 잘 예측하는 것은 아니다. 이 문제를 처리하기 위해 수행할 수 있는 몇 가지 작업들이 있는데 통계학자들은 이를 **과적합**overfitting이라고 부른다.

경사 하강법

9.4절에서 설명한 UV 분해를 찾는 기법은 **경사 하강법**gradient descent의 한 사례다. 행렬 M에서 빈 원소들, 즉 데이터 점들이 주어지면 각 데이터 점에 대해 오류 함수, 즉 현재 UV 곱과 M 사이의 RMSE를 가장 많이 감소시키는 변경 방향을 찾는다. 12.3.4절에서 경사 하강법을 훨씬 더 자세히 알아볼 것이다. 최소 오차 분해에 도달할 때까지 M의 각 빈 점들을 몇 차례나 검토하는 방법을 대형 행렬 M에 적용하면 작업량이 너무 많아질 수 있다는 사실에 주목해야 한다. 따라서 대안이 되는 방법은 오차를 최소화하고자 하는 경우 임의로 선택된 데이터만을 살펴보는 것이다. 이 방법을 확률적 경사 하강법이라고 하며, 이를 12.3.5절에서 다룰 것이다.

1. 최초 성분들이 최적화되지 않도록 성분 값의 일부 혹은 절반을 현재 값에서 최적화된 값으로 이동시킨다.
2. 그 과정이 수렴되기 전에 U와 V 원소들의 재검토를 멈춘다.
3. 몇 가지 서로 다른 UV 분해 결과 값들을 선택하고, 이 분해 결과 값들의 평균으로 행렬 M의 새로운 성분을 예측한다.

9.4.6 9.4절 연습문제

연습문제 9.4.1 그림 9.10 분해에서 시작한다고 가정하면 U 혹은 V의 20개 원소들 중 처음으로 최적화를 수행할 성분을 선택할 수 있다. 다음을 선택한다고 가정해 첫 번째 최적화 단계를 수행하라.

(a) u_{32} (b) v_{41}

연습문제 9.4.2 그림 9.10과 같이 모든 U와 V의 성분을 같은 값으로 설정해 시작한다면 행렬 M에 대해 RMSE를 최소화하는 값은 얼마인가?

연습문제 9.4.3 그림 9.16의 U와 V 행렬에서 시작해 순서대로 다음을 수행하라.

(a) u_{11}의 값을 다시 살펴봐라. 지금까지 변경된 상태에서, 새로운 최적의 값을 찾아라.

(b) 그다음 u_{52}에 대한 최적 값을 선택하라.

(c) 그다음 v_{22}에 대한 최적 값을 선택하라.

연습문제 9.4.4 y(9.4.4절 마지막에 주어진 원소 v_{rs}의 최적해)에 대한 공식을 유도하라.

연습문제 9.4.5 다음과 같은 방법으로 예제 행렬 M을 정규화하라.

(a) 먼저 각 원소에서 그 원소의 행 평균을 빼고, 그다음 그 원소의 (수정된) 열 평균을 빼라.

(b) 먼저 각 원소에서 그 원소의 열 평균을 빼고, 그다음 그 원소의 (수정된) 행 평균을 빼라.

(a)와 (b) 결과에 차이가 있는가?

9.5 넷플릭스 챌린지

넷플릭스가 시네매치^{CineMatch}라는 자신들의 추천 알고리즘 성능을 10% 향상시키는 첫 번째 사람 혹은 팀에게 100만 달러의 상금을 내걸었을 때 추천 시스템에 대한 연구가 극적으로 탄력을 받게 됐다. 3년여 만에 결국 2009년 9월 수상자가 선정됐다.

넷플릭스 챌린지^{NetFlix Challenge}에서는 약 17,000편의 영화를 대상으로 약 50만 명의 사용자가 매긴 순위 정보가 공개 데이터셋으로 제공됐다. 이 데이터는 더 큰 데이터셋에서 선택된 일부였으며, 그 큰 데이터셋의 나머지 숨겨진 부분에 대해 순위를 예측할 수 있는지를 제출된 알고리즘으로 테스트했다. 공개된 데이터셋에서 각 (사용자, 영화) 쌍에 대한 정보에는 순위(1~5개의 별)와 순위가 매겨진 날짜가 포함됐다.

알고리즘의 성능 측정을 위해서는 RMSE가 사용됐다. 시네매치의 RMSE는 대략 0.95였다. 즉 순위에는 보통 거의 별 하나만큼의 오차가 존재했다. 수상을 위해서는 알고리즘의 RMSE이 시네매치의 RMSE의 90% 이내여야 했다.

9장 참고문헌에 수상 알고리즘을 설명하는 문서 정보가 있다. 9.5절에서는 챌린지와 관련해 몇 가지 흥미로운 사실과 직관적으로 명확하지 않은 사실을 언급할 것이다.

- 시네매치는 매우 좋은 알고리즘은 아니었다. 사용자 u가 영화 m에 매기는 순위를 예측하는 문제를 위해 다음 두 가지 경우처럼 명확한 알고리즘을 사용한 경우에도 시네매치보다 겨우 3% 낮은 성능을 보였다.

  (1) u가 순위를 매긴 모든 영화의 평균 순위

  (2) 영화 m에 순위를 매긴 모든 사용자의 m에 대한 평균 순위

- 9.4절에서 설명한 UV 분해 알고리즘은 3명의 학생(마이클 해리스[Michael Harris], 제프리 왕[Jeffrey Wang], 데이비드 캄[David Kamm])이 개발했는데, 이 알고리즘은 정규화 및 그 외 몇 가지 기법들과 함께 사용됐을 때 시네매치보다 7% 더 나은 성능을 보였다.

- 결승전에 참가한 후보작은 실제로 서로 독립적으로 개발된 몇몇 알고리즘의 조합이었다. 수상할 수도 있었던 두 번째 후보 팀은 몇 분 먼저 알고리즘을 제출했는데 그 알고리즘 역시 독립된 알고리즘들의 조합이었다. 서로 다른 알고리즘들을 결합하는 이런 전략은 이전부터 난해한 많은 문제들에 사용돼 왔으며 기억해 둘 만한 가치가 있다.

- 넷플릭스 챌린지의 영화 제목을 IMDB 인터넷 영화 데이터베이스 영화 제목과 매칭해, 넷플릭스 데이터 자체에 포함되지 않는 유용한 정보들을 추출하려는 시도가 꾸준히 있어 왔다. IMDB는 배우와 감독들에 대한 정보를 보유하고 있으며, 영화들을 28개의 장르 중 하나 혹은 그 이상의 장르들로 분류한다. 장르와 그 외 정보는 유용하지 않음이 밝혀졌다. 첫 번째 이유는 머신러닝 알고리즘이 관련 정보를 어떻게든 찾아낼 수 있었기 때문이었고, 두 번째는 넷플릭스와 IMDB 데이터에서 제시하는 영화 제목들을 매칭할 때 발생하는 개체 식별 문제를 정확하게 해결하는 것이 쉽지 않았기 때문이다.

- 순위를 매기는 시간 정보가 유용하다고 알려져 있다. 영화를 관람한 후 즉시 순위를 매기는 사람들이 관람 후 어느 정도 시간이 지난 후에 순위를 매기는 사람

들보다 그 영화에 대해 호의적일 가능성이 높은 영화들이 있다. 〈패치 아담스 Patch Adams〉가 그런 영화의 한 사례다. 반대로 즉시 순위를 매기는 사람들은 좋은 평가를 하지 않으나 어느 정도 시간이 지난 후 더 나은 순위를 매기게 되는 영화도 있다. 〈메멘토Memento〉가 그런 영화의 사례로 언급된다. 관람 시점과 순위를 매긴 시점 사이의 지체 시간과 관련된 정보를 알아낼 수는 없으나, 대부분의 사람들은 영화 출시 이후 얼마 안 돼 그 영화를 관람한다고 가정하는 것이 보통 안전하다. 따라서 시간이 지남에 따라 순위가 올라가는지 혹은 내려가는지 확인하기 위해 영화 순위를 조사하면 된다.

9.6 요약

- **다목적 행렬**: 추천 시스템은 사용자와 항목을 대상으로 한다. 다목적 행렬은 사용자가 항목을 좋아하는 정도와 관련해 알려진 정보를 제공한다. 일반적으로 대부분의 성분들은 알려져 있지 않으며, 알려진 성분 값을 기준으로 알려지지 않은 성분 값을 예측하는 것이 항목 추천과 관련된 기본적인 문제다.

- **추천 시스템의 두 종류**: 이들은 유사한 항목들과 그들에 대한 사용자 반응을 찾아냄으로써 항목에 대한 사용자 반응을 예측하는 시스템이다. 추천 시스템의 한 종류는 내용을 기반으로 한다. 항목의 공통 특징을 찾아냄으로써 유사성을 측정하는 방식이다. 두 번째 추천 시스템 종류는 협업 필터링을 사용한다. 사용자의 항목 선호도로 사용자들의 유사성을 측정하고/하거나 항목을 좋아하는 사용자를 통해 항목간의 유사성을 측정하는 방식이다.

- **항목 프로파일**: 이는 항목의 특징들로 구성된다. 종류가 서로 다른 항목들은 서로 다른 특징들을 갖는다. 내용 기반 유사성은 이런 특징들을 기반으로 한다. 문서의 특징은 보통 중요한 단어들 혹은 흔치 않은 단어들이다. TV라는 상품의 경우 화면 크기와 같은 특징을 갖는다. 영화 같은 미디어는 장르와 배우 혹은 연기자와 같은 상세 정보를 갖는다. 관심 있는 사용자에 의해 기록된 태그 역시 특징으로 사용될 수 있다.

- **사용자 프로파일**: 내용 기반 협업 필터링 시스템은 사용자가 좋아하는 항목에 나타나는 특징들의 빈도를 측정해서 사용자 프로파일을 구성한다. 그러면 사용자 프로파일과 항목 프로파일의 가까운 정도를 통해 해당 사용자가 해당 항목을 좋아할 정도를 예측할 수 있다.

- **항목의 분류**: 사용자 프로파일을 구성하는 또 다른 방법은 결정 트리와 같이 각 사용자를 대상으로 분류자classifier를 만드는 것이다. 사용자에 대한 다목적 행렬에서 행은 학습 데이터가 되며, 그 행에 해당 항목에 대한 성분 값이 존재하는지의 여부와 상관없이 분류자는 모든 항목에 대한 해당 사용자 반응을 예측해야 한다.

- **다목적 행렬에서 행들과 열들의 유사성**: 협업 필터링 알고리즘은 다목적 행렬에서 행들 그리고/혹은 열들 간의 유상성을 측정해야 한다. 행렬이 1과 빈칸('순위가 매겨지지 않은')만으로 구성돼 있을 때는 자카드 거리가 적절하다. 다목적 행렬이 좀 더 일반적인 값들로 구성돼 있을 때는 코사인 거리가 효과적이다. 보통 코사인 거리를 측정하기 전에 (행 혹은 열의, 아니면 모두에 대한) 평균 값을 빼서 다목적 행렬을 정규화하는 작업이 도움이 된다.

- **사용자와 항목 클러스터링**: 다목적 행렬은 대부분 비어 있을 가능성이 높기 때문에 자카드 혹은 코사인과 같은 거리 측정 방법으로 2개의 열이나 행을 비교하기에는 데이터가 너무 적다. 사전 단계 혹은 단계들에서는 유사성을 사용해 사용자들 그리고/혹은 항목들을 강한 유사성을 보이는 작은 그룹들로 클러스터링하는데, 좀 더 일반적인 성분 값들을 제공해 행이나 열을 비교할 수 있도록 한다.

- **UV 분해**: 다목적 행렬에서 빈칸의 값을 예측하는 한 가지 방법은 2개의 길고 얇은 행렬 U와 V의 곱이 주어진 다목적 행렬에 근접하게 되는 행렬 U와 V를 찾는 것이다. 행렬 곱 UV가 모든 사용자-항목 쌍에 대한 값을 알려 주기 때문에 그 값은 다목적 행렬에서 빈칸의 값을 예측하는 데 사용될 수 있다. 일반적으로 사용자가 특정 항목을 좋아하는지 판단하는 문제의 개수(문제의 개수는 U와 V의 '얇은' 차원으로 표현된다)가 상대적으로 작기 때문에 이 방법은 어느 정도 직관적이다.

- **평균 제곱근 오차**: 행렬 곱 UV가 주어진 다목적 행렬에 근접한 정도는 평균제곱근 오차RMSE로 측정하는 것이 좋다. RMSE는 UV와 빈칸이 아닌 다목적 행렬 원소들 사이의 차이에 대한 제곱근의 평균을 구함으로써 계산된다. 이 평균의 제곱근

이 RMSE다.

- **U와 V 계산하기**: UV 분해에서 적절한 *U*와 *V*를 찾는 한 가지 방법은 임의의 행렬 *U*와 *V*를 시작점으로 하는 것이다. 행렬 곱 *UV*와 주어진 다목적 행렬 사이의 RMSE를 최소화하기 위해 *U* 혹은 *V*의 원소들 중 하나를 반복적으로 조정해 나간다. 비록 전역 최적해^{global optimum}에 가까운 값을 얻기 위해 많은 시작 행렬들로부터 이 과정을 반복하거나 혹은 여러 가지 다양한 방법으로 시작점을 찾아야 하지만, 이 과정을 통해 하나의 지역 최적해^{local optimum}로 수렴하게 된다.

- **넷플릭스 챌린지**: 추천 시스템과 관련된 연구에 있어서 중요한 동인은 넷플릭스 챌린지였다. 사용자에 의해 영화 순위를 예측하는 넷플릭스 알고리즘보다 10% 더 나은 알고리즘을 개발해 내는 참가자에게 100만 달러의 상금이 돌아갔다. 이 상금은 2009년 9월에 지급됐다.

9.7 참고문헌

[1]은 2005년 당시 추천 시스템에 관한 연구 조사 자료다. 온라인 시스템에서 롱테일의 중요성에 관한 주장은 [2]를 참고했다. 이는 책 [3]으로 출판됐다.

[8]에서는 컴퓨터 게임을 사용해 항목에 대한 태그를 추출하는 방법을 설명하고 있다. 항목 간 유사성에 관한 논의와 상품 추천을 위한 협업 필터링 알고리즘을 아마존이 어떻게 구현했는지와 관련해서는 [5]를 참조하라.

넷플릭스 챌린지에서 수상한 알고리즘은 3개의 알고리즘이 결합된 형태였는데 각 알고리즘을 설명하는 세 편의 논문은 [4], [6], [7]을 참조하라.

[1] G. Adomavicius and A. Tuzhilin, "Towards the next generation of recommender systems: a survey of the state-of-the-art and possible extensions," *IEEE Trans. on Data and Knowledge Engineering* **17**:6, pp. 734–749, 2005.
[2] C. Anderson,

　　　http://www.wired.com/wired/archive/12.10/tail.html

2004.
[3] C. Anderson, *The Long Tail: Why the Future of Business is Selling Less of More*, Hyperion Books, New York, 2006.

[4] Y. Koren, "The BellKor solution to the Netflix grand prize,"

`www.netflixprize.com/assets/GrandPrize2009_BPC_BellKor.pdf`

2009.

[5] G. Linden, B. Smith, and J. York, "Amazon.com recommendations: item-to-item collaborative filtering," *Internet Computing* **7**:1, pp. 76–80, 2003.

[6] M. Piotte and M. Chabbert, "The Pragmatic Theory solution to the Netflix grand prize,"

`www.netflixprize.com/assets/`
`GrandPrize2009_BPC_PragmaticTheory.pdf`

2009.

[7] A. Toscher, M. Jahrer, and R. Bell, "The BigChaos solution to the Netflix grand prize,"

`www.netflixprize.com/assets/GrandPrize2009_BPC_BigChaos.pdf`

2009.

[8] L. von Ahn, "Games with a purpose," *IEEE Computer Magazine*, pp. 96–98, June 2006.

10

소셜 네트워크 그래프 마이닝

소셜 네트워크로부터 발생되는 대용량 데이터를 분석함으로써 얻을 수 있는 정보는 방대하다. 소셜 네트워크로 가장 많이 알려진 사례로 페이스북 같은 사이트의 '친구들' 관계를 꼽을 수 있다. 그러나 이 외에 사람들 혹은 다른 개체들을 연결하는 데이터 소스들은 많다.

10장에서는 그런 네트워크를 분석하는 방법을 알아볼 것이다. 소셜 네트워크와 관련된 중요한 질문은 '커뮤니티communities'를 어떻게 규정할 것인가다. 즉 특이하게 강력한 연관성을 갖는 노드들의 부분집합(네트워크를 형성하는 사람들 혹은 그 외 개체)들을 규정하는 문제다. 커뮤니티를 찾아내기 위해 사용되는 일부 기법들은 7장에서 설명한 클러스터링 알고리즘과 유사하다. 그러나 커뮤니티들은 어떤 네트워크에서 노드들의 집합으로 완전히 분리되지 않는다. 대신 커뮤니티들은 보통 겹쳐진다. 예를 들어, 여러 개의 친구 혹은 학급 커뮤니티에 속한 사람이 있을 수 있다. 한 커뮤니티에 속한 사람들은 서로를 아는 경향이 있는 반면, 서로 다른 커뮤니티에 속한 사람들은 서로를 알지 못할 가능성이 높다. 하나의 개체가 오직 한 커뮤니티에만 속하지 않도록 할 수도 있으며, 모든 커뮤니티에 속한 사람들 전부를 하나의 클러스터로 클러스터링하는 것이 합당하지 않은 경우도 있을 수 있다.

또한 10장에서는 그래프 특성들을 찾아내는 효율적인 알고리즘에 대해서도 설명할 것이다. 그래프 노드들 사이의 유사성을 파악하는 방법인 '유사순위simrank'에 대해 알아볼 것이다. 유사순위의 흥미로운 점 중 하나는 커뮤니티를 '유사한' 노드로서 구분하는 방법을 제공한다는 것이다. 그다음으로 커뮤니티의 연관성connectedness을 측정하는 방법으로서 삼각 계산triangle counting을 다룰 것이다. 추가로 그래프에서 이웃 노드의 크기를 정확하고도 근접하게 측정하는 효율적인 알고리즘을 제시하고, 추가로 이행적 폐쇄transitive closure를 계산하는 효율적인 알고리즘을 소개할 것이다.

10.1 소셜 네트워크 그래프

그래프 모델을 소개하는 것으로 소셜 네트워크에 대한 논의를 시작하겠다. 소셜 네트워크를 직관적으로 표현하는 방법으로 모든 그래프가 적합한 것은 아니다. 그래프의 노드들과 선들은 커뮤니티 내에서 클러스터를 이루려는 경향이 있는데, 이런 소셜 네트워크의 특성을 설명하는 '응집성locality'의 개념을 살펴볼 것이다. 또한 실제로 존재하는 소셜 네트워크 종류들을 알아볼 것이다.

10.1.1 소셜 네트워크란 무엇인가?

소셜 네트워크 하면 페이스북, 트위터, 구글플러스Google+, 혹은 그 외 '소셜 네트워크social network'라고 불리는 웹사이트들을 떠올릴 텐데 실제로 이런 종류의 네트워크는 '소셜social'이라는 광범위한 종류의 네트워크를 대표한다. 소셜 네트워크의 기본적인 특징은 다음과 같다.

1. 네트워크에 참여하는 개체들이 존재한다. 전형적으로 이런 개체는 사람들이지만, 그 밖의 전혀 다른 것들도 가능하다. 10.1.3절에서 몇 가지 예제를 소개할 것이다.

2. 네트워크 개체들 사이에는 적어도 하나의 관계relationship가 존재한다. 페이스북 혹은 비슷한 종류의 사이트에서는 이 관계를 친구friend라 부른다. 때때로 관계는 모 아니면 도다. 즉 두 사람은 친구이거나 친구가 아니다. 그러나 어떤 종류의

소셜 네트워크에서는 관계가 등급을 갖기도 한다. 이 등급은 구글플러스에서 정의하는 등급인 친구, 가족, 지인, 무관계처럼 이산적discrete일 수 있다. 두 사람이 서로 대화를 나눈 평균 날짜 수의 비율처럼 등급이 실수로 표현되기도 한다.

3. **비우연성**nonrandomness 혹은 **응집성**locality이 있다는 가정을 둔다. 이 조건은 공식화하기 가장 어렵지만, 관계들이 클러스터를 이루려는 경향이 있다는 사실은 직관적이다. 즉 개체 A가 B와 C 모두와 관계가 있다면 B와 C가 관계가 있을 확률은 평균 이상이다.

10.1.2 그래프로서의 소셜 네트워크

소셜 네트워크는 자연스럽게 그래프라는 모델로 표현되는데 이를 보통 **소셜 그래프**social graph라 부른다. 개체는 노드이며, 두 노드가 그 네트워크를 특징짓는 관계로 연관돼 있으면 선으로 연결한다. 관계와 관련된 등급이 존재하면 선에 레이블을 붙여 이 등급을 표시한다. 페이스북 친구 그래프와 같이 대부분의 소셜 그래프는 방향이 없다. 그러나 트위터나 구글플러스의 팔로워 그래프처럼 그래프에 방향이 있을 수도 있다.

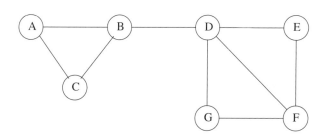

그림 10.1 규모가 작은 소셜 그래프의 예

예제 10.1　그림 10.1은 규모가 작은 소셜 그래프의 예다. 개체는 A부터 G까지의 노드다. '친구'로 볼 수 있는 관계는 선으로 표현된다. 예컨대 B는 A, C, D와 친구다.

이 그래프가 정말 관계의 응집성을 드러내는 전형적인 소셜 네트워크인지 확인해 보자. 먼저 선이 생성될 수 있는 노드 쌍은 $\binom{7}{2}$ = 21개인데 그래프는 이 중 9개의 선으로 구성된다는 사실에 주목하라. X, Y, Z는 그림 10.1의 어느 노드들이며 X와 Y 사이에 선이 있고, X와 Z 사이에 선이 있다고 가정하자. Y와 Z 사이에 선이 있을 확률이 얼마나 된다고 예상하는가? 그래프가 크다면 이 확률은 가능한 노드 쌍 개수 대비 실제 선 개수 비율에 매우 근접하게 될 것이다. 즉 이 경우 9/21 = .429다. 그러나 이 예제에서는 그래프 규모가 작기 때문에 실제 확률과 노드 쌍 개수 대비 선 개수 비율의 차이는 현저히 크다. 이미 선 (X, Y)와 (X, Z)가 있다는 사실을 알고 있으므로 남는 것은 7개의 선뿐이다. 이 7개의 선은 남아 있는 19개의 노드 쌍들 중 하나일 수 있다. 따라서 선 (Y, Z)가 존재할 확률은 7/19 = .368이다.

이제는 그림 10.1에 선 (X, Y)와 (X, Z)가 존재할 때 선 (Y, Z)가 존재할 확률을 계산해야 한다. 어느 노드가 Y이고 어느 노드가 Z인지 생각할 필요 없이 실제로 세야 하는 것은 Y와 Z가 될 수 있는 노드 쌍의 개수다. X가 A라면, Y와 Z는 B와 C가 돼야 한다. 순서는 상관 없다. 선 (B, C)가 존재하기 때문에 A는 하나의 양성 표본에 포함되며, 음성 표본에는 포함되지 않는다. X가 C, E 혹은 G인 경우도 기본적으로 같다. 각각의 경우 X는 2개의 이웃을 갖는데 이 이웃들 간에도 선이 존재한다. 따라서 지금까지 4개의 양성 표본을 발견했으며, 음성 표본은 발견되지 않았다.

이제 $X = F$인 경우를 살펴보자. F의 이웃은 D, E, G 3개다. 선이 존재하는 쌍은 세 쌍 중 두 쌍이다. G와 E 사이에는 선이 없다. 이제 양성 표본을 2개 더 확인했고 첫 번째 음성 표본을 발견했다. $X = B$인 경우 역시 3개의 이웃이 존재하지만, A와 C로 구성된 한 쌍만 선을 갖는다. 따라서 2개의 음성 표본과 하나의 양성 표본을 더 발견했으므로 전체 7개의 양성 표본과 3개의 음성 표본을 확보하게 됐다. 마지막으로 $X = D$인 경우는 4개의 이웃이 존재한다. 6개의 이웃 쌍들 중 오직 두 쌍만 선을 갖는다.

따라서 전체 양성 표본 개수는 9개이며 전체 음성 표본의 개수는 7개다. 그림 10.1에서 제3의 선이 존재하는 비율은 9/16 = .563임을 알 수 있다. 이는 예측 값 .368보다 상당히 크다. 이로써 소셜 네트워크에 응집성이 있다는 사실을 그림 10.1이 실제로 보여 주고 있다고 결론 내릴 수 있다. ∎

10.1.3 다양한 소셜 네트워크들

'친구들' 네트워크가 아닌 그 외 다른 소셜 네트워크의 사례는 많다. 여기서는 관계의 응집성을 드러내는 네트워크의 사례들을 열거할 것이다.

전화 네트워크

전화 네트워크에서 노드는 전화 번호를 표현하는데 실제로는 개개인을 의미한다. 한 달 혹은 '영원히'와 같은 일정 기간 동안 전화 번호 사이에 통화가 있었던 경우 두 노드 사이는 선으로 연결된다. 그 기간 동안 전화 번호 사이에 이뤄진 통화 횟수를 선의 가중치로 설정할 수 있다. 전화 네트워크에서는 연락이 잦은 사람들로 커뮤니티가 만들어지게 될 것이다. 예컨대 친구들이나 동아리 멤버들, 직장 동료들처럼 말이다.

이메일 네트워크

이메일 네트워크에서 노드는 이메일 주소이며, 이 역시 개개인을 의미한다. 선은 2개의 이메일 주소 사이에 적어도 한 방향으로 최소 한 번 이메일이 전송됐음을 표현한다. 아니면 양방향으로 이메일이 오고 갔을 때에만 선을 위치시킬 수 있다. 이런 식으로 스패머를 '친구'로 오인하는 것을 방지해 피해자가 발생하는 것을 막는다. 또 다르게는 선에 **약함** 혹은 **강함**이라는 레이블을 적어 두는 방법이 있다. 강한 선은 양방향 통신을 나타내고, 약한 선은 통신이 한 방향이라는 사실을 나타내도록 하는 것이다. 이메일 네트워크 커뮤니티들도 전화 네트워크에서와 같은 종류의 그룹들로부터 생성된다. 이메일 네트워크와 유사한 종류로 서로 문자 메시지를 주고 받는 사람들의 네트워크를 들 수 있다.

협업 네트워크

협업 네트워크에서 노드는 연구 논문을 발표한 각 개인을 표현한다. 하나 혹은 그 이상의 논문을 공동으로 집필한 두 개인은 선으로 연결된다. 추가적으로 공동 집필 횟수를 선에 레이블로 기록할 수 있다. 이 네트워크에서는 특정 주제에 대해 공동으로 작업하는 저자들이 커뮤니티를 이룬다.

다른 관점에서 동일한 데이터를 노드가 논문을 나타내는 그래프로 볼 수 있다. 1명 이상의 저자가 집필한 두 편의 논문들은 선으로 연결된다. 그러면 주제가 동일한 논문들로 커뮤니티가 형성되는 것이다.

유사한 방식으로 두 가지 네트워크가 생성되는 데이터 종류들이 있다. 한 예로 위키피디아Wikipedia 기사를 편집한 사람들과 편집된 기사들을 살펴보자. 두 편집자는 하나의 기사를 공동으로 수정한 경우 연결된다. 커뮤니티는 같은 주제에 관심을 둔 편집자 그룹이다. 동시에 기사들로 네트워크가 구성되는 경우 동일한 사람에 의해 수정된 기사들이 연결된다. 이렇게 하면 유사한 혹은 관련된 주제를 다루는 기사들로 커뮤니티가 구성된다.

실제로 9장에서 설명한 협업 필터링이 다루는 데이터는 보통 고객들에 대한 네트워크와 상품들에 대한 네트워크처럼 네트워크가 쌍을 형성한다. 공상 과학소설같이 동일한 종류의 상품을 함께 구매한 고객들로 커뮤니티가 형성될 것이며, 또한 동일한 고객이 구매한 상품들로 커뮤니티가 형성될 것이다. 그런 커뮤니티는 공상과학소설 전체가 될 수도 있다.

소셜 네트워크의 다른 예

많은 현상들에서 소셜 그래프와 같이 응집성locality을 드러내는 그래프가 형성되는 것을 볼 수 있다. 정보 네트워크(문서, 웹 그래프, 특허), 인프라 네트워크(도로, 비행기, 배수관, 전력망), 생물학적 네트워크(유전자, 단백질, 먹이사슬), 공동구매 네트워크(그루폰Groupon)와 같은 여러 종류들이 바로 그런 예다.

10.1.4 다양한 종류의 노드를 갖는 네트워크

서로 다른 종류의 개체가 등장하는 사회적 현상이 있다. '협업 네트워크'라는 제목하에 두 종류의 노드로 구성된 그래프 몇 가지를 언급했다. 저자/저작물 네트워크는 저자 노드와 논문 노드로 구성된다. 이전에 언급했듯이 한 종류 혹은 두 종류의 노드들을 삭제함으로써 2개의 소셜 네트워크를 생성할 수 있으나 꼭 그렇게 해야만 하는 것은 아니다. 전체를 하나의 구조로 볼 수도 있다.

조금 더 복잡한 사례로 deli.cio.us와 같은 사이트에서 웹 페이지에 태그를 붙이는 사용자들을 들 수 있다. 이 경우 사용자, 태그, 페이지에 해당하는 세 종류의 개체가 존재한다. 사용자들이 같은 태그를 주기적으로 붙이거나 같은 페이지에 태그를 붙이는 경향이 있다면 그 사용자들은 서로 연결된 것으로 생각할 수 있다. 마찬가지로 태그들이 같은 페이지에 등장했거나 같은 사용자에 의해 사용됐다면 그 태그들은 서로 관련이 있는 것으로 생각할 수 있다. 그리고 페이지들이 같은 태그를 많이 포함한다거나 다수의 동일한 사용자에 의해 태그가 붙여졌다면 그 페이지들을 유사하다고 생각할 수 있다.

이런 정보는 $k > 1$을 만족하는 k분할 그래프로 표현하는 것이 자연스럽다. 8.3절에서 $k = 2$인 이중 분할 그래프를 살펴봤다. 일반적으로 k분할 그래프는 k개의 서로소 노드 집합disjoint set들로 구성되며, 같은 집합 내 노드들 사이에는 선이 존재하지 않는다.

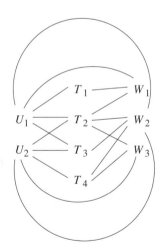

그림 10.2 사용자, 태그, 웹 페이지를 나타내는 삼중 분할 그래프

그림 10.2는 삼중 분할 그래프(k 분할 그래프에서 $k = 3$인 경우)의 한 예다. 사용자 $\{U_1, U_2\}$, 태그 $\{T_1, T_2, T_3, T_4\}$, 웹 페이지 $\{W_1, W_2, W_3\}$ 이렇게 3개의 노드 집합이 존재한다. 모든 선들은 서로 다른 두 집합에 속한 노드들을 연결하고 있음에 주목하라. 이 그래프는 세 종류의 개체 정보를 표현한다고 가정할 수 있다. 예를 들어, 선 (U_1, T_2)는 사용자 U_1이 최소 하나의 페이지에 T_2라는 태그를 붙였다는 것을 의미한다. 이 그래프는 누가 어느 페이지에 어떤 태그를 붙였는지와 같은 중요한 상세 정보를 알려 주지 않는다는 사실에 주목하라. 그런 세 가지 정보를 표현하기 위해서는 사용자, 태그, 페이지에 해당하는 행이 3개인 데이터베이스 관계처럼 조금 더 복잡한 표현 방식이 필요하다. ■

10.1.5 10.1절 연습문제

연습문제 10.1.1 그래프 G의 선들을 또 다른 그래프 G'의 노드들로 생각할 수도 있다. 이렇게 중복^{dual}적으로 G로부터 G'를 구성한다.

(1) (X, Y)가 G의 선이면 XY는 G'의 노드로서 순서와 상관없이 X와 Y 집합을 표현한다. XY와 YX는 G'에서 서로 다른 두 노드가 아니라 동일한 노드를 표현한다는 사실을 명심하라.

(2) (X, Y)와 (X, Z)가 G의 선이면 G'에서는 XY와 XZ 사이에 하나의 선이 존재한다. 즉 G'의 노드들을 표현하는 G의 선이 (G에서) 하나의 노드를 공통으로 가지면 G'의 노드들 사이에 선이 존재한다.

(a) 이런 중복적 구성을 친구들 네트워크에 적용한다면 결과 그래프에서 선을 무엇으로 해석할 수 있는가?

(b) 이런 중복적 구성을 그림 10.1 그래프에 적용하라.

! (c) G'에서 노드 XY의 등급은 G에서 X 및 Y의 등급과 어떻게 관련되는가?

!! (d) G'에서 선 개수와 G에서 노드의 등급은 공식으로 성립되는 관계다. 이 공식을 세워라.

! (e) 중복적이라는 단어가 의미하는 것은 실제로 중복이 아닌데 중복 구성으로 G'를 만든다고 해서 반드시 G와 같은 모형의 그래프가 생성되는 것이 아니기 때문이

다. G'의 중복 구성이 G와 같은 모형이 되는 G의 사례와 G'의 중복 구성이 G와 같은 모형이 되지 않는 G의 사례를 들어라.

10.2 소셜 네트워크 그래프 클러스터링

소셜 네트워크는 많은 선으로 연결된 개체 커뮤니티들이 포함된다는 측면에서 중요하다. 예컨대 이런 커뮤니티는 학교에서의 친구들 혹은 같은 주제에 관심을 가진 연구자 집단에 해당된다. 10.2절에서는 커뮤니티를 찾아내는 한 가지 방법으로써 그래프를 클러스터링할 것이다. 7장에서 설명한 기법들은 소셜 그래프를 클러스터링하는 문제에 일반적으로 적합하지 않다는 사실이 밝혀졌다.

10.2.1 소셜 네트워크 그래프의 거리 측정법

표준 클러스터링 기법을 소셜 네트워크 그래프에 적용할 때 필요한 첫 번째 단계는 거리 측정 방법을 결정하는 일이다. 그래프 선에 레이블이 붙어 있으면 그 레이블이 무엇을 나타내는가에 따라 이 레이블을 거리 측정치로 사용할 수도 있다. 그러나 '친구들' 그래프처럼 선에 레이블이 붙어 있지 않다면 적합한 거리를 정의하기 위해 할 수 있는 일이 그렇게 많지 않다.

가장 먼저 직관적으로 노드들 사이에 선이 있으면 가깝고 없으면 멀다고 가정할 수 있다. 따라서 선 (x, y)가 있으면 거리 $d(x, y)$는 0이고 그런 선이 없으면 거리는 1이다. 선이 있을 때 거리가 더 가깝다는 조건만 만족한다면 1과 ∞처럼 다른 어떤 2개의 값을 사용해도 된다.

0과 1 혹은 1과 ∞처럼 두 가지 값으로 표현되는 '거리 측정치'는 실제 측정치로 볼 수 없다. 그 이유는 3개의 노드와 그들 사이에 2개의 선이 있는 상황에서 삼각 부등식이 성립하지 않기 때문이다. 즉 선 (A, B)와 (B, C)는 있으나 선 (A, C)가 없으면 A부터 C까지 거리는 A에서 B를 지나 C에 이르는 측정치보다 크다. 이 문제는 선이 있는 경우 거리를 1로, 선이 없는 경우 거리를 1.5로 설정해 해결할 수 있다. 그러나 두 가지 값으로 표현되는 거리 함수에서 발생하는 문제는 삼각 부등식이 성립하지 않는 것뿐만이 아닌데 이를 10.2.2절에서 설명할 것이다.

10.2.2 표준 클러스터링 방법의 적용

7.1.2절에서 설명했던 두 가지 일반적인 클러스터링 방법을 다시 떠올려 보자. 계층적 클러스터링과 점 할당 클러스터링 방식이 있었다. 이들 각각이 소셜 네트워크 그래프에서 어떻게 동작할지 생각해 보자. 먼저 7.2절에서 다뤘던 계층적 방법을 살펴볼 것이다. 특별히 두 클러스터 노드들 사이의 최소 거리를 두 클러스터 사이의 거리로 사용한다고 가정한다.

소셜 네트워크 그래프에서 계층적 클러스터링은 선으로 연결된 두 노드를 결합함으로써 시작된다. 같은 클러스터의 두 노드가 아닌 서로 다른 클러스터에 속한 두 노드 사이를 연결하는 선이 무작위로 선택되고, 그 두 노드가 속한 클러스터들이 반복적으로 결합된다. 선으로 표현되는 거리가 모두 같기 때문에 무작위로 선택되는 것이다.

예제 10.3　그림 10.3 그래프를 살펴보자. 그림 10.1을 재현한 그래프다. 먼저 커뮤니티가 무엇인지 합의를 이뤄야 한다. 가장 상위에 2개의 커뮤니티 $\{A, B, C\}$와 $\{D, E, F, G\}$가 있는 것이 확인된다. 그러나 $\{D, E, F\}$와 $\{D, F, G\}$를 $\{D, E, F, G\}$의 두 하위 커뮤니티로 볼 수도 있다. 이들 두 하위 커뮤니티의 두 멤버가 겹치기 때문에 표준 클러스터링 알고리즘만으로는 절대로 이들을 구별해 낼 수 없다. 결국 선으로 연결된 개개인 쌍들 모두를 겨우 크기가 2인 커뮤니티로 생각할 수 있으나, 그런 커뮤니티는 그다지 흥미를 끌지 못한다.

그림 10.3과 같은 그래프에 대한 계층적 클러스터링이 가진 문제는 B와 D가 확실히 서로 다른 클러스터에 속한다 하더라도 어느 시점에서 그 둘을 결합 대상으로 선택할 가능성이 있다는 것이다. B와 D를 결합할 가능성이 있는 이유는 A와 C가 B에 가까운 만큼 D와 D를 포함하는 모든클러스터가 B와 B를 포함하는 클러스터에 가깝기 때문이다. 가장 먼저 B와 D를 하나의 클러스터로 결합할 확률이 1/9이나 된다.

오차가 발생할 확률을 낮추기 위해 할 수 있는 일이 있다. 계층적 클러스터링을 몇 차례 실행하고 가장 일관성 있는 클러스터를 생성하는 실행 결과를 택하는 것이다.

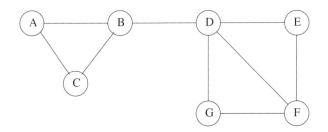

그림 10.3 그림 10.1의 재현

7.2.3절에서 설명했듯이 하나 이상의 노드를 포함하는 클러스터들 사이의 거리를 측정하기 위해 조금 더 정교한 방법을 사용할 수 있다. 그러나 어떤 방법을 사용하든지 많은 커뮤니티가 존재하는 대형 그래프에서는 실제 최종 커뮤니티에 함께 속하지 않는 두 노드를 연결하는 선들을 초기 단계에서 사용하게 될 확률이 높다. ■

　이제는 점 할당 방식으로 소셜 네트워크를 클러스터링하는 경우를 살펴보자. 모든 선들이 거리가 같다는 사실로 인해 무작위로 선택해야 하는 경우들이 발생하게 돼 일부 노드들이 잘못된 클러스터로 할당된다. 다음 예제가 이런 사실을 설명한다.

예제 10.4 　k평균 방식으로 그림 10.3을 클러스터링한다고 가정하자. 2개의 클러스터를 만들고자 하므로 $k = 2$를 선택한다. 2개의 시작 노드를 임의로 선택하면 그 둘 모두가 같은 클러스터에 속할 수도 있다. 7.3.2절에서 설명한 것처럼 임의로 하나의 시작 노드를 선택하고 그다음 가능한 한 멀리 떨어진 노드를 선택해도 되지만, 그렇다고 해서 결과가 훨씬 더 나은 것은 아니다. 즉 그림 10.3의 E와 G처럼 그저 서로 선으로 연결되지 않은 노드들을 선택하게 되는 셈이다.

　그러나 B와 F처럼 시작 노드를 적절하게 선택한다고 가정하자. 그러면 A와 C는 B의 클러스터에 할당되고, E와 G는 F의 클러스터에 할당된다. 그러나 D는 F만큼 B와도 가깝기 때문에 D가 F에 속해 있다는 사실이 '분명'함에도 불구하고, 어느 쪽을 선택하든 상관이 없게 돼 버린다.

　다른 노드를 클러스터에 할당할 때까지 D를 어디에 위치시킬지 결정을 미룬다면 아마도 옳은 결정을 내리게 될 것이다. 예컨대 클러스터의 모든 노드와 평균 거리가 가장 짧은 클러스터에 해당 노드를 할당하면 D는 F의 클러스터에 할당돼야 한다. D를 다른 노드보다 먼저 할당하지 않는다는 가정하에서 그렇다. 그러나 대형 그래프에서는 먼저 위치시킬 노드를 선택할 때 반드시 실수가 발생하기 마련이다. ■

10.2.3 중계성

표준 클러스터링 방식에는 문제가 있기 때문에 소셜 네트워크에서 커뮤니티를 찾기 위한 여러 가지 특화된 클러스터링 기법이 개발돼 왔다. 10.2.3절에서는 커뮤니티 내부에 있을 법한 선을 찾는 것을 기반으로 하는 가장 간단한 방법 한 가지를 소개할 것이다.

선 (a, b)의 **중계성**betweenness은 노드 x와 y 사이의 최단 경로가 선 (a, b)를 포함할 때 이를 만족하는 x, y 쌍들의 개수로 정의한다. 조금 더 정확하게 설명하면 x와 y 사이에 최단 경로가 여러 개일 수 있기 때문에 선 (a, b)는 자신을 포함하는 최단 경로의 비율에 따라 점수를 얻는다. 골프처럼 높은 점수가 좋은 것이 아니다. 선 (a, b)가 서로 다른 두 커뮤니티 사이를 잇는다고 가정한다. 즉 a와 b는 같은 커뮤니티에 속하지 않는다.

예제 10.5 당연한 사실이지만 그림 10.3에서 선 (B, D)의 중계성이 가장 높다. 실제로 이 선은 A, B, C와 D, E, F, G 사이의 모든 최단 경로에 포함된다. 따라서 이 경우 중계성은 $3 \times 4 = 12$다. 이와 대조적으로 선 (D, F)는 단지 4개의 최단 경로에만 포함된다. A, B, C, D에서 F에 이르는 경로 4개다. ■

10.2.4 거번-뉴먼 알고리즘

선의 중계성을 설명하기 위해서는 각 선을 통과하는 최단 경로 개수를 계산해야 한다. **거번-뉴먼**GN, Girvan-Newman 알고리즘은 각 노드 X를 한 번 방문하고, X에서 각 선을 통과해 다른 노드들에 이르는 최단 경로 개수를 계산하는데, 이를 설명할 것이다. 이 알고리즘은 노드 X를 시작으로 해 그래프를 대상으로 너비 우선 검색BFS, Breadth-First Search을 실행해 나간다. BFS 방식에서 각 노드의 레벨은 X로부터 해당 노드에 이르는 최단 경로의 길이다. 따라서 같은 레벨에 위치한 노드들 사이를 연결하는 선들은 X에서 시작하는 최단 경로에 절대로 포함될 수 없다.

레벨 사이의 선들을 방향성 비순환 그래프^{DAG, Directed Acyclic Graph} 선이라고 부른다. 각 DAG 선은 루트 X로부터 시작되는 최소 하나의 최단 경로에 포함될 것이다. Y가 Z보다 상위 레벨인 경우(즉 Y가 루트에 더 가깝다), DAG 선 (Y, Z)가 있으면 Y를 Z의 부모라 부르며, Z를 Y의 자식이라 부른다. DAG에서는 트리처럼 부모가 유일할 필요는 없다.

예제 10.6 그림 10.4는 노드 E로부터 시작되는 그림 10.3 그래프의 너비 우선 표현 방식이다. 실선은 DAG 선이며, 점선은 같은 레벨에 위치한 노드들을 연결하는 선이다. ■

GN 알고리즘의 두 번째 단계는 루트에서 각 노드에 도달하는 최단 경로 개수로 해당 노드에 레이블을 붙이는 작업이다. 루트에 1이라는 레이블을 붙이는 것으로 시작한다. 그런 다음 위에서 아래 방향으로 각 노드 Y에 자신의 부모들에 붙여진 레이블들의 합으로 레이블을 붙인다.

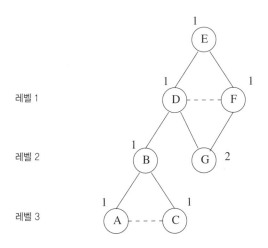

그림 10.4 거번-뉴먼 알고리즘의 1단계

예제 10.7 그림 10.4에서는 각 노드에 붙여진 레이블을 확인할 수 있다. 먼저 루트 E에 1이라는 레이블을 붙인다. 레벨 1에 위치한 노드들은 D와 F다. 두 노드 모두 부모는 E이므로 그들 역시 1이라는 레이블이 붙는다. 노드 B와 G는 레벨 2에 위치한다. B의 부모는 오직 D뿐이므로 B의 레이블 역시 D의 레이블과 같은 1이다. 그러나 G의 부모는 D와 F이므로 D의 레이블은 부모들의 레이블을 더한 값인 2가 된다. 마지막으로 레벨 3에 위치한 노드 A와 C의 부모는 B뿐이므로 B의 레이블인 1이 노드 A와 C에 붙는다. ■

세 번째와 마지막 단계에서는 각 선 e에 대해서 루트 X부터 e를 통과해 Y에 이르는 최단 경로 비율의 합을 전체 노드 Y를 대상으로 계산한다. 이 계산에는 가장 아래에서부터 모든 노드들과 모든 선들을 대상으로 합을 계산하는 과정이 포함된다. 루트를 제외한 각 노드에는 1점이 부과되는데 이는 해당 노드까지가 최단 경로임을 표현한다. 이 점수는 상위 노드들과 선들에게 분할되는데 해당 노드까지의 최단 경로가 여러 개일 수 있기 때문이다. 계산 규칙은 다음과 같다.

1. DAG에서 각 리프 노드들은 1점을 얻는다(리프 노드는 하위에 더 이상 DAG 선을 갖지 않는 노드를 말한다).

2. 리프 노드가 아닌 각 노드는 그 노드에서 하위 레벨로 이어지는 DAG 선 점수들의 합에 1을 더한 점수를 얻는다.

3. 상위 레벨에서 노드 Z로 이어지는 DAG 선 e는 루트에서 e를 거쳐 Z에 이르는 최단 경로 비율에 비례하는 Z의 점수를 나눠 갖는다. 공식으로 Z의 부모를 Y_1, $Y_2, \ldots, Y_k$라 하자. P_i는 루트에서 Y_i에 이르는 최단 경로 개수다. 2단계에서 이 개수가 계산됐으며 그림 10.4에 레이블로 표현됐다. 선 (Y_i, Z)의 점수는 Z 점수에 p_i를 곱한 후 $\sum_{j=1}^{k} p_i$로 나눈 값이다.

각 노드를 루트로 삼아 한 번씩 점수를 계산한 뒤 각 선별로 점수를 합산한다. 그러면 각 최단 경로는 두 번 합산되기 때문에(2개의 종착지endpoint가 각각 한 번씩 루트가 되므로) 각 선에 해당하는 점수를 2로 나눠야 한다.

예제 10.8 그림 10.4 BFS를 대상으로 점수를 계산해 보자. 레벨 3을 시작으로 해 상위 방향으로 진행할 것이다. 먼저 리프 노드인 A와 C의 점수는 1이다. 이 노드들의 부모는 하나뿐이므로 그들의 점수를 각각 선 (B, A)와 (B, C)에 할당한다.

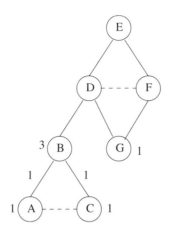

그림 10.5 거번–뉴먼 알고리즘의 마지막 단계(레벨 3과 레벨 2)

레벨 2에서 G는 리프 노드이므로 G의 점수는 1이다. B는 리프 노드가 아니기 때문에 B의 점수는 하위 레벨에서 B로 진입하는 DAG 선들의 점수에 1을 더한 값이 된다. 이 두 선의 점수는 모두 1이므로 B의 점수는 3이다. 직관적으로 3이라는 점수는 E에서 A, B, C에 이르는 모든 최단 경로가 B를 거치게 된다는 사실을 나타낸다. 그림 10.5에서 지금까지 계산된 점수를 확인할 수 있다.

이제 레벨 1에서 진행을 해보자. B의 부모는 오직 D뿐이므로 선 (D, B)의 점수는 B의 전체 점수인 3이다. 그러나 G의 부모는 D와 F 2개다. 따라서 G의 점수 1은 선 (D, G)와 (F, G)로 분배돼야 한다. 분배 비율은 어떻게 될까? 그림 10.4의 레벨들을 살펴보면 레벨 1에 위치한 D와 F의 경우 E로부터 각 노드까지의 최단 경로가 단 하나만 존재한다는 사실을 알 수 있다. 따라서 G의 점수 절반은 이 두 선들 각각으로 분할된다. 각각의 점수는 $1/(1 + 1) = 0.5$다. 그림 10.4에서 D와 F의 레이블이 5와 3이었다면, 즉 D에 이르는 최단 경로가 5개, F에 이르는 최단 경로가 3개였다면 선 (D, G)의 점수는 5/8가 됐을 것이고, 선 (F, G)의 점수는 3/8이 됐을 것이다.

이제 레벨 1에 위치한 노드들에 점수를 할당할 수 있다. D의 점수는 하위 레벨에서 D로 연결되는 선들의 점수인 3과 0.5에 1을 더한 값이 된다. 즉 D의 점수는 4.5다. F의 점수는 선 (F, G)의 점수에 1을 더한 값인 1.5가 된다. 마지막으로 선 (E, D)와 (E, F)는 각각 D와 F의 점수를 할당받는다. 이 노드들 각각의 부모가 하나이기 때문이다. 점수들은 모두 그림 10.6에서 확인할 수 있다.

그림 10.6에서 각 선의 점수는 E에서 시작되는 최단 경로에 대한 중계성을 나타낸다. 예를 들어, 선 (E, D)의 중계성은 4.5다. ■

중계성 연산을 종료하기 위해서는 각 노드를 루트로 시작해 이 계산을 반복하고, 그 점수를 서로 더해야 한다. 마지막으로 모든 최단 경로는 자신의 종착지당 한 번씩, 총 두 번 합산되므로 실제 중계성을 계산하기 위해서는 그 점수의 합들을 2로 나눠야 한다.

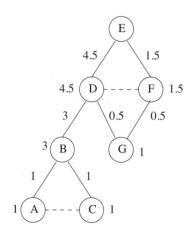

그림 10.6 거번 뉴먼 알고리즘의 마지막 단계(점수 계산을 완료하는 단계)

10.2.5 중계성을 사용해 커뮤니티 찾기

그래프 선의 중계성 점수는 그래프 노드에서의 거리 측정치와 비슷한 역할을 한다. 중계성 점수는 엄밀히 말해서 거리 측정치는 아니다. 왜냐하면 선으로 연결되지 않은 노드 쌍에 대한 정의가 없고, 정의됐다 하더라도 삼각 부등식을 만족하지 못할 수 있기 때문이다. 거리 측정치는 아니지만, 중계성이 낮은 선부터 선택해 한 번에 한 선씩 그래프에 추가해 나가면 클러스터링할 수 있다. 각 단계에서 연결된 그래프 성분들이 클러스터를 형성한다. 더 높은 중계성을 허용할수록 더 많은 선들이 포함되며 클러스터들은 더 커지게 된다.

좀 더 일반적으로 표현하자면 이 방식은 선을 제거해 나가는 과정이라 할 수 있다. 그래프와 그래프의 모든 선을 시작으로 그 그래프가 적당한 개수의 연결 성분들로 분할될 때까지 중계성이 가장 높은 선들을 제거해 나간다.

예제 10.9 그림 10.1 그래프를 예로 들겠다. 이 그래프의 각 선에 대한 중계성이 그림 10.7 그래프에 표시됐다. 중계성 계산은 독자의 몫으로 남겨 둔다. 이 계산에서 유일하게 까다로운 부분은 2개의 최단 경로가 존재하는 E와 G 사이를 파악하는 것이다. 하나의 경로는 D를 지나고, 하나의 경로는 F를 거친다. 따라서 선 (D, E), (E, F), (D, G), (G, F) 각각은 최단 경로의 절반에 해당하는 점수를 얻는다.

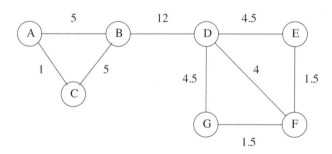

그림 10.7 그림 10.1 그래프에 대한 중계성 점수

누가 보아도 선 (B, D)의 중계성이 가장 높으므로 이 선이 첫 번째로 삭제된다. 이로써 {A, B, C}와 {D, E, F, G} 커뮤니티가 구성되는데 이는 가장 납득할 만한 결과다. 계속해서 선들을 삭제해 나가면 된다. 그다음으로는 점수가 5인 (A, B)와 (B, C)가 삭제되며, 그다음은 점수가 4.5인 (D, E)와 (D, G)가 삭제된다. 그다음은 점수가 4인 (D, F)를 그래프에서 제거한다. 그 결과를 그림 10.8에서 확인할 수 있다.

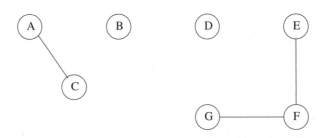

그림 10.8 중계성이 4 이상인 모든 선들이 제거됐다.

그림 10.8의 '커뮤니티'는 이상해 보인다. A와 C는 B보다는 서로 조금 더 가까운 관계라고 해석할 수 있다. 즉 어느 관점에서 보면 B는 커뮤니티 $\{A, B, C\}$의 '반역자' 라고 할 수 있는데 B가 그 커뮤니티 외부 사람인 D와 친구 관계를 맺고 있기 때문이 다. 이와 마찬가지로 D를 그룹 $\{D, E, F, G\}$의 '반역자'로 볼 수 있는데 이런 이유로 인해 그림 10.8에서 E, F, G만 연결된 채로 남게 된다. ■

10.2.6 10.2절 연습문제

연습문제 10.2.1 그림 10.9는 소셜-네트워크 그래프의 한 예다. 거번-뉴먼 기법을 사 용해서 다음 각 노드로부터 시작해 각 선들을 통과하는 최단 경로 개수를 구하라. (a) A (b) B

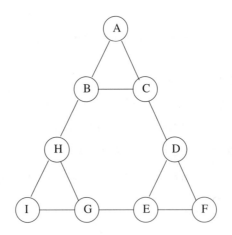

그림 10.9 연습문제를 위한 그래프

10.2.4절의 방식을 n개의 노드와 e개의 선으로 구성된 그래프에 적용하면 각 선의 중계성을 모두 계산하는 데 $O(ne)$시간이 소요된다. 즉 레이블을 붙이는 단계를 두 번 거치며 한 노드에서 BFS를 실행하는 시간은 $O(e)$이다. 각 노드마다 중계성 계산이 시작되므로 10.2.4절에서 설명했던 연산은 n번 반복된다.

알고리즘 실행 시간이 $O(ne)$이면 100만 개의 노드도 많다고 볼 수 있다. 그래프가 큰 경우는 설명한 것처럼 실행이 불가능하다. 그러나 노드들의 하위 집합을 임의로 선택하고 이들을 너비 우선 검색의 루트들로 사용하면 각 선의 중계성에 근접한 값을 얻을 수 있으며, 대부분은 이런 방식으로 응용된다.

연습문제 10.2.2 그래프가 대칭이기 때문에 연습문제 10.2.1의 연산만으로 각 선의 중계성을 계산할 수 있다. 이제 해당 그래프의 중계성을 계산하라.

연습문제 10.2.3 연습문제 10.2.2의 중계성 값들을 사용해 중계성이 일정 임계치 이상인 모든 선을 제거함으로써 그림 10.9를 대상으로 적절한 후보 커뮤니티를 찾아라.

10.3 커뮤니티의 직접적 발견

10.2절에서는 소셜 네트워크를 개개인으로 분할해 커뮤니티를 찾아냈다. 이 방식은 상대적으로 효율적이지만 몇 가지 한계가 있다. 개개인들은 서로 다른 2개의 커뮤니티에 속할 수 없으며, 모든 사람들이 커뮤니티에 속하게 된다는 것이다. 10.3절에서는 상대적으로 많은 선을 갖는 노드들의 부분집합을 직접적으로 찾아내면서 커뮤니티를 발견하는 기법을 소개할 것이다. 흥미롭게도 대형 그래프를 대상으로 이런 검색을 사용하는 기법은 6장에서 논의한 대형 빈발 항목집합을 찾는 과정과 관련이 있다.

10.3.1 무리 찾기

많은 선을 갖는 노드 집합을 찾기 위해 가장 먼저 시도해 볼 수 있는 방법은 대형의 무리clique(선으로 연결된 노드 집합)를 찾아내는 것이다. 그러나 이는 쉬운 작업이 아니다. 최대 무리들을 찾는 것은 NP 완전 문제NP-complete problems일 뿐만 아니라 최대 무리에 근접하는 것조차 어렵다는 관점에서 NP 완전 문제들 중 가장 어려운 것에 속한다. 뿐만 아니라 모든 노드들이 선으로 연결돼 있어도 각 무리들의 크기는 상대적으로 작을 수 있다.

예제 10.10 $1, 2, \ldots, n$ 번호가 붙은 노드들과 두 노드 i와 j 사이의 선으로 구성된 그래프가 있다고 가정하자. i와 j는 k로 나눴을 때 나머지가 같지 않다고 역시 가정하자. 그러면 실제로 존재할 수 있는 선의 비율은 대략 $(k-1)/k$이다. 크기가 k인 무리가 많을 수 있으며, $\{1, 2, \ldots, k\}$가 그중 하나다.

그러나 k보다 큰 무리는 없다. 그 이유를 파악하기 위해서 $k+1$개의 노드 집합에서 2개는 k로 나눴을 때 나머지가 같다는 사실을 확인하면 된다. 이는 '비둘기집 원리pigeonhole principle'를 응용한 것이다. 서로 다른 나머지는 k개만 가능하므로 $k+1$개의 노드 각각에 대한 나머지가 구별되지 않는다. 따라서 이 그래프에서는 $k+1$개의 노드 집합으로 구성된 무리는 가능하지 않다. ■

10.3.2 완전 이분 그래프

8.3절에서 설명한 이분 그래프를 다시 떠올려 보자. **완전 이분 그래프**complete bipartitegraph는 한쪽에 위치하는 s개의 노드와 다른 한쪽에 위치하는 t개의 노드, 그리고 양쪽에 속한 노드들을 서로 연결하는 모든 st개의 선으로 구성된다. 이 그래프를 $K_{s,t}$로 표현한다. 이제 일반 그래프의 부분 그래프로서의 무리들과 완전 이분 그래프의 부분 그래프 사이의 유사성을 찾아낼 것이다. 실제로는 s개의 노드로 구성된 무리를 보통 완전 그래프라 하고 K_s로 표시하는 반면, 완전 이분 부분 그래프는 보통 **이분 무리**bi-clique라고 부른다.

예제 10.10에서도 살펴봤지만 선들이 많은 그래프가 반드시 대형 무리라고 보장할 수 없는 반면, 선들이 많은 이분 그래프는 대형 완전 이분 부분 그래프임이 보장된다.[1] 완전 이분 부분 그래프(아니면 이미 발견한 어떤 대형 무리)를 커뮤니티의 핵^nucleus 으로 생각하고, 어느 노드가 갖는 다수의 선이 그 커뮤니티 멤버로 연결된다면 해당 노드를 이 커뮤니티에 포함시킨다. 그래프 자체가 10.1.4절에서 설명한 k 분할인 경 우 두 종류의 노드와 그들 사이의 선만을 택해서 이분 그래프를 형성할 수 있다. 이 이분 그래프에서 완전 이분 부분 그래프를 커뮤니티 핵으로 찾을 수 있다. 일례로 예 제 10.2에서 다룬 그림 10.2와 같은 그래프에서 태그 노드들과 페이지 노드들을 중 심으로 태그 및 웹 페이지 커뮤니티를 찾아내는 것을 예로 들 수 있다. 그런 커뮤니 티는 관련된 태그들과 그런 모든 태그들 혹은 대다수 태그들과 관련된 페이지들로 구성될 것이다.

그러나 모든 노드의 종류가 동일한 평범한 그래프에서 커뮤니티를 찾는 일에도 역시 완전 이분 부분 그래프를 사용할 수 있다. 노드들을 2개의 동일한 그룹에 임의 로 분할한다. 커뮤니티가 존재한다면 절반의 노드가 하나의 그룹을 형성하게 될 것 이며, 절반의 선이 두 그룹 사이를 연결하게 될 것이라 예상할 수 있다. 따라서 커뮤 니티 안에서 대형 완전 이분 부분 그래프를 발견할 가능성이 여전히 높다고 볼 수 있 다. 두 그룹 중 어느 한 그룹에 속한 노드들이 이미 커뮤니티에 속한 것으로 파악된 많은 노드들과 선으로 연결돼 있다면 그 노드들을 이 핵에 포함시킨다.

10.3.3 완전 이분 부분 그래프 찾기

대형 이분 그래프 G에서 하나의 $K_{s,t}$를 찾기 원한다고 가정하자. G 안에서 $K_{s,t}$를 찾 는 문제는 빈발 항목집합 하나를 찾는 것으로 생각할 수 있다. 이런 관점에서 '항목' 을 G의 한쪽에 위치한 노드라 하고, 이를 왼쪽이라 부르도록 하자. 찾고자 하는 $K_{s,t}$ 의 왼쪽에는 t개의 노드가 위치한다고 가정하며, 효율성을 위해 $t \leq s$라는 조건이 성 립한다고 가정할 것이다. '바구니'는 G의 그 반대편(오른쪽) 노드에 대응된다. 노드 v 에 해당하는 바구니의 멤버들은 v로 연결된 왼쪽 노드들이다. 마지막으로 지지도 임

---

1 부분 그래프(일부 노드들을 선택하고 그들 사이를 연결하는 모든 선을 포함시킨 그래프)를 생성한다는 의미는 아니다. 이 맥락에서는 서로 다른 쪽에 위치하는 노드들 사이의 선이 필요했을 뿐이다. 같은 쪽에 위치한 노드들을 서로 선 으로 연결하는 것 역시 가능하다.

계치(6장 참고)를 s라 하자. 이는 $K_{s,t}$의 오른쪽에 위치한 노드들의 개수다.

이제 $K_{s,t}$를 찾는 문제를 크기가 t인 빈발 항목집합 F를 찾는 것으로 설명할 수 있다. 즉 왼쪽에 위치한 t개의 노드 집합이 자주 등장하면 그들 모두는 적어도 s개의 바구니에 함께 등장하게 된다. 그러나 바구니는 오른쪽 노드다. 각 바구니는 F에 존재하는 t개의 노드 모두와 연결된 단일 노드에 해당한다. 따라서 크기가 t인 빈발 항목집합과 그 항목들이 등장하는 s개의 바구니들이 $K_{s,t}$를 형성한다.

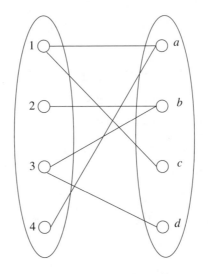

그림 10.10 그림 8.1의 이분 그래프

예제 10.11 그림 8.1 이분 그래프를 다시 살펴보자. 그림 10.10으로 재현했다. 왼쪽 노드는 {1, 2, 3, 4}이고, 오른쪽 노드는 {a, b, c, d}다. 후자가 바구니이므로 바구니 a는 '항목' 1과 4로 구성된다. 즉 a = {1, 4}다. 이와 유사하게 b = {2, 3}, c = {1}, d = {3}이다.

s = 2 그리고 t = 1이면, 최소 2개의 바구니에 등장하는 크기가 1인 항목집합을 찾아야 한다. {1}과 {3}이 이에 해당된다. 그러나 이런 작은 예제에서는 s = t = 2처럼 s, t값이 조금 더 큰 흥미로운 항목집합을 찾을 수 없다. ■

10.3.4 완전 이분 그래프가 존재해야 하는 이유

선의 비율이 상당히 높은 이분 그래프가 $K_{s,t}$의 인스턴스를 갖는다는 것을 입증하는 문제로 넘어갈 차례다. 이제부터는 그래프 G가 왼쪽에는 n개의 노드를, 오른쪽에는 또 다른 n개의 노드를 갖는다고 가정한다. 양쪽 노드 개수가 같으면 계산은 간단해지며, 왼/오른쪽 노드 크기가 각각 어떻게 달라져도 적용될 수 있다. 마지막으로 d를 모든 노드들의 평균 차수^{degree}라고 하자.

이런 가정을 통해 d개의 항목을 갖는 바구니 하나에 연결된, 크기가 t인 빈발 항목집합 개수를 셀 수 있다. 오른쪽 전체 노드에 대한 이 개수들을 더하면 왼쪽에 위치하는 크기가 t인 모든 부분집합들의 전체 빈도가 계산된다. 이를 $\binom{n}{t}$로 나누면 크기가 t인 모든 항목집합의 평균 빈도가 나온다. 적어도 하나의 항목집합 빈도가 평균 이상이어야 하므로 이 평균이 최소 s인 경우 $K_{s,t}$ 인스턴스가 존재한다는 것을 알 수 있다.

이제 계산 과정을 자세히 설명하려 한다. 오른쪽 i번째 노드의 차수를 d_i라고 가정하자. 즉 d_i는 i번째 바구니의 크기다. 그러면 이 바구니는 크기가 t인 $\binom{d_i}{t}$개의 항목집합에 영향을 미친다. 따라서 오른쪽 n개의 노드는 전체적으로 $\sum_i \binom{d_i}{t}$개의 항목집합에 영향을 미친다. 이 값은 물론 d_i에 좌우된다. 그러나 d_i의 평균 값이 d라는 사실을 알고 있다. 각 d_i가 d일 때 이 합이 최소가 된다고 알려져 있지만 이를 증명하지는 않을 것이며, 간단한 예제를 통해 추측해 볼 수 있도록 할 것이다. 대략 d_i를 t번 제곱한 것에 비례해 $\binom{d_i}{t}$가 증가하기 때문에 큰 수 d_i에서 작은 수 d_j로 1씩 차이를 줄여가면 $\binom{d_i}{t} + \binom{d_j}{t}$의 합이 줄어들게 된다.

예제 10.12 오직 노드는 2개뿐이고, 즉 $t = 2$이고, 그 노드들의 평균 차수가 4라고 하자. 그러면 $d_1 + d_2 = 8$이며, 관심도^{interest}의 합은 $\binom{d_1}{2} + \binom{d_2}{2}$다. 만약 $d_1 = d_2 = 4$라면 합은 $\binom{4}{2} + \binom{4}{2} = 6 + 6 = 12$다. 그러나 $d_1 = 5$ 그리고 $d_2 = 3$인 경우 합은 $\binom{5}{2} + \binom{3}{2} = 10 + 3 = 13$이다. $d_1 = 6$ 그리고 $d_1 = 2$일 때 합은 $\binom{6}{2} + \binom{2}{2} = 15 + 1 = 16$이다. ■

따라서 이제부터는 모든 노드의 평균 차수가 d라고 가정할 것이다. 그렇게 하면 항목집합 개수가 전체에 미치는 영향이 최소화되며, 크기가 t인 빈발 항목집합(지지도가 s 혹은 그 이상인 항목집합)이 존재할 가능성을 낮출 수 있다. 다음을 살펴보자.

- 오른쪽 n개의 노드는 크기가 t인 항목집합 중 전체적으로 $n\binom{d}{t}$개에 영향을 미친다.
- 크기가 t인 항목집합 개수는 $\binom{n}{t}$다.
- 따라서 크기가 t인 항목집합의 평균 개수는 $n\binom{d}{t}/\binom{n}{t}$다. $K_{s,t}$의 인스턴스가 존재한다는 가정하에서 이 식은 최소 s가 돼야 한다.

이항 계수를 팩토리얼^{factorial}에 대한 식으로 확장하면 다음을 얻을 수 있다.

$$n\binom{d}{t}/\binom{n}{t} = nd!(n-t)!t!/((d-t)!t!n!) =$$

$$n(d)(d-1)\cdots(d-t+1)/\big(n(n-1)\cdots(n-t+1)\big)$$

위 식을 간단히 하기 위해 n이 d보다 훨씬 크고 d는 t보다 훨씬 크다고 가정하자. 그러면 $d(d-1)\cdots(d-t+1)$는 대략 d^t에 근접하며, $n(n-1)\cdots(n-t+1)$는 대략 n^t에 근접한다. 따라서 다음 식이 성립해야 한다.

$$n(d/n)^t \geq s$$

즉 양쪽이 n개의 노드로 구성된 커뮤니티가 있을 때 노드들의 평균 차수가 d이며 $n(d/n)^t \geq s$가 성립한다면 이 커뮤니티가 완전 이분 부분 그래프 $K_{s,t}$를 갖는다는 사실을 보장할 수 있다. 게다가 이 작은 커뮤니티가 훨씬 더 큰 그래프에 포함돼 있더라도 6장에서 설명한 방법을 사용해 $K_{s,t}$ 인스턴스를 효율적으로 찾아낼 수 있다. 다시 말해서 지지도가 s인 t개의 항목집합을 찾을 때 전체 그래프의 모든 노드를 바구니와 항목으로 간주하고, 해당 그래프 전체에 선험적$^{A\text{-prioir}}$ 알고리즘 혹은 더 개선된 알고리즘 중 하나를 적용할 수 있는 것이다.

예제 10.13 양쪽에 각각 100개의 노드가 존재하며 노드들의 평균 차수가 50인 커뮤니티가 있다고 가정하자. 즉 가능한 선의 절반이 존재하는 경우다. $100(1/2)^t \geq s$가 성립하면 이 커뮤니티는 $K_{s,t}$를 갖는다. 예를 들어, $t = 2$이면 s는 25가 된다. $t = 3$이면 11, $t = 4$면 6이 될 것이다.

안타깝게도 이 근사치로 인해 s의 임계치가 약간 높게 설정됐다. 원래 식 $n\binom{d}{t}/\binom{n}{t}$ $\geq s$로 돌아가면 $t = 4$인 경우 $100\binom{50}{4}/\binom{100}{4} \geq s$를 만족해야 함을 알 수 있다. 즉 다음이 성립해야 한다.

$$\frac{100 \times 50 \times 49 \times 48 \times 47}{100 \times 99 \times 98 \times 97} \geq s$$

왼쪽 식은 6이 아니라 5.87이다. 그러나 크기가 4인 항목집합에 대한 평균 지지도가 5.87이라면 그 모든 항목집합의 지지도가 5 혹은 그보다 작을 수 없다. 따라서 반드시 크기가 4인 최소 하나의 항목집합에 대한 지지도는 6 혹은 그 이상이고, $K_{6,4}$ 인스턴스가 이 커뮤니티 안에 존재하게 된다. ■

10.3.5 10.3절 연습문제

연습문제 10.3.1 그림 10.1의 소셜 네트워크 예제에서 다음 조건을 따르는 경우 얼마나 많은 $K_{s,t}$가 존재하는가?

(a) $s = 1$ 그리고 $t = 3$

(b) $s = 2$ 그리고 $t = 2$

(c) $s = 2$ 그리고 $t = 3$

연습문제 10.3.2 $2n$개의 노드로 구성된 커뮤니티가 있다고 가정하자. 이 커뮤니티를 멤버가 n개인 두 그룹으로 임의로 분할하고 두 그룹 사이의 이분 그래프를 형성하라. 이분 그래프 노드들의 평균 차수는 d라고 가정하자. 다음 n과 d의 조합에서 $t \leq s$를 만족할 때 $K_{s,t}$가 존재한다고 보장되는 최대치 쌍 (t, s) 집합을 찾아라.

(a) $n = 20$ 그리고 $d = 5$

(b) $n = 200$ 그리고 $d = 150$

(c) $n = 1000$ 그리고 $d = 400$

'최대치'라는 조건으로 인해 $s' \geq s$와 $t' \geq t$를 만족하는 서로 다른 쌍 (s', t')는 없다.

10.4 그래프 분할

10.4절에서는 소셜 네트워크 그래프를 구성하는 또 다른 방식을 소개할 것이다.

행렬 이론('스펙트럼 분석spectral methods')에서 중요한 기술을 차용하면 서로 다른 노드들을 연결하는 선 개수를 최소화하면서 그래프를 분할하는 문제를 수식으로 만들 수 있다. '구분선cut' 크기는 최소화하기 전에 신중하게 결정돼야 한다. 예컨대 페이스북에 처음 가입한 사람은 아직 연결된 친구가 없을 것이다. 그 가입자 한 명이 속한 그룹과 나머지 전 세계 사람들이 속한 또 다른 그룹으로 친구들 그래프가 분할되는 것을 원치는 않을 것이다. 두 그룹 멤버들을 연결하는 선이 없는 상태로 그래프가 분할된다 하더라도 말이다. 이 구분선은 두 컴포넌트 크기 차이가 너무 심하기 때문에 바람직하지 않다고 할 수 있다.

10.4.1 분할을 잘하는 방법은 무엇인가?

어느 그래프가 있을 때 구분선 혹은 서로 다른 집합에 속한 노드들을 연결하는 선집합의 크기가 최소가 되도록 노드들을 두 집합으로 나누고자 하는 경우가 있다. 그러면서 두 집합이 거의 같은 크기가 되도록 하려고 구분선에 제한을 두고자 할 것이다. 다음 예제가 이 점을 설명한다.

예제 10.14 그림 10.1 그래프 예제를 다시 생각해 보자. {A, B, C}를 하나의 집합으로, {D, E, F, G}를 또 다른 집합으로 분할하는 것이 최적임이 명백하다. 구분선은 오직 선 (B, D)뿐이며 그 크기는 1이다. 이 외 더 작은 다른 구분선은 없다.

그림 10.11에서는 노드 H와 2개의 선 (H, C) 및 (C, G)를 추가해 예제를 약간 변형했다. 구분선의 크기를 최소로 하는 것이 목적이었다면 H를 하나의 집합으로, 나머지 노드들을 또 다른 집합으로 나누는 것이 최상의 선택이었을 것이다. 그러나 하나의 집합이 너무 작게 분할되는 것을 원치 않는다면 (B, D)와 (C, G)를 관통하는 구분선을 사용하는 것이 최적이며, 그렇게 하면 그래프는 2개의 동일한 크기의 집합인 {A, B, C, H}와 {D, E, F, G}로 분할된다. ■

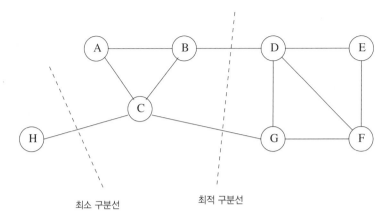

최소 구분선   최적 구분선

그림 10.11 최소 구분선은 최적이 아닐 수 있다.

10.4.2 구분선 정규화

'좋은' 구분선^{cut}에 대한 적절한 정의는 구분선으로 생성되는 집합 크기의 차이 대비 구분선의 크기에 균형이 맞아야 한다는 것이다. 효과적인 방법 한 가지는 '정규화된 구분선'을 선택하는 것이다. 먼저 노드들로 이뤄진 집합 S의 크기를 $Vol(S)$로 정의 한다. 이는 선의 한쪽 끝이 S에 포함되는 선들의 개수다.

그래프 노드들을 2개의 서로소 집합 S와 T로 분할한다고 가정하자. $Cut(S, T)$를 S의 노드와 T의 노드를 연결하는 선의 개수라고 하자. 그러면 S와 T에 대해 정규화 된 구분선 값은 다음과 같다.

$$\frac{Cut(S, T)}{Vol(S)} + \frac{Cut(S, T)}{Vol(T)}$$

예제 10.15 그림 10.11을 다시 살펴보자. $S = \{H\}$ 그리고 $T = \{A, B, C, D, E, F, G\}$로 선택하면 $Cut(S, T) = 1$이다. $Vol(S) = 1$인데 H로 연결되는 선이 단지 하나 뿐이기 때문이다. 반면 나머지 선들 모두는 한쪽 끝을 T에 두고 있으므로 $Vol(T) = 11$이다. 따라서 이 분할에 대한 정규화된 구분선 값은 1/1 + 1/11 = 1.09다.

이제 이 그래프에서 선 (B, D)와 (C, G)를 관통하는 더 나은 구분선에 대해 살펴보자. 그러면 $S = \{A, B, C, H\}$이고 $T = \{D, E, F, G\}$다. $Cut(S, T) = 2$, $Vol(S) = 6$, $Vol(T) = 7$이다. 따라서 이 분할에 대한 정규화된 구분선 값은 겨우 2/6 + 2/7 = 0.62다. ■

10.4.3 그래프를 설명하는 행렬들

좋은 그래프 분할을 찾는 방법으로 행렬 대수에서 도움을 얻어 이론을 정립하려면 먼저 그래프를 서로 다른 측면으로 설명하는 세 가지 행렬을 알아봐야 한다. 첫 번째는 관련 정도를 설명하는 **인접 행렬**adjacency matrix이다. 노드 i와 j 사이를 연결하는 선이 있다면 행 i와 열 j의 값은 1이며 없는 경우는 0이다.

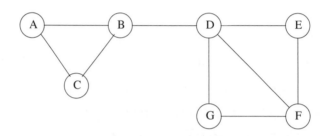

그림 10.12 그림 10.1 그래프의 재현

예제 10.16 그림 10.12 그래프를 다시 살펴보자. 이 그래프의 인접 행렬을 그림 10.13에서 확인할 수 있다. 행과 열은 노드 $A, B, \ldots, G$에 차례대로 대응된다는 사실에 주목하라. 예를 들어, 행 2와 열 4의 성분이 1이며, 행 4와 열 2의 성분 역시 1이라는 사실은 선 (B, D)가 존재함을 의미한다. ■

$$
\begin{bmatrix}
0 & 1 & 1 & 0 & 0 & 0 & 0 \\
1 & 0 & 1 & 1 & 0 & 0 & 0 \\
1 & 1 & 0 & 0 & 0 & 0 & 0 \\
0 & 1 & 0 & 0 & 1 & 1 & 1 \\
0 & 0 & 0 & 1 & 0 & 1 & 0 \\
0 & 0 & 0 & 1 & 1 & 0 & 1 \\
0 & 0 & 0 & 1 & 0 & 1 & 0
\end{bmatrix}
$$

그림 10.13 그림 10.12의 인접 행렬

두 번째로 필요한 행렬은 그래프에 대한 **차수 행렬**^{degree matrix}이다. 이 그래프에서는 대각선 방향의 성분만 0이 아니다. 행 i와 열 i 성분은 i번째 노드의 차수다.

예제 10.17 그림 10.12 그래프에 대한 차수 행렬을 그림 10.14에서 볼 수 있다. 예제 10.16과 같은 노드 순서를 따른다. 예를 들어, 노드 D의 경우 4개의 다른 노드들로 연결되는 선을 갖기 때문에 열 4와 행 4의 성분은 4가 된다. 행 4와 열 5의 성분은 대각선에 위치하지 않기 때문에 0이다. ■

그래프의 인접 행렬이 A이고, 차수 행렬은 D라고 가정하자. **라플라스 행렬**^{Laplacian} ^{matrix}이라고 불리는 세 번째 행렬은 $L = D - A$, 즉 차수 행렬과 인접 행렬 사이의 차다. 다시 말해서 라플라스 행렬 L은 대각선에서 D와 동일한 성분들을 갖는다. 대각선 외의 열 i와 행 j는 노드 i와 j 사이에 선이 있으면 -1, 없으면 0이 된다.

예제 10.18 그림 10.12 그래프에 대한 라플라스 행렬을 그림 10.15에서 확인할 수 있다. 각 행과 각 열의 합은 0이며, 모든 라플라스 행렬에서 이와 동일한 결과를 얻게 된다는 사실을 명심해야 한다. ■

$$\begin{bmatrix} 2 & 0 & 0 & 0 & 0 & 0 & 0 \\ 0 & 3 & 0 & 0 & 0 & 0 & 0 \\ 0 & 0 & 2 & 0 & 0 & 0 & 0 \\ 0 & 0 & 0 & 4 & 0 & 0 & 0 \\ 0 & 0 & 0 & 0 & 2 & 0 & 0 \\ 0 & 0 & 0 & 0 & 0 & 3 & 0 \\ 0 & 0 & 0 & 0 & 0 & 0 & 2 \end{bmatrix}$$

그림 10.14 그림 10.12에 대한 차수 행렬

$$\begin{bmatrix} 2 & -1 & -1 & 0 & 0 & 0 & 0 \\ -1 & 3 & -1 & -1 & 0 & 0 & 0 \\ -1 & -1 & 2 & 0 & 0 & 0 & 0 \\ 0 & -1 & 0 & 4 & -1 & -1 & -1 \\ 0 & 0 & 0 & -1 & 2 & -1 & 0 \\ 0 & 0 & 0 & -1 & -1 & 3 & -1 \\ 0 & 0 & 0 & -1 & 0 & -1 & 2 \end{bmatrix}$$

그림 10.15 그림 10.12에 대한 라플라스 행렬

10.4.4 라플라스 행렬의 고유값

라플라스 행렬의 고유값eigenvalues과 고유 벡터eigenvectors를 잘 활용하면 그래프를 분할하는 최선의 방법이 될 수 있다. 5.1.2절에서는 웹에 대한 전이 행렬의 주 고유 벡터(최대 고유값을 갖는 고유 벡터)에서 웹 페이지의 중요도와 관련된 유용한 정보를 얻을 수 있음을 알아봤다. 사실 간단한 경우(세금을 매기지 않는 경우)에서는 주 고유 벡터가 페이지랭크 벡터였다. 그러나 라플라스 행렬을 사용하면 최소 고유값과 그것의 고유 벡터에서 원하는 정보를 얻을 수 있다.

모든 라플라스 행렬에 대한 최소 고유값은 0이며, 이에 대응하는 고유 벡터는 $[1, 1, \ldots, 1]$이다. 왜 그런지 알아보기 위해 n개의 노드로 구성된 그래프에 해당하는 라플라스 행렬을 L이라 하고, 길이가 n이며 1로 구성된 열 벡터를 $\mathbf{1}$이라 하자. 그러면 $L\mathbf{1}$은 모두 0으로 구성된 열 벡터라 할 수 있다. 그 이유를 알아보기 위해 L의 행 i를 살펴보자. L에서 대각선에 위치한 성분은 노드 i의 차수 d다. 행 i에는 -1이 d개 존재하며, 그 외 모든 성분은 0이다. 행 i에 열 벡터 $\mathbf{1}$을 곱하면 해당 행의 성분들을 더하는 효과를 가져오게 되며, 이 합은 반드시 $d + (-1)d = 0$이 된다. 따라서 $L\mathbf{1} = 0\mathbf{1}$이라는 결론을 내릴 수 있다. 그러므로 0은 고유값이며, $\mathbf{1}$은 이 고유값에 대응하는 고유 벡터다.

라플라스 행렬처럼 대칭인 (행 i와 열 j의 성분이 행 j와 열 i의 성분과 동일한) 행렬에 대해서 두 번째로 작은 고유값을 찾는 간단한 방법이 있다. 이를 증명하지는 않을 것이나, L에 대해 두 번째로 작은 고유값은 $\mathbf{x}^T L\mathbf{x}$의 최소값이다. 여기서 $\mathbf{x} = [x_1, x_2, \ldots, x_n]$은 n개의 성분으로 구성된 열 벡터이며, 최소값은 다음 조건을 만족한다.

1. $\mathbf{x}$의 길이는 1이다. 즉 $\sum_{i=1}^{n} x_i^2 = 1$이다.
2. $\mathbf{x}$는 최소 고유값과 관련된 고유 벡터에 직교한다.

또한 이러한 최소값을 만드는 $\mathbf{x}$값이 두 번째 고유 벡터다.

L이 n-노드 그래프에 대한 라플라스 행렬일 때 더 많은 것을 알아낼 수 있다. 최소 고유값과 관련된 고유 벡터는 $\mathbf{1}$이다. 따라서 $\mathbf{x}$가 $\mathbf{1}$에 직교하면 다음이 성립해야 한다.

$$\mathbf{x}^{\mathrm{T}}\mathbf{1} = \sum_{i=1}^{n} x_i = 0$$

또한 라플라스 행렬에 대해 $\mathbf{x}^{\mathrm{T}}L\mathbf{x}$와 유사한 표현식이 존재한다. 동일한 그래프에서 D가 차수 행렬이며 A는 인접 행렬인 경우 $L = D - A$였음을 기억하라. 따라서 $\mathbf{x}^{\mathrm{T}}L\mathbf{x} = \mathbf{x}^{\mathrm{T}}D\mathbf{x} - \mathbf{x}^{\mathrm{T}}A\mathbf{x}$다. D를 포함하는 항을 계산하고 그다음 A항을 계산하자. 여기서 $D\mathbf{x}$는 열 벡터 $[d_1x_1, d_2x_3, \dots, d_nx_n]$인데 d_i는 그래프에서 i번째 노드의 차수를 표현한다. 따라서 $\mathbf{x}^{\mathrm{T}}D\mathbf{x}$는 $\sum_{i=1}^{n} d_ix_i^2$이다.

이제 $\mathbf{x}^{\mathrm{T}}A\mathbf{x}$로 넘어갈 차례다. 열 벡터 $A\mathbf{x}$의 i번째 성분은 그래프에 존재하는 선 (i, j)에서 모든 j에 대한 x_j의 합이다. 따라서 $-\mathbf{x}^{\mathrm{T}}A\mathbf{x}$는 선이 존재하는 모든 노드 쌍 $\{i, j\}$에 대한 $-2x_ix_j$의 합이다. 각 집합 $\{i, j\}$가 2개의 항 $-x_ix_j$와 $-x_jx_i$에 대응하기 때문에 인수가 2라는 사실에 유의하라.

$\mathbf{x}^{\mathrm{T}}L\mathbf{x}$의 항들을 각 쌍 $\{i, j\}$로 분배하는 방식을 통해 항들을 그룹으로 나눌 수 있다. $-\mathbf{x}^{\mathrm{T}}A\mathbf{x}$로부터 이미 $-2x_ix_j$ 항을 구했다. $\mathbf{x}^{\mathrm{T}}D\mathbf{x}$로부터 항 $d_ix_i^2$를 노드 i를 포함하는 d_i 쌍에 분배한다. 이 결과로 노드 i와 j 사이에 선이 존재하는 각 쌍 $\{i, j\}$와 항 $x_i^2 - 2x_ix_j + x_y^2$를 연결시킬 수 있다. 이 식은 $(x_i - x_j)^2$과 동일하다. 따라서 $\mathbf{x}^{\mathrm{T}}L\mathbf{x}$는 그래프의 모든 선 (i, j)에 대한 $(x_i - x_j)^2$의 합과 동일하다는 것이 증명된다.

조건 $\sum_{i=1}^{n} x_i^2 = 1$하에서 이 식의 최소값이 바로 두 번째로 작은 고유값이라는 사실을 기억하라. 직관적으로 그래프에서 노드 i와 j 사이에 선이 있을 때마다 x_i와 x_j을 비슷하게 만듦으로써 이 값을 최소화한다. 모든 i에 대해 $x_i = 1/\sqrt{n}$을 선택해 이 합이 0이 되게 할 수 있다고 생각할지도 모른다. 그러나 $\mathbf{x}$를 선택할 때 1에 직교해야 한다는 제한을 두었는데 이는 x_i의 합이 0이 돼야 한다는 의미다. 또한 $\sum_{i=1}^{n} x_i^2$이 1이 돼야 하므로 모든 성분이 0이 될 수는 없다. 결과적으로 $\mathbf{x}$는 일부 양수와 일부 음수인 성분들로 구성돼야 한다.

노드 i에 대응하는 벡터 성분 x_i가 양수인 노드들로 하나의 집합을 생성하고, 음수인 노드들로 다른 하나의 집합을 생성함으로써 그래프를 분할할 수 있다. 이렇게 하면 그래프가 동일한 크기로 분할된다고 보장할 수 없으나 크기는 서로 비슷해질 것이다. 두 집합 사이의 구분선 크기가 작아질 것으로 기대할 수 있는데 그 이유는 x_i와

x_j의 부호가 서로 다를 때보다 같을 때 $(x_i - x_j)^2$이 더 작아질 가능성이 높기 때문이다. 따라서 주어진 조건에서 $\mathbf{x}^T L \mathbf{x}$를 최소화하면 선 (i, j)가 존재하는 경우 x_i와 x_j의 부호가 같을 가능성이 높아지게 된다.

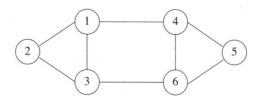

그림 10.16 스펙트럼 분석에 의한 분할을 설명하는 그래프

예제 10.19   위 기법을 그림 10.16 그래프에 적용해 보자. 이 그래프에 대한 라플라스 행렬을 그림 10.17에서 확인할 수 있다. 표준 방식 혹은 수학 함수 패키지^{math package}를 사용해 이 행렬의 모든 고유값과 고유 벡터를 찾아낼 수 있다. 가장 낮은 고유값부터 가장 높은 고유값까지를 그림 10.18에 간단히 표로 나타냈다. 길이가 1이 되도록 고유 벡터를 조정하지는 않았지만 원한다면 쉽게 조정할 수 있다는 사실을 기억하라.

$$
\begin{bmatrix}
3 & -1 & -1 & -1 & 0 & 0 \\
-1 & 2 & -1 & 0 & 0 & 0 \\
-1 & -1 & 3 & 0 & 0 & -1 \\
-1 & 0 & 0 & 3 & -1 & -1 \\
0 & 0 & 0 & -1 & 2 & -1 \\
0 & 0 & -1 & -1 & -1 & 3
\end{bmatrix}
$$

그림 10.17 그림 10.16에 대한 라플라스 행렬

두 번째 고유 벡터는 3개의 양수 성분과 3개의 음수 성분으로 구성돼 있다. 이는 양수 성분들 {1, 2, 3}이 한 그룹이 되고, {4, 5, 6}이 다른 한 그룹이 되는 자연스러운 결과를 도출해 낸다. ■

고유값	0	1	3	3	4	5
고유 벡터	1	1	−5	−1	−1	−1
	1	2	4	−2	1	0
	1	1	1	3	−1	1
	1	−1	−5	−1	1	1
	1	−2	4	−2	−1	0
	1	−1	1	3	1	−1

그림 10.18 그림 10.17 행렬에 대한 고유값과 고유 벡터

10.4.5 또 다른 분할 방식

10.4.4절 방식으로 두 그룹 사이의 구분선 크기가 작도록 그래프를 적절하게 분할할 수 있었다. 같은 고유 벡터를 사용해 좋은 분할 결과를 얻을 수 있는 몇 가지 방법이 있다. 먼저 고유 벡터에서 양수 성분들에 해당하는 모드 노드를 한 그룹으로, 음수 성분들에 해당하는 모든 노드를 또 다른 한 그룹으로 배치한다는 제한을 두지 않는다. 대신 어느 지점에서 0이 아닌 임계치를 설정한다.

예컨대 임계치가 0이 아니라 −1.5가 되도록 예제 10.19를 수정해 보자. 그러면 그림 10.18의 두 번째 고유 벡터에서 −1 성분에 해당하는 2개의 노드 4와 6은 1, 2, 3과 합쳐지므로 5개의 노드가 한 그룹을 형성하며 노드 5만 또 다른 그룹을 형성하게 된다. 이런 분할의 구분선 크기는 임계치 0을 기본으로 했을 때와 같이 2다. 그러나 근본적으로 두 그룹의 크기가 다르기 때문에 이전의 결과가 더 매력적이다. 그러나 임계치가 0임에도 크기가 동일하지 않은 그룹들이 형성되는 경우도 있다. 그림 10.18의 세 번째 고유 벡터를 사용하면 그런 경우가 된다.

또 2개 이상의 그룹으로 분할을 원할 수도 있다. 한 가지 방법은 그래프를 두 그룹으로 분할하고 이후 원하는 만큼 성분들을 반복적으로 분할하는 이전 방식을 사용하는 것이다. 두 번째 방법은 두 번째 고유 벡터뿐만이 아닌 그 외 고유 벡터들을 사용해서 그래프를 분할하는 것이다. m개의 고유 벡터를 사용하고 각각에 대한 임계치를 설정하면 그래프를 2^m개의 그룹으로 분할할 수 있는데, 각 그룹은 특정 패턴을 따라 각 고유 벡터에 대한 임계치보다 높은 혹은 낮은 노드들로 구성된다.

첫 번째를 제외한 각 고유 벡터는 $\mathbf{x}^T L \mathbf{x}$를 최소화하는 벡터 $\mathbf{x}$이며 이전 모든 고

유 벡터에 직교한다는 제약 사항을 따르고 있음에 주목해야 한다. 이 제약 사항은 두 번째 고유 벡터에 적용됐던 조건을 일반화한 것이다. 결과적으로 각 고유 벡터가 최소 크기의 구분선을 생성하려고 노력은 하겠지만, 고유값이 증가할수록 고유 벡터는 점점 더 많은 제약 사항을 만족해야 하기 때문에 구분선의 분할 결과는 더 나빠지게 된다.

예제 10.20 그림 10.16 그래프를 다시 살펴보자. 그림 10.18에서 이 그래프에 대한 라플라스 행렬의 고유 벡터를 확인할 수 있다. 임계치를 0으로 하면, 세 번째 고유 벡터는 노드 1과 4를 한 그룹으로, 다른 4개의 노드를 또 다른 한 그룹으로 배치한다. 이는 그렇게 나쁜 분할 결과는 아니지만, 두 번째 고유 벡터의 구분선 크기 2와 비교하면 이 경우의 구분선 크기는 4다.

두 번째와 세 번째 고유 벡터를 모두 사용하면 노드 2와 3이 한 그룹에 배치되는데, 그 노드들에 해당하는 성분이 두 고유 벡터에서 모두 양수이기 때문이다. 노드 5와 6은 또 다른 그룹에 배치되는데, 그 노드들에 해당하는 성분이 두 번째 고유 벡터에서 음수이며 세 번째 고유 벡터에서는 양수이기 때문이다. 노드 1은 해당 성분이 두 번째 고유 벡터에서는 양수이며 세 번째 고유 벡터에서는 음수이기 때문에 자신만으로 한 그룹을 형성하며, 노드 4는 해당 성분이 두 고유 벡터에서 모두 음수이기 때문에 역시 자신만으로 한 그룹을 형성한다. 4개의 그룹으로 분할된 6-노드 그래프는 너무 잘게 분할돼서 의미가 없다. 그러나 두 그룹 이상으로 분할돼야 했다면 이런 결과는 여러 크기의 그룹으로 분할된 의도적인 결과라고 할 수 있다. ■

10.4.6 10.4절 연습문제

연습문제 10.4.1 그림 10.9 그래프에 대해 다음을 구성하라.

(a) 인접 행렬

(b) 차수 행렬

(c) 라플라스 행렬

! **연습문제 10.4.2** 연습문제 10.4.1(c)에서 구성한 라플라스 행렬에 대해 두 번째로 작

은 고유값과 그에 따른 고유 벡터를 구하라. 노드들은 어떻게 분할되는가?

!! **연습문제 10.4.3** 연습문제 10.4.1(c)에서 구성한 라플라스 행렬에 대해 세 번째 및 그 이후의 고유값과 그에 따른 고유 벡터들을 구하라.

10.5 겹치는 커뮤니티 찾기

지금까지는 소셜 그래프를 클러스터링해 커뮤니티를 찾는 문제를 중점적으로 다뤘다. 그러나 현실 세계에서 그렇게 명확히 구분되는 커뮤니티는 드물다. 10.5절에서는 여러 커뮤니티에 함께 참여하게 되면 멤버들은 서로 선으로 연결될 (친구일) 확률이 증가한다고 가정한다. 이런 방식으로 커뮤니티가 생성되는 모델을 소셜 그래프에 적용하는 방법을 소개할 것이다. 이를 분석하는 데 있어서 '최대 가능도 추정법maximum-likelihood estimation'이라는 기술이 중요한데, 겹치는 커뮤니티를 찾는 문제를 다루기 전에 이를 설명할 것이다.

10.5.1 커뮤니티의 본질

10.5.1절을 시작하기 앞서 2개의 겹치는 커뮤니티가 어떤 모습일지 생각해 보자. 다루려는 데이터는 소셜 그래프인데, 노드는 사람을 나타내고 두 노드들 사이의 한 선은 그들이 '친구'임을 의미한다. 이 그래프가 학교에서 친구들의 관계를 표현한다고 하자. 이 학교에는 체스 동아리와 스페인어 동아리 2개가 있다. 교내 여느 동아리처럼 이 동아리들 각각이 하나의 커뮤니티를 형성한다고 가정해 볼 수 있다. 또한 체스 동아리에 가입한 2명의 학생들은 동아리 안에서 서로 알고 지내기 때문에 그래프에서 친구일 확률이 높다고 가정하는 것 역시 합당하다. 이와 마찬가지로 스페인어 동아리에 가입한 2명의 학생들은 서로 알고 지내며 친구일 가능성이 높다고 할 수 있다.

두 동아리에 모두 가입한 학생들은 어떨까? 서로 알고 지낼 것이라고 추정 가능한 근거가 2개이므로 소셜 그래프에서 친구일 확률이 더 높다고 예상할 수 있다. 따라서 모든 커뮤니티 안에서 선들은 조밀하며, 두 커뮤니티의 교집합 내에서 조금 더 조밀하고, 세 커뮤니티의 교집합 내에서는 조금 더 조밀할 것이라는 결론을 내릴 수 있다. 이런 개념을 그림 10.19에서 설명하고 있다.

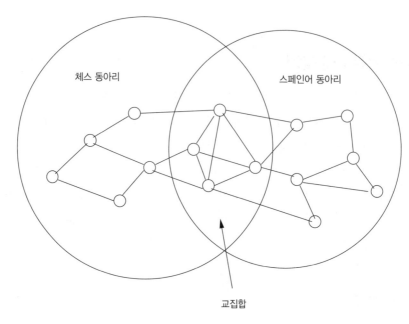

그림 10.19 두 커뮤니티가 겹친 부분은 겹치치 않은 부분보다 더 많은 선을 포함한다.

10.5.2 최대 가능도 추정법

10.5.1절에서 다뤘던 예제처럼 겹치는 커뮤니티들을 찾는 알고리즘을 살펴보기 전에 잠시 주제를 벗어나 그림 10.19 두 커뮤니티가 겹친 부분은 겹치지 않은 부분보다 더 많은 선들을 포함한다. **최대 가능도 측정법**MLE, Maximum-Likelihood Estimation이라는 유용한 모델링 기법을 알아보기로 하자. MLE의 기본 개념은 '친구 그래프'와 같이 어떤 구조 객체를 생성하는 과정(모델링)에 대한 가정을 세우는 것이다. 이 모델에는 특정 객체가 생성될 확률을 결정하는 매개 변수가 있다. 이 확률을 그 매개 변수 값의 **가능도**likelihood라고 부른다. 가능도가 최대인 매개 변수 값이 관측 결과에 대한 정확한 모델이라 가정한다.

예제를 통해 MLE 원리를 명확하게 이해할 수 있을 것이다. 임의의 그래프를 생성하는 예를 들어 보자. 각 선이 존재할 확률은 p이며 존재하지 않을 확률은 $1 - p$라고 가정한다. 각 선의 존재 여부는 서로 독립적이다. 조정할 수 있는 매개 변수는 p뿐이다. p 값이 어떻게 선택되든 정확히 원하는 그래프가 생성될 확률이 낮긴 하지만 0은 아니다. MLE 원리를 따르면 관측된 그래프가 생성될 확률이 가장 높을 때 그 확률을 p의 실제 값이라 판단한다.

예제 10.21 그림 10.19 그래프를 살펴보자. 15개의 노드와 23개의 선이 있다. 15개 노드들의 쌍은 $\binom{15}{2}$ = 105개이기 때문에 각 선이 확률 p로 선택된다면 정확하게 그림 10.19와 같은 그래프가 생성될 확률(가능도)은 함수 $p^{23}(1 - p)^{82}$으로 계산됨을 볼 수 있다. p가 0과 1 사이의 어떠한 값을 갖더라도 이는 엄청나게 작은 값이다. 그렇다 해도 이 함수의 최대값은 존재하므로 다음과 같이 이를 미분해 0이 되는 최대값 p를 구할 수 있다.

$$23p^{22}(1 - p)^{82} - 82p^{23}(1 - p)^{81} = 0$$

위 식에서 항들을 합치고 정리하면 다음 식을 얻을 수 있다.

$$p^{22}(1 - p)^{81}\big(23(1 - p) - 82p\big) = 0$$

오른쪽이 0이 될 수 있는 유일한 방법은 p가 0 혹은 1인 경우다. 혹은 다음과 같은

사전 확률

MLE 분석을 시도할 때 보통 매개 변수는 범위 내의 어느 값도 가능하며 특정 값에 편향되지 않는다고 가정한다. 그러나 그런 경우가 아니라면 매개 변수 값의 함수로서 관측 결과가 생성될 확률에 대한 공식에 매개 변수 값이 실제 값이 될 상대적 가능도를 나타내는 함수를 곱하면 된다. 매개 변수의 사전 분포에 대한 가정을 두는 MLE의 예를 연습문제로 제공한다.

마지막 인수가 0이 되는 경우다.

$$(23(1 - p) - 82p)$$

p가 0 혹은 1이면 가능도 함수 $p^{23}(1 - p)^{82}$ 값이 최대가 아닌 최소가 되므로 마지막 인수가 0이 돼야 한다. 즉 그림 10.19의 그래프가 생성될 수 있는 가능도는 다음 식을 만족할 때 최대가 된다.

$$23 - 23p - 82p = 0$$

즉 $p = 23/105$가 돼야 한다.

이는 그다지 놀라운 결과는 아니다. 선들이 위의 그래프처럼 관측되도록 하는 최대 확률이 p라는 의미다. 그러나 그래프 혹은 다른 구조를 생성하기 위해 조금 더 복잡한 방식을 사용하면 가능도가 최대치인 관측 결과를 생성하는 매개 변수 값은 이 값과 상당한 차이를 보이게 된다. ■

10.5.3 소속-그래프 모델

이제 커뮤니티로부터 소셜 그래프를 생성하는 방법으로서 **소속 그래프 모델**affiliation-graph model이라 불리는 이상적인 방식을 소개하겠다. 모델의 매개 변수가 주어진 그래프를 생성하게 될 가능도에 어떤 영향을 미치는지 파악하면 최대 가능도를 만드는 매개 변수 값을 구할 수 있다. 커뮤니티 소속 그래프community-affiliation graph라고 불리는 이 방식은 다음과 같다.

1. 커뮤니티 개수가 주어지고 개체(그래프의 노드) 개수가 주어진다.
2. 각 커뮤니티에서는 어느 개체 집합도 멤버가 될 수 있다. 즉 커뮤니티에서 멤버가 될 수 있는 자격이 바로 모델의 매개 변수다.
3. 각 커뮤니티 C가 갖는 확률 p_C는 함께 C에 속한다는 이유만으로 C의 두 멤버가 선으로 연결될 확률이다. 이 확률 역시 이 모델의 매개 변수다.
4. 어떤 노드 쌍이 2개 이상의 커뮤니티에 속하면 그 커뮤니티들에서 해당 노드들 사이에 선이 존재할 확률은 규칙 **3**을 따른다.

5. 커뮤니티가 두 멤버 사이의 선을 만들지 여부에 대한 결정은 이 두 개체가 멤버 인 다른 커뮤니티의 결정과 무관하다.

이 방식을 따라 적절한 개수의 노드로 구성된 그래프를 생성하게 될 가능도를 계산해야 한다. 커뮤니티에 할당되는 개체들과 p_C 값이 주어졌을 때 선이 존재할 확률이 어떻게 계산되는지가 관건이다. 노드 u와 v 사이에 위치한 선 (u, v)를 살펴보자. u와 v는 커뮤니티 C와 D의 멤버이며 그 외 속한 커뮤니티는 없다고 가정하자. 그러면 독립성을 가정한 규칙 5에 의해 u와 v 사이에 선이 없을 확률은 커뮤니티 C에서 선이 없을 확률과 커뮤니티 D에서 선이 없을 확률을 곱한 값이다. 즉 그래프에 선 (u, v)가 없을 확률은 $(1 - p_C)(1 - p_D)$이며, 이 확률을 1에서 뺀 값이 당연히 해당 선이 있을 확률이 된다.

좀 더 일반적으로 설명하면 u와 v가 커뮤니티 집합 M의 멤버이며 그 외 다른 커뮤니티에 속하지 않은 경우 u와 v 사이에 선이 있을 확률 p_{uv}는 다음과 같다.

$$p_{uv} = 1 - \prod_{C \text{ in } M} (1 - p_C) \tag{10.1}$$

u와 v가 함께 속한 커뮤니티가 없으면 p_{uv}를 매우 작은 수 e로 택하는데 이는 중요하면서도 특별한 경우다. 이 확률이 0이 되지 않도록 해야 한다. 그렇게 하지 않으면 여러 커뮤니티에 겹쳐서 참여하지 않는 개개인들이 속한 커뮤니티들의 가능도가 0이 되는 셈이기 때문이다. 그러나 확률을 매우 작게 설정하면 모든 관측 선이 어느 커뮤니티의 멤버가 될 자격을 갖는다고 해석되도록 계산을 편향시킬 수 있다.

어느 노드가 어느 커뮤니티에 속하는지 알고 있다면 예제 10.21의 간단한 일반화 기법을 사용해 이런 선들이 주어진 그래프에 존재할 확률에 대한 가능도를 계산해 낼 수 있다. 식 (10.1)의 정의에 따라 p_{uv}를 노드 u와 v 사이에 선이 존재할 확률로, u와 v가 같은 커뮤니티에 속하지 않는 경우 ϵ이라 하자. 그러면 관측된 그래프에 선들이 반드시 존재하게 될 E의 가능도는 다음과 같다.

$$\prod_{(u,v) \text{ in } E} p_{uv} \prod_{(u,v) \text{ not in } E} (1 - p_{uv})$$

그림 10.20의 작은 소셜 그래프를 살펴보자. 2개의 커뮤니티 C와 D가 있으며 이와 관련된 확률은 p_C 및 p_D라고 가정하자. 또 $C = \{w, x, y\}$ 그리고 $D = \{w, y, z\}$로 결정했다고(혹은 임시 가설로 사용했다고) 가정하자. 시작에 앞서 노드 쌍 w와 x를 살펴보자. $M_{wx} = \{C\}$이다. 즉 이 쌍은 커뮤니티 C에 속하지만 D에는 속하지 않는다. 그러므로 $p_{wx} = 1 - (1 - p_C) = p_C$다.

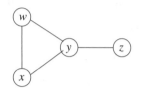

그림 10.20 소셜 그래프

이와 유사하게 x와 y는 오직 C에만 함께 속하며 y와 z는 오직 D에만 함께 속하고 w와 z는 오직 D에만 함께 속한다. 따라서 $p_{xy} = p_C$ 그리고 $p_{yz} = p_{wz} = p_D$임을 알 수 있다. w와 y 쌍은 두 커뮤니티에 함께 속하므로 $p_{wy} = 1 - (1 - p_C)(1 - p_D) = p_C + p_D - p_C p_D$다. 마지막으로 x와 y는 어느 커뮤니티에도 함께 속하지 않으므로 $p_{xz} = \epsilon$다.

이제 두 커뮤니티 멤버십에 관한 가정을 바탕으로 그림 10.20 그래프의 가능도를 계산할 수 있다. 이 가능도는 그래프에 등장하는 선들로 연결된 4개의 노드 쌍 각각과 관련된 확률들을 곱한 값에, 그래프에 등장하지 않는 선들 두 쌍 각각에 대한 확률을 1에서 뺀 값을 곱해 계산한다. 즉 다음과 같다.

$$p_{wx} p_{wy} p_{xy} p_{yz} (1 - p_{wz})(1 - p_{xz})$$

위에서 세운 식을 각각의 확률로 치환하면 다음과 같은 식으로 변환된다.

$$(p_C)^2 p_D (p_C + p_D - p_C p_D)(1 - p_D)(1 - \epsilon) \tag{10.2}$$

ϵ는 매우 작은 수이기 때문에 마지막 인수는 거의 1이므로 생략 가능하다는 사실에 주목하라.

식 (10.2)의 값을 최대로 하는 p_C와 p_D 값을 찾아야 한다. 먼저 모든 인수는 p_C에 독립적이거나 p_C에 따라 증가한다는 사실에 유의하라. 이 문제에서 유일하게 어려운 단계는 $p_D \le 1$라는 사실을 적용하는 것이다.

$$p_C + p_D - p_C p_D$$

그러므로 위 식은 p_C가 커질수록 증가해야 한다. p_C가 가능한 한 클 때, 즉 $p_C = 1$일 때 가능도가 최대가 된다는 결론을 얻을 수 있다.

다음으로 $p_C = 1$일 때 이 식을 최대로 하는 p_D 값을 찾아야 한다. 이 식은 $p_D(1 - p_D)$가 되고, $p_D = 0.5$에서 최대값을 갖는다는 사실을 쉽게 알 수 있다. 즉 $C = \{w, x, y\}$ 그리고 $D = \{w, y, z\}$일 때 그림 10.20 그래프에 대한 가능도는 C의 멤버들 사이에 모두 선이 존재하는 경우 최대가 되며, D에도 공동으로 속한 멤버들 사이에 선이 존재할 확률은 50%다. ■

10.5.4 커뮤니티 할당의 이산형 최적화

예제 10.22는 주어진 네트워크에 대한 소속 그래프 모델을 개발하는 과정 중 일부만을 보여 준다. 멤버들을 커뮤니티에 배치할 때 최대 가능도가 가장 커지는 경우를 찾아야 한다. 일단 멤버들의 배치가 결정되면 커뮤니티 개수가 많은 대형 그래프라 할지라도 각 커뮤니티의 확률 p_C를 구할 수 있다. 이를 구하는 일반적인 방법은 9.4.5절에서 소개한 '경사 하강법gradient descent'이라는 기법이며, 12.3.4절을 시작하면서 좀 더 자세히 알아볼 것이다.

안타깝게도 각 커뮤니티 멤버 집합을 경사 하강법으로 계산하는 방법은 없는데, 커뮤니티 멤버십 변경은 이산적으로 발생해 경사 하강법의 필요 조건인 연속 함수 조건을 만족시키지 못하기 때문이다. 가능한 커뮤니티 멤버 배치를 찾아내는 방법으로 유일하게 실행 가능한 방식은 무작위로 선택한 배치로 처음을 시작하는 것이다. 더 나은 배치를 찾을 때마다 항상 '현재까지 최선인' 배치를 하나 갖는 셈이다.

한 커뮤니티에 멤버 하나를 추가하거나 삭제함으로써 배치에 약간의 변경을 가해 보자. 그런 각 배치 결과에 대해 경사 하강법으로 최적의 커뮤니티 확률(p_C)을 구할

로그 가능도

보통 가능도 함수 자체보다는 가능도 함수의 로그(**로그 가능도**$^{log\ likelihood}$)를 계산한다. 이렇게 하면 몇 가지 장점이 있다. 로그에서는 곱이 합이 되는데 이는 일반적으로 식을 간단하게 만든다. 또한 많은 작은 수들을 곱하는 것보다 더하는 것이 부동소수점 오차에 덜 취약하다.

수 있다. 현재 배치를 변경해서 가능도가 높아지면 그 결과 배치를 현재 배치로 만든다. 변경으로 인해 가능도가 개선되지 않으면 현재 배치에서 또 다른 변경을 시도한다. 결국 어떤 작은 변경에도 가능도가 높아지지 않는 현재 배치에 도달하게 될 것이다. 최종 결과 배치는 가능도를 최대로 하는 커뮤니티의 확률로 소속 그래프 모델을 갖게 된다.

한 멤버의 삽입 또는 삭제와 같은 간단한 특정 변경들만 허용하기 때문에 커뮤니티에 노드를 할당한 결과 배치가 전체적으로 최적이 아닐 수 있다는 점에 주목해야 한다. 가능도가 가장 높은 모델이 도달 가능한 최적의 배치와 근본적으로 다를 수 있다. 서로 다른 임의의 시작점으로 이 과정을 반복해서 최적의 결과 모델을 얻는 것이 가능하고 이것이 나름대로 적절한 방법이다.

마지막으로, 이전 설명에서는 커뮤니티 개수가 고정돼 있다고 가정했다. 물론 커뮤니티 개수를 조정하는 '작은' 변경을 허용해도 된다. 예를 들어, 두 커뮤니티를 통합하거나 임의의 초기 멤버들로 새로운 커뮤니티를 추가하는 것처럼 말이다. 또 다른 방법은 커뮤니티 수를 수정하는 것인데, 해당 커뮤니티 개수에 가장 적합한 모델을 찾은 후 커뮤니티를 하나 더 추가하고 다시 반복해 최적인 모델의 가능도가 향상되는지 확인하라. 그렇지 않으면 커뮤니티 개수에서 하나를 빼고 가능도가 향상되는지 확인한다. 이러한 변경에도 개선이 없으면 개선이 이뤄지는 방향으로 혹은 더 많거나 작은 커뮤니티로 이 과정을 반복한다.

10.5.5 이산적인 멤버십 변경을 피하는 방법

소속 그래프에서는 커뮤니티 개개인의 멤버십이 이산적이다. 즉 어느 한 사람은 커뮤니티의 멤버이거나 멤버가 아니다. 이로 인해 발생하는 문제를 해결하는 방법이 있다. 커뮤니티에서 노드의 멤버십을 '모 아니면 도'로 보는 대신, 각 노드와 각 커뮤니티에 대한 '멤버십 강도strength of membership'가 있다고 가정해 볼 수 있다. 직관적으로 같은 커뮤니티 안에서 두 개인의 멤버십이 더 강할수록 그들 사이에 선이 생성될 확률이 더 높다. 이 모델에서는 커뮤니티에 속한 각 개인의 멤버십 강도를 지속적으로 조정할 수 있다. 소속 그래프 모델에서 커뮤니티의 확률을 조정했던 것처럼 말이다. 이런 개선된 방법을 통해 경사 하강법과 같은 표준 모델을 사용할 수 있으며, 가능도에 대한 식의 값을 최대화할 수 있다. 개선된 모델은 다음과 같다.

1. 이전과 같이 고정된 커뮤니티와 개개인의 집합
2. 각 커뮤니티 C와 개인 x에 대해서 **멤버십 강도** 매개 변수 F_{xC}가 존재한다. 이 매개 변수로는 음수가 아닌 어느 값도 가능하며, 0 값은 개인이 절대로 해당 커뮤니티에 속하지 않는다는 것을 의미한다.
3. 커뮤니티 C에서 노드 u와 v 사이에 선이 존재할 확률

$$p_C(u, v) = 1 - e^{-F_{uC}F_{vC}}$$

이전처럼 u와 v 사이에 선이 존재할 확률은 모든 커뮤니티에서 그들 사이에 선이 없을 확률을 1에서 뺀 값이다. 즉 각 커뮤니티는 독립적으로 선을 만들며, 어떤 커뮤니티에서도 두 노드 사이에 선이 존재할 수 있다. 공식으로 설명하면 노드 u와 v 사이에 선이 존재할 확률 p_{uv}는 다음으로 계산된다.

$$p_{uv} = 1 - \prod_C \big(1 - p_C(u, v)\big)$$

$p_C(u, v)$를 모델에서 가정한 공식으로 대체하면 다음과 같은 식을 얻을 수 있다.

$$p_{uv} = 1 - e^{-\sum_C F_{uC}F_{vC}}$$

마지막으로 관측 그래프의 선들 집합을 E라 하자. 이전처럼 E에 속한 각 선 (u, v)의 p_{uv}들을 곱한 값에 E에 속하지 않은 각 선 (u, v)의 $1 - p_{uv}$들을 곱한 값을 곱해 관측 그래프의 가능도를 구하는 공식을 세울 수 있다. 따라서 새로운 모델로 선들 E를 포함하는 그래프의 가능도를 구하는 공식은 다음과 같다.

$$\prod_{(u,v) \text{ in } E} (1 - e^{-\sum_C F_{uC} F_{vC}}) \prod_{(u,v) \text{ not in } E} e^{-\sum_C F_{uC} F_{vC}} \qquad (10.3)$$

식 (10.3)을 로그함수로 변형해 간단하게 만들 수 있다. 함수를 최대화하면 그 함수의 로그 역시 최대가 된다는 사실을 기억하라. 반대도 마찬가지다. 따라서 식 (10.3)을 자연 로그로 변형해 곱을 합으로 대체할 수 있다. $\log(e^x) = x$를 응용해서도 역시 간략화할 수 있다.

$$\sum_{(u,v) \text{ in } E} \log(1 - e^{-\sum_C F_{uC} F_{vC}}) - \sum_{(u,v) \text{ not in } E} \sum_C F_{uC} F_{vC} \qquad (10.4)$$

이제 식 (10.4)를 최대화하는 F_{xC} 값을 찾을 수 있다. 9.4.5절에서 실행했던 것과 유사한 방식으로 경사 하강법을 사용하는 방법이 있다. 즉 단일 노드 x를 선택하고

식 (10.4)의 값을 가장 크게 만드는 방향으로 F_{xC}의 모든 값을 조정해 나간다. F_{xC}가 변함에 따라 값이 변하는 유일한 요인은 u와 v 중 하나가 x이며, 그 외 u와 v 중 하나가 x에 인접한 노드인 경우다. 그래프에서 노드의 차수는 일반적으로 선 개수보다 훨씬 작기 때문에 각 단계에서 식 (10.4)의 항들 대부분을 일일이 확인하지 않아도 된다.

10.5.6 10.5절 연습문제

연습문제 10.5.1 예제 10.21에서와 같이 확률 p를 결정하고 그 확률 p로 각선을 독립적으로 선택함으로써 그래프가 생성된다고 가정하자. 해당 그래프가 생성될 최대 가능도를 내는 p 값은 얼마인가? 이 그래프가 생성될 확률은 얼마인가?

연습문제 10.5.2 두 커뮤니티 멤버십을 다음과 같이 가정해 예제 10.22 그래프에 대한 MLE를 계산하라.

(a) $C = \{w, x\}$; $C = \{y, z\}$
(b) $C = \{w, x, y, z\}$; $C = \{x, y, z\}$

연습문제 10.5.3 예제 10.22에서 두 커뮤니티 $C = \{w, x, y\}$ 및 $D = \{x, y, z\}$로 노드들의 초기 배치를 설명했다. 커뮤니티 개수는 2로 고정하고, 커뮤니티에 단일 노드를 추가하거나 삭제하는 점진적인 변경을 허용한다고 가정하자. 그림 10.20의 그래프가 될 가능도를 최대화하는 커뮤니티 C와 D에 대한 노드들의 최종 배치는 어떻게 되는가? 가능도는 얼마인가?

! **연습문제 10.5.4** 그림 10.20에 대해서 (어느 개수로든) 커뮤니티들의 또 다른 노드 배치로 연습문제 10.5.3에서 얻은 결과와 동일한 가능도를 얻을 수 있는가? 그런 노드 배치가 존재하는가?

연습문제 10.5.5 앞면과 뒷면이 나올 확률이 동일하지 않을 수도 있는 동전이 있다고 가정하고, 몇 번 동전을 던져서 앞면이 나온 횟수를 h, 뒷면이 나온 횟수를 t라고 하자.

(a) 앞면이 나올 확률을 p라고 할 때 h와 t 함수로 p에 대한 MLE는 얼마인가?

! (b) 앞면과 뒷면이 같은 비율로 나올(즉 $p = 0.5$) 확률이 90%이며, $p = 0.1$일 확률이 10%라고 가정하자. 앞면과 뒷면이 되도록 같은 비율로 나오게 하기 위한 h와 t 값은 얼마인가?

!! (c) p가 특정 값인 선험적a-priori 가능도는 $|p - 0.5|$에 비례한다고 가정하자. 즉 p는 1/2에 가까운 값이 아니라 0 혹은 1에 가까워질 것이다. 앞면이 나온 횟수가 h번이고 뒷면이 나온 횟수가 t번일 때 p의 최대 가능도 추정치MLE, Maximum-Likelihood Estimate는 얼마인가?

10.6 유사순위

10.6절에서는 소셜 네트워크 그래프를 분석하는 또 다른 방법 한 가지를 다루고자 한다. '유사순위simrank'라고 불리는 이 기법은 원칙적으로 어느 그래프에도 적용될 수 있으나, 다양한 종류의 노드들로 구성된 그래프에 적용하기 가장 적합한 방식이다. 유사순위의 목적은 종류가 동일한 노드들 간의 유사성을 측정하는 것인데 이는 랜덤 워커random walker가 그래프의 특정 노드, 즉 시작 노드source node에서 출발해 결국 어디에 위치하는지 살펴봄으로써 가능하다. 시작 노드마다 계산이 한 번 수행돼야 하기 때문에 이 방법으로 완전하게 분석할 수 있는 그래프 크기에 제한이 있게 된다. 그러나 반복된 행렬 벡터 곱셈보다 훨씬 더 효율적인, 유사순위에 근사한 알고리즘을 다룰 것이다. 마지막으로 유사순위를 사용해 커뮤니티를 찾는 방법을 설명한다.

10.6.1 소셜 그래프의 랜덤 워커

'랜덤 서퍼random surfur'가 웹 그래프를 걷는다면 어떤 일을 하게 될지 반영하는 개념으로 5.1절에서 설명했던 페이지랭크를 다시 떠올려 보자. 이와 유사하게 소셜 네트워크를 '걷는' 사람walker을 생각해 볼 수 있다. 웹 그래프에는 방향이 있는 반면, 소셜 네트워크 그래프에는 보통 방향이 없다. 그러나 이런 차이는 중요하지 않다. 방향이 없는 그래프에서 노드 N에 위치한 워커walker는 N의 이웃(N과 선을 공유하는 노드들)에서와 동일한 확률로 움직일 것이다.

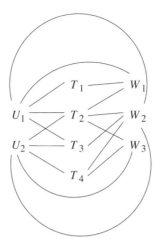

그림 10.21 그림 10.2의 재현

예를 들어, 그런 워커가 그림 10.2의 노드 T_1에서 출발한다고 가정하자. 그림 10.2를 그림 10.21로 재현했다. 첫 번째 단계에서 워커는 U_1 혹은 W_1로 이동할 것이다. 만약 W_1로 이동한다면 다음 번에는 T_1로 돌아오거나 T_2로 이동하게 될 것이다. 만약 워커가 처음에 U_1로 이동한다면 다음 번에는 T_1, T_2 혹은 T_3으로 이동하게 될 것이다.

T_1에서 출발하면 적어도 처음에는 T_2를 방문할 확률이 높으며, 이 확률은 T_3 혹은 T_4를 방문할 확률보다 높다는 결론을 내릴 수 있다. 이를 통해 어떤 방식으로든 태그 T_1과 T_2가 관계가 있거나 유사하다고 추론할 수 있다면 흥미로울 것이다. 이 태그들 모두 W_1이라는 공통 웹 페이지에 위치하며, 공통 사용자 U_1에 의해 사용됐다는 것이 바로 그 증거다.

그러나 워커가 임의로 계속해서 그래프를 돌아다니는 것을 허용하면 그 워커가 특정 노드에 위치할 확률은 출발 위치와 상관이 없게 된다. 이런 결론은 5.1.2절에서 언급했던 마르코프 과정^{Markov process} 이론으로부터 도출된다. 비록 출발 지점의 독립성을 위해서는 그림 10.21 그래프가 만족하는 연관성^{connectedness} 외에 추가적인 조건이 필요하긴 하지만 말이다.

10.6.2 재출발이 가능한 랜덤 워커

위 사실로부터 극한을 통해 워커의 분포를 살펴봐서는 특정 노드의 유사성을 측정하는 것이 불가능하다는 사실을 알게 됐다. 그러나 5.1.5절에서 워커가 임의로 이동을 멈출 수 있는 확률이 낮다는 사실을 이미 확인했다. 이후 5.3.2절에서 웹 페이지의 부분집합만을 순간이동teleport 집합으로 선택하는 이유가 있음을 살펴봤다. 순간이동 집합이란 워커가 임의로 웹 서핑을 멈출 때 이동하게 되는 페이지를 말한다.

여기서는 이 개념을 극단적인 상황으로 몰고 갈 것이다. 소셜 네트워크의 특정 시작 노드 S에서 출발한 워커가 짧은 이동 후에 결국 어디에 위치하는지 아는 것이 목적이므로 모든 노드에서 S로 이동하게 될 미세한 확률이 반영도록 전이 확률 행렬을 수정한다. 즉 노드 S만으로 구성된 순간이동 집합으로 주제 기반 페이지랭크를 계산해야 한다. 공식으로 M을 그래프 G의 **전이 행렬**transition matrix이라 하자. 즉 G에서 노드 j의 차수가 k이고 인접 노드들 중 하나가 i이면, M에서 행 i와 열 j의 성분은 $1/k$이다. 그렇지 않은 경우 이 성분은 0이다. 추후 순간이동을 논의할 것이지만, 먼저 전의 행렬의 간단한 사례를 살펴보도록 하자.

예제 10.23 그림 10.22는 3개의 사진과 그들 중 일부에 붙은 2개의 태그 'Sky'와 'Tree'를 포함하는 매우 간단한 네트워크의 한 예다. 사진1과 사진3에는 2개의 태그가 모두 붙어 있으며, 사진2에는 'Sky' 태그만 붙어 있는 상황이다. 직관적으로 사진3은 사진2보다 사진1과 조금 더 유사하다고 예상되는데, 사진1에서 다시 출발하는 랜덤 워커를 사용한 분석 결과가 이를 뒷받침하게 될 것이다.

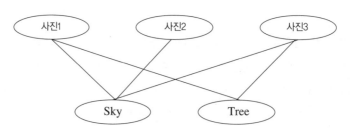

그림 10.22 간단한 이분 소셜 그래프

노드를 사진1, 사진2, 사진3, Sky, Tree 순서로 배치하자. 그러면 그림 10.22 그래프에 대한 전이 행렬은 다음과 같다.

$$\begin{bmatrix} 0 & 0 & 0 & 1/3 & 1/2 \\ 0 & 0 & 0 & 1/3 & 0 \\ 0 & 0 & 0 & 1/3 & 1/2 \\ 1/2 & 1 & 1/2 & 0 & 0 \\ 1/2 & 0 & 1/2 & 0 & 0 \end{bmatrix}$$

예를 들어, 네 번째 열은 노드 'Sky'에 대응되고, 이 노드는 3개의 사진 노드들과 각각 연결된다. 따라서 이 노드의 차수는 3이므로 이 열에서 0이 아닌 성분은 1/3이 돼야 한다. 사진 노드들은 처음 3개의 행과 열에 대응되므로 네 번째 열의 처음 3개 행성분은 1/3이다. 'Sky' 노드에는 자기 자신으로 혹은 'Tree' 노드로 연결되는 선이 없기 때문에 네 번째 열의 마지막 두 행 성분은 0이다. ■

이전처럼 워커가 계속해서 임의로 이동할 확률을 β라 하면 $1 - \beta$는 워커가 시작 노드 S로 순간이동할 확률이다. 노드 S에 해당하는 행에서 1을 갖고, 그 외 행에서는 0을 갖는 열 벡터를 $\mathbf{e}_S$라 하자. 다음으로 워커가 특정 라운드에서 각 노드에 위치할 확률을 반영하는 열 벡터를 $\mathbf{v}$라 하고, 그다음 라운드에서 각 노드에 위치할 확률을 $\mathbf{v}'$라고 하면 $\mathbf{v}'$와 $\mathbf{v}$의 관계는 다음 식으로 표현된다.

$$\mathbf{v}' = \beta M \mathbf{v} + (1 - \beta)\mathbf{e}_S$$

예제 10.24 예제 10.23의 행렬을 M으로, $\beta = 0.8$이라 가정하자. 또 노드 S는 사진1에 해당한다고 가정하자. 즉 사진1이 다른 사진들과 갖는 유사성을 계산하고자 한다. 그러면 새로운 $\mathbf{v}'$ 값에 대한 식은 다음과 같으며, 이를 반복해서 계산해야 한다.

$$\mathbf{v}' = \begin{bmatrix} 0 & 0 & 0 & 4/15 & 2/5 \\ 0 & 0 & 0 & 4/15 & 0 \\ 0 & 0 & 0 & 4/15 & 2/5 \\ 2/5 & 4/5 & 2/5 & 0 & 0 \\ 2/5 & 0 & 2/5 & 0 & 0 \end{bmatrix} \mathbf{v} + \begin{bmatrix} 1/5 \\ 0 \\ 0 \\ 0 \\ 0 \end{bmatrix}$$

그림 10.22 그래프는 서로 연결돼 있기 때문에 원래 행렬 M은 확률stochastic 행렬이며, 초기 벡터 $\mathbf{v}$ 성분들의 합이 1이면 $\mathbf{v}'$ 성분들의 합 역시 1이라는 사실을 추론할 수 있다. 결과적으로 행렬 첫 번째 행의 각 성분에 1/5을 더함으로써 위 방정식을 간단하게 만들 수 있다. 즉 다음과 같은 행렬 벡터 곱셈을 반복하면 된다.

$$\mathbf{v}' = \begin{bmatrix} 1/5 & 1/5 & 1/5 & 7/15 & 3/5 \\ 0 & 0 & 0 & 4/15 & 0 \\ 0 & 0 & 0 & 4/15 & 2/5 \\ 2/5 & 4/5 & 2/5 & 0 & 0 \\ 2/5 & 0 & 2/5 & 0 & 0 \end{bmatrix} \mathbf{v}$$

만약 $\mathbf{v} = \mathbf{e}_S$에서 시작한다면 워커 분포에 대한 추정치를 연속해서 계산해 다음과 같은 결과를 얻을 수 있다.

$$\begin{bmatrix} 1 \\ 0 \\ 0 \\ 0 \\ 0 \end{bmatrix}, \begin{bmatrix} 1/5 \\ 0 \\ 0 \\ 2/5 \\ 2/5 \end{bmatrix}, \begin{bmatrix} 35/75 \\ 8/75 \\ 20/75 \\ 6/75 \\ 6/75 \end{bmatrix}, \begin{bmatrix} 95/375 \\ 8/375 \\ 20/375 \\ 142/375 \\ 110/375 \end{bmatrix}, \begin{bmatrix} 2353/5625 \\ 568/5625 \\ 1228/5625 \\ 786/5625 \\ 690/5625 \end{bmatrix}, \ldots, \begin{bmatrix} .345 \\ .066 \\ .145 \\ .249 \\ .196 \end{bmatrix}$$

제한적이기는 하지만 위 결과로부터 워커는 사진2보다 사진3에 위치하게 될 가능성이 두 배나 높다는 사실을 알 수 있다. 이런 분석은 사진3이 사진2보다 사진1과 유사할 것 같다는 직관을 뒷받침한다. ■

예제 10.24로부터 알 수 있는 추가적인 사실이 몇 가지 더 있다. 먼저 이는 오직 사진1에 대한 분석이었다는 사실을 명심하라. 만약 또 다른 사진이 어떤 사진과 가장 유사한지 알고자 했다면 해당 사진에 대한 분석을 시도했어야만 한다. 이와 유사하게 어느 태그가 'Sky'와 가장 근접하게 연관됐는지 알고자 했다면(태그가 단지 2개뿐이기 때문에 이런 작은 예제에서는 전혀 흥미로운 질문이 아니긴 하다) 워커가 오로지 'Sky' 노드로만 순간이동하도록 했어야 한다.

두 번째로, 초기 변동이 있기 때문에 수렴에 이르기까지 시간이 걸린다는 사실을 유념해야 한다. 즉 최초에는 모든 가중치가 해당 사진에 부여되고, 두 번째 단계에서는 대부분의 가중치가 태그에 부여된다. 세 번째 단계에서는 다시 대부분의 가중치가 사진에 부여되나, 네 번째 단계에서는 훨씬 더 많은 가중치가 태그로 다시 옮겨간다. 그러나 극한에서는 가중치의 5/9가 사진에, 4/9가 태그에 부여되도록 수렴한다. 일반적으로 이런 과정은 그래프가 연결돼 있다면 다른 어떤 k 분할 그래프에 대해서도 수렴하게 된다.

10.6.3 근사 유사순위

유사순위의 간단한 계산에는 페이지랭크 유형의 계산과 마찬가지로 반복된 행렬 벡터 곱셈이 포함된다. 그런데 순간이동 집합에 속한 어떤 노드 S의 경우 S에서 멀리 떨어진 노드들은 매우 작은 유사순위를 갖게 된다. 실제 유사순위의 근사치를 기꺼이 허용한다면 S와 멀리 떨어진 노드들을 고려하지 않는 또 다른 접근 방법을 사용할 수 있다.

그래프에서 다른 종류의 이동을 시뮬레이션해 보자. 임의의 이웃으로 이동하는 워커 대신(시작 노드로 순간이동하지 않는 경우) 동일한 확률로 이동하거나 원래 위치에 머무를 것이다. 이동하기로 결정하면 동일한 확률로 어느 이웃으로든 이동한다. 그러나 이동 여부를 결정하는 데에 또 다른 기준이 있다. 워커를 해당 노드에 대한 페이지랭크의 일부 혹은 잔여 페이지랭크의 일부로 간주할 수 있다. 즉 어느 노드에도 할당되지 않은 페이지랭크의 일부로 보는 것이다. 오직 후자의 경우에만 이동하는 것으로 처리한다.

그러므로 각 노드마다 하나의 성분을 갖는 두 벡터 $\mathbf{r}$과 $\mathbf{q}$를 사용할 것이다. 이제부터 $\mathbf{r}$은 각 노드에 대한 페이지랭크의 현재 추정치이고, $\mathbf{q}$는 각 노드에 대한 현재 잔여 페이지랭크다. 그러나 계산이 진행됨에 따라 이러한 벡터의 많은 성분들을 계산할 수 없을 수도 있다는 점이 중요하다. 또한 노드 U에 대한 $\mathbf{q}$의 성분을 표현식 q_U로 나타낼 것이며, r_U도 마찬가지다. 초기에 $\mathbf{r}$은 모두 0인 벡터로 가정하고, $\mathbf{q}$는 $q_S = 1$을 제외하고 모두 0인 벡터로 가정한다. 즉 $\mathbf{q}$는 모든 워커가 S에서 시작한다는 가정을, $\mathbf{r}$은 결국 어디에 위치하게 될지 아직 파악하지 못했음을 뜻한다.

근사 유사순위 계산에는 2개의 매개 변수가 사용된다. β를 계속 부과되지 않는 비율로 사용한다. 예로, $1 - \beta$는 워커가 시작 노드 S로 순간이동할 확률이다. 두 번째 매개 변수는 ϵ로, 하나의 노드에서 이웃 노드로 이동하지 않을 잔여 페이지랭크의 최대량을 나타내는 작은 분수 값이다. 따라서 ϵ이 작을수록 실제 페이지랭크에 가까워질 뿐만 아니라 계산 시간 역시 길어진다. ϵ을 한 예로 그래프에서 선의 개수를 나눈 값인 0.01처럼 매우 작게 선택해야 한다. 이런 식으로 잔여 페이지랭크의 총량이 최대 0.01이 될 때까지 종료하지 않는다. 근사 유사순위 알고리즘은 잔여 페이지랭크를 차수로 나눈 값(인접 노드들 중 하나로 전달할 수 있는 페이지랭크의 양)이 ϵ보다 큰 노드를 더 이상 찾을 수 없을 때까지 다음 단계를 반복하는 것이다.

1. 노드 U에 대한 $\mathbf{q}$의 성분인 q_U가 U 차수의 ϵ배를 초과하는 임의의 노드 U를 정한다.

2. r_U의 현재 값에 $(1 - \beta)q_U$를 더한다. 즉 노드 U가 현재 잔여에 대한 세금과 동일한 실제 페이지랭크 값임을 보장한다.

3. q_U를 $\beta q_U/2$로 설정한다. 즉 부과되지 않은 U의 잔여로 이 중 절반이 U에 남는다.

4. U의 차수가 d라고 가정한다. 그러면 U에 근접한 각 노드 V에 대해 $\beta q_U/(2d)$와 같은 양을 q_V에 더한다. 즉 U에 부과되지 않은 잔여의 절반이 이웃 노드들에게 분배된다.

예제 10.25 근사 페이지랭크 관점에서 사진1을 시작 노드 S로 사용해 예제 10.23을 다시 살펴보자. $\beta = 0.8$을 다시 사용할 것이나 상당히 작은 ϵ로 종료하는 계산을 수행하지 않을 것이므로 ϵ는 정하지 않은 상태로 둔다. 그림 10.23은 알고리즘의 처음

U	r_{P1}	r_{P2}	r_{P3}	r_{Sk}	r_{Tr}	q_{P1}	q_{P2}	q_{P3}	q_{Sk}	q_{Tr}
초기	0	0	0	0	0	1	0	0	0	0
사진1	.2	0	0	0	0	.4	0	0	.2	.2
Tree	.2	0	0	0	.04	.44	0	.04	.2	.08
사진1	.288	0	0	0	.04	.176	0	.04	.288	.168
Sky	.288	0	0	.058	.04	.214	.038	.078	.115	.168
사진3	.288	0	.016	.058	.04	.214	.038	.031	.131	.184

그림 10.23 근사 페이지랭크 계산에서 처음 다섯 단계

다섯 단계가 될 수 있는 상황을 요약한 결과다.

'초기'로 표시된 첫 번째 행은 $\mathbf{r}$과 $\mathbf{q}$의 초기값을 보여 준다. 예제 10.23과 동일한 순서 사진1, 2, 3 그다음 Sky, Tree로 각 벡터의 각 성분을 나타낸다. U에 대한 첫 번째 선택은 시작 노드인 사진1이어야 한다. 잔여 페이지랭크가 있는 유일한 노드이기 때문이다. 단계 1에서, 사진1에 대한 잔여인 $(1 - \beta)q_{P1}$을 유사 페이지랭크로 변환한다. 따라서 r_{P1}은 0.2가 된다. q_{P1}에 대한 나머지 값 0.8 중에서 0.4는 남아 있고, 다른 0.4는 사진1의 이웃인 Sky와 Tree로 균등하게 분배된다. 이 결과가 표의 두 번째 행을 설명한다.

그런 다음 Tree를 노드 U의 다음 값으로 선택하는 것으로 가정한다. 이제 q_{Tr} 값이 0.2이므로 이 값의 1/5을 r_{Tr}로 이동해 해당 값을 0.04로 만든다. 나머지 0.16 중에서 절반은 q_{Tr}로 남고, 나머지는 q_{P1}(0.44가 됨)과 q_{P3}(0.04가 됨)으로 분배된다. 이 단계가 세 번째 행을 설명한다. ϵ이 알고리즘을 계속 진행할 만큼 충분히 크다고 가정하고, 가능한 U를 선택해서 세 단계 진행을 차례대로 설명했다. 이제 다음 세 단계를 직접 해보고 계속 시뮬레이션하길 권한다. ■

10.6.4 근사 유사순위가 동작하는 이유

10.6.3절에서 설명한 알고리즘에 대해 자연스럽게 나올 수 있는 몇 가지 질문이 있다.

1. 순간이동 집합의 한 시작 노드로부터 페이지랭크를 구현하는 간단한 방법보다 왜 이 알고리즘이 더 효율적인가?
2. 이 알고리즘은 왜 실제 유사순위의 근사치로 수렴하는가?
3. 노드 U에 대해 왜 전체 잔여가 아닌 잔여 값의 절반만 분배하는가?

마지막 질문에 대한 답변이 가장 간단하다. 잔여 값을 가능한 한 빨리 분배하기 위해서다. 일부 그래프의 경우 단계 3을 생략해도 되고, 단계 4에서 각 노드 V에 $\beta q_U/d$의 추가 잔여를 더해도 된다. 그러나 이분 그래프와 같은 다른 경우에는 노드 U의 전체 잔여를 분배하면 그래프의 두 축 사이에서 잔여가 큰폭으로 변동하게 되므로 잔여의 절반만 분배한 것과 비교해 더 오랜 시간 동안 최소 하나의 큰 잔여가 남게 된다.

첫 번째 질문에서는 U로 가능한 자격을 갖춘 모든 노드는 $q_U > \epsilon$라는 점이 중요하다. q_U의 실제 하한값이 U차수의 ϵ배이기 때문에 일반적으로 q_U는 ϵ보다 상당히 클 것이다. $q_U > \epsilon$이면 최소 $\epsilon(1 - \beta)$의 양이 잔여 벡터 q에서 근사 페이지랭크 벡터 $\mathbf{r}$로 이동한다. 그러나 두 벡터의 모든 성분의 합은 1이므로 이 알고리즘은 $\frac{1}{\epsilon(1-\beta)}$을 초과하는 횟수만큼 반복될 수 없다. 즉 반복 횟수는 일정하다. 반면 전통적인 페이지랭크 알고리즘은 적어도 그래프의 노드 수와 행렬 벡터 곱셈의 반복 횟수를 곱한 값에 비례하는 시간이 걸린다. 게다가 더 신경을 쓰면 $\mathbf{q}$의 성분을 우선 순위 큐[a] priority queue로 구성할 수 있으므로 그래프의 노드가 n개인 경우 $O(\log n)$시간에 U의 후보를 선택할 수 있다.

마지막으로 두 번째 질문을 다룰 차례다. 왜 결과가 실제 유사순위에 근접할까? 직관적인 설명은 다음과 같다. 먼저 그래프 주변에서 잔여 값의 이동은 그래프에서 임의의 워커를 시뮬레이션한 것이다. 워커가 비동기적으로 이동한다는 사실(각 단계에서 확실히 이동한다기보다 50% 확률로 이동하므로)은 중요하지 않다. 워커는 결국 자신을 분배시킨다. 워커가 동기식으로 무작위 이동을 한다고 해도 마찬가지일 것이다. 그러나 잔여 분포는 알고리즘이 제공하는 해답이 아니다. 오히려 답은 알고리즘이 종료될 때의 벡터 $\mathbf{r}$이다. 실제로 $\mathbf{q}$에서 $\mathbf{r}$로 이동되는 값은 U가 될 노드를 선택하는 순서에 따라 임의의 시간에 잔여 값의 비율 $1 - \beta$이다. 그러나 어떤 노드 V에 대한 실제 페이지링크는 워커가 시작 노드 S에서 출발했다는 가정하에 임의의 시간에 노드 V에 있을 확률이다. U를 무작위로 선택함으로써 (잔여가 충분히 큰 노드들 중에서) 각 워커를 볼 수 있는 무작위 시간 선택을 시뮬레이션하는 것이고, 따라서 워커의 정확한 분포를 대략적으로 얻게 되는 것이다.

10.6.5 커뮤니티 찾기를 위한 유사순위의 응용

유사순위의 흥미로운 응용 사례는 주어진 노드(시작 노드)가 속한 커뮤니티를 찾는 것이다. 그러면 아직 커뮤니티에 속하지 않았거나 소수의 커뮤니티에만 속한 노드를 시작 노드로 선택해 네트워크에 있는 모든 가능한 커뮤니티를 찾을 수 있다.

시작 노드 S 모든 노드에 대한 유사순위를 찾는다고 가정하자. 이를 위해 정확한 혹은 근사 유사순위 알고리즘을 사용할 수 있다. 그런 다음 S 이외의 노드들을 유사순위로 정렬하고, 가장 높은 유사순위를 우선으로 해 각각을 S가 속한 커뮤니티에 추가한다. 언제 노드 추가를 멈춰야 할지 알아야 하므로 중단 기준이 필요하다. 간단한 방법은 선의 밀도가 임계값보다 낮아질 때까지 노드를 추가하는 것이다. 선의 밀도란 커뮤니티 노드를 연결하는 선의 개수를 연결 가능한 선의 개수로 나눈 비율이다(즉 n-노드 커뮤니티의 경우 $\binom{n}{2}$).

예제 10.26 그림 10.22의 매우 간단한 네트워크를 생각해 보자. 사진1을 시작 노드로 사용했으므로 이 노드를 포함하는 좋은 커뮤니티를 찾으려고 한다. 네트워크가 너무 작아서 합리적인 커뮤니티들을 제시할 수 없지만, 알고리즘의 예로 도움이 될 것이다.

예제 10.23에서 사진1을 시작 노드로 사용하면 5개 노드에 대한 유사순위 값은 사진1, Sky, Tree, 사진3, 사진2 순서라는 것을 알게 됐다. 이 목록의 처음 두 노드로 구성된 커뮤니티의 밀도는 1이다. 사진1과 Sky 사이의 가능한 선이 실제로 존재하기 때문이다. 세 번째 노드인 Tree를 추가하면 가능한 세 선 중 2개만 존재하므로 밀도는 2/3로 떨어진다. 네 번째 노드인 사진3을 추가하면 밀도가 2/3로 유지된다. 이제 가능한 6개의 선 중 4개가 있다. 마지막 노드를 추가하면 밀도는 1/2로 줄어든다. 10개의 가능한 선 중 전체 네트워크에 존재하는 선은 5개다. 밀도의 임계값이 2/3보다 큰 경우 커뮤니티로 처음 2개의 노드만 선택하고, $2/3 \geq t > 1/2$인 임계값 t가 있으면 처음 네 노드를 커뮤니티로 선택한다. ∎

커뮤니티 C의 우수성에 대한 또 다른 척도는 **전도도**conductance다. 전도도를 정의하려면 먼저 커뮤니티 C의 볼륨을 정의해야 한다. 이 값은 C에 속한 노드들의 차수 합과 C에 속하지 않은 노드들의 차수 합보다 작다. C의 전도도는 정확히 한쪽이 C에 속하는 선 개수를 C의 볼륨으로 나눈 비율이다. 전도도의 직관적인 개념은 상대적으로 매우 작은 개수의 선을 잘랐을 때 네트워크로부터 연결이 끊어질 수 있는, 너무 크거나 너무 작지도 않은 집합 C를 찾는 것이다. 작은 전도도는 매우 긴밀한 커뮤니티를 뜻한다.

유사순위의 순서로 한 번에 하나의 노드를 추가해 형성된 연속적인 커뮤니티들을 살펴보면 전도도가 지역 최소값인 여러 지점이 있는 경우가 종종 있다. 이들을 시작 노드를 포함하는 커뮤니티로 선택하는 것이 최선이다. 하나 이상의 지역 최소값이 있으면 시작 노드가 속한다고 할 수 있는 여러 커뮤니티가 또 다른 커뮤니티에 중첩된 형태로 있는 것이다.

예제 10.27 예제 10.26을 반복하되 전도도를 커뮤니티의 우수성에 대한 척도로 사용한다. 노드를 추가하는 순서는 사진1, Sky, Tree, 사진3, 사진2임을 기억하자. C_i를 이 노드들 중 첫 번째 i를 포함하는 커뮤니티로, c_i를 해당 커뮤니티의 전도도로 설정한다.

첫 번째로 사진1 노드만으로 구성된 C_1이 가능하다. C_1에 정확히 한쪽 끝을 두는 선은 2개다. C_1의 볼륨은 2(해당 노드의 차수)와 8(다른 네 노드들의 차수의 합)보다 작다. 따라서 $c_1 = 2/\min(2, 8) = 1$이다.

이제 $C_2 = \{$사진1, Sky$\}$를 살펴보자. C_2에 정확히 한쪽 끝을 두는 선은 3개다. C_2의 볼륨은 C_2에서 두 노드의 차수의 합(즉 $2 + 3 = 5$)과 다른 세 노드의 차수의 합인 5보다 작다. 따라서 $c_2 = 3/\min(5, 5) = 3/5$이다.

이제 Tree를 추가해서 $C_3 = \{Picture1, Sky, Tree\}$를 만든다. C_3에서 정확히 한쪽 끝을 두는 선은 3개다. 세 노드의 차수의 합은 $2 + 3 + 2 = 7$이며, 다른 두 노드의 차수의 합은 3이다. 따라서 $c_3 = 3/\min(7, 3) = 1$이다. 이 순서를 계속 따라 진행하면 $c_4 = 1/\min(9, 1) = 1$이 됨을 알 수 있다. 이 경우 최소값은 하나뿐인데 바로 $c_2 = 3/5$이다. 따라서 사진1을 포함하는 '최적의' 커뮤니티는 $C_2 = \{Picture1, Sky\}$라는 결론을 내릴 수 있다. ∎

10.6.6 10.6절 연습문제

연습문제 10.6.1 그림 10.22의 사진2에서 출발한다면 사진2와 다른 두 사진과의 유사도는 얼마나 될까? 사진2와 더 유사한 사진은 어느 것이라 예상하는가?

연습문제 10.6.2 그림 10.22의 사진3에서 출발하는 경우 나머지 두 사진과의 유사도는 얼마일 것이라 예상하는가?

! 연습문제 10.6.3 예제 10.24를 다시 분석하고 사진1과 다른 사진들과의 유사도를 계산하라. 그림 10.22에 다음과 같은 수정 사항이 있다고 가정하라.

(a) 태그 'Tree'가 사진2에 추가된다.

(b) 세 번째 태그 'Water'가 사진3에 추가된다.

(c) 세 번째 태그 'Water'가 사진1과 사진2에 모두 추가된다.

주의: 변경은 각 단계마다 독립적으로 적용된다. 즉 누적되지 않는다.

연습문제 10.6.4 U의 다음 세 값이 사진1, Sky, Tree라 가정하고 그림 10.23에서 시작한 시뮬레이션을 계속하라.

연습문제 10.6.5 그림 10.23이 근사 페이지랭크 알고리즘의 실행을 완료한 것으로 볼 수 있는 ϵ의 최소값은 얼마인가?

!! 연습문제 10.6.6 네트워크가 하나의 선으로 연결된 두 노드만으로 구성된다고 가정하자. 한 노드를 S(순간이동이 발생하는 시작 노드), 다른 한 노드를 T라 하자.

(a) 선택된 노드의 부과되지 않은(절반이 아닌) 모든 잔여가 인접 노드들(이 문제에서는 한 노드)로 분배되는 10.6.3절의 근사 페이지랭크 알고리즘의 수정된 버전을 실행한다고 가정하자. 이 결과로 얻게 되는 벡터 **r**과 **q**에 대한 값들의 순서는 무엇인가? 이 경우 어느 단계에서든 두 노드 중 하나만 잔여 페이지랭크를 가지므로 U의 선택은 결정적^{deterministic}임에 유의하라. 매우 작은 ϵ에 대해 근사 페이지랭크 벡터의 한계는 얼마인가?

(b) 동일한 네트워크에 대해 잔여의 절반만 인접 노드들에 분배되는 원래 알고리즘을 실행한다고 가정하자. ϵ이 매우 작다고 가정했을때 극한 페이지랭크는 얼마인가?

연습문제 10.6.7 그림 10.22의 네트워크에서 시작 노드가 Tree일 때 유사순위를 계산하라. 그런 다음 커뮤니티에 대한 요구 사항이 다음과 같은 경우 트리를 포함하는 최적의 커뮤니티를 찾아라.

(a) 최소 밀도는 2/3

(b) 전도도에서 지역 최소값

! **연습문제 10.6.8** 네트워크의 노드들이 하나의 체인으로 구성된다고 가정하자. 즉 $1 \le i < n$에 대해 노드는 $U_1, U_2, \ldots, U_n$으로 구성되며, U_i와 U_{i+1} 사이에 하나의 선이 존재한다.

(a) k의 함수로 처음 k개 노드들 $\{U_1, U_2, \ldots, U_k$로 구성된 '커뮤니티'의 밀도를 계산하라.

(b) k의 함수로 처음 k개 노드들 구성된 커뮤니티의 전도도를 계산하라.

(c) 커뮤니티에 대한 우수성의 척도로 밀도를 사용할 때 k로 최적인 값은 얼마인가?

(d) 커뮤니티에 대한 우수성의 척도로 전도도를 사용할 때 k로 최적인 값은 얼마인가?

10.7 삼각형의 개수 세기

소셜 그래프의 가장 유용한 특징 중 하나는 삼각형과 그 외 단순한 부분 그래프들의 개수를 셀 수 있다는 것이다. 10.7절에서는 매우 큰 그래프에서 정확한 삼각형의 개수를 세거나 추정하는 방법을 제시할 것이다. 그런 개수를 세는 이유를 먼저 알아본 뒤 효율적으로 개수를 세는 몇 가지 방법을 소개할 것이다.

10.7.1 삼각형 개수를 세는 이유

n개의 노드를 시작으로 m개의 선을 그래프에 임의로 추가한다면 그래프에 존재하는 삼각형의 개수를 예상할 수 있을 것이다. 이 개수를 세는 것은 그렇게 어려운 일이 아니다. 삼각형이 될 수 있는 세 노드들로 구성된 집합은 $\binom{n}{3}$개 혹은 대략 $n^3/6$개다. 특정 두 노드 사이에 선이 추가될 확률은 $m/\binom{n}{2}$ 혹은 대략 $2m/n^2$이다. 각 선의 존재 여부가 확률 독립적이라는 가정하에 세 노드들로 구성된 집합에서 각 쌍들 사이에 선이 있을 확률은 대략 $(2m/n^2)^3 = 8m^3/n^6$이다. 따라서 n개의 노드와 임의로

선택된 m개의 선으로 구성된 이 그래프에서 예상되는 삼각형의 개수는 대략 $(8m^3/n^6)(n^3/6) = \frac{4}{3}(m/n)^3$이다.

만약 이 그래프가 n명의 구성원과 m개의 '친구들' 쌍으로 구성된 소셜 네트워크라면 삼각형의 개수는 무작위로 만들어진 그래프에서보다 훨씬 많을 것이라 예상할 수 있다. 이유는 A와 B가 친구이고 A와 C 역시 친구라면 B와 C 역시 친구일 확률이 평균보다 훨씬 높기 때문이다. 따라서 삼각형의 개수를 셈으로써 그래프가 얼마만큼 소셜 네트워크처럼 보이는지 측정할 수 있다.

또한 소셜 네트워크 내에서 커뮤니티를 찾을 수도 있다. 커뮤니티의 나이는 삼각형의 밀도와 관련 있음이 증명됐다. 즉 그룹이 막 형성되면 사람들은 자신들과 마음이 맞는 친구들을 그 그룹에 데리고 오지만, 삼각형의 개수는 상대적으로 적다. A가 친구 B와 C를 데려왔을 때 B와 C가 서로를 알지 못하는 상황일 수도 있다. 커뮤니티가 성숙해 가면서 B와 C는 커뮤니티에 속해 있다는 이유로 인해 서로 교류할지도 모른다. 따라서 언젠가는 삼각형 $\{A, B, C\}$가 형성될 가능성이 매우 높다고 할 수 있다.

10.7.2 삼각형을 찾는 알고리즘

단일 프로세서에서 실행 시간이 가장 빠른 알고리즘부터 먼저 살펴보자. n개의 노드와 $m \geq n$개의 선들로 구성된 그래프가 있다고 가정한다. 편의상 노드를 정수 1, 2, ..., n으로 나타낼 것이다.

차수가 $\sqrt{m}$ 이상인 노드를 **마당발**heavy hitter이라 하자. 삼각형의 세 노드가 마당발인 삼각형이 마당발 삼각형이다. 마당발 삼각형을 세는 알고리즘과 그 외 삼각형을 세는 알고리즘을 구분해서 사용할 것이다. 마당발 노드 개수는 $2\sqrt{m}$을 넘지 않는데 그렇지 않은 경우 마당발 노드의 차수 합이 $2m$을 넘게 되기 때문이다. 각 선은 오직 두 노드의 차수에만 영향을 미치기 때문에 m개보다 많은 선이 존재해야 한다.

그래프가 선으로 표현된다는 가정하에서 해당 그래프에 다음과 같이 전처리를 수행한다.

1. 각 노드의 차수를 계산한다. 이 부분에서는 각 선을 검토하고 선과 연결된 두

노드 각각의 개수에 1을 더하기만 하면 된다. 전체 실행 시간은 $O(m)$이다.

2. 선의 양끝에 위치한 노드 쌍을 키로 해 선에 대한 인덱스를 생성한다. 즉 2개의 노드가 주어졌을 때 인덱스를 통해 그들 사이에 선이 존재하는지 판단할 수 있다. 해시 테이블로 충분하다. 해시 테이블은 $O(m)$ 시간 안에 생성되며, 선의 존재 여부를 묻는 질의에 응답하는 예상 시간은 상수다. 물론 최악의 경우가 아닌 상황에서 그렇다.[2]

3. 이번에는 단일 노드를 키로 해 선에 또 다른 인덱스를 건다. 노드 v가 주어졌을 때 v에 인접한 노드들을 그 노드들의 개수에 비례하는 시간 내에 검색할 수 있다. 단일 노드를 키로 하는 이번에도 역시 일반적인 기대 범위 내에서 해시 테이블만으로 충분하다.

노드들을 다음과 같이 정렬할 것이다. 먼저 차수로 노드들을 정렬한다. 그런 다음 v와 u의 차수가 같은 경우 v와 u 모두 정수이므로 이들은 번호를 기준으로 정렬된다는 사실을 기억하라. 즉 다음 중 하나인 경우 $v \prec u$가 성립한다.

(i) v의 차수는 u의 차수보다 작다. 혹은

(ii) u와 v의 차수는 같으며 $v < u$이다.

마당발heavy-hitter **삼각형**: 오직 $O(\sqrt{m})$개의 마당발만 존재하므로 이들 중 3개의 노드로 구성된 집합 모두를 검토해 볼 수 있다. 마당발 삼각형으로 가능한 삼각형 개수는 $O(m^{3/2})$이며, 선에 대한 인덱스를 사용하면 $O(1)$시간 안에 모든 3개의 선이 존재하는지 확인할 수 있다. 그러므로 모든 마당발 삼각형을 찾는 데 필요한 시간은 $O(m^{3/2})$이다.

그 외 삼각형들: 다른 방식으로 그 외 삼각형들을 찾을 수 있다. 선 (v_1, v_2)를 생각해 보자. v_1과 v_2 모두가 마당발이라면 이 선은 무시한다. 그러나 v_1은 마당발이 아니며, 또한 $v_1 \prec v_2$라고 가정하자. v_1에 인접한 노드들을 $u_1, u_2, \ldots, u_k$라고 하자.

---

2 따라서 수학적으로 이 알고리즘은 일반적으로 기대되는 실행 시간에 있어서는 최적이지만, 최악의 경우에 대해서는 그렇지 않다. 그러나 많은 개수의 항목들을 해싱하면 예측을 따를 확률은 극도로 높아지며, 일부 버킷을 매우 크게 만드는 해시 함수를 선택했다면 좋은 해시 함수를 찾을 때까지 해싱을 계속해 나갈 수 있다.

$k < \sqrt{m}$임에 주목하라. 노드에 걸린 인덱스를 사용하면 이런 노드들을 $O(k)$시간 안에 찾아낼 수 있다. 반드시 $O(\sqrt{m})$시간이 걸린다. 각 u_i마다 첫 번째 인덱스를 사용해 선 (u_i, v_2)의 존재 여부를 $O(1)$시간 안에 확인할 수 있다. 또 u_i의 차수를 $O(1)$시간 안에 알아낼 수도 있는데 모든 노드의 선을 세었기 때문이다. 선 (u_i, v_2)가 존재하는 경우에만 삼각형 $\{v_1, v_2, u_i\}$의 개수를 세며, $v_1 \prec u_i$가 성립한다. 이런 방식으로 삼각형은 딱 한 번만 카운트된다. v_1이 삼각형의 다른 두 노드보다 순서상으로 앞서는 노드인 경우가 그렇다. 따라서 v_1에 인접한 모든 노드들을 처리하는 데 걸리는 시간은 $O(\sqrt{m})$이다. m개의 선이 존재하므로 다른 삼각형을 세는 데 걸리는 시간은 $O(m^{3/2})$이다.

이제까지 전처리에 소요되는 시간이 $O(m)$임을 살펴봤다. 마당발 삼각형을 찾는 데 걸리는 시간은 $O(m^{3/2})$이며, 다른 삼각형을 찾는 데 걸리는 시간 역시 $O(m^{3/2})$이다. 따라서 이 알고리즘의 전체 실행 시간은 $O(m^{3/2})$이다.

10.7.3 삼각형을 찾는 알고리즘의 효율

10.7.2절에서 설명한 알고리즘은 가능한 계산 차수^{order of magnitude} 내에서 최선인 것으로 밝혀졌다. 그 이유를 알아보기 위해 n개의 노드로 구성된 완전 그래프를 생각해 보자. 이 그래프에는 $m = \binom{n}{2}$개의 선이 있으며, 삼각형의 개수는 $\binom{n}{3}$이다. 완전 그래프에서는 이 전체 삼각형을 모두 나열해 따져 보는 수밖에 없기 때문에 모든 알고리즘은 이 그래프를 대상으로 $\Omega(n^3)$시간이 걸리게 됨을 알 수 있다. 그러나 $m = O(n^2)$이므로 모든 알고리즘은 이 그래프에서 $\Omega(m^{3/2})$시간이 걸린다.

완전 그래프가 아닌 다른 희소한 그래프에서 동작하는 더 나은 알고리즘이 있는지 궁금한 독자도 있을 것이다. 길이가 n^2에 이르는 노드들의 체인을 완전 그래프에 추가할 수도 있는데, 그렇다고 해서 삼각형이 더 많아지는 것은 아니다. 이로 인해 선 개수가 두 배 이상으로 많아지지는 않지만, 노드를 원하는 만큼 많이 추가하게 돼 노드 개수 대비 선 개수의 비율을 1에 가깝게 낮추는 효과를 가져온다. 여전히 $\Omega(m^{3/2})$개의 삼각형이 존재할 것이므로 모든 가능한 범위에 대해서 이 하한값의 비율은 m/n이 된다.

10.7.4 맵리듀스를 사용해 삼각형 찾기

매우 큰 그래프를 처리하기 위해서 연산 속도를 높이려는 목적으로 병렬 처리를 사용할 수 있다. 삼각형 찾기는 다중multiway 조인으로 표현할 수 있으며, 2.5.3절의 기법을 사용해 삼각형을 세는 단일 맵리듀스 작업job을 최적화할 수 있다. 보통 다중 조인 기법이 2개의 2중two-way 조인보다 훨씬 더 효율적이라는 것을 2.5.3절에서 알아봤다. 게다가 병렬 알고리즘의 전체 실행 시간은 단일 프로세서에서 10.7.2절에서 설명한 알고리즘을 실행할 때 걸리는 시간과 기본적으로 같다.

시작에 앞서 그래프 노드에 번호 1, 2, . . . , n을 붙인다고 가정하자. 선을 표현하기 위해 관계 E를 사용할 것이다. 각 노드를 두 번 중복해서 표현하는 것을 막기 위해 $E(A, B)$가 이 관계의 튜플인 경우 노드 A와 B 사이에 선이 존재할 뿐만 아니라 노드에 붙은 번호는 정수이며 $A < B$를 만족한다고 가정하자.[3] 이 가정으로 인해 루프(자기 자신으로 연결되는 선)도 제거되는데 루프는 보통 소셜 네트워크 그래프에 존재하지 않는 것으로 가정한다. 실제로 루프는 서로 다른 3개의 노드로 구성되지 않는 삼각형이 아닌 '삼각형'을 만들어 낼 수도 있다.

이 관계를 사용하면 E인 선들로 구성된 그래프에 존재하는 삼각형 집합을 자연 조인으로 다음과 같이 나타낼 수 있다.

$$E(X, Y) \bowtie E(X, Z) \bowtie E(Y, Z) \tag{10.5}$$

이 조인을 이해하기 위해서는 세 번 사용된 E 각각에서 E의 속성들에 서로 다른 이름이 붙여졌음을 인지해야 한다. 즉 같은 튜플들로 구성되지만 스키마는 서로 다른 E의 복사본 3개가 존재한다고 생각하면 된다. SQL로는 이런 조인을 단일 관계 $E(A, B)$를 사용해 다음과 같이 작성할 수 있다.

```
SELECT e1.A, e1.B, e2.B
FROM E e1, E e2, E e3
WHERE e1.A = e2.A AND e1.B = e3.A AND e2.B = e3.B
```

---

3   여기서 사용되는 간단한 노드들의 번호 순서를 10.7.2절에서 설명한 순서 ≺와 혼동해서는 안 된다. ≺는 노드 차수와 관련이 있었다. 10.7.4절에서 노드 차수는 계산되지 않으며, 순서와 관계가 없다.

이 질의에서 동일한 속성 $e1.A$와 $e2.A$는 조인에서 속성 X로 표현된다. 또 $e1.B$와 $e3.A$ 각각은 Y로 표현되며, $e2.B$와 $e3.B$는 Z로 표현된다.

이 조인에서 각 삼각형은 한 번 나타남에 주목하라. X, Y, Z가 번호 순서로 나열된 3개의 노드일 때, 즉 $X < Y < Z$인 경우 노드 v_1, v_2, v_3으로 이뤄진 삼각형이 생성된다. 예컨대 노드 번호 순서가 $v_1 < v_2 < v_3$이라면 X는 오직 v_1, Y는 v_2, Z는 v_3만 될 수 있다.

식 10.5의 조인을 최적화하기 위해 2.5.3절에서 설명한 기법을 사용할 수 있다. 예제 2.15에서 설명한 여러 가지 방법에서는 각 속성 값들이 해시돼야 했다는 사실을 다시 기억하라. 이번 예제에서 그 문제는 상당히 간단하다. 세 번 등장하는 관계 E의 크기는 반드시 같으므로 대칭성에 의해 속성 X, Y, Z는 각각 같은 개수의 버킷으로 해시된다. 특히 노드들을 b개의 버킷으로 해시하면 b^3개의 리듀서가 필요하다. 각 리듀스 태스크는 3개의 버킷 번호 순서 (x, y, z)와 관계가 있다. 여기서 x, y, z 각각은 1과 b 범위 내의 값을 갖는다.

맵 태스크는 관계 E를 존재하는 맵 태스크 개수만큼 분할한다. 하나의 맵 태스크에 튜플 $E(u, v)$가 할당되고 특정 리듀스 태스크로 보내진다고 가정하자. 먼저 (u, v)를 조인 튜플의 항 $E(X, Y)$로 생각하라. u와 v를 해시해서 X와 Y에 대한 버킷 번호를 얻을 수 있으나, Z가 어느 버킷으로 해시될지는 알 수 없다. 따라서 b가 될 수 있는 버킷 z에 대해서 3개의 버킷 번호 $(h(u), h(v), z)$와 대응하는 모든 리듀스 태스크로 $E(u, v)$를 보내야 한다.

그러나 같은 튜플 $E(u, v)$ 역시 항 $E(X, Z)$에 해당하는 튜플로 간주해야 한다. 따라서 튜플 $E(u, v)$ 역시 모든 y에 대해 튜플 $(h(u), y, h(v))$에 대응하는 모든 리듀스로 보내진다. 마지막으로 $E(u, v)$를 항 $E(Y, Z)$의 튜플로 간주하고 모든 x에 대해 튜플 $(x, h(u), h(v))$에 대응하는 모든 리듀스 태스크로 $E(u, v)$을 보내야 한다. 따라서 필요한 전체 통신을 위해서는 선들의 관계 E의 튜플 m개 각각에 대해 $3b$개의 키-값 쌍이 필요하다. 즉 b^3개의 리듀스 태스크를 사용하는 경우 최소 통신 비용은 $O(mb)$다.

다음으로 모든 리듀스 태스크에서 발생하는 전체 실행 비용을 계산해 보자. 해시 함수는 선들을 충분히 무작위로 분산시켜서 각 리듀스 태스크는 거의 비슷한 개수의 선을 할당받는다고 가정한다. b^3개의 리듀스 태스크로 분산되는 전체 선 개수는 $O(mb)$이므로 각 태스크는 $O(m/b^2)$개의 선을 할당받는다. 각 리듀스 태스크에서 10.7.2절 알고리즘을 사용하면 단일 태스크에서의 총 연산은 $O(m/b^2)^{3/2}$, 혹은 $O(m^{3/2}/b^3)$이다. 리듀스 태스크는 b^3개이기 때문에 10.7.2절의 단일 프로세서 알고리즘을 사용할 경우 전체 계산 비용은 정확히 $O(m^{3/2})$이다.

10.7.5 더 적은 리듀스 태스크 사용하기

노드 순서를 신중하게 배치하면 리듀스 태스크의 개수를 대략 6이라는 인수를 사용해 낮출 수 있다. 노드 i의 '이름'이 쌍 $(h(i), i)$라고 생각하라. 여기서 h는 노드들을 b개의 버킷으로 해시하기 위해 10.7.4절에서 사용했던 해시 함수다. 첫 번째 성분(노드가 해시 될 버킷)만을 기준으로 해 이름 순서로 노드들을 정렬하고, 두 번째 성분만을 사용해 같은 버킷에 위치한 노드들의 순서를 결정한다.

노드를 이렇게 정렬하면 버킷 리스트(i, j, k)에 대응하는 리듀스 태스크는 $i \leq j \leq k$를 만족하는 경우에만 필요하게 될 것이다. b가 크면 1부터 b 범위에 있는 b^3개의 모든 조합 중 대략 1/6 정도가 이 부등식을 만족할 것이다. 모든 b에 대해서 그런 조합의 수는 $\binom{b+2}{3}$이다(연습문제 10.7.4 참조). 따라서 정확한 비율은 $(b + 2)(b + 1)/(6b^2)$이다.

리듀서 개수가 적어지면서 통신돼야 하는 키-값의 개수가 상당히 감소한다. m개의 선 각각을 $3b$개의 리듀스 태스크로 보내는 대신, 각 선을 오직 b개의 태스크에만 보내면 된다. 특별히 선 e의 두 노드가 i와 j로 해시되는 상황을 생각해 보자. 이 버킷들은 같을 수도 있고 다를 수도 있다. 1과 b 사이의 값 k를 갖는 b개의 값들에 대해서 i, j, k 순서로 구성된 리스트를 살펴보자. 이 리스트에 대응되는 리듀스 태스크에는 선 e가 필요하다. 그러나 다른 리듀스 태스크는 e가 필요하지 않다.

10.7.5절에서 설명한 방식의 통신 비용을 10.7.4절 방식의 통신 비용과 비교하기 위해 리듀스 태스크 개수를 k로 고정하자. 10.7.4절 방식은 노드들을 $\sqrt[3]{k}$개의 버킷에 해시하므로 $3m\sqrt[3]{k}$개의 키-값 쌍들을 주고 받는다. 반면 이 절에서 설명하는 방식은 노드들을 대략 $\sqrt[3]{6k}$개의 버킷에 해시하므로 $m\sqrt[3]{6}\sqrt[3]{k}$번의 통신이 필요하다. 따

라서 10.7.4절 방식의 통신 비용 대비 10.7.5절에서 설명한 방식의 통신비용 비율은 $3/\sqrt[3]{6} = 1.65$다.

예제 10.25 $b = 6$인 경우 10.7.4절의 직관적인 알고리즘을 살펴보자. 즉 $b^3 = 216$ 개의 리듀스 태스크가 존재하며, 통신 비용은 $3mb = 18m$이다. 10.7.4절의 방식 으로는 정확하게 216개의 리듀스를 사용할 수 없으나 $b = 10$으로 선택한다면 매 우 근접해질 수 있다. 그러면 리듀스 태스크의 개수는 $\binom{12}{3} = 220$이며, 통신 비용은 $mb = 10m$다. 즉 직접적인 방식에 비해 통신 비용은 5/9 수준이다.

10.7.6 10.7절 연습문제

연습문제 10.7.1 다음 그래프에 존재하는 삼각형의 개수는?

(a) 그림 10.1

(b) 그림 10.9

! (c) 그림 10.2

연습문제 10.7.2 연습문제 10.7.1의 각 그래프에 대해서 다음을 구하라.

(i) '마당발'이라고 생각되는 노드의 최소 차수는 얼마인가?

(ii) 어느 노드들이 마당발인가?

(iii) 어느 삼각형들이 마당발 삼각형인가?

! **연습문제 10.7.3** 이 연습문제에서는 그래프에서 사각형을 찾는 문제를 생각해 볼 것 이다. 즉 그래프에 4개의 선 (a, b), (b, c), (c, d), (a, d)가 존재하도록 하는 4개의 노드 a, b, c, d를 찾는 것이 목표다. 10.7.4절과 같이 그래프는 관계 E로 표현된다고 가정하자. 그래프에서 가능한 모든 사각형을 표현하는 E의 복사본 4개를 단일 조인 으로 작성하는 것은 불가능하나, 그런 조인 3개를 작성하는 것은 가능하다. 또한 어 떤 경우에는 조인을 하면서 서로 반대편에 위치한 귀퉁이 한 쌍이 실제로는 같은 노 드인 '사각형 아닌 사각형'을 제거해야 한다. 노드 a는 자신의 이웃인 b와 d보다 수 치상 낮은 값이지만 c에 따라 다음과 같은 세 가지 경우가 가능하다.

(i) c 역시 b와 d보다 낮다.

(ii) c는 b와 d 사이에 있다.

(iii) c는 b와 d보다 높다.

(a) 위 세 가지 조건을 만족하는 사각형을 생성하는 자연 조인을 작성하라. 4개의 속성 W, X, Y, Z을 사용할 수 있으며, 스키마가 서로 다른 4개의 관계 E의 복사본이 있어서 조인은 각각 자연 조인으로 표현될 수 있다고 가정하라.

(b) 반대편 귀퉁이가 실제로 반드시 다른 노드가 되도록 하려면 어느 조인을 선택해야 하는가?

!! (c) k개의 리듀스 태스크를 사용하려 한다. (a) 각 조인을 위한 통신 비용을 최소화하기 위해 W, X, Y, Z 각각을 얼마나 많은 버킷으로 해시해야 하는가?

(d) 삼각형과는 달리 3개 중 하나의 조인으로 사각형이 생성됐더라도 반드시 각 사각형이 오직 한 번만 생성된다고 보장할 수 없다. 예컨대 서로 반대편 귀퉁이에 위치한 두 노드가 나머지 두 노드보다 낮은 번호를 갖는 사각형은 오직 조인 (i)에 의해서만 생성될 것이다. 3개의 조인 각각에 대해서 존재하지 않는 사각형을 얼마나 많이 생성하는가?

! **연습문제 10.7.4** $1 \leq i \leq j \leq k \leq b$를 만족하는 정수 리스트의 개수는 $\binom{b+2}{3}$개임을 보여라. 힌트: 이런 정수 리스트는 정확하게 3개의 1로 구성되며, 길이가 $b + 2$인 이진 문자열과 일대일 대응 관계다.

10.8 그래프의 이웃 특징

주어진 노드에서 짧은 경로를 따라 도달할 수 있는 노드들의 개수와 관련해 그래프가 갖는 중요한 특징 몇 가지가 있다. 10.8절에서는 매우 큰 그래프에서의 경로와 이웃에 관한 문제를 해결하는 알고리즘을 소개할 것이다. 수백만 개의 노드로 구성된 그래프에서 정확한 정답을 구하기 어려울 수도 있다. 따라서 정확한 알고리즘뿐만 아니라 근사치를 구하는 알고리즘 역시 살펴보겠다.

10.8.1 방향 그래프와 이웃들

10.8.1절에서는 **방향 그래프**^{directed graph}를 네트워크 모델로 사용할 것이다. 방향 그래프는 노드 집합과 **선**^{arc} 집합으로 구성된다. 선은 $u \to v$로 표현되는 노드들의 쌍이다. u를 선의 **출발지**^{source}로, v를 선의 **도착지**^{target}로 부른다. 선은 u에서 v를 향한다고 표현한다.

많은 종류의 그래프들이 방향 그래프로 모델링될 수 있다. 웹이 주요 사례다. 웹에서 선 $u \to v$는 페이지 u에서 페이지 v로 연결되는 링크다. 혹은 선 $u \to v$가 통신 가입자 u가 지난달 가입자 v에게 전화를 했다는 사실을 의미하는 것일 수도 있다. 또 다른 예로, 트위터 사용자 u가 또 다른 사용자 v를 팔로잉하는 것을 선으로 표현할 수도 있다. 어떤 그래프에서는 연구 논문 u가 논문 v를 참조하고 있음을 선으로 나타낼 수도 있다.

또한 모든 무방향 그래프는 방향 그래프로 표현될 수 있다. 무방향 선 (u, v) 대신 두 선 $u \to v$와 $v \to u$를 사용하는 것이다. 따라서 10.8.1절에서 설명하는 내용 역시 소셜 네트워크에 존재하는 친구들 그래프처럼 본질적으로 방향이 없는 그래프에 적용된다.

방향 그래프에서 **경로**^{path}는 노드들의 나열인 $v_0, v_1, \ldots, v_k$로 나타내며, 모든 $i = 0, 1, \ldots, k - 1$에 대해 선 $v_i \to v_{i+1}$가 존재한다. 이 경로의 길이는 k이며, 이는 그 경로를 따르는 선들의 개수다. 이 경로에는 $k + 1$개의 노드가 존재하며, 노드 그 자체는 길이가 0인 경로로 간주된다는 사실을 기억하라.

반지름이 d인 v의 이웃이란 v에서 u까지의 경로가 존재하며, 그 경로의 길이가 최대 d인 노드 u의 집합을 말한다. 이런 이웃들을 $N(v, d)$로 표시한다. 예를 들어, $N(v, 0)$는 항상 $\{v\}$이며, $N(v, 1)$는 v로부터 선으로 이어지는 노드들의 집합에 v를 더한 결과다. 조금 더 일반적으로 설명하자면 v가 노드들의 집합일 때 $N(V, d)$는 집합 V에 속한 하나 이상의 노드로부터 경로가 존재하고 그 길이가 d 혹은 그보다 작은 노드 u들의 집합이다.

노드 v의 **이웃 프로파일**^{neighborhood profile}은 $N(v, 1)|, |N(v, 2)|, \ldots$처럼 이웃의 크기들을 순서대로 나열한 형태다. 거리가 0인 이웃들은 크기가 항상 1이므로 포함시키지 않는다.

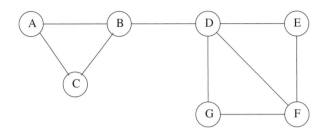

그림 10.24 규모가 작은 소셜 그래프(방향 그래프로 생각하라)

예제 10.29 그림 10.24로 재현된 그림 10.1의 무방향 그래프를 살펴보자. 이를 방향 그래프로 바꾸기 위해 각 선을 선의 쌍으로 간주하며 하나의 선이 한 방향을 나타낸다고 생각하자. 예를 들어, 선 (A, B)는 선 $A \to B$와 $B \to A$로 변경된다. 먼저 노드 A의 이웃을 생각해 보자. $N(A, 0) = \{A\}$다. 또한 A로부터 선으로 연결되는 노드는 오직 B와 C뿐이므로 $N(A, 1) = \{A, B, C\}$다. 그리고 $N(A, 2) = \{A, B, C, D\}$, $N(A, 3) = \{A, B, C, D, E, F, G\}$다. 반지름이 더 큰 이웃들은 모두 $N(A, 3)$과 같다.

반면 노드 B를 생각해 보자. $N(B, 0) = \{B\}$, $N(B, 1) = \{A, B, C, D\}$, 그리고 $N(B, 2) = \{A, B, C, D, E, F, G\}$다. B는 A보다 조금 더 네트워크 중심에 위치하며, 이 사실은 두 노드의 이웃 프로파일로 증명할 수 있다. A의 프로파일은 3, 4, 7, 7, . . . 인 반면 B의 프로파일은 4, 7, 7, ...이다. 분명히 B는 A보다 조금 더 중심에 가까운데 거리마다 B의 이웃들이 A보다 많기 때문이다. 실제로 D는 B보다 조금 더 중심에 가까운데 이는 D의 이웃 프로파일 5, 7, 7, . . .이 각 노드들의 프로파일 값보다 우세하기 때문이다.

10.8.2 그래프의 지름

방향 그래프의 **지름**은 모든 두 노드에 대해서 u로부터 v에 이르는 경로가 존재하며, 그 길이가 d 혹은 그보다 작을 때 최소 정수 d를 뜻한다. 방향 그래프에서 이런 정의는 그래프가 강하게 연결돼 있을 때에만, 즉 모든 노드로부터 그 외 다른 노드들까지의 경로가 존재할 때만 가능하다. 5.1.3절에서 설명한 웹을 다시 생각해 보자. 웹의 경우 강하게 연결된 웹의 대형 부분집합이 '중심에' 위치하지만, 전체적으로 웹은 강하게 연결되지 않았음을 살펴봤다. 예를 들어, 링크에 의해 어디로든 이동할 수 있는 페이지가 있는가 하면, 링크로는 도달할 수 없는 페이지들도 있다.

무방향 그래프에서 지름의 정의는 방향 그래프와 같으나, 경로는 선을 어느 방향으로든 지나갈 수 있다. 즉 방향이 없는 선은 선의 쌍으로 간주하며, 하나의 선이 각 방향을 나타내는 것으로 생각해야 한다. 그래프가 연결돼 있는 한, 지름의 개념은 무방향 그래프에서도 사용할 수 있다.

예제 10.30 그림 10.24 그래프의 지름은 3이다. A와 E처럼 3보다 작은 길이의 경로가 없는 노드 쌍들이 있다. 그러나 모든 노드 쌍은 한 노드에서 다른 노드로 이어지는 경로를 가지며, 이 길이는 최대 3이다. ■

반지름을 증가시키면서 이웃 크기를 계산해 그래프 지름을 계산할 수 있다. 특정 반지름에 이르러 더 이상 노드를 추가할 수 없을 때까지 이 과정을 반복한다. 즉 각 노드 v에 대해 $|N(v, d)| = |N(v, d + 1)|$을 만족하는 최소 d를 찾는다. 이 d가 v에서 어느 노드까지도 도달 가능한 최단 경로 길이에 해당하는 상한선이다. 이를 $d(v)$라 한다. 예컨대 예제 10.26에서 $d(A) = 3$, $d(B) = 2$임을 살펴봤다. 만일 어떤 v에 대한 $|N(v, d(v))|$ 값이 전체 노드 개수와 다르다면 그 그래프는 강하게 연결되지 않은 것이며, 지름으로 정확한 숫자를 제시할 수 없다. 그러나 그래프가 강하게 연결돼 있다면 이 그래프의 지름은 $\max_v(d(v))$다.

이렇게 되는 이유는 $N(v, d)$에 존재하는 선 $u \rightarrow w$의 모든 노드 w의 집합과 $N(v, d)$의 합집합을 사용해 $N(v, d + 1)$을 표현하기 때문이다. 즉 $N(v, d)$를 시작으로 $N(v, d)$에 출발지를 두고 있는 모든 선의 도착지를 $N(v, d)$에 추가한다. $N(v, d)$에 출발지를 두는 모든 선이 이미 $N(v, d)$에 존재하면 $N(v, d + 1)$은 $N(v, d)$와 동일할 뿐만 아니라 모든 $N(v, d + 2)$, $N(v, d + 3)$, . . . 역시 $N(v, d)$와 동일할 것이다. 마지막으로 $N(v, d) \sqsubseteq N(v, d + 1)$이기 때문에 $|N(v, d)|$와 $|N(v, d + 1)|$이 같아질 수 있는 유일한 경우는 $N(v, d)$와 $N(v, d + 1)$이 동일한 집합이 되는 경우뿐이다. 따라서 d가 $|N(v, d)| = |N(v, d + 1)|$을 만족하는 최소 정수라면 v는 길이가 최대 d인 경로에 의해 모든 노드에 도달하게 된다.

10.8.3 이행적 폐쇄와 도달 가능성

그래프의 **이행적 폐쇄**transitive closure란 u로부터 v까지의 경로가 존재하며, 그 길이가 0 혹은 그 이상인 노드들의 쌍(u, v)으로 이뤄진 집합이다. 보통 이 명제를 $Path(u, v)$로 표현한다.[4] 이와 연관된 개념이 바로 도달 가능성reachability이다. $Path(u, v)$가 참이면 노드 u에서 노드 v에 도달할 수 있음을 나타낸다. 이행적 폐쇄를 계산하는 문제는 그래프에서 $Path(u, v)$가 참인 모든 u와 v로 이뤄진 쌍을 찾아내는 것이며, 도달 가능성 문제는 그래프의 특정 노드 u에 대해 $Path(u, v)$가 참인 모든 v를 찾는 것이다.

이 두 개념은 이전에 설명했던 이웃이라는 개념과 관계가 있다. 실제로 v가 $N(u, \infty)$에 속한 경우만 $Path(u, v)$가 참이며, 이를 $\bigcup_{i \geq 0} N(u, i)$로 정의한다. 따라서 도달 가능성 문제는 특정 노드 u에 대해 모든 반지름에서의 모든 이웃들의 합집합을 계산하는 것이다. 10.8.2절을 참조하면 $N(u, d) = N(u, d + 1)$를 만족하는 최

---

4   노드 u를 포함하는 순환이 있으면 둘 다 참일 수 있음에 유의하라.

소 반지름에 이를 때까지 u의 이웃들을 계산함으로써 도달 가능한 노드들의 집합을 계산할 수 있다.

이행적 폐쇄와 도달 가능성이라는 두 가지 문제는 서로 관련이 있으나, 도달 가능성은 계산할 수 있는 반면 이행적 폐쇄는 계산하기 힘든 그래프 사례들이 많다. 예를 들어, 수십억 개의 노드로 구성된 웹 그래프가 있다고 가정하자. 특정 페이지로부터 도달 가능한 페이지(노드)들을 찾고자 한다면 메인 메모리 용량이 큰 단일 머신에서도 계산할 수 있다. 그러나 그래프의 이행적 폐쇄를 생성하는 데에만 10^{18}개의 노드 쌍을 처리해야 하는데 이는 대형의 분산 처리 환경을 사용한다 할지라도 계산해 내기 힘들다.[5]

10.8.4 맵리듀스를 통한 도달 가능성

병렬 처리 관점에서 보면 실제로 이행적 폐쇄 계산이 도달 가능성 계산보다 조금 더 쉽게 병렬 처리할 수 있다. 이행적 폐쇄 전부를 계산하지 않고 노드 v에서 도달 가능한 노드 집합 $N(v, \infty)$을 계산하고자 하는 경우 이웃들의 순서를 계산하는 방법밖에 없으며, 이는 본질적으로 v에서 출발하는 너비 우선 검색이 된다. 관계 대수로 표현하면 선 $x \to y$가 존재하는 노드 쌍 (x, y)를 포함하는 관계 $Arc(X, Y)$가 있다고 가정하자. 노드 v에서 도달 가능한 노드 집합인 관계 $Reach(X)$를 반복적으로 계산하고자 한다. i번의 진행 이후 $Reach(X)$는 $N(v, i)$에 속한 모든 노드들을 포함하게 된다.

초기에 $Reach(X)$에 포함된 노드는 v뿐이다. 맵리듀스를 몇 차례 수행한 이후 $Reach(X)$는 모든 노드들을 포함하게 된다고 가정하자. $N(v, i + 1)$을 구성하기 위해서는 $Reach$와 Arc 두 관계를 조인하고, 두 번째 성분에 반영해 그 결과와 이전 $Reach$ 값의 합집합을 구해야 한다. SQL 용어로 다음을 수행하는 것과 동일하다.

---

5 이행적 폐쇄를 전부 구할 수는 없지만, 강력하게 연결된 대형 컴포넌트들이 존재하는 경우 그래프 구조와 관련된 많은 것들을 알아낼 수 있다. 예를 들어, 5.1.3절에서 언급한 웹 그래프 실험은 약 1억 개의 노드로 구성된 그래프를 대상으로 수행됐다. 이행적 폐쇄에 속하는 모든 노드 쌍을 나열하지는 않았으나 웹의 구조를 설명할 수 있었다. 이를 위해 필요한 알고리즘은 10.8.10절에서 다룬다.

```
SELECT DISTINCT Arc.Y
FROM Reach,Arc
WHERE Arc.X = Reach.X;
```

이 질의로 $Reach(X)$와 $Arc(X, Y)$의 자연 조인을 구하게 되는데, 이는 2.3.7절에서 설명했던 맵리듀스 방식으로 수행할 수 있다. 그러면 그 결과를 Y로 그루핑하고 중복을 제거해야 하는데, 이는 2.3.8절처럼 또 다른 맵리듀스 작업으로 처리할 수 있다.

이 작업을 위해 필요한 라운드 횟수는 v에서 도달 가능한 노드 중 가장 멀리 떨어진 노드가 v에서 얼마나 멀리 떨어져 있는지에 좌우된다. '분리의 6단계 이론' 박스에서 설명한 것처럼 많은 소셜 네트워크 그래프의 지름은 작다. 그렇다면 맵리듀스 혹은 그 외 방법을 사용해 도달 가능성을 병렬로 계산할 수 있다. 적은 횟수로 계산할 수 있으며, 그래프를 표현하기 위한 공간보다 적은 공간을 사용하게 된다.

그러나 라운드 횟수가 심각한 장애물이 되는 그래프들이 있다. 예컨대 전형적인 웹에서는 특정 페이지에서 도달 가능한 대부분의 웹 페이지들까지 경로의 길이가 10~15다. 그러나 첫 번째 페이지에서 두 번째 페이지로 도달할 때 길이가 100 이상인 경로만 있는 페이지 쌍들이 존재한다. 예컨대 블로그의 내용은 독립 구조적이어서 그 블로그에서 연결될 수 있는 결과가 오직 해당 블로그에 달린 댓글뿐인 경우가 이에 해당한다. 이로 인해 주변에 '지름길'이 없는 긴 경로가 생기게 된다. 50장으로 구성된 웹 교재 페이지 역시 독립 구조적인 경우에 해당한다. 오직 자신의 페이지 내에서만, 즉 $i-1$장 페이지를 통해서만 i장으로 넘어갈 수 있기 때문이다.

10.8.5 세미-나이브 평가

10.8.4절과 같은 반복적인 평가를 보다 효율적으로 만들 수 있는 흔한 기법이 있다. 각 라운드에서 선을 통해 도달 가능한 모든 노드들의 전체 집합을 조인했다. 그러나 이전 라운드에서 노드 u에 도달할 수 있고 u에서 어느 노드 w까지 선이 있음을 알았었다면, w에 도달할 수 있음을 이미 알게 된 셈이다. 따라서 현재 라운드에서 노드 u를 다시 고려할 필요는 없다. 도달 가능성이 발견된 후 각 라운드에서 $Reach$의 각

멤버만 살펴봄으로써 많은 작업을 생략할 수 있다.

세미나이브 평가^{seminaive evaluation}[6]라고 불리는 개선된 알고리즘은 $Reach(X)$ 집합뿐만 아니라 이전 라운드에서 처음으로 도달 가능한 것으로 밝혀진 모든 노드만으로 구성된 $NewReach(X)$ 집합을 사용한다. 초기에 $NewReach$는 시작 노드인 $\{v\}$로, $Reach$는 비어 있는 것으로 설정한다. $NewReach$가 $Reach$의 부분 집합이 되는 라운드까지 다음 단계를 반복한다. 즉 어떤 새로운 $Reach$도 발견될 수 없을 때까지다.

1. $NewReach$의 각 노드를 $Reach$에 넣는다. $Reach$에 변경이 없으면 도달 가능한 모든 노드를 발견한 것이므로 반복을 종료한다.
2. 그렇지 않으면 관계 $NewReach(X)$에 대한 새로운 값이 다음 질의의 결과가 되도록 계산한다.

```
SELECT DISTINCT Arc.Y
FROM NewReach, Arc
WHERE Arc.X = NewReach.X;
```

10.8.6 선형 이행적 폐쇄

각 노드에서 도달 가능한 집합을 계산하는 경우 10.8.4절의 방법을 사용해 전체 이행적 폐쇄를 병렬로 계산할 수 있다. 그러나 관계 $Arc(X, Y)$에서 관계 $Path(X, Y)$까지를 계산하는 좀 더 간단한 방법 방법이 있으며, 효율적인 방법도 있다. 이행적 폐쇄를 계산하는 가장 간단한 방법은 $Path(x, Y)$를 $Arc(x, Y)$와 동일하게 두고 시작해 각 병렬 라운드에서 경로들을 선 하나로 확장함으로써 알려진 경로 길이를 늘이는 것이다. 이 방법을 **선형 이행적 폐쇄**^{linear transitive closure}라고 한다. SQL 용어로 각 라운드는 다음과 같이 새로운 경로를 계산한다.

---

6   다소 낯선 이 이름에는 숨겨진 이야기가 있다. 각 라운드마다 전체 재귀 관계를 사용해 관계를 재귀적으로 계산하기 위한 '나이브(naive, 단순한)' 알고리즘은 각 라운드에서 새로운 튜플만 고려함으로써 개선될 수 있다는 것이 1980년대에 밝혀졌는데, 그 당시에는 곧 '나이브가 아닌(not naive, 단순하지 않은)'이라고 이름 지을 수 있는 더 나은 방법이 발표될 것으로 생각했다. 하지만 그런 개선 방법은 지금까지 발견되지 않았기 때문에 '세미나이브(seminaive, 어느 정도 단순한)'라는 이름으로 불리게 됐다.

```
SELECT DISTINCT Path.X, Arc.Y
FROM Path, Arc
WHERE Arc.X = Path.Y;
```

도달 가능성에 관해서는 조인과 그루핑 집계grouping-and-aggregation를 위해 맵리듀스 알고리즘을 사용해 이 질의를 실행한 다음, 질의 결과와 기존 $Path$ 값의 합집합을 구한다. 그 결과가 다음 라운드의 $Path$ 값이 될 것이다. 실행해야 하는 라운드 수는 도달 가능성과 동일하다. 그래프의 지름을 d라 하면 d라운드 이후 $d + 1$까지의 모든 길이의 경로를 따라갈 것이므로 마지막 라운드에서는 새로운 $Path$ 명제를 발견하지 못할 것이다. 그 시점이 바로 중단할 때다.

도달 가능성의 경우 세미나이브 평가를 사용해 각 라운드의 조인 속도를 높일 수 있다. 하나 이상의 라운드 이전에 발견된 명제 $Path(v, u)$는 모든 $Arc(u, w)$ 명제와 이미 조인이 됐을 것이고, 따라서 현재 라운드에서는 어떤 새로운 $Path$ 명제도 추가되지 않을 것이다. 그러므로 다음과 같은 세미나이브 알고리즘으로 선형 이행적 폐쇄를 구현할 수 있다.

개선된 알고리즘은 관계 $Path(X, Y)$와 관계 $NewPath(X, Y)$를 사용하는데 이전 라운드에서 발견된 모든 $Path$ 명제들만 포함된다. 초기에 $NewPath$는 Arc로 설정하고, $Path$는 비어 있는 것으로 설정한다. $NewPath$가 $Path$의 부분 집합이 되는 라운드까지 다음 단계를 반복한다.

1. $NewPath$의 각 노드를 $Path$에 넣는다. $Path$가 변경되지 않으면 모든 $Path$ 명제가 발견된 것이므로 반복을 종료한다.
2. 그렇지 않으면 관계 $NewReach(X, Y)$에 대한 새로운 값이 다음 질의의 결과가 되도록 계산한다.

```
SELECT DISTINCT NewPath.X, Arc.Y
FROM NewPath, Arc
WHERE Arc.X = NewPath.Y;
```

10.8.7 재귀적 배가에 의한 이행적 폐쇄

흥미롭게도 까다로운 도달 가능성이나 선형 이행적 폐쇄보다 이행적 폐쇄가 병렬로 더 빠르게 계산될 수 있다. 단일 라운드에서 재귀적 배가$^{recursive-doubling}$ 기법을 사용해, 알려진 경로 길이를 두 배로 만드는 것이다. 그러면 그래프 지름이 d인 경우 d 라운드가 아닌 $\log_2 d$ 라운드만 필요하다. $d = 6$인 경우 이런 차이는 크지 않으나, $d = 1000$라면 $\log_2 d$는 약 10이므로 라운드 횟수가 100배 감소하는 효과를 얻게 된다.

가장 간단한 재귀적 배가 방식은 선 관계 $Arc(X, Y)$와 동일한 관계 $Path(X, Y)$에서 시작하는 것이다. i라운드 이후 $Path(X, Y)$는 x로부터 y까지 경로가 존재하며, 최대 경로 길이가 2^i인 모든 쌍 (x, y)를 포함한다고 가정하자. 이후 다음 라운드에서 $Path$를 자기 자신과 조인하면 x로부터 y까지 경로의 길이가 최대 $2 \times 2^i = 2^{i+1}$인 모든 쌍 (x, y)를 찾게 된다. 재귀적 배가 질의는 SQL로 다음과 같이 표현할 수 있다.

재귀적 배가에 의한 도달 가능성

도달 가능성을 계산하기 위해서는 본질적으로 그래프 지름과 동일한 횟수의 라운드가 필요하다는 사실을 살펴봤다. 이는 엄밀하게 사실은 아니다. 그러나 도달 가능성에 대해 10.8.4절에서 설명한 방법에서 벗어나면 단점이 있다. 집합 $Reach(v)$을 구하는 것이 목적이라면 재귀적 배가로 전체 그래프의 이행적 폐쇄를 계산한 후 v를 첫 번째 성분으로 갖지 않는 모든 쌍을 무시하면 된다. 그러나 완료 전까지 그런 쌍들을 무시할 수는 없다. 이행적 폐쇄 연산 도중 v로부터 x에도 도달할 수 없고 y에도 도달할 수 없음에도, 수많은 $Path(x, y)$ 명제들을 결국 계산하게 될 수도 있으며 v로부터 도달할 수 있다 하더라도 x가 y에 도달할 수 있는지 알 필요가 없을 수도 있다. 그래프가 크다면 $Reach$ 명제는 저장할 수 있겠지만, 모든 $Path$ 명제들을 저장하는 것은 불가능할 수도 있다.

```
SELECT DISTINCT p1.X, p2.Y
FROM Path p1, Path p2
WHERE p1.Y = p2.X;
```

$Path$에는 길이가 1과 2^i 사이인 경로로 연결된 쌍들이 포함된다는 가정하에서 이 질의를 실행하면 길이가 2와 2^{i+1} 사이인 경로로 연결된 모든 쌍을 구할 수 있다. 이 질의의 결과와 Arc 관계 자체의 합집합을 구하면 길이가 1과 2^{i+1} 사이인 모든 경로를 구할 수 있으며, 그 합집합을 재귀적 배가의 다음 라운드에서 $Path$ 관계로 사용할수 있다. 질의 자체는 2개의 맵리듀스 작업으로 구현될 수 있는데, 하나는 조인을 실행하고 다른 하나는 합집합과 중복 제거 연산을 담당한다. 병렬 접근성 연산에서 살펴본 것처럼 2.3.7절과 2.3.8절의 방식으로 충분하다. 2.3.6절에서 설명했던 것처럼합집합 연산을 위해서는 실제로 맵리듀스 작업이 꼭 필요하지는 않다. 중복 제거에합쳐질 수 있기 때문이다.

그래프 지름이 d이면 이전 알고리즘에서 $\log_2 d$번의 라운드 이후 $Path$는 최대 길이가 d인 경로로 연결된 모든 쌍 (x, y)를 포함하게 된다. 즉 이행적 폐쇄에 존재하는모든 쌍이 포함된다. 사전에 d를 모르는 경우 더 이상 쌍들이 발견될 수 없음을 확인하기 위해 한 번의 라운드가 추가로 필요하지만, d가 큰 경우 이 과정은 도달 가능성을 위해 사용되는 너비 우선 검색에서보다 훨씬 더 적은 라운드가 필요하다.

그러나 이전 재귀적 배가 방식은 추가 작업이 너무 많다. 예제를 통해 이를 살펴보자.

예제 10.31 x_0에서 x_{17}에 이르는 최단 경로 길이가 17이라고 가정하자. 구체적으로경로 $x_0 \to x_1 \to \cdots \to x_{17}$이 존재한다고 하자. 다섯 번째 라운드에서 $Path$에 길이가16인 경로로 연결되는 모든 쌍이 포함됐고, $Path(x_0, x_{17})$이라는 사실을 발견했다고하자. $Path$ 자체를 조인하면 x_0에서 x_{17}까지 같은 경로가 16번 발견될 것이다. 하지만 $Path(x_0, x_{16})$를 구하고 그것을 $Path(x_{16}, x_{17})$와 조인해서 $Path(x_0, x_{17})$을 구할수 있다. 혹은 $Path(x_0, x_{15})$와 $Path(x_{15}, x_{17})$을 합쳐서 같은 결과를 얻을 수 있다. 계속해서 이런 작업이 가능하다. 반면 $Path(x_0, x_{16})$이 $NewPath$에 있을 때 선형 이행적 폐쇄는 이 경로를 단 한 번만 발견할 것이다. ■

이전 알고리즘과 관련해 세미나이브 평가를 사용하는, 보다 효율적인 버전의 재귀적 배가 알고리즘이 있다. 다시 $Path(X, Y)$와 $NewPath(X, Y)$ 두 관계를 사용한다. 두 $Path$를 조인하는 대신 두 번째 $Path$ 관계를 $NewPath$로 변경한다. u에서 v까지 최단 경로의 길이가 k이면 이 경로를 시작 부분에서 길이가 $\lfloor k/2 \rfloor$인 머리head와, 끝 부분에서 길이가 $\lceil k/2 \rceil$인 꼬리tail로 나눌 수 있다. 꼬리는 $\lceil k/2 \rceil$ 라운드까지 발견되지 않을 것이며, 따라서 $NewPath$에 나타난다. 반면 머리는 반드시 해당 라운드(k가 짝수인 경우) 또는 그 전(k가 홀수인 경우)에 발견돼 $NewPath$와의 다음 조인을 위해 $Path$에 있게 될 것이다. 따라서 다음과 같이 재귀적 배가의 세미나이브 버전이 동작하게 될 것이다.

초기에 $NewPath$는 Arc로 설정하고, $Path$는 비어 있는 것으로 설정한다. $NewPath$가 $Path$의 부분 집합이 되는 라운드까지 다음 단계를 반복한다.

1. $NewPath$의 각 노드를 $Path$에 넣는다. $Path$가 변경되지 않으면 모든 $Path$ 명제가 발견된 것이므로 반복을 종료한다.
2. 그렇지 않으면 관계 $NewReach(X)$에 대한 새로운 값이 다음 질의의 결과가 되도록 계산한다.

```
SELECT DISTINCT Path.X, NewPath.Y
FROM Path, NewPath
WHERE NewPath.X = Path.Y;
```

10.8.8 지능형 이행적 폐쇄

재귀적 배가의 변형으로 같은 경로를 한 번 이상 발견하는 것을 방지하는 방법이 있는데 이를 지능형 이행적 폐쇄smart transitive closure라 부른다. 1보다 길이가 더 큰 모든 경로는 길이가 2의 제곱인 머리head와 이 머리보다 크지 않은 길이의 꼬리tail로 쪼개진다.

예제 10.32 경로의 길이가 13일 때 머리는 처음 8개의 선으로 구성되며, 꼬리는 마지막 5개의 선으로 구성된다. 경로의 길이가 2일 때 머리 길이는 1이며 꼬리 길이도

1이다. 1은 2의 제곱수이며(0번째 제곱), 경로 길이가 2의 제곱수일 때마다 꼬리 길이가 머리 길이와 같아진다는 사실에 유의하라. ■

지능형 이행적 폐쇄를 SQL로 구현하기 위해 관계 $Q(X, Y)$를 소개하려 한다. 이 관계의 함수는 i번째 라운드 이후 x에서 y에 이르는 최단 경로 길이가 정확하게 2^i인 모든 노드 쌍 (x, y)를 구한다. 또 i번째 라운드 이후 x에서 y에 이르는 최단 경로의 길이가 최대 $2^{i+1} - 1$일 때 $Path(x, y)$는 참이 된다. 경로에 대한 이런 해석은 10.8.4절에서 설명했던 간단한 재귀적 배가 방식에서의 경로 해석과 약간 다르다는 사실에 주의하라.

초기에 Q와 $Path$ 모두를 관계 Arc의 복사본이라 설정하자. i번째 라운드 이후 Q와 $Path$는 이전 단락에서 설명한 내용들을 포함한다고 가정한다. $i = 1$라운드에서 Q와 $Path$의 초기값은 $i = 0$일 때처럼 서로 같다는 사실에 주목하라. $(i + 1)$번째 라운드에서는 다음을 따른다.

1. 다음 SQL 질의로 Q를 자기 자신과 조인해서 새로운 Q 값을 구한다. 길이가 두 배인 경로를 찾게 된다.

```
SELECT DISTINCT q1.X, q2.Y
FROM Q q1, Q q2
WHERE q1.Y = q2.X;
```

2. 1단계에서 구한 관계 Q로부터 $Path$를 뺀다. 1단계에서 길이가 2^{i+1}인 모든 경로를 모두 찾아냈다는 사실에 주목하라. 그러나 이런 경로로 연결된 일부 쌍들은 더 짧은 경로를 가질 수도 있다. 2단계의 결과로 u로부터 v까지 최단 경로의 길이가 정확하게 2^{i+1}인 모든 쌍 (u, v)가 Q에 남게 된다.

3. 2단계에서 구한 새로운 Q 값과 $Path$를 조인한다. 다음 SQL 질의를 사용하면 된다.

```
SELECT DISTINCT Q.X, Path.Y
FROM Q, Path
WHERE Q.Y = Path.X
```

라운드 처음에 $Path$에는 y부터 z까지 최단 경로의 길이가 $2^{i+1} - 1$인 모든 쌍 (y, z)가 포함되며, 새로운 Q 값에는 x부터 y까지 최단 경로의 길이가 2^{i+1}인 모든 쌍 (x, y)가 포함된다. 따라서 이 질의의 결과로 x부터 y까지 최단 경로의 길이가 $2^{i+1} + 1$와 $2^{i+1} - 1$ 사이인 쌍들의 집합 (x, y)을 구할 수 있으며, 이런 과정이 반복된다.

4. 3단계에서 구한 관계와 1단계에서 구한 새로운 Q 값, 그리고 이전 $Path$ 값에 대한 합집합을 새로운 $Path$로 설정한다. 이 3개의 항을 통해 최단 경로의 길이가 각각 $2^{i+1} + 1$부터 $2^{i+2} - 1$까지, 정확하게 2^{i+1}, 그리고 1부터 $2^{i+1} - 1$인 모든 쌍 (x, y)를 구할 수 있다. 따라서 길이가 $2^{i+2} - 1$에 이르는 모든 최단 경로를 합집합으로 구할 수 있다. 이는 각 라운드 이후의 결과가 모두 참이라는 사실을 귀납적으로 증명한다.

지능형 이행적 폐쇄 알고리즘에서 각 라운드는 조인, 집계^{aggregation}(중복 제거), 혹은 합집합 단계를 거친다. 따라서 라운드는 순차적인 짧은 맵리듀스 작업으로 구현

경로 명제와 경로

연속된 선들로 구성된 하나의 경로^{path}와 특정 노드 x로부터 특정 노드 y까지 경로가 있음을 설명하는 경로 명제^{path fact}를 신중하게 구분해야 한다. 경로 명제는 보통 $Path(x, y)$로 표현된다. 지능형 이행적 폐쇄는 각 경로를 오직 한 번 찾아내지만, 경로 명제는 한 번 이상 찾아낼 수도 있다. 그 이유는 보통 그래프에는 x부터 y에 이르는 경로가 많으며, x부터 y까지 길이는 같으나 경로는 서로 다른 경우가 많기 때문이다.

모든 경로가 지능형 이행적 폐쇄에 의해 독립적으로 발견되는 것은 아니다. 예컨대 선 $w \to x \to y \to z$와 선 $x \to u \to z$가 있다면 경로 명제 $Path(w, z)$는 $Path(w, y)$와 $Path(y, z)$를 결합할 때 한 번, $Path(w, u)$와 $Path(u, z)$를 결합할 때 한 번, 이렇게 두 번 발견된다. 반면 $w \to x \to y \to z$와 $w \to v \to y$가 있을 때 $Path(w, z)$는 $Path(w, y)$와 $Path(y, z)$를 결합할 때 한 번만 발견될 것이다.

될 수 있다. 또 이런 연산들이 결합되면 많은 작업이 줄어들 수 있다. 보통 워크플로
workflow 시스템(2.4.1절 참조)에서 사용되는 조금 더 일반적인 통신방식을 사용해서 말
이다.

홍미롭게도 지능형 이행적 폐쇄는 이미 나이브 기법을 포함하고 있다. 각 라운드
에서 관계 Q에는 전에 Q에 없었던 명제 $Q(u, v)$만 포함되는데, U에서 v까지의 최
단 경로가 이전 어느 라운드에서 Q에 표현된 최단 경로보다 길기 때문이다. 게다가
Q를 $Path$와 조인할 때 이전 라운드들에서 Q에 없었던 명제만을 사용하므로 Q는
10.8.7절의 알고리즘에서 $NewPath$가 될 집합의 하위 집합이다.

10.8.9 방법 비교

10.8.4절부터 10.8.8절까지 설명한 방법들에는 각각 장점과 단점이 있다. 여기서 중
요한 문제는 필요한 라운드 수와 각 라운드를 실행하는 데 걸리는 시간이다. 이 비용
을 노드가 n개, 선은 e개, 지름은 d인 방향 그래프로 살펴볼 것이다.

설명한 모든 알고리즘에서 조인 비용이 각 라운드에서의 그루핑, 집계, 합집합 연
산 같은 작업 비용을 훨씬 상회한다. 따라서 조인 비용만 따져 볼 것이다. 또한 2.3.7
절 알고리즘처럼 조인은 효율적으로 구현된 것으로 가정한다. 그 알고리즘에서 두
관계 각각의 각 튜플은 하나의 리듀서로 전송되고, 각 리듀서에서의 작업은 두 관계
각각의 튜플 개수를 곱한 결과다. 마지막으로 모든 알고리즘이 세미나이브 버전으로
구현됐다고 가정한다. '나이브' 버전보다 더 효율적이기 때문이다. 그림 10.25는 분
석 결과를 요약한 표다.

알고리즘	계산	라운드
도달 가능성	$O(e)$	d
선형 이행적 폐쇄	$O(ne)$	d
재귀적 배가	$O(n^3)$	$\log_2 d$
지능형 이행적 폐쇄	$O(n^3)$	$\log_2 d$

그림 10.25 이행적 폐쇄 알고리즘의 비용

이 알고리즘들의 라운드 수는 이미 설명을 했었다. 도달 가능성과 선형 이행적 폐쇄는 반복에 의해 의도된 검색을 통해 다른 노드에서 어느 노드로 도달할 수 있을 때까지 새로운 $Reach$ 혹은 $Path$ 명제를 찾을 것이다. 라운드 수는 그래프 지름로 제한된다. 전체 이행적 폐쇄를 계산할 때 u에서 v까지의 최단 경로가 d가 되는 노드 u와 v는 항상 존재할 것이다. 따라서 선형 이행적 폐쇄에는 항상 d라운드가 필요하다. 그러나 하나의 특정 노드 u에서 검색하면 그래프 지름보다 훨씬 짧은 경로를 사용해 항상 도달하는 모든 노드에 이를 수 있다. 즉 d의 값은 u를 포함하지 않는 노드 쌍의 개수로 결정되는 것이다. 그림 10.25의 마지막 두 줄이 설명하는 두 재귀적 배가 방법에 대해서는, $\log_2 d$ 라운드 안에 길이가 d에 이르는 모든 경로를 발견하므로 모든 $Path$ 명제를 발견한다는 점을 살펴봤다.

이제 10.8.4절 도달 가능성 알고리즘의 세미나이브 버전에서 조인 비용을 생각해 보자. 각 노드 u는 한 라운드에서만 $NewReach$에 있을 수 있다. 그 라운드의 한 리듀서에서 u로 시작하는 모든 선들이 계산된다. 따라서 모든 라운드와 각 라운드의 모든 리듀서에서 노드 u를 선들과 조인하는 비용은 u의 차수$^{out\text{-}degree}$와 같다. 각 선은 정확히 하나의 노드(꼬리에 있는 노드)의 차수에 기여한다는 사실이 중요하다. 따라서 방향 그래프에서 노드들의 차수의 합은 그래프의 선 개수와 같다. 이 결과는 도달 가능성에 대한 라운드 비용이 $O(e)$가 됨을 잘 설명한다.

세미나이브 선형 이행적 폐쇄의 경우 노드 u와 모든 라운드에서 u에 대응하는 리듀서들을 생각해 보자. 각 노드 v에 대해 이 리듀서들 중 하나만 $NewPath(v, u)$ 명제를 받는다. 그 라운드에서 이 리듀서는 해당 명제를 모든 $Arc(u, w)$ 명제와 조인할 것이고, 따라서 u의 차수와 동일한 비용이 발생한다. v를 고정하고 u를 변경하면 모든 u에 대해 $NewPath(v, u)$ 형식의 명제를 처리하는 모든 리듀서들의 총 작업은 모든 노드들 u의 차수의 합으로, 총 선의 개수 e다. 그런 다음 모든 n개의 노드 v에 대해 이 비용을 합하면 모든 라운드에서 모든 리듀서 사이에 조인된 명제의 총 수가 $O(ne)$임을 알 수 있다.

다음으로 10.8.7절 세미나이브 재귀적 배가 알고리즘과 관련된 조인을 살펴보자. 각 명제 $NewPath(u, w)$는 한 라운드에서만 $NewPath$에 나타난다. 그 라운드에서 어느 $Path(v, u)$ 명제든 만날 수 있다. 따라서 모든 라운드에서 모든 리듀서의 총 작업은 n^2(*NewPath*에 나타날 수 있는 서로 다른 명제 수)와 n(나타날 때 조인될 수 있는 *Path* 명제의 수)의 곱이다. 이는 세미나이브 재귀적 배가에 대한 $O(n^3)$을 잘 설명한다.

마지막으로 지능형 이행적 폐쇄를 살펴보자. 각 라운드마다 2개의 조인을 수행한다. 자신과 조인되는 Q와 *Path*와 조인되는 Q다. 명제 $Q(u, w)$는 한 라운드에서만 나타날 수 있으며, 최악의 경우 해당 라운드에서 n개의 서로 다른 명제 $Q(v, u)$와 조인될 것이다. 따라서 총 작업은 최대 $O(n^3)$이며, 이는 n^2 명제와 n개의 명제와의 조인 횟수를 곱한 결과다. 두 번째 Q와 *Path*의 조인도 비슷하다. 지능형 이행적 폐쇄 연산에 대한 상한은 재귀적 배가와 동일함에 유의하라. 그러나 10.8.8절에서 논의했듯이 무차별 대입brute-force 재귀적 배가를 사용하는 것보다 지능형 이행적 폐쇄 방식을 사용해 더 적은 수의 *Path* 팩트 쌍이 연결될 가능성이 매우 높다. 이론적으로 최악의 경우는 동일하더라도 말이다.

10.8.10 그래프 축소에 의한 이행적 폐쇄

그래프에서 **강하게 연결된 컴포넌트**SCC, Strongly Connected Component는 다음과 같은 노드 S의 집합이다.

1. S의 모든 노드는 S의 다른 모든 노드에 도달한다.
2. S의 모든 노드에 도달하고 S의 모든 노드로부터 도달되는 S의 외부 노드가 없다는 의미에서 S는 최대다.

웹과 같은 일반적인 방향 그래프에는 SCC들이 많이 존재한다. 이행적 폐쇄를 계산하면 SCC를 하나의 노드로 압축할 수 있다. SCC에 속한 모든 노드는 반드시 다시 같은 노드들에 도달하기 때문이다. 그래프의 SCC들을 그래프 크기와 선형으로 비례하는 시간 안에 찾아낼 수 있는 명쾌한 알고리즘이 있다. J.E. 홉크로프트J.E. Hopcroft와 R.E. 타잔R.E. Tarjan이 고안해 낸 알고리즘이다. 그러나 이 알고리즘은 너비 우선 검색을 기반으로 하기 때문에 본질적으로 순차적이며, 대형 그래프를 병렬로 처리하는 데 그렇게 적합한 방법은 아니다.

그래프에서 특정 노드 몇 개를 임의로 선택하고, 선택된 각 노드에 대해 두 도달 가능성을 계산함으로써 대부분의 SCC를 찾아낼 수 있다. 또한 SCC가 클수록 더 쉽게 압축할 수 있으므로 그래프 크기를 빠르게 줄이는 것이 가능하다. SCC를 단일 노드로 축소하는 알고리즘은 다음과 같다. 축소할 그래프를 G라고 하고, G의 모든 선이 역방향인 그래프를 G'라고 하자.

1. G에서 노드 v를 무작위로 선택한다.
2. G에서 v로부터 도달 가능한 노드들의 집합 $N_G(v, \infty)$를 찾는다.
3. G의 역방향 선을 갖는 그래프 G'에서 v가 도달할 수 있는 노드들의 집합 $N_{G'}(v, \infty)$를 찾는다. 이와 동일하게 이 집합에 속한 노드들은 G에서 v로 도달할 수 있다.
4. $N_G(v, \infty) \cap N_{G'}(v, \infty)$ 관계가 성립하는, 즉 v를 포함하는 SCC S를 구성한다. 다시 말해 v가 u로 도달할 수 있고 u가 v에 도달할 수 있을 때만 v와 u는 G의 같은 SCC에 속한다.
5. SCC S를 G의 단일 노드 s로 치환한다. 이를 위해 G에서 S의 모든 노드를 삭제하고 s를 G의 노드 집합에 추가한다. 하나 혹은 양쪽 노드가 S에 속한 모든 선을 G에서 삭제한다. 이후 S의 어느 멤버로부터 x로 이어지는 선이 G에 있을 때마다 선 $s \rightarrow x$를 G의 선 집합으로 추가한다. 마지막으로 x에서 S의 어느 멤버로 이어지는 선이 있으면 선 $x \rightarrow s$를 추가한다.

위 단계들을 고정된 횟수만큼 반복하면 된다. 아니면 그래프가 충분히 작아질 때까지 반복한다. 혹은 각 노드가 SCC에 속할 때까지 모든 노드를 검사하는 방법도 있다. 극단적인 경우 노드 v는 다음이 성립하면 자신만으로 구성된 SCC에 속하게 된다는 사실에 유의하라.

$$N_G(v, \infty) \cap N_{G'}(v, \infty) = \{v\}$$

후자를 선택한다면, 그 결과 그래프를 원래 그래프 G의 **이행적 축소**라고 부른다. 이행적 축소는 항상 비순환적이다. 순환한다면 하나 이상의 노드로 구성된 SCC가 만들어질 것이기 때문이다. 그러나 결과 그래프의 노드 개수가 충분히 작아서 전체 이행적 폐쇄를 계산하는 것이 가능하다면 순환 그래프로 축소할 필요가 없다. 즉 결과의 크기는 노드 개수의 제곱에 비례하는데 노드 개수가 충분히 작으므로 이를 처리하는 것이 가능하다는 뜻이다.

축소된 그래프의 이행적 폐쇄가 원래 그래프의 이행적 폐쇄와 정확하게 같지는 않지만, 원래 노드 각각이 속해 있는 SCC가 무엇인지에 관한 정보뿐 아니라 원래 그래프의 이행적 폐쇄로 알 수 있는 모든 것을 축소된 그래프의 이행적 폐쇄를 통해 알 수 있다. 원래 그래프에서 $Path(u, v)$가 참인지 알고자 한다면 u와 v를 포함하는 SCC들을 찾으면 된다. u와 v가 같은 SCC에 속해 있다면 u는 반드시 v에 도달할 수 있다. 만약 u와 v가 서로 다른 SCC인 s와 t에 각각 속해 있다면 축소된 그래프에서 s가 t에 도달할 수 있는지 확인한다. 도달할 수 있다면 원래 그래프에서 u는 v에 도달할 수 있고, 그렇지 않다면 도달하지 못하는 것이다.

예제 10.33 5.1.3절에서 '나비 넥타이' 모형의 웹을 다시 살펴보자. 이 그래프 일부에서 노드들의 개수는 2억 개가 넘었다. 이 개수 제곱에 비례하는 크기의 데이터를 처리하는 것은 불가능한 일이다. 'SCC'라 불리는 대형 노드들의 집합이 존재했으며, 이를 그래프의 중심으로 볼 수 있었다. 약 4개의 노드 중 하나 정도가 SCC에 속했으므로 SCC의 멤버들 중 하나가 임의로 선택되자마자 SCC는 단일 노드로 압축될 것이다. 그러나 그 웹에는 정확히 '나비 넥타이' 모형이 아닌 다른 많은 SCC가 존재한다. 예컨대 인 컴포넌트에는 다수의 SCC가 포함돼 있을 것이다. 이런 SCC 중 하나에 속한 노드들은 서로 도달할 수 있고, 인 컴포넌트에 속한 다른 노드들로도 도달할 수 있으며, 중심에 위치한 SCC의 모든 노드에 역시 도달할 수 있다. 인/아웃 컴포넌트, 튜브tube, 그 외 다른 구조에 존재하는 SCC는 모두 붕괴돼 훨씬 작은 그래프가 될 수 있다. ■

10.8.11 이웃들의 크기 추정

10.8.11절에서는 대형 그래프 A를 구성하는 각 노드들에 대해 이웃 프로파일을 계산하는 문제를 다룰 것이다. 이 문제는 각 노드 v에서 도달 가능한 집합의 크기 $N(v, \infty)$를 찾는 것으로 변형돼 역시 마찬가지 방법으로 해결할 수 있다. 수십억 개의 노드로 구성된 그래프에서 노드들 자체가 아니라 각 노드의 이웃들을 계산하는 것은

매우 큰 분산 처리 환경을 사용한다 해도 절대 불가능한 일이다. 각 이웃들의 노드 개수만을 세고자 한다면 그래프를 탐색하면서 발견된 노드들을 기억해야 할 필요가 없으며, 발견된 노드가 새로운 것인지 혹은 이미 발견된 것인지 몰라도 상관없다.

반면 4.4.2절에서 설명한 플라졸레-마틴^{Flajolet-Martin} 기법을 사용할 경우 각 이웃의 크기를 추정하는 것은 그리 어려운 일은 아니다. 이 기법은 많은 개수의 해시 함수들을 사용한다는 사실을 기억하라. 이 해시 함수들은 그래프 노드들에 적용된다. 해시 함수 h를 노드 v에 적용할 때 얻게 되는 비트 문자열에서 문자열 끝 쪽에 위치한 0들의 개수인 '꼬리^{tail} 길이'가 중요한 특징이 된다. 모든 집합 멤버의 꼬리 길이 중 가장 긴 값을 R이라고 하면 해당 노드들 집합의 크기는 2^R로 추정된다. 따라서 집합 멤버를 모두 저장하는 대신 그 집합에 해당하는 R 값만 기록하면 된다. 물론 해시 함수들이 많으므로 각 해시 함수에 해당하는 R 값을 기록해야 한다. 따라서 집합의 모든 멤버를 저장하는 대신 해당 집합에 대한 R 값만 기록할 수 있다. 물론 플라졸레-마틴 기법은 다양한 해시 함수를 사용하고 각각에서 얻은 R 값을 합치기 때문에 각 해시 함수에 대한 R 값을 기록해야 한다. 그럼에도 (예로) 수백 개의 R 값을 위해 필요한 총 공간은 큰 이웃의 모든 멤버를 나열하는 데 필요한 공간보다 훨씬 작다.

예제 10.34 64비트 문자열을 생성하는 해시 함수를 사용하면 각 R을 저장하기 위해서는 6개의 비트 모두가 필요하다. 예컨대 십억 개의 노드가 있다면 각 노드의 이웃 크기를 추정하고자 하는 경우 각 노드당 20개의 해시 함수에 해당하는 R 값을 15기가바이트에 저장할 수 있다. ■

각 이웃의 꼬리 길이를 저장하면 이를 사용해 더 작은 이웃들에 대한 추정치로부터 더 큰 이웃들에 대한 추정치를 계산할 수 있다. 즉 모든 노드 v에 대해 $|N(v, d)|$의 추정치를 구했으며, 반지름이 $d + 1$인 이웃들에 대한 추정치를 계산하기 원한다고 가정하자. 각 해시 함수 h에 대해서 $N(v, d + 1)$의 R 값은 다음 중 가장 큰 값이다.

1. v의 꼬리 혹은
2. $v \to u$가 그래프의 선일 때 h 및 $N(u, d)$와 관련된 R 값들

그래프에서 v의 후속자를 통해서만 노드에 도달 가능한지, 혹은 다수의 서로 다른 후

속자를 통해서 노드에 도달할 수 있는지는 상관없다는 사실이 중요하다. 어느 경우든 얻게 되는 추정치는 같다. 이는 유용한 특징이며 4.2.2절에서 설명한 특징과 동일하다. 스트림 원소가 스트림에 한 번 등장하는지 혹은 여러 번 등장하는지 알 필요가 없었다.

이제 ANF$^{\text{Approximate Neighborhood Function}}$라는 완전한 알고리즘을 설명하겠다. k개의 해시 함수 $h_1, h_2, \ldots, h_k$를 선택한다. 해시 함수 h_i를 사용했을 때 각 노드 v와 반지름 d에 대해서 $N(v, d)$에 속한 노드들 중 최대 꼬리 길이를 $R_i(v, d)$로 나타낸다고 하자.

근거^{basis}: 초기화를 위해 $R_i(v, 0)$를 모든 i와 v에 대한 $h_i(v)$의 꼬리 길이라 하자.

귀납 과정^{induction}: 모든 i와 v에 대한 $R_i(v, d)$를 계산했다고 하자. 모든 i와 v를 대상으로 $R_i(v, d+1)$를 $R_i(v, d)$로 초기화한다. 그런 다음 그래프에서 순서와 상관없이 모든 선 $x \to y$를 검토한다. 각 $x \to y$를 대상으로 $R_i(x, d+1)$이 현재 값과 $R_i(y, d)$보다 더 크도록 설정한다.

순서와 상관 없이 선들을 처리하기 때문에 R_i를 메인 메모리에 저장해 속도 향상을 꾀할 수 있는 반면 선 집합은 너무 커서 디스크에 저장될 수밖에 없다. 선들을 포함하는 디스크 블록 모두를 한 번에 하나씩 스트림으로 처리할 수 있으므로 각 반복 단계에서 디스크 블록당 오직 한 번의 디스크 접속만으로 선을 저장할 수 있다. 이런 장점은 6.2.1절에서 선험적$^{\text{A-priori}}$ 알고리즘과 같은 빈발 항목집합 알고리즘이 시장바구니 데이터를 스트림으로 읽어 낼 때 각 라운드당 각 디스크 블록이 한 번만 읽혀졌다는 사실을 설명하며 언급했던 장점과 유사하다.

$N(v, d)$의 크기를 추정하기 위해 4.4.3절에서 설명했던 방법과 같이 $i = 1, 2, \ldots, k$에 해당하는 $R_i(v, d)$ 값을 결합한다. 즉 R들을 작은 그룹들로 나누고 평균^{average}을 구해서 그 평균^{average}의 중앙값^{median}을 구한다.

오직 도달 가능한 집합 $N(v, \infty)$의 크기만을 알고자 하는 경우 ANF 알고리즘을 조금 더 개선할 수 있다. 그러면 서로 다른 반지름 d에 대한 $R_i(v, d)$를 저장할 필요가 없다. 각 해시 함수 h_i와 각 노드 v에 대한 $R_i(v)$ 값을 하나로 유지할 수 있다. 간단하게 매 라운드에서 선 $x \to y$에 대해 다음과 같이 할당하는 것으로 충분하다.

$$R_i(x) := \max\big(R_i(x), R_i(y)\big)$$

그리고 특정 라운드에서 어느 $R_i(v)$ 값도 변경되지 않을 때 반복을 멈추면 된다. 아니면 그래프의 지름 d가 알려진 경우 d번 반복한 후 멈추는 방법도 가능하다.

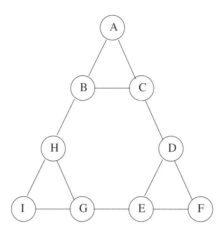

그림 10.26 이웃 및 이행적 폐쇄와 관련된 연습문제를 위한 그래프

10.8.12 10.8절 연습문제

연습문제 10.8.1 그림 10.9의 그래프를 그림 10.26으로 재현했다.

(a) 그래프를 방향 그래프로 표현한다면 존재하는 선들은 몇 개인가?

(b) 노드 A와 B의 이웃 프로파일은?

(c) 그래프의 지름은 얼마인가?

(d) 이행적 폐쇄에 존재하는 쌍들은 몇 개인가? 힌트: 그래프에서 자기 자신에게로 연결되는 경로가 존재하며, 이 경로의 길이가 0보다 크다는 사실을 잊어서는 안 된다.

(e) 재귀적 배가 방식으로 이행적 폐쇄를 구할 때 필요한 라운드 횟수는 얼마인가?

연습문제 10.8.2 지능형 이행적 폐쇄 알고리즘은 경로의 길이를 특정 길이의 머리와 꼬리로 나눈다. 경로 길이가 7, 8, 9인 경우 머리와 꼬리의 길이는 얼마인가?

! **연습문제 10.8.3** 세미나이브 기법이 사용되지 않는 경우 도달 가능성, 선형 이행적 폐쇄, 재귀적 배가 알고리즘 버전에 대해서 그림 10.25의 표 값을 채워라.

! **연습문제 10.8.4** 10.8.9절에서는 방향 그래프에서 노드들의 차수 합은 그래프의 선 개수와 같다는 사실을 살펴봤다. 무방향 그래프에서도 노드의 차수와 선 개수 간에 유사한 관계가 있다. 이 관계를 찾고 증명하라.

연습문제 10.8.5 마지막 소셜 네트워크 예제인 그림 10.24를 살펴보자. 각 노드(대문자)를 ASCII 코드로 매핑하는 단일 해시 함수 h를 사용한다고 가정하자. A에 해당하는 ASCII 코드는 01000001이며 B, C에 해당하는 코드는 각각 01000010, 01000011, ...이다.

(a) 이 해시 함수를 사용해 각 노드와 반지름 1에 대한 R 값을 구하라. 각 이웃 크기의 추정치는 얼마인가? 추정치를 실제 값과 비교한 결과는 어떠한가?

(b) 다음으로 각 노드와 반지름 2에 대한 R 값을 구하라. 이웃 크기의 추정치를 구하고 실제와 비교하라.

(c) 그래프 지름은 3이다. 그래프 각 노드에서 도달 가능한 노드 집합에 대해 R 값과 크기 추정치를 계산하라.

(d) 또 다른 해시 함수 g는 문자의 ASCII 코드 값에 1을 더한다. 해시 함수 g를 사용해 (a)부터 (c)를 반복하라. h와 g로 계산되는 추정치들의 평균이 이웃 크기의 추정치가 되도록 하라. 이런 추정치들은 서로 얼마나 근접한가?

10.9 요약

- **소셜 네트워크 그래프**: 소셜 네트워크의 연결 관계를 표현하는 그래프는 매우 크며 응집성locality을 보인다. 즉 노드들의 작은 부분집합(커뮤니티)은 평균보다 훨씬 큰 밀집도를 갖는다.

- **커뮤니티와 클러스터**: 커뮤니티는 클러스터와 몇 가지 면에서 닮았으나 중요한 차이점이 있다. 개개인(노드)들은 보통 몇 개의 커뮤니티에 속해 있으며, 일반적인 거

리 측정 방법으로는 커뮤니티 노드들 사이의 근접성을 표현할 수 없다. 결과적으로 데이터에서 클러스터를 찾아내는 표준 알고리즘은 커뮤니티를 찾는 문제에는 잘 동작하지 않는다.

- **중계성**: 노드들을 커뮤니티로 분리하는 한 가지 방법은 선의 중계성을 측정하는 것인데, 중계성이란 주어진 선을 지나는 최단 경로에 위치한 모든 노드 쌍을 더한 값으로 정의한다. 중계성이 임계치 이상인 선들을 제거해 나감으로써 커뮤니티가 형성된다.

- **거번-뉴먼 알고리즘**: 거번-뉴먼 알고리즘은 선들의 중계성을 계산하는 효율적인 방법이다. 각 노드에서 너비 우선 검색이 수행되고, 레이블을 붙이는 순차적인 단계에서는 루트로부터 각 선을 통과해 다른 노드에 이르는 경로들의 공유 정도가 계산된다. 각 루트를 대상으로 계산되는 하나의 선에 대한 이 공유 정도를 더해서 중계성을 구한다.

- **커뮤니티와 완전 이분 그래프**: 완전 이분 그래프는 노드들을 두 그룹으로 나눈다. 각 그룹에서 선택된 노드들 쌍 사이에 모든 선이 위치할 수 있으며, 같은 그룹 내에서는 노드들 사이에 선이 존재하지 않는다. 충분히 밀집된 커뮤니티(많은 선들로 연결된 노드들의 집합)는 대형 완전 이분 그래프를 형성하게 된다.

- **완전 이분 그래프 찾기**: 빈발 항목집합을 찾을 때 사용했던 기법과 동일한 방식으로 완전 이분 그래프를 찾을 수 있다. 그래프의 노드들을 항목과 바구니로 생각하면 된다. 바구니는 하나의 노드에 대응하며, 항목으로 간주되는 인접 노드들의 집합이다. 크기가 t와 s인 노드 그룹으로 구성된 완전 이분 그래프를, 지지도가 s이며 크기가 t인 빈발 항목집합을 찾는 것으로 생각할 수 있다.

- **그래프 분할하기**: 커뮤니티를 찾는 한 가지 방법은 그래프를 거의 유사한 크기로 거듭해서 분할하는 것이다. 구분선은 그래프 노드들을 두 집합으로 분할하며, 구분선의 크기는 각 집합에 한쪽 끝을 두고 있는 선들의 개수다. 노드 집합의 크기는 해당 집합에 적어도 한쪽 끝을 두고 있는 선들의 개수다.

- **구분선의 정규화**: 구분선 크기 대비 그 구분선으로 형성된 두 집합 각각의 크기 비율을 계산함으로써 구분선 크기를 정규화할 수 있다. 그런 다음 이 2개의 비율을 더해서 정규화된 구분선 값을 구한다. 정규화된 구분선은 노드를 거의 동일한 두

부분으로 분할하며 상대적으로 크기가 작아야 한다는 관점에서 정규화된 값의 합이 작을수록 좋다.

- **인접 행렬**: 그래프를 설명하는 행렬이다. 행 i와 열 j의 성분은 노드 i와 j 사이에 선이 있으면 1, 없으면 0이다.

- **차수행렬**: 그래프에서 i번째 노드의 차수가 d일 때 차수 행렬의 i번째 대각선상의 성분은 d가 된다. 대각선에 위치하지 않은 모든 성분은 0이다.

- **라플라스 행렬**: 그래프에 대한 라플라스 행렬은 해당 그래프의 차수 행렬에서 인접 행렬을 뺀 결과와 같다. 즉 라플라스 행렬에서 행 i와 열 i의 성분은 그래프에서 i번째 노드의 차수이며, $i \neq j$인 경우 행 i와 열 j의 성분은 노드 i와 j 사이에 선이 있으면 -1, 없으면 0이다.

- **그래프 분할을 위한 스펙트럼 분석 방법**: 모든 라플라스 행렬에 대한 최소 고유값은 0 이며, 이에 해당하는 고유 벡터는 모두 1로 구성된다. 작은 고유값들에 해당하는 고유 벡터들은 가능한 작은 구분선 값을 갖게 하면서, 그래프를 유사한 크기의 두 부분으로 분할하기 위한 지표로 사용될 수 있다. 한 예로, 두 번째로 작은 고유값을 갖는 고유 벡터에서 양수 성분들을 하나의 집합으로 배치하고, 음수 성분들을 또 다른 집합으로 배치하는 것이 일반적으로 가장 좋다.

- **커뮤니티 겹침**: 일반적으로 개개인들은 동시에 여러 커뮤니티에 참여한다. 소셜 네트워크를 설명하는 그래프에서 두 개체가 모두 멤버인 커뮤니티 개수가 늘어나면 그들이 친구일 확률이 높아지는 것이 당연하다.

- **소속 그래프 모델**: 커뮤니티의 멤버십과 관련된 적절한 모델은 각 커뮤니티에 대해 해당 커뮤니티에 속했다는 이유로 두 멤버가 친구가 될(소셜 네트워크 그래프에서 선을 갖을) 확률이 높다고 가정한다. 따라서 두 노드가 선으로 연결될 확률은 두 멤버 모두가 속한 커뮤니티에서 둘 사이에 선이 없을 확률을 1에서 뺀 값이다. 이러한 가정을 바탕으로 노드들을 커뮤니티로 배치한 결과와 관측된 소셜 그래프를 가장 잘 설명하는 확률들의 값을 찾는다.

- **최대 가능도 추정치**: 커뮤니티 모델링뿐만 아니라 다른 상황에도 유용한 주요 모델링 기법은 관측된 데이터가 실제로 생성될 확률을 모델이 허용하는 모든 매개 변수 값의 함수로 계산하는 것이다. 가장 높은 확률을 내는 값이 정확하다고 가정되

며, 이를 최대 가능도 추정치라 부른다.

- **경사 하강법의 사용**: 커뮤니티 멤버십 여부가 알려진 경우 경사 하강법 혹은 다른 방법으로 MLE를 구할 수 있다. 그러나 경사 하강법만으로는 최적의 멤버십을 찾아낼 수는 없는데 멤버십은 연속적이지 않고 이산적이기 때문이다.

- **멤버십 강도에 의한 개선된 커뮤니티 모델링**: 개개인이 각 커뮤니티에 대한 멤버십 강도를 갖는다는 가정하에 소셜 그래프에서 커뮤니티의 MLE를 찾는 문제를 수식으로 만들 수 있다. 아마도 개개인이 멤버가 아니면 0을 반환할 것이다. 두 노드 사이의 선이 있을 확률을 그들이 공통으로 속한 커뮤니티에 대한 멤버십 강도 함수로 정의하면 MLE를 찾는 문제를 연속적인 문제로 변환할 수 있고, 경사 하강법을 사용해 이 문제를 풀 수 있다.

- **유사순위**: 여러 종류의 노드들로 구성된 그래프에서 노드들의 유사성을 측정하는 한 가지 방법은 하나의 노드에서 출발하는 랜덤 워커가 같은 노드에서 다시 출발할 확률을 동일하다고 가정하고, 그래프를 이동하도록 만드는 것이다. 워커의 예상 위치에 대한 분포 확률이 출발 노드에 대한 노드들의 유사성 측정치가 된다. 모든 노드 쌍의 유사성을 구하기 위해서는 각 노드를 출발 지점으로 해 이 과정을 반복해야 한다.

- **소셜 네트워크에서 삼각형**: 노드로 구성된 삼각형의 개수는 커뮤니티 내의 친밀도 closeness에 대한 중요한 측정치이며, 종종 커뮤니티의 성숙도를 반영하기도 한다. m개의 선으로 이뤄진 그래프에서 $O(m^{3/2})$시간 안에 삼각형을 나열하거나 셀 수 있다. 일반적으로 이보다 더 효율적인 알고리즘은 존재하지 않는다.

- **맵리듀스로 삼각형 찾기**: 맵리듀스 한 단계를 3중three-way 조인으로 생각해 한 번의 맵리듀스 작업으로 삼각형을 찾을 수 있다. 전체 리듀서 개수의 세제곱근에 비례하는 리듀서들에게 각 선이 보내져야 하고, 모든 리듀서에서 소요되는 전체 연산 시간은 삼각형을 찾는 순차적인 알고리즘에서 소요되는 시간에 비례한다.

- **이웃들**: 방향 그래프 혹은 무방향 그래프에서 노드 v를 기준으로 반지름 d 내에 위치한 이웃들은 노드 v에서 도달 가능한 노드들의 집합이며, 최대 경로 길이는 d다. 한 노드의 이웃 프로파일은 1부터 모든 거리에 해당하는 이웃 크기를 순차적으로 나열한 형태다. 연결된 그래프의 지름은 모든 노드를 대상으로 반지름 d 내

에 위치하는 이웃들이 전체 그래프를 포함하게 되는 최소 d 값이다.

- **이행적 폐쇄**: 특정 반지름 내에서 노드 u가 노드 v의 이웃에 속한다면 v는 u로 도달할 수 있다. 그래프의 이행적 폐쇄는 v에서 u로 도달할 수 있는 노드 쌍 (v, u)의 집합이다.

- **이행적 폐쇄 계산하기**: 이행적 폐쇄는 그래프 노드 개수의 제곱과 동일한 개수의 명제를 갖기 때문에 대형 그래프의 이행적 폐쇄를 직접 계산하는 것은 불가능하다. 한 가지 방법은 그래프에서 강하게 결합된 컴포넌트들을 찾고 이행적 폐쇄를 계산하기 전에 그들을 단일 노드로 붕괴해 나가는 것이다.

- **이행적 폐쇄와 맵리듀스**: 이행적 폐쇄 연산을 그래프의 경로(v에서 도달 가능하다고 알려진 u가 있을 때 v와 u 노드들의 쌍) 관계^{relation}와 arc 관계의 반복적 조인으로 볼 수 있다. 이런 접근 방식에서는 그래프 지름과 동일한 다수의 맵리듀스 라운드가 필요하다.

- **세미나이브 평가**: 그래프에 대한 이행적 폐쇄를 계산할 때 $Path$ 명제는 처음으로 발견된 라운드 이후에만 유용하다는 사실을 활용함으로써 반복적인 $Path$ 명제의 평가 속도를 높일 수 있다. 유사한 방식으로 도달 가능성 계산과 많은 유사한 반복 알고리즘들의 속도를 높인다.

- **재귀적 배가 기법에 의한 이행적 폐쇄**: 더 적은 맵리듀스 라운드를 사용하는 방법은 각 라운드마다 경로 관계를 자기 자신과 조인하는 것이다. 각 라운드마다 이행적 폐쇄에 영향을 미칠 수 있는 경로들의 길이를 두 배로 한다. 그러면 필요한 라운드 횟수는 그래프 지름에 밑수가 2인 로그를 취한 값이 된다.

- **지능형 이행적 폐쇄**: 재귀적 배가 방식을 사용하면 같은 경로가 여러 차례 검토돼 전체 연산 시간이 (경로들을 단일 선들과 반복적으로 조인해 나가는 방법 대비과 비교했을 때) 길어지는 반면, 지능형 이행적 폐쇄라고 불리는 변형된 방식에서는 같은 경로가 한 번 이상 검토되지 않도록 한다. 이 기법을 사용하기 위해서는 두 경로를 조인할 때 첫 번째 경로의 길이가 2의 제곱수여야 한다.

- **이웃 크기 추정하기**: 스트림에서 개별 원소 개수를 추정하기 위해 플라졸레-마틴 기법을 사용하면 서로 다른 반지름에 해당하는 이웃들의 대략적인 크기를 찾아낼 수 있다. 각 노드에 대한 꼬리 길이들을 저장한다. 반지름을 1씩 높여가면서 각

선 (u, v)를 검토해 v의 꼬리 길이가 더 큰 경우 u에 대한 각 꼬리 길이를 대응되는 v의 꼬리 길이와 동일하게 설정한다.

10.10 참고문헌

유사순위는 [8]을 참조했다. [11]에서는 이와 다른 방식으로 두 노드에서 출발하는 랜덤 워커들이 같은 노드에 위치할 확률을 두 노드의 유사성으로 간주한다. [3]은 랜덤 워커와 노드를 분류하는 알고리즘을 결합해 소셜 네트워크 그래프에서 링크를 예측한다. [16]은 개인화된 페이지랭크로서 유사순위를 계산하는 방법의 효율을 설명한다.

거번-뉴먼 알고리즘은 [6]을 참조했다. 완전 이분 그래프를 검색해 커뮤니티를 찾는 방법은 [9]에 설명돼 있다.

스펙트럼 분석에 대한 정규화된 구분선의 개념은 [13]에서 소개됐다. [19]는 클러스터를 찾는 스펙트럼 방식에 대한 연구이고, [5]는 그래프에서 커뮤니티를 찾는 조금 더 일반적인 방법에 관한 연구다. [10]은 실생활에서 흔히 볼 수 있는, 많은 네트워크에 존재하는 커뮤니티를 분석한 문헌이다.

겹쳐진 커뮤니티를 발견하는 문제는 [20], [21], [22]에서 다루고 있다. 맵리듀스를 사용해서 삼각형을 세는 방법은 [15]에서 논의됐다. 여기서 설명하는 방식은 [1]을 참조했는데, 어느 부분 그래프에도 적용 가능한 기법을 제시한다. [17]은 삼각형을 찾는 무작위성 알고리즘을 설명하고 있다.

ANF 알고리즘은 [12]에서 처음으로 연구됐다. [4]는 ANF 속도를 높이는 추가적인 방식을 제안한다.

지능형 이행적 폐쇄 알고리즘은 [7]과 [18]에서 독립적으로 다뤘다. 맵리듀스 혹은 유사한 시스템을 이용한 이행적 폐쇄의 구현은 [2]에서 논의됐다.

10장에서 설명한 다수의 알고리즘을 구현한 C++ 오픈 소스 라이브러리는 SNAP [14]를 참고하면 된다.

[1] F. N. Afrati, D. Fotakis, and J. D. Ullman, "Enumerating subgraph instances by map-reduce,"

http://ilpubs.stanford.edu:8090/1020

[2] F.N. Afrati and J.D. Ullman, "Transitive closure and recursive Datalog implemented on clusters," in *Proc. EDBT* (2012).

[3] L. Backstrom and J. Leskovec, "Supervised random walks: predicting and recommending links in social networks," *Proc. Fourth ACM Intl. Conf. on Web Search and Data Mining* (2011), pp. 635–644.

[4] P. Boldi, M. Rosa, and S. Vigna, "HyperANF: approximating the neighbourhood function of very large graphs on a budget," *Proc. WWW Conference* (2011), pp. 625–634.

[5] S. Fortunato, "Community detection in graphs," *Physics Reports* **486**:3–5 (2010), pp. 75–174.

[6] M. Girvan and M.E.J. Newman, "Community structure in social and biological networks," *Proc. Natl. Acad. Sci.* **99** (2002), pp. 7821–7826.

[7] Y.E. Ioannidis, "On the computation of the transitive closure of relational operators," *Proc. 12th Intl. Conf. on Very Large Data Bases*, pp. 403–411.

[8] G. Jeh and J. Widom, "Simrank: a measure of structural-context similarity," *Proceedings of the eighth ACM SIGKDD International Conference on Knowledge Discovery and Data Mining* (2002), pp. 538–543.

[9] R. Kumar, P. Raghavan, S. Rajagopalan, and A. Tomkins, "Trawling the Web for emerging cyber-communities, *Computer Networks* **31**:11–16 (May, 1999), pp. 1481–1493.

[10] J. Leskovec, K.J. Lang, A. Dasgupta, and M.W. Mahoney, "Community structure in large networks: natural cluster sizes and the absence of large well-defined clusters," http://arxiv.org/abs/0810.1355.

[11] S. Melnik, H. Garcia-Molina, and E. Rahm, "Similarity flooding: a versatile graph matching algorithm and its application to schema matching, *Proc. Intl. Conf. on Data Engineering* (2002), pp. 117–128.

[12] C.R. Palmer, P.B. Gibbons, and C. Faloutsos, "ANF: a fast and scalable tool for data mining in massive graphs," *Proc. Eighth ACM SIGKDD Intl. Conf. on Knowledge Discovery and Data Mining* (2002), pp. 81–90.

[13] J. Shi and J. Malik, "Normalized cuts and image segmentation," *IEEE Trans. on Pattern Analysis and Machine Intelligence,*" **22**:8 (2000), pp. 888–905.

[14] Stanford Network Analysis Platform, http://snap.stanford.edu.

[15] S. Suri and S. Vassilivitskii, "Counting triangles and the curse of the last reducer," *Proc. WWW Conference* (2011).

[16] H. Tong, C. Faloutsos, and J.-Y. Pan, "Fast random walk with restart and its applications," *ICDM* 2006, pp. 613–622.

[17] C.E. Tsourakakis, U. Kang, G.L. Miller, and C. Faloutsos, "DOULION: counting triangles in massive graphs with a coin," *Proc. Fifteenth ACM SIGKDD Intl. Conf. on Knowledge Discovery and Data Mining* (2009).

[18] P. Valduriez and H. Boral, "Evaluation of recursive queries using join indices," *Expert Database Conf.* (1986), pp. 271–293.

[19] U. von Luxburg, "A tutorial on spectral clustering," *Statistics and Computing* bf17:4 (2007), 2007, pp. 395–416.

[20] J. Yang and J. Leskovec, "Overlapping community detection at scale: a non-negative matrix factorization approach," *ACM International Conference on Web Search and Data Mining*, 2013.

[21] J. Yang, J. McAuley, J. Leskovec, "Detecting cohesive and 2-mode communities in directed and undirected networks," *ACM International Conference on Web Search and Data Mining*, 2014.

[22] J. Yang, J. McAuley, J. Leskovec, "Community detection in networks with node attributes," *IEEE International Conference On Data Mining*, 2013.

11

차원 축소

대형 행렬로 볼 수 있는 데이터 소스들은 많다. 5장에서 웹이 어떻게 전이 행렬로 표현될 수 있는지 알아봤다. 9장에서는 다목적 행렬을 중점적으로 살펴봤다. 그리고 10장에서는 소셜 네트워크를 나타내는 행렬을 알아봤다. 이렇게 행렬을 응용하는 많은 사례에서는 어떤 면에서 원래 행렬과 가까운 '더 얇은narrower' 행렬을 찾아냄으로써 원래 행렬을 요약할 수 있다. 이런 얇은 행렬은 소수의 행 혹은 소수의 열만으로 구성되며, 따라서 원래 대형 행렬보다 훨씬 더 효율적으로 사용할 수 있다. 이런 얇은 행렬을 찾는 과정을 **차원 축소**dimensionality reduction라 부른다.

이미 9.4절에서 차원 축소의 사전 예제를 살펴봤다. 행렬의 UV 분해를 알아보고 이런 분해 결과를 찾는 간단한 알고리즘을 제시했다. 대형 행렬 M은 2개의 행렬 U와 V로 분해됐으며, 그 행렬 곱 UV가 M에 근접했음을 기억하라. 행렬 U는 소수의 열로, 행렬 V는 소수의 행으로 구성됐기 때문에 각각은 M보다 훨씬 더 작았음에도 불구하고 M에 담겨 있던 개개인이 매긴 항목 순위를 예측하는 데 유용한 대부분의 정보가 여전히 표현됐다.

11장에서는 차원 축소의 원리를 좀 더 자세히 알아볼 것이다. 고유값의 의미 및 '주성분 분석PCA, Principal Component Analysis'에서 그 고유값이 어떻게 사용되는지 설명하는 것으로 11장을 시작하려 한다. 이후 UV 분해의 좀 더 강력한 버전인 특이값 분해

singular-value decomposition를 다룰 것이다. 마지막으로 항상 다룰 수 있는 최대 데이터 크기가 관건이므로 특이값 분해의 변형으로서 원본 행렬이 희소할 경우 희소한 분해 행렬을 만드는 방법인 CUR 분해라는 또 다른 형태의 분해 방법을 소개할 것이다.

11.1 대칭 행렬의 고유값과 고유 벡터

11.1절에서는 이 책의 독자가 행렬의 곱셈, 전치transpose, 행렬식determinants, 1차 방정식과 같은 선형 대수학matrix algebra의 기본 개념들에 익숙하다는 가정하에 대칭 행렬의 고유값과 고유 벡터를 정의하고, 그들을 구하는 방법을 알아볼 것이다. 행렬에서 행 i와 열 j의 성분이 행 j와 열 i의 성분과 동일한 경우 그 행렬은 대칭임을 기억하라.

11.1.1 정의

M을 정사각 행렬square matrix이라 하자. λ은 상수이며 $\mathbf{e}$는 M의 행과 같은 개수의 행을 갖는 0이 아닌 열 벡터라 하자. 그러면 $M\mathbf{e} = \lambda\mathbf{e}$인 경우 λ는 M의 고유값이며, $\mathbf{e}$는 이에 대응하는 M의 고유 벡터다.

$\mathbf{e}$가 M의 고유 벡터이며 c가 상수라면 $c\mathbf{e}$ 역시 같은 고유값을 갖는 M의 고유 벡터다. 벡터에 상수를 곱하면 벡터 길이가 변경되지만, 방향은 변하지 않는다. 따라서 길이와 관련된 모호성을 제거하기 위해 모든 고유 벡터는 단위 벡터가 돼야 한다는 제한을 둘 것이다. 이는 벡터 성분들에 대한 제곱의 합이 1이 돼야 한다는 것을 의미한다. 이렇게 한다 해도 고유 벡터가 유일하다고 보장할 수 없는데 각 성분에 −1을 곱해도 제곱 합은 변경되지 않기 때문이다. 그래서 일반적으로 고유 벡터에서 0이 아닌 첫 번째 성분이 양수가 돼야 한다는 규칙을 둔다.

예제 11.1 M을 다음과 같은 행렬이라 하자.

$$\begin{bmatrix} 3 & 2 \\ 2 & 6 \end{bmatrix}$$

M의 고유 벡터들 중 하나는 다음과 같다.

$$\begin{bmatrix} 1/\sqrt{5} \\ 2/\sqrt{5} \end{bmatrix}$$

이에 대응하는 고유값은 7이다.

$$\begin{bmatrix} 3 & 2 \\ 2 & 6 \end{bmatrix} \begin{bmatrix} 1/\sqrt{5} \\ 2/\sqrt{5} \end{bmatrix} = 7 \begin{bmatrix} 1/\sqrt{5} \\ 2/\sqrt{5} \end{bmatrix}$$

이 방정식은 7이 실제로 고유값임을 말해 준다. 양변 모두 계산 결과가 다음과 같다는 사실에 주목하라.

$$\begin{bmatrix} 7/\sqrt{5} \\ 14/\sqrt{5} \end{bmatrix}$$

게다가 $(1/\sqrt{5})^2 + (2/\sqrt{5})^2 = 1/5 + 4/5 = 1$이므로 고유 벡터가 단위 벡터라는 사실을 확인할 수 있다. ▨

11.1.2 고유값과 고유 벡터 계산

특수한 행렬 M에 대한 **고유쌍**(고유값과 그에 대응하는 고유 벡터)을 찾는 한 가지 방법을 5.1절에서 이미 살펴봤다. 적당한 길이의 단위 벡터 v를 시작으로 $M^i v$가 수렴할 때까지 계산을 반복해 나가는 방법이었다.[1] M이 확률 행렬이면 이 벡터의 극한은 주고유 벡터(최대 고유값을 갖는 고유 벡터)가 되며, 이에 대응하는 고유값은 1이다.[2] 주고유 벡터를 찾는 이런 방법을 **반복 제곱법**power iteration이라 한다. 주 고유값(주 고유 벡터와 관련된 고유값)이 1이 아니더라도 i가 커짐에 따라 $M^i \mathbf{v}$ 대비 $M^{i+1} \mathbf{v}$의 비율이 주고유값에 근접함과 동시에 $M^i \mathbf{v}$가 주 고유 벡터와 방향이 같은 벡터(단위 벡터가 아닐 것이다)로 근접하는 경우 이 방법이 상당히 잘 동작한다.

---

1   5.1.2절에서 설명했듯이 M^i는 행렬 M를 i번 곱했다는 표시다.

2   확률 행렬은 일반적으로 대칭이 아니라는 점에 유의하라. 대칭 행렬과 확률 행렬은 고유쌍이 존재하며 고유쌍을 활용할 수 있는 행렬의 두 종류다. 11장은 대칭 행렬을 위한 기법에 중점을 둔다.

11.1.3절에서는 모든 고유쌍을 찾기 위해 일반화된 반복 제곱법을 살펴볼 것이다. $n \times n$ 대칭 행렬의 모든 고유쌍을 정확하게 계산하는 데 필요한 실행 시간은 $O(n^3)$인데 이를 계산하는 방법을 먼저 다룰 것이다. 고유값들 중 일부가 같아지는 특이한 경우가 있기는 하지만, 항상 n개의 고유쌍이 존재하게 될 것이다. 고유쌍을 정의하는 방정식 $Me = \lambda e$를 $(M - \lambda I)e = \mathbf{z}$으로 다시 설정하는 것부터 시작한다. 여기서

1. I는 주 대각선에 위치한 성분이 1이고, 그 외 성분은 0인 $n \times n$ **항등 행렬**identity matrix이다.

2. $\mathbf{z}$는 성분이 모두 0인 벡터다.

선형 대수학 원리를 따르면 $(M - \lambda I)e = \mathbf{z}$에서 벡터가 $e \neq \mathbf{z}$이기 위해서는 $M - \lambda I$의 행렬식determinant이 0ß이 돼야 한다. $(M - \lambda I)$는 행렬 M과 비슷해 보이지만 M의 대각 성분 중 하나가 c인 경우 $(M - \lambda I)$에서는 그 성분이 $c - \lambda$라는 사실에 주목해야 한다. $n \times n$ 행렬의 행렬식은 $n!$개의 항으로 구성되며, $O(n^3)$ 시간 안에 여러 가지 방법을 통해 계산될 수 있다. 이에 대한 예로 '중심 응집법pivotal condensation'이라는 방법을 들 수 있다.

$(M - \lambda I)$의 행렬식은 λ에 대한 n차 다항식이며, 이로부터 M의 고유값인 n개의 λ 값을 구할 수 있다. 그런 값을 c라 할 때 방정식 $Me = ce$를 풀 수 있다. n개의 미지수(e의 n개의 성분들)에 대한 n개의 방정식 중 어느 것에도 상수 항은 없기 때문에 상수 시간 안에 e에 대한 방정식을 풀 수 있다. 또한 어느 해를 사용해서든지 성분들의 제곱의 합이 1이 되도록 벡터를 정규화해 고유값 c에 대응하는 고유 벡터를 구할 수 있다.

예제 11.2 예제 11.1의 2×2 행렬 M에 대한 고유쌍을 구해 보자. M은 다음과 같았다.

$$\begin{bmatrix} 3 & 2 \\ 2 & 6 \end{bmatrix}$$

그러면 $M - \lambda I$은 다음과 같다.

$$\begin{bmatrix} 3-\lambda & 2 \\ 2 & 6-\lambda \end{bmatrix}$$

이 행렬의 행렬식은 $(3-\lambda)(6-\lambda)-4$인데 이를 0으로 만들어야 한다. 이 방정식을 λ에 대해 풀면 $\lambda^2 - 9\lambda + 14 = 0$이다. 이 식의 근은 $\lambda = 7$ 그리고 $\lambda = 2$다. 첫 번째 값이 더 크기 때문에 주 고유값이다. **e**를 다음과 같이 알려지지 않은 벡터라 하자.

$$\begin{bmatrix} x \\ y \end{bmatrix}$$

다음 식을 풀어야 한다.

$$\begin{bmatrix} 3 & 2 \\ 2 & 6 \end{bmatrix} \begin{bmatrix} x \\ y \end{bmatrix} = 7 \begin{bmatrix} x \\ y \end{bmatrix}$$

행렬과 벡터를 곱하면 다음과 같은 두 방정식을 얻을 수 있다.

$$\begin{aligned} 3x + 2y &= 7x \\ 2x + 6y &= 7y \end{aligned}$$

실제로 이 두 방정식은 $y = 2x$와 동일한 식이라는 사실에 주목하라. 따라서 가능한 고유 벡터는 다음과 같다.

$$\begin{bmatrix} 1 \\ 2 \end{bmatrix}$$

그러나 이 벡터는 단위 벡터가 아니다. 성분들의 제곱 합이 1이 아니라 5이기 때문이다. 따라서 방향이 같은 단위 벡터를 구하기 위해서 각 성분을 $\sqrt{5}$로 나눈다. 즉 주 고유 벡터는 다음과 같다.

$$\begin{bmatrix} 1/\sqrt{5} \\ 2/\sqrt{5} \end{bmatrix}$$

그리고 고유값은 7이다. 이는 예제 11.1에서 구한 고유쌍과 같다.

　두 번째 고유쌍을 구하기 위해서 고유값을 7이 아닌 2로 해 위 과정을 반복한다.

e의 성분들이 포함된 방정식은 $x = -2y$이며, 두 번째 고유 벡터는 다음과 같다.

$$\begin{bmatrix} 2/\sqrt{5} \\ -1/\sqrt{5} \end{bmatrix}$$

이에 대응하는 고유값은 당연히 2다. ■

11.1.3 반복 제곱법으로 고유쌍 찾기

이제 5.1절에서 주 고유 벡터를 찾기 위해 사용했던 방식을 일반화해 설명하겠다. 5.1절에서 주 고유 벡터는 페이지랭크 벡터였으며, 이는 웹의 확률 행렬에 대한 다양한 고유 벡터들 중 가장 중요한 것이었다. 먼저 5.1절에서 사용했던 방법을 약간 일반화해 주 고유 벡터를 계산하는 것부터 시작한다. 그리고 나서 주 고유 벡터를 제거하는 효과를 얻기 위해 원래의 행렬을 수정한다. 그 결과로 얻은 새로운 행렬의 주 고유 벡터는 원래의 행렬의 두 번째 고유 벡터(두 번째로 큰 고유값을 갖는 고유 벡터)가 된다. 이렇게 각 고유 벡터를 찾을 때마다 그것을 제거하고 반복 제곱법을 사용해 남은 행렬의 주 고유 벡터를 찾는 방식으로 진행된다.

찾고자 하는 고유쌍을 갖는 행렬을 M이라 하자. 0이 아닌 벡터 $\mathbf{x}_0$에서 시작해 다음을 반복한다.

$$\mathbf{x}_{k+1} := \frac{M\mathbf{x}_k}{\|M\mathbf{x}_k\|}$$

여기서 행렬 혹은 벡터 N에 대한 $\|N\|$은 프로베니우스^{Frobenius} norm을 의미한다. 즉 N을 구성하는 성분들의 제곱의 합에 대한 제곱근이다. 현재 벡터 $\mathbf{x}_k$에 행렬 M을 수렴할 때까지 곱한다(예컨대 $x_k - x_{k+1}$가 어느 정도 작은, 선택된 상수보다 작을 때까지). 수렴하는 지점에서의 k에 대한 $\mathbf{x}_k$를 $\mathbf{x}$라 하자. 그러면 $\mathbf{x}$는 (대략) M의 주 고유 벡터가 된다. 이에 대응하는 고유값을 구하려면 간단하게 방정식 $M\mathbf{x} = \lambda\mathbf{x}$를 λ에 대해 정리한 $\lambda_1 = \mathbf{x}^{\mathrm{T}}M\mathbf{x}$를 계산하면 된다. $\mathbf{x}$는 단위 벡터이기 때문이다.

예제 11.3 예제 11.2의 행렬이다.

$$M = \begin{bmatrix} 3 & 2 \\ 2 & 6 \end{bmatrix}$$

두 성분이 모두 1인 벡터 $\mathbf{x}_0$에서 시작하자. $\mathbf{x}_1$을 구하기 위해 $M\mathbf{x}_0$을 다음과 같이 곱한다.

$$\begin{bmatrix} 3 & 2 \\ 2 & 6 \end{bmatrix} \begin{bmatrix} 1 \\ 1 \end{bmatrix} = \begin{bmatrix} 5 \\ 8 \end{bmatrix}$$

이 결과의 프로베니우스 norm은 $\sqrt{5^2 + 8^2} = \sqrt{89} = 9.434$다. 5와 8을 9.434로 나눠 $\mathbf{x}_1$을 구한다.

$$\mathbf{x}_1 = \begin{bmatrix} 0.530 \\ 0.848 \end{bmatrix}$$

다음 반복 단계에서는 다음을 계산한다.

$$\begin{bmatrix} 3 & 2 \\ 2 & 6 \end{bmatrix} \begin{bmatrix} 0.530 \\ 0.848 \end{bmatrix} = \begin{bmatrix} 3.286 \\ 6.148 \end{bmatrix}$$

이 결과의 프로베니우스 norm은 6.971이므로 각 성분을 이 값으로 나눠 다음을 구한다.

$$\mathbf{x}_2 = \begin{bmatrix} 0.471 \\ 0.882 \end{bmatrix}$$

두 번째 성분이 첫 번째 성분의 두 배가 되는 법선 벡터normal vector를 향해 수렴하고 있다. 즉 반복 제곱법으로 구한 다음 극한 값이 주 고유 벡터인 것이다.

$$\mathbf{x} = \begin{bmatrix} 0.447 \\ 0.894 \end{bmatrix}$$

마지막으로 다음과 같이 주 고유값을 계산한다.

$$\lambda = \mathbf{x}^{\mathrm{T}} M \mathbf{x} = \begin{bmatrix} 0.447 & 0.894 \end{bmatrix} \begin{bmatrix} 3 & 2 \\ 2 & 6 \end{bmatrix} \begin{bmatrix} 0.447 \\ 0.894 \end{bmatrix} = 6.993$$

예제 11.2에서 구한 실제 주 고유 벡터는 7이었음을 기억하라. 반복 제곱법에 의해 작은 오류가 발생하는데, 이는 이번처럼 정밀도가 떨어지는 경우이거나 혹은 정확한 고유 벡터 값에 도달하기 전에 반복 단계를 멈추는 경우에서 그렇다. 페이지랭크를 계산할 때는 이 작은 오류들이 문제가 되지 않았지만, 모든 고유쌍들을 구할 때는 오류가 누적될 수 있으므로 조심해야 한다. ■

두 번째 고유쌍을 구하기 위해 새로운 행렬 $M^* = M - \lambda_1 \mathbf{x}\mathbf{x}^\mathrm{T}$를 생성한다. 이후 M^*에 반복 제곱법을 적용해 최대 고유값을 계산한다. 이렇게 구한 $\mathbf{x}*$와 $\lambda*$가 행렬 M의 두 번째로 큰 고유값과 그에 대응하는 고유 벡터다.

직관적으로 해당 고유 벡터와 관련된 고유값을 0으로 설정함으로써 고유 벡터가 미치는 영향을 제거하는 작업을 진행한 것이다. 이에 대한 수학적 근거는 다음 두 가지 사실에 기인한다. $\mathbf{x}$와 λ가 가장 큰 고유값을 갖는 고유쌍일 때 $M^* = M - \lambda \mathbf{x}\mathbf{x}^\mathrm{T}$이면

1. $\mathbf{x}$ 역시 M^*의 고유 벡터이며, 대응하는 고유값은 0이다. 이에 대한 증명은 다음과 같다.

$$M^*\mathbf{x} = (M - \lambda \mathbf{x}\mathbf{x}^\mathrm{T})\mathbf{x} = M\mathbf{x} - \lambda \mathbf{x}\mathbf{x}^\mathrm{T}\mathbf{x} = M\mathbf{x} - \lambda \mathbf{x} = 0$$

마지막 두 번째 단계에서 $\mathbf{x}$가 단위 벡터이므로 $\mathbf{x}^\mathrm{T}\mathbf{x} = 1$이라는 사실을 사용한다.

2. 반대로 $\mathbf{v}$와 λ_v가 첫 번째 고유쌍 $(\mathbf{x}, \lambda)$가 아닌 대칭 행렬 M의 고유쌍이면 그들 역시 M^*의 고유쌍이다. 이에 대한 증명은 다음과 같다.

$$M^*\mathbf{v} = (M^*)^\mathrm{T}\mathbf{v} = (M - \lambda \mathbf{x}\mathbf{x}^\mathrm{T})^\mathrm{T}\mathbf{v} = M^\mathrm{T}\mathbf{v} - \lambda \mathbf{x}(\mathbf{x}^\mathrm{T}\mathbf{v}) = M^\mathrm{T}\mathbf{v} = \lambda_v \mathbf{v}$$

위의 순차적인 등식은 다음과 같은 근거를 바탕으로 성립된다.

(a) M이 대칭이면 $M = M^\mathrm{T}$이다.

(b) 대칭 행렬의 고유 벡터는 직교한다. 즉 행렬의 개별적인 두 고유 벡터의 내적은 0이다. 역시 이를 여기서 증명하지는 않을 것이다.

예제 11.4 예제 11.3을 이어서 다음을 계산한다.

$$M^* = \begin{bmatrix} 3 & 2 \\ 2 & 6 \end{bmatrix} - 6.993 \begin{bmatrix} 0.447 \\ 0.894 \end{bmatrix} \begin{bmatrix} 0.447 & 0.894 \end{bmatrix} =$$

$$\begin{bmatrix} 3 & 2 \\ 2 & 6 \end{bmatrix} - \begin{bmatrix} 1.397 & 2.795 \\ 2.795 & 5.589 \end{bmatrix} = \begin{bmatrix} 1.603 & -0.795 \\ -0.795 & 0.411 \end{bmatrix}$$

원래의 행렬 M에 했던 것처럼 행렬을 처리해 두 번째 고유쌍을 구할 수 있다. ■

11.1.4 고유 벡터의 행렬

$n \times n$ 대칭 행렬 M이 있다고 가정하고, M의 고유 벡터들을 열 벡터 $\mathbf{e}_1, \mathbf{e}_2, \ldots, \mathbf{e}_n$로 생각하자. 이때 i번째 열이 $\mathbf{e}_i$인 행렬을 E라 하자. 그러면 $EE^T = E^TE = I$다. 이는 대칭 행렬의 고유 벡터들이 직교한다는 사실을 설명한다. 즉 그들은 서로 직교하는 단위 벡터들이다.

예제 11.5 예제 11.2 행렬 M에 대한 행렬 E는 다음과 같다.

$$\begin{bmatrix} 2/\sqrt{5} & 1/\sqrt{5} \\ -1/\sqrt{5} & 2/\sqrt{5} \end{bmatrix}$$

따라서 E^T는 다음과 같다.

$$\begin{bmatrix} 2/\sqrt{5} & -1/\sqrt{5} \\ 1/\sqrt{5} & 2/\sqrt{5} \end{bmatrix}$$

EE^T를 계산하면 다음과 같은 결과를 얻게 된다.

$$\begin{bmatrix} 4/5 + 1/5 & -2/5 + 2/5 \\ -2/5 + 2/5 & 1/5 + 4/5 \end{bmatrix} = \begin{bmatrix} 1 & 0 \\ 0 & 1 \end{bmatrix}$$

이 계산은 E^TE를 계산할 때와 유사하다. 주 대각선에 위치한 1은 각 고유 벡터 성분들의 제곱의 합이며, 그들은 단위 벡터이므로 이는 당연한 결과다. 대각선에서 벗어난 곳에 위치한 0은 i번째 행과 j번째 열의 성분이 i번째 고유 벡터와 j번째 고유 벡터의 내적이라는 사실을 반영한다. 고유 벡터는 직교하므로 이들의 내적은 0이다. ■

11.1.5 11.1절 연습문제

연습문제 11.1.1 벡터 [1, 2, 3]과 같은 방향을 갖는 단위 벡터를 구하라.

연습문제 11.1.2 예제 11.4 행렬의 주 고유 벡터를 계산해서 예제 11.4를 완성하라. 정답(예제 11.2)에 얼마나 가까운가?

연습문제 11.1.3 다음과 같은 3 × 3 대칭 행렬이 있다.

$$\begin{bmatrix} a - \lambda & b & c \\ b & d - \lambda & e \\ c & e & f - \lambda \end{bmatrix}$$

이 행렬의 행렬식이 0임을 말해 주는 λ에 대한 3차 방정식이 있다. a부터 f까지를 사용해 이 방정식을 구하라.

연습문제 11.1.4 11.1.2절에서 설명한 방법을 사용해 다음 행렬에 대한 고유쌍을 구하라.

$$\begin{bmatrix} 1 & 1 & 1 \\ 1 & 2 & 3 \\ 1 & 3 & 5 \end{bmatrix}$$

! **연습문제 11.1.5** 11.1.2절에서 설명한 방법을 사용해 다음 행렬에 대한 고유쌍을 구하라.

$$\begin{bmatrix} 1 & 1 & 1 \\ 1 & 2 & 3 \\ 1 & 3 & 6 \end{bmatrix}$$

연습문제 11.1.6 연습문제 11.1.4 예제 행렬에 대해

(a) 3개의 1로 구성된 벡터를 시작으로 반복 제곱법을 사용해 주 고유 벡터의 근사치를 구하라.

(b) 그 행렬에 대한 주 고유값의 추정치를 계산하라.

(c) 11.1.3절처럼 주 고유쌍의 영향을 배제한 새로운 행렬을 구성하라.

(d) (c)에서 구한 행렬에서 연습문제 11.1.4의 원래 행렬에 대한 두 번째 고유쌍을 구하라.

(e) (c)와 (d)를 반복해 원래 행렬에 대한 세 번째 고유쌍을 구하라.

연습문제 11.1.7 연습문제 11.1.5 행렬에 대해 연습문제 11.1.6을 반복하라.

11.2 주성분 분석

주성분 분석^{PCA, Principal-Component Analysis}은 고차원 공간의 점들을 나타내는 튜플 집합으로 구성된 데이터셋이 있을 때 그 튜플들이 나열된 방향에 가장 가까운 선을 찾는 기법이다. 이 방식은 튜플 집합을 행렬 M으로 생각해 MM^{T} 혹은 $M^{\mathsf{T}}M$에 대한 고유 벡터를 찾는 것으로 시작한다. 이 고유 벡터들로 다시 만든 행렬을 고차원 공간에서의 강체 회전^{rigid rotation}으로 생각할 수 있다. 이를 통해 원래 데이터를 변환하면 주 고유 벡터에 해당하는 축을 따라 점들이 최대로 넓게 '펼쳐'진다. 좀 더 자세히 말해서 이 축은 데이터의 분산이 최대가 되는 지점들을 나타낸다. 다르게 설명하면 이 축과 작은 편차를 갖도록 점들이 나열돼 있을 때 그 점들이 가장 선명하게 눈에 띌 것이다. 이와 마찬가지로 두 번째 고유 벡터(두 번째로 큰 고유값에 대응하는 고유 벡터)에 해당하는 축은 첫 번째 축으로부터 거리의 분산 값이 최대인 지점을 따른다. 이런 방식이 반복된다.

PCA를 데이터 마이닝 기법으로도 볼 수 있다. 고차원 데이터를 가장 중요한 축에 투영함으로써 해당 데이터를 대체할 수 있다. 이 축들이 가장 큰 고유값들에 해당한다. 따라서 원래 데이터를 차원이 더 작으면서 잘 요약된 형태의 근사치 데이터로 대체할 수 있다.

11.2.1 설명에 도움이 되는 예제

먼저 인위적이긴 하지만 간단한 예제를 설명할 것이다. 이 예제에서 데이터는 2차원인데 PCA를 유용하게 사용하기에는 차수가 너무 작다. 게다가 그림 11.1의 데이터

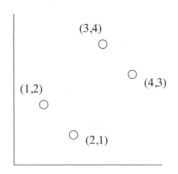

그림 11.1 이차원 공간의 네 점

는 쉬운 연산을 위해 오직 4개의 점으로 구성돼 있으며, 45도 기울어진 선을 따라 간단한 패턴으로 배치돼 있다. 따라서 45도로 기울어진 축을 따르는 점들의 분포가 가장 명확히 구분되며, 그 축의 수직 방향과의 편차가 가장 적을 것으로 예측이 가능하다.

시작에 앞서 위 점들을 4개의 행으로 구성된 행렬 M으로 나타내자. 각 행이 하나의 점을 나타내며, 두 열은 x축과 y축에 해당된다. 이 행렬은 다음과 같다.

$$M = \begin{bmatrix} 1 & 2 \\ 2 & 1 \\ 3 & 4 \\ 4 & 3 \end{bmatrix}$$

$M^{\mathrm{T}}M$은 다음과 같이 계산한다.

$$M^{\mathrm{T}}M = \begin{bmatrix} 1 & 2 & 3 & 4 \\ 2 & 1 & 4 & 3 \end{bmatrix} \begin{bmatrix} 1 & 2 \\ 2 & 1 \\ 3 & 4 \\ 4 & 3 \end{bmatrix} = \begin{bmatrix} 30 & 28 \\ 28 & 30 \end{bmatrix}$$

예제 11.2와 같은 방법으로 다음 방정식을 풀면 이 행렬의 고윳값을 구할 수 있다.

$$(30 - \lambda)(30 - \lambda) - 28 \times 28 = 0$$

해는 $\lambda = 58$ 그리고 $\lambda = 2$다.

예제 11.2와 같은 절차를 따라 다음 식을 풀어야 한다.

$$\begin{bmatrix} 30 & 28 \\ 28 & 30 \end{bmatrix} \begin{bmatrix} x \\ y \end{bmatrix} = 58 \begin{bmatrix} x \\ y \end{bmatrix}$$

행렬과 벡터를 곱해서 다음 두 방정식을 얻는다.

$$\begin{aligned} 30x + 28y &= 58x \\ 28x + 30y &= 58y \end{aligned}$$

두 방정식의 결과는 $x = y$로 동일하다. 따라서 주 고유값 58에 대응하는 단위 고유 벡터는 다음과 같다.

$$\begin{bmatrix} 1/\sqrt{2} \\ 1/\sqrt{2} \end{bmatrix}$$

두 번째 고유값 2에 대해서 같은 과정을 반복한다. 다음과 같이 둘을 곱한다.

$$\begin{bmatrix} 30 & 28 \\ 28 & 30 \end{bmatrix} \begin{bmatrix} x \\ y \end{bmatrix} = 2 \begin{bmatrix} x \\ y \end{bmatrix}$$

그러면 다음 방정식을 얻는다.

$$\begin{aligned} 30x + 28y &= 2x \\ 28x + 30y &= 2y \end{aligned}$$

두 방정식의 결과는 $x = -y$로 동일하다. 따라서 주 고유값 2에 대응하는 단위 고유 벡터는 다음과 같다.

$$\begin{bmatrix} -1/\sqrt{2} \\ 1/\sqrt{2} \end{bmatrix}$$

고유 벡터의 첫 번째 성분은 양수가 돼야 한다고 했으나, 이 경우 쉬운 좌표 변환을 위해 그 반대를 선택한다.

이제 행렬 $M^{\mathrm{T}}M$에 대한 고유 벡터의 행렬인 E를 구성해 보자. 주 고유 벡터를 먼저 위치시키면 고유 벡터의 행렬은 다음과 같다.

$$E = \begin{bmatrix} 1/\sqrt{2} & -1/\sqrt{2} \\ 1/\sqrt{2} & 1/\sqrt{2} \end{bmatrix}$$

직교orthonormal **벡터**(서로 직교하는 단위 벡터들)들로 이루어진 행렬은 유클리드 공간에서 축의 회전을 나타낸다. 위 행렬은 반시계 방향으로의 45도 회전 그리고/혹은 반사reflection를 의미한다. 예를 들어, 그림 11.1 각 점들을 표현하는 행렬 M을 E와 곱해보자. 그 곱은 다음과 같다.

$$ME = \begin{bmatrix} 1 & 2 \\ 2 & 1 \\ 3 & 4 \\ 4 & 3 \end{bmatrix} \begin{bmatrix} 1/\sqrt{2} & -1/\sqrt{2} \\ 1/\sqrt{2} & 1/\sqrt{2} \end{bmatrix} = \begin{bmatrix} 3/\sqrt{2} & 1/\sqrt{2} \\ 3/\sqrt{2} & -1/\sqrt{2} \\ 7/\sqrt{2} & 1/\sqrt{2} \\ 7/\sqrt{2} & -1/\sqrt{2} \end{bmatrix}$$

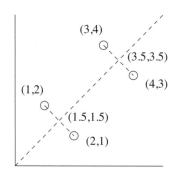

그림 11.2 그림 11.1에서 축이 반시계 방향으로 45도 회전한 결과

첫 번째 점 [1, 2]가 다음 점으로 변환된 것을 볼 수 있다.

$$[3/\sqrt{2}, 1/\sqrt{2}]$$

새로운 x축을 점선으로 표현한 그림 11.2를 살펴보면 첫 번째 점이 그 축에 투영돼 원점으로부터 거리가 $3/\sqrt{2}$인 지점에 위치하게 됨을 볼 수 있다. 이 사실을 확인하려면 첫 번째와 두 번째 점 모두에 대한 투영 점이 직교 좌표 체계에서 [1.5, 1.5]에 위치하며 원점에서 이 점까지의 거리가 다음과 같다는 사실에 주목하라.

$$\sqrt{(1.5)^2 + (1.5)^2} = \sqrt{9/2} = 3/\sqrt{2}$$

게다가 새로운 y축도 당연히 점선에 직각이다. 첫 번째 점은 y축 방향으로 새로운 x축에서 거리가 $1/\sqrt{2}$인 지점에 위치한다. 즉 점 [1, 2]와 [1.5, 1.5] 사이의 거리는 다음과 같다.

$$\sqrt{(1-1.5)^2 + (2-1.5)^2} = \sqrt{(-1/2)^2 + (1/2)^2} = \sqrt{1/2} = 1/\sqrt{2}$$

그림 11.3은 회전된 좌표 체계에서 네 점의 위치를 보여 준다.

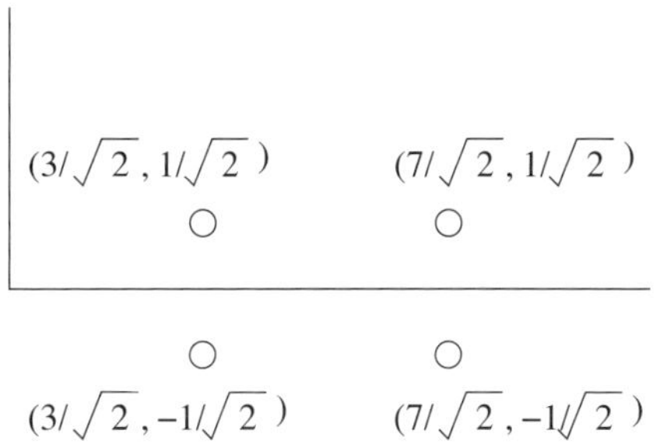

그림 11.3 새로운 좌표 체계에 위치한 그림 11.1의 점들

  두 번째 점 [2, 1] 역시 우연히 새로운 x축상의 같은 점으로 투영된다. 새로운 y축을 기준으로 $1/\sqrt{2}$ 아래 위치하며, 이는 변형된 점 행렬에서 두 번째 행이 [$3/\sqrt{2}$, $-1/\sqrt{2}$]이라는 사실로 확인할 수 있다. 세 번째 점 [3, 4]는 [$7/\sqrt{2}$, $1/\sqrt{2}$]로 변환되며, 네 번째 점 [4, 3]은 [$7/\sqrt{2}$, $-1/\sqrt{2}$]로 변환된다. 즉 두 점 모두 새로운 x축상에서 같은 점으로 투영되고, 원점으로부터 그 점까지의 거리는 $7/\sqrt{2}$이며, 새로운 y축을 기준으로 새로운 x축에서 $1/\sqrt{2}$ 위 그리고 아래 방향에 위치한다.

11.2.2 차원 축소를 위한 고유 벡터의 사용

지금까지 다룬 예제로부터 일반적인 원리를 도출할 수 있다. 행렬 M을 구성하는 각각의 행이 어떤 차수이든지 유클리드 공간의 점을 표현하는 경우 $M^\mathrm{T}M$을 계산할 수 있고, 그에 해당하는 고유쌍을 구할 수 있다. 행렬 E를 구성하는 열들은 고유 벡터들이며, 가장 큰 고유값이 가장 먼저 배치된다고 하자. 행렬 L을 M^TM의 고유값들이 내림차순으로 대각선상에 배치되며, 그 외 성분들은 0으로 구성된 행렬이라 정의하자. 그러면 각 고유 벡터 $\mathbf{e}$와 그에 대응하는 고유값 λ에 대해 $M^TM\mathbf{e} = \lambda\mathbf{e} = \mathbf{e}\lambda$가 성립하므로 $M^TME = EL$임을 알 수 있다.

ME가 새로운 좌표 공간으로 변환된 M의 점들이라는 사실을 살펴봤다. 이 공간에서 첫 번째 축(가장 큰 고유값에 해당하는 축)이 가장 중요하다. 원리상 그 축에 대한 점들의 분산이 가장 크기 때문이다. 두 번째 고유쌍에 해당하는 두 번째 축은 같은 측면에서 그다음으로 중요하며, 고유쌍 각각에 대해 이런 패턴이 이어진다. M을 더 적은 차원의 공간으로 변환하고자 한다면 가장 큰 고유값과 관련된 고유 벡터를 사용하고, 그 외 고유값은 무시해 가장 중요한 차원만을 남겨 두면 된다.

즉 E에서 처음 k개의 열을 E_k라 하면 ME_k는 M을 k 차원으로 표현한 것이다.

예제 11.6 11.2.1절 행렬을 M이라 하자. 이 데이터는 2차원이므로 오직 가능한 차원 축소는 $k = 1$을 사용하는 것뿐이다. 예컨대 데이터를 일차원 공간으로 투영하는 것처럼 말이다. 즉 ME_1을 다음과 같이 계산한다.

$$
\begin{bmatrix} 1 & 2 \\ 2 & 1 \\ 3 & 4 \\ 4 & 3 \end{bmatrix}
\begin{bmatrix} 1/\sqrt{2} \\ 1/\sqrt{2} \end{bmatrix}
=
\begin{bmatrix} 3/\sqrt{2} \\ 3/\sqrt{2} \\ 7/\sqrt{2} \\ 7/\sqrt{2} \end{bmatrix}
$$

이 변환으로 M의 점들은 그림 11.3의 x축에 대한 투영으로 대체되는 효과를 가져온다. 처음 두 점은 세 번째, 네 번째 점들처럼 동일한 위치로 투영되나, 이렇게 처리하는 것이 이 점들을 일차원으로 표현할 수 있는 최선의 방법이다. ■

11.2.3 거리의 행렬

11.2.1절의 예제를 다시 살펴보자. M^TM에서 시작하는 대신 MM^T의 고유값들을 검토해 보자. 이 예제에서 M은 열보다 행이 많기 때문에 MM^T가 M^TM보다 크다. 그러나 행보다 열이 더 많다면 실제로는 더 작은 행렬을 얻게 될 것이다. 지금 다루는 예제에서는 다음과 같은 행렬을 얻는다.

$$MM^{\mathrm{T}} = \begin{bmatrix} 1 & 2 \\ 2 & 1 \\ 3 & 4 \\ 4 & 3 \end{bmatrix} \begin{bmatrix} 1 & 2 & 3 & 4 \\ 2 & 1 & 4 & 3 \end{bmatrix} = \begin{bmatrix} 5 & 4 & 11 & 10 \\ 4 & 5 & 10 & 11 \\ 11 & 10 & 25 & 24 \\ 10 & 11 & 24 & 25 \end{bmatrix}$$

$M^{\mathrm{T}}M$처럼 MM^{T}도 대칭임을 볼 수 있다. i번째 행과 j번째 열 성분에 대한 해석은 간단하다. i번째 그리고 j번째 점들(M의 행들)에 해당하는 벡터들 사이의 내적이다.

$M^{\mathrm{T}}M$과 MM^{T}의 고유값 사이에 강한 연관성이 존재한다. $M^{\mathrm{T}}M$의 고유 벡터를 **e**라고 가정하자. 그러면 다음이 성립한다.

$$M^{\mathrm{T}}M\mathbf{e} = \lambda\mathbf{e}$$

이 방정식의 양변 왼쪽에 M을 곱한다. 그러면 다음 식이 성립한다.

$$MM^{\mathrm{T}}(M\mathbf{e}) = M\lambda\mathbf{e} = \lambda(M\mathbf{e})$$

$M\mathbf{e}$가 영^{zero}벡터 0이 아닌 이상 이는 MM^{T}의 고유 벡터가 될 것이며, λ는 $M^{\mathrm{T}}M$과 같이 MM^{T}의 고유값이 될 것이다.

그 반대도 성립한다. 즉 **e**가 고유값 λ에 대응하는 MM^{T}의 고유 벡터라면 $MM^{\mathrm{T}}\mathbf{e}$ = $\lambda\mathbf{e}$을 시작으로 왼쪽에 M^{T}를 곱해서 $M^{\mathrm{T}}M(M^{\mathrm{T}}\mathbf{e}) = \lambda(M^{\mathrm{T}}\mathbf{e})$라는 결론을 얻는다. 따라서 $M^{\mathrm{T}}\mathbf{e}$가 0이 아니면 λ 역시 $M^{\mathrm{T}}M$의 고유값이다.

$M^{\mathrm{T}}\mathbf{e}$ = **z**일 때 어떤 일이 일어나는지 궁금할 수도 있다. 이 경우 $MM^{\mathrm{T}}\mathbf{e}$ 역시 **z**이지만 **e**는 **z**가 아니다. 왜냐하면 **z**는 고유 벡터가 될 수 없기 때문이다. 그러나 **z** = $\lambda\mathbf{e}$이므로 λ = 0이라는 결론을 얻는다.

결론적으로 MM^{T}의 고유값들은 $M^{\mathrm{T}}M$의 고유값에 0을 추가한 결과와 동일하다. 만약 MM^{T}의 차원이 $M^{\mathrm{T}}M$의 차원보다 낮으면 그 반대가 참이 된다. $M^{\mathrm{T}}M$의 고유값들은 MM^{T}의 고유값에 0을 추가한 결과와 같아진다.

예제 11.7 지금 다루는 예제에서 MM^{T}의 고유값에 58과 2가 포함돼야 한다. 11.2.1 절에서 설명했듯이 58과 2가 $M^{\mathrm{T}}M$의 고유값이기 때문이다. MM^{T}는 4 × 4 행렬이므로 2개의 고유값이 더 존재하는데 이는 모두 0이어야 한다. 58, 2, 0, 0에 대응하

는 고유 벡터의 행렬을 그림 11.4에서 확인할 수 있다. ■

$$\begin{bmatrix} 3/\sqrt{116} & 1/2 & 7/\sqrt{116} & 1/2 \\ 3/\sqrt{116} & -1/2 & 7/\sqrt{116} & -1/2 \\ 7/\sqrt{116} & 1/2 & -3/\sqrt{116} & -1/2 \\ 7/\sqrt{116} & -1/2 & -3/\sqrt{116} & 1/2 \end{bmatrix}$$

그림 11.4 MM^T에 대한 고유 벡터 행렬

11.2.4 11.2절 연습문제

연습문제 11.2.1 M을 다음과 같은 데이터 점들의 행렬이라 하자.

$$\begin{bmatrix} 1 & 1 \\ 2 & 4 \\ 3 & 9 \\ 4 & 16 \end{bmatrix}$$

(a) $M^\mathsf{T}M$과 MM^T은 무엇인가?

(b) $M^\mathsf{T}M$에 대한 고유쌍을 구하라.

! (c) MM^T의 고유값을 얼마로 예상하는가?

! (d) (c)에서 구한 고유값을 사용해 MM^T의 고유 벡터를 구하라.

! **연습문제 11.2.2** M이 행렬이면 $M^\mathsf{T}M$과 MM^T가 대칭임을 증명하라.

11.3 특이값 분해

이제부터는 고차원 행렬을 낮은 차원으로 표현하기 위한 행렬 분석의 두 번째 방법을 다룰 것이다. **특이값 분해**^{SVD, Singular-Value Decomposition}라고 불리는 이 방식을 통해 어떤 행렬도 정확하게 표현할 수 있으며, 그 표현 결과 중 덜 중요한 부분을 쉽게 제거해 원래 행렬의 근사치를 원하는 차수로 생성할 수 있게 해준다. 물론 차수를 더 적게 선택할수록 근사치의 정확성은 더 낮아질 것이다.

몇 가지 필요한 정의를 내리면서 11.3절을 시작하겠다. SVD가 행렬의 행과 열을 연결하는 몇 가지 '콘셉트concept'를 새롭게 정의한다는 사실을 설명할 것이다. 가장 덜 중요한 콘셉트들을 제거함으로써 원래 행렬에 상당히 근접하면서 더 작아진 표현 방식을 얻는 것이 어떻게 가능한지 보이겠다. 다음으로 어떻게 이런 콘셉트들을 사용해 원래 행렬을 대상으로 조금 더 효율적인 질의를 던질 수 있는지 알아볼 것이며, 마지막으로 SVD를 실행하는 알고리즘을 제시하겠다.

11.3.1 SVD의 정의

M을 $m \times n$ 행렬이라 하고, M의 랭크rank를 r이라 하자. 행렬의 랭크는 성분이 모두 0인 행들의 선형 조합이 아니면 영벡터 $\mathbf{z}$를 만들 수 없는(그런 행들 혹은 열들의 집합을 선형 독립이라고 말한다) 최대 행(혹은 열)의 개수다. 그러면 그림 11.5처럼 다음 특징을 갖는 행렬 U, Σ, V를 찾을 수 있다.

1. U는 $m \times r$인 **열 직교**column-orthonormal 행렬이다. 즉 각 열은 단위 벡터이며 모든 두 열들 간의 내적이 0인 행렬이다.
2. V는 $n \times r$ 열 직교 행렬이다. 항상 V를 전치transposed된 형태로 사용하므로 V^T의 행이 직교한다는 점에 유의하라.
3. Σ는 대각 행렬diagonal matrix이다. 즉 주 대각선에 위치하지 않는 모든 성분은 0이다. Σ의 성분을 M의 특이값이라 부른다.

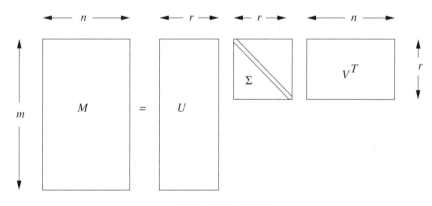

그림 11.5 특이값 분해 형태

그림 11.6은 사용자가 매긴 영화 순위를 표현하는 랭크 2 행렬이다. 인위적인 이번 예제에는 공상과학 영화와 로맨스 영화라는 두 가지 '콘셉트'가 존재한다. 남학생 모두는 공상과학 영화에만 순위를 매기고, 여학생 모두는 로맨스 영화에만 순위를 매긴다. 이런 콘셉트들로는 오직 랭크가 2인 행렬이 생성될 수밖에 없다. 즉 처음 4개의 행 중 하나를 선택하고 마지막 3개의 행 중 하나를 선택하면, 이 두 행들의 선형 합이 0이 될 수 없음을 알 수 있다. 그러나 3개 행들을 독립적으로 선택할 수는 없다. 예컨대 행 1, 2, 7을 선택하는 경우 첫 번째 행에 3을 곱한 후 두 번째 행을 뺀 다음 일곱 번째 행에 0을 곱한 결과를 더하면 0이 된다.

	에이리언	스타워즈	카사블랑카	타이타닉	매트릭스
Joe	1	1	1	0	0
Jim	3	3	3	0	0
John	4	4	4	0	0
Jack	5	5	5	0	0
Jill	0	0	0	4	4
Jenny	0	0	0	5	5
Jane	0	0	0	2	2

그림 11.6 사용자가 매긴 영화 순위

열에 대해서도 유사한 사실을 발견할 수 있다. 처음 3개의 열 중 하나를, 마지막 2개의 열 중 하나를 선택하면 선형 독립이지만, 3개의 열을 선택하는 경우 그 열 집합은 선형 독립적이지 않다.

그림 11.6의 행렬 M은 그림 11.7처럼 U, Σ, V로 분해되며, 모든 성분의 유효 자릿수는 2개까지로 제한한다. M의 랭크가 2이기 때문에 분해 시 $r = 2$로 사용하면 된다. 이와 같은 분해를 어떻게 계산하는지는 11.3.6절에서 설명할 것이다. ■

$$
\begin{bmatrix}
1 & 1 & 1 & 0 & 0 \\
3 & 3 & 3 & 0 & 0 \\
4 & 4 & 4 & 0 & 0 \\
5 & 5 & 5 & 0 & 0 \\
0 & 0 & 0 & 4 & 4 \\
0 & 0 & 0 & 5 & 5 \\
0 & 0 & 0 & 2 & 2
\end{bmatrix}
=
\begin{bmatrix}
.14 & 0 \\
.42 & 0 \\
.56 & 0 \\
.70 & 0 \\
0 & .60 \\
0 & .75 \\
0 & .30
\end{bmatrix}
\begin{bmatrix}
12.4 & 0 \\
0 & 9.5
\end{bmatrix}
\begin{bmatrix}
.58 & .58 & .58 & 0 & 0 \\
0 & 0 & 0 & .71 & .71
\end{bmatrix}
$$

$$M \qquad\qquad U \qquad\qquad \Sigma \qquad\qquad V^{\mathrm{T}}$$

그림 11.7 그림 11.6 행렬 M에 대한 SVD

11.3.2 SVD의 해석

U, Σ, V의 r개의 열로 원래 행렬 M에 숨겨진 **콘셉트**들을 표현한다는 것이 SVD가 제공하는 정보의 핵심이다. 예제 11.8에서는 콘셉트가 명확하다. 하나는 '공상과학' 영화이고, 다른 하나는 '로맨스' 영화다. M에서 행을 사람들로, 열을 영화로 생각해 보자. 그러면 행렬 U는 사람들과 콘셉트를 연결한다. 예컨대 그림 11.6 행렬에서 행 1에 해당하는 Joe라는 사람은 공상과학 영화라는 콘셉트만을 좋아한다. Joe는 오직 공상과학 영화만을 보면서도 그 영화에 높은 순위를 매기지 않았기 때문에 U의 첫 번째 행 첫 번째 열의 값은 0.14이며, 이는 같은 열의 다른 성분들보다 작은 값이다. Joe는 로맨스 영화에 전혀 순위를 매기지 않았기 때문에 U의 첫 번째 행의 두 번째 열 값은 0이다.

행렬 V는 영화들과 콘셉트들을 연결한다. V^{T}의 첫 번째 행 처음 3개의 열에서 0.58은 공상과학 영화 장르에 속하는 세 편의 영화 〈매트릭스〉, 〈에이리언〉, 〈스타워즈〉를 가리킨다. 반면 첫 번째 행의 나머지 2개의 열에서 0은 이 열에 해당하는 영화들이 로맨스라는 콘셉트의 성질을 전혀 띠지 않음을 나타낸다. 이와 마찬가지로 V^{T}의 두 번째 행을 통해서 〈카사블랑카〉와 〈타이타닉〉은 오로지 로맨스 영화에 속한다는 사실을 알 수 있다.

마지막으로 행렬 Σ은 각 콘셉트의 강도strength를 나타낸다. 이 예제에서 공상 과학이라는 콘셉트의 강도는 12.4이며 로맨스라는 콘셉트의 강도는 9.5다. 직관적으로 공상과학이 더 강한 콘셉트라는 것을 알 수 있는데, 그 장르에 속한 영화와 그 영화를 좋아하는 사람들에 대한 정보를 데이터가 더 많이 제공하고 있기 때문이다.

보통 콘셉트가 그렇게 명백하게 서술되지는 않을 것이다. Σ는 항상 대각 행렬이 므로 대각선에서 벗어난 위치에 항상 0이 위치하겠지만, 실제로 U와 V에 존재하는 0의 개수는 더 적을 것이다. M의 행과 열에 의해 표현되는 성분들(이번 예제에서 영화와 사람들과 같은)은 차수가 변함에 따라 몇 가지 콘셉트들의 특징을 중복해서 나타낼 것이다. 실제로 예제 11.8의 분해는 매우 간단했는데 행렬 M의 랭크가 원하는 U, Σ, V의 열 개수와 동일했기 때문이다. 따라서 오직 2개의 열만으로 구성된 세 행렬 U, Σ, V로 M을 정확하게 분해할 수 있었다. 무한한 정밀도로 계산해낼 수 있다면 행렬 곱 $U\Sigma V^{\mathrm{T}}$는 정확하게 M이 될 것이다. 하지만 현실은 그렇게 간단하지 않다. M의 랭크가 행렬 U, Σ, V에서 원하는 열의 개수보다 클 때의 분해는 명확하지 않다. 최적의 근사치를 구하기 위해서는 분해 결과에서 최소 특이값에 대응하는 U와 V의 열들을 제거해야 한다. 다음 예제는 예제 11.8을 약간 변형했는데 이 예제를 통해 중요한 사실을 설명할 것이다.

예제 11.9 그림 11.8은 그림 11.6과 거의 흡사하다. 다른 점은 Jill과 Jane이 그렇게 높지는 않지만 〈에이리언〉에 순위를 매겼다는 것이다. 그림 11.8 행렬의 랭크는 3이다. 첫 번째, 여섯 번째, 일곱 번째 행은 서로 독립적이며, 4개의 행이 독립적인 경우는 없음을 확인할 수 있다. 그림 11.8 행렬을 분해한 결과는 그림 11.9와 같다.

행렬 U, Σ, V은 3개의 열을 사용했다. 왜냐하면 이들이 랭크가 3인 행렬을 분해하기 때문이다.

	매트릭스	에이리언	스타워즈	카사블랑카	타이타닉
Joe	1	1	1	0	0
Jim	3	3	3	0	0
John	4	4	4	0	0
Jack	5	5	5	0	0
Jill	0	2	0	4	4
Jenny	0	0	0	5	5
Jane	0	1	0	2	2

그림 11.8 새로운 행렬 M'. 〈에이리언〉에 2개의 순위가 추가됐다.

$$
\begin{bmatrix}
1 & 1 & 1 & 0 & 0 \\
3 & 3 & 3 & 0 & 0 \\
4 & 4 & 4 & 0 & 0 \\
5 & 5 & 5 & 0 & 0 \\
0 & 2 & 0 & 4 & 4 \\
0 & 0 & 0 & 5 & 5 \\
0 & 1 & 0 & 2 & 2
\end{bmatrix} =
$$

$$M'$$

$$
\begin{bmatrix}
.13 & .02 & -.01 \\
.41 & .07 & -.03 \\
.55 & .09 & -.04 \\
.68 & .11 & -.05 \\
.15 & -.59 & .65 \\
.07 & -.73 & -.67 \\
.07 & -.29 & .32
\end{bmatrix}
\begin{bmatrix}
12.4 & 0 & 0 \\
0 & 9.5 & 0 \\
0 & 0 & 1.3
\end{bmatrix}
\begin{bmatrix}
.56 & .59 & .56 & .09 & .09 \\
.12 & -.02 & .12 & -.69 & -.69 \\
.40 & -.80 & .40 & .09 & .09
\end{bmatrix}
$$

$$U \qquad\qquad \Sigma \qquad\qquad V^{\mathrm{T}}$$

그림 11.9 그림 11.8 행렬 M'에 대한 SVD

U와 V의 열들은 여전히 콘셉트에 대응한다. 첫 번째 열은 '공상과학' 영화를 나타내고, 두 번째 열은 '로맨스' 영화를 나타낸다. 세 번째 열이 나타내는 콘셉트를 설명하기는 조금 더 까다롭다. 그러나 Σ에서 0이 아닌 세 번째 성분이 주어진 경우 처음 두 콘셉트의 가중치와 비교했을 때 세 번째 콘셉트의 가중치는 매우 낮기 때문에 그렇게 큰 영향을 미치지 않는다. ▧

11.3.3절에서는 가장 덜 중요한 콘셉트 일부를 제거하는 방법을 알아볼 것이다. 예컨대 예제 11.9에서는 세 번째 콘셉트를 제거할 수 있는데 그 이유는 세 번째 콘셉트를 통해 실제로 알 수 있는 정보는 많지 않으며, 이와 관련된 특이값이 너무 작다는 사실이 세 번째 콘셉트가 중요하지 않음을 나타내기 때문이다.

11.3.3 SVD를 사용한 차원 축소

매우 큰 행렬 M을 M의 SVD 컴포넌트인 U, Σ, V로 표현하고 싶으나, 이런 행렬들은 너무 커서 간단하게 저장할 수 없다고 가정하자. 세 행렬의 차원을 줄이는 가장 좋은 방법은 제일 작은 특이값을 0으로 설정하는 것이다. 최소 특이값 s개를 0으로 설정하면 이에 대응하는 U와 V의 열 s개를 제거할 수 있다.

예제 11.10 예제 11.9 분해에서 특이값은 3개다. 차원의 개수를 둘로 축소하고자 한다고 가정하자. 특이값 중 가장 작은 1.3을 0으로 설정한다. 이로 인해 그림 11.9 표현식에서 U의 세 번째 열과 V^T의 세 번째 행은 0과 곱해지므로 존재할 필요가 없어진다. 즉 2개의 가장 큰 특이값들만을 사용해 얻게 되는 M'의 근사치는 그림 11.10과 같다.

$$
\begin{bmatrix}
.13 & .02 \\
.41 & .07 \\
.55 & .09 \\
.68 & .11 \\
.15 & -.59 \\
.07 & -.73 \\
.07 & -.29
\end{bmatrix}
\begin{bmatrix}
12.4 & 0 \\
0 & 9.5
\end{bmatrix}
\begin{bmatrix}
.56 & .59 & .56 & .09 & .09 \\
.12 & -.02 & .12 & -.69 & -.69
\end{bmatrix}
$$

$$
=
\begin{bmatrix}
0.93 & 0.95 & 0.93 & .014 & .014 \\
2.93 & 2.99 & 2.93 & .000 & .000 \\
3.92 & 4.01 & 3.92 & .026 & .026 \\
4.84 & 4.96 & 4.84 & .040 & .040 \\
0.37 & 1.21 & 0.37 & 4.04 & 4.04 \\
0.35 & 0.65 & 0.35 & 4.87 & 4.87 \\
0.16 & 0.57 & 0.16 & 1.98 & 1.98
\end{bmatrix}
$$

그림 11.10 그림 11.7의 분해에서 가장 작은 특이값을 제거한 결과

이 결과로 생성되는 행렬은 그림 11.8 행렬 M'에 상당히 근접한다. 이상적으로 보면 모든 차이는 마지막 특이값을 0으로 만든 것에 기인한다. 그러나 이번 간단한 예제에서 발생한 차이의 상당 부분은 M'의 분해 시 두 자리 유효 숫자까지만 사용해 이로 인해 반올림 오차가 발생했기 때문이었다. ■

11.3.4 작은 특이값을 제거하는 방식이 동작하는 이유

차원의 개수를 줄일 때 가장 작은 특이값을 삭제하면 원래 행렬 M과 M의 근사치 사이의 평균 제곱근 오차^{RMSE, Root-Mean-Square Error}가 최소화됨을 볼 수 있다. 성분 개

수는 고정돼 있고, 제곱근 연산은 단순하기 때문에 관련 있는 행렬들의 **프로베니우스**[Frobenius] norm들을 간단히 구해서 비교해 볼 수 있다. $\|M\|$으로 표현되는 행렬 M의 프로베니우스 norm은 M의 성분들의 제곱의 합에 대한 제곱근이다. M이 하나의 행렬과 그 행렬의 근사치 사이의 차이 값이라면 $\|M\|$은 그 행렬들 사이의 RMSE에 비례한다는 사실에 주목하라.

가장 작은 특이값을 0으로 설정함으로써 M과 M의 근사치 사이의 RMSE 혹은 프로베니우스 norm이 최소화되는 이유를 설명하기 위해 약간의 행렬 대수학을 사용해 보자. M을 3개의 행렬의 곱 $M = PQR$이라 하고, M, P, Q, R에서 행 i와 열 j를 m_{ij}, p_{ij}, q_{ij}, r_{ij}라고 하자. 그러면 행렬 곱의 정의에 의해 다음을 알 수 있다.

$$m_{ij} = \sum_k \sum_\ell p_{ik} q_{k\ell} r_{\ell j}$$

그러면 다음 식이 성립한다.

$$\|M\|^2 = \sum_i \sum_j (m_{ij})^2 = \sum_i \sum_j \left(\sum_k \sum_\ell p_{ik} q_{k\ell} r_{\ell j} \right)^2 \tag{11.1}$$

방정식 (11.1)의 우변처럼 항들의 합을 제곱하면 2개의 합(인덱스가 서로 다른 합)이 효과적으로 생성되며, 첫 번째 합의 각 항과 두 번째 각 항이 곱해진다. 즉 다음과 같이 말이다.

$$\left(\sum_k \sum_\ell p_{ik} q_{k\ell} r_{\ell j}\right)^2 = \sum_k \sum_\ell \sum_m \sum_n p_{ik} q_{k\ell} r_{\ell j} p_{in} q_{nm} r_{mj}$$

따라서 방정식 (11.1)을 다음과 같이 다시 정리할 수 있다.

$$\|M\|^2 = \sum_i \sum_j \sum_k \sum_\ell \sum_n \sum_m p_{ik} q_{k\ell} r_{\ell j} p_{in} q_{nm} r_{mj} \tag{11.2}$$

이제 P, Q, R이 실제로 M의 SVD인 경우를 살펴보자. 즉 P는 열 직교column-orthonormal 행렬이며, Q는 대각 행렬이고, R은 열 직교 행렬의 전치transpose다. 다시 말해 R은 **행 직교**row-orthonormal 행렬이다. R의 행들은 단위 벡터들이며, 서로 다른 두 행들의 내적은 0이다. Q가 대각 행렬이므로 $k = \ell$이면서 $n = m$이 아닌 경우 $q_{k\ell}$과 q_{nm}는 0이 될 것이다. 따라서 방정식 (11.2)에서 ℓ과 m에 대한 합을 제거하고, $k = \ell$ 및 $n = m$으로 설정할 수 있다. 즉 방정식 (11.2)는 다음 방정식으로 변환된다.

$$\|M\|^2 = \sum_i \sum_j \sum_k \sum_n p_{ik} q_{kk} r_{kj} p_{in} q_{nn} r_{nj} \tag{11.3}$$

다음으로 i가 가장 안쪽 합이 되도록 합의 순서를 재정렬한다. 방정식 (11.3)에서 i가 포함된 인수는 p_{ik}와 p_{in}뿐이다. 그 외 다른 모든 인수들은 i에 대한 합에 있어서 상수다. P가 열 직교 행렬이므로 $k = n$인 경우 $\sum_i p_{ik} p_{in}$는 1이며, 그렇지 않은 경우 0이라는 사실을 알 수 있다. 즉 방정식 (11.3)에서 $k = n$으로 설정하고 인수 p_{ik}와 p_{in}을 제거한 후 i와 n에 대한 합을 제거하면 다음과 같은 식을 얻게 된다.

$$\|M\|^2 = \sum_j \sum_k q_{kk} r_{kj} q_{kk} r_{kj} \tag{11.4}$$

R이 행 직교 행렬이므로 $\sum_j r_{kj} r_{kj}$는 1이다. 따라서 r_{kj} 항과 j에 대한 합을 제거할 수 있다. 따라서 다음과 같이 프로베니우스 norm에 대해 매우 간단한 공식을 얻게 된다.

$$\|M\|^2 = \sum_k (q_{kk})^2 \tag{11.5}$$

다음으로 이 공식을 행렬 M에 적용해 보자. 행렬 M의 SVD는 $M = U\Sigma V^T$이다. Σ의 i번째 대각 성분을 σ_i라 하고, Σ에서 r개의 대각선 성분 중 처음 n개를 유지하고 나머지를 0으로 설정한다고 가정하자. 그 결과로 생성되는 대각 행렬을 Σ'라 하자. $M' = U\Sigma'V^T$는 M에 대한 결과 근사치라 하자. 그러면 $M - M' = U(\Sigma - \Sigma')V^T$는 근사치와의 오차를 나타내는 행렬이다.

방정식 (11.5)를 행렬 $M - M'$에 적용하면 $\|M - M'\|^2$은 $\Sigma - \Sigma'$의 대각 성분 제곱의 합과 동일함을 볼 수 있다. 그러나 $n < i \leq r$인 경우 $\Sigma - \Sigma'$에서 처음 n개의 대각 성분은 0이며, i번째 대각 성분은 σ_i이다. 즉 $\|M - M'\|^2$은 0으로 설정되는 Σ의 성분들을 제곱한 값의 합이다. 따라서 $\|M - M'\|^2$을 최소화하기 위해서는 그 성분들이 Σ에서 최소값이 되도록 선택하면 된다. 그렇게 함으로써 대각 성분 중 n개를 유지해야 한다는 조건하에 $\|M - M'\|^2$은 최소값이 되며, 따라서 같은 조건하에서 RMSE가 최소화된다.

11.3.5 콘셉트를 사용한 질의

11.3.5절에서는 특정 질의에 정확하면서도 효과적으로 답하기 위해 SVD를 어떻게 사용할 수 있는지 알아볼 것이다. 원래 영화 순위 데이터(그림 11.6의 랭크 2 데이터)를 그림 11.7의 SVD 형태로 분해했던 예제와 같은 상황을 가정하자. Quincy는 원래 행렬에서 표현했던 사람들 중 한 명은 아니지만, 자신의 취향과 맞는 영화를 찾으려고 이 시스템을 사용하고자 한다. 그가 본 영화는 〈매트릭스〉뿐이고, 그 영화에 4위라는 순위를 매겼다. 따라서 Quincy를 벡터 $\mathbf{q}$ = [4, 0, 0, 0, 0]로 표현할 수 있다. 마치 원래 행렬에 있는 열들 중 하나처럼 말이다.

협업 필터링 방식을 사용했다면 Quincy를 원래 행렬 M에 나타난 다른 사용자들과 비교하려고 했을 것이다. 그렇게 하는 대신 Quincy에 행렬 V를 곱함으로써 그를 '콘셉트 공간'으로 매핑할 수 있다. 그러면 $\mathbf{q}V$ = [2.32, 0]이라는 결과가 나온다.[3]

---

3 그림 11.7에서 V^T를 확인할 수 있다. 이 곱을 위해서는 V가 필요하다.

즉 이 결과는 Quincy는 공상과학 영화에 대한 관심이 높으며, 로맨스에는 전혀 관심이 없다는 사실을 말해 준다.

이제 콘셉트 공간에 Quincy를 표현했으나, 이 결과는 원래 '영화 공간'에서 표현된 그와는 다르다. [2.32, 0]에 V^T를 곱함으로써 그에 대한 표현을 영화 공간으로 다시 매핑을 시도해 볼 수 있다. 그러면 [1.35, 1.35, 1.35, 0, 0]이 된다. 이는 Quincy가 〈에이리언〉과 〈스타워즈〉는 좋아하지만 〈카사블랑카〉 혹은 〈타이타닉〉은 좋아하지 않을 수 있다는 결론을 내놓는다.

콘셉트 공간에서 가능한 또 다른 종류의 질의로 Quincy와 유사한 사용자를 찾는 것을 들 수 있다. V를 사용하면 모든 사용자를 콘셉트 공간으로 매핑할 수 있다. 예컨대 Joe는 [1.74, 0]으로 매핑되고 Jill은 [0, 5.68]로 매핑된다. 지금 다루는 간단한 예제에서는 모든 사용자가 100% 공상과학 영화의 팬이거나 100% 로맨스 영화의 팬이므로 각 벡터의 한 성분은 0이다. 현실에서 사람들의 경우는 좀 더 복잡한데 다양한 콘셉트에 대한 관심 정도가 서로 다를 것이며, 0은 아닐 것이다. 일반적으로 콘셉트 공간에서의 코사인 거리로 사용자들 간의 유사성을 측정할 수 있다.

예제 11.11 위에서 소개한 상황에서 Quincy와 Joe에 대한 콘셉트 벡터 [2.32, 0]과 [1.74, 0]은 서로 동일하지는 않지만 방향은 정확하게 일치하고 있다는 사실에 주목하라. 즉 그들의 코사인 거리는 0이다. 반면 Quincy와 Jill에 대한 벡터 [2.32, 0]과 [0, 5.68]의 내적은 0이며, 따라서 두 벡터가 이루는 각은 90도다. 즉 그들의 코사인 거리는 1이며, 이는 가능한 값 중 최대치다. ▪

11.3.6 행렬의 SVD 계산

행렬 M의 SVD는 대칭 행렬 $M^T M$ 및 MM^T의 고유값과 연관성이 많다. 이 관계를 통해 그 두 행렬의 고유쌍들로부터 M의 SVD를 구할 수 있다. 이를 설명하기 위해 M에 대한 SVD의 표현식 $M = U\Sigma V^T$에서 시작하려 한다. 그러면 다음 식이 성립한다.

$$M^T = (U\Sigma V^T)^T = (V^T)^T \Sigma^T U^T = V\Sigma^T U^T$$

Σ는 대각 행렬이기 때문에 이를 전치한다 해도 바뀌지 않는다. 따라서 $M^T = U\Sigma V^T$

이다.

이제 $M^TM = V\Sigma U^TU\Sigma V^T$이다. U는 직교 행렬이므로 U^TU는 일정 크기의 항등 행렬임을 기억하라. 즉 다음이 성립한다.

$$M^TM = V\Sigma^2V^T$$

이 방정식의 양변 오른쪽에 V를 곱하면 다음식이 성립한다.

$$M^TMV = V\Sigma^2V^TV$$

V 역시 직교 행렬이므로 V^TV는 항등 행렬이다. 따라서 다음이 성립한다.

$$M^TMV = V\Sigma^2 \tag{11.6}$$

Σ는 대각 행렬이므로 Σ^2 역시 대각 행렬이며, Σ^2에서 i번째 행과 열의 성분은 Σ에서 동일한 위치에 있는 성분을 제곱한 값이다. 이제 방정식 (11.6)이 낯설지 않을 것이다. 이 방정식은 V가 M^TM의 고유 벡터 행렬이며, Σ^2는 고유값에 해당하는 성분으로 구성된 대각 행렬임을 알려 준다.

따라서 M^TM에 대한 고유쌍을 계산하는 알고리즘으로 M에 대한 SVD에서의 행렬 V를 구할 수 있다. 또한 이 SVD에 대한 특이값을 구할 수도 있다. M^TM에 대한 고유값의 제곱근을 구하기만 하면 된다.

이제 U를 계산하는 것만 남았다. 이는 V를 구한 것과 동일한 방식으로 구하면 된다. 다음 식에서 시작한다.

$$MM^T = U\Sigma V^T(U\Sigma V^T)^T = U\Sigma V^TV\Sigma U^T = U\Sigma^2U^T$$

그다음 이전과 유사한 조작 과정을 통해 다음을 구할 수 있다.

$$MM^TU = U\Sigma^2$$

즉 U는 M^TM의 고유 벡터 행렬이다.

U와 V에 대한 내용을 좀 더 상세히 설명할 필요가 있다. 이 행렬들의 열은 r개인 반면, M^TM은 $n \times n$ 행렬이고, M^TM는 $m \times m$ 행렬이다. n과 m 모두 적어도 r보

다는 크다. 따라서 M^TM과 MM^T는 각각 $n - r$개와 $m - r$개의 고유쌍들을 추가로 더 가져야 하며, 이런 쌍들은 U, V, Σ에 나타나지 않는다. M의 랭크는 r이기 때문에 그 외 모든 고유값은 0이 될 것이며, 이들은 사용할 가치가 없다.

11.3.7 11.3절 연습문제

연습문제 11.3.1 그림 11.11의 행렬을 M이라고 하자. 첫 번째 열과 세 번째 열을 더한 후 두 번째 열을 두 배로 해서 빼면 **z**가 된다는 사실을 통해 랭크가 2임을 알 수 있다.

$$\begin{bmatrix} 1 & 2 & 3 \\ 3 & 4 & 5 \\ 5 & 4 & 3 \\ 0 & 2 & 4 \\ 1 & 3 & 5 \end{bmatrix}$$

그림 11.11 연습문제 11.3.1을 위한 행렬 M

(a) 행렬 M^TM과 MM^T를 계산하라.

! (b) (a) 행렬에 대한 고유값을 구하라.

(c) (a) 행렬에 대한 고유 벡터를 구하라.

(d) (b)와 (c)로부터 원래 행렬 M에 대한 SVD를 구하라. 0이 아닌 고유값은 2개뿐이므로 행렬 Σ의 특이값은 2개뿐이며, U와 V의 열은 2개라는 사실에 주의하라.

(e) 더 작은 특이값을 0으로 설정하고, 그림 11.11로부터 행렬 M에 대한 일차원 근사치를 계산하라.

(f) 일차원으로 변한 근사치에서는 원래 특이값의 에너지가 얼만큼 보존되는가?

연습문제 11.3.2 그림 11.7의 SVD를 사용하라. Leslie는 〈에이리언〉을 3위로, 〈타이타닉〉을 4위로 평가했다고 가정하자. '영화 공간'에서 Leslie의 표현은 [0, 3, 0, 0, 4]가 된다. 콘셉트 공간에서 Leslie의 표현을 구하라. 이 표현은 Leslie가 예제 데이터에 등장하는 다른 영화들을 얼마나 좋아한다고 예측하는가?

! **연습문제 11.3.3** 그림 11.8 행렬의 랭크는 3임을 증명하라.

! **연습문제 11.3.4** 11.3.5절에서는 개인이 선호하는 영화를 어떻게 예측하는지 살펴봤다. 소수의 사람들이 평가한 영화 순위가 가진 정보의 전부라면 사람들이 주어진 영화를 좋아할지 예측하기 위해 어떻게 이 기법^{SVD}을 사용할 것인가?

11.4 CUR 분해

11.3절에서 다룬 예제에서는 드러나지 않은 SVD의 문제가 있다. 대형 데이터를 다룰 때 보통 행렬 M이 매우 희소하게 분해되는 것이 일반적이다. 즉 대부분의 성분이 0인 경우다. 예를 들어, 많은 문서를 (행으로) 표현하며, 그 문서들이 포함하는 단어들을 (열로) 표현하는 행렬은 희소할 것이다. 왜냐하면 대부분의 단어가 대부분에 문서에 나타나는 것은 아니기 때문이다. 이와 유사하게 대부분의 사람들이 대부분의 물건을 구입하는 것은 아니므로 고객과 상품을 표현하는 행렬 역시 희소할 것이다.

수백만 혹은 수십억 건의 행 혹은/그리고 열로 구성된 조밀 행렬을 처리하기는 어렵다. M이 희소하더라도 SVD 결과에서 U와 V는 조밀할 것이다.[4] Σ는 대각 행렬이므로 희소할 것이나, 그 크기가 보통 U와 V보다 훨씬 작으므로 Σ가 희소하다는 성질은 도움이 되지 않는다.

11.4절에서는 또 다른 분해 기법인 CUR 분해를 알아볼 것이다. 이 방식의 장점은 M이 희소하면 SVD에서의 U, V와 비슷한 2개의 대형 분해 행렬('행'을 R로, '열'을 C라 부른다) 역시 희소하다는 사실에 있다. (SVD에서 Σ와 유사한) 중간에 위치한 행렬만 조밀하나, 이 행렬은 작기 때문에 밀도가 그렇게 큰 영향을 미치지는 않는다.

매개 변수 r이 적어도 행렬 M의 랭크보다 큰 경우 정확한 분해 결과를 내는 SVD와는 다르게 CUR 분해는 r을 얼마나 크게 설정하는지와 관계가 없는 근사치일 뿐이다. r이 더 커지면 M으로 수렴하는 것을 보장하는 이론이 있긴 하지만, 이를 위해서는 보통 r을 매우 크게, 즉 1% 이내로 해 분해할 수밖에 없고, 그러면 이 방법은 쓸모가 없어진다. 반면에 상대적으로 r을 작게 선택한 분해는 유용하고 정확한 분해가

---

4 그림 11.7의 U와 V에는 상당한 개수의 0이 존재한다. 그러나 이는 예제 행렬 M이 갖는 성질을 매우 인위적으로 조작한 결과이며, 일반적인 경우는 아니다.

행렬 M과 행렬 곱 XZY가 동일하다고 가정하자. 모두 역행렬^{pseudoinverse}이 존재 한다면 행렬 곱의 역에 대한 규칙을 통해 $M^{-1} = Y^{-1} Z^{-1} X^{-1}$이 성립한다. 이때 XZY가 SVD 분해 결과인 경우 X는 열에 직교하며 Y는 행에 직교한다는 것을 알 수 있다. 어느 경우든지 역과 전치는 동일하다. 즉 XX^{T}는 일정 크기의 항등 행렬이 며, YY^{T}도 마찬가지다. 따라서 $M^{-1} = Y^{T} Z^{-1} X^{T}$가 성립한다.

또한 Z는 대각 행렬이다. 대각선에 위치한 0이 없으면 Z^{-1}는 Z에서 대각선에 위 치한 각 성분들의 역수로 구성된다. Z와 Z^{+}를 곱한 결과가 항등 행렬이 되도록 할 때 Z의 대각선상에 0이 있는 경우 역행렬에서 같은 위치에 존재하는 성분을 찾을 수 없게 된다. 이것이 바로 행렬 곱 ZZ^{+}가 항등 행렬이 아닌, Z의 i번째 성분이 0이 아니면 해당 위치의 성분 값이 1이고 0이면 0인 대각 행렬이 될 때, Z^{+}를 '유사 역 행렬'이라 새롭게 정의하는 이유다.

될 확률이 높다.

11.4.1 CUR의 정의

m개의 행과 n개의 열로 구성된 행렬을 M이라 하자. 분해에서 사용할 목표 '콘셉트' 의 개수 r을 선택하자. M의 CUR 분해에서는 M에서 r개의 열이 무작위로 선택돼 $m \times r$ 행렬 C를 형성하고 M에서 r개의 행이 무작위로 선택돼 $r \times n$ 행렬 R을 형 성한다. 또한 C와 R로부터 다음을 따라 형성되는 $r \times r$ 행렬 U도 존재한다.

1. C로 선택된 열들과 R로 선택된 행들의 교집합인 $r \times r$ 행렬을 W라 하자. 즉 W에서 행 i와 열 j의 성분은 C의 i번째 열과 R의 i번째 행로 구성된 M의 성분 이다.

2. W의 SVD, 즉 $W = X\Sigma Y^{T}$를 계산한다.

3. 대각 행렬 Σ의 **무어-펜로즈 유사 역행렬**$^{Moore-Penrose\ pseudoinverse}$인 Σ^{+}를 계산한다.

즉 Σ의 i번째 대각 성분이 $\sigma \neq 0$이라면, $1/\sigma$로 대체한다. 그러나 i번째 성분이 0이면 0으로 남겨 둔다.

4. $U = Y(\Sigma^+)^2 X^\mathrm{T}$이다.

M에 가까운 근사치를 갖도록 하기 위해 행렬 C와 R을 어떻게 선택해야 하는지에 대한 주요 내용과 더불어 전체 CUR 과정을 11.4.3절 예제에서 다룰 것이다.

11.4.2 행과 열의 적절한 선택

행과 열을 무작위로 선택한다는 사실을 기억하자. 그러나 조금 더 중요한 행과 열이 선택될 확률을 높이기 위해서는 행과 열의 선택이 편향^{bias}돼야 한다. 중요성의 척도로 행 혹은 열 성분들의 제곱 합인 프로베니우스 norm의 제곱 값을 사용하는 방법이 있다. 행렬 M에 대한 프로베니우스 norm의 제곱을 $f = \sum_{i,j} m_{ij}^2$이라 하자. 그러면 행 하나를 선택할 때마다 행 i를 선택할 확률 p_i는 $\sum_j m_{ij}^2/f$이다. 그리고 열 하나를 선택할 때마다 q_j는 $\sum_i m_{ij}^2/f$이다.

	매트릭스	에이리언	스타워즈	카사블랑카	타이타닉
Joe	1	1	1	0	0
Jim	3	3	3	0	0
John	4	4	4	0	0
Jack	5	5	5	0	0
Jill	0	0	0	4	4
Jenny	0	0	0	5	5
Jane	0	0	0	2	2

그림 11.12 그림 11.6을 재현한 행렬 M

예제 11.12 그림 11.12로 재현한 그림 11.6의 행렬 M을 다시 살펴보자. M을 구성하는 성분들의 제곱의 합은 234다. 세 편의 공상과학 영화 〈매트릭스〉, 〈에이리언〉, 〈스타워즈〉 각각에 대한 프로베니우스 norm의 제곱은 $1^2 + 3^2 + 4^2 + 5^2 = 51$

이므로 각각에 대한 확률은 51/243 = .210이다. 남은 두 열에 대한 프로베니우스 norm의 제곱은 $4^2 + 5^2 + 2^2 = 45$이며, 각각의 확률은 45/243 = .185다.

M의 행 7개에 대한 프로베니우스 norm의 제곱은 3, 27, 48, 75, 32, 50, 8이다. 따라서 각각의 확률은 .012, .111, .198, .309, .132, .206, .033이다. ■

이제 행렬 C를 위해 r개의 열을 선택해 보자. M의 열들 중 무작위로 열을 선택한다. 그러나 열마다 선택될 확률이 동일한 것은 아니다. j번째 열은 확률 q_j로 선택된다. 확률은 열의 성분들을 제곱해 합한 값을 행렬에 속한 모든 성분들의 제곱의 합으로 나눠 구했음을 기억하라. C의 각 열은 M의 열들과 독립적으로 선택되므로 하나의 열이 한 번 이상 선택될 가능성이 있다. 이런 상황을 어떻게 처리하는지는 CUR 분해의 기초를 설명한 후에 알아볼 것이다.

M에서 열들을 선택했다면 각 열의 성분들을 그 열이 선택될 예상 횟수의 제곱근으로 나눠 각 열을 조정한다. 즉 M에서 j번째 열이 선택됐다면 그 열의 성분들을 $\sqrt{rq_j}$로 나눈다. 조정된 M의 열이 C의 열이 되는 것이다.

동일한 방법으로 R을 위해 M의 행들을 선택한다. R의 각 행은 M의 행들 중에서 선택되며, 행 i가 선택될 확률은 p_i다. p_i는 i번째 행 성분들의 제곱의 합을 M을 구성하는 모든 성분의 제곱의 합으로 나눈 값이었음을 기억하라. 그다음 M에서 i번째 행이 선택됐다면 그 행의 성분들을 $\sqrt{rp_i}$로 나눠 선택된 각 행을 조정한다.

예제 11.13 CUR 분해에서 r=2라 하자. 그림 11.12 행렬 M에서 우선 〈에이리언〉(두 번째 열)과 그다음으로 〈카사블랑카〉(네 번째 열)를 임의로 선택했다고 가정하자. 〈에이리언〉에 해당하는 열은 $[1, 3, 4, 5, 0, 0, 0]^T$인데 이 열을 $\sqrt{rq_2}$로 나눠 조정해야 한다. 예제 11.12에서 알아봤듯이 〈에이리언〉 열의 확률은 .210이므로 $\sqrt{2 \times 0.210} = 0.648$로 나눈다. 〈에이리언〉에 해당하는 조정된 열은 소수점 이하 두 자리로 $[1.54, 4.63, 6.17, 7.72, 0, 0, 0]^T$이다. 이 열이 C의 첫 번째 열이 된다.

C의 두 번째 열은 M에서 〈카사블랑카〉에 해당하는 열인 $[0, 0, 0, 0, 4, 5, 2]^T$을 $\sqrt{rq_4} = \sqrt{2 \times 0.185} = 0.608$로 나눠 구한다. 따라서 C의 두 번째 열은 $[0, 0, 0, 0, 6.58, 8.22, 3.29]^T$이다.

이제 R의 행을 선택해 보자. Jenny와 Jack에 해당하는 행이 선택될 확률이 높으므로 이 2개의 행이 실제로 선택되며, 먼저 Jenny가 선택된다고 가정하자. R에 대해 조정되지 않은 행은 다음과 같다.

$$\begin{bmatrix} 0 & 0 & 0 & 5 & 5 \\ 5 & 5 & 5 & 0 & 0 \end{bmatrix}$$

Jenny에 해당하는 행을 조정하기 위해서는 Jenny의 확률이 0.206이므로 $\sqrt{2 \times 0.206} = 0.642$를 나눠야 한다. Jack에 해당하는 행을 조정하기 위해서는 Jack의 확률이 0.309이므로 $\sqrt{2 \times 0.309} = 0.786$을 나눈다. 따라서 행렬 R은 다음과 같다.

$$\begin{bmatrix} 0 & 0 & 0 & 7.79 & 7.79 \\ 6.36 & 6.36 & 6.36 & 0 & 0 \end{bmatrix}$$

11.4.3 중간 행렬 구성

마지막으로 분해에서 C와 R을 연결하는 행렬 U를 구성해야 한다. U는 $r \times r$ 행렬이었음을 기억하라. U와 크기가 같은 행렬 W로부터 U를 구성하는 작업을 시작하려고 한다. W에서 행 i와 열 j의 성분은 M에서 R의 i번째 행으로 선택된 행과 C의 j번째 열로 선택된 열의 성분이다.

예제 11.14 예제 11.13과 동일한 행과 열을 선택해 보자.

$$W = \begin{bmatrix} 0 & 5 \\ 5 & 0 \end{bmatrix}$$

W의 첫 번째 행은 R의 첫 번째 행과 대응하며, 이는 그림 11.12 행렬 M에서 Jenny에 해당하는 행이다. M에서 Jenny에 해당하는 행과 〈에이리언〉에 해당하는 열의 성분이 0이기 때문에 첫 번째 열의 성분은 0이다. C의 첫 번째 열은 M에서 〈에이리언〉에 해당하는 열로부터 구성됐다는 사실을 기억하라. M에서 Jenny에 해당하는 행과 〈카사블랑카〉에 해당하는 열 성분이 5이기 때문에 두 번째 열의 성분은 5이다. 〈카사블랑카〉는 M에서 C의 두 번째 열로 선택된 열이다. 이와 유사하게 W의 두 번째 행은 Jack에 해당하는 행에서 〈에이리언〉 및 〈카시블랑카〉에 해당하는 열의 성분

들로 구성된다. ■

행렬 U는 11.4.1에서 설명했던 무어-펜로즈 유사 역행렬에 의해 W로부터 구성된다. 유사 역행렬 Σ^+를 구하기 위해서는 W의 SVD, 즉 $W = X\Sigma Y^T$를 구하고 특이값 행렬 Σ에서 0이 아닌 모든 성분들을 그들의 역수로 치환한다. 그러면 $U = Y(\Sigma^+)^2 X^T$를 구할 수 있다.

예제 11.15 예제 11.14에서 구성했던 행렬 W로부터 U를 구해 보자. 먼저 W에 대한 SVD는 다음과 같다.

$$W = \begin{bmatrix} 0 & 5 \\ 5 & 0 \end{bmatrix} = \begin{bmatrix} 0 & 1 \\ 1 & 0 \end{bmatrix} \begin{bmatrix} 5 & 0 \\ 0 & 5 \end{bmatrix} \begin{bmatrix} 1 & 0 \\ 0 & 1 \end{bmatrix}$$

즉 우변 3개의 행렬은 X, Σ, Y^T이다. 행렬 Σ의 대각선 위치에 0이 없으므로 각 성분을 자신의 역수로 치환해 행렬 Σ의 무어-펜로즈 유사 역행렬을 구한다.

$$\Sigma^+ = \begin{bmatrix} 1/5 & 0 \\ 0 & 1/5 \end{bmatrix}$$

이제 X와 Y는 대칭이므로 자신들의 전치는 곧 자기 자신과 동일하다. 따라서 U는 다음과 같다.

$$U = Y(\Sigma^+)^2 X^T = \begin{bmatrix} 1 & 0 \\ 0 & 1 \end{bmatrix} \begin{bmatrix} 1/5 & 0 \\ 0 & 1/5 \end{bmatrix}^2 \begin{bmatrix} 0 & 1 \\ 1 & 0 \end{bmatrix} = \begin{bmatrix} 0 & 1/25 \\ 1/25 & 0 \end{bmatrix} \quad ■$$

11.4.4 CUR 분해 완성

이제까지 무작위로 3개의 분해 행렬 C, U, R을 선택하는 방법을 알아봤다. 이 행렬들을 곱해서 원래 행렬 M을 예측할 수 있다. 이에 대한 논의를 시작할 때 언급했듯이 매우 많은 개수의 행과 열이 선택된 경우에만 근사치가 M에 가까워진다는 것을 수식으로 보일 수도 있다. 그러나 직관적으로 '중요도'가 높아 보이는 (프로베니우스 norm이 높은) 행과 열을 선택하기 때문에 비록 그 행과 열의 개수가 적다 하더라도 원래 행렬에서 가장 중요한 부분을 추출하게 된다. 이를 잘 수행할 수 있는 방법을 예제를 통해 알아보기로 하자.

예제 11.16 지금 다루는 예제에 대한 분해 결과를 그림 11.13에서 볼 수 있다. 이 결과와 원래 행렬 M 사이에는 상당한 차이가 있다. 특히 공상과학 영화에 해당하는 값들에서 큰 차이를 보이지만 이 값들은 원래 값에 비례한다. 이 예제는 CUR 분해가 정확한 값에 가깝게 수렴하길 기대하기에는 너무 작았으며, 또한 너무 작위적으로 선택된 소수의 열과 행이었다고 볼 수 있다. ◾

$$CUR = \begin{bmatrix} 1.54 & 0 \\ 4.63 & 0 \\ 6.17 & 0 \\ 7.72 & 0 \\ 0 & 9.30 \\ 0 & 11.63 \\ 0 & 4.65 \end{bmatrix} \begin{bmatrix} 0 & 1/25 \\ 1/25 & 0 \end{bmatrix} \begin{bmatrix} 0 & 0 & 0 & 11.01 & 11.01 \\ 8.99 & 8.99 & 8.99 & 0 & 0 \end{bmatrix}$$

$$= \begin{bmatrix} 0.55 & 0.55 & 0.55 & 0 & 0 \\ 1.67 & 1.67 & 1.67 & 0 & 0 \\ 2.22 & 2.22 & 2.22 & 0 & 0 \\ 2.78 & 2.78 & 2.78 & 0 & 0 \\ 0 & 0 & 0 & 4.10 & 4.10 \\ 0 & 0 & 0 & 5.12 & 5.12 \\ 0 & 0 & 0 & 2.05 & 2.05 \end{bmatrix}$$

그림 11.13 그림 11.12 행렬의 CUR 분해

11.4.5 중복된 행과 열 제거

하나의 행 혹은 하나의 열이 한 번 이상 선택될 가능성은 상당히 높다. 분해 행렬의 랭크가 선택된 행과 열의 개수보다 적음에도 같은 행이 두 번 사용된다고 해서 나쁠 것은 없다. 그러나 행렬 M의 행과 각각 동일한 R의 행 k개를 하나의 행으로 결합해 R이 더 적은 개수의 행들로 구성되게 할 수 있다. 이와 마찬가지로 M의 열과 각각 동일한 C의 열 k개는 C에서 하나의 열로 결합될 수 있다. 그러나 행이든 열이든 남아 있는 벡터의 성분에 $\sqrt{k}$를 곱해야 한다.

일부 행들 그리고/혹은 열들을 결합할 때 R의 행 개수를 C의 열 개수보다 작게 만들 수 있다. 그 반대도 가능하다. 그러면 W는 정사각 행렬이 되지 않을 것이다. 그러나 W를 $W = X\Sigma Y^T$으로 분해함으로써 Σ의 유사 역행렬을 구할 수 있는 것은 마찬가지다. 여기서 Σ는 모두 0인 행이나 열이 일부 존재하는 대각 행렬이며, 각각의 개수는 상관없다. 그런 대각 행렬의 유사 역행렬을 구하기 위해 대각선상에 위치한 각 성분들을 평소처럼 처리한다(0이 아닌 성분들은 역수로 변환하고 0은 그대로 남긴다). 그러나 그 결과를 전치해야 한다.

예제 11.17 다음을 가정하자.

$$\Sigma = \begin{bmatrix} 2 & 0 & 0 & 0 \\ 0 & 0 & 0 & 0 \\ 0 & 0 & 3 & 0 \end{bmatrix}$$

그러면 다음과 같은 결과를 얻을 수 있다.

$$\Sigma^+ = \begin{bmatrix} 1/2 & 0 & 0 \\ 0 & 0 & 0 \\ 0 & 0 & 1/3 \\ 0 & 0 & 0 \end{bmatrix}$$

11.4.6 11.4절 연습문제

연습문제 11.4.1 다음 행렬

$$M = \begin{bmatrix} 48 & 14 \\ 14 & -48 \end{bmatrix}$$

M에 대한 SVD는 다음과 같다.

$$\begin{bmatrix} 48 & 14 \\ 14 & -48 \end{bmatrix} = \begin{bmatrix} 3/5 & 4/5 \\ 4/5 & -3/5 \end{bmatrix} \begin{bmatrix} 50 & 0 \\ 0 & 25 \end{bmatrix} \begin{bmatrix} 4/5 & -3/5 \\ 3/5 & 4/5 \end{bmatrix}$$

M의 무어-펜로즈 유사 역행렬을 구하라.

! **연습문제 11.4.2** '임의로' 2개의 행과 열을 다음과 같이 선택했을 때 그림 11.12 행렬의 CUR 분해를 구하라.

(a) ⟨매트릭스⟩와 ⟨에이리언⟩에 해당하는 열, 그리고 Jim과 John에 해당하는 행

(b) ⟨에이리언⟩과 ⟨스타워즈⟩에 해당하는 열, 그리고 Jack과 Jill에 해당하는 행

(c) ⟨매트릭스⟩와 ⟨타이타닉⟩에 해당하는 열, 그리고 Joe와 Jane에 해당하는 행

! **연습문제 11.4.3** Jack에 해당하는 행 2개와 ⟨스타워즈⟩ 및 ⟨카사블랑카⟩에 해당하는 2개의 열을 '임의로' 선택했을 때 그림 11.12 행렬의 CUR 분해를 구하라.

11.5 요약

- **차원 축소**: 차원 축소의 목적은 대형 행렬을 원래 행렬보다 훨씬 크기가 작은 2개 혹은 그 이상의 행렬들로 대체하는 것이다. 보통은 그 행렬들의 곱으로 원래 행렬을 거의 정확하게 재구성할 수 있다.

- **고유값과 고유 벡터**: 행렬에 고유 벡터를 곱하면 그 결과가 고유 벡터의 상수 배가 되는데 행렬은 그런 고유 벡터를 다수 갖는다. 그 상수를 그 고유 벡터와 관련된 고유값이라 한다. 고유 벡터와 그에 대응하는 고유값을 함께 고유쌍이라 부른다.

- **반복 제곱법으로 고유쌍 찾기**: 어느 벡터를 시작으로 현재 벡터에 행렬을 반복적으로 곱해 새로운 벡터를 구하는 방식으로 주 고유 벡터(최대 고유값을 갖는 고유 벡터)를 찾을 수 있다. 반복 과정에서 벡터에 가해지는 변화가 작아졌을 때 그 결과를 주 고유 벡터에 가까운 근사치로 생각하면 된다. 그다음 원래 행렬을 수정해 (두 번째로 작은 고유값을 갖는) 두 번째 고유쌍을 구하고, 유사한 방법을 통해 내림차순으로 이후 고유쌍들을 구할 수 있다.

- **주성분 분석**: 차원 축소를 위한 기법인 주성분 분석에서는 다차원 공간의 점들로 구성된 데이터를 행렬로 간주한다. 이때 행은 점에 해당하고 열은 차원에 해당한다. 행렬과 그 행렬의 전치 행렬을 곱한 결과에 대한 고유쌍들이 존재하며, 주 고유 벡터는 공간에서 점들이 일렬로 가장 잘 배치되는 방향으로 볼 수 있다. 두 번

째 고유 벡터는 주 고유 벡터로부터 편차가 가장 큰 방향을 나타낸다. 나머지 고유 벡터들도 마찬가지다.

- **PCA에 의한 차원 축소**: 점들을 표현하는 행렬을 적은 개수의 고유 벡터로 표현함으로써 새롭게 표현된 행렬의 열에 대한 평균 제곱근 오차를 최소화하는 방식으로 데이터의 근사치를 구할 수 있다.

- **특이값 분해**: 행렬의 특이값 분해 결과는 3개의 행렬 U, Σ, V로 구성된다. 행렬 U와 V는 열에 직교하는데 이는 각 열들을 벡터로 봤을 때 서로 직교하며 길이가 1임을 의미한다. 행렬 Σ는 대각 행렬이며, 대각선상에 위치한 값들을 특이값이라 부른다. U, Σ, V의 전치 행렬을 곱한 결과는 원래 행렬과 같다.

- **콘셉트**: SVD는 원래 행렬의 행과 열을 연결하는 콘셉트들이 소수일 때 유용하다. 예컨대 원래 행렬이 영화 관객(행)에 의해 매겨진 영화 순위(열)를 나타내는 경우 영화의 장르가 콘셉트가 될 수 있다. 행렬 U는 행을 콘셉트와 연결하며, Σ는 콘셉트의 강도를 나타내고, V는 콘셉트를 열로 연결한다.

- **특이값 분해를 사용하는 질의**: 분해를 사용해서 원래 행렬의 새로운 행들, 혹은 가상의 행들을 분해 결과로 표현되는 콘셉트와 연결시킬 수 있다. 행에 분해 행렬 V를 곱해 그 행이 각 콘셉트와 어느 정도 일치하는지 나타내는 벡터를 얻을 수 있다.

- **SVD를 사용한 차원 축소**: 어떤 행렬에 대한 완전한 SVD 결과에서는 U와 V의 크기가 보통 원래 행렬만큼이나 크다. U와 V에서 더 적은 열을 사용하고 싶다면 가장 작은 특이값에 해당하는 열들을 U, V, Σ에서 삭제하면 된다. 이렇게 하면 수정된 U, V, Σ로부터 원래 행렬을 재구성하면서 발생하는 오차를 최소화할 수 있다.

- **희소 행렬 분해하기**: 주어진 행렬이 희소한 일반적인 경우라도 SVD로 구성되는 행렬들은 조밀하다. CUR 분해는 하나의 희소 행렬을 더 작고 희소한 행렬들로 분해하는데, 그 행렬들의 곱은 원래 행렬에 근접하게 된다.

- **CUR 분해**: 이는 주어진 희소 행렬에서 SVD의 U, V^{T} 역할을 하는 열 집합 C와 행 집합 R을 선택하는 방법이다. 사용자는 일정한 개수의 행과 열을 선택한다. 행과 열은 프로베니우스 norm의 분포 혹은 성분들의 제곱의 합에 대한 제곱근의 분포를 따라 무작위로 선택된다. C와 R 사이에는 선택된 행과 열의 교집합에 대한 유사 역행렬로 구성되는 정사각 행렬 U가 위치한다.

11.6 참고문헌

행렬 대수를 잘 설명한 문헌은 [4]다.

주성분 분석은 1세기 전 [6]에서 처음으로 논의됐다.

SVD는 [3]을 참조했다. SVD의 개념은 많은 응용 분야에 적용돼 왔다. 두 가지 의미 있는 사례는 문서 분석을 다룬 [1]과 생물학에서의 응용을 다룬 [8]을 참고했다.

CUR 분해는 [2]와 [5]를 참고했다. 나머지 자세한 내용은 [7]에 기술돼 있다.

[1] S. Deerwester, S.T. Dumais, G.W. Furnas, T.K. Landauer, and R. Harshman, "Indexing by latent semantic analysis," *J. American Society for Information Science* **41**:6 (1990).

[2] P. Drineas, R. Kannan, and M.W. Mahoney, "Fast Monte Carlo algorithms for matrices III: Computing a compressed approximate matrix decomposition," *SIAM J. Computing* **36**:1 (2006), pp. 184–206.

[3] G.H. Golub and W. Kahan, "Calculating the singular values and pseudo-inverse of a matrix," *J. SIAM Series B* **2**:2 (1965), pp. 205–224.

[4] G.H. Golub and C.F. Van Loan, *Matrix Computations*, JHU Press, 1996.

[5] M.W. Mahoney, M. Maggioni, and P. Drineas, Tensor-CUR decompositions For tensor-based data, *SIGKDD*, pp. 327–336, 2006.

[6] K. Pearson, "On lines and planes of closest fit to systems of points in space," *Philosophical Magazine* **2**:11 (1901), pp. 559–572.

[7] J. Sun, Y. Xie, H. Zhang, and C. Faloutsos, "Less is more: compact matrix decomposition for large sparse graphs," *Proc. SIAM Intl. Conf. on Data Mining*, 2007.

[8] M.E. Wall, A. Reichtsteiner and L.M. Rocha, "Singular value decomposition and principal component analysis," in *A Practical Approach to Microarray Data Analysis* (D.P. Berrar, W. Dubitzky, and M. Granzow eds.), pp. 91–109, Kluwer, 2003.

12

대규모 머신러닝

많은 알고리즘들이 오늘날 '머신러닝ML, Machine Learning'으로 분류된다. 이런 알고리즘들의 목표는 이 책에서 소개한 다른 알고리즘들처럼 데이터에서 정보를 추출하는 것이다. 데이터 분석을 위한 모든 알고리즘은 데이터에 대한 유용한 요약본을 생성하도록 설계되는데, 이를 기반으로 무언가를 결정하기 위해서다. 많은 사례들 중 6장에서 설명한 빈발 항목집합 분석은 연관 규칙association rules과 같은 정보를 생성하며, 이 정보는 이후 판매 전략 수립이나 그 외 다른 목적으로 사용될 수 있다.

그러나 '머신러닝'이라고 불리는 알고리즘들은 데이터를 요약하는 데 그치지 않는다. 데이터로부터 학습하는 모델이나 분류기classifier로서 미래의 데이터에 나타나게 될 무언가를 예측해 내고자 한다. 예를 들어, 7장에서 설명한 클러스터링 알고리즘은 분석 대상 데이터(학습 집합)에 대한 정보를 알려 줄 뿐만 아니라 해당 클러스터링 알고리즘으로 생성된 클러스터들 중 하나로 미래의 데이터를 분류해 준다. 따라서 머신러닝 예찬론자는 보통 '비지도 학습unsupervised learning'이라는 신조어로 클러스터링을 설명하기도 한다. 비지도unsupervied라는 용어는 입력 데이터가 클러스터링 알고리즘에게 어떻게 클러스터링을 해야 하는지 미리 알려 주지 않는다는 것을 뜻한다. 반면에 12장의 주제이기도 한 지도supervised 머신러닝에서는 정확하게 분류된 데이터가 정답으로 사용된다. 이미 분류된 이런 데이터를 학습 집합training set이라 한다.

12장의 의도는 머신러닝을 완전하게 설명하는 것이 아니다. 몇 가지 개념에 집중하고 대용량 데이터셋을 다루는 방법을 강조할 것이다. 특별히 데이터 모델을 구현하는 데 병렬 처리를 활용하는 방법을 중요하게 다룰 것이다. 먼저 '퍼셉트론perceptron'이라는 전통적인 방식으로 학습하는 데이터 분류기data classifier를 소개할 텐데 여기서는 2개의 클래스class를 구별하는 초평면hyperplane을 찾는 것이 관건이다. 그런 다음 서포트 벡터 머신support-vector machine을 포함한 좀 더 최근의 방법들을 소개할 것이다. 이런 방법들에서는 퍼셉트론과 유사하게 클래스들을 가장 잘 분리하는 초평면을 찾고, 적은 개수의 멤버로 구성된 학습 집합이 그 초평면에 가깝게 배치된다. 이후 최근접 이웃nearest neighbor 기법을 다루는데 특정 공간에서 데이터에 가장 가까운 이웃들의 클래스들에 따라 해당 데이터를 분류한다. 마지막으로 예제의 클래스를 예측하기 위한 분기branding 프로그램인 의사결정 트리decision tree(줄여서 결정 트리)에 대한 논의로 12장을 마칠 것이다.

12.1 머신러닝 모델

12.1절에서는 간략하게 머신러닝 알고리즘의 체계를 소개하고, 기본적인 개념의 정의를 설명할 것이다.

12.1.1 학습 집합

머신러닝 알고리즘이 적용되는 데이터를 학습 집합이라 한다. **학습 집합**은 다음과 같이 **학습 표본**이라고 불리는 쌍들$(\mathbf{x}, y)$의 집합으로 구성된다.

- $\mathbf{x}$는 값들로 구성된 벡터로, 보통 **특징 벡터**feature vector 혹은 간단히 입력input이라 부른다. 각 값 혹은 특징은 범주형이거나({빨강, 파랑, 초록}과 같은 이산 값 집합에서 값이 선택된다) 혹은 수치다(정수 혹은 실수다).
- y는 **클래스 레이블**class label 혹은 간단히 **출력**output이다. 이는 $\mathbf{x}$에 대한 분류 값이다.

머신러닝 처리 과정의 목적은 각 $\mathbf{x}$값과 관련된 y값을 가장 잘 예측하는 함수 $y = f(\mathbf{x})$를 찾는 것이다. y의 종류는 원칙적으로 제한이 없으나, 일반적으로 다뤄지는 몇 가지 중요한 경우들은 다음과 같다.

1. y가 실수인 경우 해당 머신러닝 문제를 **회귀**regression라 부른다.
2. y가 참 혹은 거짓, 좀 더 일반적으로 $+1$과 -1로 표현되는 불린boolean 값인 경우 이 문제는 **이진 분류**binary classification에 해당한다.
3. y가 특정 유한 집합의 멤버인 경우다. 이 집합의 멤버들은 '클래스class'로 간주되며, 각 멤버가 하나의 클래스를 표현한다. 이런 문제는 **다중 클래스**multiclass 분류에 해당한다.
4. y가 무한할 가능성이 있는 집합의 멤버인 경우다. 하나의 문장으로 해석되는 x에 대한 파스 트리parse tree를 예로 들 수 있다.

12.1.2 설명에 도움이 되는 예제

예제 12.1 그림 7.1을 그림 12.1로 재현했다. 비글, 치와와, 닥스훈트라는 세 종류 개들의 무게와 키를 좌표에 나타냈다. 여러 종류의 개들을 키와 무게 쌍으로 표현한 데이터가 있다면 이 데이터를 학습 집합으로 생각할 수 있다. 학습 집합에서 각 쌍($\mathbf{x}$, y)은 특징 벡터 $\mathbf{x}$의 형태 [키, 무게]로 구성된다. 이와 관련 레이블 y는 다양한 개의 종류가 된다. 학습 집합 쌍의 예로 ([5인치, 2파운드], 치와와)를 들 수 있다.

결정 함수 f를 구현하는 적절한 방법은 그림 12.1에서 점선으로 표시된 2개의 선을 상상하는 것이다. 수평선은 7인치를 의미하며, 치와와와 닥스훈트로부터 비글을 구분하는 경계가 된다. 수직선은 3파운드를 나타내며, 비글과 닥스훈트로부터 치와와를 구분하는 경계다. f를 구현하는 알고리즘은 다음과 같다.

```
if (키 > 7) print 비글
else if (무게 < 3) print 치와와
else print 닥스훈트;
```

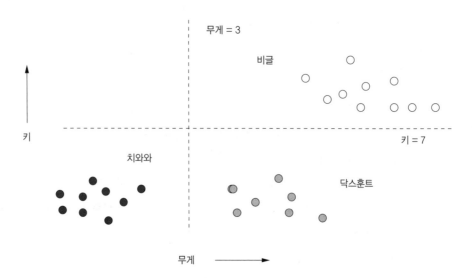

그림 12.1 그림 7.1의 재현. 특정 개들의 키와 무게를 나타낸다.

그림 7.1의 본래 의도는 점들이 표현하는 개의 종류를 모른 채로 점들을 클러스터 링하는 것이었음을 기억하라. 즉 주어진 키-무게 벡터와 관련된 레이블을 사용할 수 없었다. 여기서는 지도 학습^{supervised learning}을 수행하는데 같은 데이터이지만 분류가 완료된 집합을 이용한다는 의미다. ▨

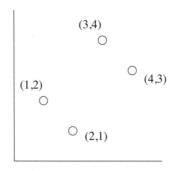

그림 12.2 그림 11.1의 재현. 학습 집합으로 사용된다.

예제 12.2 지도 학습의 한 예로 그림 11.1(여기서 그림 12.2로 재현됐다)의 네 점 (1, 2), (2, 1), (3, 4), (4, 3)을 학습 집합이라 생각할 수 있다. 이 학습 집합에서 벡터는 일차원이다. 즉 점 (1, 2)는 쌍 ([1], 2)로 간주할 수 있는데 [1]은 일차원 특징 벡터 **x**이며, 2는 관련 레이블 y에 해당한다. 다른 점들도 이와 유사하게 해석하면 된다.

전체 집합에 속한 점들에 대해 최적의 모델을 '학습시키기^{learn}' 원한다고 가정하자. 이 4개의 점들이 예로 선택됐다. 이 경우 간단한 모델의 형식은 선형 함수 $f(x) = ax + b$다. '최적'에 대한 자연스런 해석은 주어진 y값과 비교해 $f(x)$ 값의 RMSE가 최소가 되는 상황을 의미한다. 즉 다음 식을 최소화하려는 것이다.

$$\sum_{x=1}^{4} (ax + b - y_x)^2$$

여기서 y_x는 x에 대한 y값이다. 이 합은 다음과 같다.

$$(a + b - 2)^2 + (2a + b - 1)^2 + (3a + b - 4)^2 + (4a + b - 3)^2$$

이를 간단히 하면 합은 $30a^2 + 4b^2 + 20ab - 56a - 20b + 30$이 된다. 그다음 a와 b에 대해 이 식을 미분한 후 0으로 놓으면 다음 식을 얻을 수 있다.

$$\begin{aligned} 60a + 20b - 56 &= 0 \\ 20a + 8b - 20 &= 0 \end{aligned}$$

이 방정식의 해는 $a = 3/5$ 그리고 $b = 1$이다. 이 값들에 대한 RMSE는 3.2다.

주목할 점은 학습된 직선이 11.2.1절에서 찾은 주성분 축$^{principal\ axis}$이 아니라는 사실이다. 11.2.1절에서 찾은 축은 원점을 지나는 기울기가 1인 직선 $y = x$였다. 이 선에 대한 RMSE는 4다. 차이점이라면 11.2.1절에서 설명한 PCA는 선택된 축으로의 투영에 대한 길이들의 제곱 합을 최소화하는데 이는 원점을 지나게 돼 있다. 그러나 여기에서는 점들과 이 선 사이의 수직 방향 거리의 제곱 합을 최소화한다. 실제로 최소 RMSE로 원점을 지나는 선을 학습하고자 한다 해도 선 $y = x$를 선택하지는 않을 것이다. $y = \frac{14}{15}x$의 RMSE가 4보다 작다는 것을 확인할 수 있다. ■

일반적인 머신러닝 응용에서는 불린 값으로 구성되며, 차원이 매우 높은 특징 벡터들 **x**를 학습 집합으로 사용한다. 이번에는 이메일, 웹페이지 혹은 뉴스 기사와 같이 문서들로 구성된 데이터를 중심으로 살펴볼 것이다. 각 성분은 대형 사전에 수록된 단어 하나를 표현한다. 이 사전에서 불용어(매우 일반적인 단어)를 제거할 텐데 대체로 이런 단어들은 문서의 주제와 관련해 그다지 많은 것을 알려 주지 않기 때문이다. 이와 유사하게 TF.IDF 점수(1.3.1절 참조)가 높은 단어들로 사전이 구성되도록 제한해 허용된 단어들이 문서의 주제 혹은 핵심을 반영하도록 할 것이다.

학습 집합은 벡터 **x**와 y의 쌍으로 구성되는데 벡터 **x**는 해당 문서에서 각 단어가 사전에 존재하는지 혹은 없는 단어인지를 표현하며, 레이블 y는 그 문서(예컨대 이메일)가 스팸임을 +1 혹은 −1로 표현한다. 우리의 목적은 분류기가 미래의 이메일을 검토하고 그 메일이 스팸인지 아닌지를 판별하도록 학습시키는 것이다. 머신러닝을 이렇게 사용하는 예를 예제 12.4에서 설명할 것이다.

아니면 y는 '스포츠' 혹은 '정치' 등과 같은 특정 주제로 구성된 크기가 유한한 집합에서 선택될 수도 있다. 역시 **x**는 웹 페이지 같은 문서를 표현한다. 이때의 목적은 아마도 각 페이지들을 어떠한 주제로 분류하는 분류기를 만드는 것이리라. ■

12.1.3 머신러닝 기법들

머신러닝 알고리즘의 종류는 다양한데 12장에서 그 전부를 다루지는 않을 것이다. 여기서는 그런 알고리즘 중 주요한 종류만을 소개할 텐데 각각은 함수 f가 표현되는 방식으로 구분된다.

1. **의사결정 트리**는 9.2.7절에서 간략하게 다뤘는데 12.5절에서 좀 더 자세히 설명할 것이다. f의 형태는 트리 구조이며, 트리의 각 노드는 검색 대상이 될 자식 혹은 자식들을 결정하는 **x**의 함수다. 결정 트리는 이진 분류와 다중 클래스 분류에 적합한데 특별히 특징 벡터의 차원이 너무 크지 않은 경우에 적합하다(특징의 개수가 많으며 과적합overfitting으로 이어질 수 있다).

2. **퍼셉트론**은 벡터 **x** $= [x_1, x_2, \ldots, x_n]$의 성분들에 적용되는 임계값 함수threshold function다. $i = 1, 2, \ldots, n$에 대한 i번째 가중치는 w_i이며, 이들의 임계값은 θ다.

다음이 성립하면 출력은 +1이며, 합이 θ보다 작으면 −1이다.

$$\sum_{i=1}^{n} w_i x_i > \theta$$

퍼셉트론은 이진 분류에 적합하며, 문서에 각 단어들이 등장하는지 혹은 등장하지 않는지와 같이 특징feature의 개수가 많은 상황에도 적용할 수 있다. 퍼셉트론은 12.2절의 주제다.

3. **신경망**neural net은 퍼셉트론의 출력이 다시 또 다른 퍼셉트론의 입력이 되는 비순환acyclic 네트워크다. 각 클래스를 표현하는 하나 이상의 퍼셉트론이 출력으로 사용되므로 이들은 이진 분류 혹은 다중 클래스 분류에 적합하다.

4. **인스턴스 기반 학습**instance-based learning은 함수 f를 표현하기 위해 전체 학습 집합을 사용한다. 새로운 특징 벡터 $\mathbf{x}$와 관련된 레이블 y를 계산할 때 전체 학습 집합을 검토한다. 보통 학습 집합을 전처리함으로써 $f(\mathbf{x})$의 연산을 효율적으로 수행할 수 있다. 12.4절에서 인스턴스 기반 학습의 중요한 종류인 k 최근접 이웃k-nearest-neighbor 알고리즘을 소개할 것이다. 예를 들어, 1 최근접 이웃1-nearest-neighbor 알고리즘은 데이터를 가장 가까운 학습 표본의 클래스와 동일한 클래스로 분류한다. 모든 종류의 분류에 적합한 k 최근접 이웃 알고리즘이 존재하나, 12장에서는 y와 $\mathbf{x}$의 성분이 실수인 경우만을 살펴볼 것이다.

5. **서포트 벡터 머신**은 가중치와 임계값을 선택하기 위해 전통적으로 사용돼 온 알고리즘을 개선한 것이다. 그 결과 분류기가 알려지지 않은 데이터를 좀 더 정확하게 처리할 확률이 높아진다. 12.3절에서 서포트 벡터 머신을 알아볼 것이다.

12.1.4 머신러닝의 구조

머신러닝 알고리즘들은 12.1.3절에서 설명했던 일반적인 알고리즘처럼 구분 가능할 뿐만 아니라 근본적인 구조, 즉 데이터가 처리되는 방식과 모델을 세우기 위해 데이터가 사용되는 방식에 따라서도 구분될 수 있다.

학습, 검증, 테스트

일반적으로 데이터를 사용할 때 의도적으로 일부 데이터로는 학습을 시키지 않는데 그렇게 하는 데에는 이유가 있다. 남겨진 그런 데이터를 테스트 집합이라 한다. 어떤 경우에는 학습 표본에서 **검증 집합**(개발 집합development set이라고 하는 경우도 있다)과 테스트 집합을 별도로 남겨 둔다. 이 둘의 차이점은 검증 집합이 모델을 설계하는 데 사용되는 반면 테스트 집합은 모델이 얼마나 잘 맞는지를 결정하는 데만 사용된다는 것이다. 많은 머신러닝 알고리즘은 데이터를 과적합overfit[1]하는 경향이 있다는 것이 문제다. 이 때문에 모델들은 가공된 학습 집합에 대해서는 잘 동작하지만, 새로운 데이터들에 대해서는 이상한 반응을 보이곤 한다. 학습 집합에 등장하는 인위적인 데이터는 인지하지만, 그런 인위적인 데이터가 가용 데이터에서 차지하는 비중이 큰 경우는 드물다. 검증 집합을 사용해서 분류기가 그 데이터를 얼마나 잘 분류하는지 살펴봄으로써 분류기가 데이터를 과적합하고 있는지 파악할 수 있다. 만약 그렇다면 어떻게든 머신러닝 알고리즘의 사용을 제한해야 한다. 예컨대 결정 트리를 만들 때 트리의 레벨 개수를 제한하는 것처럼 말이다.

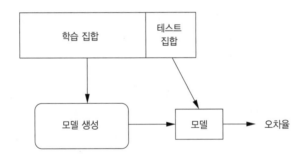

그림 12.3 학습 집합은 모델을 구축하는 데 사용되고, 테스트 집합은 그 모델을 검증한다.

그림 12.3은 학습 및 테스트 구조를 설명하고 있다. 모든 데이터가 학습을 위해 사용될 수 있지만(즉 클래스 정보가 데이터에 추가된다), 가용 데이터 중 매우 작은 일부분

---

1 표본 크기와 비교해서 너무 많은 매개 변수를 갖는 통계 함수를 사용하는 것. 그 결과 표본 데이터에는 잘 맞지만 새로운 데이터에는 맞지 않는 모델이 탄생한다. 위키피디아 참조 – 옮긴이

을 테스트 집합으로 분리해 낸다. 남은 데이터를 사용해 적당한 모델 혹은 분류기를 구축한다. 그다음 테스트 데이터를 이 모델에 입력한다. 테스트 데이터 각 원소의 클래스를 알고 있기 때문에 이 모델이 테스트 데이터를 얼마나 잘 맞추는지 판단할 수 있다. 테스트 데이터에 대한 오차율이 학습 데이터에 모델을 적용해 발생한 오차율보다 심하게 높지 않다면, 과적합이 거의 없다고 판단할 수 있으므로 그 모델은 사용할 수 있다. 반면 분류기가 학습 데이터보다 테스트 데이터에서 너무 낮은 성능을 보인다면, 과적합이 있다고 판단할 수 있으므로 분류기를 구성하는 방식을 재고해야 한다.

테스트 데이터를 선택하는 특별한 방법은 없다. 사실 데이터를 크기가 동일한 k개의 청크로 나눌 수 있다면, 같은 데이터를 사용해 학습 및 테스트 과정을 몇 차례 반복하면 된다. 각 청크는 차례대로 테스트 데이터가 되며, 남아 있는 $k - 1$개의 청크를 학습 데이터로 사용하는 방식이다. 이런 학습 구조를 **교차 검증**cross-validation이라 부른다.

배치 학습 대 온라인 학습

대부분은 예제 12.1과 예제 12.2처럼 **배치 학습**batch learning 구조를 사용한다. 즉 처리를 시작하는 시점에 학습 집합 전부를 사용할 수 있으며, 알고리즘이 최종적으로 모델을 생성할 때 그 학습 집합을 어떤 방식으로든 전부 사용한다. 이와 정반대 방식이 **온라인 학습**on-line learning인데 온라인 학습에서는 학습 집합이 스트림으로 입력되며, 다른 일반적인 스트림처럼 처리된 이후 재입력될 수는 없다. 온라인 학습에서는 항상 모델이 유지된다. 새로운 학습 표본이 입력되면 그 표본이 반영되도록 모델이 수정된다. 온라인 학습이 가진 장점은 다음과 같다.

1. 대규모 학습 집합을 처리한다. 왜냐하면 한 번에 하나 이상의 학습 표본을 사용하지 않기 때문이다.

2. 시간이 지나면서 새로 추가된 학습 표본으로 인한 변경을 반영한다. 한 예로 구글은 스팸 이메일 분류기를 이런 식으로 학습시키는데 새로운 종류의 스팸 이메일이 스패머에 의해 보내지고, 수신자에 의해 이 메일이 스팸이라는 사실이 인지되면 스팸에 대한 분류기를 조정한다.

특정 경우에 적합한 온라인 학습을 개선한 방식이 **능동적 학습**active learning이다. 능동적 학습에서 분류기가 입력받는 학습 표본은 분류되지 않았지만 반드시 분류돼야 하는 데이터다. 분류기가 분류에 확신이 없으면(예컨대 새로 입력된 표본이 경계선상에 매우 가까운 경우) 분류기는 상당한 비용으로 실제 정답ground truth을 요청할 수 있다. 예를 들어, 해당 표본을 메커니컬 터크Mechanical Turk[2]에 전송해 실제 사람들의 의견을 모으는 것이다. 이런 방식으로 경계에 맞닿아 있는 표본들은 새로운 학습 표본이 되고, 분류기를 수정하는 데 사용될 수 있다.

특징 선택

좋은 모델 혹은 분류기를 설계하는 데 가장 어려운 부분은 학습 알고리즘의 입력으로 사용될 특징이 무엇인지 파악하는 것이다. 이메일에 포함된 단어들을 검토하고 이메일을 스팸 혹은 스팸이 아닌 것으로 분류할 수 있는 방법을 설명했던 예제 12.3

---

2   https://www.mturk.com/mturk/welcome – 옮긴이

을 다시 살펴보자. 실제로 예제 12.4에서 그런 분류기를 자세히 다룬다. 예제 12.3에서 설명했던 것처럼 특정 단어에만 집중하는 것이 타당하다. 예컨대 불용어를 제거하는 것처럼 말이다.

그러나 스팸이라는 결정을 내리는 데 도움을 주는 다른 정보가 있는지 역시 살펴봐야 한다. 예를 들어, 스팸은 종종 특별한 호스트 혹은 스패머들이 소유한 호스트에 의해 생성되거나 아니면 스팸을 생성하도록 제어당하는 '봇넷botnet' 감염 호스트들에 의해 생성된다. 따라서 원래 호스트 혹은 원래 이메일 주소를 이메일을 설명하는 특징 벡터에 포함시키면 더 나은 분류기를 설계할 수 있으며, 오차율을 더 낮출 수 있다.

학습 집합 생성하기

데이터를 학습 집합으로 변환하는 레이블 정보를 어디서 얻을지 궁금해 하는 것이 당연하다. 정확한 방법은 전문가가 각 특징 벡터를 검토하고 그것을 적절하게 분류하도록 함으로써 직접 레이블을 생성하는 것이다. 최근에는 크라우드소싱crowdsourcing 기법을 사용해 데이터에 레이블을 붙이고 있다. 예컨대 많은 응용 분야에서 메커니컬 터크로 데이터에 레이블을 붙일 수 있다. '터커Turker'는 꼭 권위자가 아니어도 되므로 다수가 하나의 레이블에 동의할 때까지 서로 다른 여러 사람들에게 질문을 던지는 시스템을 사용하는 것이 좋다.

종종 웹 페이지는 내재적으로 레이블이 붙은 데이터라고 볼 수 있다. 예컨대 오픈 디렉터리(DMOZ)에는 주제에 따라 레이블이 붙은 수백만 개의 페이지가 등록돼 있다. 학습 집합으로 사용되는 그런 데이터를 통해 단어의 등장 빈도를 기반으로 주제에 따라 페이지들 혹은 문서들을 분류할 수 있다. 주제를 기준으로 분류하는 또 다는 기법은 하나의 주제와 관련된 위키피디아Wikipedia 페이지를 검토하고, 어떤 페이지들이 연결돼 있는지 확인하는 것이다. 연결된 페이지들은 주어진 주제와 관련돼 있다고 강하게 추정할 수 있다.

특정 응용 분야에서는 사람들이 아마존Amazon 혹은 옐프Yelp와 같은 사이트에서 제공하는 상품 혹은 서비스에 순위를 매길 때 사용하는 별을 사용할 수도 있다. 예컨대 상품에 대한 리뷰 혹은 트윗에 함께 매겨지는 별 순위가 아직은 없더라도 향후 할당될 별의 개수를 예측하고자 하는 경우다. 별이라는 레이블이 붙은 리뷰를 학습 집합으로 사용하면 긍정적인 리뷰와 부정적인 리뷰에 공통으로 등장하는 단어들을 추론할 수 있다(이를 **감정 분석**이라 부른다). 다른 리뷰에 이런 단어들이 등장했는지 여부가 그 리뷰들의 감정을 말해 주는 셈이다.

12.1.5 12.1절 연습문제

연습문제 12.1.1 $f(x)$가 다음과 같을 때 연습문제 12.2를 반복하라.

(a) $f(x) = ax$를 만족해야 한다. 즉 원점을 통과하는 직선이다. 이 예제에서 설명했던 직선 $y = \frac{14}{15}x$가 최적인가?

(b) $f(x)$는 이차 함수여야 한다. 예로 $f(x) = ax^2 + bx = c$를 들 수 있다.

12.2 퍼셉트론

퍼셉트론은 선형 이진^{linear binary} 분류기다. 입력은 벡터 $\mathbf{x} = [x_1, x_2, \ldots, x_d]$이며, 성분들은 실수 값이다. 퍼셉트론과 관련된 벡터는 가중치 벡터 $\mathbf{w} = [w_1, w_2, \ldots, w_d]$인데 역시 성분들은 실수 값이다. 각 퍼셉트론은 임계값 θ를 갖는다. 퍼셉트론의 출력은 $\mathbf{w}.\mathbf{x} > \theta$이면 $+1$이고, $\mathbf{w}.\mathbf{x} < \theta$이면 -1이다. $\mathbf{w}.\mathbf{x} = \theta$인 특별한 경우는 항상 '잘못된' 상황으로 간주된다. 12.2.1절에서 이를 자세히 다룰 것이다.

가중치 벡터 $\mathbf{w}$는 $d - 1$ 차원 초평면을 정의한다. 초평면은 그림 12.4에서 볼 수 있듯이 $\mathbf{w}.\mathbf{x} = \theta$를 만족하는 모든 점으로 구성된 집합이다. 초평면의 양의 방향에 위치한 점들은 $+1$로 분류되며, 음의 방향에 위치한 점들은 -1로 분류된다. 모든 양의 점과 음의 점을 분류하는 초평면이 존재해야 하기 때문에 퍼셉트론 분류기는 선형으로 분리 가능한 데이터에만 동작한다. 그런 초평면이 많이 존재하면 퍼셉트론은 그중 하나로 수렴할 것이며, 따라서 모든 학습 점을 정확하게 분류할 것이다. 그런 초평면이 존재하지 않는다면 퍼셉트론은 어느 초평면으로도 수렴할 수 없다. 12.3절에서는 이런 제한이 없는 서포트 벡터 머신^{support-vector machine}을 논의할 것이다. 서포트 벡터 머신도 비록 완벽한 분류기는 아니기는 하나 특정 구분자^{separator}로 수렴하며, 12.3절에서 설명할 조건하에서 대부분 수렴하게 된다.

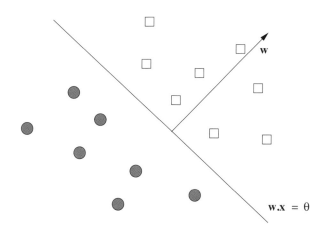

그림 12.4 퍼셉트론은 초평면에 의해 공간을 2개로 나눈다.

12.2.1 임계값 0으로 퍼셉트론 학습시키기

퍼셉트론을 학습시키기 위해서는 학습 집합을 검토해 $y = +1$(**양성 표본**)인 모든 특징 벡터가 초평면의 양의 방향에 위치하고, $y = -1$(**음성 표본**)인 모든 특징 벡터가 초평면의 음의 방향에 위치하도록 하는 가중치 벡터 **w**와 임계점 θ를 찾아내야 한다. 이렇게 하는 것이 가능할 수도 있고 가능하지 않을 수도 있는데, 모든 학습 집합에 양성 표본과 음성 표본을 분할하는 초평면이 존재하는 것은 아니기 때문이다.

먼저 임계값을 0으로 가정하는 것으로 시작한다. 임계값을 모르는 상황을 다루는 데 필요한 내용은 12.2.4절에서 설명할 것이다. 다음 방식을 따르면 양성 표본과 음성 표본을 분할하는 초평면으로 (그런 초평면이 존재한다면) 수렴하게 될 것이다.

1. 가중치 벡터 **w**를 모두 0으로 초기화한다.
2. **학습률**^{leaning-rate} 매개 변수 η을 선택한다. 이는 작은 양의 실수다. η의 선택은 퍼셉트론의 수렴에 영향을 미친다. η이 너무 작으면 수렴이 느려진다. η이 너무

크면 결정 경계가 '요동칠' 것이며, 역시 수렴이 느려질 것이다.

3. 각 학습 표본 $t = (\mathbf{x}, y)$를 차례대로 처리한다.

    (a) $y' = \mathbf{w}.\mathbf{x}$라 하자.

    (b) y'와 y의 부호가 같다면 아무것도 하지 않는다. t는 적절하게 분류된다.

    (c) 그러나 y'와 y의 부호가 다르거나 $y' = 0$이면 $\mathbf{w}$를 $\mathbf{w} + \eta y \mathbf{x}$로 대체한다. 즉 $\mathbf{w}$를 $\mathbf{x}$ 방향으로 약간 조정한다.

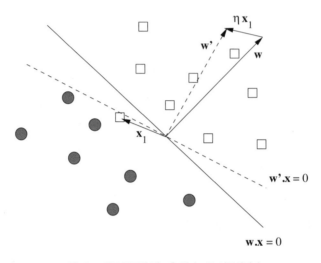

그림 12.5 잘못 분류된 점 x_1은 벡터 w를 이동시킨다.

$\mathbf{w}$에 가해지는 이런 변형이 이차원인 경우를 그림 12.5에서 볼 수 있다. $\mathbf{x}$쪽으로 $\mathbf{w}$가 이동함으로써 $\mathbf{x}$가 초평면의 올바른 쪽에 위치하게 될 확률이 더 높아지는 방향으로 $\mathbf{w}$에 수직인 초평면이 어떻게 이동하는지에 주목하라. 비록 $\mathbf{x}$가 올바른 쪽으로 분류되지 않더라도 말이다.

예제 12.4　퍼셉트론이 스팸 이메일을 인지하도록 학습시키는 상황을 살펴보자. 학습 집합은 쌍 $(\mathbf{x}, y)$로 구성되는데 $\mathbf{x}$는 0과 1들의 벡터이며, 각 성분 x_i는 이메일에서 특정 단어의 존재$(x_i = 1)$ 혹은 부재$(x_i = 0)$를 나타낸다. y값은 이메일이 스팸으로 알려져 있을 경우 $+1$이며, 스팸으로 알려져 있지 않았다면 -1이다. 실제 이메일 학습 집합에서 발견되는 단어들의 수는 방대하지만, 여기서는 오직 다섯 단어 'and,' 'viagra,' 'the,' 'of,' 'nigeria'만 존재한다고 가정하는 간단한 예제를 다룰 것이다. 그림 12.6에서 6개의 벡터와 이에 대응하는 클래스들을 확인할 수 있다.

	and	viagra	the	of	nigeria	y
a	1	1	0	1	1	+1
b	0	0	1	1	0	−1
c	0	1	1	0	0	+1
d	1	0	0	1	0	−1
e	1	0	1	0	1	+1
f	1	0	1	1	0	−1

그림 12.6 스팸 이메일에 대한 학습 데이터

이 예제에서는 학습률을 $\eta = 1/2$로 사용할 것이며, 각 학습 표본을 그림 12.6에 나열된 순서로 단 한 번 처리할 것이다. $\mathbf{w} = [0, 0, 0, 0, 0]$을 시작으로 $\mathbf{w}.\mathbf{a} = 0$을 계산한다. 0은 양수가 아니므로 $\mathbf{w} := \mathbf{w} + (1/2)(+1)\mathbf{a}$를 수행해 $\mathbf{a}$ 방향으로 $\mathbf{w}$를 이동시킨다. 따라서 $\mathbf{w}$의 새로운 값은 다음과 같다.

$$\mathbf{w} = [0, 0, 0, 0, 0] + \left[\frac{1}{2}, \frac{1}{2}, 0, \frac{1}{2}, \frac{1}{2}\right] = \left[\frac{1}{2}, \frac{1}{2}, 0, \frac{1}{2}, \frac{1}{2}\right]$$

다음으로 $\mathbf{b}$를 살펴보자. $\mathbf{w}.\mathbf{b} = [\frac{1}{2}, \frac{1}{2}, 0, \frac{1}{2}, \frac{1}{2}].[0, 0, 1, 1, 0] = \frac{1}{2}$이다. $\mathbf{b}$의 y값은 −1이기 때문에 $\mathbf{b}$는 잘못 분류된다. 따라서 $\mathbf{w}$를 아래와 같이 변경한다.

$$\mathbf{w} := \mathbf{w} + (1/2)(-1)\mathbf{b} = \left[\frac{1}{2}, \frac{1}{2}, 0, \frac{1}{2}, \frac{1}{2}\right] - \left[0, 0, \frac{1}{2}, \frac{1}{2}, 0\right] = \left[\frac{1}{2}, \frac{1}{2}, -\frac{1}{2}, 0, \frac{1}{2}\right]$$

다음은 학습 표본 $\mathbf{c}$이다. 다음을 계산한다.

$$\mathbf{w}.\mathbf{c} = \left[\frac{1}{2}, \frac{1}{2}, -\frac{1}{2}, 0, \frac{1}{2}\right].[0, 1, 1, 0, 0] = 0$$

$\mathbf{c}$의 y값이 +1이므로 $\mathbf{c}$ 역시 잘못 분류된다. 따라서 다음을 할당한다.

$$\mathbf{w} := \mathbf{w} + (1/2)(+1)\mathbf{c} = \left[\frac{1}{2}, \frac{1}{2}, -\frac{1}{2}, 0, \frac{1}{2}\right] + \left[0, \frac{1}{2}, \frac{1}{2}, 0, 0\right] = \left[\frac{1}{2}, 1, 0, 0, \frac{1}{2}\right]$$

이메일 학습의 어용론

이메일이나 그 외 대형 문서들을 학습 표본으로 표현할 때 실제로 이메일들에 단 한 번 등장하는 모든 단어에 대해서 0 혹은 1 성분들로 벡터를 구성하기 원하지는 않을 것이다. 그렇게 하면 보통 수백만 개의 성분들로 구성된 희소 행렬이 만들어진다. 이보다는 이메일에 등장하는 모든 단어에 해당 단어를 표현하는 정수 1, 2, ...를 할당해 테이블을 생성하는 것이 더 낫다. 이메일을 처리할 때 벡터의 클래스가 1인 집합의 x성분들을 리스트로 만들어라. 즉 벡터에 대한 표준 희소 표현식을 사용하라는 것이다. 표현식에서 불용어를 제거하면, 혹은 TF.IDF가 낮은 단어들을 제거하면, 이메일을 표현하는 벡터를 상당히 희소하게 만들 수 있으며, 데이터를 좀 더 압축할 수 있다. 벡터 $\mathbf{w}$는 모든 성분들로 구성돼도 된다. 왜냐하면 어느 정도의 학습 집합이 처리된 이후에는 $\mathbf{w}$가 희소하지 않을 것이기 때문이다.

다음으로 살펴볼 학습 표본은 $\mathbf{d}$다.

$$\mathbf{w}.\mathbf{d} = \left[\frac{1}{2}, 1, 0, 0, \frac{1}{2}\right].[1, 0, 0, 1, 0] = 1$$

$\mathbf{d}$의 y값이 -1이므로 $\mathbf{d}$ 역시 잘못 분류된다. 따라서 다음과 같이 할당한다.

$$\mathbf{w} := \mathbf{w} + (1/2)(-1)\mathbf{d} = \left[\frac{1}{2}, 1, 0, 0, \frac{1}{2}\right] - \left[\frac{1}{2}, 0, 0, \frac{1}{2}, 0\right] = \left[0, 1, 0, -\frac{1}{2}, \frac{1}{2}\right]$$

학습 표본 $\mathbf{e}$에 대해서는 다음 $\mathbf{w}.\mathbf{e} = [0, 1, 0, -\frac{1}{2}, \frac{1}{2}].[1, 0, 1, 0, 1] = \frac{1}{2}$을 계산한다. $\mathbf{e}$의 y값은 $+1$이므로 $\mathbf{e}$는 정확하게 분류되며, $\mathbf{w}$에 변경을 가하지 않는다. 이와 유사하게 $\mathbf{f}$에 대해서 다음을 계산한다.

$$\mathbf{w}.\mathbf{f} = \left[0, 1, 0, -\frac{1}{2}, \frac{1}{2}\right].[1, 0, 1, 1, 0] = -\frac{1}{2}$$

따라서 $\mathbf{f}$ 역시 정확하게 분류된다. 이제 $\mathbf{a}$부터 $\mathbf{d}$까지를 확인해 보면 이 $\mathbf{w}$가 그들을

정확하게 분류한다는 사실을 알 수 있다. 따라서 모든 학습 집합 표본을 정확하게 분류하는 퍼셉트론에 수렴하게 된다. 게다가 이는 상당히 수긍 가능한 결과를 보여 준다. 'viagra'와 'nigeria'는 스팸임을 알려 주는 반면, 'of'는 스팸이 아님을 알려 주기 때문이다. 아마도 'and,' 'of,' 'the' 모두 비슷한 점수를 주는 것이 맞겠지만, 이 결과에서는 'and'와 'the'만이 중립적이다. ■

12.2.2 퍼셉트론의 수렴

12.2절 전반부에 언급했듯이 데이터 점들을 선형으로 분리할 수 있다면 퍼셉트론 알고리즘은 구분자separator로 수렴하게 된다. 그러나 데이터가 선형으로 분리되지 않는다면 이 알고리즘은 결국 가중치 벡터 계산을 반복하는 무한 루프에 빠질 것이다. 안타깝게도 알고리즘 실행 중간에 이런 두 가지 경우 중 어디에 해당되는지 파악하기가 힘들다. 데이터가 크면 모든 이전 가중치 벡터를 기억해서 벡터가 반복되는지 확인하는 것이 불가능하며, 할 수 있다 해도 보유 주기가 너무 길어지게 되므로 알고리즘이 반복되기 전에 최대한 빨리 알고리즘을 종료시키려고 할 것이다.

종료와 관련된 두 번째 문제는 학습 데이터가 선형으로 분리할 수 있다 하더라도 전체 데이터셋은 선형으로 분리되지 않을 수 있다는 것이다. 그 결과 아무리 많은 횟수로 알고리즘을 반복해도 구분자로 수렴하는 적절한 값을 구하지 못하는 경우가 있다. 따라서 수렴이 발생하지 않는다는 가정하에 퍼셉트론 알고리즘을 종료하는 시점을 결정하기 위한 전략이 필요하다. 일반적인 전략은 다음과 같다.

1. 고정된 횟수의 라운드 이후 종료한다.
2. 잘못 분류된 학습 점들의 개수에 변경이 없을 때 종료한다.
3. 학습 데이터에서 테스트 데이터를 따로 빼 두고, 각 라운드 이후 테스트 데이터를 대상으로 퍼셉트론을 사용해 본다. 테스트 집합에서 발생하는 오차 개수에 변화가 없을 때 종료한다.

수렴을 위한 또 다른 방법은 라운드 횟수가 증가할 때마다 학습률을 낮추는 것이다. 예를 들어, 초기 학습률 η_0를 시작으로 t번째 라운드 이후 $\eta_0/(1 + ct)$까지 학습률을 낮추는 방법이다. 여기서 c는 작은 상수다.

12.2.3 위노우 알고리즘

퍼셉트론에 대한 가중치를 조정하기 위해 사용할 수 있는 규칙들은 많다. 양성 표본과 음성 표본을 분류하는 초평면이 존재한다 하더라도 모든 알고리즘이 수렴된다고 보장할 수는 없다. 이런 수렴을 보장하는 알고리즘 중 하나가 **위노우**Winnow라고 불리는 알고리즘이며, 12.2.3절에서 그 규칙을 설명할 것이다. 위노우 알고리즘에서는 특징 벡터의 성분들이 0과 1로 구성되며, 레이블은 +1과 -1이라 가정한다. 가중치 벡터 $\mathbf{w}$에서 양수 혹은 음수 성분들을 생성할 수 있는 기본 퍼셉트론 알고리즘과 다르게 위노우 알고리즘에서는 오직 양수 가중치만 생성한다.

일반적인 위노우 알고리즘에서는 다양한 종류의 매개 변수가 선택될 수 있는데 간단하게 그중 한 가지만을 설명하겠다. 그러나 모든 종류의 위노우 알고리즘은 양의 임계값 θ가 존재한다는 공통 개념을 기반으로 한다. $\mathbf{w}$가 현재 가중치 벡터이고, $\mathbf{x}$가 현재 다루고 있는 학습 집합에서의 특징 벡터라면 $\mathbf{w}.\mathbf{x}$를 계산하고 이를 θ와 비교한다. 만약 $\mathbf{w}.\mathbf{x} \leq \theta$이고, $\mathbf{x}$에 대한 클래스가 +1이라면 $\mathbf{x}$에서 1인 성분들에 해당하는 $\mathbf{w}$의 가중치를 올려야 한다. 이 가중치들에 1보다 큰 수를 곱한다. 이 수가 클수록 학습률이 높아지기 때문에 1에 너무 가깝지 않으면서(그렇지 않으면 수렴이 너무 느려질 것이다) 너무 크지 않은 수를(그렇지 않으면 가중치 벡터가 요동칠 수도 있다) 선택하는 것이 좋다. 이와 유사하게 $\mathbf{w}.\mathbf{x} \geq \theta$이지만 $\mathbf{x}$의 클래스가 -1이면 $\mathbf{x}$에서 1인 성분들에 해당하는 $\mathbf{w}$의 가중치를 낮추는 것이 좋다. 그런 가중치에 0보다 크지만 1보다는 작은 수를 곱한다. 역시 1에 너무 가깝지 않으나 너무 작지도 않은 값을 선택해서 느린 수렴 혹은 요동oscillate을 피하는 것이 좋다.

가중치를 높이고자 하는 경우와 낮추고자 하는 경우를 각각 설명하기 위해 인수로 2와 1/2을 사용하는 알고리즘을 자세히 설명할 것이다. 모든 성분이 1인 가중치 벡터 $\mathbf{w} = [w_1, w_2, \ldots, w_d]$를 시작으로 임계값 θ를 학습 표본에서 벡터의 차원 수인 d와 동일하게 설정한다. $\mathbf{x} = [x_1, x_2, \ldots, x_d]$일 때 $(\mathbf{x}, y)$를 다음으로 처리할 학습 표본이라 하자.

1. $\mathbf{w}.\mathbf{x} > \theta$이면서 $y = +1$, 혹은 $\mathbf{w}.\mathbf{x} < \theta$이면서 $y = -1$이면, 이 예제는 정확하게 분류되므로 $\mathbf{w}$는 변경되지 않는다.

2. $\mathbf{w}.\mathbf{x} \le \theta$이지만 $y = +1$이면 $\mathbf{x}$에서 1인 성분 그룹에 주는 가중치가 너무 작은 것이다. 이 그룹에 해당하는 $\mathbf{w}$의 성분들을 각각 두 배로 하라. 즉 $x_i = 1$이면 $w_i := 2w_i$로 설정한다.

3. $\mathbf{w}.\mathbf{x} \ge \theta$이지만 $y = -1$이면 $\mathbf{x}$에서 1인 성분 그룹에 주는 가중치가 너무 큰 것이다. 이 그룹에 해당하는 $\mathbf{w}$의 성분들을 각각 반으로 나눠라. 즉 $x_i = 1$이면 $w_i := w_i/2$로 설정한다.

예제 12.5 그림 12.6 학습 데이터를 다시 살펴보자. $\mathbf{w} = [1, 1, 1, 1, 1]$로 초기화하고 $\theta = 5$라 하자. 먼저 특징 벡터 $\mathbf{a} = [1, 1, 0, 1, 1]$를 살펴보자. $\mathbf{w}.\mathbf{a} = 4$이며 이는 θ보다 작다. $\mathbf{a}$의 레이블은 $+1$이기 때문에 이 표본은 잘못 분류된다. 레이블이 $+1$인 표본이 잘못 분류되면 해당 표본에서 1인 성분들의 가중치를 모두 두 배로 해야 한다. 이 경우 $\mathbf{a}$에서 세 번째를 제외한 성분들이 1이다. 따라서 새로운 $\mathbf{w}$ 값은 $[2, 2, 1, 2, 2]$다.

다음으로 학습 표본 $\mathbf{b} = [0, 0, 1, 1, 0]$을 살펴보자. $\mathbf{w}.\mathbf{b} = 3$이며 이는 θ보다 작다. 그러나 $\mathbf{b}$의 레이블은 -1이므로 $\mathbf{w}$는 변경될 필요가 없다.

$\mathbf{x}$	y	$\mathbf{w}.\mathbf{x}$	OK?	and	viagra	the	of	nigeria
				1	1	1	1	1
a	$+1$	4	no	2	2	1	2	2
b	-1	3	yes					
c	$+1$	3	no	2	4	2	2	2
d	-1	4	yes					
e	$+1$	6	yes					
f	-1	6	no	1	4	1	1	2
a	$+1$	8	yes					
b	-1	2	yes					
c	$+1$	5	no	1	8	2	1	2
d	-1	2	yes					
e	$+1$	5	no	2	8	4	1	4
f	-1	7	no	1	8	2	$\frac{1}{2}$	4

그림 12.7 그림 12.6 학습 집합을 대상으로 위노우 알고리즘 수행에 따른 w의 갱신 순서

$\mathbf{c} = [0, 1, 1, 0, 0]$의 레이블은 +1인 반면, $\mathbf{w}.\mathbf{c} = 3 < \theta$다. 따라서 $\mathbf{c}$에서 1인 성분에 대응하는 $\mathbf{w}$의 성분들을 두 배로 한다. 두 번째와 세 번째 성분이 이에 해당되며, 새로운 $\mathbf{w}$ 값은 $[2, 4, 2, 2, 2]$다.

다음으로 두 학습 표본 $\mathbf{d}$와 $\mathbf{e}$는 정확하게 분류되기 때문에 변경이 필요없다. 그러나 $\mathbf{f} = [1, 0, 1, 1, 0]$이 문제다. $\mathbf{f}$의 레이블이 −1인 반면 $\mathbf{w}.\mathbf{f} = 6 > \theta$이기 때문이다. 따라서 $\mathbf{w}$의 첫 번째, 세 번째, 네 번째 성분을 2로 나눠야 한다. 이들이 $\mathbf{f}$에서 1인 성분들에 해당하기 때문이다. $\mathbf{w}$의 새로운 값은 $[1, 4, 1, 1, 2]$다.

아직 수렴한 것은 아니다. $\mathbf{a}$부터 $\mathbf{f}$까지 학습 표본들 각각을 다시 살펴봐야 한다. 처리 과정을 모두 마치면 이 알고리즘은 그림 12.6 학습 표본 모두를 정확하게 분류하며, 가중치 벡터는 임계점 $\theta = 5$로 $\mathbf{w} = [1, 8, 2, \frac{1}{2}, 4]$에 수렴한다. 수렴에 이르는 12단계에 대한 자세한 내용을 그림 12.7에서 볼 수 있다. 이 그림에서 레이블 y 및 주어진 특징 벡터와 $\mathbf{w}$의 내적을 확인할 수 있다. 모든 학습 표본이 처리된 후 마지막 다섯 열이 $\mathbf{w}$의 성분들에 해당된다. ■

12.2.4 임계점의 변경을 허용하기

12.2.1절처럼 임계값을 0으로 선택한다거나 12.2.3절처럼 임계값을 d라고 선택하기가 어려운, 적절한 임계값을 미리 정할 수 없는 상황을 가정하자. 특징 벡터에 또 다른 차원을 추가하는 비용을 들이면 θ를 가중치 벡터 $\mathbf{w}$의 성분들 중 하나로 처리할 수 있다. 즉 다음과 같다.

1. 가중치 벡터 $\mathbf{w} = [w_1, w_2, \ldots, w_d]$를 다음으로 변경한다.

$$\mathbf{w}' = [w_1, w_2, \ldots, w_d, \theta]$$

2. 모든 특징 벡터 $\mathbf{x} = [x_1, x_2, \ldots, x_d]$를 다음으로 변경한다.

$$\mathbf{x}' = [x_1, x_2, \ldots, x_d, -1]$$

그러면 새로운 학습 집합과 가중치 벡터에 대해 임계값을 0으로 설정하고 12.2.1절에서 설명한 알고리즘을 사용할 수 있다. 이것이 가능한 이유는 $\mathbf{w}'.\mathbf{x}' > 0$와 $\sum_{i=1}^{d}$

$w_ix_i + \theta \times -1 = \mathbf{w}.\mathbf{x} - \theta > 0$가 동일하기 때문인데 이는 결국 $\mathbf{w}.\mathbf{x} \geq \theta$와 동일하다. 후자가 임계값이 θ인 퍼셉트론에서 얻은 양성 결과에 대한 조건이다.

또한 위노우 알고리즘을 수정된 데이터에 적용할 수도 있다. 위노우에서는 모든 특징 벡터의 성분이 0 혹은 1이어야 한다. 그러나 성분이 1일 때 처리하는 방법과 반대 방법으로 성분 −1을 처리하면 θ에 대한 특징 벡터 성분이 −1이 되는 것이 허용된다. 즉 학습 표본이 양수이며 다른 가중치를 높여야 한다면 반대로 그 임계값의 성분을 2로 나눈다. 학습 집합이 음수이며 다른 가중치들을 낮춰야 한다면 임계값 성분에 2를 곱한다.

	and	viagra	the	of	nigeria	θ	y
a	1	1	0	1	1	−1	+1
b	0	0	1	1	0	−1	−1
c	0	1	1	0	0	−1	+1
d	1	0	0	1	0	−1	−1
e	1	0	1	0	1	−1	+1
f	1	0	1	1	0	−1	−1

그림 12.8 음수 임계값을 표현하는, 여섯 번째 성분을 포함한 스팸 이메일에 대한 학습 데이터

예제 12.6 그림 12.6 학습 집합을 변형해 음수 임계값 $-\theta$를 표현하는 여섯 번째 '단어'가 포함되도록 하자. 새로운 데이터를 그림 12.8에서 확인할 수 있다.

그림 12.9의 첫 번째 줄에서 볼 수 있듯이 6개의 성분이 모두 1인 가중치 벡터부터 시작한다. 첫 번째 특징 벡터 $\mathbf{a}$를 사용해 $\mathbf{w}.\mathbf{a} = 3$을 계산하면 학습 집합이 양수이고 내적도 양수이므로 아무런 문제가 없다. 그러나 두 번째 학습 표본에 대해서는 $\mathbf{w}.\mathbf{b} = 1$로 계산된다. 표본은 음성이고 내적은 양수이므로 가중치를 조정해야 한다.

$\mathbf{x}$	y	$\mathbf{w}.\mathbf{x}$	OK?	and	viagra	the	of	nigeria	θ
				1	1	1	1	1	1
a	+1	3	yes						
b	−1	1	no	1	1	$\frac{1}{2}$	$\frac{1}{2}$	1	2
c	+1	$-\frac{1}{2}$	no	1	2	1	$\frac{1}{2}$	1	1
d	−1	$\frac{1}{2}$	no	$\frac{1}{2}$	2	1	$\frac{1}{4}$	1	2

그림 12.9 그림 12.8 학습 집합을 대상으로 위노우 알고리즘 수행에 따른 w의 갱신 순서

$\mathbf{b}$의 세 번째, 네 번째 성분이 1이기 때문에 대응하는 $\mathbf{w}$의 성분에서 1은 1/2로 대체된다. θ에 해당하는 마지막 성분은 두 배가 돼야 한다. 이런 조정을 통해 그림 12.9의 세 번째 줄에서 볼 수 있듯이 새로운 벡터 $[1, 1, \frac{1}{2}, \frac{1}{2}, 1, 2]$를 얻을 수 있다.

특징 벡터 $\mathbf{c}$는 양성 표본이지만 $\mathbf{w}.\mathbf{c} = -\frac{1}{2}$이다. 따라서 대응하는 $\mathbf{c}$의 성분이 1이므로 $\mathbf{w}$의 두 번째, 세 번째 성분을 두 배로 해야 하며, θ에 해당하는 $\mathbf{w}$의 마지막 두 성분을 반으로 줄여야 한다. 그 결과 벡터는 $\mathbf{w} = [1, 2, 1, \frac{1}{2}, 1, 1]$이며 이를 그림 12.9의 네 번째 줄에서 확인할 수 있다. 다음으로 $\mathbf{d}$는 음성 표본이다. $\mathbf{w}.\mathbf{d} = \frac{1}{2}$이므로 다시 가중치를 조정해야 한다. 첫 번째, 네 번째 성분을 반으로 줄이고, 마지막 성분을 두 배로 하면 $\mathbf{w} = [\frac{1}{2}, 2, 1, \frac{1}{4}, 1, 2]$가 된다. 이제 모든 양성 표본과 가중치 벡터의 내적은 양수이며, 모든 음성 표본의 내적은 음수이므로 더 이상 가중치가 변동되지 않는다.

설계된 퍼셉트론의 임계값은 2다. 'viagra'와 'nigeria'에 대한 가중치는 2와 1이며, 'and'와 'of'에 대한 가중치는 이보다 더 작다. 'the'에 대한 가중치 역시 1인데 이는 'the'가 'nigeria'처럼 스팸을 나타낸다고 의심하게 만든다. 그렇지만 이 퍼셉트론은 모든 표본을 정확하게 분류한다. ■

12.2.5 다중 클래스 퍼셉트론

기본적인 퍼셉트론의 개념을 확장하는 몇 가지 방법이 있다. 12.2.6절에서는 비선형 경계선으로 초평면을 적용할 수 있도록 하는 변형된 알고리즘을 설명할 것이다. 이번 절에서는 퍼셉트론을 사용해 데이터를 여러 클래스로 분류하는 방법을 살펴볼 것이다.

서로 다른 k개의 클래스에 대한 레이블이 붙은 학습 집합이 있다고 가정한다. 각 클래스에 대해 퍼셉트론을 학습시키는 것부터 시작하자. 이 퍼셉트론들의 임계값 θ는 서로 동일해야 한다. 즉 클래스 i에 대해서 학습 표본 $(\mathbf{x}, i)$를 양성 표본으로 처리하고, $j \neq i$가 성립하는 모든 표본 $(\mathbf{x}, j)$를 음성 표본으로 처리한다. 클래스 i에 대한 퍼셉트론의 가중치 벡터는 학습이 끝난 이후의 $\mathbf{w}_i$로 결정된다고 가정하자.

분류해야 할 새로운 벡터 $\mathbf{x}$가 주어지면 모든 $i = 1, 2, \dots, k$에 대해 $\mathbf{w}_i.\mathbf{x}$를 계산

한다. 그 값이 θ 이상이면 $\mathbf{w}_i.\mathbf{x}$를 최대로 하는 i 값을 $\mathbf{x}$의 클래스로 결정한다. 그렇지 않으면 $\mathbf{x}$는 k개의 클래스 중 어디에도 속하지 않는다고 가정한다.

예를 들어, 웹 페이지를 스포츠, 정치, 의학 등과 같은 몇 개의 주제로 분류하고자 한다고 가정하자. 웹 페이지를 벡터로 표현할 수 있는데 그 페이지에 등장하는 각 단어는 1로, 등장하지 않는 단어는 0으로 표현한다(물론 단지 페이지가 그런 방식으로 보여진다고 상상해 보자는 것이지 실제로 그런 벡터를 구성하는 것은 아니다). 각 주제마다 해당 주제를 잘 나타내는 특정 단어들이 존재한다. 예컨대 스포츠 페이지는 '승리', '목표', '경기' 등과 같은 단어를 많이 포함할 것이다. 해당 주제에 대한 가중치 벡터는 그 주제를 특징짓는 단어들에 높은 가중치를 부여하게 된다.

새로운 페이지는 그 페이지의 벡터와 주제들에 대한 가중치 벡터들의 내적을 계산해서 가장 높은 점수를 내는 주제에 속하는 것으로 분류된다. 이를 다르게 말하면 페이지 하나가 내적이 특정 임계값 이상인 경우에 해당하는 모든 주제에 속하는 것으로 분류된다고 볼 수 있다(아마도 이 임계값은 학습에 사용된 θ보다 높을 것이다).

12.2.6 학습 집합 변형

퍼셉트론에서는 두 클래스들을 구분하는 선형 함수를 사용해야 하지만, 클래스들을 분류하려는 목적으로 퍼셉트론 기반 알고리즘을 적용하기 전에 학습 집합의 벡터를 변형할 수 있다. 원칙적으로 더 차원이 높은 공간으로 변형하려는 한, 그런 변형을 찾는 것은 언제나 가능하다. 데이터를 충분히 이해하고 있다면 동작하는 간단한 변형을 흔하게 찾을 수 있다. 예제를 통해 기본적인 개념을 알아보자.

예제 12.7 그림 12.10에는 집으로부터 방문할 장소들이 표시돼 있다. 수평 좌표와 수직 좌표는 각 장소의 위도와 경도를 표시한다. 일부 장소는 하루 만에 갈 수 있을 만큼 가깝기 때문에 '단기 여행day trips'으로 분류됐다. 방문하는 데 하루 이상이 소요되는 장소는 '장기 여행excursion'으로 분류됐다. 이들이 각각 원과 사각형으로 표시됐다. 결론적으로 단기 여행과 장기 여행을 분리하는 일직선은 존재하지 않는다. 그러나 데카르트 좌표CartesianCoordinates를 극좌표로 대체하면 변형된 극좌표 공간에서는 그림 12.10에서 점선으로 표시된 원이 초평면이 된다. 수식으로 설명하면 벡터

$\mathbf{x} = [x_1,\, x_2]$가 $[\sqrt{x_1^2 + x_2^2},\, \arctan(x_2/x_1)]$로 변환된 것이다.

실제 이 데이터를 대상으로 차원 축소를 역시 수행할 수 있다. 점의 각도는 상관이 없으며, 오직 반지름 $\sqrt{x_1^2 + x_2^2}$만 중요하다. 따라서 점 벡터를 단일 성분 벡터로 변경하면 원점으로부터 거리를 계산할 수 있다. 거리가 짧다면 '단기 여행'이라는 클래스 레이블이 붙을 것이고, 긴 거리는 '장기 여행'이라는 레이블이 붙을 것이다. 퍼셉트론을 학습시키는 것은 매우 쉬운 작업이다. ■

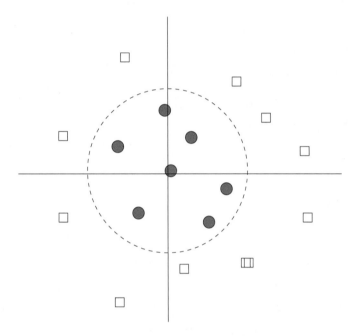

그림 12.10 직각(rectangular) 좌표에서 극(polar) 좌표로 변형하면 이 학습 집합은 분리 초평면이 존재하는 학습 집합으로 변경된다.

12.2.7 퍼셉트론의 문제점

앞서 언급한 확장 방법에도 불구하고 데이터를 분류하는 퍼셉트론의 기능에는 몇 가지 한계가 있다. 가장 큰 문제는 때때로 데이터가 본질적으로 초평면에 의해 구분되지 않는 경우가 있다는 것이다. 그림 12.11의 예가 그런 경우다. 이 예제에서는 두 종류의 점들이 경계선 근처에 섞여 있는데 이 점들을 통과하는 모든 직선은 적어도 한쪽에 두 종류의 점을 모두 위치시킬 수밖에 없다.

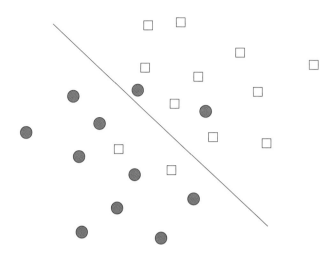

그림 12.11 초평면으로 분류할 수 없는 학습 집합

12.2.6절에서 설명했듯이 원칙적으로 점들을 선형으로 분리 가능한 또 다른 공간으로 전환하는 함수를 찾을 수 있다. 그런데 그렇게 하면 분류기는 각 학습 표본을 정확하게 처리하도록 설계됐기 때문에 학습 집합을 대상으로 매우 잘 동작하는 상황인 과적합으로 이어질 수 있다. 그런 분류기는 학습 집합만을 너무 과하게 이용했기 때문에 미래에 분류돼야 하는 또 다른 예제에는 적용하기 어려워서 새로운 데이터를 대상으로는 잘 동작하지 않을 것이다.

그림 12.12는 또 다른 문제를 설명한다. 일반적으로 클래스들이 하나의 초평면에 의해 분리될 수 있다면 그 점들을 분리하는 서로 다른 초평면들은 아주 많을 것이다. 그러나 모든 초평면의 성능이 같지는 않다. 예컨대 시계 방향에서 가장 멀리 떨어진 초평면을 선택한다면 '?'로 표시된 점은 직관적으로 정사각형에 더 가깝더라도 원으로 분류될 것이다. 공간을 가장 공평하게 분할한다는 목적을 갖고 초평면을 선택하는 방법을 12.3절 '서포트 벡터 머신'에서 알아볼 것이다.

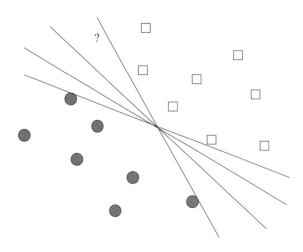

그림 12.12 일반적으로 클래스들이 완전히 분리될 수 있는 경우 그 클래스들을 분리하는 초평면은 하나 이상이다.

스트리밍 데이터에 대한 퍼셉트론

지금까지 다뤄 온 학습 집합은 저장된 데이터로서 어느 단계에서도 반복해서 사용될 수 있었다. 그런데 퍼셉트론은 스트림에서도 역시 사용할 수 있다. 즉 학습 표본은 무한하지만 각 표본은 오직 한 번만 사용된다고 가정한다. 학습 스트림의 좋은 사례로 이메일 스팸을 감지하는 경우를 들 수 있다. 사용자는 스팸 이메일을 보고하며, 실제로 스팸이 아닌 이메일이 스팸으로 분류된 경우도 보고한다. 각 이메일이 입력되면 이는 학습 표본으로 처리되고 현재 가중치 벡터가 수정된다. 아마도 매우 작은 양일 것이다.

학습 집합이 스트림이면 절대로 수렴하지 않으며, 실제로 데이터 점들은 당연히 선형으로 분리되지 않는다. 그러나 항상 가능한 최적의 구분자 근사치를 얻게 된다. 또한 이메일 스팸의 경우처럼 스트림으로 된 표본이 시간이 지남에 따라 변하면 먼 과거의 표본보다는 최근 표본을 중심으로 근사치가 계산되는데, 이는 4.7절의 지수적 감쇠 윈도우 기법과 유사한 점이다.

그런데 그림 12.13에서 또 다른 문제를 볼 수 있다. 퍼셉트론을 학습시키는 대부분의 규칙은 잘못 분류된 점이 없는 순간 중지된다. 결과적으로 선택된 초평면은 가까스로 현재의 점들만을 정확하게 분류하는 수준이 되는 것이다. 예컨대 그림 12.13에서 위쪽 직선은 간신히 두 정사각형에 맞닿아 있고, 아래쪽 직선은 하나의 원에만 맞닿아 있다. 이 선들 중 어느 하나가 최종 가중치 벡터를 표현한다면 가중치는 한 클래스로 편향된다. 즉 학습 집합의 점들을 정확하게 분류하긴 하지만 위쪽 직선은 자신 바로 아래쪽에 위치한 새로운 정사각형을 원으로 분류하게 될 것이며, 아래쪽 직선은 자신 바로 위쪽에 위치한 원을 정사각형으로 분류하게 될 것이다. 좀 더 올바르게 분리 초평면을 선택하는 방법을 12.3절에서 다룰 것이다.

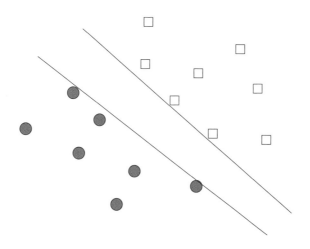

그림 12.13 퍼셉트론은 초평면이 클래스들 사이를 구분하게 되는 순간, 바로 그 위치로 수렴한다.

12.2.8 퍼셉트론의 병렬 구현

퍼셉트론을 학습시키는 과정은 본질상 순차적이다. 관련 벡터의 차원 개수가 너무 많으면 내적을 병렬로 계산해 일부 병렬 처리 효과를 얻을 수 있다. 그러나 예제 12.4와 연결해서 논의하자면 고차원 벡터는 희소할 가능성이 높기 때문에 원래 길이보다 좀 더 간결하게 표현될 수 있다.

병렬 처리를 제대로 하려면 퍼셉트론 알고리즘을 약간 수정해서 전체 학습 표본

(하나의 '배치batch')들이 동일한 근사 가중치 벡터 **w**로 계산돼야 한다. 이 방법은 표본마다 오차를 학습해 **w**에 반영하는 원래의 알고리즘과 약간 다르다. 그러나 보통 그렇듯이 학습률이 작다면 많은 학습 표본에 대해 단일 **w**를 재사용하는 것은 전체 배치 이후 결과 **w** 값에서 거의 차이가 없다. 이 병렬 알고리즘을 맵리듀스 작업으로 공식화해 보자.

맵 함수: 각 맵 태스크에 학습 표본 청크가 할당되며, 현 시점의 가중치 벡터 **w**가 주어진다. 맵 태스크는 청크에서 특징 벡터 $\mathbf{x} = [x_1, x_2, \ldots, x_k]$에 대한 $\mathbf{w}.\mathbf{x}$를 계산하고, 그 내적을 **x**의 레이블 y인 $+1$ 혹은 -1과 비교한다. 부호가 같으면 해당 학습 표본에 대해서 어떤 키-값 쌍도 생성되지 않는다. 그러나 부호가 다르면 0이 아닌 **x**의 각 성분 x_i에 대해 키-값 쌍$(i, \eta y x_i)$이 생성된다. 여기서 η은 이 퍼셉트론을 학습시키는 데 사용되는 학습률 상수다. $\eta y x_i$는 **w**의 현재 i번째 성분에 더하고자 하는 증가분이며, $x_i = 0$이면 키-값 쌍을 생성할 필요가 없다는 사실을 기억하라. 그러나 병렬 처리에서 흥미로운 점은 리듀스 단계에 이런 변경 사항들이 많이 누적될 때까지 자신의 작업을 뒤로 미룰 수 있다는 것이다.

리듀스 함수: 각 키 i에 대해서 키 i를 처리하는 리듀스 태스크는 모든 관련 증가분을 더하며, 그 합을 **w**의 i번째 성분에 더한다.

이런 변경으로는 충분히 퍼셉트론을 학습시킬 수 없을 것이다. 만약 어떤 변경이

w에 가해지면 그 학습 집합과는 다른 청크들로 동일한 일을 하는 새로운 맵리듀스 작업을 시작해야 한다. 그러나 전체 학습 집합이 첫 번째 라운드에 사용됐다 하더라도 **w**가 변경됐을 때 **w**에 미치는 효과가 다를 것이므로 전체 학습 집합은 다시 사용될 수 있다.

12.2.9 12.2절 연습문제

연습문제 12.2.1 그림 12.6의 학습 집합을 수정해서 표본 **b**에도 단어 'nigeria'가 포함되도록 한다(그러나 여전히 이는 음성 표본이다. 아마 nigeria로 여행을 간다는 사람들이 있을 것이다). 다음을 사용해 양성 표본과 음성 표본을 분리하는 가중치 벡터를 구하라.

(a) 12.2.1절의 기본 학습 방법

(b) 12.2.3절의 위노우 방법

(c) 12.2.4절에서 설명한 임계값이 변경되는 기본 방법

(d) 12.2.4절에서 설명한 임계값이 변경되는 위노우 방법

! **연습문제 12.2.2** 다음 학습 집합에 대해서 $\mathbf{w}.\mathbf{x} - \theta = 0$로 정의되는 초평면(실제로 하나의 직선)이 점들을 정확하게 분리하게 되는 모든 벡터 **w**와 임계값 θ를 구하라.

$$([1,2], +1) \quad ([2,1], +1)$$
$$([2,3], -1) \quad ([3,2], -1)$$

! **연습문제 12.2.3** 다음 4개의 표본이 학습 집합을 구성한다고 가정하자.

$$([1,2], -1) \quad ([2,3], +1)$$
$$([2,1], +1) \quad ([3,2], -1)$$

(a) 임계값을 0으로 해 퍼셉트론이 이 점들을 학습하도록 할 때 어떤 일이 발생하는가?

!! (b) 임계값을 변경해 이 점들을 정확하게 분류하는 퍼셉트론을 얻는 것이 가능한가?

(c) 이차 다항식을 사용해서 이 점들을 변환해 선형으로 분리되게 하라.

12.3 서포트 벡터 머신

서포트 벡터 머신SVM, Support-Vector Machine은 12.2.7절에서 언급했던 문제를 다루기 위해 고안된 퍼셉트론을 개선한 방법으로 볼 수 있다. SVM에서 **마진**margin이란 학습 집합 중 초평면에 가장 가까운 점들과 초평면 사이의 거리를 말하는데, SVM은 이 마진을 최대로 하면서 점들을 두 클래스로 분리하는 특정 초평면 하나를 선택하는 알고리즘이다.

12.3절에서는 분리할 수 있는 학습 표본에 대한 SVM에 대한 설명으로 시작해서 이러한 경우 마진을 최대로 만드는 방법을 보여 줄 것이다. 그런 다음 점들이 선형으로 분리되지 않는 더 복잡한 문제를 살펴본다. 이 경우 목표는 달라진다. 두 클래스를 분리하는 최적의 초평면을 찾아야 하는 것이다. 그러나 '최적'은 어려운 개념이다. 잘못 분류된 점들에 감점을 주는 손실 함수를 만들어 보고, 올바르게 분류됐지만 분리 초평면에 너무 가까운 더 좁은 범위의 점들에 감점을 주는 손실 함수도 만들어 볼 것이다. 이 문제는 12.3.3절에서 다룬다.

12.3.1 SVM의 동작 원리

SVM의 목적은 초평면과 학습 집합 점들 사이의 거리 γ를 최대화하는 초평면 $\mathbf{w}.\mathbf{x} + b = 0$을 선택하는 것이다.[3] 그림 12.14가 이 개념을 설명한다. 두 클래스들에 속한 점들과 그들을 분리하는 초평면을 확인할 수 있다.

직관적으로 분리 초평면 근처에 위치한 점들보다 초평면으로부터 멀리 떨어진 점들의 클래스를 좀 더 신뢰할 수 있다. 따라서 모든 학습 점들이 가능하면 초평면으로부터 멀리 떨어져 있기를 바라는 것이 당연하다(물론 초평면의 올바른 방향에 위치해야 한다). 최대한 마진이 큰 초평면을 선택함으로써 얻을 수 있는 또 다른 이점은 학습 집합이 아닌 전체 데이터 집합에 초평면에 가까이 위치한 점들이 있을 때에도 오류가 적다는 것이다. 그런 경우는 선택한 초평면이 학습 집합은 잘 분리하지만, 점들에 너무 가까이 위치하게 되는 경우보다 새로운 점들을 올바르게 분류할 확률이 더 높

---

3   이 초평면 공식에서 상수 b는 12.2절에서 퍼셉트론을 다룰 때 설명한 음수 임계값 θ와 같은 역할을 한다.

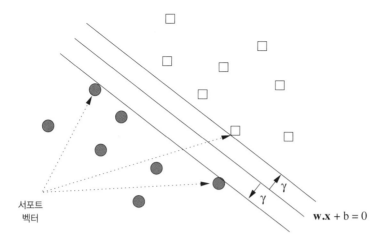

그림 12.14 SVM은 초평면과 학습 점들 사이의 마진 γ가 가능한 최대값이 되는 초평면을 선택한다.

다. 새로운 점이 초평면 근처에 위치한 학습 점과 가까이 있다면 잘못 분류될 확률이 매우 높기 때문이다. 이 문제는 12.2.7절에서 그림 12.13과 함께 설명했다.

그림 12.14에서는 중심 초평면 $\mathbf{w}.\mathbf{x} + b = 0$으로부터 거리가 γ인 2개의 평행한 초평면을 볼 수 있는데 이들 각각은 하나 이상의 서포트 벡터와 맞닿아 있다. 두 초평면 모두 분리 초평면으로부터 거리가 γ라는 점에서 서포트 벡터들은 실제로 분리 초평면의 제약 조건이 되는 점들이다. 대부분의 경우 d차원 점들의 집합은 그림 12.14 경우와 같이 $d + 1$개의 서포트 벡터를 갖는다. 그러나 평행 초평면들에 너무 많은 점이 위치하면 서포트 벡터가 좀 더 많을 수 있다. 그림 11.1의 점들을 대상으로 예제 하나를 살펴볼 것이다. 이차원 데이터는 3개의 서포트 벡터를 갖는 것이 보통이나, 이 예제에서는 4개의 점 모두가 서포트 벡터다.

기본적인 목표는 다음과 같다.

- 학습 집합 $(\mathbf{x}_1, y_1), (\mathbf{x}_2, y_2), \ldots, (\mathbf{x}_n, y_n)$이 주어지면 ($\mathbf{w}$와 b를 변경하면서) 모든 $i = 1, 2, \ldots, n$에 대해 다음 조건을 만족하는 γ를 최대화한다.

$$y_i(\mathbf{w}.\mathbf{x}_i + b) \geq \gamma$$

+1 혹은 −1인 y_i는 점 $\mathbf{x}_i$가 초평면의 어느 쪽에 위치해야 하는지 결정하는데 이로

인해 γ에 대한 $\geq$ 관계가 항상 성립한다는 사실이 중요하다. 그러나 이 조건을 두 가지 경우로 설명하는 것이 더 쉬울 것 같다. 즉 $y = +1$이면 $\mathbf{w}.\mathbf{x} + b \geq \gamma$이고, $y = -1$이면 $\mathbf{w}.\mathbf{x} + b \leq -\gamma$를 만족한다.

안타깝게도 이 방정식은 실제로 올바르게 동작하지 않는다. $\mathbf{w}$와 b를 증가시키면 항상 γ 값이 더 커질 수 있다는 것이 문제다. 예컨대 $\mathbf{w}$와 b가 위 조건을 만족한다고 가정하자. $\mathbf{w}$를 $2\mathbf{w}$로, b를 $2b$로 치환하면 모든 i에 대해서 $y_i((2\mathbf{w}).\mathbf{x}_i + 2b) \geq 2\gamma$가 성립함을 알 수 있다. 따라서 $\mathbf{w}$와 b보다는 $2\mathbf{w}$와 $2b$를 선택하는 것이 언제나 더 나으며, 따라서 최적의 결과는 찾을 수 없을 뿐더러 최대 γ도 구할 수 없다.

12.3.2 초평면 정규화

앞서 직관적으로 설명했던 문제에 대한 해결 방법은 가중치 벡터 $\mathbf{w}$를 정규화하는 것이다. 즉 분리 초평면에 직교하는 측정 단위는 단위 벡터 $\mathbf{w}/\|\mathbf{w}\|$다. $\|\mathbf{w}\|$는 프로베니우스 norm, 즉 $\mathbf{w}$ 성분들의 제곱들 합에 대한 제곱근이었음을 기억하라. 그림 12.15처럼 서포트 벡터들과 맞닿은 평행 초평면들은 방정식 $\mathbf{w}.\mathbf{x} + b = +1$과 $\mathbf{w}.\mathbf{x} + b = -1$로 설명돼야 한다. 이 2개의 방정식으로 정의된 초평면을 각각 **상한**upper 초평면과 **하한**lower 초평면이라 한다.

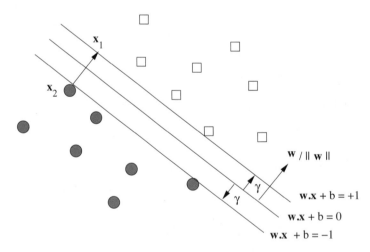

그림 12.15 SVM의 가중치 벡터 정규화하기

666

$\gamma = 1$인 것처럼 보이지만, $\mathbf{w}$를 단위 벡터로 사용하고 있기 때문에 마진 γ는 '단위'의 개수다. 즉 분리 초평면과 평행 초평면 사이를 이동하는 데 필요한 $\mathbf{w}$ 방향의 단계들이다. 이제 목표는 분리 초평면과 상한 및 하한 초평면 사이의 단위 벡터 $\mathbf{w}/\|\mathbf{w}\|$의 배수인 γ를 최대화하는 것이 됐다.

첫 번째 단계는 γ를 최대화하는 것이 $\|\mathbf{w}\|$를 최소화하는 것과 동일함을 증명하는 것이다. 그림 12.15에서 서포트 벡터 중 하나인 $\mathbf{x}_2$를 살펴보자. 그림 12.15에서 볼 수 있듯이 $\mathbf{x}_1$을 반대편 초평면에 대한 $\mathbf{x}_2$의 투영^{projection}이라 하자. $\mathbf{x}_1$은 서포트 벡터가 될 필요가 없다는 사실과 학습 집합에 속한 점일 필요가 없다는 사실을 명심하라. $\mathbf{x}_2$에서 $\mathbf{x}_1$까지 거리는 $\mathbf{w}/\|\mathbf{w}\|$ 단위로 2γ이다. 즉 다음이 성립한다.

$$\mathbf{x}_1 = \mathbf{x}_2 + 2\gamma\frac{\mathbf{w}}{\|\mathbf{w}\|} \tag{12.1}$$

$\mathbf{x}_1$은 $\mathbf{w}.\mathbf{x} + b = +1$로 정의된 초평면에 위치하기 때문에 $\mathbf{w}.\mathbf{x}_1 + b = 1$이다. $\mathbf{x}_1$에 방정식 (12.1)을 대입하면 다음이 성립한다.

$$\mathbf{w}.\left(\mathbf{x}_2 + 2\gamma\frac{\mathbf{w}}{\|\mathbf{w}\|}\right) + b = 1$$

이 식을 정리하면 다음 식이 된다.

$$\mathbf{w}.\mathbf{x}_2 + b + 2\gamma\frac{\mathbf{w}.\mathbf{w}}{\|\mathbf{w}\|} = 1 \tag{12.2}$$

그러나 $\mathbf{x}_2$가 초평면 $\mathbf{w}.\mathbf{x} + b = -1$에 위치하기 때문에 방정식 (12.2)에서 처음 두 항 $\mathbf{w}.\mathbf{x}_2 + b$의 합은 -1이 된다. 방정식 (12.2)에서 이 -1을 왼쪽 변에서 오른쪽 변으로 이동시킨 후 2로 나누면 다음 식을 얻을 수 있다.

$$\gamma\frac{\mathbf{w}.\mathbf{w}}{\|\mathbf{w}\|} = 1 \tag{12.3}$$

더불어 $\mathbf{w}.\mathbf{w}$은 $\mathbf{x}$의 성분들의 제곱의 합이라는 사실에 주목하라. 즉 $\mathbf{w}.\mathbf{w} = \|\mathbf{w}\|^2$이다. 방정식 (12.3)으로부터 $\gamma = 1/\|\mathbf{w}\|$라는 결론을 얻을 수 있다.

이 등식을 이용해 12.3.1절에서 언급했던 최적화^{optimization} 문제를 다른 수식으로 풀 수 있다. γ를 최대화하는 대신 γ의 역인 $\|\mathbf{w}\|$를 최소화하면 된다.

- 학습 집합 $(\mathbf{x}_1, y_1), (\mathbf{x}_2, y_2), \ldots, (\mathbf{x}_n, y_n)$이 주어지면 ($\mathbf{w}$와 b를 변경하면서) 모든 $i = 1, 2, \ldots, n$에 대해 다음 조건을 만족하는 $\|\mathbf{w}\|$를 최소화한다.

$$y_i(\mathbf{w}.\mathbf{x}_i + b) \geq 1$$

예제 12.8 그림 11.1 네 점을 다시 살펴보자. 네 점은 교대로 등장하는 양성 표본과 음성 표본이라고 가정한다. 즉 학습 집합은 다음으로 구성된다.

$$([1, 2], +1) \quad ([2, 1], -1)$$
$$([3, 4], +1) \quad ([4, 3], -1)$$

$\mathbf{w} = [u, v]$라 하자. 지금 목표는 4개의 학습 표본에서 도출된 제약 조건^{constraint}을 따르는 $\sqrt{u^2 + v^2}$를 최소화하는 것이다. 첫 번째로 $\mathbf{x}_1 = [1, 2]$와 $y_1 = +1$에 대한 조건은 $(+1)(u + 2v + b) = u + 2v + b \geq 1$이다. 두 번째로 $\mathbf{x}_2 = [2, 1]$과 $y_2 = -1$에 대한 조건은 $(-1)(2u + v + b) \geq 1$, 혹은 $2u + v + b \leq -1$이다. 마지막 두 점은 유사하게 처리되며 도출된 4개의 제약 조건은 다음과 같다.

$$u + 2v + b \geq 1 \quad 2u + v + b \leq -1$$
$$3u + 4v + b \geq 1 \quad 4u + 3v + b \leq -1$$

제약 조건이 있는 상황에서 최적화하는 방법을 자세히 설명할 것이다. 이 주제는 광범위하며 활용할 수 있는 방법들이 많다. 12.3.4절에서 경사 하강법$^{gradient\ descent}$을 설명할 텐데 이는 분리 초평면이 존재하지 않는 상황에서 좀 더 일반적으로 사용할 수 있는 방법이다. 이런 방식이 어떻게 동작하는지 예제 12.9에서 설명할 것이다.

이런 간단한 예제에서 해답을 구하는 것은 쉽다. $b = 0$ 그리고 $\mathbf{w} = [u, v] = [-1, +1]$이다. 이는 4개의 조건 모두를 충족시킨다. 즉 네 점 각각이 서포트 벡터다. 이는 흔하게 볼 수 있는 경우는 아니다. 데이터가 이차원일 때 서포트 벡터는 3개로 예측되기 때문이다. 그러나 양성 표본과 음성 표본이 평행선에 위치한다는 사실로 인해 네 조건이 정확하게 만족되는 경우에 해당한다. ■

12.3.3 최적 근사치 구분자 찾기

좀 더 일반적인 경우에서 최적의 초평면을 찾는 문제를 살펴보자. 일반적인 경우 일부 점들은 잘못된 쪽에 위치할 수도 있고, 올바른 쪽에 위치하더라도 분리 초평면과 너무 가까워서 마진 조건을 충족시키지 못할 수도 있다. 이런 일반적인 상황을 그림 12.16에서 볼 수 있다. 잘못 분류된 두 점이 보인다. 그 점들은 분리 초평면 $\mathbf{w}.\mathbf{x}$ + b = 0을 기준으로 할 때 잘못된 쪽에 위치하고 있다. 또한 정확하게 분류됐으나 분리 초평면에 너무 가깝게 위치한 두 점도 볼 수 있다. 이런 모든 점을 부적합[bad] 점이라 부를 것이다.

초평면을 평가할 때 각 부적합 점은 감점[penalty]의 원인이 된다. 최적화 과정의 일부로서 계산되는 감점의 양이 화살표로 표시되는데 화살표는 부적합 점의 반대쪽 평행 초평면에서 해당 점을 향하는 방향을 가리킨다. 즉 화살표는 초평면 $\mathbf{w}.\mathbf{x}$ + b = +1 혹은 $\mathbf{w}.\mathbf{x}$ + b = −1로부터의 거리에 대한 측정 기준인 것이다. 전자는 분리 초평면 상위에 있어야 하는(y가 +1이기 때문에) 학습 표본에 대한 기준이며, 후자는 초평면 하위에 있어야 하는(y = −1이기 때문에) 점들에 대한 기준이다.

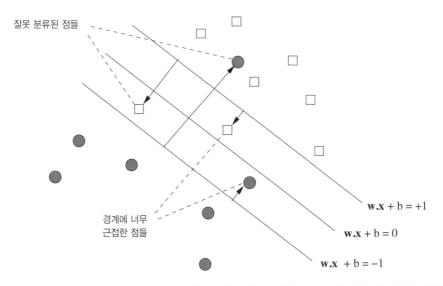

그림 12.16 잘못 분류되거나 분리 초평면에 너무 가까운 점들은 감점을 초래한다. 감점의 양은 해당 점을 가리키는 화살표 길이에 비례한다.

마진을 최소화하는 공식을 도출하는 방법은 많다. 12.3.2절에서 설명한 것처럼 직관적으로 ||**w**||가 작아지기를 원할 것이다. 그러나 또한 부적합 점들과 관련된 감점역시 가능하면 적은 양이 되기를 원할 것이다. 이에 대한 균형을 잘 맞춘 일반적인 공식은 ||**w**||²/2 항과 감점 합의 상수배를 포함하는 항으로 구성된다.

||**w**||를 최소화하는 것은 ||**w**||의 단조^{monotone} 함수를 최소화하는 것과 같으므로 ||**w**||²/2을 최소화하는 공식을 사용하는 것도 한 가지 방법이 될 수 있다는 점에 주목하자. ||**w**||²/2을 **w**의 특정 성분으로 미분했을 때 그 결과가 그 성분 자신이 되는 성질이 유용하다. 즉 **w** $= [w_1, w_2, \ldots, w_d]$이면 ||**w**||²/2은 $\frac{1}{2}\sum_{i=1}^{n} w_i^2$이므로 이에 대한 편미분 $\partial/\partial w_i$는 w_i다. 앞으로 살펴보겠지만 이런 상황은 각 w_i에 대한 감점 항의 미분 값이 x_i의 상수배, 즉 학습 표본에서 감점을 유발하는 특징 벡터 성분 각각에 대한 상수배이므로 합당하다고 볼 수 있다. 결과적으로 이는 벡터 **w**와 학습 집합 벡터들이 각 성분 단위로 관계가 있다는 것을 의미한다.

따라서 다음과 같은 특정 함수를 최소화하는 방법을 살펴볼 것이다.

$$f(\mathbf{w}, b) = \frac{1}{2}\sum_{j=1}^{d} w_j^2 + C\sum_{i=1}^{n} \max\Big\{0, \quad 1 - y_i\big(\sum_{j=1}^{d} w_j x_{ij} + b\big)\Big\} \tag{12.4}$$

첫 번째 항은 ||**w**||가 작아지게 하며, 두 번째 항은 올바르게 선택돼야 하는 상수 C를 포함하면서 다음에 설명할 방법으로 부적합 점들에 대한 감점을 나타낸다. $i = 1, 2, \ldots, n$과 $\mathbf{x}_i = [x_{i1}, x_{i2}, \ldots, x_{id}]$에 대한 학습 표본 n개가 있다고 가정하자. 또한 이전처럼 **w** $= [w_1, w_2, \ldots, w_d]$다. 두 합 $\sum_{j=1}^{d}$은 벡터들의 내적을 표현한다는 사실에 주목하자.

정칙화 매개 변수$^{regularization\ parameter}$라 불리는 상수 C는 잘못 분류된 정도를 반영한다. 잘못 분류된 점들을 절대 허용하지는 않지만 좁은 마진은 허용할 것이라면 C를 크게 선택한다. 일부 잘못 분류된 점들이 있어도 괜찮으나 대부분의 점들이 경계선으로부터 멀리 떨어져 있기 원한다면 C를 작게 선택한다(예를 들어, 마진이 크기 원하는 경우).

방정식 (12.4)의 감점 함수(두 번째 항)를 설명해야 한다. 각 학습 표본 x_i에 대해서 i마다 한 번씩 다음 항이 더해진다.

$$L(\mathbf{x}_i, y_i) = \max\left\{0, \quad 1 - y_i\left(\sum_{j=1}^{d} w_j x_{ij} + b\right)\right\}$$

그림 12.17에서 보이는 것처럼 어떤 수량 값인^{quantity} L은 **경첩 함수**$^{\text{hinge function}}$이며, 이 값을 **경첩 손실**$^{\text{hinge loss}}$이라 부른다. $z_i = y_i(\sum_{j=1}^{d} w_i x_{ij} + b)$라고 하자. z_i가 1 이상이면 L 값은 0이다. 그러나 z_i 값이 보다 작은 경우 L은 z_i가 감소함에 따라 선형으로 증가한다.

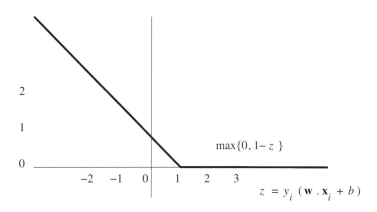

그림 12.17 경첩 함수는 $z \le$ 1에서 선형으로 감소하고 이후 0이 된다.

$L(\mathbf{x}_i, y_i)$의 각 w_j에 대한 미분을 구해야 하는데 경첩 함수의 미분이 불연속적이라는 사실에 유의하라. $z_i < 1$에서는 $-y_i x_{ij}$이고, $z_i > 1$에서는 0이다. 즉 $y_i = +1$이면(예컨대 i번째 학습 표본의 클래스가 양수인 경우) 다음이 성립한다.

$$\frac{\partial L}{\partial w_j} = \text{if } \sum_{j=1}^{d} w_j x_{ij} + b \ge 1 \text{ then } 0 \text{ else } -x_{ij}$$

또한 $y_i = -1$이면(예컨대 i번째 학습 표본의 클래스가 음수인 경우) 다음이 성립한다.

$$\frac{\partial L}{\partial w_j} = \text{if } \sum_{j=1}^{d} w_j x_{ij} + b \le -1 \text{ then } 0 \text{ else } x_{ij}$$

y_i 값을 포함하면 두 경우는 다음과 같이 요약될 수 있다.

$$\frac{\partial L}{\partial w_j} = \mathbf{if} \ \sum_{j=1}^{d} w_j x_{ij} + b \leq -1 \ \mathbf{then} \ 0 \ \mathbf{else} \ x_{ij} \tag{12.5}$$

12.3.4 경사 하강법에 의한 SVM 해

방정식 (12.4)의 해를 구하는 일반적인 방법은 2차 계획법^{quadratic programming}을 사용하는 것이다. 또 다른 방법으로 대규모 데이터에는 **경사 하강법**이 유용하다. 이차 방정식을 푸는 데 필요한 모든 데이터를 메모리에 보유하는 대신 디스크에 위치시킬 수 있다. 경사 하강법을 구현하기 위해 b와 벡터 $\mathbf{w}$의 각 성분 w_j에 대해 방정식을 미분한다. $f(\mathbf{w}, b)$를 최소화하는 것이 목적이므로 b와 성분 w_j를 기울기 반대 방향으로 이동시킨다. 각 성분을 이동시키는 정도는 해당 성분에 대한 미분 값에 비례한다.

첫 번째 단계는 12.2.4절의 기법을 사용해 b를 가중치 벡터 $\mathbf{w}$의 일부로 만드는 것이다. b는 실제로 내적 $\mathbf{w}.\mathbf{x}$에 대한 음수 임계값이므로 $(d + 1)$번째 성분 b를 $\mathbf{w}$에 덧붙이고, 학습 집합의 모든 특징 벡터마다 값이 1인 성분을 덧붙인다(12.2.4절에서와 같이 -1이 아니다).

각 라운드에서 $\mathbf{w}$를 이동시킬 기울기 비율로 상수 η를 선택해야 한다. 즉 모든 $j = 1, 2, \ldots, d + 1$에 다음을 할당한다.

$$w_j := w_j - \eta \frac{\partial f}{\partial w_j}$$

방정식 (12.4)의 첫 번째 항에 대한 미분 $\frac{\partial f}{\partial w_j}$를 구하는 것은 쉽다. 답은 $\frac{1}{2}\sum_{j=1}^{d} w_i^2$이다. 그러나 두 번째 항에는 경첩 함수가 포함돼 있으므로 표현하기가 더 어렵다. 방정식 (12.5)처럼 이 미분을 해결하기 위해 **if-then** 표현식을 사용할 것이다. 즉 다음과 같이 나타낼 수 있다.

$$\frac{\partial f}{\partial w_j} = w_j + C \sum_{i=1}^{n} \left(\mathbf{if} \ y_i(\sum_{j=1}^{d} w_j x_{ij} + b) \geq 1 \ \mathbf{then} \ 0 \ \mathbf{else} \ -y_i x_{ij} \right) \tag{12.6}$$

이 공식은 가중치 $w_1, w_2, \ldots, w_d$뿐만 아니라 w_{d+1}(즉 b)을 포함한 **w**의 각 성분에 대한 편미분이라는 점에 주목하라. if-then 조건문에서 w_{d+1} 대신 b를 계속 사용해 초평면의 표현 형식을 유지한다.

학습 집합을 대상으로 경사 하강법 알고리즘을 실행하기 위해 다음 값들을 먼저 결정한다.

1. 매개 변수 C와 η 값
2. $(d + 1)$번째 성분 b를 포함한 **w**의 초기 성분들

그런 다음 반복적으로 다음을 수행한다.

(a) w_j에 대해 $f(\mathbf{w}, b)$의 편미분을 계산한다.
(b) 각 w_j에서 $\eta \frac{\partial f}{\partial w_j}$를 뺌으로써 **w**의 값을 조정한다.

예제 12.9   그림 12.18에서 양수점 3개와 음수점 3개, 총 6개의 점을 볼 수 있다. 최적의 분리선은 수평이 될 것이라 예측할 수 있는데 그렇다면 선택된 분리 초평면과 **w**의 크기로 인해 점 (2, 2)가 잘못 분류되거나 경계선에 너무 가깝게 위치하게 될 수도 있다는 문제만 남게 된다. 길이가 1인 수직 벡터 **w** = [0, 1]을 초기값으로 선

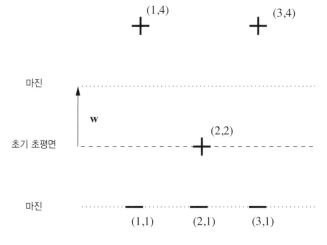

그림 12.18 경사 하강법 예제를 위한 6개의 점들

택하고, $b = -2$로 선택한다. 그 결과 그림 12.18에서 점 $(2, 2)$는 초기 초평면에 위치하고, 3개의 음수 점들은 마진에 딱 맞게 위치함을 볼 수 있다. 경사 하강법을 위해 선택한 매개 변수 값은 $C = 0.1$과 $\eta = 0.2$다.

b를 $\mathbf{w}$의 세 번째 성분으로 포함시키는 것을 시작으로 해, 편리한 표기를 위해 처음 두 성분 w_1과 w_2 대신 u와 v를 사용할 것이다. 즉 $\mathbf{w} = [u, v, b]$로 표현한다. 그리고 이차원 점들로 구성된 학습 집합을 항상 값이 1인 세 번째 성분이 포함되도록 확장한다. 즉 학습 집합은 다음과 같이 변형된다.

$$([1, 4, 1], +1) \quad ([2, 2, 1], +1) \quad ([3, 4, 1], +1)$$
$$([1, 1, 1], -1) \quad ([2, 1, 1], -1) \quad ([3, 1, 1], -1)$$

그림 12.19에 if then 조건과 방정식 (12.6)의 i에 대한 합에서 각 성분에 대한 계산 결과를 테이블로 나타냈다. 방정식 (12.6)을 풀기 위해서는 반드시 합에 C를 곱하고 적절하게 u, v 혹은 b를 더해야 한다.

					for u	for v	for b
if	$u + 4v + b \geq +1$	then	0	else	-1	-4	-1
if	$2u + 2v + b \geq +1$	then	0	else	-2	-2	-1
if	$3u + 4v + b \geq +1$	then	0	else	-3	-4	-1
if	$u + v + b \leq -1$	then	0	else	$+1$	$+1$	$+1$
if	$2u + v + b \leq -1$	then	0	else	$+2$	$+1$	$+1$
if	$3u + v + b \leq -1$	then	0	else	$+3$	$+1$	$+1$

그림 12.19 u, v, b에 대해 l를 미분한 후 부적합 점들이 차지하는 부분을 계산하기 위해서 이 항들을 각각 더하고 C를 곱한다.

그림 12.19에 표현된 6개의 조건이 참인지 혹은 거짓인지로 방정식 (12.6)의 i에 대한 합에서 그 항들이 차지하는 정도가 결정된다. 각 조건에 대한 만족 여부를 o와 x의 배열로 나타낼 텐데 x는 조건을 만족하지 않음을 나타내며, o는 조건을 만족함을 의미한다. 처음 몇 번 경사 하강법을 반복한 결과를 그림 12.20에서 확인할 수 있다.

	$\mathbf{w} = [u, v]$	b	Bad	$\partial/\partial u$	$\partial/\partial v$	$\partial/\partial b$
(1)	$[0.000, 1.000]$	-2.000	oxooooo	-0.200	0.800	-2.100
(2)	$[0.040, 0.840]$	-1.580	oxoxxx	0.440	0.940	-1.380
(3)	$[-0.048, 0.652]$	-1.304	oxoxxx	0.352	0.752	-1.104
(4)	$[-0.118, 0.502]$	-1.083	xxxxxx	-0.118	-0.198	-1.083
(5)	$[-0.094, 0.542]$	-0.866	oxoxxx	0.306	0.642	-0.666
(6)	$[-0.155, 0.414]$	-0.733	xxxxxx			

그림 12.20 경사 하강법의 초기 과정

(1)번 줄을 살펴보자. 초기값은 $\mathbf{w} = [0, 1]$로, 그림 12.18에서 $\mathbf{w}$의 초기값이었다. $\mathbf{w}$ 성분으로 u와 v를 사용한다는 사실을 상기하라. 따라서 $u = 0$ 그리고 $v = 1$이다. 또한 $b = -2$가 초기값임을 볼 수 있는데, 그림 12.18 초기 초평면에 대한 초기 값으로 적절하다. 그림 12.19의 조건을 계산하기 위해 이 u와 v 값들을 사용해야 한다. 그림 12.19의 첫 번째 조건은 $u + 4v + b \geq +1$이다. 왼쪽 변은 $0 + 4 + (-2) = 2$이므로 조건을 만족한다. 그러나 두 번째 조건 $2u + 2v + b \geq +1$은 거짓이다. 왼쪽 변이 $0 + 2 + (-2) = 0$이기 때문이다. 합이 0이라는 사실은 두 번째 점 $(2, 2)$가 정확하게 분리 초평면에 위치하며, 마진 밖에 위치하지 않음을 뜻한다. 세 번째 조건은 $0 + 4 + (-2) = 2 \geq +1$이므로 참이다. 마지막 세 조건 역시 참이고 실제로 정확하게 조건을 만족한다. 예컨대 네 번째 조건은 $u + v + b \leq -1$이며, 이 경우 왼쪽 변은 $0 + 1 + (-2) = -1$이다. 결론적으로 패턴 oxoooo가 이런 여섯 조건에 대한 결과를 표현한다. 이를 그림 12.20 첫 번째 줄에서 확인할 수 있다.

이 조건들을 사용해서 편미분을 계산한다. $\partial f/\partial u$을 구하기 위해 방정식 (12.6)에서 w_j 대신 u를 사용한다. 따라서 이 식은 다음과 같다.

$$u + C\big(0 + (-2) + 0 + 0 + 0 + 0\big) = 0 + \frac{1}{10}(-2) = -0.2$$

C를 곱한 합은 이런 방식으로 계산된다. 그림 12.19의 여섯 조건마다 각 조건을 만족하면 0을 택하고, 만족하지 않으면 'for u'라는 레이블이 붙은 열의 값을 택한다. 이와 유사하게 w_j를 대신하는 v에 대해서 $\partial f/\partial v = 1 + \frac{1}{10}(0 + (-2) + 0 + 0 + 0 + 0) = 0.8$을 얻는다. 마지막으로 b에 대해서는 $\partial f/\partial b = -2 + \frac{1}{10}(0 + (-1) + 0 + 0 + 0 + 0) = -2.1$이 된다.

이제 그림 12.20의 (2)번 줄에 등장하는 새로운 **w**와 b를 계산할 차례다. $\eta = 0.2$를 선택했기 때문에 새로운 u 값은 $0 - \frac{1}{5}(-0.2) = -0.04$, 새로운 v 값은 $1 - \frac{1}{5}(0.8) = 0.84$, 새로운 b 값은 $-2 - \frac{1}{5}(-2.1) = -1.58$이다.

그림 12.20 (2)번 줄에 대한 미분을 계산하기 위해 먼저 그림 12.19에 명시된 조건을 확인해야 한다. 처음 세 조건의 결과는 변함이 없으나, 마지막 세 조건은 더 이상 만족되지 않는다. 예컨대 네 번째 조건은 $u + v + b \leq -1$이지만, $0.04 + 0.84 + (-1.58) = -0.7$이므로 이는 -1보다 작다. 따라서 부적합 점들의 패턴은 oxoxxx가 된다. 이제 미분 표현식에서 0이 아닌 항들이 더 많아지게 됐다. 예를 들어, $\partial f/\partial u = 0.04 + \frac{1}{10}(0 + (-2) + 0 + 1 + 2 + 3) = 0.44$인 것이다.

(3)번 줄의 **w**와 b 값은 (2)번 줄에서 계산했던 방법과 동일하게 (2)번 줄의 미분 값들로 계산된다. 새로운 값은 부적합 점들의 패턴을 변경시키지 않는다. 여전히 oxoxxx다. 그러나 (4)번 줄에 동일한 과정을 반복하면 여섯 조건 모두가 만족하지 않음을 알 수 있다. 예컨대, 첫 번째 조건 $u + 4v + b \geq +1$은 만족되지 않는다. $(-0.118) + 4 \times 0.502 + (-1.083) = 0.807$이며 이는 1보다 작기 때문이다. 실제로 첫 번째 점은 정확하게 분리되나 분리 초평면에 너무 가까이 위치하게 된다.

그림 12.20의 (5)번 줄에서 첫 번째와 세 번째 점이 가진 문제가 수정되고 부적합 점들의 패턴은 oxoxxx로 되돌아감을 볼 수 있다. 그러나 (6)번 줄에서 그 점들은 다시 분리 초평면에 근접하게 돼 부적합 점들의 패턴은 xxxxxx로 복구된다. 여러 차례 반복으로 **w**와 b를 계속해서 갱신해 나가야 한다.

마진이 1/2이며 양수 점들과 음수 점들을 분리하는 정확한 초평면(수평, 높이는 1.5)을 찾게 되는데, 이때 어째서 경사 하강법 처리 과정을 통해 어느 정도 이상의 점들이 마진 내부에 위치하는 하나의 해로 수렴하는지 궁금할 수 있다. 그 이유는 $C = 0.1$로 선택했기 때문인데 이는 점들이 마진 내부에 위치하는지 혹은 심지어 잘못 분류되는지 크게 신경 쓰지 않는다는 사실을 의미한다. 또한 이는 같은 크기의 마진 내에 점들이 있더라도 마진이 큰지(이는 작은 ∥**w**∥에 해당된다) 여부가 더 중요하다는 것을 뜻한다. ■

12.3.5 확률적 경사 하강법

12.3.4절에서 설명한 경사 하강법 알고리즘은 종종 **배치 경사 하강법**^{batch gradient descent}이라고 불리는데, 각 라운드마다 모든 학습 표본이 '일괄^{batch}'적으로 처리되기 때문이다. 이는 데이터셋이 작은 경우 유리한 반면, 대규모의 데이터셋에서는 모든 학습 표본을 처리해야 하기 때문에 일반적으로 실행 시간이 너무 많이 소요된다.

그 대안으로서 확률적 경사 하강법은 한 번에 하나의 학습 표본 혹은 소수의 학습 표본들을 처리하며, 오직 소수의 학습 표본 집합만을 처리해서 변경되는 방향으로 오차 함수(SVM 예제에서 $\mathbf{w}$에 해당한다)의 현재 추정치를 조정해 간다. 또 다른 학습 표본 집합을 사용해 라운드를 추가할 수 있다. 이 학습 표본들은 무작위로 선택되거나 정해진 전략에 따라 선택될 수 있다. 일반적으로 학습 집합의 일부는 확률적 경사 하강법 알고리즘에 전혀 사용되지 않는다는 점에 유의하라.

예제 12.10　9.4.3절에서 설명했던 UV 분해 알고리즘을 다시 생각해 보자. 이 알고리즘이 배치 경사 하강법의 한 예로서 설명됐다. 행렬 곱 UV로 분해하려는 행렬 M에서 빈칸이 아닌 성분 각각을 학습 표본으로 간주할 수 있으며, 현재 행렬 U와 V의 곱 그리고 행렬 M 사이의 평균 제곱근 오차를 오차 함수로 사용한다.

그러나 아마존 고객이 구입한 상품들 혹은 넷플릭스 고객이 순위를 매긴 영화들을 행렬로 표현하는 경우처럼 행렬 M에서 빈칸이 아닌 성분의 개수가 매우 많으면 U와 V의 성분 값을 조정할 때 M에서 빈칸이 아닌 성분 전체를 대상으로 반복 연산을 하는 것은 현실적으로 처리가 불가능하다. 확률적 경사 하강법으로 구현할 때는 M에서 빈칸이 아닌 하나의 성분만을 대상으로 U와 V 각각의 원소를 변경시켜서 행렬 곱 UV의 해당 성분이 M의 성분 값과 동일해지도록 한다. U와 V 성분들을 모두 다 수정하는 것이 아니라 1보다 작은 학습률 η을 정해서 선택된 성분에 대해 UV와 M을 동일하게 만들기 위한 비율 η으로 U와 V의 원소 각각을 변경하는 것이다. ■

배치와 확률적 경사 하강법 사이에 **미니배치**^{minibatch} 경사 하강법이라는 절충안이 있다. 미니배치 버전에서는 전체 학습 집합을 선택한 크기(예로, 1,000개의 학습 표본)의 '미니배치'들로 분할한다. 한 번에 하나의 미니배치로 작업을 하는데 방정식 (12.4)를 사용해 $\mathbf{w}$의 변경을 계산하나 선택된 학습 표본들에 대해서만 합산을 한다.

12.3.6 SVM의 병렬 구현

첫째로 확률적 경사 하강법은 본질적으로 순차적이라는 특징이 있다. 시스템의 상태 (벡터 $\mathbf{w}$와 상수 b)가 모든 학습 표본마다 변경되기 때문이다. 반면 배치 경사 하강법은 동일한 상태에서 각 학습 표본을 사용해 시작하고, 라운드 마지막에 이러한 학습 표본들의 변경을 결합해서 한번에 상태를 변경하기 때문에 매우 쉽게 병렬화된다.

따라서 12.2.8절 퍼셉트론을 설명한 방식과 유사한 방법으로 경사 하강법을 사용해 SVM을 병렬화할 수 있다. 현재 $\mathbf{w}$ 및 b로 시작해서 학습 표본을 미니배치로 나누고 각 미니배치에 대해 하나의 태스크를 생성한다. 각 태스크는 방정식 (12.4)를 미니배치에 적용하고 상태의 변경($\mathbf{w}$ 및 b)은 하나의 병렬 라운드 후에 합산된다. 새로운 상태는 모든 변경을 합산함으로써 계산되며, 다시 모든 태스크에 분배된 이 새로운 상태로 동일한 과정을 반복한다.

12.3.7 12.3절 연습문제

연습문제 12.3.1 그림 12.20에서 세 번 더 반복을 거듭하라.

연습문제 12.3.2 다음 학습 집합은 양성 표본에 대한 벡터 성분의 합이 10 이상이며, 음성 표본에 대한 합은 10보다 작다는 규칙을 따른다.

$$([3,4,5],+1) \quad ([2,7,2],+1) \quad ([5,5,5],+1)$$
$$([1,2,3],-1) \quad ([3,3,2],-1) \quad ([2,4,1],-1)$$

(a) 이런 6개의 벡터 중 어느 것이 서포트 벡터인가?

! (b) $\mathbf{w}.\mathbf{x} + b = 0$으로 정의된 초평면이 양성 표본과 음성 표본을 정확하게 분리하는 구분자가 되도록 벡터 $\mathbf{w}$와 상수 b를 선택하라. 반드시 모든 점이 마진 밖에 위치하도록 $\mathbf{w}$의 크기를 정하라. 즉 각 학습 집합 $(\mathbf{x}, y)$에 대해서 $y(\mathbf{w}.\mathbf{x} + b)$ $\geq +1$이 성립해야 한다.

! (c) (b)에서 구한 답을 시작으로 경사 하강법을 사용해 최적의 $\mathbf{w}$와 b를 구하라. 분리 초평면에서 시작해 $\mathbf{w}$을 적절하게 조정했다면 방정식 (12.4)의 두 번째 항은 항상 0이 될 것이며, 이는 계산을 상당히 간단하게 만든다.

! **연습문제 12.3.3** 다음 학습 집합은 양성 표본에 대한 벡터 성분의 합이 홀수이며, 음성 표본에 대한 합은 짝수라는 규칙을 따른다.

$$([1, 2], +1) \quad ([3, 4], +1) \quad ([5, 2], +1)$$
$$([2, 4], -1) \quad ([3, 1], -1) \quad ([7, 3], -1)$$

(a) 최소 3개의 점들을 정확하게 구분하는 시작 벡터 $\mathbf{w}$와 상수 b를 제시하라.

!! (b) (a)에서 구한 답을 시작으로 경사 하강법을 사용해 최적의 $\mathbf{w}$와 b를 구하라.

12.4 최근접 이웃 학습

12.4절에서는 학습 집합이 적절한 방식으로 전처리되고 전부 저장돼 미래 입력될 표본을 분류하거나 해당 표본의 레이블 값을 계산하는 데 사용되는 '학습' 방식의 몇 가지 사례들을 소개할 것이다. 각 학습 집합의 특징 벡터는 특정 공간에서 하나의 데이터 점으로 간주된다. 새로운 점이 입력돼 분류돼야 한다면 해당 공간에서의 거리 측정치를 기반으로 새로운 점으로부터 가장 가까운 학습 표본 혹은 표본들을 찾는다. 그런 다음 가장 가까운 표본들을 특정한 방식으로 결합해 예측 레이블을 계산한다.

12.4.1 최근접 이웃을 계산하기 위한 프레임워크

학습 집합은 먼저 전처리되고 이후 저장된다. **질의 표본**query example이라고 불리는 새로운 표본이 입력되고 분류된다.

질의 표본을 분류하게 될 최근접 이웃nearest-neighborbased 알고리즘을 설계하기 위해서는 다음과 같은 몇 가지를 결정해야 한다.

1. 어떤 거리 측정 방법을 사용해야 하나?
2. 얼마나 많은 최근접 이웃들을 검토해야 하나?
3. 최근접 이웃에 가중치를 어떻게 부여하는가? 보통은 질의 표본과 학습 집합에서 그 표본의 최근접 이웃들 사이의 거리 함수(**커널**kernel **함수**)를 제공하는데 이 함수로 이웃들에 가중치를 매긴다. 만약 가중치를 부여하지 않는다면 커널 함

수를 지정할 필요가 없다.

4. 그 질의와 관련된 레이블을 어떻게 정의하는가? 이 레이블은 최근접 이웃의 레이블에 대한 함수다. 이 이웃들은 커널 함수에 의해 가중치가 부여됐을 수도 혹은 아닐 수도 있다. 가중치가 부여되지 않았다면 커널 함수는 명시될 필요가 없다.

12.4.2 하나의 최근접 이웃 학습

최근접 이웃 학습의 가장 간단한 경우는 질의 표본에 가장 가까운 이웃 하나만을 선택할 때다. 이 경우 이웃에 가중치를 부여할 필요가 없으므로 커널 함수는 필요없다. 게다가 레이블을 붙이는 함수로 보통 단 한 가지 선택만이 가능하다. 질의의 레이블을 최근접 이웃의 레이블과 같도록 하는 것이다.

예제 12.11   이전 예제인 그림 12.1에 등장했던 개들 중 일부를 그림 12.21에서 볼 수 있다. 예제를 단순하게 만들기 위해 대부분의 표본들을 삭제하고 치와와 세 마리, 닥스훈트 두 마리, 비글 두 마리만을 남겨 놓았다. 개들을 표현하는 키-무게 벡터가 2차원이므로 점들을 간단하고 효율적으로 표현하는 **보로노이 다이어그램**Voronoi diagram을 사용한다. 이 다이어그램에서는 각 점들의 쌍 사이에 수직 이등분선이 구성된다. 각 점들은 자신과 가장 가까운 점들을 포함하는 자신만의 영역을 갖는다. 이 영역은 한 방향으로 무한하게 확장될 수 있긴 하지만 항상 볼록한 모양convex이다.[4] 게다가 n개의 점들에 대해 $O(n^2)$개의 수직 이등분선이 존재한다 하더라도 보로노이 다이어그램이 $O(n \log n)$ 시간 안에 발견될 수 있다는 것 역시 놀라운 사실이다.

그림 12.21에서 7개의 점들에 대한 보로노이 다이어그램을 볼 수 있다. 서로 다른 개의 종류를 분리하는 경계는 실선으로, 같은 종류 사이의 경계는 점선으로 나타냈다. 질의 표본 q가 주어졌다고 가정하자. q는 그림 12.21 공간상의 한 점이라는 사실

---

4   어느 한 점에 대한 영역은 볼록한 반면, 두 점 이상에 대한 영역의 합집합 모양은 볼록하지 않을 수 있다. 따라서 그림 12.21에서 닥스훈트에 해당하는 모든 영역과 비글에 해당하는 모든 영역이 볼록하지 않음을 볼 수 있다. 즉 점 p_1과 p_2가 모두 닥스훈트로 분류되나 p_1과 p_2를 잇는 직선의 중간 지점은 비글로 분류되는 경우가 있다는 것이다. 그 반대도 마찬가지다.

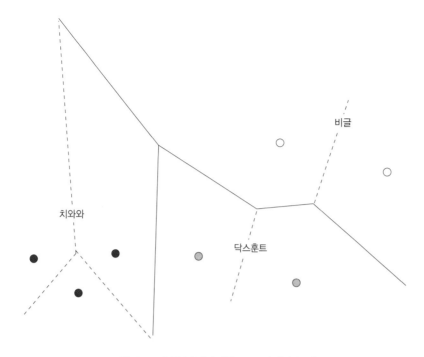

그림 12.21 세 종류의 개에 대한 보로노이 다이어그램

에 주목하라. q가 속하는 영역을 찾아내고, 그 영역에 속하는 학습 표본의 레이블을 q에 붙인다. q의 영역을 찾는 것은 그리 어려운 일이 아니라는 사실이 중요하다. 특정 직선의 어느 쪽에 q가 속하게 될지 결정해야 하는데, 이 과정은 12.2절과 12.3절에서 사용했던 방법과 동일하다. 벡터 $\mathbf{x}$를 벡터 $\mathbf{w}$에 수직인 초평면과 비교하는 것이다. 실제로 보로노이 다이어그램의 일부를 형성하는 직선들이 적절하게 전처리된다면 $O(\log n)$번의 비교로 판단할 수 있다. 다이어그램 일부를 형성하는 $O(n \log n)$개의 선 전부와 q를 비교할 필요가 없는 것이다. ▨

12.4.3 일차원 함수 학습

최근접 이웃 학습은 일차원 데이터를 다룰 때 간단하면서 유용하게 사용할 수 있는 방법이다. 이 경우 학습 표본은 $([x], y)$의 형태이며, 이를 성분이 하나인 일차원 벡

터를 (x, y)로 표현한다. 실제로 학습 집합은 특정 x값에 대한 함수 $y = f(x)$를 만족하는 표본 집합이며, 모든 점에서 함수 f를 보간^{interpolate}해야 한다. 이를 위해 사용될 수 있는 규칙들은 많은데, 그중 많이 사용되는 일부 방법의 개요만을 설명할 것이다. 12.4.1절에서 설명했듯이 이웃들에 가중치가 반영되는지, 반영된다면 가중치가 거리에 따라 어떻게 변하는지 등은 사용하는 이웃들의 개수에 의해 좌우된다.

k개의 최근접 이웃을 사용하고, 질의 점은 x라 가정하자. $x_1, x_2, \ldots, x_k$를 x의 최근접 이웃 k개라 하고, 학습 점 (x_i, y_i)의 가중치를 w_i라 하자. 그러면 x에 대한 레이블 y의 예측 값은 $\sum_{i=1}^{k} w_i y_i / \sum_{i=1}^{k} w_i$다. 이 식을 통해 최근접 이웃 k개의 레이블에 대한 가중치 평균을 구할 수 있다.

예제 12.12 학습 집합 $(1, 1)$, $(2, 2)$, $(3, 4)$, $(4, 8)$, $(5, 4)$, $(6, 2)$, $(7, 1)$을 사용해서 4개의 간단한 규칙을 설명할 것이다. 이 점들은 $x = 4$에서 최대치를 가지며, 양끝에서 지수적으로 감소하는 함수로 표현된다. 이 학습 집합에서 x값은 균등하게 분포돼 있음에 주목하라. 점들이 균등하게 분포되거나 혹은 그 외 어떤 규칙적인 패턴을 보여야 할 필요는 없다. 다음과 같은 방법들로 값들을 보간할 수 있다.

1. **최근접 이웃**: 오직 가장 가까운 이웃 하나만을 사용한다. 가중치를 매길 필요는 없다. 질의 점 x에 가장 가까운 학습 집합 점의 레이블 y를 $f(x)$의 값으로 결정하기만 하면 된다. 이전에 설명한 표본 학습 집합에 이 규칙을 적용한 결과를 그림 12.22(a)에서 확인할 수 있다.

2. **2개의 최근접 이웃들의 평균**: 사용할 최근접 이웃의 개수를 2로 선택한다. 이 두 점이 질의 점 x로부터 얼마나 떨어져 있는지와 상관없이 이 두 점 각각의 가중치는 1/2이다. 표본 학습 집합에 이 규칙을 적용한 결과를 그림 12.22(b)에서 볼 수 있다.

3. **2개의 최근접 이웃들에 가중치를 적용해 구한 평균**: 다시 2개의 최근접 이웃을 선택하는데 질의 점으로부터 각각의 거리에 반비례하도록 가중치를 적용한다. 질의 점 x에 가장 가까운 두 이웃들을 x_1과 x_2라 하자. 먼저 $x_1 < x < x_2$라고 가정하자. x_1의 가중치, 즉 x로부터 거리의 역은 $1/(x - x_1)$이며 x_2의 가중치는 $1/(x_2 - x)$다. 레이블의 가중 평균은 다음과 같다.

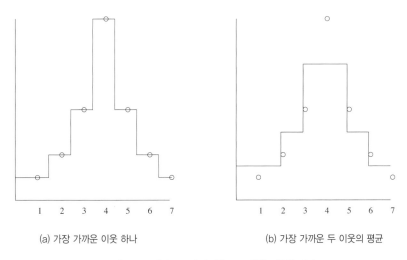

(a) 가장 가까운 이웃 하나 (b) 가장 가까운 두 이웃의 평균

그림 12.22 예제 12.12에서 처음 두 규칙을 적용한 결과

$$\left(\frac{y_1}{x - x_1} + \frac{y_2}{x_2 - x} \right) \Big/ \left(\frac{1}{x - x_1} + \frac{1}{x_2 - x} \right)$$

분자와 분모에 $(x - x_1)(x_2 - x)$를 곱하면 다음과 같이 간략화할 수 있다.

$$\frac{y_1(x_2 - x) + y_2(x - x_1)}{x_2 - x_1}$$

이 방정식은 2개의 최근접 이웃들의 선형 보간법이다. 이를 그림 12.23(a)에서 확인할 수 있다. 2개의 최근접 이웃 모두가 질의 x와 같은 쪽에 위치하면 가중치가 같은 것은 당연하며, 그 결과 예측 값은 보외^{extrapolation}다. 그림 12.23(a) $x = 0$과 $x = 1$ 범위에서 보외 값을 확인할 수 있다. 보통 점들이 불균등하게 분포돼 있으면 두 이웃들이 한쪽에 위치한 내부^{interior}에서 질의 점들을 찾을 수 있다.

4. **3개의 최근접 이웃들의 평균**: 질의 점의 레이블을 추정하기 위해서 얼마든지 많은 개수의 최근접 이웃들에 대한 평균을 구할 수 있다. 그림 12.23(b)에서 최근접 이웃 3개가 가중치를 부여하지 않는 상황에서 사용됐을 때 표본 학습 집합에 어떤일이 발생하는지 확인할 수 있다. 예로 해당 점까지의 거리에 대한 반비례

값 같은 가중치를 3개의 이웃들에 부여하는 것도 하나의 방법이다. ■

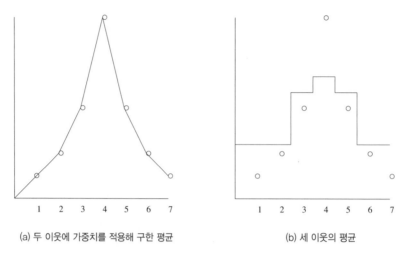

(a) 두 이웃에 가중치를 적용해 구한 평균　　　　　(b) 세 이웃의 평균

그림 12.23 예제 12.12의 마지막 두 규칙을 적용한 결과

12.4.4 커널 회귀 분석

학습 집합 데이터를 표현하는 연속 함수를 잘 구성하는 한 가지 방법은 학습 집합의 모든 점을 검토하는 것인데 이때 거리에 비례해 감쇄decay하는 커널 함수를 사용해 점들에 가중치를 부여한다. 흔하게는 정규 분포(혹은 '벨 커브bell curve')를 사용하는 방법이 있는데 그렇게 하면 질의가 q일 때 학습 점 x의 가중치는 $e^{-(x-q)^2/\sigma^2}$가 된다. 여기서 σ는 분포의 표준편차이며, 질의 q는 평균mean이다. 대략 q로부터 거리가 σ 내에 위치한 점들은 가중치가 많이 붙으며, 멀리 떨어진 점들은 거의 가중치가 붙지 않는다. 커널 함수는 그 자체가 연속적이며 학습 집합의 모든 점을 대상으로 정의되는데, 커널 함수를 사용하면 그 데이터로부터 학습되는 결과 함수 역시 연속적이라는 이점을 얻을 수 있다(연습문제 12.4.6를 참조하라. 더 간단한 가중치 기법이 사용됐을 때 발생하는 문제를 논의한다).

예제 12.13　예제 12.12의 학습 표본 7개를 사용하자. 계산을 간단히 하기 위해 정규 분포를 커널 함수로 사용하지 않고, 또 다른 거리의 연속 함수 $w = 1/(x-q)^2$을 사

용할 것이다. 즉 가중치는 거리의 제곱에 비례해 감쇠한다. 질의 q가 3.5라고 가정하자. $i = 1, 2, \ldots, 7$에 대한 표본 7개의 가중치 $w_1, w_2, \ldots, w_7$은 $(x_i, y_i) = (i, 8/2^{|i-4|})$이며, 이를 그림 12.24에서 확인할 수 있다.

그림 12.24에서 (1)번과 (2)번은 7개의 학습 점들이다. 질의가 $q = 3.5$일 때 각각에 대한 가중치는 (3)번에서 확인할 수 있다. 예컨대 $x_1 = 1$인 경우 가중치는 $w_1 = 1/(1 - 3.5)^2 = 1/(-2.5)^2 = 4/25$다. 이후 (3)번에서 구한 가중치가 적용된 각 y_i를 (4)번에서 확인할 수 있다. 예컨대 $w_2 y_2 = 2 \times (4/9)$이므로 x_2의 행 값은 8/9이다.

(1)	x_i	1	2	3	4	5	6	7
(2)	y_i	1	2	4	8	4	2	1
(3)	w_i	4/25	4/9	4	4	4/9	4/25	4/49
(4)	$w_i y_i$	4/25	8/9	16	32	16/9	8/25	4/49

그림 12.24 질의가 $q = 3.5$일 때 점들의 가중치

예제 12.13의 한계

q가 정확하게 학습 표본 x 중 하나와 동일하다고 가정하자. 정규 분포를 커널 함수로 사용하면 x의 가중치는 명확하다. 이는 1이다. 그러나 예제 12.13에서 설명한 커널 함수로는 x의 가중치가 $1/(x - q)^2 = \infty$다. 다행히도 이 가중치는 q의 레이블을 계산하는 공식의 분모와 분자에 모두 등장한다. q가 x에 근접함에 따라 x의 레이블은 분자와 분모에 등장하는 모든 항들을 크게 만들어서, 계산된 q의 레이블이 x의 레이블과 같아진다. 극한에서 $q = x$이므로 이는 매우 합당한 결과다.

질의 $q = 3.5$에 대한 레이블을 계산하기 위해 그림 12.24 (4)번에서 구한 학습 집합에서 가중치가 반영된 레이블 값들을 더한다. 이 합은 51.23이다. 그다음 (3)번에서 구한 가중치 합으로 이를 나눈다. 이 합은 9.29이므로 그 값은 51.23/9.29 = 5.51이다. $q = 3.5$에 대한 레이블 값의 예측 값은 직관적으로 합당해 보인다. q가 레이블이 4와 8인 두 점의 중간에 위치하기 때문이다. ■

12.4.5 고차원 유클리드 데이터 처리

12.4.2절에서 이차원 유클리드 데이터는 상당히 다루기 쉬운 경우임을 알아보았다. 차원의 개수가 늘어나고 학습 집합이 커질 때 사용되는, 가까운 이웃들을 찾기 위해 고안된 대용량 데이터 구조들이 몇 가지 있다. 여기서 그런 구조들을 다루지는 않을 것이다. 그 주제만으로 책 한 권을 쓸 수 있을 만큼 방대한 내용이며, 이른바 **다차원 인덱스 기법**이라 불리는 그런 기법을 배울 수 있는 자료들이 많기 때문이다. 12장 참고 문헌에서 kd 트리, R 트리, 쿼드 트리^{quad tree} 같은 구조에 대한 내용이 포함된 자료들의 목록을 확인할 수 있다.

안타깝게도 고차원 데이터의 많은 부분을 모두 검색하는 일을 피하기 위해 할 수 있는 일은 거의 없다. 이 사실은 7.1.3절에서 설명한 '차원의 저주'의 또 다른 징후다. 그 '저주'를 처리하는 두 가지 방법은 다음과 같다.

1. **VA 파일**: 질의 점의 최근접 이웃들을 찾기 위해서는 어쨌든 데이터의 많은 부분을 살펴봐야 하기 때문에 복잡한 데이터 구조 전부를 다루지 않을 수는 없다. 파일 전체를 검토해야 한다는 사실을 받아들이고, 두 단계로 구성된 방법을 통해 이를 수행한다. 먼저 각 학습 벡터의 성분 값들을 추정하는 작은 개수의 비트만을 사용해 파일의 요약본을 생성한다. 예를 들어, 수치 성분에서 내림차순으로 1/4만큼의 비트만을 사용한다면 전체 데이터셋 크기에 1/4에 해당하는 파일을 생성할 수 있다. 그러나 이 파일을 검토함으로써 질의 q의 최근접 이웃들 k개 중에서 후보 리스트를 구성할 수 있으며, 이 리스트는 전체 데이터셋의 작은 부분을 차지하게 될 것이다. 그러면 어느 k가 q에 가장 가까운지 판단하기 위해 완성된 파일에서 오직 이 후보들만을 검토하면 되는 것이다.

2. **차원 축소**: 학습 집합 벡터를 행렬로 간주한다. 이 행렬에서 행은 학습 표본 벡터이며 열은 그 벡터의 성분에 해당한다. 11장의 차원 축소 기법 중 하나를 적용해 벡터들을 작은 개수의 차원으로 압축한다. 다차원 인덱싱을 위한 기법이 사용될 수 있을 만큼 충분히 작게 말이다. 물론 질의 벡터 q를 처리할 때 q의 최근접 이웃들을 검색하기 전에 같은 변형이 q에 적용돼야 한다.

12.4.6 비유클리드 거리 처리

이제까지 사용된 모든 거리 측정은 유클리드 거리라고 가정해 왔다. 그러나 기본적으로 대부분의 기법들이 임의의 거리 함수 d에 적용될 수 있다. 예컨대 12.4.4절에서 정규 분포를 커널 함수로 사용하는 방법을 설명했다. 유클리드 공간에서 일차원 학습 집합을 다뤘기 때문에 지수^{exponent}를 $-(x - q)^2$으로 사용했었다. 그러나 모든 거리 함수 d에 대해서 질의 점 q로부터 거리 $d(x, q)$에 위치한 점의 가중치를 다음 값으로 사용할 수 있다.

$$e^{-\left(d(x-q)\right)^2 / \sigma^2}$$

이 표현식은 데이터가 고차원 유클리드 공간상에 위치하고 d가 일반적인 유클리드 거리 혹은 맨해튼 거리 아니면 그 외 3.5.2절에서 논의한 거리인 경우 합당하다. 또한 d가 자카드 거리 혹은 그 외 다른 거리 측정치인 경우에도 합당하다.

그러나 3.5절에서 소개한 자카드 거리와 그 외 거리 측정치에 대해서는 3장의 주제였던 지역 기반 해싱$^{locality-sensitive\ hashing}$을 사용하는 방법 역시 존재한다. 이런 방법들은 오직 추정치일 뿐이며, 거짓 음성을 나타낼 수 있다는 사실을 기억하라. 학습 표본이 질의에 근접한 이웃들임에도 검색에 보이지 않는 경우가 있을 수 있다는 것이다.

그런 오차를 때로 허용한다면 학습 집합에 대한 버킷을 구성해 그 버킷들을 학습 집합의 대표로 사용할 수 있다. 이렇게 설계된 버킷들로 주어진 질의 q와 어느 정도 이상의 유사성을 보이는 모든(혹은 거의 대부분, 거짓 음성이 있을 수 있기 때문이다) 학습 집합 점을 검색할 수 있다. 같은 방식으로 질의가 해시되는 버킷들 중 하나는 q의 최대 거리 내에 위치한 모든 점을 포함하게 될 것이다. 사용하는 방식에서 요구하는 것만큼 많은 q의 최근접 이웃들이 버킷들에서 검색될 것이라 기대할 수 있다.

최근접 이웃들까지의 거리가 너무나 다른 질의들이 많다고 해도 이 방법을 못쓰는 것은 아니다. 몇 개의 거리 $d_1 < d_2 < d_3 < \cdots$를 선택할 수 있는데 이 거리들 각각을 사용해 지역 기반 해싱을 위한 버킷들을 구성하라. 질의 q에 대해서 거리 d_1에 대한 버킷으로 시작한다. 충분히 많은 근접 이웃들을 찾았다면 성공이다. 그렇지 않

다면 d_2에 대한 버킷을 사용해 검색을 반복한다. 충분한 개수의 최근접 이웃들이 검색될 때까지 계속 이 작업을 반복하면 된다.

12.4.7 12.4절 연습문제

연습문제 12.4.1 예제 12.11을 수정해서 질의 점 q에서 가장 가까운 이웃 2개를 검토한다고 가정하자. 그 두 이웃의 레이블이 같다면 그 레이블로 q를 분류하고 레이블이 서로 다르다면 q를 분류되지 않은 채로 남겨 둬라.

(a) 그림 12.21에서 세 종류의 개에 대한 영역의 경계를 그려라.

! (b) 그 경계는 항상 모든 학습 데이터에 대해 직선 요소만으로 구성되는가?

연습문제 12.4.2 다음과 같은 학습 집합이 있다고 가정하자.

$$([1,2],+1) \quad ([2,1],-1)$$
$$([3,4],-1) \quad ([4,3],+1)$$

예제 12.9에서 사용됐던 학습 집합이다. 최근접 이웃 학습으로 하나의 최근접 이웃만을 사용해 질의 점을 예측할 때 어느 질의 점의 레이블이 +1인가?

연습문제 12.4.3 다음 일차원 학습 집합에 대해 생각해 보자.

$$(1,1), (2,2), (4,3), (8,4), (16,5), (32,6)$$

사용된 보간법이 다음과 같을 때 질의 q에 대한 응답으로 반환되는 레이블을 함수 $f(q)$로 표현하라.

(a) 최근접 이웃의 레이블

(b) 2개의 최근접 이웃 레이블들의 평균

! (c) 2개의 최근접 이웃의 거리 가중치가 매겨진 평균

(d) 3개의 최근접 이웃들의 (가중치가 매겨지지 않은) 평균

! **연습문제 12.4.4** 예제 12.13의 커널 함수를 연습문제 12.4.3 데이터에 적용하라. $2 < q < 4$ 범위에서 질의 q의 레이블은 무엇인가?

연습문제 12.4.5 예제 12.12와 4개의 최근접 이웃들의 평균을 사용해 질의 점들의 레이블을 계산하는 함수는 무엇인가?

! 연습문제 12.4.6 예제 12.12에서와 같은 간단한 가중치 함수는 연속 함수일 필요가 없다. 그림 12.22와 그림 12.23(b)에서 구성된 함수는 불연속적이었으나, 그림 12.23(a)에서는 연속적이었음을 확인할 수 있다. 2개의 최근접 이웃의 가중치가 매겨진 평균은 항상 연속 함수인가?

12.5 의사결정 트리

의사결정 트리는 해당 입력이 속한 클래스를 생성하기 위해 특징 벡터의 속성을 사용하는 분기^{branching} 프로그램이다. 일반적으로 트리의 형태로 내려진 결정을 얻게 된다. 12.5절에서는 학습 데이터를 올바르게 분류하는 트리의 설계 방법을 설명할 것이다. 의사결정 트리에서 리프 노드$^{leaf\ node}$가 아닌 각 노드는 입력에 대한 테스트를 나타낸다. 이 노드의 자식은 테스트(타원으로 표시) 또는 출력에 대한 결론인 리프(사각형으로 표시)다. 테스트 노드의 자식은 테스트 결과에 따라 레이블이 지정된다. 일반적으로 결과는 참 또는 거짓(예 또는 아니요) 두 가지이지만 테스트 결과가 여럿일 수도 있다.

또한 12.5절에서는 가장 효율적인 트리를 찾는 동안 병렬 처리를 활용하는 방법을 살펴본다. 흔히 과적합이 문제이므로 정확도를 낮추지 않고 과적합을 줄이기 위해 노드를 제거함으로써 트리를 단순화하는 방법도 설명한다.

12.5.1 의사결정 트리 사용

학습 데이터와 이 데이터로 구성될 수 있는 트리의 예로 시작해 보자. 그림 12.25의 표는 12개 국가별 인구(백만 단위), 대륙, 좋아하는 스포츠를 나타낸다. 인구와 대륙을 입력 벡터의 특징으로 설정하고, 좋아하는 스포츠를 클래스 또는 출력으로 설정한다. 국가는 알려져 있지 않다고 가정하고, 대륙과 인구만으로 좋아하는 스포츠를 예측하려고 한다. 특히 이 12개국 이외의 국가가 선호하는 스포츠를 대륙과 인구만으로 예측해 보려고 한다.

예제 12.14 그림 12.26은 그림 12.25의 12개 국가를 올바르게 분류하는 트리다. 주어진 인구와 대륙 데이터로 국가를 분류하기 위해 루트를 시작으로 이 루트에 테스트를 적용한다. 테스트 결과가 참이면 왼쪽 자식으로, 그렇지 않으면 오른쪽 자식으로 이동한다. 리프^{leaf}가 아닌 노드에 있을 때마다 해당 노드에 테스트를 적용하고 테스트 결과에 따라 다시 왼쪽 또는 오른쪽 자식으로 이동한다. 리프에 도달하면 해당 리프 노드에서 클래스를 출력힌다.

이 트리에 의해 각 12개 국가가 올바르게 분류됐는지 확인할 수 있다. 예를 들어, 스페인을 살펴보자. 스페인의 대륙은 유럽이므로 루트에서 테스트를 통과한다. 따라서 왼쪽 자식으로 이동해서 인구가 6,000만에서 7,000만 사이인지를 테스트한다. 테스트를 통과하지 못했으므로 오른쪽 자식인 리프로 이동한다. 리프는 스페인이 가장 좋아하는 스포츠는 축구임을 알려 준다.

그러나 그림 12.25의 표에 없는 국가들이 많고, 이 의사결정 트리는 그런 데이터를 잘 처리하지 못한다. 예를 들어, 인구가 1억 8,200만인 아시아 국가 파키스탄을 생각해 보자. 루트에서 시작하면 파키스탄은 유럽이나 남아메리카 국가가 아니기 때

국가	대륙	인구	스포츠
아르헨티나	남아메리카	44	축구
호주	오세아니아	34	크리켓
브라질	남아메리카	211	축구
캐나다	북아메리카	36	하키
쿠바	북아메리카	11	야구
독일	유럽	80	축구
인도	아시아	1342	크리켓
이탈리아	유럽	59	축구
러시아	아시아	143	하키
스페인	유럽	46	축구
영국	유럽	65	크리켓
미국	북아메리카	326	야구

그림 12.25 국가별 좋아하는 스포츠

690

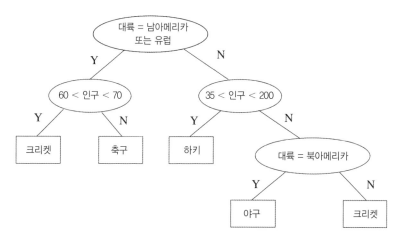

그림 12.26 국가별 좋아하는 스포츠에 대한 의사결정 트리

문에 조건을 만족하지 않는다는 것을 알 수 있다. 따라서 루트의 오른쪽 자식으로 이동한다. 파키스탄의 인구는 3,500만에서 2억 사이이므로 왼쪽으로 이동하고, 따라서 파키스탄이 가장 좋아하는 스포츠는 하키로 결정된다.

여기서 마주치는 문제는 과적합이다. 즉 루트에서의 테스트는 합당하다. 축구는 남아메리카와 유럽에서 가장 인기가 많다. 그러나 인구에 대한 테스트는 아마도 쓸모가 없을 것이다. 국가의 규모가 사람들이 좋아하는 스포츠와 관련이 있을 가능성은 거의 없기 때문이다. 이 예에서는 그림 12.25의 소수 국가들을 구별하기 위해 단순하게 인구를 사용했다. 그러나 루트와 달리 두 번째 단계에서의 테스트는 더 큰, 표에 없는 국가들에 적용될 때 의미가 없다. ■

12.5.2 불순도 측정

의사결정 트리를 설계하려면 트리의 다양한 (리프가 아닌) 노드에서 적절한 테스트를 잘 선택해야 한다. 가능한 한 적은 단계를 사용해서 새로운 데이터들이 빠르게 분류되고, 예제 12.14에서 마주쳤던 과적합 문제를 피하고자 한다. 이상적으로는 특정 노드를 거치는 모든 입력들이 동일한 클래스로 분류되기를 바란다. 그러면 그 노드를 리프로 만들 수 있고, 그 노드로 도달한 모든 학습 표본을 올바르게 분류할 수 있기 때문이다.

노드의 이러한 특징을 **불순도**impurity라는 개념으로 공식화할 수 있다. 사용할 수 있는 불순도 측정값은 많지만, 그들은 모두 클래스가 하나인 학습 표본으로만 도달되는 노드에 대해 0이라는 특징이 있다. 다음은 가장 흔한 불순도 측정값 세 가지다. 각각을 n개의 클래스를 갖는 학습 표본에 의해 도달된 노드에 적용한다. 여기서 p_i는 $i = 1, 2, \ldots, n$에 대해 i번째 클래스에 속하는 학습 표본의 비율이다.

1. **정확도**accuracy: 올바르게 분류된 입력의 비율, 또는 $1 - \max(p_1, p_2, \ldots, p_n)$
2. **지니 불순도**GINI impurity: $1 - \sum_{i=1}^{n} (p_i)^2$
3. **엔트로피**entropy: $\sum_{i=1}^{n} p_i \log_2(1/p_i)$

예제 12.15 그림 12.26에서 루트의 불순도를 구해 보자. 클래스는 4개다. 축구는 학습 데이터 중 5/12 국가에서 가장 좋아하는 스포츠다. 야구와 하키는 각각 학습 표본 중 1/6에 해당하는 클래스이고, 크리켓은 학습 표본 중 1/4에 해당하는 클래스다. 따라서 정확도 측정값에 따른 루트의 불순도는 $1 - 5/12 = 7/12 = .583$이다. 루트의 지니 불순도는 $1 - (1/6)^2 - (1/6)^2 - (1/4)^2 - (5/12)^2 = 103/144 = 0.715$다. 루트의 엔트로피는 다음과 같다.

$$\frac{1}{6} \log_2(6) + \frac{1}{6} \log_2(6) + \frac{1}{4} \log_2(4) + \frac{5}{12} \log_2(12/5) = 1.875$$

이렇게 불순도 측정값들이 서로 약간 다르다는 점은 중요하지 않다. 가능한 값의 범위가 서로 다르다. 이와 관련해서는 연습문제 12.5.2를 참고하라.

루트에서 왼쪽 자식의 불순도는 훨씬 더 낮을 것이다. 남아메리카와 유럽의 여섯 국가가 도달했으며, 그중 다섯 국가는 축구를 좋아하고 한 국가는 크리켓을 좋아한다. 따라서 정확도 측정에 따른 이 노드의 불순도는 $1 - 5/6 = 1/6 = .167$이고 지니 불순도는 $1 - (1/6)^2 - (5/6)^2 = 5/18 = .278$이다. 루트에서 왼쪽 자식 엔트로피는 $\frac{1}{6} \log_2(6) + \frac{5}{6} \log_2(6/5) = .643$이다. ■

12.5.3 의사결정 트리 노드의 설계

노드 설계의 목표는 가중 평균 불순도가 가능한 한 작은 자식을 생성하는 것이다. 여기서 자식에게 부과되는 가중치는 해당 노드로 도달하는 학습 표본 개수에 비례한다. 원칙적으로 노드에서의 테스트는 입력에 대한 어떤 함수도 가능하다. 이 가능성은 본질적으로 무한하므로 각 노드에서 테스트는 간단하도록 제한해야 한다. 이제부터는 가능한 테스트를 다음 두 가지 중 하나를 기반으로 한 이진 결정으로 제한한다.

1. 입력 벡터의 수치형 특징 하나를 상수와 비교한다.
2. 입력 벡터의 범주형 특징 하나가 가능한 값들로 이루어진 집합에 속하는지 테스트한다.

예제 12.16 그림 12.26 루트 자식에서의 테스트는 수치형 특징에 대한 조건 1을 충족하지 못한다. 예를 들어, 루트의 오른쪽 자식은 인구 > 35 그리고 인구 < 200이라는 두 번의 비교에 대한 논리적 AND 연산이다. 그러나 하나의 노드를 각각 조건 중 하나를 테스트하는 노드 둘로 대체하면 이 조건 모두를 사용할 수 있다. 루트는 대륙 특징에 대한 값이 두 대륙 남아메리카와 유럽으로 이루어진 집합에 속하는지를 테스트하므로 조건 2를 충족한다. ■

학습 표본의 일부가 도달한 의사결정 트리의 노드가 있다고 가정하자. 노드에 불순도가 없다면, 즉 모든 학습 표본들이 동일한 출력을 갖는다면 해당 출력을 값으로 갖는 리프 노드를 만든다. 그러나 불순도가 0보다 크면 불순도를 가장 많이 감소시키는 테스트를 더 찾아야 한다. 이런 테스트를 선택할 때는 입력 벡터의 특징을 자유롭게 고를 수 있다. 수치형 특징을 선택하면 학습 표본을 두 집합으로 나누기 위해 어느 상수든 선택할 수 있다. 두 집합 중 하나는 왼쪽 자식으로 하나는 오른쪽 자식으로 가게 될 것이다. 아니면 범주형 특징을 선택할 경우 멤버십 테스트를 위해 값으로 구성된 어느 집합이든 선택할 수 있다. 각 경우를 차례대로 다룰 것이다.

12.5.4 수치형 특징을 사용한 테스트 선택

수치형 특징 A를 기반으로 학습 표본 집합을 분할하고자 한다. 예제에서 A는 특징 벡터의 성분들인 두 특징 인구와 대륙 중 인구만 가능하다(국가명은 모른다고 가정한다. 국가명은 각 학습 표본을 구분하기 위해서만 사용됐음을 기억하라). 최적의 중단점을 선택하기 위해서 다음을 따른다.

1. A 값에 따라 학습 표본을 정렬한다. 이 순서로 A 값은 $a_1, a_2, \ldots, a_n$으로 한다.

2. $j = 1, 2, \ldots, n$일 때, $a_1, a_2, \ldots, a_j$ 사이의 각 클래스에 속한 학습 표본의 개수를 센다. j번째까지 보았을 때 클래스에 속한 학습 표본의 개수는 $j - 1$의 개수와 같거나(j번째 표본이 해당 클래스에 없는 경우) $j - 1$보다 하나 더 많기 때문에 (j번째 표본이 해당 클래스에 있는 경우) 증분에 대해서만 계산하면 된다.

3. 이전 단계에서 계산된 개수로부터, 테스트가 처음 j개 학습 표본을 왼쪽 자식으로, 나머지 $n - j$개 표본을 오른쪽 노드로 보낸다는 가정하에 가중치를 적용한 평균 불순도를 계산한다. 여기서 각 클래스에 대한 개수로부터 불순도가 계산될 수 있다고 가정해야 한다. 12.5.2절에서 설명한 세 가지 불순도 측정값(정확도, 지니 불순도, 엔트로피)은 그 계산이 가능했다.

4. 가중 평균 불순도를 최소화하는 j값을 선택한다. 그런데 $a_j = a_j + 1$일 수 있으므로 이 단계에서 j로 가능한 모든 값을 사용할 수 있는 것은 아니다. $a_j < a_j + 1$인 값들 중 j가 선택되도록 제한해야 한다. 그러면 $A < (a_j + a_{j+1})/2$를 비교에 사용할 수 있다.

예제 12.17 그림 12.26 루트에서 유럽과 남아메리카의 여섯 국가를 왼쪽 자식으로 나머지 여섯 국가를 오른쪽으로 보내는 비교 방식을 사용한다고 가정하자. 이제 왼쪽 자식으로 도달하는 여섯 국가를 자신의 두 자식에 대한 가중 불순도 평균을 가능하면 작게 하는 방향으로 나눠야 한다. 대륙이나 인구 특징을 사용해서 분할을 진행할 수 있는데 불순도를 최소화하는 분할을 찾기 위해서는 두 가지를 모두 고려해야 한다. 여기서는 인구만 고려할 것이다. 유일한 수치형 특징이기 때문이다. 그림 12.27에서 루트의 왼쪽 자식에 도달한 여섯 국가를 인구순으로 볼 수 있다.

각 열들은 다음과 같은 계산을 수행한다. 첫째, 'Sp'라고 표시된 열은 가장 좋아하는 스포츠로, 이 국가들에서는 축구(S) 또는 크리켓(C)이다. n_S 및 n_C 열은 각각 축구 및 크리켓이 있는 행의 누적 개수다. 예를 들어, 독일 행에는 $n_S = 4$가 표시된다.

국가	Pop.	Sp.	n_S	n_C	$p_S \leq$	$p_C \leq$	$p_S >$	$p_C >$	Im$\leq$	Im$>$	Wtd.
아르헨티나	44	S	1	0	1	0	4/5	1/5	0	8/25	4/15
스페인	46	S	2	0	1	0	3/4	1/4	0	3/8	1/4
이탈리아	59	S	3	0	1	0	2/3	1/3	0	4/9	2/9
영국	65	C	3	1	3/4	1/4	1	0	3/8	0	1/4
독일	80	S	4	1	4/5	1/5	1	0	8/25	0	4/15
브라질	211	S	5	1	5/6	1/6	–	–	–	–	–

그림 12.27 가능한 분할에 대한 지니 지수(GINI index) 계산

아르헨티나에서 독일 순서로 다섯 행 중 네 행에 축구가 있기 때문이다. 같은 행에 표시된 n_C = 1은 처음 다섯 행 중 하나에만 크리켓이 있기 때문이다.

$p_S \leq$ 및 $p_C \leq$라고 표시된 다음 두 열은 해당 행을 포함해 축구 및 크리켓이 있는 행의 비율이다. 예를 들어, 독일에 대한 행에는 아르헨티나에서 독일 순서로 다섯 행 중 네 행에 축구가 있으므로 $p_S \leq$ = 4/5이다. 그다음으로 $p_S >$ 및 $p_C >$라고 표시된 두 열은 동일한 비율이지만, 해당 행 아래에 있는 행들에 해당한다. 예를 들어, 스페인에 해당하는 행에는 $p_S >$ = 3/4이 표시된다. 이탈리아에서 브라질까지 네 행 중 세 행에 축구가 있고 한 행에 크리켓이 있기 때문이다. 행에 대해 누적 개수를 계산할 필요가 없다는 사실에 주의하라. 스페인에 해당하는 n_S = 2를 가장 아래 위치한 n_S 값(브라질에 해당하는)인 5에서 빼면 3을 얻게 된다. 마찬가지로 1은 브라질과 스페인의 n_C 차이가 1이므로 스페인 아래 크리켓이 있는 행이 하나라는 사실을 알 수 있다.

다음으로 불순도를 나타내는 열 Im$\leq$ 및 Im$>$ 차례다. 현재 설계 중인 노드에서 왼쪽 자식과 오른쪽 자식의 지니 불순도로, 해당 행과 그다음 행 사이에 있는 어느 c에 대해 '인구 $< c$' 비교를 사용한다고 가정한다. 따라서 각 행은 Im$\leq$ = 1 − $(p_S \leq)^2$ − $(p_C \leq)^2$ 및 Im$>$ = 1 − $(p_S >)^2$ − $(p_C >)^2$ 값을 갖는다. 예를 들어, 스페인 행에서 Im$\leq$ = 1 − 1^2 − 0^2 = 0이고, Im$>$ = 1 − $(3/4)^2$ − $(1/4)^2$ = 3/8이다.

마지막으로, 마지막 열은 두 자식에 대한 가중 지니 불순도로서 이 자식들 각각에 도달한 국가의 개수로 가중치가 부여된다. 예를 들어, 스페인 행에서 스페인과 그 다음으로 인구가 많은 국가인 이탈리아 사이에서 인구를 나누면 두 국가는 왼쪽 자식, 네 국가는 오른쪽 자식이 된다. 따라서 가중 불순도는 (2/6)0 + (4/6)(3/8) = 1/4

이다. 행 다음에서 분할이 가능한 다섯 행 중 가장 작은 가중 불순도는 이탈리아 다음에서 분할해 얻은 2/9다. 즉 '인구 < 60'과 같은 테스트를 사용해 축구를 좋아하는 아르헨티나, 스페인, 이탈리아를 모두 왼쪽으로 보낸다. 나머지 세 국가 중 둘은 축구를, 하나는 크리켓을 좋아하는데 이들은 오른쪽 자식으로 보내진다. 왼쪽 자식의 불순도가 낮기 때문에(순수하기 때문에) 좋아하는 스포츠를 축구로 결정하는 리프가 되는 반면 오른쪽 자식은 다시 분할돼야 할 것이다.

기술적으로 루트의 왼쪽 자식에 대한 테스트는 인구라는 기준을 전혀 포함하지 않은, 대륙에 대한 테스트라는 것 역시 생각해야 한다. 그러나 남미와 유럽을 분리함으로써 더 나은 결과를 얻을 수는 없다. 이 경우 가중 지니 불순도는 1/4이기 때문이다. ■

12.5.5 범주형 특징을 사용한 테스트 선택

이제 범주형 특징 A의 값을 사용해 노드에 도달하는 학습 표본을 어떻게 분할할 수 있을지 살펴보자. A 값으로 가능한 모든 부분집합을 고려하지 않기 위해서 클래스가 둘인 경우만을 생각해 볼 것이다. 예제에서 두 클래스는 축구(S)와 축구가 아닌 것 (N)으로 가정할 수 있다. 2개의 클래스가 있는 경우 첫 번째 클래스에 속하는 그 값을 갖는 학습 표본들 비율로의 A 값들을 정렬할 수 있다.

클래스가 2개이기 때문에 불순도를 가장 낮게 분할하는 것은 앞쪽 클래스 값들의 집합에 달려 있다. 즉 이 집합은 첫 번째 클래스에서의 비율이 어떤 임계값을 초과하는 A 값들로 구성된다. 따라서 왼쪽 자식으로 가는 표본은 첫 번째 클래스에 많은 표본이 있는 반면, 오른쪽으로 가는 표본은 두 번째 클래스에 많은 표본이 있을 것이다.

가중 불순도를 최소화하는 정렬된 값 리스트에서 분할 지점을 찾는 과정은 기본적으로 12.5.4절에서 설명한 수치형 특징에서와 동일하다. 차이점은 학습 표본에 대한 리스트가 아니라 A 값 리스트를 차례대로 다룬다는 점이다. 예제 12.17에서 대륙이라는 범주형 특징을 기반으로 예제를 풀어 볼 것이다.

예제 12.18　축구(S)와 그 외 스포츠(N)의 두 클래스만 인지한다는 가정하에, 그림 12.26의 루트를 설계하는 방법을 살펴보자. 이전처럼 지니 불순도를 노드의 불순도 측정 값으로 사용할 것이다. 그림 12.28은 계산 결과를 요약해서 보여 준다. S와 N으로 표시된 열은 그림 12.25에서 좋아하는 스포츠가 축구인 학습 표본과 그 외 스포츠인 학습 표본의 개수를 알려 준다. 대륙은 축구 클래스에 포함된 해당 국가의 비율로 정렬된다. 따라서 남미는 학습 표본 100%가 S 클래스에 있기 때문에 순서상 첫 번째다. 그다음으로 학습 표본의 75%가 S 클래스에 있는 유럽이 위치한다. 나머지 세 대륙은 축구 클래스에 0%를 갖고 있으므로 다른 기준으로 정렬이 됐을 것이다.

국가	S	N	n_S	n_N	$p_S\leq$	$p_N\leq$	$p_S>$	$p_N>$	Im≤	Im>	Wtd.
남아메리카	2	0	2	0	1	0	3/10	7/10	0	21/50	7/20
유럽	3	1	5	1	5/6	1/6	0	1	5/18	0	5/36
북아메리카	0	3	5	4	5/9	4/9	0	1	40/81	0	10/27
아시아	0	2	5	6	5/11	6/11	0	1	60/121	0	5/11
오세아니아	0	1	5	7	5/12	7/12	–	–	–	–	–

그림 12.28 대륙 집합에 대한 지니 지수의 계산

그림 12.28에서 다음 열은 n_S와 n_N이다. 이들은 각각 S 클래스와 S가 아닌 클래스에 속한 표본의 누적 합계이며 위에서부터 계산된다. 예를 들어, 북아메리카 행은 $n_S = 5$ 및 $n_N = 4$다. 처음 세 행에서 S 클래스에는 5개의 표본이 있고, N 클래스에는 4개의 표본이 있기 때문이다. 수치형 특징에 대해서는 위에서 아래 단 방향으로 누적 합계를 구할 수 있다. 또한 n_S 또는 n_N을 대응하는 가장 아래 행 값에서 뺌으로써 아래 행들의 숫자를 얻을 수 있다.

다음 두 열은 해당 행과 그 바로 위 행에 대한 각 클래스에서의 비율이다. 즉 $p_S\leq = n_S/(n_S + n_N)$ 및 $p_N\leq = n_N/(n_S + n_N)$이다. 그다음 아래 모든 행들에 대한 클래스 S 및 N에서의 비율을 설명하는 2개의 열 $p_S>$ 및 $p_N>$이 뒤따른다. 예를 들어, 북아메리카에 해당하는 행에는 클래스 S 아래에 멤버가 없다. 북아메리카에 해당하는 행과 맨 아래 행 모두에서 $n_S = 5$이기 때문이다. 또한 클래스 N 아래 멤버는 3개인데 n_N 값이 4이고 맨 아래 행의 n_N 값이 7이기 때문이다.

다음은 Im≤ 및 Im> 열이다. 예제 12.17처럼 해당 행과 모든 위쪽 행이 왼쪽 자식으로 보내지고 아래 모든 행이 오른쪽 자식으로 보내진다는 가정하에서 각각은 왼

쪽자식과 오른쪽 자식의 지니 불순도다. 마지막 열은 자식들의 가중 지니 불순도다.

예를 들어, 북아메리카 행의 항목들을 살펴보자. 대륙이 남아메리카, 유럽, 북아메리카 중 하나인지를 테스트해서 왼쪽 자식으로 표본을 보낸다면 9개의 학습 표본은 왼쪽으로 이동하고, 남은 세 표본이 오른쪽으로 이동하게 될 것이다. 따라서 이 분할에 대한 가중 지니 불순도는 $(9/12)(40/81) + (3/12)0 = 10/27$이다.

지금까지 최적의 분할 지점은 가중 불순도가 $5/36$인 유럽 다음이다. 바로 그림 12.26에서 사용한 분할이다. ■

12.5.6 의사결정 트리의 병렬 설계

방금 설명한 방법을 사용해 의사결정 트리를 설계하려면 상당한 양의 계산이 필요하다. 이 절차가 트리의 모든 노드에 적용돼야 한다. 게다가 입력 벡터 중 하나의 특징으로 수행할 작업을 설명했지만, 동일한 작업이 모든 특징에 수행돼야 하며, 그다음에 모든 특징 중에서 최적의 분할을 선택해야 한다. 특징이 수치이면 노드로 도달하는 모든 학습 표본을 정렬해야 한다. 특징이 범주형이면 먼저 특징 값을 기준으로 학습 표본을 그루핑한 다음 첫 번째 클래스에 속한 표본 비율로 값을 정렬해야 한다. 더욱이 실제로 클래스가 둘 이상이면 클래스들을 두 그룹으로 나누는 모든 방법을 고려해야 한다. 이 두 그룹이 12.5.5절에서 설명한 두 클래스의 역할을 하게 되는 것이다.

그러나 프로세스 속도를 높이기 위해 사용할 수 있는 쉬운 병렬 처리 기법은 많다.

- 노드에서 모든 특징에 대한 최적의 분할을 병렬로 찾을 수 있다.
- 한 레벨의 모든 노드를 병렬로 설계할 수 있다. 또한 각 학습 표본은 어느 레벨이든 최대 하나의 노드에 도달한다. 학습 표본은 더 높은 레벨에서 리프에 도달하지 않는 한 주어진 레벨에서 정확히 하나의 노드에 도달한다. 따라서 병렬 처리가 없더라도 각 레벨에서의 총 작업은 노드 수에 따라 증가하는 것이 아니라 거의 동일한 것으로 본다.
- 특징 값에 따른 학습 표본의 그루핑은 병렬 처리를 통해 효율적으로 수행할 수 있다. 예로 2.3.8절에서 이 작업을 맵리듀스를 사용해 수행하는 방법을 설명했다.

- 병렬 처리는 정렬 속도를 상당히 높일 수 있다. 여기서 논의하지는 않겠지만 n개의 항목을 병렬로 정렬할 때 최악의 경우 $O(\log^2 n)$ 단계로, 혹은 평균 $O(\log n)$ 단계로 실행 가능한 알려진 알고리즘이 있다.

이제 하나의 특징 A를 사용해 노드 하나를 설계하는 작업을 한다고 가정하자. 아마도 다른 많은 노드 특징 쌍이 병렬로 처리될 것이다. 그루핑(A가 숫자가 아닌 경우)과 정렬 이후 여러 누적 합계를 계산해야 한다. 예를 들어, A가 숫자인 경우 각 학습 표본과 각 클래스에 대해서 해당 클래스에 속한 학습 표본의 개수를 계산해야 한다. 누적 합계의 계산은 본질적으로 순차적인 것처럼 보이는데 앞으로 살펴보겠지만 상당히 잘 병렬화될 수 있다. 누적된 합계를 구하면 각 멤버와 관련된 비율과 불순도를 병렬로 계산할 수 있다. 예제 12.17과 예제 12.18에서 설명한 행 단위 계산은 모두 독립적이며, 따라서 병렬 구현의 가능성이 열려 있다.

의사결정 트리를 위한 병렬 처리를 완성시키기 위해 누적 합계를 병렬로 계산하는 방법을 살펴보자. 수식으로 숫자 $a_1, a_2, \ldots, a_n$ 리스트가 있고, 모든 $i = 1, 2, \ldots, n$에 대해 $x_i = \sum_{j=1}^{i} a_j$를 계산한다고 가정하자. 모든 x_i를 계산하려면 n단계가 필요한 것처럼 보일 수 있고, 그러면 n이 클 때(즉 학습 표본이 클 때) 시간이 많이 걸릴 수 있다. 그러나 다음과 같이 모든 x를 $O(\log n)$ 병렬 단계 안에 계산하는 분할 정복 divide-and-conquer 알고리즘이 있다.

근거BASIS: $n = 1$이면 $x_1 = a_1$이다. 기본적으로 하나의 병렬 단계가 필요하다.

귀납 과정INDUCTION: $n > 1$이면 as 리스트를 가능한 한 균등하게 왼쪽 절반과 오른쪽 절반으로 나눈다. 즉 n이 짝수이면 왼쪽 절반은 $a_1, a_2, \ldots, a_{n/2}$이고, 오른쪽 절반은 $a_{n/2+1}, a_{n/2+2}, \ldots, a_n$이다. n이 홀수이면 왼쪽 절반은 $a_{\lfloor n/2 \rfloor}$로 끝나고 오른쪽 절반은 $a_{\lceil n/2 \rceil}$로 시작한다.

그림 12.29는 재귀 단계recursive step를 설명한다. 이 알고리즘을 왼쪽과 오른쪽에 병렬로 적용하는 것이다. 일단 이렇게 하면 $x_{n/2}$로 표시된 왼쪽 절반의 마지막 누적 합계가 오른쪽 절반의 각 누적 합계에 병렬로 더해진다. 결과적으로 오른쪽 절반에서 i번째 결과가 $\sum_{j=n/2+1}^{i} a_j$이면 $x_{n/2}$가 더해져서 그 값이 정확하게 $\sum_{j=1}^{n/2+i} a_j$로 변경

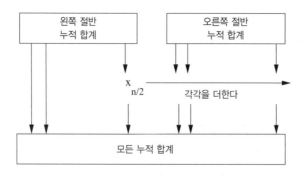

윈쪽 절반
누적 합계

오른쪽 절반
누적 합계

$x_{n/2}$

각각을 더한다

모든 누적 합계

그림 12.29 누적 합계의 병렬 계산에서 재귀 단계

된다.

재귀 단계를 적용할 때마다 병렬로 처리되는 한 번의 덧셈만 필요하다. n이 2의 거듭제곱이면 재귀 단계는 작업해야 하는 리스트의 크기를 2로 나눠서 총 병렬 단계 횟수는 $1 + \log_2 n$이 된다. n이 2의 거듭제곱이 아니면 수행해야 하는 재귀 단계의 횟수는 n이 그 다음 2의 거듭제곱이었으면 필요했을 횟수보다 크지 않다. 따라서 $1 + \lceil \log_2 n \rceil$ 병렬 단계로 충분하다.

12.5.7 노드 가지치기(Node Pruning)

각 리프의 불순도가 아예 없어질 만큼의 레벨을 사용해 의사결정 트리를 설계하면 학습 표본에 과적합될 가능성이 있다. 학습 표본에서 별도로 남겨 둔 테스트 집합 혹은 새로운 데이터 집합을 사용하는 등, 다른 표본들을 사용해서 설계를 검증할 수 있다면 트리를 단순화하고 동시에 과적합을 제한하는 기회를 가질 수 있다.

리프들만을 자식으로 갖는 노드 N을 찾는다. N과 그 자식을 리프로 대체해 새 트리를 만들고, 그 리프가 다수를 차지하는 클래스를 출력으로 내도록 한다. 그런 다음 트리를 설계할 때 학습 표본으로 사용되지 않은 데이터로 이전 트리와 새 트리의 성능을 비교한다. 이전 트리와 새 트리의 오차율 사이에 차이가 거의 없다면 노드 N에서 내려진 결정은 아마도 과적합에 기여했을 것이며, 의사결정 트리가 의도했던 전체 표본 집합의 속성을 다루지 않았을 것이다. 이제 이전 트리를 버리고 새롭고 단순

700

한 트리로 바꿀 수 있다. 반면 새로운 트리의 오차율이 이전 트리보다 훨씬 높으면, 노드 N에서 내려진 결정은 실제로 데이터의 속성을 반영하므로 이전 트리를 유지하고 새로운 트리를 버려야 한다. 어느 경우든 자식이 리프인 다른 노드들을 계속 살펴봐야 하며, 오차율을 크게 증가시키지 않고도 리프로 대체할 수 있는지 확인해야 한다.

예제 12.19 '대륙 = 북아메리카' 테스트가 실행되는 그림 12.26의 노드를 살펴보자. 자식은 2개의 리프이므로 앞에서 설명한 노드 N의 역할을 할 수 있다. 그림 12.25의 학습 데이터에서 N은 쿠바, 미국, 호주, 이 3개의 학습 표본에 의해 도달된다. 이 셋 중 둘이 '야구' 레이블이 붙은 리프로 이동하므로 N을 '야구' 레이블이 붙은 리프로 대체하는 것을 고려해야 한다.

이전 트리와 새 트리가 전 세계 국가 집합에 적용되면 어떻게 될지 생각해 보자. 첫째, 노드 N에 도달하려면 국가가 북아메리카, 아시아, 호주, 아프리카 대륙 중 하나여야 한다. 또한 작은 국가(인구 3,500만 명 미만)이거나 인구가 많은 국가(2억 명 이상)여야 한다. 아프리카의 작은 국가나 중국 혹은 인도네시아와 같은 큰 국가처럼 가능한 많은 후보들이 있는데 이들 중 어느 국가도 좋아하는 스포츠로 크리켓이나 야구를 꼽지 않는다. 카리브해와 중미 국가를 북미에 속하는 것으로 보면 N에 도달하는 국가는 더 많아지며, 그중 몇 국가만 좋아하는 스포츠로 야구를 꼽을 것이다.

결론적으로 N이 '야구' 리프로 대체되든 아니든 트리는 이 국가들에 대해 상당한 오차율을 가지므로 모든 국가에 적용되는 두 트리의 오차율은 거의 동일할 것이다. 이 노드 N은 예제에서 선택한, 작고 특별한 12개의 학습 표본 집합에 대한 인위적인 결과를 반영한다는 결론을 내릴 수 있다. 따라서 N은 전체 국가 집합에 대해 오차율을 크게 증가시키지 않고 리프로 안전하게 대체할 수 있다. ■

12.5.8 의사결정 포레스트

레벨이 높은 하나의 의사결정 트리는 과적합을 나타내는 더 낮은 레벨에서의 노드들이 많을 가능성이 높기 때문에 의사결정 트리를 사용하는 또 다른 접근 방법이 있으며, 실제로 매우 유용한 것으로 입증됐다. 주어진 데이터 포인트가 속한 클래스에 투표하는 많은 트리로 구성된 **의사결정 포레스트**decision forest를 사용하는 것이 일반적이다. 이 포레스트의 각 트리는 무작위로 혹은 체계적으로 선택된 특징을 사용해 설계되며 몇 개의 레벨(보통 1~2개)만 갖도록 제한된다. 따라서 각 트리는 각 리프들에서 높은 불순도를 갖지만, 전체적으로는 레벨이 많은 트리 하나보다 테스트 데이터에서 종종 훨씬 더 나은 성능을 보인다. 게다가 포레스트의 각 트리를 병렬로 설계할 수 있으므로 하나의 깊은 트리를 설계하는 것보다 얕은 트리의 모음을 설계하는 것이 훨씬 더 빠를 수 있다.

의사결정 포레스트에 포함된 모든 트리의 결과를 결합하는 확실한 방법은 다수결 방식을 택하는 것이다. 클래스가 둘 이상이라면 한 클래스가 최다 득표수를 얻고, 대신 절반 이상의 트리가 선택한 클래스는 없을 것으로 기대한다. 그러나 좀 더 복잡한 방법으로 트리들의 결과를 결합하면 간단한 투표 방법보다 정확한 결과를 얻을 수도 있다. 종종 각 트리의 결과에 적용할 적절한 가중치를 '학습'시킬 수 있다.

예를 들어, 학습 집합 $(\mathbf{x}_1, y_1)$, $(\mathbf{x}_2, y_2)$, . . . , $(\mathbf{x}_n, y_n)$과 의사결정 포레스트를 구성하는 의사결정 트리들의 모음 T_1, T_2, . . . T_k가 있다고 가정하자. 학습 표본 중 하나인 $(\mathbf{x}_i, y_i)$에 의사결정 포레스트를 적용하면 클래스 벡터 $\mathbf{c}_i = [c_{i1}, c_{i2}, . . . , c_{ik}]$를 얻는다. 여기서 c_{ij}는 입력 $\mathbf{x}_i$에 적용된 트리 T_j의 결과다. 입력 $\mathbf{x}_i$에 대한 클래스는 y_i

다. 따라서 포레스트에 있는 모든 트리들의 결과로부터 참인 클래스를 예측하는 데 사용할 수 있는 새로운 학습 집합 $(\mathbf{c}_1, y_1)$, $(\mathbf{c}_2, y_2)$, . . . , $(\mathbf{c}_n, y_n)$을 얻는다. 예로 이 학습 집합을 사용해 퍼셉트론 또는 SVM을 학습시킬 수 있는 것이다. 이렇게 함으로써 각 트리의 결과를 최적으로 결합하기 위해서 각 트리의 결과에 적당한 가중치를 부여하게 된다.

12.5.9 12.5절 연습문제

연습문제 12.5.1 학습 집합은 네 종류의 클래스에 속한 표본들로 구성되며, 이런 클래스의 표본 비율이 1/2, 1/3, 1/8, 1/24이라고 가정한다. 이 학습 집합을 위해 설계된 의사결정 트리의 루트에 대한 불순도는 얼마인가? 불순도가 다음일 때 각각에 대해 구하라. (a) 정확도 (b) 지니 불순도 (c) 엔트로피

연습문제 12.5.2 데이터 집합이 n개의 서로 다른 클래스에 속하는 표본으로 구성된 경우 다음에 대한 최대 불순도는 얼마인가? (a) 정확도 (b) 지니 불순도 (c) 엔트로피

! **연습문제 12.5.3** 함수 f의 중요한 속성은 **볼록성**convexity이다. 즉 $x < z < y$이면 다음이 성립한다.

$$f(z) > \frac{z - x}{y - x}f(x) + \frac{y - z}{y - x}f(y)$$

공식이 아닌 말로 설명하면 x와 y 사이의 커브 f는 점 $(x, f(x))$와 $(y, f(y))$ 사이의 직선 위에 놓여 있다. 다음에서 2개의 클래스가 있고, x가 첫 번째 클래스에 속한 표본의 비율일 때 $f(x)$를 불순도로 가정한다.

(a) 지니 불순도가 볼록하다convex는 것을 증명하라.
(b) 불순도의 엔트로피 측정값이 볼록하다는 것을 증명하라.
(c) 불순도의 정확도 측정값이 항상 볼록하지는 않음을 보이는 예를 제시하라. 힌트: 볼록성은 엄격한 불균등inequality을 요구한다. 즉 직선은 볼록하지 않다.

연습문제 12.5.4 왜 볼록성이 중요한지 확인하려면 그림 12.27의 계산을 반복하되 정

확도를 불순물 측정값으로 사용하라. 무엇이 잘못됐나?

연습문제 12.5.5 예제 12.19에 이어서 '대륙 = 북아메리카' 레이블이 붙은 노드를 '야구' 레이블이 붙은 리프로 대체했다고 가정하자. 트리가 전 세계 모든 국가에 적용될 때 오차율을 크게 증가시키지 않고 리프로 대체할 수 있는 다른 내부 노드들은 무엇이라고 생각하는가?

12.6 학습 방식의 비교

12장에서 언급했던 각각의 방식들과 그 외 기법들에는 저마다 장점이 있다. 12장을 마치면서 다음에 대해 생각해 보자.

- 이 방법은 범주형 특징을 다루는가? 혹은 수치형 특징만을 다루는가?
- 이 방법은 고차원 특징 벡터를 효율적으로 처리하는가?
- 이 방법이 구성하는 모델을 직관적으로 이해할 수 있는가?

퍼셉트론과 서포트 벡터 머신: 이 방법들은 수백만 개의 특징들을 다룰 수 있으나, 그 특징들이 수치인 경우에만 적용할 수 있다. 직선 구분자가 있거나 혹은 최소한 클래스들을 근접하게 분류하는 초평면이 존재하는 경우에만 유효한 방법이다. 그러나 구분자가 선형이 되도록 먼저 점들을 변형한 경우 비선형 경계에 의해 점들도 분리될 수 있다. 이 모델은 벡터로 표현되며, 이 벡터는 분리 초평면에 수직이다. 보통 이 벡터는 차원이 매우 높으므로 모델을 이해하기가 상당히 어렵다.

최근접 이웃 분류와 회귀 분석: 이 방식들에서는 학습 집합 자체가 모델이 되므로 직관적으로 이해하기는 쉽다. 이 접근 방식으로 다차원 데이터를 처리할 수 있는데 차원의 개수가 클수록 학습 집합은 희소해질 것이므로 분류해야 하는 점에 매우 근접한 학습 점을 찾을 확률은 낮아지게 된다. 즉 '차원의 저주'로 인해 고차원에서는 최근접 이웃 방식을 사용하는 것이 적절하지 않다. 적은 개수의 값들로 구성된 범주형 특징 데이터에도 적용이 가능하긴 하지만, 이 기법은 실제로 수치형 특징들에 유용하다. 예를 들어, {남성, 여성}과 같이 범주형 이진 특징은 0과 1로 그 값이 대체될 수 있으므로 성별gender이 같은 개인들 사이에서 차원의 거리는 존재하지 않으며, 성별이 다른 개인들 사이에서 거리는 1이다. 그러나 3개 이상의 값들이 거리가 동일한 숫자들에게 할당될 수는 없다. 마지막으로 최근접 이웃 방식에서는 사용할 거리 측정 방법(예컨대 코사인 혹은 유클리드), 선택할 이웃들의 개수, 사용할 커널 함수 등을 포함해 설정해야 할 매개 변수가 많다. 선택에 따라 분리 결과는 달라지며, 최적의 선택이 어떤 것인지 명확하지 않은 경우가 대부분이다.

의사결정 트리: 12장에서 소개한 방식들과 다르게 의사결정 트리는 범주형 특징과 수치형 특징 모두에 유용한 방식이다. 생성된 모델은 보통 매우 이해하기 쉬운데 트리에서 노드 하나가 각각의 결정을 표현하기 때문이다. 그러나 이 방법은 차원이 낮은 특징 벡터에만 유용하다. 12.5.7절에서 설명했듯이 많은 레벨로 결정 트리를 구성하면 과적합 문제로 이어지게 된다. 그러나 결정 트리의 레벨이 적다면 적은 개수의 특징들밖에 사용할 수 없다. 결과적으로 레벨이 낮은 다수의 트리들로 의사결정 포레스트를 만들고, 특정 방법으로 그들의 결정을 결합하는 것이 의사결정 트리를 가장 잘 사용하는 방법이다.

12.7 요약

- **학습 집합**: 학습 집합은 특징 벡터로 구성되며, 특징 벡터의 각 성분은 특징과 그 특징 벡터로 표현되는 객체가 속한 클래스를 나타내는 레이블로 구성된다. 특징은 분류형(나열된 값들의 리스트)이거나 수치일 수 있다.
- **테스트 집합과 과적합**: 학습 집합을 대상으로 어떤 분류기를 학습시킬 때 학습 집합 중 일부를 따로 분리해 그 데이터를 테스트 집합으로 사용하는 것이 유용하다. 테스트 집합을 사용하지 않고 모델이나 분류기를 생성한 후에는 테스트 집합을 대상으로 그 분류기를 실행해 얼마나 잘 동작하는지 확인할 수 있다. 그 분류기를 테스트 집합에 적용했을 때 사용된 학습 집합에서만큼 잘 동작하지 않는다면 그 분류기는 데이터에 전체적으로 나타나지 않는 학습 집합에만 특화된 특성을 따르

도록 과적합된 것이다.

- **배치 학습 대 온라인 학습**: 배치 학습에서 학습 집합은 언제든지 사용할 수 있고, 반복된 단계에서 사용될 수 있다. 온라인 학습은 스트림 형태의 학습 표본을 사용하며, 각 학습 표본은 오직 한 번만 사용할 수 있다.

- **퍼셉트론**: 퍼셉트론이라는 머신러닝 방법에서는 학습 집합의 레이블이 양수와 음수, 즉 오직 두 클래스뿐이라는 가정을 둔다. 퍼셉트론은 양성 표본의 특징 벡터와 음성 표본의 특징 벡터를 구분하는 초평면이 있을 때 동작한다. 현재 잘못 분류된 점들의 평균 값인, 방향에 대한 비율(학습률)만큼 초평면의 근사치를 조정함으로써 그 초평면으로 수렴하게 만든다.

- **위노우 알고리즘**: 이 알고리즘은 특징 벡터의 성분이 0 혹은 1이어야 하는 퍼셉트론 알고리즘의 변형된 형태다. 학습 표본을 라운드 로빈round-robin 방식으로 검토한다. 현재의 학습 표본의 분류가 정확하지 않으면 특징 벡터가 1인 구분자의 추정치 성분들은 더 높거나 낮게 조정돼 다음 라운드에서는 구분자 벡터의 방향이 해당 학습 표본을 정확하게 분류할 가능성이 높도록 만든다.

- **비선형 구분자**: 학습 점들을 두 클래스로 분리하는 선형 함수가 없을 때도 역시 퍼셉트론을 사용해 학습 점들을 구분할 수 있다. 적절한 함수를 찾아서 점들을 변형하고, 변형된 공간에서 그 구분자가 초평면이 되도록 해야 한다.

- **서포트 벡터 머신**: SVM은 양수와 음수 점들을 분리할 뿐만 아니라 마진을 최대로 하면서 점들을 분리하는 분리 초평면을 찾는 방법으로서 퍼셉트론을 개선한 방법이다. 마진이란 초평면에서 가장 가까운 점들에 대한 수직 거리다. 정확하게 최소 거리에 위치한 점들이 서포트 벡터다. SVM은 점들이 초평면에 너무 가깝게 위치하거나 심지어 초평면의 잘못된 쪽에 위치하는 것도 허용하지만 그런 잘못 위치한 점들로 인해 발생하는 오차는 최소화되도록 고안됐다.

- **SVM 방정식 풀기**: 초평면에 수직인 벡터 함수와 그 벡터의 길이(이는 마진을 결정한다), 그리고 마진의 잘못된 쪽에 위치한 점들에 대한 감점을 설정할 수 있다. 정칙화regularization 매개 변수는 넓은 마진과 작은 감점 사이의 상대적인 중요성을 결정한다. 방정식은 경사 하강법과 2차 계획법quadratic programming을 포함한 몇 가지 방법으로 풀 수 있다.

- **경사 하강법**gradient descent: 학습 표본이 주어졌을 때 각 변수에 대한 손실 함수(의 미분)를 반복적으로 찾아 손실을 낮추는 방향으로 각 변수의 값을 이동시킴으로써, 많은 변수와 학습 표본에 의존하는 손실 함수를 최소화하는 방법이다. 각 학습 표본으로 인한 변경의 누적(배치 경사 하강법), 하나의 학습 표본의 결과(확률적 경사 하강법), 또는 학습 표본에 대한 작은 부분집합의 결과(미니배치 경사 하강법)로 변수가 변경될 수 있다.

- **최근접 이웃 학습**: 최근접 이웃 머신러닝의 접근 방법에서는 전체 학습 집합이 모델로 사용된다. 각 ('질의') 점들을 분류하기 위해 학습 집합에서 최근접 이웃 k개를 검색한다. 질의 점은 이런 k개 이웃들의 레이블 함수에 따라 분류된다. $k = 1$일 때 가장 간단한데 단순히 해당 질의 점의 레이블을 최근접 이웃의 레이블이 되도록 한다.

- **회귀**: 최근접 이웃 학습의 일반적인 경우를 회귀regression라 부르며, 이는 하나의 특징 벡터가 존재하고 그 벡터와 레이블이 실수인 경우에 해당한다. 즉 데이터가 하나의 변수에 대한 실수 값 함수를 결정짓는 것이다. 레이블을 계산하기 위해서, 즉 함수 값을 계산하기 위해 레이블이 붙지 않는 데이터 점들을 대상으로 최근접 이웃 k개가 포함된 계산을 수행한다. 이웃들을 평균 내거나 가중치가 붙은 평균을 택하는 것을 예로 들 수 있는데, 가중치가 붙은 평균의 경우 이웃의 가중치는 결정하고자 하는 레이블이 붙은 점과의 거리에 대한 반비례 함수다.

- **의사결정 트리**: 이 학습 방법은 각 내부 노드가 입력에 대한 테스트를 담당하고, 그 테스트 결과에 따라 자식들 중 하나로 이동시키는 트리를 구성한다. 각 리프는 입력이 속한 클래스에 대한 결정을 제시한다.

- **불순도 측정 값**: 의사결정 트리를 잘 설계하기 위해서 의사결정 트리의 특정 노드로 도달하는 학습 표본 집합이 얼마나 순수한지(즉 하나의 클래스에 가까운지)에 대한 측정 값이 필요하다. 가능한 불순도 측정값에는 정확도(클래스가 잘못된 학습 표본의 비율), 지니 불순도(1에서 각 클래스에서 표본 비율의 제곱을 뺀 값), 엔트로피(각 클래스에서의 학습 표본 비율과 그 비율의 역에 대해 로그를 취한 값과의 곱)가 있다.

- **의사결정 트리 노드의 설계**: 노드에서 테스트에 사용할 수 있는 특징을 각각 고려해야 하며, 노드에 도달하는 학습 표본 집합을 해당 노드의 자식에 대한 평균 불순도

를 최소화하는 방향으로 나눠야 한다. 수치형 특징의 경우 해당 특징 값을 기준으로 학습 표본들을 정렬하고, 이 리스트를 평균 불순도를 최소화하는 방식으로 나누는 테스트를 사용할 수 있다. 범주형 특징의 경우 특정 클래스에 속하는 값들을 갖는 학습 표본의 비율로 그 특징 값들을 정렬하고 평균 불순도를 최소화하는 방향으로 리스트를 나눈다.

12.8 참고문헌

퍼셉트론은 [14]에서 소개됐다. [8]은 분리 초평면 주변의 마진을 최대로 하는 방식을 소개한다. 이런 주제로 유명한 문헌은 [12]다.

위노우 알고리즘은 [11]을 참조했다. 또한 그 분석은 [2]를 참조했다.

서포트 벡터 머신은 [7]에 언급됐다. [6]과 [5]는 유용한 문헌이다. [10]은 희소 특징(대부분의 특징 벡터 성분이 0이다)에 좀 더 효율적인 알고리즘을 설명한다. [3], [4]에서는 경사 하강법의 활용을 설명하고 있다.

최근접 이웃 학습을 위한 고차원 인덱스 구조에 대한 내용은 [9]의 14장을 참고하라.

의사결정 트리를 구현하는 본래 작업은 [13]을 참고했다. [1]은 12장에서 사용된 방법들을 설명하는 유명한 논문이다.

[1] H. Blockeel and L. De Raedt, "Top-down induction of first-order logical decision trees," *Artificial intelligence* **101**:1–2 (1998), pp. 285–297.

[2] A. Blum, "Empirical support for winnow and weighted-majority algorithms: results on a calendar scheduling domain," *Machine Learning* **26** (1997), pp. 5–23.

[3] L. Bottou, "Large-scale machine learning with stochastic gradient descent," *Proc. 19th Intl. Conf. on Computational Statistics* (2010), pp. 177–187, Springer.

[4] L. Bottou, "Stochastic gradient tricks, neural networks," in *Tricks of the Trade, Reloaded*, pp. 430–445, edited by G. Montavon, G.B. Orr and K.-R. Mueller, Lecture Notes in Computer Science (LNCS 7700), Springer, 2012.

[5] C.J.C. Burges, "A tutorial on support vector machines for pattern recognition," *Data Mining and Knowledge Discovery* **2** (1998), pp. 121–167.

[6] N. Cristianini and J. Shawe-Taylor, *An Introduction to Support Vector Machines and Other Kernel-Based Learning Methods*, Cambridge University Press, 2000.

[7] C. Cortes and V.N. Vapnik, "Support-vector networks," *Machine Learning* **20** (1995), pp. 273–297.

[8] Y. Freund and R.E. Schapire, "Large margin classification using the perceptron algorithm," *Machine Learning* **37** (1999), pp. 277–296.

[9] H. Garcia-Molina, J.D. Ullman, and J. Widom, *Database Systems: the Complete Book*, Prentice Hall, Upper Saddle River NJ, 2009.

[10] T. Joachims, "Training linear SVMs in linear time." *Proc. 12th ACM SIGKDD* (2006), pp. 217–226.

[11] N. Littlestone, "Learning quickly when irrelevant attributes abound: a new linear-threshold algorithm," *Machine Learning* **2** (1988), pp. 285–318.

[12] M. Minsky and S. Papert, *Perceptrons: An Introduction to Computational Geometry* (2nd edition), MIT Press, Cambridge MA, 1972.

[13] J. R. Quinlan, "Induction of decision trees," *Machine Learning* **1** (1986), pp. 81–106.

[14] F. Rosenblatt, "The perceptron: a probabilistic model for information storage and organization in the brain," *Psychological Review* **65**:6 (1958), pp. 386–408.

13

신경망과 딥러닝

12.2절과 12.3절에서 단일 '뉴런'(퍼셉트론^{perceptron})의 구조를 살펴봤다. 뉴런들은 가중치가 적용된 입력을 받고, 'yes' 혹은 'no'의 출력을 결정하는 임계값과 비교할 수치를 계산한다. 이런 방식으로 입력들을 2개의 클래스로 분리할 수 있다. 이는 클래스들이 선형으로 분리될 수 있는 한 가능하다. 그러나 우리에게 중요한 대부분의 문제는 선형으로 분리되지 않는다. 13장에서는 퍼셉트론 혹은 노드들의 모음인 신경망의 구조를 알아볼 것이다. 신경망에서는 한 랭크^{rank}의 출력(또는 노드들로 구성된 레이어)이 다음 레이어의 노드들로 입력되며, 마지막 레이어의 노드들이 전체 신경망의 출력을 낸다. 레이어가 많은 신경망을 학습^{training}시키기 위해서는 엄청난 개수의 학습 표본이 필요한데, 데이터가 이 정도인 상황에서는 **딥러닝**$^{deep\ learning}$이라는 기법이 매우 강력한 것으로 입증됐다.

또한 특정 데이터 유형에 유용한 것으로 증명된 몇 가지 특수한 신경망 종류를 살펴볼 것이다. 이들은 신경망 내 특정 노드들의 집합이 동일한 가중치를 갖는다는 특징이 있다. 네트워크의 모든 노드에 대한 모든 입력의 가중치 전부를 학습하는 일은 일반적으로 어렵고 시간이 많이 걸리는 작업인데, 이러한 특수한 형태의 네트워크는 의도하는 입력 클래스를 인식하는 네트워크의 학습 과정을 크게 단순화한다. 특별히 이미지에 대한 클래스를 인식하도록 설계된 컨볼루션 신경망$^{CNN,\ Convolutional\ Neural}$

Network을 살펴볼 것이다. 또한 문장(단어들의 시퀀스) 같은 클래스의 시퀀스를 인식하도록 설계된 순환 신경망$^{\text{RNN, recurrent neural network}}$과 장단기 메모리 네트워크$^{\text{LSTM, Long Short-Term Memory network}}$ 역시 살펴볼 것이다.

13.1 신경망 소개

우선 예제를 통해 신경망의 설명을 시작하겠다. 그다음 신경망의 일반적인 구조와 몇 가지 중요한 용어들을 소개할 것이다.

예제 13.1 지금 설명할 문제는 '좋은' 비트 벡터$^{\text{bit-vectors}}$란 2개의 연속적인 1을 갖는 벡터라는 개념을 학습하는 것이다. 크기가 작은 예제를 다루는 것이 좋을 테니 비트 벡터의 길이는 4라고 가정한다. 따라서 학습 표본은 $([x_1, x_2, x_3, x_4], y)$로 표현되는데 각 x_i는 비트 0 또는 1이다. 가능한 학습 표본은 16개이며, 이들의 일부 하위 집합 역시 학습 집합으로 주어졌다고 가정한다. 가능한 비트 벡터 중 8개가 좋은 벡터라는 점에 주목하자. 이들은 연속적인 1을 갖는다. 그리고 8개의 '나쁜' 벡터도 있다. 예를 들어, 0111과 1100은 좋은 벡터다. 반면 1001과 0100은 나쁜 벡터다.[1]

우선 이런 간단한 문제를 정확하게 해결하는 신경망을 생각해 보자. 학습 표본으로부터 신경망을 어떻게 설계할 수 있을지가 논의의 진정한 주제이긴 하나, 다음 신경망이 우리가 찾고자 하는 정답의 예가 될지도 모른다. 이 신경망은 그림 13.1과 같다.

이 신경망은 2개의 노드로 구성된 첫 번째 레이어와 출력 y를 생성하는 단일 노드인 두 번째 레이어로 이뤄져 있다. 각 노드는 12.2절에서 설명한 대로 명백히 퍼셉트론이다. 첫 번째 레이어의 첫 번째 노드는 가중치 벡터가 $[w_1, w_2, w_3, w_4] = [1, 2, 1, 0]$이며 임계값은 2.5라는 특징이 있다. 각 입력 x_i는 0 또는 1이므로 합 $\sum_{i=1}^{4} x_i w_i$가 2.5에 근접하는 유일한 방법은 $x_2 = 1$이면서 x_1과 x_3 중 하나 역시 1인 경우다. 입력이 1100, 1101, 1110, 1111, 0110 혹은 0111 중 하나일 때만 이 노드의 출력은

1　다음부터 비트 벡터를 비트 문자열로 표시할 것이므로 0 혹은 1인 성분 사이에 쉼표를 쓰지 않을 것이다.

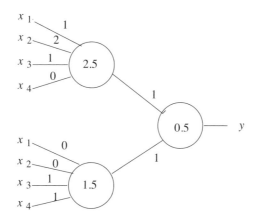

그림 13.1 비트 벡터에 연속적인 1이 있는지를 판별하는 신경망

1이 되는 것이다. 즉 이 노드는 2개의 1로 시작하거나 중간에 2개의 1이 있는 비트 벡터를 인식한다. 이 노드가 유일하게 인식하지 못하는 좋은 입력은 11로 끝나면서 다른 위치에는 11이 없는 입력이다. 즉 0011과 1011이다.

다행히 첫 번째 레이어의 두 번째 노드는 가중치가 [0, 0, 1, 1]이고 임계값은 1.5 로 $x_3 = x_4 = 1$일 때만 1을 출력한다. 따라서 이 노드는 첫 번째 노드가 좋은 입력으로 인식하는 입력뿐만 아니라 0011과 1011 역시 좋은 입력으로 인식한다.

이제 노드가 하나인 두 번째 레이어로 넘어가자. 이 노드의 가중치는 [1, 1]이고 임계값은 0.5다. 따라서 'OR-gate'로 작동한다. 첫 번째 레이어의 노드들 중 하나 또는 둘 다 1을 출력하면 $y = 1$이지만, 첫 번째 레이어 노드들이 모두 0을 출력하면 $y = 0$이다. 결과적으로 그림 13.1 신경망은 모든 좋은 입력에 대해 1을 출력하지만 나쁜 입력에 대해서는 그렇지 않다. ■

많은 경우 노드의 임계값을 0으로 가정하는 것이 유용하다. 12.2.4절에서 입력을 추가할 때 항상 0이 아닌 임계값 t를 갖는 퍼셉트론을 임계값 0을 갖는 퍼셉트론으로 변환할 수 있었다는 점을 기억하자. 그 입력은 항상 값이 1이며 가중치는 $-t$가 된다. 예를 들어, 그림 13.1 신경망을 그림 13.2로 변환할 수 있다.

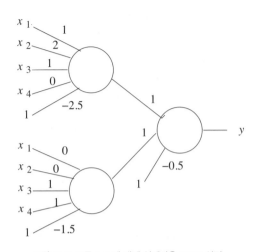

그림 13.2 모든 노드에 대해 임계값을 0으로 설정

13.1.1 신경망

예제 13.1과 그림 13.1의 신경망은 유용하게 사용되는 그 어떤 신경망들보다 훨씬 더 간단하다. 보통은 그림 13.3과 같다. 첫 번째 또는 **입력 레이어**input layer는 길이가 n인 벡터로 가정하며, 벡터의 각 성분 $[x_1, x_2, . . . , x_n]$은 신경망에 대한 입력이다. 하나 이상의 **은닉 레이어**hidden layer가 있으며, 해당 신경망의 결과를 출력하는 **출력 레이어**output layer가 마지막에 위치한다. 각 레이어는 서로 다른 개수의 노드를 가질 수 있으며, 실제로 각 레이어에 적합한 노드 개수를 선택하는 것이 신경망 설계 프로세스의 중요한 부분이다. 특히 출력 레이어에는 노드가 많을 수도 있다는 사실이 중요하다. 예를 들어, 신경망은 입력을 여러 클래스로 분류할 수 있는데 하나의 출력 노드는 하나의 클래스에 해당한다.

입력 레이어를 제외한 각 레이어는 하나 이상의 노드로 구성되며, 그 레이어를 표현하는 칼럼에 배치된다. 각 노드를 퍼셉트론으로 생각하면 된다. 한 노드에 대한 입력은 이전 레이어의 일부 또는 모든 노드의 출력이다. 각 노드의 임계값을 0으로 가정하기 위해 그림 13.2에서 제안한 것처럼 상수, 일반적으로 입력 1을 노드에 허용할 수 있다. 각 노드에 대한 각각의 입력과 연관된 것은 가중치다. 노드의 출력은 $\sum x_i w_i$를 따르는데 여기서 합은 모든 입력 x_i에 대한 것이며 w_i는 해당 입력의 가중치다. 출력은 0 또는 1이 되는데 합이 양수이면 1이고 그렇지 않으면 0이다. 그러나 13.2절에서 다루겠지만, 어떤 문제를 해결하는 신경망의 가중치를 학습시킬 때 (약간 차이가 있을 수도 있지만) 거의 항상 0 또는 1에 가까운 값을 내도록 하는 것이 편리하다. 노드의 출력을 해당 노드의 입력에 대한 연속 함수로 만들 수 있기 때문이다. 그러면 신경망에서 모든 가중치가 이상적인 값으로 수렴하도록 경사 하강$^{gradient\ descent}$법을 사용할 수 있다.

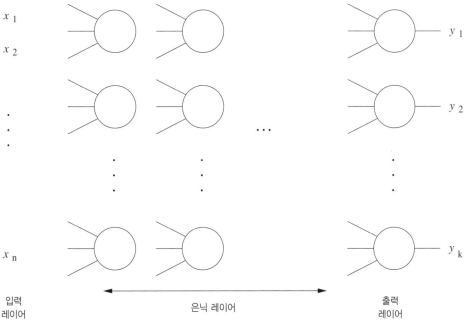

그림 13.3 일반적인 신경망

13.1.2 노드 간 상호 연결

한 레이어의 노드들과 오른쪽 레이어의 노드들이 연결되는 방식으로 신경망의 종류를 나눌 수 있다. 가장 일반적인 방식은 각 노드가 이전 레이어에 속한 모든 노드의 출력을 입력으로 받는 경우다. 이전 레이어로부터 모든 출력을 받는 레이어는 완전히 연결됐다$^{fully\ connected}$고 말한다. 상호 연결에 대한 그 외 다른 방식들은 다음과 같다.

1. **무작위 방식**: 임의의 m에 대해 이전 레이어에서 노드 m개를 선택해 그 노드들만 해당 노드의 입력이 되도록 한다.

2. **풀pool 방식**: 한 계층의 노드들을 몇 개의 클러스터로 분할한다. 풀링pooling 레이어라고 하는 다음 레이어에는 각 클러스터에 대응하는 노드가 하나 있으며, 이 노드는 그 클러스터에 속한 모든 멤버만을 입력으로 받는다.

3. **컨볼루션 방식**convolutional: 13.1.3절과 13.4절에서 자세히 설명할 이 상호 연결 방식은 각 레이어의 노드들을 일반적인 2차원 그리드grid로 본다. 컨볼루션 레이어에서 좌표 (i, j)에 대응하는 노드는 이전 레이어 노드들 중 좌표 (i, j) 주변 작은 영역에 위치한 노드들을 입력으로 받는다. 예를 들어, 하나의 컨볼루션 레이어에서 노드 (i, j)는 좌표 (p, q)에 대응하는 이전 레이어의 노드들을 입력으로 받는데, 여기서 $i \le p \le i + 2, j \le q \le j + 2$가 될 수 있다(즉 왼쪽 하단 모서리가 점 (i, j)이면서 변의 길이가 3인 정사각형이다).

13.1.3 컨볼루션 신경망

컨볼루션 신경망CNN은 하나 이상의 컨볼루션 레이어를 포함한다. 물론 완전히 연결된 레이어 및 풀pool 레이어와 같은 컨볼루션이 아닌 레이어가 있을 수도 있다. 그런데 중요한 제약 사항이 있다. 입력의 가중치는 단일 컨볼루션 레이어의 모든 노드에 대해 동일해야 한다. 좀 더 정확하게 설명하기 위해 컨볼루션 레이어의 각 노드 (i, j)가 입력 중 하나로 $(i + u, j + v)$를 받는다고 가정하자. 여기서 u와 v는 작은 상수다. 그런 다음 (i와 j가 아닌) u와 v에 대한 가중치 w가 있다고 가정하자. 모든 i와 j에 대해 이전 레이어 노드 $(i + u, j + v)$의 출력을 받는 노드 (i, j)에 대한 입력 가중치는 w가 돼야 한다.

이런 제약 사항 덕분에 일반적인 신경망을 학습시키는 것보다 CNN을 학습시키는 것이 훨씬 효율적이다. 그 이유는 각 레이어마다 매개 변수가 더 적어서 각 노드 또는 각 레이어가 학습 과정에서 발견해야 하는 고유의 가중치가 있는 경우보다 훨씬 적은 개수의 학습 표본을 사용할 수 있기 때문이다.

CNN은 이미지 인식과 같은 작업에 매우 유용한 것으로 알려져 있다. 실제로

CNN은 사람의 눈이 이미지를 처리하는 방식에서 영감을 얻었다. 눈의 뉴런은 신경망의 레이어와 비슷하게 층을 이루며, 배치돼 있다. 첫 번째 레이어는 본질적으로 이미지 픽셀을 입력받는데 각 픽셀은 망막에서 센서의 출력에 해당한다. 첫 번째 레이어의 노드들은 밝은 부분과 어두운 부분의 테두리^{edge} 같은 매우 간단한 특징을 인식한다. 예를 들어 작은 정사각형 픽셀(예: 3 × 3)에서 왼쪽 상단 모서리가 밝고 다른 8픽셀이 어두우면 특정 각도로 테두리를 나타낼 수 있는 것이다. 더욱이 영상 처리 분야에서 특정 형태의 모서리를 인식하는 알고리즘은 이 작은 사각형이 나타나는 위치에 관계없이 동일하다. 이러한 사실은 어느 레이어의 모든 노드가 동일한 가중치를 갖는다는 CNN 제약 조건을 정당화한다. 인간의 시각도 이전 레이어들로부터의 결과를 결합함으로써 모호한 경계, 비슷한 색상을 갖는 영역, 매일 마주치는 친숙한 물체, 얼굴과 같은 좀 더 복잡한 구조를 인식하는 것과 같다.

13.4절에서 CNN을 더 자세히 설명할 것이다. CNN은 특정 노드 집합이 동일한 가중치를 갖도록 제한하는 신경망 종류 중 하나일 뿐이다. 예를 들어, 13.5절에서는 문장(단어의 시퀀스)처럼 시퀀스라는 특성을 인식하기 위한 목적으로 특별히 설계된 순환 신경망^{RNN}과 장단기 메모리 네트워크^{LSTM}를 살펴볼 것이다.

13.1.4 신경망 설계 문제

주어진 문제를 해결하는 신경망을 만드는 일은 일정 부분 기술에 속하는 영역이며, 일정 부분은 과학에 속하는 영역이다. 그 문제에 가장 적합한 입력 가중치를 찾음으로써 신경망 학습을 시작하기에 앞서 설계와 관련된 몇 가지 결정을 내려야 한다. 다음 질문이 도움이 될 것이다.

1. 은닉 레이어를 몇 개나 사용해야 할까?
2. 각각의 은닉 레이어에서 노드의 개수는 몇 개가 돼야 하나?
3. 한 레이어의 출력을 어떤 방식으로 다음 레이어의 입력으로 연결할 것인가?

추가로 이 외에 신경망을 학습시킬 때 결정해야 할 항목들을 다음 절에서 살펴볼 것이다. 바로 다음과 같은 내용이다.

1. 가장 적합한 가중치를 구하기 위해 최소화해야 하는 비용 함수는 무엇인가?
2. 입력 함수로서 각 게이트의 출력을 어떻게 계산해야 하나? 출력을 계산하는 전형적인 방식으로 가중치를 고려한 입력을 합산한 후 그 결과를 0과 비교하는 방법을 설명했다. 그런데 일반적인 상황에 좀 더 적합한 계산 방법들이 있다.
3. 가중치를 최적화하기 위해서는 어떤 알고리즘으로 학습 표본을 활용해야 하나?

13.1.5 13.1절 연습문제

!! **연습문제 13.1.1** 퍼셉트론으로 예제 13.1 문제를 해결할 수 없음을 증명하라. 예로, '좋은 점들good points과 나쁜 점들bad potins은 선형으로 분리할 수 없다'처럼 말이다.

! **연습문제 13.1.2** 2개의 연속적인 1을 갖는 길이 n의 비트 벡터를 식별하는 일반적인 문제를 생각해 보자. 몇 개의 게이트를 갖는 하나의 은닉 레이어가 있다고 가정한다. 은닉 레이어가 가질 수 있는 최소 게이트는 몇 개인가? (a) $n = 5$인 경우 (b) $n = 6$인 경우

! **연습문제 13.1.3** exclusive-or 게이트 기능을 하는 신경망을 설계하라. 즉 입력 중 하나가 반드시 1이면 1을 출력하고, 그렇지 않으면 0을 출력한다. 힌트: 가중치와 임계값 모두 음수일 수 있다.

! **연습문제 13.1.4** exclusive-or 게이트처럼 동작하는 단일 퍼셉트론은 없음을 증명하라.

! **연습문제 13.1.5** 입력이 3개인 exclusive-or를 연산하는 신경망을 설계하라. 즉 3개의 입력 중 홀수개의 입력이 1이면 출력이 1이고, 짝수개의 입력이 1이면 출력이 0인 경우다.

13.2 고밀도 피드 포워드 네트워크

이전 13.1절에서는 '연속적인 1'을 찾는 문제를 해결하는 신경망을 알아봤다. 그러

나 신경망의 진정한 가치는 학습 데이터를 바탕으로 신경망을 직접 설계할 수 있다는 사실이다. 13.1.4절에서 언급했듯이 신경망을 설계하기 위해서는 레이어의 개수와 각 레이어의 노드 개수 등 여러 가지 결정해야 할 사항들이 있다. 이러한 선택은 과학이라기보다는 기술에 가깝다고 할 수 있다. 기술보다 과학에 가까운, 학습에서의 연산 영역은 주로 각 노드에 대한 입력 가중치의 선택과 연관된다.

가중치를 선택하는 기술로는 보통 경사 하강법$^{\text{gradient descent}}$을 사용한 수렴을 들 수 있다. 그러나 경사 하강법에는 비용 함수$^{\text{cost function}}$가 필수적이며, 이는 가중치에 대한 연속 함수여야 한다. 그런데 13.1.4절에서 설명한 신경망은 출력이 0 또는 1인 퍼셉트론을 사용하므로 출력은 대개 입력에 대한 연속 함수가 아니다. 13.2절에서는 출력이 입력에 대한 연속 함수가 되고 나아가 그 출력에 적용된 합리적인 비용 함수 역시 연속 함수가 되도록 하는, 신경망 노드들의 동작을 수정할 수 있는 다양한 방법들을 알아볼 것이다.

13.2.1 선형 대수 표기법

연속적인 1을 다루는 문제에서 사용된 신경망은 선형 대수 표기법으로 간결하게 설명할 수 있다. 입력 노드는 벡터^2 $\mathbf{x} = [x_1, x_2, x_3, x_4]$로 구성되고, 은닉 노드$^{\text{hidden node}}$는 벡터 $\mathbf{h} = [h_1, h_2]$로 구성된다. 입력을 은닉 노드 1에 연결하는 4개의 선^{edge}은 가중치 벡터 $\mathbf{w}_1 = [w_{11}, w_{12}, w_{13}, w_{14}]$로 구성되며, 마찬가지로 은닉 노드 2에 대한 가중치 벡터 $\mathbf{w}_2$가 있다. 은닉 레이어에 대한 임계값 입력은 2-벡터 $\mathbf{b} = [b_1, b_2]$로 구성되며, 보통 **편향 벡터**$^{\text{bias vector}}$라 불린다. 퍼셉트론은 비선형 **계단 함수**$^{\text{step function}}$에 적용되며 출력은 다음과 같다.

$$\text{step}(z) = \begin{cases} 1 & \text{when } z > 0 \\ 0 & \text{otherwise} \end{cases}$$

---

2 기본적으로 모든 벡터는 열 벡터(column vector)로 가정한다. 그러나 행 벡터(row vector)로 작성하는 것이 더 편리한 경우가 많으므로 설명은 행 벡터로 할 것이다. 수식에서 실제로 열 벡터가 아니라 행 벡터가 필요한 경우에는 전치 연산자(transpose operator)를 사용할 것이다.

각각의 은닉 노드 h_i는 이제 다음 표현식으로 설명할 수 있다.

$$h_i = \text{step}(\mathbf{w}_i^\mathsf{T}\mathbf{x} + b_i) \text{ for } i = 1, 2$$

가중치 벡터 w_1과 w_2를 2×4 가중치 행렬 W로 만들 수 있는데 여기서 W의 i번째 행은 w_i^T이다. 따라서 은닉 노드는 다음 식으로 설명할 수 있다.

$$\mathbf{h} = \text{step}(W\mathbf{x} + \mathbf{b})$$

벡터 입력의 경우 계단 함수는 벡터에 성분element 단위로 동작해 길이가 동일한 벡터를 출력한다. 은닉 레이어에서 최종 출력을 내는 변환은 배열을 사용해 설명할 수 있다. 이 경우 최종 출력은 스칼라 y이므로 가중치 행렬 W 대신 가중치 벡터 $\boldsymbol{u} = [u_1, u_2]$와 단일 편향bias c만 있으면 된다. 따라서 다음과 같이 표기한다.

$$y = \text{step}(\boldsymbol{u}^\mathsf{T}\mathbf{h} + c)$$

입력이 더 많고 은닉 레이어 하나에 더 많은 노드가 있을 때도 선형 대수 표기법은 잘 맞는다. 이런 경우 가중치 행렬과 편향 벡터를 적절하게 조정하면 된다. 즉 행렬 W는 레이어에서 각 노드에 해당하는 하나의 행을 갖고, 이전 레이어의 각 출력(혹은 첫 번째 레이어인 경우 각 입력)에 해당하는 하나의 열을 갖는다. 그리고 편향 벡터는 각 노드에 대해 하나의 성분을 갖는다. 이렇게 하면 출력 레이어에 노드가 둘 이상인

720

경우 역시 쉽게 처리할 수 있다. 예를 들어, 다중 클래스 분류 문제에서 대상 클래스 i에 해당하는 출력 노드 y_i가 있다고 하자. 이 출력은 주어진 입력이 해당 클래스에 속할 확률을 명시한다. 이러한 방식으로 출력 벡터 $\mathbf{y} = [y_1, y_2, \ldots, y_n]$이 생성된다. 여기서 n은 클래스 개수다. 13.1절의 간단한 신경망에는 2개의 출력 클래스(true와 false)에 해당하는 불린boolean 출력이 있었으므로 출력을 2-벡터와 동일하게 모델링할 수도 있을 것이다. 벡터 출력의 경우 예제에 사용했던 가중치 벡터 대신 은닉 레이어와 출력 레이어를 적절한 차원의 가중치 행렬로 연결한다.

이전 예제에서 퍼셉트론은 비선형 계단 함수를 사용했다. 좀 더 일반적으로는 선형 변환을 따르는 또 다른 비선형 함수인 **활성 함수**activation function를 사용해도 된다. 13.2.2절에서 흔히 사용되는 활성 함수를 설명할 것이다.

이전 간단한 예제에서는 입력 레이어와 출력 레이어 사이에 은닉 레이어를 하나만 사용했다. 보통은 그림 13.3처럼 은닉 레이어가 많을 수 있다. 각각의 은닉 레이어마다 추가 가중치와 편향 벡터는 물론 자체 활성 함수를 갖는다. 이러한 종류의 신경망을 **피드 포워드 네트워크**feedforward network라고 한다. 모든 선edge이 순환 없이 입력에서 출력 방향인 '앞으로' 향하기 때문이다.

이제 은닉 레이어 ℓ개와 출력 레이어 $\ell + 1$개가 있다고 가정하자. i번째 레이어의 가중치 행렬을 W_i로, 편향 벡터 또는 해당 레이어를 $\mathbf{b}_i$로 한다. 가중치 $W_1, W_2, \ldots, W_{l+1}$과 편향 $\mathbf{b}_1, \mathbf{b}_2, \ldots, \mathbf{b}_{l+1}$은 모델의 매개 변수다. 목표는 주어진 과제를 달성하기 위한 매개 변수로 가장 적합한 값을 학습하는 것이다. 이제 모델 매개 변수를 학습하는 방법을 설명할 것이다.

13.2.2 활성 함수

신경망의 노드(퍼셉트론perceptron)는 0 또는 1(yes 또는 no)을 출력하도록 설계됐다. 일반적으로 다양한 값의 출력을 내도록 만들기 위해 노드의 출력에 **활성 함수**를 적용한다. 어떤 경우 활성 함수는 한 레이어의 모든 출력을 받아 하나의 그룹으로 간주해 모든 값을 수정한다. 활성 함수가 필요한 이유는 다음과 같다. 신경망에 대한 좋은 매개 변수 값을 학습하기 위해 사용할 방법은 경사 하강법gradient descent이므로 경사 하강법과 '잘 맞는play well' 활성 함수가 필요하다. 특히 다음과 같은 속성을 갖는 활성 함수가 적합하다.

1. 함수는 어디서나 (또는 거의 모든 곳에서) 연속이며, 미분 가능하다.
2. 함수의 미분은 값이 특정 범위로 제한되지 않는다(즉 0을 향해 매우 작아지지 않는다). 매우 작은 미분 계수는 학습 과정을 중단시키는 경향이 있다.
3. 미분은 **발산**explode하지 않는데(즉 무한대를 향해 매우 커지지 않는다) 이는 수치적 불안정성numerical instability 문제를 일으킬 것이기 때문이다.

계단 함수는 조건 **2**와 **3**을 만족하지 않는다. 계단 함수의 미분은 0에서 발산하고 다른 곳에서는 0이다. 따라서 계단 함수는 경사 하강과는 잘 맞지 않으며, 심층 신경망deep neural network에 적합하지 않다.

13.2.3 시그모이드

계단 함수를 사용할 수 없다는 점을 감안해 그 대안으로 S자형 곡선 모형에서 그 이름이 유래된 **시그모이드 함수**를 살펴보자. 가장 일반적으로 사용되는 시그모이드 함수는 **로지스틱 시그모이드**logistic sigmoid다.

$$\sigma(x) = \frac{1}{1 + e^{-x}} = \frac{e^x}{1 + e^x}$$

이 시그모이드는 $x = 0$에서 1/2 값을 갖는다는 사실에 주목하자. x가 크면 1에 근접하고 x가 음수이면 0에 근접한다.

로지스틱 시그모이드는 앞으로 살펴볼 모든 함수와 마찬가지로 성분 단위로 벡터에 적용된다. 따라서 $\mathbf{x} = [x_1, x_2, \dots, xn]$이면 다음과 같다.

$$\sigma(\mathbf{x}) = [\sigma(x_1), \sigma(x_2), \dots, \sigma(x_n)]$$

로지스틱 시그모이드는 퍼셉트론의 출력을 정의하는 방법으로서 계단 함수 대비 몇 가지 장점이 있다. 로지스틱 시그모이드는 연속이고 미분 가능하므로 경사 하강법을 사용해 최적의 가중치를 찾을 수 있다. 값이 [0, 1] 범위에 있기 때문에 신경망의 출력을 확률로 해석할 수 있는 것이다. 그러나 로지스틱 시그모이드는 0 부근의 '중심 영역'에서 멀어짐에 따라 매우 빠르게 수렴한다. 따라서 미분 값은 0에 가까워지고 경사 기반gradient-based 학습이 중단될 수 있다. 즉 가중치가 0에서 멀어지면 가중치 변경이 거의 중단된다.

13.3.3절에서 역전파backpropagation 알고리즘을 설명할 때 활성 함수와 손실 함수의 미분이 필요함을 다룰 것이다. $y = \sigma(x)$이면 다음이 성립함을 연습 삼아 확인해 볼 수 있다.

$$\frac{dy}{dx} = y(1 - y)$$

13.2.4 쌍곡선 탄젠트

시그모이드와 밀접한 관련이 있는 쌍곡선 탄젠트 함수는 다음과 같이 정의한다.

$$\tanh(x) = \frac{e^x - e^{-x}}{e^x + e^{-x}}$$

간단하게 대수적으로 변환하면 다음과 같다.

$$\tanh(x) = 2\sigma(2x) - 1$$

쌍곡선 탄젠트는 단지 시그모이드를 조정하고scaled 이동시킨shifted 결과다. 특정 상황에서 매우 강력한 두 가지 특성이 있다. 바로 출력이 $[-1, 1]$ 범위이고 0을 기준으로 대칭이라는 점이다. 또한 시그모이드의 좋은 특성과 수렴 문제를 동일하게 갖고 있다. $y = \tanh(x)$인 경우 다음이 사실임을 알 수 있을 것이다.

$$\frac{dy}{dx} = 1 - y^2$$

그림 13.4는 로지스틱 시그모이드와 쌍곡선 탄젠트 함수를 나타낸다. 두 그래프에서 x축에 따른 배율 차이에 유의하라. 이 함수들을 조정하고 이동하면 동일하다는 사실을 쉽게 알 수 있다.

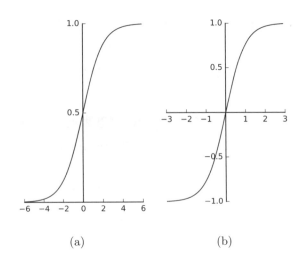

(a)   (b)

그림 13.4 로지스틱 시그모이드(a)와 쌍곡선 탄젠트(b) 함수

소프트맥스 계산의 정확성

소프트맥스^{softmax} 함수의 분모는 $\sum_j e^{x_j}$ 형식의 합이다. x_j 값의 범위가 넓을 때 지수 e^{x_j}는 더 넓은 범위의 값을 갖는다. 일부 값은 매우 작고 일부 값은 매우 클 것이다. 매우 크고 작은 부동 소수점 숫자를 추가하면 고정 너비 부동 소수점 표현(예: 32비트 또는 64비트)에서 수치의 부정확성 문제가 발생한다. 다행히 이 문제를 피하기 위한 기법이 있다. 상수 c에 대해 식은 다음과 같다.

$$\mu(x_i) = \frac{e^{x_i}}{\sum_j e^{x_j}} = \frac{e^{x_i - c}}{\sum_j e^{x_j - c}}$$

모든 j에 대해 $x_j - c \leq 0$이 되도록 $c = \max_j x_j$를 선택한다. 이를 통해 $e^{x_j - c}$는 항상 0과 1 사이에 있음이 보장되며 정확한 계산을 할 수 있다. 대부분의 딥러닝 프레임워크는 이러한 방식으로 소프트맥스를 주의해서 계산할 것이다.

13.2.5 소프트맥스

소프트맥스softmax 함수는 벡터에 성분 단위로 동작하지 않는다는 점이 시그모이드 함수와 다르다. 소프트맥스 함수는 전체 벡터에 적용된다. $\mathbf{x} = [x_1, x_2, \ldots, x_n]$이면 소프트 맥스 함수는 $\mu(\mathbf{x}) = [\mu(x_1), \mu(x_2), \ldots, \mu(x_n)]$이며, 다음과 같다.

$$\mu(x_i) = \frac{e^{x_i}}{\sum_j e^{x_j}}$$

소프트맥스는 벡터의 가장 큰 성분을 1 방향으로 옮기고, 다른 모든 성분들을 0 방향으로 옮긴다. 또한 입력 벡터 성분들의 합에 관계없이 모든 출력의 합은 1이다. 따라서 소프트맥스 함수의 출력은 확률 분포로 해석될 수 있다.

일반적인 응용 분야는 분류 문제에서 출력 레이어에 소프트맥스를 사용하는 것이다. 출력 벡터에는 각 대상 클래스에 해당하는 성분이 존재하며, 소프트맥스 출력은 입력이 해당 클래스에 속할 확률로 해석된다.

소프트맥스는 성분 하나가 다른 성분들보다 커지기 때문에 시그모이드가 갖는 수렴 문제를 동일하게 갖는다. 그러나 출력 레이어에 소프트맥스가 사용될 때 이 문제를 해결하는 간단한 방법이 하나 있다. 이 경우 보통 손실 함수로 **교차 엔트로피**cross entropy를 선택하는데 이는 소프트맥스의 정의에서 지수 연산을 하지 않도록 해 수렴을 피한다. 교차 엔트로피는 13.2.9절에서 설명한다. 13.3.3절에서 소프트맥스 함수 미분 문제를 다룰 것이다.

13.2.6 정류 선형 유닛

정류 선형 유닛 ReLU, Recified Linear Unit은 다음과 같이 정의한다.

$$f(x) = \max(0, x) = \begin{cases} x, & \text{for } x \geq 0 \\ 0, & \text{for } x < 0 \end{cases}$$

이 함수의 이름은 전기 공학에서의 **반파 정류**half-wave rectification를 비유한 것이다. 이 함수는 0에서 미분할 수 없지만, 0에 가까운 임의의 점들을 포함한 다른 곳에서는 미분

할 수 있다. 실제로 0에서 미분 값을 0(왼쪽 미분) 혹은 1(오른쪽 미분)이 되도록 '설정'
한다.

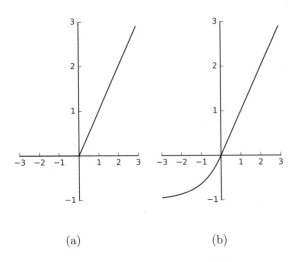

그림 13.5 α = 1일 때 ReLU(a)와 ELU(b) 함수들

근래 신경망에서는 기본 활성 함수로 시그모이드 대신 ReLU 버전이 선택된다.
ReLU의 인기는 다음 두 가지 특성 때문이다.

1. ReLU의 경사는 일정하게 유지되고 양의 x에 대해 절대 수렴하지 않으면서 학
   습 속도를 높인다. 실제로 ReLU를 사용하는 신경망은 시그모이드 활성 함수
   대비 학습 속도가 크게 높아지는 것으로 나타났다.
2. 기본적인 수학 연산을 사용해 효율적으로 그 함수와 미분을 계산할 수 있다.

ReLU는 $x < 0$일 때 미분 값 수렴과 관련된 문제를 갖는다. 노드의 입력 값이 음수
가 되면 나머지 학습 과정 동안 노드의 출력이 0에서 '고착'될 수 있는 것이다. 이를
ReLU이 죽는^{dying ReLU} 문제라 한다.

누설 ReLU^{Leaky ReLU}는 활성 함수를 다음과 같이 정의함으로써 이 문제를 해결하려
고 한다.

726

$$f(x) = \begin{cases} x, & \text{for } x \geq 0 \\ \alpha x, & \text{for } x < 0 \end{cases}$$

여기서 α는 보통 0.01 같은 작은 양수다. **파라메트릭 ReLU**^{PreLU, Parametric ReLU}는 α를 학습 과정 중 최적화할 매개 변수로 만든다.

원래의 ReLU 함수와 누설^{leaky} ReLU 함수를 개선한 함수는 바로 **지수 선형 유닛**^{ELU, Exponential Linear Unit}이다. 이 함수는 다음과 같이 정의한다.

$$f(x) = \begin{cases} x, & \text{for } x \geq 0 \\ \alpha(e^x - 1), & \text{for } x < 0 \end{cases}$$

여기서 $\alpha \geq 0$은 **하이퍼파라미터**다. 즉 학습 과정에서 α는 고정돼 있지만 문제에 가장 적합한 값을 찾기 위해 α를 다른 값으로 해서 학습 과정을 반복할 수 있다. 노드의 값은 x가 큰 음수일 때 $-\alpha$로 수렴하는데 보통 $\alpha = 1$을 선택한다. ELU는 노드의 평균 활성을 0으로 유도함으로써 다른 변형된 ReLU에 비해 학습 과정의 속도를 높인다.

13.2.7 손실 함수

손실 함수^{loss function}는 모델의 예측 값과 실세계(즉 학습 집합)에서 관찰된 출력 값 사이의 차이를 정량화한다. 입력 $\mathbf{x}$에 해당하는 관측 값이 $\hat{\mathbf{y}}$이며, 예측 출력이 $\mathbf{y}$라고 가정하자. 손실 함수 $L(\mathbf{y}, \hat{\mathbf{y}})$는 이 단일 입력에 대한 예측 오차를 정량화한다. 일반적으로 전체 학습 집합처럼 대규모 관측 집합에 대한 손실을 다룬다. 이 경우 보통 모든 학습 표본에 대한 손실을 평균으로 낸다.

두 가지 경우를 분리해서 살펴볼 것이다. 첫 번째로 단일 출력 노드가 있으며, 이 노드가 실제 값을 출력하는 경우다. 이를 위해 '회귀 손실^{regression loss}'을 다룰 것이다. 두 번째는 여러 개의 출력 노드가 있으며, 각 노드가 특정 클래스의 멤버를 나타내는 경우다. 이 문제를 13.2.9절 '분류 손실^{classification loss}'에서 살펴볼 것이다.

13.2.8 회귀 손실

모델은 하나의 연속 값을 출력하고 $(\mathbf{x}, \hat{y})$는 학습 표본으로 가정하자. 동일한 입력 $\mathbf{x}$에 대해 신경망의 예측 출력이 y라고 가정한다. 그러면 이 예측의 **제곱 오차 손실**squared error loss $L(y, \hat{y})$은 다음과 같다.

$$L(y, \hat{y}) = (y - \hat{y})^2$$

보통은 예측 집합의 손실을 계산한다. 관찰된(즉 학습 집합) 입-출력 쌍은 $T = \{(\mathbf{x}_1, \hat{y}_1), (\mathbf{x}_2, \hat{y}_2), \ldots, (\mathbf{x}_n, \hat{y}_n)\}$로, 모델에 의해 예측된 해당 입-출력 쌍은 $P = \{(\mathbf{x}_1, y_1), (\mathbf{x}_2, y_2), \ldots, (\mathbf{x}_n, y_n)\}$로 가정하자. **평균 제곱 오차**MSE, Mean Squared Error는 다음과 같다.

$$L(P, T) = \frac{1}{n} \sum_{i=1}^{n} (y_i - \hat{y}_i)^2$$

평균 제곱 오차는 RMSE의 제곱이다. 함수의 미분을 단순화하기 위해서 제곱근을 생략하는 것이 편리한데, 이를 학습 중 사용할 것이다. 어쨌든 MSE를 최소화하면 RMSE도 자동으로 최소화된다.

MSE의 한 가지 문제는 제곱 항으로 인해 이상치outlier에 매우 민감하다는 것이다. 이상치 몇 개가 손실에 큰 영향을 미칠 수 있고, 다른 점들의 영향이 배제돼 학습 과정이 심한 변동에 취약해진다. 이 문제를 해결하는 한 가지 방법은 **후버 손실**Huber loss을 사용하는 것이다. $z = y - \hat{y}$이고 δ는 상수라고 가정하자. 후버 손실 L_δ는 다음과 같다.

$$L_\delta(z) = \begin{cases} z^2 & \text{if } |z| \leq \delta \\ 2\delta(|z| - \frac{1}{2}\delta) & \text{otherwise} \end{cases}$$

그림 13.6은 제곱 오차와 손실 함수를 대조해서 보여 준다.

출력이 단일 값이 아니라 벡터 $\mathbf{y}$인 경우 평균 제곱 오차와 후버 손실 정의에서 $\| \mathbf{y} - \hat{\mathbf{y}} \|$ 대신 $\| y - \hat{y} \|$를 사용한다.

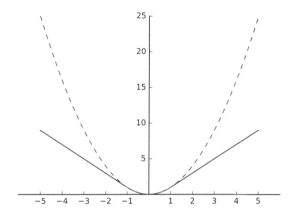

그림 13.6 $z = y - \hat{y}$ 함수로서의 후버 손실(실선, $\delta = 1$)과 제곱 오차(점선)

13.2.9 분류 손실

목표 클래스 $C_1, C_2, \ldots, C_n$에 대한 다중 클래스 분류 문제를 생각해 보자. 학습 집합의 각 점을 $(\mathbf{x}, \mathbf{p})$라고 가정하자. $\mathbf{x}$는 입력이고 $\mathbf{p} = [p_1, p_2, \ldots, p_n]$는 출력이다. 여기서 p_i는 $\sum_i p_i = 1$이며 입력 $\mathbf{x}$가 클래스 C_i에 속할 확률을 나타낸다. 대부분은 입력이 특정 클래스 C_i에 속한다고 가정한다. 이 경우 $i \neq j$일 때 $p_i = 1$이고 $p_j = 0$이다. 일반적으로 p_i는 입력 $\mathbf{x}$가 클래스 C_i에 속하는 것을 확신하는 수준으로, $\mathbf{p}$는 목표 클래스에 대한 **확률 분포**probability distribution로 해석하면 된다.

$\sum_i q_i = 1$인 벡터의 확률을 출력하는 신경망은 다음과 같이 설계한다.

$$\mathbf{q} = [q_1, q_2, \ldots, q_n]$$

이전처럼 $\mathbf{q}$를 목표 클래스들에 대한 확률 분포로 해석하는데, 여기서 q_i는 입력 $\mathbf{x}$가 대상 클래스 C_i에 속할 모델의 확률을 나타낸다. 13.2.5절에서 이런 확률 벡터를 출력으로 내는 간단한 방법을 설명했다. 바로 네트워크 출력 레이어에 소프트맥스 활성 함수를 사용하는 것이다.

레이블이 있는 출력과 모델의 출력 모두 확률 분포이기 때문에 두 확률 분포 사이의 거리를 정량화하는 손실 함수를 찾는 것이 당연하다. 12.5.2절에서 설명한 엔트로피entropy 정의를 다시 생각해 보자. 이산 확률 분포discrete probability distribution $\mathbf{p}$의 엔트로피 $H(\mathbf{p})$는 다음과 같다.

$$H(\mathbf{p}) = -\sum_{i=1}^{n} p_i \log p_i$$

n개의 알파벳 기호와 이를 사용하는 메시지를 상상해 보자. 메시지의 각 위치에서 기호 i가 나타날 확률을 p_i로 가정한다. 최적의 이진 코드를 사용해 메시지를 인코딩하면 메시지 인코딩에 필요한 기호당 평균 비트 수가 $H(\mathbf{p})$라는 점이 바로 정보 이론의 핵심이다.

코딩 방식을 설계할 때 기호 확률 분포 $\mathbf{p}$를 모른다고 가정하자. 그 대신 기호들이 등장할 확률 분포는 $\mathbf{q}$라는 것은 안다. 이렇게 차선의 인코딩 방식을 사용하면 기호당 평균 비트 개수가 궁금할 수 있다. 정보 이론에서 이러한 경우 평균 비트 개수는 **교차 엔트로피** $H(\mathbf{p}, \mathbf{q})$로 널리 알려져 있으며, 다음과 같이 정의한다.

$$H(\mathbf{p}, \mathbf{q}) = -\sum_{i=1}^{n} p_i \log q_i$$

$H(\mathbf{p}, \mathbf{p}) = H(\mathbf{p})$이며 일반적으로 $H(\mathbf{p}, \mathbf{q}) \geq H(\mathbf{p})$라는 사실에 주목하자. 교차 엔트로피와 엔트로피의 차이는 기호당 추가로 필요한 평균 비트 개수다. 이는 **쿨백 라이블러 발산**KL-발산, Kullblack-Liebler divergence이라고 하는, 분포 $\mathbf{p}$와 $\mathbf{q}$ 사이의 합리적인 거리 측정 값이며, $D(\mathbf{p}\|\mathbf{q})$로 표시한다.

$$D(\mathbf{p}\|\mathbf{q}) = H(\mathbf{p}, \mathbf{q}) - H(\mathbf{p}) = \sum_{i=1}^{n} p_i \log \frac{p_i}{q_i}$$

KL 발산은 종종 거리로 간주되지만, 실제로는 교환 법칙이 성립하지 않기 때문에 그렇지 않다. 그러나 $\mathbf{p}$가 실측 자료ground truth인 반면 $\mathbf{q}$는 예측 결과인 상황에서 내재된 비대칭성으로 인해 손실 함수로서 완벽하게 적합하다. KL 발산 손실을 최소화하는 것과 교차 엔트로피 손실을 최소화하는 것은 같다는 점에 주목해야 한다. $H(\mathbf{p})$ 항은 입력에만 의존하고 학습된 모델과 무관하기 때문이다.

실제로 교차 엔트로피는 분류 문제에 가장 흔하게 사용되는 손실 함수다. 분류를 위해 설계된 네트워크는 보통 출력 레이어에 소프트맥스 활성 함수를 사용한다. 이는 매우 일반적인 선택이라 텐서플로^{TensorFlow} 같은 많은 구현에서 소프트맥스와 교차 엔트로피를 결합한 하나의 함수를 제공한다. 그 이유는 편의성은 물론 결합 함수가 수치적으로 더 안정적이고, 13.3.3절에서 설명하겠지만 미분 역시 간단하기 때문이다.

13.2.10 13.2절 연습문제

연습문제 13.2.1 로지스틱 시그모이드 σ에 대해서 $y = \sigma(x)$일 때 다음을 증명하라.

$$\frac{dy}{dx} = y(1-y)$$

연습문제 13.2.2 $y = \tanh(x)$일 때 다음을 증명하라.

$$\frac{dy}{dx} = 1 - y^2$$

연습문제 13.2.3 $\tanh(x) = 2\sigma(2x) - 1$을 증명하라.

연습문제 13.2.4 $\sigma(x) = 1 - \sigma(-x)$를 증명하라.

연습문제 13.2.5 벡터 $[v_1, v_2, \ldots, v_k]$에 대해 $\sum_{i=1}^{k} \mu(v_i) = 1$을 증명하라.

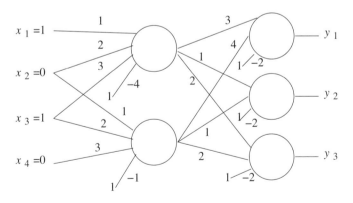

그림 13.7 연습문제 13.2.6을 위한 신경망

연습문제 13.2.6 그림 13.7 신경망에는 모든 가중치와 입력에 해당하는 값이 표시돼 있다. 시그모이드 함수를 사용해서 첫 번째 레이어 노드들의 출력을 계산하고, 소프트맥스를 사용해서 출력 레이어 노드들의 출력을 계산한다고 가정하자.

(a) 다섯 노드 각각의 출력을 계산하라.

! (b) 각 가중치와 각 x_i를 변수로 가정해서 첫 번째 노드(가장 위)의 출력을 가중치와 x_i항으로 표현하라.

! (c) 첫 번째 레이어에서 첫 번째(가장 위) 노드의 첫 번째(가장 위) 입력 가중치에 대해 (b)에서 구한 함수의 미분을 구하라.

13.3 역전파와 경사 하강법

이제 심층 네트워크^{deep network}를 학습시키는 문제를 다룰 차례다. 신경망을 학습시킨다는 말은 해당 네트워크에 적합한 매개 변수들(가중치와 임계값)을 찾는 일을 뜻한다. 일반적으로 레이블이 있는 입/출력 쌍의 학습 집합을 활용해야 한다. 학습 과정에서는 학습 집합에 대한 평균 손실을 최소화하는 매개 변수를 찾으려고 시도한다. 학습 집합이 미래에 모델이 직면하게 될 데이터를 대표한다고 가정하기 때문에 학습 집합에 대한 평균 손실은 모든 가능한 입력에 대한 평균 오차로 적절한 측정 값이다. 그러나 조심해야 한다. 심층 네트워크는 매개 변수를 많이 사용하기 때문에 학습 손실은 낮은데 실제 환경에서는 성능이 떨어지는 매개 변수를 찾을 수도 있다. 이 현상은 9.4.4절에서 처음 언급한 후 여러 번 다뤘던 과적합^{overfitting}이라는 문제다.

지금 이 시점에서 목표는 학습 집합에 대한 예상 손실을 최소화하는 매개 변수를 찾는 것이라고 가정하자. 이는 경사 하강법으로 해결할 수 있다. 경사를 효율적으로 계산할 수 있는 **역전파**라는 훌륭한 알고리즘이 있다. 역전파를 설명하기 전에 몇 가지 준비가 필요하다.

13.3.1 계산 그래프

계산 그래프^{compute graph}는 심층 네트워크의 데이터 흐름을 포착한다. 형식적으로 계산 그래프는 방향성 비순환 그래프^{DAG, Directed Acyclic Graph}다. 계산 그래프의 각 노드에는 피연산자가 있고 추가로 연산자도 있을 수 있다. 피연산자로 스칼라, 벡터 또는 행렬이 가능하다. 연산자는 (+ 또는 × 등의) 선형 대수 연산자, (σ 같은) 활성 함수 또는 (MSE 같은) 손실 함수다. 노드에 피연산자와 연산자가 모두 있으면 연산자는 피연산자 위에 표시된다.

노드에 피연산자만 있는 경우 출력은 해당 피연산자와 연관된 값이다. 연산자가 있는 노드의 출력은 그 연산자를 그래프 바로 직전에 적용한 다음 그 결과를 피연산자에 할당한 결과다. 일반적으로 연산자에는 하나의 출력을 내기 위해 자신의 입력 변수를 사용하는 어떤 표현식도 들어갈 수 있다.[3]

예제 13.2 그림 13.8은 $\mathbf{x}$는 입력, $\mathbf{y}$는 출력인 $\mathbf{y} = \sigma(W\mathbf{x} + \mathbf{b})$로 설명되는 단일 레이어 고밀도 네트워크^{single-layer dense network}에 대한 계산 그래프다. 그다음으로 학습 집합 출력 $\hat{\mathbf{y}}$에 대한 MSE 손실을 계산한다. 즉 노드가 n개인 단일 레이어다. 벡터 $\mathbf{y}$의 길이는 n이며, 각 노드들의 출력을 나타낸다. 입력은 k개이며 $(\mathbf{x}, \hat{\mathbf{y}})$는 하나의 학습 표본을 나타낸다. 행렬 W는 노드의 입력에 대한 가중치를 나타낸다. 즉 W_{ij}는 i번째 노드에서 입력 j에 대한 가중치다. 마지막으로 $\mathbf{b}$는 n개의 편향을 의미하는데, i번째 성분은 i번째 노드에 대한 임계값의 음수다.

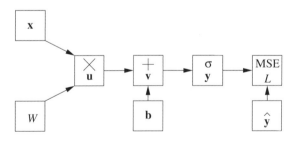

그림 13.8 단일 레이어 고밀도 네트워크를 나타내는 계산 그래프

---

3   때때로 연산자에 대한 피연산자의 순서가 중요하다. 여기서 상세하게 설명하지 않겠지만, 문맥을 고려하면 이해할 수 있을 것이다.

그림 13.8 그래프에서 다음 관계가 성립한다.

$$\mathbf{u} = W\mathbf{x}$$
$$\mathbf{v} = \mathbf{u} + \mathbf{b}$$
$$\mathbf{y} = \sigma(\mathbf{v})$$
$$L = \text{MSE}(\mathbf{y}, \hat{\mathbf{y}})$$

이러한 단계들은 각각 왼쪽부터 순서대로 가운데 행에 위치한 4개의 노드 중 하나에 해당한다. 첫 번째 단계는 피연산자 $\mathbf{u}$와 연산자 ×를 갖는 노드에 해당한다. 이 예제에서는 W로 표시된 노드가 첫 번째 인수라는 점을 이해해야 한다. 필요하다면 선 edge마다 번호로 순서를 표시할 수 있지만, 이 경우 행렬의 행이 하나가 아닌 한 열 벡터 $\mathbf{x}$에 행렬 W를 곱할 수 없으므로 순서가 분명하다. 두 번째 단계는 연산자 +와 피연산자 $\mathbf{v}$를 갖는 노드에 해당한다. 여기서는 벡터에서 +가 교환 법칙이 성립하기 때문에 인수의 순서는 중요하지 않다. ■

13.3.2 경사, 야코비안, 연쇄 규칙

역전파 알고리즘의 목표는 네트워크 매개 변수들에 대한 손실 함수의 기울기를 계산하는 것이다. 그러면 손실을 줄이는 방향으로 매개 변수를 약간 조정할 수 있고, 손실에 대한 개선이 거의 불가능한 매개 변수 값을 찾을 때까지 이 과정을 반복할 수 있다. 경사에 대한 정의를 다시 상기해 보자. 실수 값 벡터에서 스칼라로 변환되는 함수 $f : \mathbb{R}^N \to \mathbb{R}$가 있을 때 $\mathbf{x} = [x_1, x_2, \ldots, x_n]$ 그리고 $y = f(\mathbf{x})$이면 $\nabla_{\mathbf{x}} y$로 표시되는 x에 대한 y의 경사는 다음과 같다.[4]

$$\nabla_{\mathbf{x}} y = \left[\frac{\partial y}{\partial x_1}, \frac{\partial y}{\partial x_2}, \ldots, \frac{\partial y}{\partial x_n} \right]$$

예제 13.3 함수 f를 제곱 오차 손실 같은 손실 함수라 하고, L로 나타낸다고 하자. 이 손실은 출력 $\mathbf{y}$의 스칼라 값 함수다.

---

4 때때로 야코비안은 원래 정의의 전치(transpose)로 정의되기도 한다. 공식은 동일하다. 모든 벡터는 전치되지 않는 한 열 벡터로 가정하나, 한 줄로 적기 위해 행 벡터를 사용한다는 사실을 기억하라.

$$L(\mathbf{y}) = \|\mathbf{y} - \hat{\mathbf{y}}\|^2 = \sum_{i=1}^{n}(y_i - \hat{y}_i)^2$$

따라서 $\mathbf{y}$에 대한 L의 경사를 다음과 같이 쉽게 적을 수 있다.

$$\nabla_{\mathbf{y}} L = [2(y_1 - \hat{y}_1), (y_2 - \hat{y}_2), \dots, 2(y_n - \hat{y}_n)] = 2(\mathbf{y} - \hat{\mathbf{y}})$$

벡터 값 함수에 대한 경사의 일반화 결과를 **야코비안**^{Jacobian}이라고 한다. 함수 $f : \mathbb{R}^m \rightarrow \mathbb{R}^n$과 $\mathbf{y} = f(\mathbf{x})$가 있다고 가정하자. 야코비안 $J_{\mathbf{x}}(\mathbf{y})$는 다음과 같다.

$$J_{\mathbf{x}}(\mathbf{y}) = \begin{bmatrix} \frac{\partial y_1}{\partial x_1} & \cdots & \frac{\partial y_n}{\partial x_1} \\ \vdots & \ddots & \vdots \\ \frac{\partial y_1}{\partial x_m} & \cdots & \frac{\partial y_n}{\partial x_m} \end{bmatrix}$$

미적분에서 미분에 대한 연쇄 규칙을 사용할 것이다. $y = g(x)$ 그리고 $z = f(y) = f(g(x))$이면 연쇄 규칙으로 다음이 성립한다.

$$\frac{dz}{dx} = \frac{dz}{dy}\frac{dy}{dx}$$

또한 $u = g(x)$ 그리고 $v = h(x)$일 때 $z = f(u, v)$이면 다음이 성립한다.

$$\frac{dz}{dx} = \frac{\partial z}{\partial u}\frac{du}{dx} + \frac{\partial z}{\partial v}\frac{dv}{dx}$$

벡터의 함수에 대해 경사와 야코비안 항^{term}으로 연쇄 법칙을 다시 나타내면 다음과 같다. $y = g(x)$ 그리고 $z = f(y) = f(g(x))$일 때 다음이 성립한다.

$$\nabla_{\mathbf{x}} z = J_{\mathbf{x}}(\mathbf{y})\nabla_{\mathbf{y}} z$$

$u = g(x)$와 $v = h(x)$일 때 $z = f(u, v)$이면 다음이 성립한다.

$$\nabla_{\mathbf{x}} z = J_{\mathbf{x}}(\mathbf{u})\nabla_{\mathbf{u}} z + J_{\mathbf{x}}(\mathbf{v})\nabla_{\mathbf{v}} z$$

13.3.3 역전파 알고리즘

역전파 알고리즘의 목표는 네트워크 매개 변수에 대한 손실 함수의 기울기를 계산하는 것이다. 그림 13.8 계산 그래프를 보자. 여기서 손실 함수 L은 MSE 함수다. $g(\mathbf{z})$ 표기법을 사용해 $\nabla_{\mathbf{z}}(L)$을 나타낼 것이다. 즉 어떤 벡터 $\mathbf{z}$에 대한 손실 함수 L의 기울기 말이다. 출력 $\mathbf{y}$에 대한 L의 기울기는 이미 알고 있다.

$$g(\mathbf{y}) = \nabla_{\mathbf{y}}(L) = 2(\mathbf{y} - \hat{\mathbf{y}})$$

각 단계에 연쇄 규칙을 적용해 계산 그래프를 역방향으로 처리한다. 각 시점에서 후속 작업들이 이미 모두 처리된 노드 하나를 선택한다. $\mathbf{a}$를 그러한 노드로 가정하고, 그래프에 바로 후속 노드 $\mathbf{b}$가 하나만 있다고 가정한다(그림 13.8의 간단한 계산 그래프에서 각 노드는 단 하나의 후속 노드를 갖는다). 노드 $\mathbf{b}$를 이미 처리했으므로 $g(\mathbf{b})$를 이미 계산한 상황이다. 이제 연쇄 규칙을 사용해 $g(\mathbf{a})$를 계산하면 된다.

$$g(\mathbf{a}) = J_{\mathbf{a}}(\mathbf{b})g(\mathbf{b})$$

노드 $\mathbf{a}$가 둘 이상의 후속 노드를 갖는 경우 좀 더 일반적인 버전의 연쇄 규칙을 사용한다. 즉 $g(\mathbf{a})$는 $\mathbf{a}$의 각 후속 노드 $\mathbf{b}$에 대한 상위 항들의 합이 될 것이다.

경사 하강이 반복될 때마다 기울기를 여러 번 계산해야 하므로 계산 그래프에 역전파를 위한 별도의 노드를 추가함으로써 반복 연산을 피할 수 있다. 각각의 기울기 연산당 노드 하나다. 일반적으로 야코비안 $J_{\mathbf{a}}(\mathbf{b})$는 $\mathbf{a}$와 $\mathbf{b}$의 함수이므로 $g(\mathbf{a})$에 대한 노드는 $\mathbf{a}$, $\mathbf{b}$, $g(\mathbf{b})$에 대한 노드들로부터 연결된 선[arc]을 갖게 된다. 대중적인 딥러닝 프레임워크(예로, 텐서플로)는 그림 13.8에 있는 흔히 사용되는 연산자들의 야코비안과 경사에 대한 함수 표현식을 계산하는 방법을 지원한다. 이 경우 개발자는 계산 그래프만 만들면 프레임워크가 역전파를 위한 새로운 경사 노드를 추가해 줄 것이다. 그림 13.9는 경사 노드가 추가된 계산 그래프를 보여 준다.

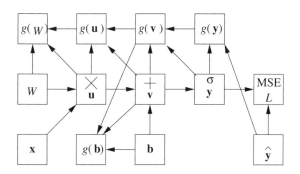

그림 13.9 경사 노드를 갖는 계산 그래프

예제 13.4 그림 13.8에서 모든 노드의 경사에 대한 함수 표현식을 유도해 볼 것이다. 이미 $g(\mathbf{y})$는 알고 있으므로 다음으로 처리할 노드는 $\mathbf{v}$다.

$$g(\mathbf{v}) = \nabla_{\mathbf{v}}(L) = J_{\mathbf{v}}(\mathbf{y})\nabla_{\mathbf{y}}(L) = J_{\mathbf{v}}(\mathbf{y})g(\mathbf{y})$$

$\mathbf{y} = \sigma(\mathbf{v})$다. σ는 성분 단위 연산자이므로 야코비안 $J_{\mathbf{v}}(\mathbf{y})$의 식이 매우 간단해진다. 13.2.2절의 로지스틱 시그모이드 함수에 대한 미분을 사용하면 다음이 성립한다.

$$\frac{\partial y_i}{\partial v_j} = \begin{cases} y_i(1 - y_i) & \text{if } i = j \\ 0 & \text{otherwise} \end{cases}$$

따라서 야코비안은 대각 행렬^{diagonal matrix}이다.

$$J_{\mathbf{v}}(\mathbf{y}) = \begin{bmatrix} y_1(1 - y_1) & 0 & \dots & 0 \\ 0 & y_2(1 - y_2) & \dots & 0 \\ \vdots & \vdots & \ddots & \vdots \\ 0 & 0 & \dots & y_n(1 - y_n) \end{bmatrix}$$

$\mathbf{s} = [s_1, s_2, \dots, s_n]$은 $s_i = y_i(1 - y_i)$로 정의된 벡터로 가정한다(즉 야코비안 행렬의 대각선이다). $g(\mathbf{v})$를 간단하게 다음과 같이 표현할 수 있다.

$$g(\mathbf{v}) = \mathbf{s} \circ g(\mathbf{y})$$

여기서 $\mathbf{a} \circ \mathbf{b}$는 $\mathbf{a}$와 $\mathbf{b}$의 성분 단위 곱으로 얻은 벡터다.[5]

이제 $g(\mathbf{v})$를 얻었으므로 $g(\mathbf{b})$와 $g(\mathbf{u})$를 계산할 수 있다. $g(\mathbf{b}) = J_\mathbf{b}(\mathbf{v})g(\mathbf{v})$와 $g(\mathbf{u}) = J_\mathbf{u}(\mathbf{v})g(\mathbf{v})$다.

$$\mathbf{v} = \mathbf{u} + \mathbf{b}$$

이므로 다음을 간단하게 확인할 수 있다.

$$J_\mathbf{b}(\mathbf{v}) = J_\mathbf{u}(\mathbf{v}) = I_n$$

여기서 I_n은 $n \times n$ 항등 행렬identity matrix이다. 따라서 다음이 성립한다.

$$g(\mathbf{b}) = g(\mathbf{u}) = g(\mathbf{v})$$

이제 행렬 W 차례다. $\mathbf{u} = W\mathbf{x}$임을 기억하라. 그런데 잠재적인 문제가 있다. 이제까지 설정한 모든 기법들은 벡터에 동작하는데 W는 행렬이기 때문이다. 그러나 13.2.1절에서 행렬 $\mathbf{w}$는 벡터들 $\mathbf{w}_1, \mathbf{w}_2, \ldots, \mathbf{w}_n$로부터 결합된 결과임을 기억하자. $\mathbf{w}_i^\mathsf{T}$는 W의 i번째 행이었다. 각 벡터들을 독립적으로 보고 일반적인 공식을 사용해 그 경사를 계산하는 방법이 핵심이다.

$$g(\mathbf{w}_i) = J_{\mathbf{w}_i}(\mathbf{u})g(\mathbf{u})$$

$u_i = \mathbf{w}_i^\mathsf{T}\mathbf{x}$이고 $i \neq j$일 때 $\mathbf{w}_i$에 의존하는 u_j가 없음은 명확하다. 따라서 야코비안 $J_{\mathbf{w}_i}(\mathbf{u})$는 $\mathbf{x}$와 동일한 i번째 열을 제외하고 모든 위치에서 0이다. 따라서 다음이 성립한다.

$$g(\mathbf{w}_i) = g(u_i)\mathbf{x} \qquad \blacksquare$$

예제 13.5 이미 언급했듯이 분류를 위한 신경망은 종종 최종 레이어에서 소프트맥스 활성을 사용하고, 그다음 교차 엔트로피 손실을 사용한다. 이제 결합된 연산자의 기

---

5 이 방법을 아다마르 곱(Hadamard product)이라고도 하는데 아다마르 곱의 성분들의 합인 일반적인 내적과의 혼동을 피하기 위해 이 방법을 사용했다.

울기를 계산해 볼 것이다.

결합된 연산자에 대한 입력을 $\mathbf{y}$로 가정하자. 즉 $\mathbf{q} = \mu(\mathbf{y})$로, $l = H(\mathbf{p}, \mathbf{q})$로 가정한다. 여기서 $\mathbf{p}$는 해당 학습 표본에 대한 실제 확률 벡터를 나타낸다.

$$\log(q_i) = \log\left(\frac{e^{y_i}}{\sum_j e^{y_j}}\right) = y_i - \log\left(\sum_j e^{y_j}\right)$$

따라서 $\sum_i p_i = 1$이므로 다음이 성립한다.

$$
\begin{aligned}
l \;=\; H(\mathbf{p}, \mathbf{q}) &= -\sum_i p_i \log q_i \\
&= -\sum_i p_i \left(y_i - \log\left(\sum_j e^{y_j}\right)\right) \\
&= -\sum_i p_i y_i - \log\left(\sum_j e^{y_j}\right) \sum_i p_i \\
&= -\sum_i p_i y_i - \log\left(\sum_j e^{y_j}\right)
\end{aligned}
$$

미분하면 다음과 같다.

$$
\begin{aligned}
\frac{\partial l}{\partial y_k} &= -p_k + \frac{e^{y_k}}{\sum_j e^{y_j}} \\
&= -p_k + \mu(y_k) \\
&= q_k - p_k
\end{aligned}
$$

따라서 다음과 같은 간단하게 결과를 얻게 된다.

$$\nabla_{\mathbf{y}} l = \mathbf{q} - \mathbf{p}$$

이 결합된 경사는 수렴하거나 발산하지 않으며, 효율적인 학습으로 이어진다. 이는 소프트맥스와 교차 엔트로피 손실이 실제로 잘 동작하는 이유를 설명한다. ■

13.3.4 경사 하강 반복하기

학습 표본 집합이 주어졌을 때 각 예제에 대해 정방향(손실 계산을 위해)과 역방향(기울기 계산을 위해), 즉 양방향으로 계산 그래프를 처리한다. 각 매개 변수 벡터에 대한 평균 손실 및 평균 경사를 계산하기 위해 전체 학습 집합에 대한 손실과 경사를 평균 낸다.

각 반복 단계에서 각 매개 변수 벡터를 그 기울기와 반대 방향으로 업데이트하기 때문에 손실은 감소하는 경향이 있다. $\mathbf{z}$가 매개 변수 벡터일 때 $\mathbf{z}$는 다음과 같이 업데이트된다.

$$\mathbf{z} \leftarrow \mathbf{z} - \eta g(\mathbf{z})$$

여기서 η는 학습 속도를 의미하는 하이퍼파라미터[hyperparameter]다. 연속적인 반복 사이에 변경된 손실의 차이가 아주 미미하거나(즉 지역 최소값[local minimum]에 도달했거나) 일정한 회수의 반복이 완료되면 경사 하강을 중지한다.

바로 이 학습률을 신중하게 선택하는 것이 중요하다. 값이 너무 작으면 경사 하강이 수렴하기까지 많은 횟수로 반복을 해야 할 수 있다. 값이 너무 크면 매개 변수 값이 큰 폭으로 진동해서 수렴이 되지 않을 수 있다. 일반적으로 적합한 학습 속도를 선택하는 데는 시행 착오가 따르기 마련이다. 학습 속도를 바꾸는 것은 가능할 뿐더러 흔한 일인 것이다. 초기 학습 속도를 η_0으로 시작하라. 그런 다음 학습 속도가 충분히 낮은 값에 도달할 때까지 각 반복 단계마다 범위가 $0 < \beta < 1$인 계수 β를 학습 속도에 곱하라.

학습 집합이 큰 경우 시간이 많이 걸리므로 반복 단계마다 학습 집합 전체를 사용하기가 꺼려질 수 있다. 따라서 각 반복 단계에서 학습 표본의 '미니배치[minibatch]'를 무작위로 샘플링한다. 이렇게 변형된 방식을 확률적 경사 하강법[stochastic gradient descent]이라고 한다.

경사 하강법을 시작하기 전에 매개 변수 값을 초기화하는 방법은 연구 문제로 남겨 뒀다. 일반적으로는 임의로 선택하는 방법을 따른다. 흔한 방식은 [−1, 1]에서 각 항목을 무작위로 균등하게 샘플링하거나 정규 분포를 사용해 무작위로 선택하는 기법이 있다. 모든 가중치를 동일한 값으로 초기화하면 한 레이어에 위치한 모든 노드가 동일하게 동작하기 때문에 서로 다른 노드들이 서로 다른 입력 특징을 인식하게 하는 이점을 결코 얻을 수 없다는 점에 주의해야 한다.

13.3.5 텐서

이제까지는 신경망에 대한 입력을 1차원 벡터로 가정했다. 그런데 입력 차원이 더 큰 경우도 고려해야 한다.

예제 13.6 흑백 사진은 각 픽셀의 강도에 대응하는 실수의 2차원 배열로 표현될 수 있을 것이다. 컬러 이미지에서 각 픽셀은 보통 3차원을 필요로 한다. 즉 각 픽셀은 빨강색, 녹색, 파랑색의 강도에 해당하는 3개의 성분으로 이뤄진 하나의 벡터다. 컬러 이미지를 신경망 입력으로 처리하는 한 가지 유용한 방법은 각 학습 표본을 픽셀의 2차원 배열로 생각하는 것이다. 여기서 각 픽셀 값은 지금까지 가정한 것처럼 실수가 아니라 3차원의 벡터로 각 차원은 각 색상을 나타낸다. ■

마찬가지로 지금까지는 신경망의 각 레이어를 노드들로 구성된 하나의 열로 간주했다. 그러나 레이어의 노드들을 2차원 배열 또는 2보다 큰 차원의 배열로 생각해도 된다. 마지막으로 입력 값을 실수로 간주했고 각 노드에 의해 생성된 값 역시 실수로 간주했다. 그러나 노드의 각 입력으로 또는 출력으로 연결된 값을 벡터 혹은 고차원 구조로 생각할 수도 있다. 벡터와 행렬을 일반화한 것이 텐서^{tensor}로 스칼라의 n차원 배열이다.

안타깝게도 전에 설명한 역전파 알고리즘은 고차원 텐서가 아닌 벡터에 동작한다. 이런 경우 13.3.3절에서 설명한 방법과 동일하게 행렬 W를 벡터들의 모음으로 펼쳐서 사용하면 된다. $m \times n$ 행렬을 m개의 n-벡터로 간주하듯 차원수^{dimensionality}가 $l \times m \times n$인 3차원 텐서를 lm개의 n-벡터로 간주할 수 있으며, 더 높은 차원의 텐서도 마찬가지다.

예제 13.7 이 예제는 MNIST 데이터셋을 기반으로 한다.[6] 이 데이터셋은 28 × 28 크기

---

6 yann.lecun.com/exdb/mnist/를 참고하라.

의 흑백 이미지들로 구성되며, 각 이미지는 변의 길이가 28인 2차원 정사각형 비트 배열로 표시된다. 목표는 이미지가 손으로 쓴 숫자 (0–9)에 해당하는지, 맞다면 어느 숫자인지를 판단하는 신경망을 구축하는 것이다. 28×28 행렬인 단일 이미지 X를 생각해 보자. 네트워크의 첫 번째 레이어는 49개의 은닉 노드로 구성된 고밀도 레이어[7]로 가정하고, 7×7 배열로 배치된다고 생각해 보자. 은닉 레이어를 7×7 행렬 H로 모델링하는데 이 모델에서 행 i와 열 j인 노드의 출력은 h_{ij}다.

개별 28×28 입력과 7×7 노드 각각의 가중치를 차원이 $7 \times 7 \times 28 \times 28$인 **가중치 텐서** W로 모델링할 수 있다. 즉 W_{ijkl}은 노드 배열에서 위치가 행 k와 열 l인 노드에 대한 행 i와 열 j의 이미지 입력 픽셀 가중치를 나타낸다.

$$h_{ij} = \sum_{k=1}^{28} \sum_{l=1}^{28} w_{ijkl} x_{kl} \text{ for } 1 \leq i, j \leq 7$$

간결성을 위해 편향 항은 생략했다(즉 모든 노드의 임계값을 0으로 가정한다).

이 구조는 입력 X를 길이가 784($28 \times 28 = 784$이므로)인 벡터 $\mathbf{x}$로 평탄화^{flatten}하고 은닉 레이어 H를 길이가 49인 벡터 h로 평탄화한 것과 동등하다고 볼 수 있다. 가중치 텐서 W를 평탄화하는 방법은 다음과 같다. 마지막 두 차원은 $\mathbf{x}$와 일치하도록 단일 차원으로 평탄화하고 첫 번째 두 차원은 은닉 벡터 h와 일치하도록 단일 차원으로 평탄화하면 49×784 가중치 행렬이 된다. 13.2.1절에서와 같이 이 새로운 가중치 행렬의 i번째 행은 $\mathbf{w}_i^\mathsf{T}$로 나타낸다. 이제 다음이 성립한다.

$$h_i = \mathbf{w}_i^\mathsf{T} \mathbf{x} \text{ for } 1 \leq i \leq 49$$

이전 배열의 은닉 노드들과 새로운 배열의 은닉 노드들 사이에 1 대 1 매핑이 있음을 쉽게 파악할 수 있다. 또한 각 은닉 노드의 출력은 13.2.1절에서와 같이 내적^{dot product}으로 결정된다. 그러므로 텐서 표기법은 벡터들을 그룹으로 묶는 매우 편리한 방법이다. ∎

---

7 실제로 이 문제에서 첫 번째 네트워크 레이어는 컨볼루션 레이어(convolutional layer)일 것이다. 13.4절을 참고하라.

이렇듯 신경망에 사용되는 텐서는 물리학 및 기타 수리 과학^{mathematical science}에서 사용되는 텐서와 거의 공통점이 없다. 이 책에서 텐서는 중첩된 벡터들의 모음일 뿐이다. 유일하게 지금 필요한 텐서의 연산은 예제 13.7에서 처럼 차원들을 합침으로써 텐서를 평탄화하는 일이다. 일단 적절하게 평탄화가 완료되면 13.3.3절에서 설명한 역전파 알고리즘을 적용할 수 있다.

13.3.6 13.3절 연습문제

연습문제 13.3.1 이 연습문제는 그림 13.7 신경망을 사용한다. 모든 입력의 가중치는 그림에 표시된 상수가 아닌 변수로 가정한다. 일부 입력은 첫 번째 레이어에 위치한 노드들 중 하나로 연결되지 않는데, 이런 경우 가중치는 0으로 고정된다는 점에 주의하자. 입력 벡터는 $\mathbf{x}$, 출력 벡터는 $\mathbf{y}$, 은닉 레이어에 위치한 두 노드들의 출력은 벡터 $\mathbf{z}$로 가정한다. 또한 $\mathbf{x}$와 $\mathbf{z}$를 연결하는 행렬과 편향 벡터는 W_1과 $\mathbf{b}_1$로, $\mathbf{z}$와 $\mathbf{y}$를 연결하는 행렬과 편향 벡터는 W_2와 $\mathbf{b}_2$로 한다. 은닉 레이어에서 활성 함수는 쌍곡선 탄젠트이고 출력에서 활성 함수는 항등 함수로 가정하자(즉 출력에서 변경은 없다). 마지막으로 손실 함수는 평균 제곱 오차로 가정하는데 $\hat{\mathbf{y}}$는 주어진 입력 벡터 $\mathbf{x}$에 대한 실제 출력 벡터다. $\mathbf{x}$부터 $\mathbf{y}$까지의 연결을 나타내는 계산 그래프를 그려라.

연습문제 13.3.2 연습문제 13.3.1에서 설명한 네트워크에 대해

(a) $J_\mathbf{y}(\mathbf{z})$는 무엇인가?

(b) $J_\mathbf{z}(\mathbf{x})$는 무엇인가?

(c) $g(\mathbf{x})$를 $g(\tanh(\mathbf{z}))$로 표현하라.

(d) 손실 함수로 $g(\mathbf{x})$를 표현하라.

(e) 전체 네트워크에 대한 경사 계산이 포함된 계산 그래프를 그려라.

13.4 컨볼루션 신경망

224 × 224 이미지를 처리하는 하나의 완전 연결 네트워크 레이어를 생각해 보자. 각 픽셀은 세 가지 색상 값(보통 채널로 불린다. 빨간색, 녹색, 파란색에 대한 진하기 값이다)을 사용해서 인코딩된다.[8] 연결 레이어에서 각 출력 노드에 대한 가중치 매개 변수 개수는 224 × 224 × 3 = 150,528개다. 출력 레이어에 224개의 노드가 있다고 해보자. 매개 변수는 총 3,300만 개가 넘을 것이다. 이미지 학습 집합은 보통 수만 또는 수십만에 이르므로 단일 레이어를 사용한다 하더라도 엄청난 개수의 매개 변수는 빠르게 과적합으로 이어지게 될 것이다.

컨볼루션 신경망CNN, Convolutional Neural Network은 이미지 데이터의 속성을 활용함으로써 매개 변수 개수를 크게 줄인다. CNN에는 컨볼루션 레이어convolutional layer와 폴링 레이어pooling layer라는 두 가지 새로운 종류의 네트워크 레이어가 존재한다.

13.4.1 컨볼루션 레이어

컨볼루션 레이어는 이미지 특징이 종종 이미지에서의 작은 근접 영역들로 설명된다는 사실을 활용한다. 예를 들면, 첫 번째 컨볼루션 레이어에서는 이미지의 작은 테두리edge 부분을 인식한다. 그다음 레이어에서는 꽃잎이나 눈동자처럼 좀 더 복잡한 구조가 인식되는 것이다. 이 계산을 단순화하는 핵심은 테두리 같은 특징을 인식하는 문제는 이미지에서 실제 테두리가 어디에 위치하는지와 상관이 없다는 사실이다. 따라서 단일 노드가 작은 테두리 영역(예를 들어, 5 × 5 픽셀 영역을 지나는 테두리)을 인식하도록 학습시킬 수 있다. 이 방법에는 두 가지 이점이 있다.

1. 해당 노드는 전체 224 × 224 픽셀 입력이 필요한 것이 아니라 어느 5 × 5 정사각형에 해당하는 25픽셀 입력만 있으면 된다. 이는 학습된 CNN을 표현할 때 많은 수고를 덜어 준다.

2. 학습 과정에서 학습해야 할 가중치 개수가 크게 줄어든다. 레이어의 각 노드마

8 　한 예로, ImageNet에 있는 대부분의 이미지 크기가 이렇다.

다 해당 노드에 대한 각 입력에 대해 하나의 가중치만 필요하다. 픽셀이 RGB 값으로 표시되는 경우 이전에 설명한 일반적인 완전 연결 레이어에서 필요로 하는 150,528개 가중치가 아니라 75개의 가중치만 있으면 된다.

컨볼루션 레이어의 노드들을 특징을 학습하기 위한 필터로 생각할 것이다. 필터는 이미지에서 공간적으로 인접한 작은 영역, 일반적으로 5×5 제곱 픽셀과 같은 작은 사각형 영역을 검사한다. 게다가 관심 있는 많은 특징들이 입력 이미지 어느 곳에든 (그리고 아마도 하나 이상의 위치에) 존재할 수 있기 때문에 입력의 여러 위치에 동일한 필터를 적용한다.

작업을 단순하게 하기 위해 입력은 단색 이미지들로 구성된다고 가정한다. 즉 회색조grey-scale 이미지로서 픽셀들은 각각 단일 값으로 표현된다. 따라서 각 이미지는 크기가 224×224인 2차원 픽셀 배열로 인코딩된다. 5×5 필터 F는 5×5 가중치 행렬 W와 하나의 편향 매개 변수 b로 인코딩된다. 필터 왼쪽 상단 모서리를 이미지 픽셀 x_{ij}에 맞춰 입력 이미지 X에 위치한 비슷한 크기의 정사각형 영역에 필터를 적용할 때 r_{ij}로 표시된 이 위치에서 필터의 응답은 다음과 같다.

$$r_{ij} = \sum_{k=0}^{4} \sum_{l=0}^{4} x_{i+k,j+l} w_{kl} + b \tag{13.1}$$

이제 입력 이미지의 길이와 너비를 따라 필터를 이동하면서 각 위치에 필터를 적용해 이미지에서 가능한 모든 5×5 정사각형 픽셀 영역을 포착한다. 입력 위치가 $1 \leq i \leq 220, 1 \leq j \leq 220$이면 필터를 적용할 수 있다는 점이 중요하다. 그 위치가 i 혹은 j보다 더 크면 정확히 들어맞지는 않을 테지만 말이다. 결과 응답 집합 r_{ij}는 그 후 활성 함수를 통과해 필터의 **활성 맵** R을 구성한다. 대부분의 경우 활성 함수는 ReLU 또는 그 변형 중 하나다. 학습 과정에서, 예로 필터의 가중치(w_{ij})가 결정되는 과정에서 필터는 이미지의 어느 특징들을 인식하게 될 것이고, 활성 맵은 이 특징이 이미지의 각 위치에 존재하는지(혹은 어느 정도로 존재하는지)를 알려 줄 것이다.

예제 13.8 그림 13.10(a) 4×4 이미지에 적용될 2×2 필터를 그림 13.10(b)에서 볼 수 있다. 이를 위해 9개의 2×2 정사각 이미지에 필터를 배치한다. 이 그림에서 필터를 오른쪽 상단 모서리에 위치한 2×2 정사각 위에 배치되게 해보자. 필터를 배치한 후 각 필터 성분을 대응하는 이미지 성분과 각각 곱한 다음 그 곱들의 합을 취한다. 원칙적으로 편향 항을 추가해야 하나 이 예제에서는 편향을 0으로 가정한다.

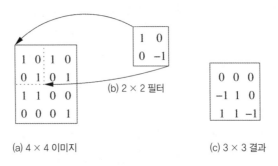

(a) 4×4 이미지   (b) 2×2 필터   (c) 3×3 결과

그림 13.10 필터를 이미지에 적용

이 과정을 살펴보는 또 다른 방법은 행을 순서대로 결합함으로써 필터를 벡터로 변환하고, 같은 과정을 정사각 이미지에도 적용하는 것이다. 그런 다음 벡터들의 내적을 구한다. 예를 들어, 필터를 벡터 $[1, 0, 0, -1]$로 보고, 이미지의 왼쪽 상단 모서리에 있는 정사각형을 벡터 $[1, 0, 0, 1]$로 간주한다. 이 벡터의 내적은 $1 \times 1 + 0 \times 0 + 0 \times 0 + (-1) \times 1 = 0$이다. 따라서 그 결과는 그림 13.10(c) 왼쪽 상단에 표시된 0이다.

또 다른 예로 필터를 한 행 아래로 이동시키면 벡터로서의 필터와 이미지의 두 번째, 세 번째 행의 첫 번째, 두 번째 성분으로 구성된 벡터의 내적은 $1 \times 0 + 0 \times 1 + 0 \times 1 + (-1) \times 1 = -1$이다. 따라서 컨볼루션의 두 번째 행 첫 번째 성분은 -1이다. ■

컬러 이미지를 다룰 때 입력은 3개의 채널을 갖는다. 즉 각 픽셀은 3개의 값으로 표현되며, 값 하나가 색상 하나에 해당한다. 크기가 $224 \times 224 \times 3$인 컬러 이미지가 있다고 가정하자. 필터의 출력 역시 3개의 채널을 갖을 것이므로 필터는 이제 $5 \times 5 \times 3$ 행렬 W와 단일 편향 매개 변수 b로 인코딩된다. 활성맵 R은 여전히 5×5로 유지되며, 각 응답은 다음과 같다.

$$r_{ij} = \sum_{k=0}^{4} \sum_{l=0}^{4} \sum_{d=1}^{3} x_{i+k,j+l,d} w_{kld} + b \tag{13.2}$$

이 예제에서는 필터 크기를 5로 가정했다. 일반적으로 필터의 크기는 컨볼루션 레이어의 하이퍼파라미터다. 크기가 3, 4 혹은 5인 필터가 가장 흔하게 사용된다. 필터 크기는 필터의 너비와 높이만으로 정해진다는 점에 유의하자. 필터의 채널 개수는 항상 입력의 채널 개수와 일치한다.

이 예제에서 활성 맵은 입력보다 약간 작다. 대부분의 경우 활성 맵을 입력과 동일한 크기로 유지하는 것이 편리하다. **제로 패딩**zero padding을 사용해 응답을 확장할 수 있다. 제로 패딩이란 0을 행과 열에 추가해 입력을 채우는 방법이다. p제로 패딩은 0으로 채워진 p개의 행을 상단과 하단에 추가하고, p개의 열을 왼쪽과 오른쪽에 추가해 입력의 차원수를 너비와 높이를 따라 $2p$개 증가시킨다. 이 예제에서 2제로 패딩은 입력 크기를 228×228로 증가시킬 것이며, 그 결과 활성 맵은 원래 입력 이미지와 동일한 크기인 224×224가 될 것이다.

중요한 세 번째 하이퍼파라미터는 **폭**stride이다. 이 예제에서는 입력 이미지의 가능한 모든 위치에 필터를 적용한다고 가정했다. 그 대신 폭 $s = 1$에 상응하는, 입력 너비와 높이를 따라 한 번에 한 픽셀씩 필터를 이동시키는 방법을 생각해 볼 수 있다. 아니면 폭이 2 혹은 3에 상응하는, 이미지 너비와 높이를 따라 필터를 한 번에 두 픽셀 혹은 세 픽셀씩 필터를 이동시킬 수도 있다. 폭이 클수록 입력에 비해 활성 맵이 작아지게 된다.

입력이 $m \times m$ 픽셀, 출력은 $n \times n$, 필터 크기는 f, 폭은 s, 제로 패딩은 p로 가정하자. 다음이 성립함을 쉽게 알 수 있다.

$$n = (m - f + 2p)/s + 1 \tag{13.3}$$

특히 s가 $m - f + 2p$를 균등하게 나누도록 하이퍼파라미터를 신중하게 선택해야 한다. 그렇지 않으면 컨볼루션 레이어로 유효하지 않은 배열을 얻게 되며, 대부분의 소프트웨어 구현에서 예외가 발생할 것이다.

직관적으로 필터를 색상의 얼룩이나 테두리 같은 이미지의 특징을 찾는 것으로 생각할 수 있다. 이미지를 분류하려면 일반적으로 많은 특징들을 식별하도록 해야 한다. 따라서 많은 필터를 사용하는데, 이상적으로 하나의 필터가 유용한 하나의 특징을 담당한다. CNN 학습 중 각 필터가 이런 특징들 중 하나를 구별해 내도록 학습하기를 기대하는 것이다. k개 필터가 있다고 가정하자. 과정을 단순하게 하기 위해 모든 필터가 동일한 크기, 동일한 폭, 동일한 제로 패딩을 사용하도록 제한한다. 그러면 출력은 k개의 활성 맵을 포함하게 된다. 따라서 출력 레이어의 차원수는 $n \times n \times k$이며, 여기서 n은 방정식 (13.3)으로 주어진다.

k개의 필터 집합은 모두 **컨볼루션 레이어**를 구성한다. 채널이 d인 입력이 있다면 크기가 f인 필터는 $df^2 + 1$개 매개 변수(df^2개 가중치 매개 변수와 1개 편향 매개 변수)가 필요하다. 따라서 이런 k개 필터의 컨볼루션 레이어는 $k(df^2 + 1)$개 매개 변수를 사용한다.

예제 13.9 ImageNet 예제를 계속 다룰 텐데 입력은 $224 \times 224 \times 3$ 이미지로 구성되고, 필터가 64개인 컨볼루션 레이어를 사용한다고 가정하자. 필터 각각의 크기는 5, 폭은 1, 제로 패딩은 2이고, 출력 레이어의 크기는 $224 \times 224 \times 64$다. 각 필터는 $3 \times 5 \times 5 + 1 = 76$개 매개 변수(임계값에 대한 매개 변수 포함)가 필요하며, 컨볼루션 레이어는 $64 \times 76 = 4864$개 매개 변수를 포함하는데, 동일한 입출력 크기를 갖는 완전 연결 레이어에서의 매개 변수 개수보다 차수가 작다. ■

13.4.2 컨볼루션과 교차 상관

13.4.2절에서는 컨볼루션 신경망이라는 이름이 붙은 이유를 짧게 설명하려고 한다. 13장을 이해하는 데 꼭 필요한 절은 아니다.

컨볼루션이라는 이름은 함수해석학^{functional analysis}의 컨볼루션 연산과 유사하다는 이유로 붙여졌는데, 신호 처리 및 확률 이론에서 종종 사용된다. 보통 시간 도메인으로 한정되는 함수 f와 g에서 컨볼루션 $(f * g)(t)$는 다음과 같이 정의된다.

$$(f * g)(t) = \int_{-\infty}^{\infty} f(\tau)g(t - \tau)d\tau = \int_{-\infty}^{\infty} f(t - \tau)g(\tau)d\tau$$

여기서는 이산^{discrete} 컨볼루션 버전을 다루며, f와 g는 정수에 대한 함수로 정의한다.

$$(f * g)(i) = \sum_{k=-\infty}^{\infty} f(k)g(i-k) = \sum_{k=-\infty}^{\infty} f(i-k)g(k)$$

컨볼루션은 종종 함수 g를 사용해 함수 f를 변환하는 것으로 간주한다. 이러한 맥락에서 함수 g를 때때로 커널^{kernel}이라 부른다. 커널이 유한하면 $g(k)$는 $k = 0, 1, \ldots, m-1$에 대해서만 정의되므로 정의는 다음과 같이 단순화된다.

$$(f * g)(i) = \sum_{k=0}^{m-1} f(i-k)g(k)$$

이 정의를 2차원 함수로 확장할 수 있다.

$$(f * g)(i, j) = \sum_{k=0}^{m-1} \sum_{l=0}^{m-1} f(i-k, j-l)g(k, l)$$

h는 g를 뒤집어서 얻은 커널로 정의하자. 즉 $i, j \in \{0, \ldots, m-1\}$에 대해 $h(i, j) = g(-i, -j)$이다. 뒤집힌 커널 h와 f의 컨볼루션 $f * h$는 다음과 같음을 확인할 수 있다.

$$(f * h)(i, j) = \sum_{k=0}^{m-1} \sum_{l=0}^{m-1} f(i+k, j+l)g(k, l) \tag{13.4}$$

편향 항 b를 무시하면 방정식 (13.4)와 방정식 (13.1)이 비슷하다는 점에 주목하자. 컨볼루션 레이어의 동작은 뒤집힌 커널과 입력의 컨볼루션으로 볼 수 있다. 이러한 유사성 때문에 컨볼루션이라는 이름이 붙었으며, 필터는 종종 커널로 불린다.

교차 상관$^{cross-correlte}$ $f \star g$는 $(f \star g)(x, y) = f * h(x, y)$로 정의되는데 여기서 h는 g의 뒤집힌 버전이다. 따라서 컨볼루션 레이어의 동작 역시 필터와 입력의 교차 상관으로 볼 수 있다.

13.4.3 풀링 레이어

풀링 레이어는 컨볼루션 레이어의 출력을 입력으로 받고 더 작은 범위의 출력을 낸다. 입력의 일부 인접 영역들에 대한 집계를 계산하는 **풀링 함수**pooling function를 사용함으로써 크기가 축소된다. 예를 들어, 입력에서 겹치지 않는 2×2 영역들에 **최대값 풀링**max pooling을 사용할 수 있는데, 이 경우 입력에서 겹치지 않는 2×2 영역마다 대응하는 출력 노드가 있으며, 출력 값은 해당 영역의 4개의 입력 중 최대값이 된다. 집계는 입력의 각 채널마다 독립적으로 동작한다. 이 결과로 출력 레이어는 입력 레이어 크기의 25%가 된다. 풀링 레이어를 정의하는 세 가지 구성 요소는 다음과 같다.

1. **풀링 함수**: 가장 흔하게 max 함수가 사용되지만 이론적으로 평균과 같은 모든 집계 함수가 가능하다.
2. **각 풀의 크기** f: 각 풀이 $f \times f$ 입력을 사용하도록 명시한다.
3. **풀 사이의 간격** s: 컨볼루션 레이어에 사용된 폭과 유사하다.

실제로 대부분 $f = 2$, $s = 2$인데 이는 겹치지 않는 2×2 영역을 의미한다. $f = 3$, $s = 2$이면 일부 겹침을 허용하는 3×3 영역을 의미한다. f 값이 높을수록 실제로 정보가 매우 많이 손실된다. 풀링 작업은 입력 레이어의 높이와 너비를 줄여 주지만, 채널 개수는 유지된다는 점에 주목하라. 풀링은 입력의 각 채널에 독립적으로 동작한다. 컨볼루션 레이어와 달리 최대값 풀링 레이어에 제로 패딩을 사용하는 것은 흔한 경우가 아니라는 점도 중요하다.

특징이 작은 변환에 의해 거의 영향을 받지 않는다고 판단되면 풀링이 적합하다. 예를 들어, 다리 또는 날개 같은 특징의 정확한 위치가 아니라 상대적 위치가 중요할 수 있다. 이러한 경우 풀링은 네트워크의 후속 레이어들에 대한 입력이 되는 은닉 레이어 크기를 크게 줄여 줄 것이다.

예제 13.10 크기 = 2, 간격 = 2인 최대값 풀링을 예제 13.9 컨볼루션 레이어의 $224 \times 224 \times 64$ 출력에 적용한다고 가정하자. 이 결과로 출력의 크기는 $112 \times 112 \times 64$다. ■

13.4.4 CNN 아키텍처

지금까지 컨볼루션 신경망의 구성 요소들을 살펴봤으므로 이를 통합해 심층 신경망을 구축할 수 있다. 일반적인 CNN은 컨볼루션 레이어와 풀링 레이어를 번갈아 사용하며 최종 출력을 내는 하나 이상의 완전 연결 레이어로 종결된다.

예제 13.11 예를 들어, 그림 13.11은 ImageNet 이미지를 1,000개의 이미지 클래스 중 하나로 분류하기 위한 간단한 네트워크 아키텍처로, VGGnet에서 힌트를 얻었다.[9] 이 간단한 네트워크는 컨볼루션 레이어와 풀링 레이어를 엄격하게 교대로 배치한다. 실제로 고성능 네트워크는 작업에 맞게 세밀히 조정되며, 때때로 풀링 레이어를 사이에 두고 컨볼루션 레이어를 서로 직접 쌓기도 한다. 더욱이 최종 출력 이전에 하나 이상의 완전 연결 레이어가 있는 경우도 있다. 첫 번째 레이어의 입력은 3채널을 갖는 224×224 이미지다. 각 후속 레이어에 대한 입력은 이전 레이어의 출력이다.

레이어 종류	크기	간격	패딩	필터개수	출력 크기
Convolution	3	1	1	64	$224 \times 224 \times 64$
Max Pool	2	2	0	64	$112 \times 112 \times 64$
Convolution	3	1	1	128	$112 \times 112 \times 128$
Max Pool	2	2	0	128	$56 \times 56 \times 128$
Convolution	3	1	1	256	$56 \times 56 \times 256$
Max Pool	2	2	0	256	$28 \times 28 \times 256$
Convolution	3	1	1	512	$14 \times 14 \times 512$
Max Pool	2	2	0	512	$14 \times 14 \times 512$
Convolution	3	1	1	1024	$14 \times 14 \times 1024$
Max Pool	2	2	0	1024	$7 \times 7 \times 1024$
Fully Connected					$1 \times 1 \times 1000$

그림 13.11 컨볼루션 신경망 레이어들

여느 컬러 이미지 프로세서처럼 첫 번째 레이어는 컨볼루션 레이어로 64개 필터로 구성되며, 각각 3개의 채널을 갖는다. 필터는 3×3이고 폭은 1이므로 모든 3×3 이

---

9 K. 시몬얀(K. Simonyan)과 A. 주스만(A. Zussman) '대규모 이미지 인식을 위한 고심층 컨볼루션 네트워크(Very Deep Convolutional Networks for Large-Scale Image Recognition)' arXiv : 1409-1556v6.

미지가 필터에 대한 입력이 된다. 단위가 1인 제로 패딩이 있으므로 이 레이어의 출력 개수는 입력 개수와 같다. 여기서 중요한 점은 출력을 또 다른 224×224 배열로 볼 수 있다는 사실이다. 이 배열의 각 성분은 64개의 필터로 구성되며, 각각은 3-채널 픽셀이다.

첫 번째 레이어의 출력은 최대값 풀링 레이어에 입력되고, 여기서 224×224 배열을 2×2 정사각형으로 나눈다(크기와 폭이 모두 2이기 때문이다). 따라서 224×224 배열은 112×112 배열이 되며, 필터는 동일하게 64개다.

다시 세 번째 컨볼루션 레이어는 두 번째 레이어로부터 112×112 픽셀 배열을 입력으로 받는다. 이 레이어는 첫 번째 레이어보다 필터가 더 많은데 정확히 128개다. 이렇게 증가한 이유를 직관적으로 살펴보면 첫 번째 레이어가 테두리 같은 매우 간단한 구조를 인식하고, 게다가 서로 다른 간단한 구조들이 매우 많은 것은 아니기 때문이다. 반면 세 번째 레이어는 다소 복잡한 특징들을 인식해야 하고, 이런 특징들은 두 번째 레이어에서 적용된 풀링 때문에 입력 이미지에서 6×6 면적에 해당한다. 마찬가지로 각 후속 컨볼루션 레이어는 직전 풀링 레이어로부터 입력을 받으며, 필터는 점점 더 크고 복잡한 구조를 나타낼 수 있다. 따라서 필터 개수는 각 컨볼루션

컨볼루션 레이어에 몇 개의 노드가 있어야 하나?

컨볼루션 레이어에서 노드를 '필터'로 간주해 왔다. 이 필터는 단일 노드이거나 예제 13.11에서와 같이 채널당 하나의 노드로, 여러 노드일 수 있다. CNN을 학습시킬 때 각 필터에 대해 가중치를 결정하므로 비교적 노드의 개수는 적다. 예를 들어, 예제 13.11에서 첫 번째 레이어에는 64개 필터 하나당 3개의 노드, 즉 192개의 노드가 있다. 그러나 학습된 CNN을 입력에 적용할 때는 각 필터가 입력의 모든 픽셀에 적용된다. 따라서 예제 13.11 첫 번째 레이어의 64개의 필터 각각은 224×224 = 50, 176픽셀에 적용된다. 기억해야 할 점은 CNN의 표현은 간결하더라도 표현된 신경망의 애플리케이션을 데이터에 적용하려면 상당한 양의 계산이 필요하다는 것이다. 13.5절에서 다룰 여러 특수한 형태의 신경망들도 마찬가지다.

레이어마다 두 배가 되도록 선택됐다.

마지막으로 11번째 최종 레이어는 완전 연결 레이어다. 학습시키고자 하는 1,000개의 이미지 클래스에 대응하는 1,000개의 노드가 있다. 완전 연결 상태에서 이 1,000개의 노드 각각은 10번째 레이어로부터 $7 \times 7 \times 3 = 147$ 출력을 모두 받는다. 3이라는 숫자는 이전 레이어들에서 모든 필터가 3개의 채널을 갖기 때문이다. ▨

CNN 및 기타 심층 네트워크 아키텍처를 설계하는 것은 여전히 과학이라기보다는 기술에 가깝다. 그러나 지난 몇 년 동안 명심해야 할 몇 가지 경험 법칙이 등장했다.

1. 다수의 작은 필터를 사용하는, 컨볼루션 레이어가 많은 심층 네트워크가 큰 필터를 사용하는 얕은 네트워크보다 낫다.
2. 간단한 방법은 제로 패딩을 통해 입력의 공간적 확장을 유지하고 풀링 레이어를 통해 크기 축소를 반드시 적용하는 것이다.
3. 작은 간격strides은 큰 간격보다 실제로 더 잘 동작한다.
4. 입력 크기를 2로 여러 번 균등하게 나누는 것이 매우 유용하다.

13.4.5 구현과 학습

(필터가 5×5가 아니라 $f \times f$가 되도록 일반화된) 방정식 (13.1)을 살펴보면 컨볼루션 출력의 각 항목을 벡터의 내적과 연이은 스칼라 합으로 표현할 수 있다. 이를 위해서는 필터 F와 입력에서 대응하는 영역을 벡터로 평탄화해야 한다. $f \times f$ 필터 F와 편향이 b인 $m \times m \times 1$ 텐서 X(실제로 $m \times m$ 행렬이다)의 컨볼루션이 $n \times n$ 행렬 Z를 출력으로 낸다고 생각해 보자. 이제부터 단일 벡터와 행렬의 곱을 사용해 컨볼루션 연산을 구현하는 방법을 설명할 것이다.

먼저 필터 F를 $f^2 \times 1$ 벡터 g로 평탄화한다. 그런 다음 X로부터 행렬 Y를 만든다. 즉 X의 각 $f \times f$ 영역은 $f^2 \times 1$ 벡터로 평탄화되고, 이 모든 벡터들은 열로 정렬돼 단일 $f^2 \times n^2$ 행렬 Y를 형성한다. 모든 항목이 편향 b와 같도록 $n^2 \times 1$ 벡터 b를 구성한다. 그러면 다음은

$$z = Y^\top g + b$$

$n^2 \times 1$ 벡터 z를 생성한다. 또한 z의 각 성분은 컨볼루션에서 단일 성분이 된다. 따라서 z의 항목들을 컨볼루션의 출력을 내는 $n \times n$ 행렬 Z로 재배치할 수 있다.

X의 각 항목은 Y에서 여러 번 반복되기 때문에 행렬 Y는 입력 X보다 (대략 f^2의 계수만큼) 더 크다. 따라서 이 구현은 메모리를 많이 사용한다. 그런데 행렬과 벡터의 곱은 그래픽 처리 장치GPU, Graphics Processing Unit 같은 최신 하드웨어에서 매우 빠르게 처리되므로 실제 활용되고 있는 방법이다.

이렇게 컨볼루션을 계산하는 방식은 채널이 하나 이상인 입력의 경우로 쉽게 확장될 수 있다. 게다가 하나가 아니라 k개의 필터가 있는 경우도 처리할 수 있다. 이 경우 벡터 g를 $df^2 \times k$ 행렬 G로 변환하고 더 큰 행렬 $Y(df^2 \times n^2)$를 사용해야 한다. 또한 각 열이 대응하는 필터의 편향 항을 반복하는 $n^2 \times k$ 편향 행렬 B를 사용해야 한다. 마지막으로 컨볼루션의 출력은 각 필터의 출력에 대한 열과 함께 $n^2 \times k$ 행렬 C로 표현된다. 즉 다음이 성립한다.

$$C = Y^\top F + B$$

지금까지 컨볼루션 레이어를 지나는 순방향 처리 방법을 설명했다. 학습 동안 이 레이어를 통해 역전파를 해야 한다. 컨볼루션 출력의 각 항목은 벡터의 내적과 합으로 이어지기 때문에 13.3.3절에서 설명한 기법을 사용해서 미분을 계산할 수 있다. 컨볼루션 미분 역시 컨볼루션으로 표현될 수 있는데 여기서 자세히 다루지는 않을 것이다.

13.4.6 13.4절 연습문제

연습문제 13.4.1 이미지는 512×512이고 3×3 필터를 사용한다고 가정하자.

(a) 이 CNN 레이어에 대해 계산되는 응답은 몇 개인가?

(b) 입력과 동일한 크기의 출력을 생성하는 데 얼마만큼의 제로 패딩이 필요한가?

(c) 제로 패딩을 하지 않는다고 가정하자. 한 레이어의 출력이 다음 레이어의 입력

이라면 몇 개의 레이어 후에 출력이 전혀 없어지게 되나?

연습문제 13.4.2 폭이 3인 경우 연습문제 13.4.1(a)와 (c)를 다시 풀어라.

연습문제 13.4.3 $m \times m$ 컨볼루션 레이어에서 필터는 k개, 각 필터는 d개의 채널을 갖는다고 가정하자. 출력은 크기 f와 간격이 s인 풀링 레이어로 입력된다. 풀링 레이어가 생성하는 출력 값은 몇 개인가?

연습문제 13.4.4 이번 연습문제는 입력을 단일 비트 0(흰색)과 1(검정색)로 가정한다. $0 \le i \le 2$, $0 \le j \le 2$일 때 가중치가 w_{ij}이고 편향이 b인 3×3 필터가 있다고 생각해 보자. 이 필터의 출력이 다음과 같은 간단한 특징을 감지하도록 가중치와 편향을 제안하라.

(a) 왼쪽 열이 0이고 나머지 두 열이 1인 수직 경계

(b) 오른쪽 상단 모서리에 삼각 모형으로 위치한 3개의 픽셀만 1인 대각선 경계

(c) 오른쪽 하단 2×2 정사각 영역은 0이고 다른 픽셀은 1인 모서리

13.5 순환 신경망

CNN이 2차원 이미지 데이터 처리를 위해 특화된 신경망 계열이듯 순환 신경망^{RNN,} _{Recurrent Neural Network}은 순차적 데이터^{sequential data} 처리를 위해 특별히 설계된 네트워크다. 순차적 데이터는 많은 환경에서 자연스럽게 발생한다. 예를 들어, 문장은 순차적 단어들로 구성되고, 비디오는 순차적 이미지들로 구성되며, 주식 시세표는 순차적 가격들로 이뤄진다.

언어 처리 분야에서 간단한 예를 생각해 보자. 각 입력은 순차적 단어들로 모델링된 문장이다. 순차적 단어들의 각 접두사를 처리한 후 문장에서 다음 단어를 예측하려고 한다. 즉 각 단계에서 출력은 단어들에 대한 확률 벡터가 되는 것이다. 이 예를 통해 설계 시 고려해야 할 두 가지 사항을 알 수 있다.

1. 각 위치에서 출력은 마지막 단어뿐만 아니라 해당 위치까지 문장의 전체 접두

사에 따라 달라진다. 네트워크는 과거에 대한 '기억'을 유지해야 한다.

2. 기본 언어 모델은 위치에 따라 변경되지 않으므로 각 위치마다 동일한 매개 변수(각 노드에 대한 가중치)를 사용해야 한다.

이러한 고려 사항은 각 단계마다 동일한 작업을 수행하며, 각 단계의 입력이 이전 단계의 출력에 따라 달라지는 반복 네트워크 모델로 자연스럽게 이어진다. 그림 13.12가 전형적인 순환 신경망의 구조를 보여 준다. 입력은 시퀀스 $x_1, x_2, \ldots, x_n$이며, 출력도 시퀀스 $y_1, y_2, \ldots, y_n$이다. 이 예에서 각 입력 x_i는 단어를 나타내고, 각 출력 y_i는 문장에서 다음 단어에 대한 확률 벡터다. 입력 x_i는 일반적으로 **1-핫 벡터** 1-hot vector로 인코딩된다. 1-핫 벡터는 가능한 전체 단어 개수[10]와 동일한 길이의 벡터로서 입력 단어에 해당하는 위치에서는 1, 그 외 다른 위치에서는 0 값을 갖는다. 일반적인 신경망과 RNN 사이에는 중요한 두 가지 차이점이 있다.

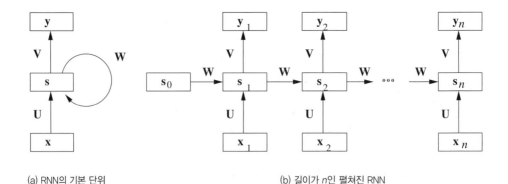

(a) RNN의 기본 단위   (b) 길이가 n인 펼쳐진 RNN

그림 13.12 RNN 아키텍처

1. RNN은 첫 번째 레이어뿐만 아니라 전체(혹은 거의 모든) 레이어가 입력을 받는다.

2. 처음 n개 레이어 각각의 가중치가 동일하도록 제한된다. 이런 가중치들은 다음 방정식 (13.5)의 행렬 U와 W에 해당한다. 따라서 처음 n개 레이어 각각은

---

10 이론적으로 단어의 개수가 무한할 수 있기 때문에 실제로 벡터의 성분을 가장 일반적인 단어나 일상생활에서 가장 중요하게 사용되는 단어에만 사용할 수도 있다. 그 외 다른 단어들은 모두 벡터의 단일 성분으로 표시될 것이다.

동일한 노드들을 가지며, 각 레이어들에 대응하는 노드들은 가중치를 공유한다
(따라서 실제로 동일한 노드다). 서로 다른 위치를 표현하는 CNN 노드들이 가중
치를 공유하고, 따라서 실제로 같은 노드가 되는 것처럼 말이다.

단계 t마다 네트워크는 이제까지 처리한 시퀀스의 접두사 정보를 인코딩하는데,
여기서 메모리 역할을 하는 은닉 상태 벡터(s_t)가 있다. 시간 t에서 은닉 상태는 시간
t에서의 입력과 시간 $t - 1$에서의 은닉 상태 값에 대한 함수다.

$$s_t = f(Ux_t + Ws_{t-1} + b) \tag{13.5}$$

여기서 f는 하이퍼볼릭 탄젠트^{tanh} 또는 시그모이드^{sigmoid} 같은 비선형 활성 함수다.
U와 W는 가중치 행렬이고 b는 편향 벡터다. s_0을 모두 0으로 구성된 벡터로 정의한
다. 시간 t에서 출력은 매개 변수 행렬 V와 활성 함수 g에 의해 변환된 후 시간 t에서
의 은닉 상태 값에 대한 함수다.

$$y_t = g(Vs_t + c)$$

이 예에서 g는 소프트맥스 함수일 수 있다. 그러면 출력이 유효한 확률 벡터가 될 것
이다.

그림 13.12 RNN에는 각 시간 단계마다 출력을 낸다. 기계 번역 같은 일부 애플
리케이션에서는 각 문장이 끝날 때마다 출력은 하나여야 한다. 이러한 경우 RNN의
단일 출력은 하나 이상의 완전 연결 레이어에 의해 추가로 처리돼 최종 출력을 낸다.

RNN의 입력이 길이가 n인 고정 길이 시퀀스로 가정하는 것이 가장 간단하다. 이
경우 간단하게 n개의 시간 단계를 포함하도록 RNN을 펼친다. 실제로 많은 응용 분
야에서 가변 길이 시퀀스(예로, 길이가 서로 다른 문장)를 처리해야 한다. 이 상황을 다
루는 방법은 두 가지다.

1. **제로 패딩**$^{zero\ padding}$: 처리해야 할 가장 긴 시퀀스를 n으로 고정하고 더 짧은 시퀀
   스를 길이가 n이 되도록 채운다.
2. **버킷 만들기**^{bucketing}: 길이에 따라 시퀀스를 그룹화하고, 각 길이별로 RNN을 별
   도로 구현한다.

이 두 가지 방법의 조합이 사용된다. 서로 다른 길이의 버킷을 몇 개 생성하고 최소 시퀀스 길이보다 긴 버킷 중에서 가장 짧은 버킷에 시퀀스를 할당하면 된다. 그런 다음 해당 버킷의 최대 길이만큼 패딩을 적용한다.

13.5.1 RNN 학습시키기

일반 신경망과 마찬가지로 역전파를 사용해 RNN을 학습시킨다. 예제를 통해 이해해 보자. 입력이 길이가 n인 시퀀스로 구성돼 있다고 가정한다. 네트워크는 상태 업데이트를 위해 하이퍼볼릭 탄젠트^{tanh} 활성 함수를 사용하고 출력에 소프트맥스를 사용하며, 손실 함수는 교차 엔트로피$^{cross-entropy}$다. 네트워크에는 각 시간 단계마다 하나씩 여러 개의 출력이 있기 때문에 각 시간 단계 i에서의 손실 e_i의 합으로 정의된 전체 오류 e를 최소화하는 것이 목표다.

$$e = \sum_{i=1}^{n} e_i$$

표기를 단순화하기 위해 다음 규칙을 사용한다. $\boldsymbol{x}$와 $\boldsymbol{y}$는 벡터이고 z는 스칼라로 가정한다. 그리고 다음을 정의한다.

$$\frac{dz}{d\boldsymbol{x}} = \nabla_{\boldsymbol{x}} z$$
$$\frac{d\boldsymbol{y}}{d\boldsymbol{x}} = J_{\boldsymbol{x}}(\boldsymbol{y})$$

또한 W는 행렬이고 $\boldsymbol{w}$는 W의 행들을 연결해 얻은 벡터로 가정한다. 그러면 다음이 성립한다.

$$\frac{dz}{dW} = \frac{dz}{d\boldsymbol{w}}$$
$$\frac{d\boldsymbol{y}}{dW} = \frac{d\boldsymbol{y}}{d\boldsymbol{w}}$$

이러한 규칙은 당연히 편미분$^{partial\ derivatives}$에도 확장된다.

네트워크 매개 변수에 대한 오차의 기울기를 계산하기 위해 역전파를 사용한다.

$\frac{de}{dW}$을 자세히 보자. U와 V의 기울기는 비슷한데 이는 독자를 위한 연습문제로 남겨 뒀다. 다음이 성립함을 알 수 있다.

$$\frac{de}{dW} = \sum_{t=1}^{n} \frac{de_t}{dW}$$

단계 t에서 다음이 성립한다.

$$\frac{de_t}{dW} = \frac{ds_t}{dW} \frac{de_t}{ds_t}$$

다음이 성립함을 증명하는 일은 연습문제로 남겨 두겠다.

$$\frac{de_t}{ds_t} = V^\mathsf{T}(\boldsymbol{y}_t - \hat{\boldsymbol{y}}_t) \tag{13.6}$$

$R_t = \frac{de_t}{dW}$로 설정하면 $\boldsymbol{z}_t = W\boldsymbol{s}_{t-1} + U\boldsymbol{x}_t + b$일 때 $\boldsymbol{s}_t = \tanh(\boldsymbol{z}_t)$이며, 다음을 얻는다.

$$R_t = \frac{d\boldsymbol{s}_t}{d\boldsymbol{z}_t} \frac{d\boldsymbol{z}_t}{dW}$$

$\frac{d\boldsymbol{s}_t}{d\boldsymbol{z}_t}$이 다음으로 정의되는 항등 행렬 A임을 쉽게 증명할 수 있다.

$$a_{ij} = \begin{cases} 1 - s_{t_i}^2 & \text{when } i = j \\ 0 & \text{otherwise} \end{cases}$$

$\boldsymbol{s}_{t-1}$ 역시 W를 따라 변하기 때문에 직간접적으로 $\boldsymbol{z}_t$는 W의 함수라는 사실에 유의해야 한다. 따라서 $\frac{d\boldsymbol{z}_t}{dW}$을 두 항의 합으로 표현해야 한다.

$$\frac{d\boldsymbol{z}_t}{dW} = \frac{\partial \boldsymbol{z}_t}{\partial W} + \frac{\partial \boldsymbol{z}_t}{\partial \boldsymbol{s}_{t-1}} \frac{d\boldsymbol{s}_{t-1}}{dW}$$

다음이 성립함을 쉽게 증명할 수 있다.

$$\frac{\partial z_t}{\partial s_{t-1}} = W^\mathsf{T}$$

$\frac{\partial z_t}{\partial W}$ 형식은 다소 이해하기 어렵다. 이는 대부분 성분이 0인 행렬 B로, 0이 아닌 원소는 s_{t-1}에서의 성분이다. B 계산은 독자를 위해 연습문제로 남겨 두겠다. 이제 $\frac{ds_{t-1}}{dW}$은 R_{t-1}이며 다음을 반복한다.

$$R_t = A(B + W^\mathsf{T}R_{t-1})$$

$P_t = AB$ 그리고 $Q_t = AW^\mathsf{T}$이면 최종으로 다음을 얻는다.

$$R_t = P_t + Q_t R_{t-1} \tag{13.7}$$

이 재귀 연산을 사용해서 R_t를 반복해서 계산할 수 있고, 따라서 $\frac{de}{dW}$를 얻는다. R_0를 성분이 모두 0인 행렬로 설정해 반복 작업을 초기화한다. RNN의 경사를 계산하는 이런 반복 방법을 **시간에 따른 역전파**^{BPTT, Backpropagation Through Time}라고 하는데 이는 이전 시간 단계가 이후 시간 단계에 영향을 미침을 나타내기 때문이다.

13.5.2 경사 소실과 폭발

RNN은 시퀀스 학습을 위한 간단하고도 매력적인 모델이며, BPTT 알고리즘은 구현이 간단하다. 안타깝게도 RNN에는 실제 많은 응용 분야에서 사용이 제한될 수밖에 없는 치명적인 결함이 있다. 바로 시퀀스에서 인접한 성분들 사이의 짧은 연결을 학습하는 데만 효과적이고, 장거리 연결을 학습하는 데는 효과가 없다는 사실이다. 이는 많은 응용 분야에서 매우 중요하다. 예를 들어, 주어와 관련된 동사나 대명사를 그 주어로부터 분리하는 단어 혹은 절은 무수히 많다. 이런 한계의 원인을 이해하기 위해 방정식 (13.7)을 풀어 보자.

$$\begin{aligned} R_t &= P_t + Q_t R_{t-1} \\ &= P_t + Q_t(P_{t-1} + Q_{t-1}R_{t-2}) \\ &= P_t + Q_t P_{t-1} + Q_t Q_{t-1} R_{t-2} \\ &\quad \cdots \end{aligned}$$

이로써 다음이 성립한다.

$$R_t = P_t + \sum_{j=0}^{t-1} P_j \prod_{k=j+1}^{t} Q_k \qquad (13.8)$$

방정식 (13.8)로부터 단계 i가 R_t에 영향을 미친다는 사실을 방정식 (13.9)로 명확히 알 수 있다.

$$R_t^i = P_i \prod_{k=i+1}^{t} Q_k \qquad (13.9)$$

방정식 (13.9)는 대각 행렬 A와 같은 여러 행렬들의 곱을 포함한다. A의 각 원소는 반드시 1보다 작다. 1보다 작은 수를 여러 번 곱할수록 0에 가까워지듯이 항 $\prod_{k=i+1}^{t} Q_k$는 $i \ll t$일 때 0에 근접한다. 다시 말해서 단계 t에서의 경사는 전적으로 몇 번의 이전 시간 단계들에 의해 결정되며, 훨씬 이른 시간 단계로부터의 영향은 거의 받지 않는다. 이 현상을 **경사 소실 문제**problem of vanishing gradients라 한다.

  방정식 (13.9)는 상태 업데이트를 위해 하이퍼볼릭 탄젠트 활성 함수를 사용했기 때문에 경사 소실 문제를 초래한다. 대신 ReLU 같은 다른 활성 함수를 사용하면 큰 값을 갖는 다수의 행렬을 곱하게 돼 경사 폭발 문제가 발생하게 된다. 경사 폭발 문제는 경사 소실 문제보다 해결하기가 더 쉬운데, 각 단계에서 경사를 고정 범위 내로 제한할 수 있기 때문이다. 그러나 그 결과로 만들어진 RNN은 여전히 긴 거리의 연관성을 학습하는 데 문제가 있다.

13.5.3 장단기 기억

장단기 기억LSTM은 긴 거리의 연관성을 학습하는 문제를 다루기 위한 목적으로 기본 RNN을 개선한 모델이다. 지난 몇 년 동안 LSTM은 사실상 표준 시퀀스 학습 모델로 인기를 얻어 왔으며, 많은 응용 분야에서 성공적으로 사용되고 있다. LSTM 모델을 수식으로 설명하기 전에 먼저 이를 직관적으로 이해해 보자. LSTM 모델의 주요 구성 요소는 다음과 같다.

1. 정보를 메모리에서 제거함으로써 정보를 지워 버리는 기능: 예를 들어, 텍스트 분석 중 문장이 끝을 맺으면 해당 문장에 관한 정보를 버리는 것이 좋을 수 있다. 또는 영화에서 프레임 시퀀스를 분석하는 경우 다음 장면이 시작될 때 해당 장면의 위치를 지워 버릴 수도 있다.

2. 선택된 정보를 메모리에 저장하는 기능: 예를 들어, 제품 리뷰를 처리할 때 의견을 표현하는 단어(예: 만족, 실망)만 저장하고 다른 단어는 무시하는 것이 좋을 수 있다.

3. 즉각적으로 관련된 기억에만 집중할 수 있는 기능: 영화에서 현재 장면에 등장하는 캐릭터 정보에만 집중하거나 혹은 현재 분석 중인 문장에서 주어에만 초점을 맞추는 것을 예로 들 수 있다. 이 기능은 시퀀스에서 처리된 전체 접두사 관련 정보를 보유하는 장기 메모리와 즉각적 관련성을 갖는 항목으로 제한된 작업 메모리, 이렇게 2계층 아키텍처로 구현할 수 있다.

RNN 모델은 시간 t에서 하나의 은닉 상태 벡터를 갖는다. LSTM 모델에는 각 시간 t마다 **셀 상태**^{cell state}라는 상태 벡터 c_t가 추가된다. 직관적으로 은닉 상태는 작업 메모리에 해당하고 셀 상태는 장기 메모리에 해당한다. 두 상태 벡터의 길이는 같으며 [−1, 1] 범위의 원소를 갖는다. 관련 있는 원소만 '켜짐'이고, 대부분 원소가 0에 가까운 작업 메모리를 떠올려 보면 된다.

지우고, 저장하고, 집중시키는 아키텍처의 핵심은 바로 **게이트**^{gate}다. 게이트 g는 상태 벡터 s와 동일한 길이의 벡터로, 게이트의 각 원소는 0과 1 사이다. 아르마다 곱^{Hadamard product[11]} $s \circ g$를 사용하면 특정 상태를 선택적으로 통과시키면서 그 외 다른 상태를 필터링할 수 있다. 일반적으로 게이트 벡터는 은닉 상태와 현재 입력의 선형 조합으로 생성된다. 그 이후 시그모이드 함수를 적용해 원소를 '밀어 넣어^{squash}' 0과 1 사이에 놓는다. 보통 LSTM은 서로 다른 목적을 위해 여러 종류의 게이트 벡터를 사용한다. 시간 t에서 게이트 g를 다음과 같이 만들 수 있다.

---

11 벡터 $[x_1, x_2, \ldots, x_n]$와 $[y_1, y_2, \ldots, y_n]$의 아르마다 곱은 두 벡터 사이의 대응 성분들을 곱한 결과가 성분이 되는 벡터로, $[x_1 y_1, x_2 y_3, \ldots, x_n y_n]$다. 차원이 같은 모든 행렬에 동일한 연산을 적용할 수 있다.

$$g = \sigma(W\boldsymbol{s}_{t-1} + U\boldsymbol{x}_t + \boldsymbol{b})$$

여기서 W와 U는 가중치 행렬이고, $\boldsymbol{b}$는 편향 벡터다.

먼저 시간 t에서 이전 은닉 상태와 현재 입력을 기반으로 후보 상태 업데이트 벡터 $\boldsymbol{h}_t$를 계산한다.

$$\boldsymbol{h}_t = \tanh(W_h\boldsymbol{s}_{t-1} + U_h\boldsymbol{x}_t + \boldsymbol{b}_h) \qquad (13.10)$$

아래첨자 h가 있는 W, U, $\boldsymbol{b}$는 각 t에 대한 $\boldsymbol{h}_t$를 계산하는 목적으로 사용하고 학습하는 2개의 가중치 행렬과 편향 벡터다.

또한 **삭제 게이트**forget gate $\boldsymbol{f}_t$와 **입력 게이트**input gate $\boldsymbol{i}_t$를 계산한다. 삭제 게이트는 장기 메모리 중 보유할 부분을 결정한다. 입력 게이트는 후보 상태 업데이트 중 장기 메모리에 저장할 부분을 결정한다. 이 게이트들은 서로 다른 가중치 행렬과 편향 벡터를 사용해 계산되며, 이 또한 학습돼야 한다. 이 행렬과 벡터를 각각 아래첨자 f와 i로 표시한다.

$$\boldsymbol{f}_t = \sigma(W_f\boldsymbol{s}_{t-1} + U_f\boldsymbol{x}_t + \boldsymbol{b}_f) \qquad (13.11)$$

$$\boldsymbol{i}_t = \sigma(W_i\boldsymbol{s}_{t-1} + U_i\boldsymbol{x}_t + \boldsymbol{b}_i) \qquad (13.12)$$

다음과 같이 게이트와 후보 업데이트 벡터를 사용해 장기 메모리를 업데이트한다.[12]

$$\boldsymbol{c}_t = \boldsymbol{c}_{t-1} \circ \boldsymbol{f}_t + \boldsymbol{h}_t \circ \boldsymbol{i}_t \qquad (13.13)$$

이제 장기 메모리를 업데이트했으므로 작업 메모리를 업데이트할 차례다. 이 작업은 두 단계로 이뤄진다. 첫 번째는 **출력 게이트** $\boldsymbol{o}_t$를 생성하는 단계다. 두 번째는 이 게이트를 장기 메모리에 적용한 다음 하이퍼볼릭 탄젠트tanh 활성을 적용하는 단계다.[13]

---

12 기술적으로 삭제 게이트에서 원소 1은 대응하는 메모리 원소를 유지하도록 한다. 그래서 삭제 게이트가 실제로는 기억 게이트로 불리는 것이다. 마찬가지로 입력 게이트는 저장 게이트로 부르는 것이 더 나을 수 있다. 여기서는 문헌에서 흔히 사용되는 명명 규칙을 따른다.

13 다시 한번 출력 게이트는 포커스 게이트(focus gate)로 불리는 것이 나을 수 있다. 작업 메모리를 장기 메모리의 특정 부분에 집중시키기 때문이다.

$$o_t = \sigma(W_u s_{t-1} + U_u x_t + b_u) \tag{13.14}$$

$$s_t = \tanh(c_t \circ o_t) \tag{13.15}$$

여기서 아래첨자 u를 사용해 출력과 관련된 2개의 가중치 행렬과 편향 벡터를 추가로 나타낸다. 이들 역시 학습돼야 한다.

마지막으로 시간 t에서의 출력은 RNN 출력과 완전히 동일한 방식으로 계산된다.

$$y_t = g(V s_t + d) \tag{13.16}$$

여기서 g는 활성 함수, V는 가중치 행렬, d는 편향 벡터다.

방정식 (13.10)부터 (13.16)까지는 LSTM의 단일 시간 단계 t에서의 상태 업데이트 동작을 설명한다. 일반 RNN을 LSTM의 특별한 경우로 생각할 수 있다. 삭제 게이트를 모두 0으로 설정하고(따라서 모든 이전 장기 메모리를 삭제한다) 입력 게이트를 모두 1로 설정하고(전체 후보 상태 업데이트를 저장한다) 출력 게이트를 모두 1로 설정하면(작업 메모리는 장기 기억 메모리와 같다), RNN에 매우 가까워지는데 유일한 차이는 하이퍼볼릭 탄젠트 계수가 있다는 점이다.

선택적으로 삭제할 수 있는 기능으로 인해 LSTM은 표준 RNN보다 더 많은 매개 변수가 생기는 반면 경사 소실 문제를 피할 수 있다. 여기서 철저하게 증명하지는 않겠지만, 방정식 (13.3)에서 경사 소실을 막는 핵심은 장기 메모리 업데이트라는 사실에 주목해야 한다. 다음과 같은 기본 LSTM 모델의 몇 가지 변형이 제안됐다. 가장 흔한 변형은 **게이트 순환 유닛**GRU, Gated Recurrent Unit 모델이며, 두 가지 상태 벡터(장기 및 단기) 대신 단일 상태 벡터를 사용한다. GRU는 LSTM보다 매개 변수가 적으며, 데이터셋이 작은 상황에 적합할 수 있다.

13.5.4 13.5절 연습문제

연습문제 13.5.1 이번 연습문제는 RNN에서 하나 이상의 은닉 상태 노드들에 대한 입력 가중치를 설계해 보는 것이다. 입력은 0 혹은 1로만 구성된 비트 시퀀스다.[14] 필요한 경우 다른 노드들을 사용할 수 있다. 'yes' 응답이 하나의 값을 갖고, 'no' 응답이 또 다른 하나의 값을 갖도록 노드 출력에 변환을 적용해도 된다.

(a) 입력이 1이고 이전 입력이 0일 때 신호를 보낼 노드

! (b) 마지막 3개의 입력이 모두 1일 때 신호를 보낼 노드

!! (c) 입력이 이전 입력과 동일할 때 신호를 보낼 노드

! **연습문제 13.5.2** 방정식 (13.6)을 증명하라.

! **연습문제 13.5.3** 그림 13.12의 일반적인 RNN에 대한 기울기 $\frac{de}{dU}$, $\frac{de}{dV}$를 나타내는 식을 구하라.

13.6 정칙화

지금까지는 학습 집합에 대한 손실(즉 예측 오차)을 최소화하는 것이 목표였다. 경사 하강과 확률적 경사 하강이 이 목표를 달성할 수 있도록 한다. 사실 학습의 실제 목표는 새로운 그리고 지금까지 다룬 적 없는 입력에 대한 손실을 최소화하는 것이다. 학습 집합은 미래의 알려지지 않은 입력을 대표하므로 학습 집합에 대한 손실이 작다는 것은 새로운 입력에 대한 성능이 우수하다고 해석되길 기대한다. 안타깝게도 학습된 모델은 때때로 학습 손실을 낮추는 학습 데이터의 특이한 성질을 학습하는데, 새로운 입력에는 잘 일반화되지 않는다. 이것이 바로 과적합[overfitting]이라는 흔한 문제다.

모델에 과적합이 있는지 어떻게 알 수 있을까? 일반적으로는 사용 가능한 데이터를 학습 집합과 테스트 집합으로 나눈다. 테스트 집합을 별도로 두고, 학습 집합 데이터만으로 모델을 학습시킨다. 그런 다음 테스트 집합으로 모델의 성능을 평가한다. 만약 모델이 학습 집합보다 테스트 집합에서 훨씬 더 성능이 떨어지면 모델이 과적

---

14 여타 신경망과 마찬가지로 RNN도 데이터를 통해 학습된다는 사실을 이해해야 한다. 여기서 설명한 것처럼 설계되지는 않는다.

합된 것이다. 데이터 값들이 서로 독립적이라고 가정하고 사용 가능한 데이터 측정 값 일부를 임의로 선택해 테스트 집합을 구성하면 된다. 학습:테스트 분할 시 일반적인 비율은 80:20이다. 즉, 80%의 데이터는 학습용으로, 20%의 데이터는 테스트용으로 사용한다. 그러나 시퀀스 학습 문제(예로, 시계열 모델링)에서는 특정 시점의 시퀀스 상태가 과거의 정보를 인코딩한다는 점에 유의해야 한다. 이러한 경우 시퀀스의 마지막 부분이 테스트 집합으로 더 적합하다.

과적합은 모든 머신러닝 모델에 영향을 미치는 일반적인 문제다. 그러나 심층 신경망은 다른 종류의 모델들보다 더 많은 매개 변수(가중치 및 편향)를 사용하기 때문에 특히 과적합에 취약하다. 보통 더 나은 일반화를 위해 높은 학습 오류를 감수하는 방식으로 심층 네트워크에서 과적합을 줄이기 위한 몇 가지 기법들이 개발됐다. 이 과정을 모델 정칙화model regularization라 한다. 이제부터 딥러닝에서 가장 중요한 정칙화 방법 중 일부를 설명할 것이다.

13.6.1 norm 패널티

경사 하강법이 학습 손실을 절대 최소값absolute minimum으로 줄이는 매개 변수(가중치 및 편향)를 학습한다는 보장은 없다. 실제로는 학습 손실에서 **지역 최소값**local minimum에 대응하는 매개 변수를 학습한다. 보통 지역 최소값은 많은데, 일부 값이 다른 값들보다 더 나은 정칙화로 이어지기도 한다. 실제로 학습된 가중치가 낮은 절대 값인 솔루션은 가중치가 큰 솔루션보다 더 잘 일반화되는 경향이 있는 것으로 나타났다.

손실 함수에 항을 추가해 경사 하강법이 가중치가 낮은 솔루션을 선호하도록 만들 수 있다. L_0이 모델에서 사용되는 손실 함수이고 w는 모든 가중치 값들의 벡터라 하면, 새로운 손실 함수 L은 다음과 같이 정의된다.

$$L = L_0 + \alpha \left\| w \right\|^2 \tag{13.17}$$

손실 함수 L은 가중치 값이 크면 패널티를 준다. 여기서 α는 원래 손실 함수 L_0을 최소화하는 것과 가중치의 L_2-norm에 관련된 패널티 부과율을 조절하는 하이퍼 매개 변수다. L_2-norm 대신 가중치의 L_1-norm에 패널티를 줄 수도 있다.

$$L = L_0 + \alpha \sum_i |w_i| \qquad (13.18)$$

실제로 L_2-norm 패널티가 대부분의 응용 분야에서 성능이 좋은 것으로 보고된다. L_1-norm 패널티는 다수의 가중치가 0인 모델을 생성하는 경향이 있기 때문에 모델 압축을 요구하는 일부 상황에서 유용하다.

13.6.2 드롭아웃

드롭아웃dropout은 기본 심층 신경망을 임의로 변경해 과적합을 줄이는 기법이다. 확률적 경사 하강을 사용해 학습시킬 때 각 단계마다 처리할 입력의 미니배치를 무작위로 샘플링한다는 사실을 떠올려 보자. 드롭아웃을 사용하면 네트워크에서 모든 은닉 노드들 중 특정 비율(예, 절반)을 임의로 선택할 수 있고, 해당 노드들과 연결된 모든 선edge과 함께 삭제할 수도 있다. 그런 다음이 이렇게 수정된 네트워크를 사용해 미니배치에 대해 순방향 전파forward propagation와 역전파back-propagation를 수행하고, 가중치와 편향을 업데이트한다. 미니배치를 처리한 후에는 모든 삭제된 노드와 선edge을 복원한다. 다음 미니배치를 샘플링할 때 다른 임의의 노드들을 삭제하고 학습 과정을 반복한다.

매번 삭제되는 은닉 노드의 비율은 **드롭아웃 비율**dropout rate이라 불리는 하이퍼파라미터에 달렸다. 학습이 완료되고 실제로 전체 네트워크를 사용할 때는 학습에 사용된 네트워크보다 전체 네트워크에 은닉 노드들이 더 많다는 점을 고려해야 한다. 따라서 은닉 노드로부터 외부를 향하는 각 선edge의 가중치를 드롭아웃 비율로 조정해야 한다.

드롭아웃이 과적합을 줄이는 이유가 무엇일까? 몇 가지 가설이 제시됐지만 아마도 가장 설득력 있는 주장은 드롭아웃을 통해 단일 신경망이 신경망들의 집합으로서 효율적으로 동작할 수 있다는 점 때문일 것이다. 각기 서로 다른 네트워크 토폴로지를 갖는 여러 신경망이 있다고 상상해 보자. 학습 데이터를 사용해 각 네트워크를 독립적으로 학습시키고, 일종의 투표 방식 또는 평균을 내는 방식을 사용해 더 높은 수준의 모델을 생성한다고 가정하자. 이런 방식은 개별 네트워크보다 성능이 훨씬 더 우수할 것이다. 드롭아웃은 여러 신경망들을 명시적으로 구현하지 않고도 이런 설정을 시뮬레이션하는 기법이다.

13.6.3 조기 종료

13.6.1절에서 손실 함수에서 지역 최소값에 도달할 때까지 학습 표본(또는 미니배치)를 반복 처리하는 방법을 설명했다. 실제로 이 방법은 과적합으로 이어진다. 학습 과정 중 학습 집합에 대한 손실(**학습 손실**)은 감소하는 반면, 테스트 집합에 대한 손실(**테스트 손실**)은 감소하지 않는 경우가 있다. 테스트 손실은 학습 초기에 감소하고 여러 번 최소값에 도달하지만, 학습 손실이 계속 감소하더라도 실제로 학습을 많이 반복한 후에는 테스트 손실이 증가하게 된다.

직관적으로 테스트 손실이 증가하기 시작하는 시점은 학습 과정에서 일반화 가능한 모델이 아닌 학습 데이터의 특성을 학습하기 시작한 시점이다. 이 문제를 피하는 간단한 방법은 테스트 손실이 감소를 멈출 때 학습을 중단하는 것이다. 그러나 이 방법에는 잠재된 문제가 있다. 테스트 손실이 최소인 시점에서 학습을 중단함으로써 (학습 데이터가 아닌) 테스트 데이터에 우연히 과적합될 수도 있다. 따라서 더 이상 테스트 오차는 지금까지 처리한 적 없는 입력에 대한 모델의 실제 성능을 신뢰할 수 있는 척도가 아닌 것이다.

일반적인 해결 방법은 입력의 세 번째 집합인 검증 집합^{validation set}을 사용해 학습을 중단할 시점을 결정하는 것이다. 데이터를 학습 집합과 테스트 집합으로 나누는 것이 아니라 세 그룹, 즉 학습, 검증, 테스트 집합으로 나눈다. 검증 집합과 테스트 집합은 학습 과정에서 별도로 보관된다. 검증 집합에 대한 손실이 감소를 멈추면 학습 과정을 중단한다. 학습 과정에서 테스트 집합은 아무런 역할도 하지 않았으므로 테스트 오차는 모델의 실제 성능을 나타내는, 신뢰할 수 있는 지표로 남게 된다.

13.6.4 데이터셋 증강

학습 데이터를 추가로 제공하면 대부분 머신러닝 모델의 정확도가 높아진다. 일반적으로 학습 집합이 클수록 과적합이 줄어든다. 사용할 수 있는 실제 학습 데이터가 한

정적인 경우 변환을 적용하거나 노이즈를 추가해 합성 학습 표본을 추가로 만들 수도 있다.

예를 들어, 예제 13.7에서 다뤘던 숫자 분류 문제를 생각해 보자. 숫자에 해당하는 이미지를 약간 회전해도 여전히 같은 숫자 이미지인 것은 분명하다.이런 종류의 변환을 체계적으로 적용함으로써 학습 데이터를 증강할 수 있다. 이 과정은 도메인 지식을 추가로 인코딩하는 방법을 생각하면 이해가 쉬울 것이다(예. 고양이 이미지가 약간 왜곡돼도 여전히 고양이 이미지다).

13.7 요약

- **신경망**: 신경망은 퍼셉트론(노드)의 모음으로 보통 레이어로 구성되며, 한 레이어의 출력은 다음 레이어의 입력이 된다. 첫 번째 (입력) 레이어는 외부 입력을 받고, 마지막 (출력) 레이어는 입력의 클래스를 나타낸다. 중간에 위치한 다른 레이어들은 은닉 레이어^{hidden layers}라 하며, 일반적으로 출력을 결정하는 데 필요한 중간 개념을 인식하도록 학습된다.

- **레이어 종류**: 많은 레이어는 완전히 연결돼 있으며, 이는 레이어의 각 노드가 이전 레이어의 모든 노드를 입력으로 받는다는 것을 의미한다. 예외적인 경우로 레이어가 풀링되는 경우가 있는데 이는 이전 레이어의 노드들이 분할되고 풀링 레이어의 각 노드는 분할된 한 블록의 노드들만 입력으로 받는다는 것을 뜻한다. 컨볼루션 레이어도 있는데 특별히 이미지 처리 분야에 사용된다.

- **컨볼루션 레이어**: 컨볼루션 레이어에서 노드는 2차원 픽셀 배열로 볼 수 있으며, 각 픽셀은 동일한 노드들의 집합으로 표현된다. 서로 다른 픽셀로부터 대응하는 노드들의 가중치는 같아야 하므로 사실상 동일한 노드이며, 각 노드 집합마다 하나의 가중치 집합만 학습하면 된다.

- **활성 함수**: 신경망에서 노드의 출력은 우선 가중치를 적용한 입력들의 합으로 결정되며, 네트워크 학습 과정 중 학습된 가중치를 사용한다. 이후 활성 함수가 이 합에 적용된다. 일반적인 활성 함수로는 시그모이드 함수, 쌍곡선 탄젠트, 소프트맥

스, 다양한 형태의 정류 선형 유닛 함수가 있다.

- **손실 함수**: 네트워크의 출력과 학습 집합에 의한 정확한 출력의 차이를 측정한다. 일반적으로 사용되는 손실 함수에는 제곱 오차$^{squared-error}$ 손실, 후버^{Huber} 손실, 분류 손실, 교차 엔트로피$^{cross-entropy}$ 손실이 있다.

- **신경망 학습**: 학습 표본로부터 네트워크 출력을 반복적으로 계산하고 학습 표본에 대한 평균 손실을 계산해 신경망을 학습시킨다. 그 이후 역전파 알고리즘을 사용해 네트워크에 손실을 역방향으로 전파하면서 노드의 가중치를 조정한다.

- **역전파**: 활성 함수와 손실 함수가 미분 가능하도록 선택함으로써 네트워크의 모든 가중치에 대한 손실 함수의 미분을 계산할 수 있다. 따라서 손실을 줄이기 위해 각 가중치를 조정해야 할 방향을 결정할 수 있다. 연쇄 규칙을 사용하면 이러한 방향은 출력에서 입력까지 레이어 단위로 계산할 수 있다.

- **컨볼루션 신경망**: 이들은 일반적으로 풀링 레이어 및 완전 연결 레이어와 함께 다수의 컨볼루션 레이어로 구성된다. 첫 번째 컨볼루션 레이어는 경계 같은 간단한 특징을 인식하고 이후 레이어들은 점점 더 복잡한 특징들을 인식해 가는 이미지 처리에 적합하다.

- **순환 신경망**: 문장 (단어들의 시퀀스) 같은 시퀀스를 인식하도록 설계된 신경망이다. 시퀀스에서 각 위치마다 하나의 레이어가 존재하며, 노드들은 그룹으로 나뉘는데 이 그룹은 레이어마다 하나의 노드를 갖는다. 노드 그룹은 동일한 가중치를 갖도록 제한되므로 학습 과정에서 상대적으로 적은 개수의 가중치를 처리하게 된다.

- **장기 단기 메모리 네트워크**: 두 번째 상태 벡터(셀 상태)를 추가함으로써 RNN을 개선한 신경망으로, 대부분의 정보는 잠시 후에 지워지나 시퀀스에 대한 일부 정보가 유지되도록 한다. 또한 입력, 상태, 출력에서 어떤 정보가 유지되는지 제어하는 게이트 벡터를 학습한다.

- **과적합 방지**: 심층 네트워크의 과적합을 피하기 위해 고안된 여러 가지 특수한 기법이 있다. 큰 가중치를 패널티로 부과하는 방법, 경사 하강 단계를 적용할 때마다 일부 노드를 무작위로 삭제하는 방법, 검증 집합을 사용해 검증 집합에 대한 손실이 바닥에 도달했을 때 학습을 중단할 수 있도록 하는 방법 등이다.

13.8 참고문헌

텐서플로에 대한 자세한 내용은 [12]를 참조하라. 파이토치[PyTorch]는 [10]에서, 카페 [Caffe]는 [1]에서 배울 수 있다. MNIST 데이터베이스는 [9]에서 설명한다.

심층 신경망을 학습시키는 방법으로서 역전파는 [11]을 참조하라.

컨볼루션 신경망의 개념은 컨볼루션 레이어와 풀링 레이어를 정의한 [2]로 시작하길 권한다. 반면 [13]은 하나의 컨볼루션 레이어에서 노드들이 가중치를 공유해야 한다는 개념을 소개했다. 이러한 네트워크를 문자 인식과 기타 중요한 작업에 적용하는 내용은 [8]과 [7]에 실려 있다. CNN의 ImageNet의 응용과 관련해서는 [6]을 참조하라. ImageNet은 [5]에서 찾아볼 수 있다.

순환 신경망은 [4]에서 처음으로 소개됐다. 장단기 메모리는 [3]을 참조했다.

[1] http://caffe2.ai
[2] Fukushima, K., "Neocognitron, a self-organizing neural network model for a mechanism of pattern recognition unaffected by shift of position," *Biological Cybernetics* **36**:1 (1980), pp. 193–202.
[3] Hochreiter, S. and J. Schmidhuber, "Long Short-Term Memory," *Neural Computation* **9**:8 (1997), pp. 1735–1780.
[4] J.J. Hopfield, "Neural networks and physical systems with emergent collective computational abilities," *Proceedings of the National Academy of Sciences* **79**:8 (1982), pp. 2554–2558.
[5] http://www.image-net.org.
[6] Krizhevsky, A, I. Sutskever, and G.E. Hinton, "Image classification with deep convolutional neural networks," *Advances in Neural Information Processing Systems*, **25**, 1097–1105, (2012).
[7] LeCun, Y. and Y. Bengio, "Convolutional networks for images, speech, and time series," n *The Handbook of Brain Theory and Neural Networks* (M. Arbib, ed.), MIT Press, (1995).
[8] LeCun, Y., B. Boser, J.S. Denker, D. Henderson, R.E. Howard, and W. Hubbard, "Backpropagation applied to handwritten zip code recognition," *Neural Computation* **1**:4 (1989) pp. 541–551.
[9] LeCun, Y., C. Cortes, and C.J.C. Burges, "The MNIST database of handwritten digits," http://http://yann.lecun.com/exdb/mnist/
[10] http://pytorch.org
[11] Rumelhart, D.E., G.E. Hinton, and R.J. Williams, "Learning representations by back-propagating errors, *Nature* **323** (1986), pp. 533–536.

[12] http://www.tensorflow.org

[13] Waibel, A., T. Hanazawa, G.E. Hinton, K. Shikano, and K.J. Lang, "Phoneme recognition using time-delay neural networks," *IEEE Transactions on Acoustics, Speech, and Signal Processing* **37**:3 (1989), pp. 328–339.

찾아보기

빅데이터 마이닝 3/e

하둡을 이용한 대용량 데이터 마이닝 기법

발   행 | 2021년 4월 29일

지은이 | 쥬어 레스코벡 · 아난드 라자라만 · 제프리 데이비드 울만
옮긴이 | 박효균 · 이미정

펴낸이 | 권 성 준
편집장 | 황 영 주
편   집 | 이 지 은
디자인 | 송 서 연

에이콘출판주식회사
서울특별시 양천구 국회대로 287 (목동)
전화 02-2653-7600, 팩스 02-2653-0433
www.acornpub.co.kr / editor@acornpub.co.kr